河南省“十四五”普通高等教育规划教材
二十一世纪“双一流”建设系列精品教材

计量经济学（第四版）

ECONOMETRICS

靳庭良 编著

西南财经大学出版社
Southwestern University of Finance & Economics Press
中国·成都

图书在版编目(CIP)数据

计量经济学/靳庭良编著.—4版.—成都:西南财经大学出版社,2022.1(2025.1重印)
ISBN 978-7-5504-5160-5

Ⅰ.①计… Ⅱ.①靳… Ⅲ.①计量经济学 Ⅳ.①F224.0

中国版本图书馆CIP数据核字(2021)第237718号

计量经济学(第四版)

JILIANG JINGJIXUE

靳庭良 编著

策划编辑:王 琳
责任编辑:向小英
责任校对:周晓琬
封面设计:张姗姗
责任印制:朱曼丽

出版发行	西南财经大学出版社(四川省成都市光华村街55号)
网 址	http://cbs.swufe.edu.cn
电子邮件	bookcj@swufe.edu.cn
邮政编码	610074
电 话	028-87353785
照 排	四川胜翔数码印务设计有限公司
印 刷	郫县犀浦印刷厂
成品尺寸	185 mm×260 mm
印 张	26.125
字 数	595千字
版 次	2022年1月第4版
印 次	2025年1月第3次印刷
印 数	4001— 5000册
书 号	ISBN 978-7-5504-5160-5
定 价	46.80元

谨以此书

献给所有为计量经济学教学而精心备课的老师，他们寻根究底、勇于探索所付出的辛勤劳动与学生的受益高度正相关；

献给所有对计量经济学感兴趣的学生，他们求知若渴、持之以恒的学习态度，着实让我感动；

献给我已故的父亲母亲和伯父伯母，他们对我从儿时开始的教育和期盼与本书的问世息息相关。

第四版前言

2010 年本书被列为西南财经大学出版社"21 世纪高等院校经济管理类核心课程规划教材"，本书第四版已被列为"河南省'十四五'普通高等教育规划教材"。

本书的特点

本书适用于作为高等院校经济学、管理学门类各专业本科生的教材。该书贯彻党的二十大精神，以马克思主义历史唯物论和唯物辩证法为指导思想，在传授计量经济学知识的同时，注重培养学生的批判性思维和系统分析解决实际问题的能力，并且力求避免误用、滥用计量经济学的模型和方法。其特点主要体现在以下五个方面：

1. 系统介绍了经典计量经济学的基本理论、方法，以及为避免"伪回归现象"的发生而发展起来的协整理论的基本内容，并将它们纳入一个完整的体系中。在介绍理论和方法的过程中，除解释其基本内容外，还特别说明其产生背景或基本思想，以及适用范围。

2. 在内容的结构安排上，先介绍解释变量为确定性变量时的建模理论及其应用，然后再扩展到可能含有随机解释变量的一般情形，而不是一开始就考虑一般情形，在给定解释变量矩阵 X 的条件下设定基本假定条件，直接得到一般的建模理论。尽管这两种做法论证过程相仿，但后者在涉及参数估计量的分布及数字特征的大量表述中，如均值、方差，等等，都要不厌其烦地附加以 X 已知为条件，相当繁琐，而且当 X 中含有随机变量时，若忽略掉这个条件，将参数估计量的数字特征写成 X 的表达式，则犯了一个常数等于一个随机变量的低级错误——不幸的是，这种错误至今仍出现在一些在国内流行的教科书中。另外，在绝大多数以 X 为条件设定基本假定条件的初级教科书中，都未给出参数估计量无条件的统计性质，而这些性质是许多实证建模的理论依据，因此它们在内容体系上存在缺陷。本书在一定程度上弥补了这一缺陷。

3. 在每一章结束语一节，以知识结构图的形式描绘整章的知识结构，并阐述学习这部分内容时应该注意的问题，具体包括它与其他章节的联系、相关内容的扩展简介和对疑难问题的较深入探讨等。

4. 作为建模理论方法的应用而选择的例题，既有宏观的经典问题，也包括易引起学生学习兴趣的微观实际问题，而且在分析过程中尽可能使学生领悟应用计量经济学方法研究实际经济问题的基本步骤和书写要点。同时，对那些选自其他教科书中的例题的解题过程都做了修正或改进。

5. 在介绍一种估计或检验方法后，都在一个单独的方框中给出其在 EViews 软件下的执行过程，在后文的例题中对所得输出结果中的各项进行说明，并对那些与本书中同名但含义不同的指标做出解释，以免引起误导。例如，在利用 WLS 法估计模型所得输出结果中的“Weighted Statistics”部分，“R－squared”、“F－statistic”等与利用 OLS 法估计加权模型所得输出结果中的相应指标具有不同的含义。

新版增订之处

与第三版相比，第四版主要在以下五个方面做了大量增补或修订：

1. 指出了一些在国内流行的教科书各版本中存在的对计量经济学若干概念、理论和方法的模糊甚至错误认识，并给予澄清或纠正。具体表现为对下列问题的解答：

（1）就一般而言，将参数估计量的标准差的估计量（值）称为它的标准误，这种做法合适吗？（§2.3）

（2）在实证分析中，人们常采用对被解释变量做对数变换的方法，以减弱或消除模型存在的异方差性，这种做法的“理论依据”是什么？（§4.2）

（3）在显著性水平 α 下进行双侧 DW 检验，当查 $\alpha/2$ 的左尾 DW 检验临界值上下限表得到的上限 $d_U \geq 2$ 时，该检验的判断规则是什么？（§4.3）

（4）随机变量的峰度 K 度量了其分布的什么特征，是均值附近中心区域的峰态，还是远离均值区域的尾态？如何从几何直观上说明 K 值与分布特征的关系？（§4.5）

（5）将误差项不存在自相关性和异方差性的非线性回归模型，“误设”为线性回归模型，其误差项一定存在自相关性或异方差性吗？（§4.5）

（6）对于一般线性回归模型，设定经典假定条件目的之一是保证高斯—马尔科夫定理成立，该定理是经典计量经济学建模依据的基本理论，它成立需要以模型是“正确的”或“真实的”为条件吗？（§4.5）。

等等。

2. 增加了一些模型的建立、模型之间关系和检验方法之间关系的数学分析过程、违背经典假定线性回归模型的预测方法，使内容体系更加完善；增加了一些概念和方法的几何说明，使读者更容易理解其含义。具体包括：

（1）在第2章，§2.1节增加了一般单方程回归模型可识别性的概念和例题，以及对回归模型总体回归函数的“正确性”和引入随机误差项原因的较深入分析；§2.5节增加了单侧 t 检验的 P 值与双侧 t 检验的 P 值的关系论证；§2.6节增加了最优线性无偏预测的概念。在第3章，§3.1节增加了偏回归系数与偏相关系数的关系；§3.5节增加了预测区间大小与预测精度的关系；§3.8节增加了关于含有时间变量回归模型和不含截距项回归模型的问题。在第4章，§4.1节增加了JB正态性检验的步骤及应用举例；§4.2、§4.3节分别增加了存在异方差性和存在自相关性情形下的预测方法，§4.3节还增加了单侧DW检验方法及其数学分析过程。在第5章，§5.4节增加了对虚拟变量的不同设置所得模型之间的等价性说明，增加了连续总体回归函数结构稳定性检验的推导过程；§5.5节增加了对一般线性回归模型中回归系数的约束等式进行检验的 F 检验法与 t 检验法的等价性说明。在第8章，§8.4节增加了对EG检验过程的说明，以及EG检验和动态最小二乘法（DOLS法）在EViews下的执行过程。

另外，还补充了大量计量经济学概念和术语的英文表述，并在第1章增加了模型的预测检验简介和使用本书作为教材的教学建议，在书末参考文献部分添加了正文提到但未列入其中的参考文献。

（2）在各章介绍概念和方法部分增加了大量的图形。如，估计量的无偏性、有效性、一致性、预测区间、F 检验和 χ^2 检验显著性水平与临界值的关系、偏度和峰度与分布特征的对应关系、异方差性、虚拟变量的引入方式及其在模型结构突变检验中的应用等的示意图。

3. 为引导学生从不同角度理解和应用所学理论和方法，也便于教师检测学生的学习情况，第四版除增加了一些简答题和综合应用题之外，各章都增加了判断题，第8章还增加了模拟试验题。

4. 修改了一些记号、表述和图形，使之意义更加清晰易懂，叙述更简练。如，一般参数估计量的标准差统一用其英文名的缩写“SD”来记，不再使用“SE”。修改了第1章§1.1节关于非经典计量经济学各分支学科的简介。修改了第2章§2.3节和§2.6节、第3章§3.2节和§3.5节、第4章的§4.1、§4.3、§4.4节和附录4.1、第5章的§5.1节的部分表述。修改了第2章§2.1节例题2.1和§2.6节例题2.1

（续）、第 3 章 §3.2 节和 §3.6 节的例题 3.1（续）、第 4 章例题 4.2 和例题 4.3、第 5 章例题 5.2、第 8 章例题 8.2 等各题的解题过程。修改了各种分布的临界值与显著性水平关系的示意图和 t 分布与 DF 统计量分布、DF 统计量分布与 EG 统计量分布等的比较示意图。

5. 将附录 A 和各章中有关 EViews6.0 软件的基本操作介绍，全部替换为介绍 EViews10 软件（发布于 2017 年 6 月）的基本操作。各章例题中在 EViews6.0 软件下的输出结果全部替换为在 EViews10 软件下的输出结果。考虑到学生课下自己练习的方便性，第四版没有采用更新的 EViews11 版本和 EViews12 版本的软件。

致谢

在本书的写作过程中，参考了国内外许多计量经济学教科书和相关论文，其中包括我的老师庞皓先生主编的计量经济学教材，在此，向庞老师和其他有关论著的作者表示衷心的感谢！

我很感谢西南财经大学出版社的编辑王琳老师，他为本书第四版的出版，给予了足够的耐心并付出了大量辛勤的劳动。

最后，我还要特别感谢我的家人并将此书献给他们，是他们的关心、理解和支持，使我能够集中精力于本书的写作。

靳庭良

2021 年 8 月

E-mail：tljin64@163.com

目 录

1 绪论

本章从整体上对计量经济学进行概略性介绍，目的是使读者了解：①什么是计量经济学，以及这门学科的性质、特点、内容体系是什么；②学习计量经济学有什么用途；③计量经济学是如何研究问题的，建立计量经济模型的基本步骤是什么；④本书的内容体系、教学建议及阅读本书需要的数学预备知识。在阅读本章的过程中，初学者会遇到许多陌生的概念和方法的名称，它们看起来很神秘，但没关系，本章只是为大家开始学习计量经济学指明方向，在以后各章，我们将逐步学习其中的一些基本概念和基本方法。随着学习的深入，读者回过头来再看本章所讲内容，便会对它们有更加清晰的认识和进一步的理解。

§1.1 什么是计量经济学

1.1.1 计量经济学的诞生与发展

"计量经济学"(Econometrics)这个名词是1926年挪威经济学家、第一届诺贝尔经济学奖获得者之一的弗瑞希(R. Frisch)在《论纯经济问题》一文中，按照"生物计量学"(Biometrics)一词的结构仿造出来的，因此也被译成"经济计量学"。人们一般认为，1930年12月弗瑞希和荷兰人丁伯根(J. Tinbergen)、美国人费歇尔(I. Frisher)等经济学家发起的国际计量经济学会的成立，标志着计量经济学作为一门独立学科正式诞生。1933年，该学会正式出版了会刊——《计量经济学》(*Econometrica*)杂志。在发刊词中，弗瑞希指出：经验表明，统计学、经济理论和数学这三者对于真正了解现代经济生活中的数量规律都是必要的，但其本身并非充分条件；三者结合起来，就有了力量，这种结合便构成了计量经济学。由此可见，计量经济学是一门由统计学、理论经济学和数学相结合形成的一门经济学分支学科，其目的是揭示社会经济现象发展变化中的数量规律。

自计量经济学作为一门学科诞生以来，经过90多年的发展，其理论、方法已经形成了庞大的内容体系，应用领域也更加广泛。其发展过程大致经历了两个阶段：第一个阶段(20世纪30~60年代)是经典计量经济学形成和完善阶段，第二个阶段(20世纪70年代至今)是非经典计量经济学的发展阶段。

在20世纪60年代以前，计量经济学的主要特征是，计量经济模型的建立以经济理论为导向，其所含每个随机方程中的被解释变量均是连续性的随机变量，它的样本数据都是随机抽取的，应用范围主要是宏观经济领域。这个时期的计量经济学常被称为**经典(或传统)计量经济学**(classical, or traditional, econometrics)。由于经典计量经济学的建模思想是以经济理论为导向,因此也称它是“理论驱动型”的。在这一时期,弗瑞希界定了计量经济学的学科性质,挪威人哈维尔莫(T. Harvelmo)建立了计量经济学的概率论基础,英国人斯通、(R. Stone)极大地改善了计量经济分析的数据基础,丁伯根、美国人克莱因(L. R. Klein)等在推广和应用计量经济学方面做出了重要贡献。他们也因此获得了诺贝尔经济学奖(注:后面的数字为获奖年份):弗瑞希、丁伯根,1969;克莱因,1980;斯通,1984;哈维尔莫,1989。

在实践应用中,经典计量经济学存在一定的局限性:一是依赖于现有的经济理论,一旦理论失灵或过时,所估计的参数也就失去了意义,基于此理论所进行的预测往往是不准确的。例如,在20世纪70年代发生了两次世界性的石油危机(1973—1974年、1979—1980年),经济运行中出现了“滞胀现象”,传统经济理论对此无法给出合理的解释,这使得以理论为建模依据的经典计量经济学受到了严重挑战。二是建模要求被解释变量是连续的、随机的,而且要求时间序列变量具有平稳性(见第8章),当这些条件不满足时,就可能导致已有的建模方法失效。

自上世纪70年代以来,为了应对经典计量经济学“失灵”的局面,计量经济学家有针对性地提出了各种建模理论和方法,从而发展形成了若干计量经济学新的分支学科,如时间序列计量经济学(包括博克斯-詹金斯方法论、动态计量经济学、协整理论、自回归条件异方差模型等)、微观计量经济学、面板数据分析、非参数计量经济学等。与经典计量经济学相对,通常将这一时期发展起来的这些新的计量经济学分支学科统称为**非经典计量经济学**(non-classical econometrics)。下面对它们做简单介绍。

——**时间序列计量经济学**(time series econometrics)

鉴于利用经典计量经济模型可能导致的预测失败,美国统计学家博克斯(G. E. P. Box)和英国统计学家詹金斯(G. M. Jenkins)在前人研究的基础上,提出了具有可操作性的建立时间序列模型和预测的范式(Box和Jenkins,1970、1976),称之为**博克斯-詹金斯方法论**(Box-Jenkins methodology)。该方法论不依赖于经济理论,是在“让数据自身说话”的信念下,通过建立**自回归移动平均模型**(autoregressive moving average model,ARMA model)或**自回归单整移动平均模型**(autoregressive integrated moving average model,ARIMA model),着重分析时间序列本身的概率性质。当未知经济理论是否与所研究的经济运行环境相符时,利用ARMA模型或ARIMA模型进行短期预测,与经典计量经济模型相比,往往收到比较好的效果。后来,西姆斯(C. A. Sims)于1980年将单变量的自回归模型推广到关于多个内生变量的**向量自回归模型**(vector autoregressive model,VAR model)。西姆斯和萨金特(T. J. Sargent)因“利用时间序列计量经济学方法,对宏观经济中因果的实证研究”,共同获得2011年诺贝尔经济学奖。

考虑到依据经济理论设定的模型函数形式可能与经济运行环境不相符,以英国人韩德瑞(D. F. Hendry)为代表的一些计量经济学家提出了被称为**动态计量经济学**(dynamic econometrics)的建模理论和方法,其基本思想是,交替运用理论与数据信息的途径,把建模过程视为认识的循序渐进过程。他们认为任何经济变量的观测值都是由随机过程生成的,在模型函数形式的设定上,应该首先建立一个能够生成样本数据的一般**自回归分布滞后模型**(autoregressive distributed lag model,ADL model)(见第6章),然后逐步约化,最后得到反映变量之间数量关系的简单模型。

在20世纪70年代,英国人格兰杰(C. W. J. Granger)和纽博尔德(P. Newbold)在其蒙特卡罗(Monte－Carlo)模拟试验中发现,对于非平稳的时间序列变量,利用经典计量经济学方法建模,可能产生“**伪回归现象**”(spurious regression phenomenon)(Granger 和 Newbold,1974;见本书第8章)。那么,在非平稳变量之间是否存在能用计量经济模型来刻画的长期均衡数量关系呢?为解决这个问题,格兰杰提出了协整(cointegration)的概念(Granger,1981;Granger 和 Weiss,1983),并与美国人恩格尔(R. F. Engle)合作于1987年给出了一种检验回归模型“真伪”的有效方法,即 EG 协整检验,从而奠定了**协整理论**(cointegration theory)的基础。由于在创立协整理论上做出的突出贡献,格兰杰获得2003年诺贝尔经济学奖。

考虑到许多经济金融时间序列呈现出波动的集聚性,即小的波动往往跟着小的波动,大的波动往往跟着大的波动,这意味着它们的条件方差是随着时间变化的,美国人恩格尔(R. F. Engle)于1982年提出了刻画这种现象的一种条件异方差模型,即**自回归条件异方差模型**(autoregressive conditional heteroskedasticity model, ARCH model)。后来,计量经济学家们又从不同角度对 ARCH 模型进行拓展,提出了许多具有应用价值的刻画条件异方差的模型,如 GARCH 模型(generlized ARCH model)、TARCH 模型(threshold ARCH model)、EGARCH 模型(exponential GARCH model)、ARCH—M 模型(ARCH model in mean),等等。恩格尔因此获得2003年诺贝尔经济学奖。

上述利用时间序列数据建模的理论和方法都是时间序列计量经济学的研究内容。(参考书:詹姆斯 D. 汉密尔顿,1999;博克斯、詹金斯等,2022;沃尔特·恩德斯,2017;D. F. 韩德瑞、秦朵,1998)

——**微观计量经济学**(microeconometrics)

在20世纪60、70年代,人们开始重视对个体行为中存在的数量规律进行分析,其中所研究的变量可能是不连续的或其样本数据是非随机抽取的。例如,是否购买住房;对交通工具的选择:地铁、公共汽车、出租车、自行车等;在投资决策中,投资股票、房地产还是国库券。在研究这类问题的随机方程中,被解释变量取若干离散的数值以代表人们在决策选择中可能的选项,如

$$Y=\begin{cases}0 & \text{购买住房}\\ 1 & \text{不买住房}\end{cases}$$

又如,对大学本科毕业生毕业一年后收入的研究,调查数据往往是参加工作的人,没有包括不工作的人,因此所得样本数据取自一定的范围并非完全随机的。对这些问题建模方法的研究促进了微观计量经济学的诞生和发展。美国人赫克曼(J. Heckman)和麦克法登(D. Mcfaddan)因对微观计量经济学的建立做出了奠基性贡献而获得2000年诺贝尔经济学奖。(参考书:A. 科林·卡梅伦和普拉温·K. 特里维迪,2010)

——**面板数据计量经济学**(panel data econometrics)

经典计量经济学建模用到的样本数据,或者是截面数据,或者是时间序列数据,前者只反映不同个体在同一时间(时点或时期)截面上的信息,后者只反映某一总体或个体在不同时间上的信息,而**面板数据**(panel data)(见本章§1.2节)则同时反映了不同个体在不同时间上的信息,它从空间和时间两个维度提供了个体的信息。利用面板数据建模能够提高参数估计的有效性,而且能够体现个体的特性。因此,随着计算机技术的快速发展以及人们可获得的面板数据资料越来越丰富,**面板数据模型**(panel data model)业已成为计量经济学研究的重要内容之一,而且其应用范围也越来越广泛。(参考书:萧政,

2021；巴蒂 H. 巴尔塔基，2010）

——**非参数计量经济学**（nonparametric econometrics）

依据经济理论设定模型的函数形式，需要附加很多约束条件，而它们很可能是不正确的。鉴于此，人们提出了对被解释变量和解释变量的概率分布施加较少的限制，采用非参数统计的估计方法来研究变量之间的关系。由这种建模思想发展形成了所谓的非参数计量经济学。（参考书：李奇、杰弗里·斯科特·拉辛，2015）

考虑到经典计量经济学理论方法存在的局限性，随着非经典计量经济学理论方法的不断发展和完善，人们越来越多地倾向于应用非经典计量经济学的理论方法来研究实际问题。尽管如此，非经典计量经济学并不能替代经典计量经济学，因为后者是进一步学习前者的基础，而且其在实证分析中仍有重要的应用价值。另外，非经典计量经济学的一些理论方法可以看作是对经典计量经济学的完善和补充。例如，在时间序列建模过程中，先对变量序列之间的关系进行协整检验，能有效地避免利用经典计量经济学方法建模可能产生的“伪回归现象”的出现。

1.1.2 计量经济学与相关学科的关系

弗瑞希在《计量经济学》杂志的发刊词中明确指出，计量经济学的特点是将经济理论、统计学和数学三门学科有机地结合起来，其不同于经济统计学和经济理论，也不应简单地认为是数学在经济学上的应用。

（1）计量经济学与理论经济学的联系和区别。计量经济学研究的主体是经济现象中经济关系的数量规律，这决定了计量经济学在分析经济数量关系时，应当以经济学提供的理论原则和揭示的经济规律为出发点，其研究成果具有明确的经济意义。但是，计量经济学并不是机械地照搬经济理论对经济现象的定性分析或数理经济学中变量之间的函数关系式，而是针对具体的经济运行环境，对经济理论得到的一般规律提供经验的内容。例如，微观经济学指出，在其他条件不变的情况下，一般商品的需求量随着该商品价格的上升（下降）而减少（增加），但该理论并不提供任何数量上的度量，如这种商品价格的单位变动将会使需求量具体减少多少或增加多少。计量经济学家的工作就是要对变量之间的这类数量关系进行具体估计，即为经济理论提供经验的内容。此外，计量经济学还可以对已有的经济理论进行检验，验证其适用性并对其产生反馈影响。若经大量正确的建模分析都不能支持某一经济理论或规律，则其反映的经济行为的合理性就值得怀疑，进而在深入研究解释同一经济现象的不同假说或理论以及经济主体行为机制的基础上，可以对其提出补充或修改（见§1.3节）。

（2）计量经济学与经济统计学的联系和区别。经济统计学的研究内容主要是，搜集、加工并通过图或表展现经济数据，这些数据构成了计量经济学发现隐藏在经济现象中经济关系的数量规律的原始资料。离开了经济统计，任何对实际经济问题的计量经济分析都会寸步难行，但经济统计学侧重的是用统计指标和统计方法对经济现象的数量描述，而很少去关注蕴含在其中的经济规律及其经验的内容。

（3）计量经济学与数理统计学的联系和区别。数理统计学是研究随机变量统计规律的学科，描述经济现象特征的变量通常是随机变量，因此数理统计学为计量经济学的研究提供了方法论基础。然而，数理统计学中的许多方法只适用于在可控制实验中生成的“实验数据”，即在将研究的系统或过程与外界影响相隔离的环境中，由一组条件的实现所得到的变量的数据。这里可控制实验是可以在实验者的控制之下重复进行的,如投掷骰子观测出现的点数、有放回地从某一批产品中随机抽取样品检验产品的质量等都属于可控制实验。而经济统计数据往往不是产生于特定条件下可控制实验的结果,是被动观测到的经济现象的数量特征。例如,中国每年的国内生产总值(GDP)、每个交易日的上证综合指数分别是由国民经济的运行过程和证券的交易过程决定的,受很多因素(包括未知因素)的影响,政府或任何个人或团体都无法对其进行全面控制。因此,计量经济学常常需要结合经济实际拓展数理统计方法的适用范围或发展新的方法研究这类随机变量问题。此外,数理统计学只是抽象地研究一般随机变量的统计规律,而计量经济学所研究的变量具有特定的经济意义,因此在计量经济分析中研究方法的选择必须与实际经济问题相符合。因此,计量经济学并不只是数理统计学方法在经济分析中的简单应用。

综上所述,经济统计学、理论经济学和数理统计学都能从各自的角度对经济现象进行数量分析,它们是构成计量经济学不可或缺的组成部分,但是都不能替代计量经济学。继续阅读本书,读者会发现计量经济学的力量就在于将这三门学科的有机结合。

1.1.3 计量经济模型

计量经济学研究经济现象使用的工具是计量经济模型。所谓**计量经济模型**(econometric model)就是用随机性的数学方程或方程组对经济现象或经济规律的描述和模拟,以揭示蕴含其中的各个因素之间的定量关系。这种模型不同于理论经济学中用以分析变量之间定量关系的精确数学函数或方程(组)。例如,在研究人们的消费行为时,凯恩斯主义者(Keynesian)认为,消费是由收入唯一决定的,消费与收入之间存在着稳定的函数关系,并且随着收入的增加,消费将增加,但消费的增长低于收入的增长,而且边际消费倾向(MPC)是递减的。这里的边际消费倾向是指收入增加一个单位导致消费支出的增加量。设 C、I 分别表示消费支出和收入,那么用数学模型可以将这一理论表示为:

$$C = f(I) \tag{1.1}$$

满足 $0 < \frac{dC}{dI} < 1$, $\frac{d^2C}{dI^2} < 0$。但该理论本身并不能明确模型(1.1)中的函数形式,这样的模型就是通常所说的**数理经济模型**(mathematical - economic model),不是计量经济模型。

要研究收入 I 的变化对消费支出 C 的数量影响程度,首先,需要针对所研究的具体问题,改造模型(1.1)使其具有明确的函数形式。例如,

$$C = \beta_0 + \beta_1 I + \beta_2 I^2 \tag{1.2}$$

满足 $\frac{d^2C}{dI^2} = 2\beta_2 < 0$。当然,这里的截距项 β_0、I 和 I^2 的系数 β_1、β_2 都是未知的参数。

事实上,由于人们的消费行为是一个复杂的社会过程,除了受收入的影响外还受许多其他因素的影响,如家庭所拥有的财产、消费习惯、周围人群的消费水平、对未来收入和消费支出的预期,等等,因此在现实的经济生活中,我们不能期望人们的消费支出 C 与其收入 I 具有(1.2)式的精确函数关系。一个合理的处理方法是在该式右端引入随机变量 u,以使其与消费支出相等,即

$$C = \beta_0 + \beta_1 I + \beta_2 I^2 + u \tag{1.3}$$

其中 u 被称为**随机误差项**(stochastic error)或**随机扰动项**(stochastic disturbance),它包含了除收入以外的其他因素对消费支出的影响,对于一定的收入水平,它的取值因个人或

家庭而异。含有随机误差项的方程(1.3)[简称为**随机方程**(stochastic equation)]就是反映消费与收入之间定量关系的一个计量经济模型。

从上述例子可以看出,数理经济模型是不可以估计的,因为人们并不知道其明确的函数形式。然而,计量经济模型是一个具有明确函数形式的随机方程,借助于样本数据并使用适当的随机数学的方法便可能对其中的未知参数进行估计,进而可以分析经济现象中各因素之间的数量关系。

在模型(1.3)中,等号左边的变量消费支出 C 是我们的研究对象,而等号右边的变量收入 I 是影响 C 的因素,用以解释 C 变化的原因,因此前者被称为**被解释变量**(explained variable)或**因变量**(dependent variable),后者被称为**解释变量**(explanatory variable)或**自变量**(independent variable)。模型(1.3)是由一个方程构成的,像这样的模型也称为**单方程计量经济模型**(econometric model with a single equation)。在本书第7章,我们还将看到由多个方程联立构成的计量经济模型,即所谓**联立方程模型**(simultaneous equations model),用以描述复杂的经济关系。

§1.2 经典计量经济学的建模步骤

模型(1.3)含有未知参数 β_0、β_1、β_2,还不能用于分析消费支出与收入之间的数量关系,这样的模型被称为**理论(或总体)计量经济模型**(theoretical, or population, econometric model)。那么,如何建立起一个能够用于对经济现象进行数量分析的计量经济模型呢?这是计量经济学研究的核心内容。本节首先介绍经典计量经济学的建模步骤或框架,使读者对建模过程有一个整体了解,至于各步骤中涉及的技术细节会在后面各章详细讨论。

经典计量经济学的建模过程可以用如下流程图(图1-1)表示。

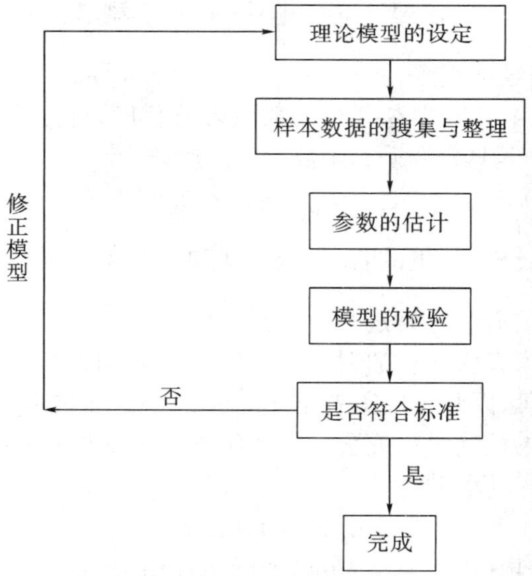

图1-1 经典计量经济学建模基本过程的流程图

从图 1－1 可以看出，**建立计量经济模型可分为四个基本步骤**：理论模型的设定、变量数据的搜集与处理、模型参数的估计和模型的检验，而且建立一个可以应用的计量经济模型可能需要多次重复以上基本步骤方能完成。下面举例说明上述建模步骤，并简要介绍对已通过检验的模型（称之为竞争模型）的筛选问题。

1.2.1 理论模型的设定

一般说来，**理论模型的设定**（specification of the theoretical model）包含四部分工作：

首先，根据研究的目的和模型的用途确定研究对象，并从理论上对其进行影响因素分析，确定主要影响因素。例如，在研究人们的消费问题时，研究对象是人们的消费支出，按照凯恩斯主义者的绝对收入消费理论，影响人们消费支出的主要因素只有收入。对于一个具体的地区，该理论可能是不合适的，此时可以借助于其他消费理论，如杜森贝里（J. S. Duesenberry）（1949）提出的相对收入消费理论、弗里德曼（M. Friedman）（1957）提出的持久收入消费理论、莫迪利亚尼和布隆伯格（F. Modigliani 和 R. Brumberg）（1954）提出的生命周期消费理论，来确定影响消费支出的主要影响因素。

其次，用适当的变量来表征所要研究的对象及其影响因素，且要求它们在每个观测点上都有样本数据。例如，杜森贝里提出的相对收入消费理论认为，消费者的消费支出不仅受当期收入的影响，还受周围人群的消费行为和自己过去曾经实现的消费水平的影响。依据该理论建模，可以考虑用周围人群的平均收入表征它们的消费行为，用前一期的消费支出或收入表征消费者过去曾实现的消费水平或消费习惯。再如，1978 年前后国家政策的变化对我国粮食产量产生了巨大影响，但这两个时期的政策没有观测值，因此要将政策因素引入我国粮食产量计量经济模型，就必须用适当的变量来表征它。在下一小节，我们将介绍通过引入人工变量来表征政策因素的方法。

再次，依据经济行为理论得到的经验模型或变量之间的散点图确定模型的数学形式并说明参数的约束条件。在对实际问题进行了大量的计量经济分析后，经济学家们得到了许多能很好地解释经济现象的模型，如，依据各种消费理论建立的常用计量经济模型、柯布和道格拉斯（C. W. Cobb 和 P. H. Dauglas）、索洛（R. Solow）等提出的各种形式的生产函数模型、路迟（C. Liuch）（1973）提出的扩展的线性支出系统需求函数模型（expend linear expenditure system，ELES）、霍撒克和泰勒（H. S. Houthakker 和 L. D. Taylor）（1970）提出的描述耐用品和非耐用品需求的状态调整模型，等等（参见：李子奈、潘文卿，2005，$p_{217-283}$）。这些模型可以作为实际建模的重要参考。

例如，某行业企业产品的产出量 Q 主要受资本的投入量 K 和劳动力数量 L 的影响，依据 Cobb－Dauglas 生产函数理论，可以考虑建立如下 C－D 生产函数模型，研究 Q 与 K、L 之间的数量关系：

$$Q = AK^{\alpha} L^{\beta} e^{u}$$

或

$$\ln(Q) = \ln(A) + \alpha\ln(K) + \beta\ln(L) + u \tag{1.4}$$

其中 A、α、β 为参数，$A>0$，$\alpha>0$，$\beta>0$，u 为随机误差项。

变量之间的散点图是各次观测得到的样本数据的几何表示，由此可以初步推测变量之间可能存在的函数关系式。例如，对某农村地区抽样调查了 20 个家庭，得到他们在某一时

期的可支配收入 I(元)和消费支出 C(元)的数据。在坐标系下绘出 C 对 I 的散点图,如图 1-2 所示。

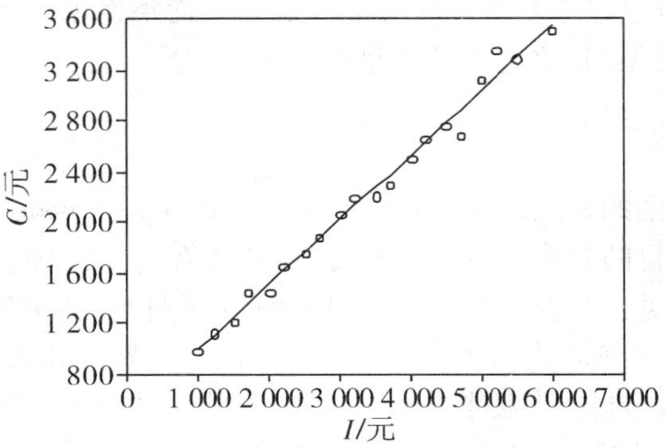

图 1-2　消费支出 C 对可支配收入 I 的散点图

容易看出,图 1-2 中的散点比较密集地分布在一条直线周围。因此,可以初步认为在这一时期 C 与 I 之间大致呈线性关系,并设定如下计量经济模型:

$$C = \beta_0 + \beta_1 I + u \tag{1.5}$$

其中 β_1 为边际消费倾向,$0 < \beta_1 < 1$,u 为随机误差项。

最后,判断所建模型是不是可以估计的或可以识别的。如果对于任意的一组样本数据及任意的一种参数估计方法,都无法区分估计结果是针对所建模型的,还是针对其他模型的,则只能认为该模型是不可以估计的,此时也称之为**不可以识别的**(unidentified)。否则,则称之为**可以识别的**(identified)。因此,在设定理论模型时,必须保证其是可以识别的。本书在第 2 章 §2.1 节我们将举例说明模型的可识别性。

1.2.2　变量数据的搜集与处理

为了估计理论计量经济模型中的参数,首先需要搜集模型中变量的样本数据并进行加工处理使之适合模型参数的估计。从工作程序上讲,样本数据的搜集与处理是在理论模型建立之后进行,但实际上两者经常是同时进行的,因为能否搜集到合适的样本数据是决定变量取舍的重要因素之一。因此,能否得到变量的样本数据,尤其是高质量的数据,是计量经济分析能否成功的关键,这一点无论怎么强调都不过分。

1.2.2.1　数据的类型

计量经济分析中**常用的数据可以分为四类**:截面数据(cross - sectional data)、时间序列数据(time series data)、混合数据(pooled data)和虚拟变量数据(dummy variable data)。

截面数据是指在同一时间(时期或时点)截面上一个总体的一批(或全部)个体的同一特征变量的观测值。例如:2008 年我国大陆各省、自治区、直辖市人民生活水平的年人均国民总收入、年人均消费性支出和年人均年底储蓄存款余额;某一企业 2009 年 1 月份全体职工个人的工资、消费支出;2010 年 6 月 11 日上海证券交易所 A 股市场某 100 只股票的收盘价;它们都属于截面数据。

时间序列数据是按时间先后顺序排列的一个总体(或个体)的一个特征变量在不同时间的观测值。例如:1978—2008 年反映我国人民生活水平的年人均国民总收入、年人均消费性支出和年人均年底储蓄存款余额;2000 年第一季度至 2010 年第一季度某一企业产品销售量的季度数据;2000 年 1 月 1 日—2010 年 12 月 31 日每个交易日上证综合指数的收盘指数;它们都属于时间序列数据。考虑到间隔不同的观测值往往具有不同的相关性,时间序列数据又常被分为**规则频率数据**(regular frequency data)和**不规则频率的数据**(irregular frequency data),前者数据之间有规则的时间间隔,后者则没有。如,在 2000 年 1 月 1 日—2010 年 12 月 31 日期间,我国每季度的 GDP、每月新建住房开工的数量、每周五个工作日每天上班的人数等,都属于规则频率数据。但由于节日假期和其他闭市日的存在,在此时期每个交易日上证综合指数的收盘指数则属于不规则频率数据。

混合数据是将一个总体中个体的同一特征变量在不同时间的截面数据按时间顺序排列构成的数据集。例如,在 2000—2008 年每年在全国抽取 5 000 个家庭,调查每个家庭的人均收入和人均消费支出状况,共得到 45 000 个人均收入数据和 45 000 个人均消费性支出数据,这两个数据集都属于混合数据。

在混合数据中,有一个重要的特殊类型就是**面板数据**(panel data),它是一批个体的同一特征变量在一定时间段上的时间序列数据合并构成的数据集。面板数据也称为**纵列数据**(longitudinal data)。在上述例子中,每年抽取的家庭可能是不同的,如果每年调查的都是同样的 5 000 个家庭,这样得到的家庭人均收入和人均消费支出数据都属于面板数据。又如,表 1 - 1 给出的 2000—2007 年反映我国西部 12 个省、自治区、直辖市每年经济发展水平的地区生产总值也属于面板数据。按照个体的时间序列观测值是否存在缺失,面板数据分为**平衡面板数据**(balanced panel data)和**不平衡面板数据**(unbalanced panel data),前者是指每个个体在每一个观测时间都有观测值,后者是指至少有一个个体在至少一个观测时间没有观测值。上述面板数据的例子都属于平衡面板数据。如果在表 1 - 1 中缺失了 2000 年重庆国内生产总值的数据,则该数据集就属于非平衡面板数据。在面板数据计量经济分析中,人们往往先研究平衡面板数据的分析方法,然后再将其推广到非平衡面板数据上。面板数据可以从空间和时间两个维度提供个体的信息,它已成为计量经济学研究的重要内容之一。

表 1 - 1　2000—2007 年我国西部 12 个省、自治区、直辖市地区生产总值的面板数据

单位:亿元

地区	年份							
	2000	2001	2002	2003	2004	2005	2006	2007
内蒙古	1 401.01	1 545.79	1 756.29	2 150.42	3 041.07	3 895.55	4 841.82	6 091.12
广　西	2 050.14	2 231.19	2 455.36	2 735.13	3 433.5	4 075.75	4 828.51	5 955.65
重　庆	1 589.34	1 749.77	1 971.3	2 250.56	2 692.81	3 070.49	3 452.14	4 122.51
四　川	4 010.25	4 421.76	4 875.12	5 456.32	6 379.63	7 385.11	8 637.81	10 505.3
贵　州	993.53	1 084.9	1 185.04	1 356.11	1 677.8	1 979.06	2 270.89	2 741.9
云　南	1 955.09	2 074.71	2 232.32	2 465.29	3 081.91	3 472.89	3 981.31	4 741.31
西　藏	117.464	138.73	161.42	184.5	220.34	251.21	291.01	342.19
陕　西	1 660.92	1 844.27	2 101.6	2 398.58	3 175.58	3 675.66	4 520.07	5 465.79
甘　肃	983.36	1 072.51	1 161.43	1 304.6	1 688.49	1 933.98	2 276.7	2 702.4
青　海	263.59	300.95	341.11	390.21	466.1	543.32	639.5	783.61
宁　夏	265.57	298.38	329.28	385.34	537.16	606.09	710.76	889.2
新　疆	1 364.36	1 485.48	1 598.28	1 877.61	2 209.09	2 604.19	3 045.26	3 523.16

注:① 表中地区生产总值均以当年价格计算。② 数据来源于《中国统计年鉴》(2001—2008)。

虚拟变量(dummy variable)是在研究涉及定性因素的问题时,为将其纳入模型而人为设定的变量。这里所谓**定性因素**(qualitative factor)是指不存在数值度量的因素。例如,在建立1952—2008年我国粮食产量的计量经济模型时,由于改革开放政策对我国粮食产量产生了重要影响,因此在选择解释变量时,除了考虑播种面积、化肥使用数量、反映农业机械化水平的指标(如农机总动力)、成灾面积等可以测量的变量外,还必须考虑该时期内反映政策变化的政策变量。为此,可以在模型中引入如下人工变量:

$$D_t = \begin{cases} 0 & 1952 \leqslant t \leqslant 1977 \\ 1 & 1978 \leqslant t \leqslant 2008 \end{cases}$$

以反映政策的变化对粮食产量的影响,其中 $D_t = 0$、$D_t = 1$ 分别对应1978年前后的国家政策。像 D_t 这样的人工变量就被称为**虚拟变量**。虚拟变量可能的取值就是所谓的**虚拟变量数据**,这些数据是人为设定的,其目的是将定性因素的不同属性类型(如,上述例题中1978年前后的两种政策)区分开。本书在第5章§5.4节将对如何把定性因素纳入模型及虚拟变量的作用进行详细讨论。

1.2.2.2　数据的搜集

计量经济分析采用的数据主要是各种经济统计数据,这些数据往往来自联合国的各种统计年鉴、各国政府部门正式出版的各种统计年鉴、月报、季报等,如《中国统计年鉴》及各地区或各部门编制的年鉴、报告等,它们可以从相关的网站上查到。当所研究的问题无法从公众信息渠道获得变量的信息时,则需要通过专门组织的调查去获取数据,这当然会面对很多困难。

在搜集变量的数据时,需要考虑以下问题:

(1)样本是否来自所研究的总体?所谓总体是指客观存在的、具有某种共同属性的若干个别事物的集合,其中的每个个别事物被称为个体,而样本为从总体中抽取的部分个体构成的集合。例如,在抽样研究某一地区家庭消费支出与可支配收入之间的数量关系时,该地区的所有家庭构成研究的总体,从中随机调查的1 000个家庭则为一个样本。这1 000个家庭的月消费支出和月可支配收入就是搜集到的样本数据。如果调查的对象是个人,则会出现样本与总体不一致的现象。

(2)数据是否准确地反映了它所描述的经济因素的状态,即通常所说的数据本身是否准确?显然,在上述例子中,如果用家庭成员的月财政工资收入之和作为家庭月可支配收入就是不准确的。

1.2.2.3　变量数据的处理

通常从各种渠道获取的原始数据,不能直接用于模型参数的估计,还需要考虑以下问题:

(1)是否存在数据的遗失问题,即数据是不是完整的?如果样本容量足够大,且样本点之间的联系并不紧密,则可以将遗失数据所在的样本点整个去掉;如果样本容量有限,或者样本点之间的联系紧密,去掉某个样本点会对模型的估计结果产生较大影响,则应采取特定的技术,如插值法等,将遗失数据补上。

(2)数据在不同样本点之间是不是可比的?计量经济学方法是从样本数据中寻找经济现象本身存在的客观规律,如果数据在不同样本点之间是不可比的,模型的估计结果就难以反映变量之间存在的真实数量关系。例如,利用1985—2010年的时间序列数据研究郑州市家用轿车的拥有量与人均收入水平之间的关系时,由于价格水平的变化,按当年价格计算的人均收入在不同年份之间是不可比的。因此，在估计模型之前，首先应该将当年价格计算的人均收入数据用价格指数（如居民消费价格指数）调整为按某一年（基期）价格计算的可比数据。其计算公式为：

$$\text{按基期价格计算的人均收入} = \frac{\text{按当年价格计算的人均收入}}{\text{当年价格指数}} \times 100$$

其中，当年价格指数是相对于基期价格指数（100）的计算值。

1.2.3 模型参数的估计

在理论计量经济模型中含有未知的参数，它们不可以直接观测，而且由于随机误差项的存在，它们也不能通过变量的样本数据精确计算，因此如何依据样本数据，选择适当的估计方法对它们进行估计便成为计量经济学建模的重要任务之一。**模型参数的估计**（estimation of the parameters of the model）是一个纯技术的过程，包括估计方法的设计、选择、计量经济学软件的应用等内容。在本书后面的章节中将用大量的篇幅讨论模型的估计问题。

1.2.4 模型的检验

依据样本数据得到的模型参数的估计值只是真实参数的一个近似，由此得到的模型不能直接加以应用，还需要制定适当的准则对它（们）进行一系列检验，以验证这样的估计结果是否客观地揭示了所研究的经济现象中诸因素之间的关系。**计量经济模型的检验**（testing of the econometric model）一般包括经济意义检验、模型假定的检验、统计检验和预测检验等四级检验。

1.2.4.1 经济意义检验

经济意义检验（testing of the economic meaning）主要是检验模型参数的估计结果在经济意义上是否合理，通常是将参数的估计值与理论的预期值进行比较，包括参数的符号、大小及其相互之间的关系，以判断其合理性。例如，利用某一地区的样本数据估计模型（1.3），所得到的估计结果为：

$$\hat{C} = \hat{\beta}_0 + \hat{\beta}_1 I + \hat{\beta}_2 I^2$$

其中，$\hat{\beta}_j(j = 0,1,2)$ 为参数 β_j 的估计值，$\hat{C}$ 为 C 的估计值或拟合值。依据边际消费倾向递减规律，参数的估计值应该满足 $0 < \frac{d\hat{C}}{dI} = \hat{\beta}_1 + 2\hat{\beta}_2 I < 1$ 且 $\frac{d^2\hat{C}}{dI^2} = 2\hat{\beta}_2 < 0$。如果参数估计值不满足这些不等式，一般来说，则应当舍弃所估计的模型，并从模型设定、估计方法、统计数据等方面找出导致错误结论的原因。

应该强调的是，模型的经济意义检验是对模型估计结果进行的一项最基本的检验，经济意义不合理，不管其他方面的质量多么好，模型也是没有意义的。

1.2.4.2 模型假定的检验

计量经济模型的任何一种估计方法都对模型有一些特定的要求，即它适用于估计满足一组假定条件的模型，当所研究的模型违背这些假定条件时，这种估计方法往往是失效的。**模型假定的检验**（testing of the assumptions of the model）就是对所采用的估计方法，检验模型是否满足该方法所要求的基本条件。本书在第 4 章将详细讨论经典线性回归模型基本假定的检验问题，主要包括多重共线性检验、随机扰动项的自相关性、异方差性检验以及解释变量的内生性检验等。

1.2.4.3 统计检验

在计量经济学建模中应用的样本数据都有一定的随机性，由此导致参数的估计结果具有偶然性。因此，我们在得到模型参数的估计值后，还需要利用数理统计学中的方法对参数的真值及变量之间的数量关系进行统计推断。这就是所谓**模型的统计检验**（statistical testing of the model），主要包括模型的拟合优度检验、变量和方程的显著性检验等。

1.2.4.4 预测检验

建立计量经济模型的一个重要目的是对样本以外（预测期）被解释变量（或内生变量）的取值进行预测。所谓**模型的预测检验**（prediction testing of the model）就是通过比较利用模型得到的变量的预测值与实际观测值的差异程度，来评价模型的预测效果。在实践中，当待预测变量在预测期的实际观测值未知时，可以利用一部分样本数据估计模型而把其余的看作预测期的值，进行模型的预测检验。

1.2.5 模型的选择

当模型通过了上述各种检验，则一个可以应用的计量经济模型就建立起来了。但这样建立的模型未必是"最好的"，因为它只表明样本数据没有出现违背所依据的经济理论，且模型的估计满足数理统计理论的要求，若依据其他理论或假说改变模型的设定，也可能建立起通过上述检验的其他模型。也就是说，可能有通过上述各种检验的更好的**"竞争模型"**（competing models）存在。比如，在研究某一地区的消费支出问题时，采用前两期的消费支出或收入表征消费者过去曾实现的消费水平或消费习惯，依据相对收入消费理论所建立的模型与依据绝对收入消费理论所建立的模型，可能都能通过上述三个方面的检验。那么，**如何从这些"竞争模型"中选择"最好的"呢？**处理这个问题可以从以下四个方面考虑：一是对比各"竞争模型"，看哪一个对经济现象的解释更贴切或预测更准确；二是对比模型参数估计量相对样本容量变化时的灵敏度；三是利用统计检验法进行选择（见第5章§5.2）；四是利用既考虑参数估计的精度又考虑模型对样本数据拟合优度的各种统计指标进行筛选，如调整的可决系数、各种信息准则［如赤池信息准则（AIC）、施瓦茨信息准则（SIC）］等（见第5章§5.3）。

§1.3 计量经济模型的应用

当一个"最好的"的模型被建立起来以后，便可以将其应用于分析经济现象中各种因素之间的数量关系。计量经济模型的应用主要有以下三个方面：结构分析、经济预测、政策评价。

1.3.1 结构分析

经济学中的**结构分析**（structural analysis）是对经济现象中变量之间相互关系的研究。应用计量经济模型对经济现象进行结构分析，就是利用已估计参数的计量经济模型对经济现象中存在的经济关系进行定量测度或检验。它的作用主要体现在如下两个方面：

(1)直接研究当一个或几个变量发生变化时，它或它们会对其他变量以至整个经济系统产生什么样的数量影响。在这方面，结构分析经常采用的分析方法有乘数分析、弹性分析等。

乘数分析(multiplier analysis)主要是利用乘数研究一个变量的变化引起另一个变量变化的程度。**变量X对变量Y的影响乘数**(impact multiplier of variable X to variable Y) M 被定义为它们的绝对改变量之比 $\Delta Y/\Delta X$，它反映了 X 的单位变化引起 Y 变化的数量。X 对 Y 的影响乘数也被称为 X 对 Y 的**边际效应**(marginal effect)。收入对消费的影响乘数就是边际消费倾向(marginal propensity to consume, MPC)。

例如，我们利用 1978—2009 年的年度数据，得到反映某一国家的国民总收入 I(亿元)与总消费支出 C(亿元)关系的消费函数模型为

$$\hat{C} = -78.06 + 0.70I \tag{1.6}$$

其中 $\hat{C}$ 为 C 的拟合值。从(1.6)式可知，该国在样本期内国民总收入对总消费支出的影响乘数，即边际消费倾向约为 $\Delta\hat{C}/\Delta I = 0.70$。它表明国民总收入每增加 1 亿元，总消费支出将大约增加 0.70 亿元。在此基础上我们还可以进行投资对收入的乘数分析。在储蓄等于投资的均衡条件下，投资对国民总收入的影响乘数为

$$M \approx 1/(1-0.70) \approx 3.33$$

这表明当投资增加 1 亿元时，最终将导致国民总收入大约增加 3.33 亿元(注：乘数的实现需要多期)。由此可以为研究政府政策的改变引起的投资变化对总体经济产生的影响提供重要信息。

弹性分析(elasticity analysis)是利用弹性研究一个变量相对于另一变量变化的敏感程度。**变量Y对变量X的弹性**(elasticity of variable Y to variable X) η 被定义为它们的相对改变量之比 $\dfrac{\Delta Y/Y}{\Delta X/X}$，它反映了对于 X 百分之一的变化，Y 变化的百分比。

例如，由模型(1.6)可得总消费支出对国民总收入的弹性为

$$\eta = \frac{\Delta C/C}{\Delta I/I} = \frac{\Delta C}{\Delta I} \cdot \frac{I}{C} \approx 0.70 \cdot \frac{I}{C} \tag{1.7}$$

对于某一期给定的 I 值和 C 值，如 $I=896$(亿元)，$C=729$(亿元)，由(1.7)式求得

$$\eta \approx 0.860\ 3$$

此表明当 $I=896$(亿元)，$C=729$(亿元)时，若国民总收入 I 增加 1%，则总消费支出 C 约增加 0.86%。在研究某一时期总消费支出对国民总收入的弹性时，常常将 I 和 C 在该时期的平均值代入(1.7)式所计算的 η 值，用来估计该时期内总消费支出对国民总收入的弹性。

在实证分析中，如果 Y 可以用 X 的可微函数 $\tilde{Y}$ 很好地估计，且变量 X 的改变量 ΔX 很小，则 X 对 Y 的影响乘数 M 和 Y 对 X 的弹性 η，可以分别用下列公式近似求得：

$$M \approx \frac{\Delta\tilde{Y}}{\Delta X} \approx \frac{d\tilde{Y}}{dX}, \quad \eta \approx \frac{\Delta\tilde{Y}}{\Delta X} \cdot \frac{X}{Y} \approx \frac{d\tilde{Y}}{dX} \cdot \frac{X}{Y}$$

如果 Y 可以用 $X_1, X_2, \cdots, X_k$ 的可微函数 $\tilde{Y}$ 很好地估计，且变量 X_j 的改变量 ΔX_j 很小，则在其他变量不变的条件下，X_j 对 Y 的影响乘数[即，X_j 对 Y 的**偏影响乘数**(partial impact multiplier)或 X_j 对 Y 的**偏边际效应**(partial marginal effect)] M_j 和 Y 对 X_j 的弹性[即，Y 对 X_j 的**偏弹性**(partial elasticity)] η_j，可以分别用下列公式近似求得：

$$M_j \approx \frac{\Delta\tilde{Y}}{\Delta X_j} \approx \frac{\partial\tilde{Y}}{\partial X_j}, \quad \eta_j \approx \frac{\Delta\tilde{Y}}{\Delta X_j}\cdot\frac{X_j}{Y} \approx \frac{\partial\tilde{Y}}{\partial X_j}\cdot\frac{X_j}{Y}$$

(2)检验和发展经济理论。例如,宏观经济学中著名的菲利普斯曲线(Phillips curve)是菲利普斯(A. W. Phillips)在1958年利用1861—1957年英国货币工资的变化率与失业率的数据拟合的一条曲线,如图1-3所示。该曲线显示货币工资的变化率与失业率之间存在一种此消彼长的关系,即:货币工资的变化率高时,失业率低;货币工资的变化率低时,失业率高。围绕它是否一般地揭示了货币工资变化率(通货膨胀率)与失业率之间的关系问题,人们展开了广泛的讨论和经验验证。比如,利用某一国家或地区的通货膨胀率(Y)和失业率(X)的时间序列样本数据,通过建立如下模型(称之为倒数模型):

$$Y = \beta_0 + \beta_1 \frac{1}{X} + u \tag{1.8}$$

或其他能反映图1-3中Y与X之间关系的模型,对菲利普斯曲线描述的规律进行检验。如果经反复建模分析,都无法证实该曲线的存在,则应该考虑采用其他理论,如预期菲利普斯曲线等,或发展新的理论以解释该国家或地区通货膨胀率与失业率之间的关系。

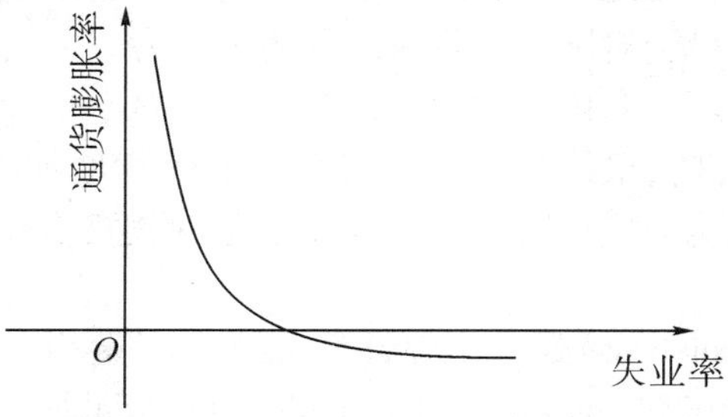

图1-3 菲利普斯曲线

又如,经过对一些欧美国家的历史数据的分析研究,美国经济学家库兹涅茨(S. S. Kuznets)在1955年提出了描述收入分配差距与经济增长的关系的"倒U假设"(Kuznets hypothesis of "inverted U shape"):在经济发展过程中,收入分配差距的长期变动轨迹是"先恶化,后改进"。也就是说,在收入水平较低时,经济增长会加剧分配不平等;当收入达到一定水平后,收入分配差距会处于一个短暂的稳定时期;在收入水平较高时,经济增长会逐渐改进收入分配不平等的状况。在坐标系下,收入分配差距与经济增长的关系可以用如图1-4所示的"倒U曲线(inverted U curve)"来说明,其中X、Y分别为反映经济增长水平和收入分配差距的指标。

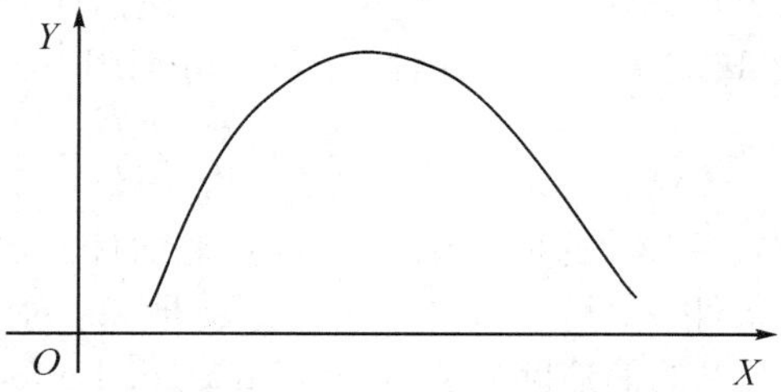

图1-4 库兹涅茨"倒U曲线"

关于这一假设是否具有“经济规律的力量”一直存在争议。在实证分析中,通过设置反映收入分配差距的变量 Y(比如,基尼系数、20%最高收入者的收入与20%最低收入者的收入之比等)和反映经济增长水平的变量 X(比如,人均国内生产总值),建立能刻画“倒 U 曲线”的模型,比如,建立二次多项式模型:

$$Y = \beta_0 + \beta_1 X + \beta_2 X^2 + u \tag{1.9}$$

便可以对“倒 U 假设”进行检验。

1.3.2 经济预测

利用计量经济模型进行**经济预测**(economic forecasting)就是在已知或预先测定的解释变量或外生变量的前提下,利用已选择的“最优”计量经济模型,去预测被解释变量或内生变量在样本期以外的值(注:在第7章§7.1节介绍内生变量、外生变量的概念)。例如,当我们通过分析得知上述消费函数模型(1.6)中的国民总收入在2010年将达到930(亿美元)时,利用该模型便可以求得2010年该国的总消费支出的预测值为:

$$\hat{C} = 78.06 + 0.70 \times 930 = 729.06 \text{(亿美元)}$$

当获得该国2010年总消费支出的实际值之后,便可以与预测值进行比较,计算预测误差,来评价预测的准确性。当然这是事后评价,对于指导预测工作缺乏前瞻性。那么,在预测之前,我们能否尽量减小预测误差,将其控制在一定的范围内呢?本书将在第3章讨论这个问题。

1.3.3 政策评价

不同的经济政策方案对经济或社会目标产生的影响存在一定的差异。利用计量经济模型进行**政策评价**(policy evaluation),就是将经济或社会目标作为被解释变量,在模型中引入反映政策方案的“政策变量”,对各种可供选择的政策方案的实施效果进行模拟测算,从而对各种政策方案做出评价,此时计量经济模型起到了“经济政策实验室”的作用。利用计量经济模型对政策进行评价或选择适用于公司、地区、国家或国际组织等各种层次的决策问题。例如,一国政府要运用紧缩的财政政策或货币政策抑制物价持续上涨的趋势,但又要防止政策的过度使用导致经济发展出现大幅衰退,就可以同时以通货膨胀率、经济增长率为研究的对象或目标,在计量经济模型的解释变量中包括财政支出、税率、利率等政策变量,通过这样的模型便可以分析政策变量的变动对上述目标产生的影响。

§1.4 本书的内容体系及教学建议

本书将经典计量经济学与属于非经典计量经济学范畴的协整理论纳入一个完整的内容体系,除了介绍相关内容的基本理论、基本方法及其在典型(宏观、微观)经济实际问题中的应用外,还介绍了各种估计和检验方法在 EViews 下的执行过程,并对其输出结果进行详细解释。该书适用于普通高等院校经济学、管理学门类各专业本科生一学期(51学时或68学时)计量经济学课程的教材。全书共分8章,表1-2列出了结构安排及各章的学习要点和教学建议。

表 1-2　本书的内容体系及教学建议

内容体系	学习要点	学时安排(共 66 学时)	
		理论讲授(50 学时)	上机实验(16 学时)
第 1 章:绪论	①什么是计量经济学 ②经典计量经济学建模步骤 ③计量经济模型的应用:结构分析、预测、政策评价	2	
EViews10 软件操作(1)	①主窗口各功能键的常用功能 ②工作文件的建立 ③数据的输入与处理 ④作图 ⑤常用描述统计量的计算		2
第 2 章:一元线性回归模型	①一般回归模型的表达式及其可识别性 ②OLS 法、样本回归函数和残差的代数性质 ③基本假定条件及高斯 - 马尔科夫定理 ④参数 OLS 估计量的无偏性、有效性、一致性 ⑤统计检验(拟合优度检验、变量显著性 t 检验) ⑥模型预测原理、点预测值和预测区间的求法	8	
第 3 章:多元线性回归模型	①模型的矩阵表达式、偏回归系数的含义 ②OLS 估计量、样本回归函数和残差的代数性质 ③基本假定条件及高斯 - 马尔科夫定理 ④参数 OLS 估计量的无偏性、有效性、一致性 ⑤统计检验(拟合优度检验、变量显著性 t 检验、方程显著性 F 检验) ⑥模型点预测值和预测区间的求法 ⑦常用可线性化的非线性回归模型的定义及应用:倒数模型、双对数模型、半对数模型、多项式模型、逻辑斯蒂增长曲线模型、交互效应模型等	7	
EViews10 软件操作(2)	①OLS 法、NLS 法的执行过程 ②模型预测的执行过程		2
第 4 章:违背基本假定的多元线性回归模型	①多重共线性的定义、后果、诊断和补救措施 ②异方差性的定义、后果、检验和补救措施 ③自相关性的定义、后果、检验和补救措施 ④随机解释变量模型:基本假定条件,高斯 - 马尔科夫定理的一般表述,内生解释变量的后果、检验,IV 法	12	
EViews10 软件操作(3)	①正态性检验:直方图法、JB 检验法 ②异方差性、自相关性的各种检验法的执行过程 ③WLS 法、估计 ARMA 过程误差项模型的 NLS 法的执行过程 ④IV 法及 Hausman 检验的执行过程		4
第 5 章:回归模型的设定与选择	①解释变量选取“偏误”的后果 ②模型设定的统计检验 ③模型的选择准则: $\bar{R}^2$ 准则、AIC 准则、SIC 准则 ④定性因素的量化与虚拟变量的应用	4	
EViews10 软件操作(4)	①F 检验法及 Wold 检验法的执行过程 ②Chow 检验的执行过程 ③季节变量的赋值		1

表1－2(续)

内容体系	学习要点	学时安排(共66学时)	
		理论讲授(50学时)	上机实验(16学时)
第6章:滞后变量模型	①滞后效应与滞后变量模型的概念 ②分布滞后模型参数的含义、Almon多项式估计法 ③自回归模型的背景知识及估计方法的选择 ④Granger因果关系检验原理及应用	5	
EViews10软件操作(5)	①Almon多项式法的执行过程 ②两变量和多变量的Granger因果关系检验的执行过程 ③多元自相关性的LM检验的执行过程		2
第7章:联立方程模型	①基本概念:内生变量、外生变量、前定变量、结构式模型、简化式模型 ②模型识别的秩条件和阶条件 ③模型的估计方法:ILS法、2SLS法、3SLS法 ④模型的应用:克莱因战争间模型	6	
EViews10软件操作(6)	①2SLS法的执行过程 ②3SLS法的执行过程		2
第8章:伪回归现象与协整理论	①基本概念:平稳过程、随机游走过程、单整过程、伪回归、协整关系 ②特征方程与平稳性条件 ③ADF(DF)单位根检验 ④协整关系的EG检验 ⑤误差修正模型的结构	6	
EViews10软件操作(7)	①ADF(DF)单位根检验的执行过程 ②EG协整检验的执行过程 ③DOLS的执行过程 ④随机模拟程序		3

说明:

1. 一学期17周课程总学时为51学时,建议去掉第6、7两章,这样不影响教学内容的连贯性。在学时的安排上,理论和方法课安排39学时,上机实验课安排12学时。可以考虑每周安排3学时,每三周理论和方法课后安排一周上机实验课。

2. 一学期17周课程总学时为68学时,可以讲完全部内容。在学时的安排上,理论和方法课安排52学时(含2个机动学时),上机实验课安排16学时。可以考虑每周安排4学时,单周安排4学时理论和方法课,双周安排理论和方法课和上机实验课各2学时。

§1.5 阅读本书需要的数学预备知识及计量分析软件

1.5.1 数学预备知识

若要理解本书讨论的计量经济学理论、方法及其应用,读者需要熟悉概率论与数理统计中的一些基本概念,包括随机变量、概率、(概率)密度函数、期望、方差、标准差、协方差、相关系数、点估计、概率极限、区间估计、置信区间、统计量、假设检验和几种常用的概率分布:正态分布、t分布、χ^2分布、F分布等。另外,在介绍计量经济模型的基本估计方法时，涉及微积分中函数的偏导数和最值的求法；在介绍含有多个变量计量经济模型的理论和方法时，涉及矩阵代数中的基本运算法则。因此，我们建议读者在阅读本书之前或在学习过程中，先复习一下相关的数学基础知识，对于深入理解计量经济学理论和方法是非常有必要的。

1.5.2　计量分析软件

随着电子计算机技术的飞速发展，建立计量经济模型需要进行的大量复杂的运算过程已经被编制成各种软件包，如 EViews、GAUSS、SPSS、SAS、PC－GIVE 等，这为计量经济学的学习和应用带来了极大的方便。EViews 软件是目前人们最常用的计量分析软件，它具有相当强大的功能，包括数据处理、作图、统计分析、建模分析、预测、编程和模拟试验等。为此，本书在讨论计量经济分析方法的同时，还将介绍 EViews 软件的使用，所采用的版本是目前在国内比较流行的 EViews10（发布于 2017 年 6 月）。

有的书将软件的操作说明与计量经济学方法的应用混在一起，给人一种“乱”的感觉。鉴于此，本书在附录 A 中单独介绍 EViews10 的基本操作程序，而把大部分检验和估计方法在 EViews10 下执行过程的操作说明，放在它们之后的“方框”中。

§1.6　结束语

本章是对计量经济学的概略性介绍，其中经典计量经济学的建模过程及其应用，以及协整理论的细节，是此后各章主要讨论的内容。该章的知识结构如图 1－5 所示。

读者在学习本章时需要注意以下几点：

（1）计量经济学在经济学中的地位。计量经济学是经济学的分支学科，建立起连接经济理论与经济实践的桥梁，无论在预测经济变量或研究它们之间的数量关系上，还是在制定和评价经济政策以及检验和发展经济理论方面，都有着非常重要且广泛的应用。例如，预测我国明后两年 GDP 的增长率、通货膨胀率、大学本科毕业生的就业率；研究扩大内需、增加投资对我国经济增长的影响，某一国家通货膨胀率、利率、汇率与经济增长之间的数量关系，是否投资股票与其影响因素之间的数量关系；研究西方经济学的理论［如奥肯定律（Okun's law）、恩格尔定律（Engel's law）、菲利普斯曲线……］在中国的适用性；等等。正如 1970 年诺贝尔经济学奖获得者萨缪尔森（P. A. Samuelson）指出的那样，二战后的经济学已经进入计量经济学时代，这一点从诺贝尔经济学奖的学科分布也可以略见一斑。因此，计量经济学在经济学中具有非常重要的地位。另外，计量经济学还可以用于研究一般社会现象中变量之间的数量关系，如子女个数、户主受教育程度、生活环境、收入水平等对家庭幸福指数的影响，增加政府救济对人们休闲时间和工作时间的影响，增加社会成员的福利对育龄夫妇生育二胎意愿的影响，失业率与犯罪率之间的关系，大学的小班教学对学生学习成绩的影响，等等。

- 绪论
  - 什么是计量经济学
    - 诞生与发展
    - 学科性质
      - 定义
      - 与相关学科的关系：数理统计、经济统计、理论经济学
    - 计量经济模型
  - 计量经济学的建模步骤（前四步为基本步骤）
    - 总体回归模型的设定
      - 影响因素分析
      - 变量的选择
      - 函数形式的选择
      - 模型的识别
    - 数据的搜集与处理
      - 数据类型：截面数据、时间序列数据、混合数据（含面板数据）、虚拟变量数据
      - 搜集渠道
      - 注意事项：准确性、一致性、完整性、可比性
    - 参数的估计：估计方法的选择
    - 模型的检验
      - 经济意义
      - 模型假定的检验（计量经济学检验）
      - 统计检验：变量的显著性、拟合优度检验
      - 预测检验
    - 模型的选择：建模目的、模型的稳定性、统计检验、模型选择准则
  - 计量经济模型的应用
    - 结构分析
      - 常用方法：乘数分析、弹性分析
      - 检验与发展经济理论
    - 经济预测
    - 政策评价

图 1－5　第 1 章知识结构图

（2）与其他经济学分支不同，计量经济学没有自己的经济理论，其核心内容是为研究经济变量之间的数量关系提供适当的方法，但它可以为验证或发展经济理论提供经验证据。需要特别强调的是，通过各种统计检验的模型只表明变量之间存在显著的统计关系，并不一定意味着它们之间具有因果关系（见第 2 章 §2.8 节），计量经济学发展经济理论的功能必须与经济主体行为机制的深入研究相结合才能得以实现。

（3）计量经济学研究步骤与计量经济学建模步骤的区别。前者是指利用计量经济学的方法研究问题的完整过程，既包括计量经济学的建模步骤，如理论模型的设定、样本数据的搜集与处理、模型的估计、模型的检验、模型的选择等，也包括计量经济模型的应用。另外，建模步骤的前四步为基本建模步骤，它构成了建立一个可以应用的模型的基本框架，但由此得到的模型未必是“最好的”模型。在实践中，建立最终用于经济分析或预测的模型通常包括模型选择的步骤，即对若干经上述基本步骤得到的模型进行筛选，以便得到“最好的”模型来应用。

（4）在建立用于结构分析的计量经济模型时，依据经济理论或实践经验对影响被解释变量的因素进行分析，进而设定解释变量，是建立理论（总体）计量经济模型的重要环节。此时应该从因果关系角度筛选出解释变量，它们对被解释变量的构成部分有一定的影响力，而不应该选择被解释变量的组成部分作为解释变量，否则，就成了“自己解释自己”。例如，在建立我国的经济增长模型时，以 GDP（国内生产总值）为方程中的被解释变

量,可以考虑选择固定资产投资、技术创新、经济政策、制度创新、汇率、利率等作为解释变量,但不能以第一、二、三产业的增加值为解释变量,因为它们是 GDP 的组成部分。

(5)模型的**简约原则**(principle of parsimony)。该原则是指,在其他情况相同的条件下,简单模型优于复杂模型。在现实生活中经济现象往往非常复杂,影响一个变量的因素可能有很多,它们之间是否存在函数关系是未知的,因此很难做到让模型完全符合现实,而且即使能做到这一点,也会使模型变得难以处理而失去任何实际用处。另外,简单模型更容易解释、估计和检验,更能体现主要影响因素对所研究变量的影响程度,而且简单模型参数估计量的稳定性通常要好于复杂模型,更适合于样本外的预测。因此,在建立计量经济模型时,只要不遗漏重要的信息,能达到研究目的,模型应该尽可能简单。

练习题一

一、选择题

1. 依据企业的样本数据,通过建立计量经济模型来研究某国汽车产量 Q 与其主要影响因素(劳动力人数 L、资本总量 K)之间的数量关系。下列哪些表达式不能作为备选模型(　　),这里 $\beta_j(j=0,1,2)$ 为不变参数,u 为随机误差项。

A. $Q = f(L,K) + u$　　B. $Q = \dfrac{\beta_0}{LK} + u$

C. $Q = \beta_0 L^{\beta_1} K^{\beta_2} e^u$　　D. $Q = \beta_0 L^{\beta_1} K^{\beta_2}$

2. 建立反映居民家庭收入影响因素的单方程计量经济模型,下列哪一组变量或定性因素(用虚拟变量代替)不宜作为解释变量引入到模型中。

A. 子女人数、种族　　B. 户主受教育程度、年龄、职业

C. 亲戚的汇款、经营收入、财政工资收入　　D. 地理位置、户口所在地

3. 下列哪两位计量经济学家因为在微观计量经济学上做出的重要贡献而获得 2000 年诺贝尔经济学奖。(　　)

A. J. Heckman 和 D. McFadden　　B. C. Sims 和 J. Sargent

C. R. Frisch 和 J. Tinbergen　　D. I. Frisher 和 D. F. Hendry

二、判断正误题(要求:说明理由)

1. 计量经济学有自己的经济理论,因此它属于经济学的分支学科。

2. 计量经济模型就是一个对经济现象中变量之间数量关系进行模拟的随机方程。

3. 对计量经济模型进行检验的顺序是:经济意义检验 → 统计检验 → 模型假定条件的检验。

4. 依据凯恩斯提出的流动性偏好理论建立某国的货币需求函数模型,并利用样本数据得到估计结果:$\hat{M} = \hat{\beta}_0 + \hat{\beta}_1 I + \hat{\beta}_2 r$,其中 $\hat{M}$、I、r 分别为货币需求量的估计值、收入和利率,$\hat{\beta}_1 > 0$,$\hat{\beta}_2 > 0$,该结果能通过经济意义检验。

5. 在 2010—2015 年郑州大学、河南大学、信息工程大学等三所高校,各校每年招生的人数构成的数据集属于时间序列数据.

6. 通过各种检验的模型就是最好的模型。

7. 计量经济模型发展经济理论功能的实现必须建立在对经济主体行为机制深入研究的基础之上。

8. 计量经济学的研究步骤包括建模的基本步骤、模型的选择以及模型的应用。

9. 在研究大学中学生上课的出勤率对期末考试成绩的影响时,不能应用计量经济学的方法进行研究,因为该问题不属于经济问题。

10. 有人依据2000—2019年我国大陆各省、自治区、直辖市历年人均消费支出Y和人均可支配收入X的面板数据,建立了Y对X的回归模型,该模型通过了各种必要的检验,其估计结果为:$\hat{Y}=900+0.7X$。由此他得到结论:在这期间我国大陆年人均可支配收入对年人均消费支出的影响乘数约为0.7。

三、简答题

1. 什么是计量经济学? 它与理论经济学、经济统计学、数理统计学有何联系和区别?

2. 什么是计量经济模型? 它与数理经济模型的区别是什么? 试举例说明。

3. 在计量经济学中,为什么要对样本数据进行分类?

4. 试举出时间序列数据、截面数据、非面板的混合数据、面板数据的实际例子各两个,并说明这些数据的来源。

5. 在得到参数的估计值后,为什么还要对计量经济模型进行检验?

6. 在数据搜集与处理过程中,应遵循哪些原则? 试解释它们的含义。

7. 在理论(总体)计量经济模型的设定过程中,需要做哪些工作?

8. 在建立为促进经济增长提出建议的单方程计量经济模型中,你打算引入哪些变量? 你的依据是什么?

9. 在建立为抑制通货膨胀提出建议的单方程计量经济模型中,你打算引入哪些变量? 你的依据是什么?

10. 从购房需求导向建立住房价格模型,你打算引入哪些变量? 你的依据是什么?

11. 计量经济模型有哪些方面的应用? 各自依据的原理是什么?

12. 如何理解模型的简约原则?

四、综合应用题

设函数

$$\ln(\hat{Y}) = 0.5 + 0.86\ln(X) + 0.22Z$$

近似反映了某一发展中国家家庭年食品支出(Y,美元)与总收入(X,美元)、人口(Z,人)之间的数量关系,这里$\hat{Y}$为Y的拟合值或估计值。对于一个特定家庭($X=2\ 000$美元,$Y=1\ 000$美元,$Z=4$人),回答以下问题:

(1)在其他变量不变的条件下,分别研究X、Z对Y的边际影响和Y对X、Z的弹性。

(2)当X增加20美元,Z增加1人时,估计Y的增加额。

2　一元线性回归模型

学习计量经济学主要是学习各种计量经济模型的建模方法。回归分析是研究变量之间数量关系的一种数学方法，计量经济学的许多方法论都是以它为基础建立起来的。回归分析使用的重要工具是回归模型，其中最简单的是**一元线性回归模型**。本章主要介绍**一元经典线性回归模型**的建模过程及应用，具体内容包括参数估计的普通最小二乘法、模型的经典假定条件、参数的普通最小二乘估计量的统计性质、模型拟合优度的度量、参数的假设检验及模型的应用。我们这样做并不是因为一元线性回归模型的实用性，而是它能使回归分析的基本思想表述得尽可能简单，而且一些基本概念可以用几何图形直观说明。不仅如此，一元线性回归模型参数估计的原理与含有多个解释变量的多元线性回归模型相同，关于后者的许多结论都是前者的直接推广，先学习本章可以为后面各章的学习打下基础。

§2.1　回归分析与回归模型

2.1.1　回归分析的含义

回归分析（regression analysis）起源于英国生物学家高尔顿（F. Calton）对人类身高与遗传关系的研究（Calton，1886）。高尔顿指出，一般而言，父母高，儿女也高，父母矮，儿女也矮，但给定父母的身高，子女辈的平均身高有朝着全体人口平均身高移动或回归的趋势。也就是说，父母的身高高于全体人口平均身高的群体，其子女平均身高会低于父母的身高；父母的身高低于全体人口平均身高的群体，其子女平均身高会高于父母的身高，如图 2 - 1 所示。这一规律被称为**普遍回归定律**（law of universal regression）。后来英国统计学家皮尔逊（K. Pearson）通过抽取一些家庭中父亲和儿辈的身高样本，从统计学的角度证实了该定律（Pearson 和 Lee，1903）。高尔顿提出的"回归"，意在揭示全体人口的身高分布有一种稳定性，不会出现两极分化，即父母身高比较高的家庭，其子女平均身高更高；父母身高比较低的家庭，其子女平均身高更低的现象。以上就是回归的古典含义。

在现代，回归分析是在一般意义下研究一个变量［称为**被解释变量**或**因变量**或**回归子**（regressand）］对另一个或多个变量［称为**解释变量**或**自变量**或**回归元**（regressor）］数量依赖关系的数学分析方法，其目的是通过解释变量的已知值或设定值，估计被解释变量的（平均）值，或分析解释变量的变动对被解释变量产生的影响。

例如，以下问题都可以借助回归分析的方法进行研究：居民家庭消费支出对可支配收入的数量依赖关系及其预测问题；为了制定"最优"广告支出预算，研究企业产品的销

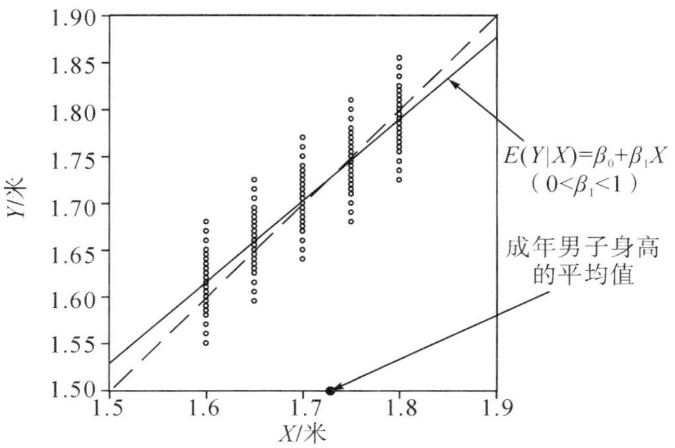

图 2-1 对于给定的父辈身高 X,子辈身高 Y 的分布示意图

售量与广告支出的关系;为制定旨在促进经济增长的政策,研究我国 GDP 与国内消费支出的数量关系;大学生专业课成绩与每天学习时间、高考成绩的关系;城市的犯罪率与失业率、居民贫富差距之间的数量关系。

在回归分析中,被解释变量为随机变量,解释变量可以是随机变量,也可以是可控变量。但在经典回归分析中,基于实践经验或相关理论的分析,解释变量作为被解释变量变动的原因而不是相反,一般被作为可控变量来处理。所谓**可控变量**(controlled variable)是指在实验之前实验者能设定其取值,而且可以在重复抽样中取相同的值的变量。这类变量的基本特征是对于每次实验或观测,它的取值都是确定的常数。人们称具有这种特征的变量为**确定性变量**(deterministic variable)。例如:

(1)时间变量,如 t = 1978,1979,…,2021;研究改革开放政策对我国粮食产量影响时,在模型中引入的政策虚拟变量:$D_t = \begin{cases} 1 & 1952 \leqslant t \leqslant 1977 \\ 0 & 1978 \leqslant t \leqslant 2008 \end{cases}$;都是确定性变量。

(2)在研究经济问题时,政府支出、税率、存款准备金率等政策变量都属于可控变量。

(3)在研究某一社区人们的消费支出问题时,可以提前设定被调查者的收入为 6 个层次(或水平):月收入 2 000 元以下、2 001 ~4 000 元、4 001 ~6 000 元、6 001 ~8 000 元、8 001 ~10 000 元、10 000 元以上,并以各收入区间的中点作为该组收入水平的代表。这里 10 000 元以上组的代表值设定为 15 000 元,然后对一定收入层次上的个人进行重复抽样,从而得到他们的消费支出数据。此时人们的收入水平就是一个可控变量,消费支出则为随机变量。

但从宏观上研究一个国家(如中国、俄罗斯等)的消费支出问题时,国民总收入与总消费支出一样都是随机变量,它们的取值是由该国的经济运行过程决定的,此时国民总收入就不能看作一个可控变量。

(4)研究某一行业中企业的产量问题,企业的资本、劳动力数量可以看作可控变量,而企业的产量则是随机变量。

2.1.2 回归模型的概念

回归分析所使用的重要工具是**回归模型**(regression model)。所谓回归模型是反映被

解释变量与解释变量之间数量依赖关系的随机方程。例如,第1章中的模型(1.3):

$$C = \beta_0 + \beta_1 I + \beta_2 I^2 + u$$

就是反映消费支出与收入之间数量依赖关系的一个回归模型。对于一定的收入水平 I,当随机误差项的均值为0,即 $E(u \mid I) = 0$ 时, $E(C \mid I) = \beta_0 + \beta_1 I + \beta_2 I^2$。于是,利用回归分析的方法估计模型(1.3)中的参数,进而便可以依据 I 的取值去估计消费支出的平均值 $E(C \mid I)$,或分析边际消费倾向 $MPC \approx \dfrac{dC}{dI}$ 的变化规律。

一般地,随机变量 Y 对变量 $X_1, X_2, \cdots, X_k$ 的**总体回归模型**(population regression model)被设定为:

$$g(Y) = f(X_1, X_2, \cdots, X_k; \beta_1, \beta_2, \cdots, \beta_m) + u \tag{2.1}$$

其中,随机变量 Y 为被解释变量, $X_1, X_2, \cdots, X_k$ 为解释变量, $\beta_1, \beta_2, \cdots, \beta_m$ 为未知参数, u 为随机误差项, $g(Y)$ 为 Y 的已知函数, f 为函数对应关系。由函数关系式

$$g(\tilde{Y}) = f(X_1, X_2, \cdots, X_k; \beta_1, \beta_2, \cdots, \beta_m) \tag{2.2}$$

确定的因变量为 $\tilde{Y}$ 的函数,称为 Y 对 $X_1, X_2, \cdots, X_k$ 的**总体回归函数**(population regression function, PRF),或简称为模型(2.1)的总体回归函数。

例如,模型(1.3)就是消费支出 C 对收入 I 的一个总体回归模型,其总体回归函数为

$$\tilde{C} = \beta_0 + \beta_1 I + \beta_2 I^2$$

又如,第1章中的Cobb - Dauglas 生产函数模型(1.4):

$$\ln(Q) = \ln(A) + \alpha \ln(K) + \beta \ln(L) + u$$

就是产出量 Q 对资本投入量 K 和劳动力数量 L 的一个总体回归模型,其总体回归函数为

$$\ln(\tilde{Q}) = \ln(A) + \alpha \ln(K) + \beta \ln(L)$$

在建模实践中,被解释变量与解释变量之间的数量关系往往是未知的,依据经济理论或经验,结合样本数据的特征而设定的总体回归函数,是对这种关系的模拟,但究竟哪一个函数能"最好地"模拟两者之间的数量关系也是未知的。不过有一点是明确的,即一个"好的"模型,其总体回归函数起码应该能比较合理地解释随着解释变量的变化,被解释变量的变化规律,或反映随着解释变量的变化,被解释变量的变化趋势。例如,基于图1-2提供的信息,模型(1.5)就是一个"比较好的"模型;而回归模型

$$C = \alpha_0 + \alpha_1 I^2 + v$$

其中 $\alpha_j (j = 0,1)$、v 分别为参数和随机误差项,就是一个"比较差的"模型。

在回归模型中有一类重要的特殊情形,即线性回归模型。若回归模型(2.1)为:

$$Y = \beta_0 + \beta_1 X_1 + \beta_2 X_2 + \cdots + \beta_k X_k + u \tag{2.3}$$

即 Y 与解释变量 X_1、$X_2 \cdots X_k$ 之间,与参数 $\beta_j (j = 0, 1, 2, \cdots, k)$ 之间,均为线性关系,则称之为 ***k* 元线性回归模型**(linear regression model with k explanatory variables),其中参数 β_j 称为**回归系数**(regression coefficient), β_0、$\beta_j (j = 1, 2, \cdots, k)$ 也分别称为**截距项**(或**常数项**)(intercept or constant)和**斜率系数**(slope coefficient)。在模型(2.3)中, Y 对 $X_1, X_2, \cdots, X_k$ 的总体回归函数为:

$$\tilde{Y} = \beta_0 + \beta_1 X_1 + \beta_2 X_2 + \cdots + \beta_k X_k$$

若 $X_1, X_2, \cdots, X_k$ 均为确定性变量,且对于给定的 $X_1, \cdots, X_k$, $E(u) = 0$,则模型(2.3)相应的总体回归函数为:

$$E(Y) = \beta_0 + \beta_1 X_1 + \beta_2 X_2 + \cdots + \beta_k X_k \tag{2.4}$$

线性回归模型(2.3)以外的回归模型统称为**非线性回归模型**(nonlinear regression model)。例如,在第1章中提到的消费支出模型(1.5):

$$C = \beta_0 + \beta_1 I + u$$

属于线性回归模型;而上面提到的模型(1.3)、模型(1.4)都属于非线性回归模型。

在回归模型中,线性回归模型具有最简单的函数形式,而且已经形成一套比较完善且相对简单的建模方法和理论,许多非线性回归模型的研究可以通过转化为线性回归模型,或借助于线性回归模型的分析方法得以较好地展开。因此,它是计量经济分析最有用的工具之一,掌握线性回归模型的回归分析方法业已成为研究计量经济学的一个基本出发点。本书主要针对线性回归模型和可以线性化的非线性回归模型展开讨论。

2.1.3 引入随机误差项的原因

在第1章§1.1节,针对消费支出模型(1.3)的建立,我们简单分析了该模型包含随机误差项的原因。一般地,在回归模型中引入随机误差项的主要原因可以归纳为以下三个方面:

(1)反映被忽略掉的因素对被解释变量的影响。这里被忽略掉的因素包括:①由于人们认识客观事物的局限性,目前还未被认识到的因素。②依据建模的简约原则忽略掉的对被解释变量影响较小的因素。③难以用可观测的变量表征的因素(如人们的思想、行为等)。④能用可观测的变量表征,但无法取得样本数据的因素。例如,在研究家庭消费支出时,除收入外,家庭财产的数量对家庭消费支出也有影响。但在一般情况下取得家庭财产的数据是相当困难的,因此人们在建立家庭消费支出模型时不得不将财产变量割舍掉。对于上述这些不宜作为单独的变量列入模型中的影响因素,一种合理且自然的处理手段就是将它们归入随机误差项。

(2)用总体回归函数模拟被解释变量与解释变量之间的数量关系存在误差。回归分析研究的被解释变量是随机变量,它与解释变量(可能是确定性变量,也可能是随机变量)之间通常具有一定程度的统计相关关系,并非确定性的函数关系,即回归模型的总体回归函数值与被解释变量的实际值通常是不相等的,因此为使模型的等式成立,必须引入随机误差项。退一步讲,即使某一理论表明两者之间存在一定的函数关系,但其函数形式仍是未知的。例如,根据菲利普斯曲线的特征,我们可以设定通货膨胀率(Y)对失业率(X)的总体回归函数为

$$\tilde{Y} = \alpha_0 + \alpha_1 \frac{1}{X}$$

也可以设定为

$$\tilde{Y} = \beta_0 + \beta_1 \frac{1}{\sqrt{X}}$$

由于Y与X之间真实的数量关系是未知的,所以无论选择哪一个表达式,用其函数值模拟Y的实际值通常都存在误差。这种误差的存在也要求在模型中引入随机误差项。

(3)变量的观测误差。对社会经济现象进行观测所得到的统计数据,如一个国家的GDP、总消费支出的数据、一个企业的利润等,由于主客观情况,很可能存在一定的观测误差。这种观测误差也只有归入随机误差项。

由于众多影响因素的存在，随机误差项是一随机变量而且是不可以被观测的。随后我们将看到，随机误差项在回归分析中起着至关重要的作用。

2.1.4 总体回归模型的可识别性

从上述例题可见，在总体回归函数中含有未知的参数，如何估计这些参数并对其进行统计推断，是随后各章讨论的主要内容。在估计模型之前，首先要判断模型是否是可以估计或可以识别的。

总体回归模型是对被解释变量样本数据的来源或**数据生成过程**（data generating process，DGP）的描述或刻画，该过程体现了被解释变量与解释变量之间的数量关系，具有唯一性。但总体回归模型的表现形式不是唯一的，因为其中含有随机误差项，而且要使模型可以识别，必须对随机误差项的性质做出适当的假设。

例如，设定 Y 对 X_1、X_2 的线性回归模型为

$$Y = \beta_0 + \beta_1 X_1 + \beta_2 X_2 + u \tag{2.5}$$

该模型可以等价地变换为

$$Y = \beta_0' + \beta_1' X_1 + \beta_2' X_2 + u' \tag{2.6}$$

这里 β_j、β_j' 为未知参数，且 $\beta_j \neq \beta_j'$，$j=0,1,2$，

$$u' = u + \beta_0 + \beta_1 X_1 + \beta_2 X_2 - \beta_0' - \beta_1' X_1 - \beta_2' X_2$$

此时，模型(2.5)和模型(2.6)具有相同的统计形式，但它们对应的回归系数都不相同。这里**模型的统计形式**（statistical form of a model）是指它包含的被解释变量、解释变量、随机误差项及它们之间的函数形式。如果两个模型含有的被解释变量和解释变量都相同，并且被解释变量与解释变量、随机误差项之间的函数形式也相同，则称它们具有**相同的统计形式**（the same statistical form）。如果不对随机误差项施加约束条件，那么对于任意一组样本数据以及任意的一种参数估计方法，都无法区分估计结果是针对模型(2.5)中 β_j 的，还是针对模型(2.6)中 β_j' 的。所以，这两个模型都是不可以识别的。

同理，模型(2.5)也可以变换为 X_1 与 X_2 的任意非线性函数 $f(X_1, X_2)$ 与随机误差项 v 相加的形式：

$$Y = f(X_1, X_2) + v$$

若不对随机误差项施加约束，该模型也是不可以识别的。

再如，若 X_1 与 X_2 存在线性关系：$\lambda_0 + \lambda_1 X_1 + \lambda_2 X_2 = 0$，其中 λ_0、λ_1、λ_2 为不全为0的常数，即使对随机误差项施加约束条件，那么模型(2.5)也是不可以识别的。理由如下：

对任意 $q \neq 0$，令

$$\beta_0' = \beta_0 + q\lambda_0 \quad \beta_1' = \beta_1 + q\lambda_1 \quad \beta_2' = \beta_2 + q\lambda_2$$

可将原模型(2.5)改写为

$$Y = \beta_0' + \beta_1' X_1 + \beta_2' X_2 + u \tag{2.7}$$

可见，模型(2.5)和模型(2.7)具有相同的统计形式，而且随机误差项也相同，但它们对应的回归系数不全相同。因此，模型(2.5)是不可以识别的。

那么，在 X_1 与 X_2 不存在线性关系的条件下，对随机误差项 u 做什么假定，才能保证

模型(2.5)是可以识别的呢？显然，当模型中的每一个参数都为一个特定值时，该模型就是可以识别的。在实际建模的多数情况下，只要 $E(u)=0$，就能做到这一点。这也是为什么通常假定随机误差项满足 $E(u)=0$ 的原因之一。关于这个问题的进一步讨论，留在第 3 章的 § 3.2 节。

从本章开始，我们将讨论可以识别的模型的估计问题，在此之前先说明几个有关模型估计常用术语的含义。若将从总体中随机抽取的样本数据的函数作为参数的估计结果，则称之为**参数的估计量**(estimator of parameter)。若将基于某一特定的样本数据计算出来的参数估计量的数值作为参数的估计结果，则称之为**参数的估计值**(estimate of parameter)。由于抽样的随机性，估计量是随机变量，估计值则是一个具体的数值。当利用样本数据估计模型(2.1)或其总体回归函数时，人们常把它说成将 **Y 对 $X_1, X_2, \cdots, X_k$ 进行回归**(regress Y on $X_1, X_2, \cdots, X_k$)。

§2.2 基本概念及普通最小二乘法

2.2.1 基本概念

2.2.1.1 一元线性回归模型

形如

$$Y=\beta_0+\beta_1X+u \tag{2.8}$$

的回归模型被称为 Y 对 X 的**一元线性(总体)回归模型**[linear (population) regression model with a single explanatory variable]，其中 Y、X 分别为被解释变量和解释变量，β_0、β_1 为回归系数，u 为随机误差项。

就一般而言，模型的参数可能随着观测点或个体的变化而变化(见第 5 章 § 5.2、§ 5.4)，也可能都与观测点或个体无关。**若无特别声明，本书所建模型的参数均属于后者。**

由于从总体(Y,X)中抽取的每一组观测值都满足(2.8)式，因此对于容量为 n 的样本$(Y_i,X_i)(i=1,2,\cdots,n)$，一元线性回归模型(2.8)常被表示为：

$$Y_i=\beta_0+\beta_1X_i+u_i \quad (i=1,2,\cdots,n) \tag{2.9}$$

相应的总体回归函数为：

$$\tilde{Y}_i=\beta_0+\beta_1X_i$$

图 2-2 给出了一元线性回归模型的几何表示，其中直线 $\tilde{Y}_i=\beta_0+\beta_1X_i$ 被称为**总体回归线**(population regression line)。

对于确定性解释变量 X，在第 i 个观测点上的观测值 X_i 为确定的数值，因此当 $E(u_i)=0$ 时，模型(2.9)相应的总体回归函数可以直接写为：

$$E(Y_i)=\beta_0+\beta_1X_i$$

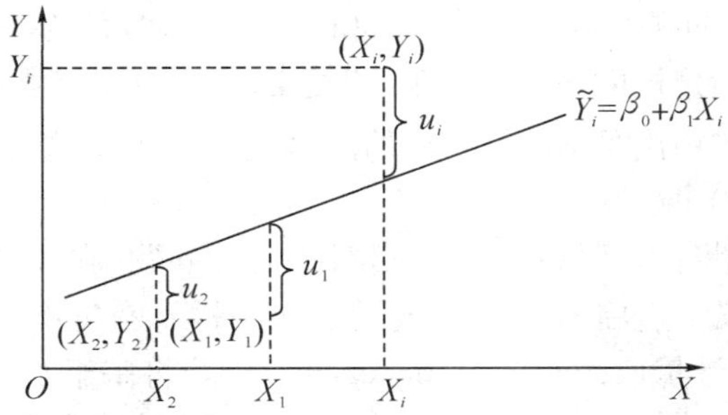

图 2-2　一元线性总体回归模型的几何表示

2.2.1.2　样本回归函数

由于总体回归函数通常是未知的，因此需要利用从总体中抽取的样本观测值，采用适当的方法对其进行估计或推断。对于总体回归函数 $\tilde{Y}_i=\beta_0+\beta_1X_i(i=1,2,\cdots,n)$，设依据样本数据得到的 $\tilde{Y}_i$ 的估计量为：

$$\hat{Y}_i=\hat{\beta}_0+\hat{\beta}_1X_i \tag{2.10}$$

其中 $\hat{\beta}_0$、$\hat{\beta}_1$ 分别为参数 β_0、β_1 的估计量。函数(2.10)是不含有未知参数的解释变量的函数，且函数形式与总体回归函数一致，像这样的函数被称为**样本回归函数**(sample regression function,SRF)，它在坐标系下对应的直线被称为**样本回归线**(sample regression line)。$\hat{Y}_i$ 也被称为在第 i 个观测点处 $\tilde{Y}_i$ 或 Y_i 的**拟合值**(fitted value)。

下面考虑某一农村地区在某一时期的家庭消费支出模型

$$COM_i=\beta_0+\beta_1I_i+u_i$$

的估计问题，其中 COM①、I 分别为消费支出和可支配收入。从该地区随机抽取 20 个家庭，得到它们的可支配收入 I(元)和消费支出 COM(元)的数据，如表 2-1 所示。以 I 为横轴、COM 为纵轴绘制该样本的散点图，如图 2-3 所示。

表 2-1　家庭可支配收入 I 与消费支出 COM 的样本数据　　单位:元

序号	1	2	3	4	5	6	7	8	9	10
可支配收入 I	1 000	1 500	2 000	2 500	3 000	3 500	4 000	4 500	5 000	5 500
消费支出 COM	988	1 221	1 440	1 750	2 079	2 210	2 498	2 750	3 121	3 288
序号	11	12	13	14	15	16	17	18	19	20
可支配收入 I	1 200	1 700	2 200	2 700	3 200	3 700	4 200	4 700	5 200	6 000
消费支出 COM	1 132	1 459	1 648	1 896	2 198	2 289	2 665	2 688	3 356	3 500

从总体来看，图 2-3 中的直线 l(细线)与这些散点最接近，因此可以把函数 $\widehat{COM}_i=500+0.51I_i$ 作为一个样本回归函数，其中 500、0.51 分别为参数 β_0、β_1 的估计值。样本回归线 l 是依据表 2-1 中的样本数据得到的。可以设想，对于另一组样本数据，采用同样的选择标准(即，总体来看与样本散点最接近)很可能得到另一条样本回归线及相应的样本回归函数。由此可见，对于选定的参数估计方法，样本回归函数 $\widehat{COM}_i=$

① 在 EViews 软件中不能用"C"作为变量名，因此为后面讨论方便这里用 COM 表示消费支出。

$\hat{\beta}_0+\hat{\beta}_1 I_i$ 及参数估计量 $\hat{\beta}_j(j=0,1)$ 都是随着样本变化而变化的随机变量，通常 $C\hat{O}M_i$ 与实际值 COM_i 并不相等。

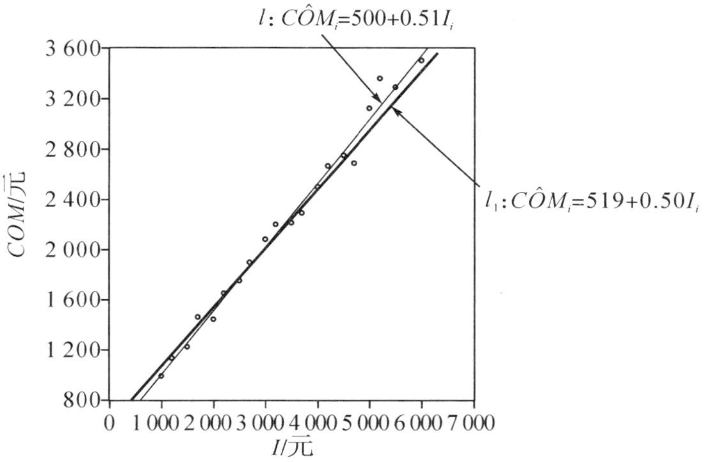

图 2－3　消费支出 COM 对可支配收入 I 的散点图

一般地，对于模型(2.9)，我们称 Y_i 与其拟合值 $\hat{Y}_i$ 之差为**残差**或**剩余项**(residual)，记为：

$$e_i=Y_i-\hat{Y}_i \tag{2.11}$$

变形(2.11)式，可得：

$$Y_i=\hat{\beta}_0+\hat{\beta}_1 X_i+e_i \tag{2.12}$$

该式被称为**样本回归模型**(sample regression model)。对比总体回归模型 $Y_i=\beta_0+\beta_1 X_i+u_i$ 与样本回归模型(2.12)可知，当用 $\hat{\beta}_0+\hat{\beta}_1 X_i$ 作为 $\beta_0+\beta_1 X_i$ 的估计量时，e_i 便可以作为随机误差项 u_i 的估计量。因此，当 u_i 的分布性质未知时，如果 u_i 与 e_i 可以看作近似相等，则可以借助于 e_i 的性质对 u_i 的性质进行统计推断。理解这一点对以后的学习非常重要(见第 4 章 §4.2、§4.3)。图 2－4 给出了总体回归模型 $Y_i=\beta_0+\beta_1 X_i+u_i$ 与样本回归模型(2.12)之间关系的几何表示。

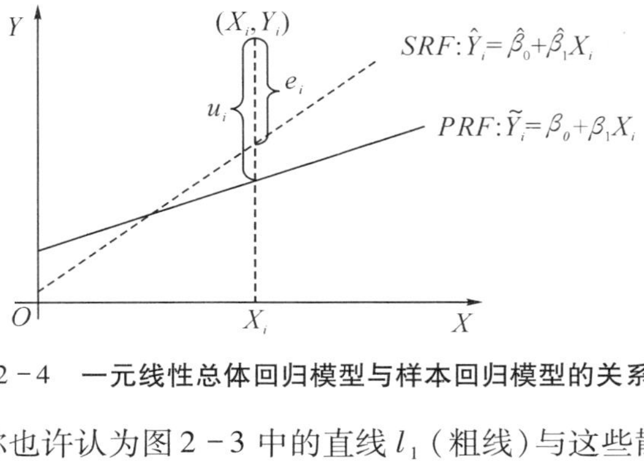

图 2－4　一元线性总体回归模型与样本回归模型的关系图

在上述例题中，你也许认为图 2－3 中的直线 l_1（粗线）与这些散点总体来看最接近，而把它作为样本回归线，进而得到不同于 $C\hat{O}M_i=500+0.51I_i$ 的样本回归函数 $C\hat{O}M_i=519+0.50I_i$。在这两个样本回归函数之间，很难说哪一个是总体回归函数更准确的估计。

也就是说,从直观上寻找样本回归函数,对同样的样本数据,不同的人可能会得到不同的样本回归函数,而且由于缺乏正式的规则,其所得结果的准确性难以评估。计量经济分析的重要任务就是寻求一种正式规则或估计方法,使得到的总体回归函数中参数 β_0、β_1 的估计值 $\hat{\beta}_0$ 和 $\hat{\beta}_1$ 能够“尽可能接近”其真实值。为此,计量经济学家已经提出了许多参数的估计方法,如最小二乘法、最大似然估计法、广义矩估计法等。本书主要讨论在理论和实证分析中广为采用的基于最小二乘准则的估计方法,对最大似然估计法的简单介绍放在第 3 章的附录 3.1 中。

2.2.2 普通最小二乘法

因为模型(2.9)的总体回归函数通常是未知的,无法直接比较样本回归函数与其接近程度,所以一个自然的想法是,对于给定的一组样本观测值 $(Y_i, X_i)(i = 1,2,\cdots,n)$,希望找到的样本回归函数在总体上“尽可能接近” Y 的实际观测值。我们知道,残差的绝对值 $|e_i| = |Y_i - \hat{Y}_i|$ 或残差的平方 $e_i^2 = (Y_i - \hat{Y}_i)^2$ 反映了第 i 个观测点处 $\hat{Y}_i$ 与 Y_i 的接近程度,因此可以用 $\sum_{i=1}^{n} |e_i|$ 或 $\sum_{i=1}^{n} e_i^2$ 度量 $\hat{Y}_i$ 与 Y_i 的总体接近程度,它们的取值越小,意味着 $\hat{Y}_i$ 与 Y_i 在总体上越接近(问题:这里为什么不宜采用 $\sum_{i=1}^{n} e_i$?)。考虑到数学处理的繁简程度以及参数估计量统计性质的优劣,通常选择**残差平方和**(sum of squared residuals, or residual sum of squares) $\sum_{i=1}^{n} e_i^2$ 来度量这一接近程度。于是,便得到求参数的估计量或样本回归函数的**最小二乘准则**(least squares principle)[①]:参数的估计量应该使残差平方和 $\sum_{i=1}^{n} e_i^2$ 达到最小。依据最小二乘准则估计回归模型中参数的方法称为**最小二乘法**(least squares, LS),简称为**LS 法**。当利用 LS 法估计(2.9)式那样的线性回归模型时,它常被称为**普通最小二乘法**(ordinary least squares, OLS),简称为**OLS 法**,以区别于后面第 3 章介绍的依据最小二乘准则估计非线性回归模型时的**非线性最小二乘法**(nonlinear least squares, NLS)和第 4 章介绍的**广义最小二乘估计法**(generalized least squares, GLS)。利用 OLS 法得到的参数估计量被称为**普通最小二乘估计量**或**OLS 估计量**(ordinary least squares estimator, OLSE)。也就是说,参数 β_0 和 β_1 的 OLS 估计量是使

$$S(\hat{\beta}_0, \hat{\beta}_1) = \sum_{i=1}^{n} e_i^2 = \sum_{i=1}^{n} (Y_i - \hat{\beta}_0 - \hat{\beta}_1 X_i)^2$$

达到最小的 $\hat{\beta}_0, \hat{\beta}_1$。

按照求函数最值的方法,首先求 $S(\hat{\beta}_0, \hat{\beta}_1)$ 对 $\hat{\beta}_0, \hat{\beta}_1$ 的偏导数,并令它们等于 0,得到方程组:

$$\begin{cases} \dfrac{\partial S(\hat{\beta}_0, \hat{\beta}_1)}{\partial \hat{\beta}_0} = -2 \sum_{i=1}^{n} (Y_i - \hat{\beta}_0 - \hat{\beta}_1 X_i) = 0 \\ \dfrac{\partial S(\hat{\beta}_0, \hat{\beta}_1)}{\partial \hat{\beta}_1} = -2 \sum_{i=1}^{n} (Y_i - \hat{\beta}_0 - \hat{\beta}_1 X_i) X_i = 0 \end{cases} \tag{2.13}$$

---

① 最小二乘准则是由德国数学家高斯(C. F. Gauss)和法国数学家勒让德(A. M. legendre)分别于 19 世纪初独立提出来的。后来,高斯(1821)推导出了高斯 - 马尔科夫定理(Gauss - Markov theorem)为这一准则的广泛应用奠定了理论基础。

称之为**正规方程组**(normal equations)。整理上述方程组,得

$$\begin{cases}\sum_{i=1}^{n} Y_i = n\hat{\beta}_0 + \hat{\beta}_1 \sum_{i=1}^{n} X_i \\ \sum_{i=1}^{n} X_i Y_i = \hat{\beta}_0 \sum_{i=1}^{n} X_i + \hat{\beta}_1 \sum_{i=1}^{n} X_i^2\end{cases}$$

解该方程组,可得

$$\begin{cases}\hat{\beta}_1 = \dfrac{n\sum_{i=1}^{n} X_i Y_i - \sum_{i=1}^{n} X_i \sum_{i=1}^{n} Y_i}{n\sum_{i=1}^{n} X_i^2 - (\sum_{i=1}^{n} X_i)^2} \\ \hat{\beta}_0 = \dfrac{\sum_{i=1}^{n} X_i^2 \sum_{i=1}^{n} Y_i - \sum_{i=1}^{n} X_i \sum_{i=1}^{n} X_i Y_i}{n\sum_{i=1}^{n} X_i^2 - (\sum_{i=1}^{n} X_i)^2}\end{cases} \tag{2.14}$$

其中 $n\sum_{i=1}^{n} X_i^2 - (\sum_{i=1}^{n} X_i)^2$ 仅当 X_i 都相等时才等于 0[原因:$n\sum_{i=1}^{n} x_i^2 = n\sum_{i=1}^{n} X_i^2 - (\sum_{i=1}^{n} X_i)^2$],它们可能使 $S(\hat{\beta}_0,\hat{\beta}_1)$ 取得最值。再利用函数取得最值的充分条件,可以证明 $\hat{\beta}_0$、$\hat{\beta}_1$ 恰好使 $S(\hat{\beta}_0,\hat{\beta}_1)$ 达到最小。因此,(2.14)式给出的 $\hat{\beta}_0$、$\hat{\beta}_1$ 即为所求模型(2.9)中回归系数 β_0、β_1 的 OLS 估计量。

在(2.14)式中,$\hat{\beta}_0$ 和 $\hat{\beta}_1$ 都是 Y_i,X_i 的函数,是随机变量。当已知 Y_i,X_i 的样本观测值时,将其代入(2.14)式,便可以计算出参数 β_0 和 β_1 的 OLS 估计值。当利用 OLS 法估计模型(2.9)时,人们也常称之为**将 Y 对 X 进行 OLS 线性回归**(linearly regress Y on X by OLS)。

利用正规方程组(2.13),容易得到如下关于样本回归函数与残差的五条代数性质:

首先,令 $\bar{X} = \frac{1}{n}\sum_{i=1}^{n} X_i$,$\bar{Y} = \frac{1}{n}\sum_{i=1}^{n} Y_i$,$\bar{\hat{Y}} = \frac{1}{n}\sum_{i=1}^{n} \hat{Y}_i$,$x_i = X_i - \bar{X}$,$y_i = Y_i - \bar{Y}$,$\hat{y}_i = \hat{Y}_i - \bar{\hat{Y}}$,这里 x_i、y_i、$\hat{y}_i$ 分别为变量的样本值 X_i、Y_i、$\hat{Y}_i$ 的离差,$i = 1,2,\cdots,n$。

① 残差的均值等于 0,即 $\bar{e} = \frac{1}{n}\sum_{i=1}^{n} e_i = 0$。

正规方程组(2.13)等价于

$$\begin{cases}\sum_{i=1}^{n} e_i = 0 \\ \sum_{i=1}^{n} e_i X_i = 0\end{cases} \tag{2.15}$$

利用该方程组的第一个方程,即得性质①。

② 拟合值的样本均值与实际观测值的样本均值相等,即 $\bar{\hat{Y}} = \bar{Y}$。

在 $Y_i = \hat{Y}_i + e_i$ 两端同时对 i 求和并除以 n,再利用性质①,即得性质②。

③ 样本均值点 $(\bar{X},\bar{Y})$ 在样本回归线上,即有等式 $\bar{Y} = \hat{\beta}_0 + \hat{\beta}_1\bar{X}$ 成立。

在 $Y_i = \hat{\beta}_0 + \hat{\beta}_1 X_i + e_i$ 两端同时对 i 求和并除以 n,再利用性质①,即得性质③。

④残差 e 与解释变量 X 和被解释变量的拟合值 $\hat{Y}$ 都样本不相关，即 $\sum_{i=1}^{n} e_i x_i = 0$，$\sum_{i=1}^{n} e_i \hat{y}_i = 0$。

利用正规方程组(2.15)及 $\hat{y}_i = \hat{Y}_i - \bar{Y} = \hat{\beta}_0 + \hat{\beta}_1 X_i - \bar{Y}$，即得结论④。

⑤ 样本回归函数的离差表达式：$\hat{y}_i = \hat{\beta}_1 x_i$。

将 $\hat{Y}_i = \hat{\beta}_0 + \hat{\beta}_1 X_i$ 两端对 i 求和，再除以 n，得 $\bar{Y} = \hat{\beta}_0 + \hat{\beta}_1 \bar{X}$。然后，将这两个等式两端同时相减，即得结论⑤。

2.2.3 斜率系数与变量之间相关系数的关系

斜率系数的估计量 $\hat{\beta}_1$ 和被解释变量 Y 与解释变量 X 的**样本(简单)相关系数**[sample(simple) correlation coefficient] r_{YX}，从不同侧面反映了 Y 与 X 样本之间线性相关关系的数量特征。容易证明，它们之间的关系式为：

$$\hat{\beta}_1 = \frac{\sum_{i=1}^{n} x_i y_i}{\sum_{i=1}^{n} x_i^2} = r_{YX} \frac{\sqrt{\sum_{i=1}^{n} y_i^2}}{\sqrt{\sum_{i=1}^{n} x_i^2}} \tag{2.16}$$

其中

$$r_{YX} = \frac{\sum_{i=1}^{n} x_i y_i}{\sqrt{\sum_{i=1}^{n} x_i^2}\sqrt{\sum_{i=1}^{n} y_i^2}}$$

由(2.14)式，并利用等式：$\sum_{i=1}^{n} x_i^2 = \sum_{i=1}^{n} X_i^2 - n\bar{X}^2$ 和 $\sum_{i=1}^{n} x_i y_i = \sum_{i=1}^{n} X_i Y_i - n\bar{X}\bar{Y}$，即得(2.16)式的第一个等式。

从(2.16)式可见，$\hat{\beta}_1$ 与 r_{YX} 通常是不相等的，前者是后者的 $\sqrt{\sum_{i=1}^{n} y_i^2} / \sqrt{\sum_{i=1}^{n} x_i^2}$ 倍，但它们具有相同的符号。此表明，若 Y 与 X 样本正相关，那么 $\hat{\beta}_1$ 的符号为正；若 Y 与 X 样本负相关，那么 $\hat{\beta}_1$ 的符号为负，若 Y 与 X 样本不相关，则 $\hat{\beta}_1 = 0$。

利用(2.14)式手工计算参数的 OLS 估计值 $\hat{\beta}_0$ 和 $\hat{\beta}_1$ 比较烦琐，而利用(2.16)式先计算 $\hat{\beta}_1$，然后利用 $\bar{Y} = \hat{\beta}_0 + \hat{\beta}_1 \bar{X}$ 再计算 $\hat{\beta}_0$，相对来说比较简便。即使如此，当样本容量较大时，手工计算的工作量仍很大。现在各种计量经济学的软件都有现成的工具可供使用，无论采用哪一个公式计算都是轻而易举的事。

在 EViews 软件下，利用 OLS 法估计模型(2.9)的执行过程：

① 在 Workfile 中，为被解释变量 Y 和解释变量 X 输入样本数据。

② 在主窗口中，点击 Quick→Estimate Equation，接着在弹出的 Equation Estimation 窗口的 Equation specification 对话框中，依次键入“Y　C　X”，在 Equation settings 部分的 Method 中选择 LS - Least Squares(NLS and ARMA)，在 Sample 对话框中设定样本区间，然后点击“确定”，就得到了利用 OLS 法估计模型(2.9)的输出结果，同时得到残差序列，它暂时被保存在 Workfile 的变量 resid 中。

上述 Equation Estimation 窗口也可以按如下操作过程打开：在 workfile 的目录中，打开 Y 和 X 构成的序列组窗口，接着在该窗口点击“Proc→Specify/Estimate…”。

③ 在显示输出结果的 Equation 窗口，点击工具栏上的 Resids，可以得到残差序列（Residual）、被解释变量实际值（Actual）和拟合值（Fitted）的趋势图。

要将②中模型估计的输出结果保存在工作文件中，需要点击显示该结果的 Equation 窗口工具栏上的 Freeze，弹出 Table 窗口，然后点击该窗口工具栏上的 Name，并在随即弹出的 Object Name 窗口的 Name to identify object 对话框为该结果命名，再点击 OK，即可。

通过类似的操作，可以将③中的趋势图保存在工作文件中。

例题 2.1　在 EViews 软件下应用 OLS 法估计模型的输出结果

依据表 2－1 中的样本数据，在 EViews 软件下应用 OLS 法估计消费支出模型

$$COM_i = \beta_0 + \beta_1 I_i + u_i \qquad (i = 1,2,\cdots,20)$$

可得如表 2－2 所示的输出结果，以及残差序列（Residual）、被解释变量实际值（Actual）和拟合值（Fitted）的趋势图，如图 2－5 所示。

表 2－2　OLS 法估计模型的输出结果

Dependent Variable：COM
Method：Least Squares
Date：05/19/21　Time：15:40
Sample：1 20
Included observations：20

Variable	Coefficient	Std. Error	t－Statistic	Prob.
C	499.525 3	49.147 95	10.163 70	0.000 0
I	0.507 957	0.013 391	37.932 65	0.000 0

R－squared	0.987 645	Mean dependent var	2 208.800
Adjusted R－squared	0.986 958	S. D. dependent var	768.437 3
S. E. of regression	87.755 11	Akaike info criterion	11.881 62
Sum squared resid	138 617.3	Schwarz criterion	11.981 19
Log likelihood	－116.816 2	Hannan－Quinn criter.	11.901 05
F－statistic	1 438.886	Durbin－Watson stat	2.854 757
Prob(F－statistic)	0.000 000		

表 2－2 的顶部给出了模型估计的基本信息，包括被解释变量或依变量（Dependent Variable）、估计方法（Method）、生成结果的日期（Date）和时间（Time）、样本区间（Sample）及其包含的观测点个数（Included observations）等。它的中间部分给出了模型的解释变量（Variable）（含截距项）、回归系数的估计值（Coefficient）及回归系数估计量的标准差的估计值（Std. Error）、t 统计量值（t－Statistic）及其相应的 P 值（Prob.）等各列。它的底部给出了关于被解释变量和评价模型估计结果的一些统计量值。随着讨论的深入，我们将陆续介绍这些统计量和中间部分提到的回归系数 OLS 估计量的标准差、t 统计量及其相应的 P 值的含义。

从表 2－2 可知，Variable 对应的序列包含 C（代表截距项）和 I（解释变量），Coefficient 对应的序列中数值499.5、0.508 分别为模型中截距项 β_0 和解释变量 I 的斜率系数 β_1 的 OLS 估计值,即

$$\hat{\beta}_0 = 499.5, \hat{\beta}_1 = 0.508$$

进而,可得样本回归函数为:

$$C\hat{O}M_i = 499.5 + 0.508I_i$$

其中收入 I_i 的系数0.508 大于0,表明家庭消费支出随着可支配收入的增加而增加,而且家庭月可支配收入增加一元,其月平均消费支出约增加0.51 元。

从图2－5 可以直观地看出,上方的被解释变量 COM_i 的曲线与其拟合值 $C\hat{O}M_i$ 的曲线在总体上非常接近。此表明用 $C\hat{O}M_i$ 估计 COM_i 总体效果比较好。

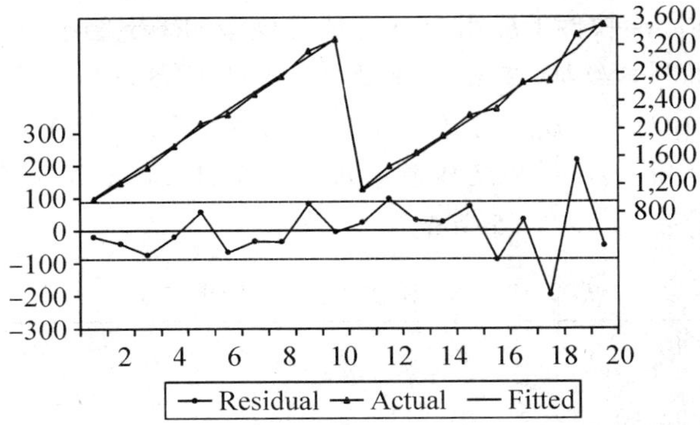

图2－5　残差序列、被解释变量的实际值和拟合值的趋势图

§2.3　总体回归模型的基本假定及参数 OLS 估计量的统计性质

在回归分析中,我们首先要保证所建模型是可以识别的,而且所求得的参数估计量 $\hat{\beta}_j(j = 0,1)$ 具有优良的统计性质,如无偏性、最小方差性、一致性等(见本节2.3.2 部分),还要能够对参数 β_j 的真实值及其所在的范围做出统计推断(见§2.5 节)。为此,就必须对产生样本数据的总体或所设定的总体回归模型做出某些基本假定。

对于模型(2.9):

$$Y_i = \beta_0 + \beta_1 X_i + u_i \quad (i = 1,2,\cdots,n)$$

在给定解释变量 X_i 的条件下,随机误差项 u_i 的分布决定了 Y_i 的分布,因此通常是对无法直接观测的随机误差项 u_i 做出某些基本假定,以对样本数据 Y_i 的来源进行约束。本节给出的基本假定是针对普通最小二乘法提出来的。

需要指出的是,对于一般的回归模型,在给定(随机)解释变量的情形下研究参数的统计推断及其估计量的性质的回归分析方法与解释变量为确定性变量的情形是一致的。因此,在第2、3 章我们首先针对解释变量为确定性的情形展开讨论,到第4 章§4.4 再将所得结论扩展到含有随机解释变量的情形。

2.3.1 基本假定

对于模型(2.9),做出如下**基本假定**(fundamental assumptions):

假定1[解释变量的非随机性(nonstochastic explanatory variables)]:解释变量为确定性变量,即在第 i 个观测点上解释变量的取值 $X_i(i=1,2,\cdots,n)$ 为确定的数值。

假定2[零均值性(zero mean)]:u_i 的均值为0,即

$$E(u_i)=0 \quad (i=1,2,\cdots,n)$$

假定3[同方差性(homoskedasticity)]:u_i 在各观测点上的方差相同,即

$$Var(u_i)=\sigma^2 \quad (i=1,2,\cdots,n)$$

假定4[无自相关性(nonautocorrelation)]:不同观测点上的 u_i 之间不相关,即

$$Cov(u_i,u_m)=0 \quad (i\neq m,i、m=1,2,\cdots,n)$$

假定5[正态性(normality)]:u_i 服从正态分布,即

$$u_i \sim N(0,\sigma^2) \quad (i=1,2,\cdots,n)$$

假定6:解释变量满足 $\lim\limits_{n\to\infty}\frac{1}{n}\sum\limits_{i=1}^{n}X_i$ 存在,且

$$\lim_{n\to\infty}\frac{1}{n}\sum_{i=1}^{n}x_i^2=Q$$

其中 Q 为非0的有限常数。

基本假定条件中的假定1和假定6是针对解释变量的,其他假定都是针对随机误差项的。假定1和假定2保证了模型是可以识别的(推导过程在第3章§3.2节)。假定6是保证参数的OLS估计量具有一致性的基本条件之一。由于正态随机变量之间的不相关性与独立性是等价的,因此假定4和假定5意味着随机误差项之间是相互独立的。利用模型表达式:$Y_i=\beta_0+\beta_1X_i+u_i$,可知,上述基本假定条件蕴含着被解释变量 Y_i 的均值、方差和概率分布分别为:

$$E(Y_i)=\beta_0+\beta_1X_i$$

$$Var(Y_i)=\sigma^2$$

$$Y_i \sim N(\beta_0+\beta_1X_i,\sigma^2)$$

而且 Y_i 之间是相互独立的。图2-6给出了满足基本假定的模型(2.9)的总体回归函数和 Y_i 的概率分布的几何表示。

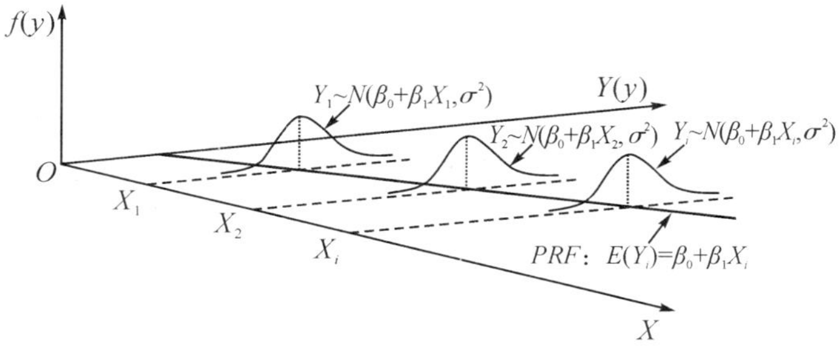

图2-6 总体回归函数 $E(Y_i)=\beta_0+\beta_1X_i$ 和 Y_i 的分布示意图

上述基本假定也被称为**经典假定**(classical assumptions)(特例),满足经典假定条件的线性回归模型称为**经典线性回归模型**(classical linear regression model,CLRM),它是计量经济学最基本的研究对象。毋庸置疑,在对经济或社会问题的实证分析中,这些基本假定条件往往难以满足或全部满足,但是经典线性回归模型理论是计量经济学理论的基础,关于违背基本假定条件模型的理论都是在此基础上发展起来的。经典线性回归模型在计量经济学中的地位就相当于价格理论中的完全竞争模型在西方经济学中的地位。古扎拉蒂(2011)对此给出了如下陈述:经济学学生通常先熟悉完全竞争模型,再去接触诸如垄断和寡头等非完全竞争模型,因为从完全竞争模型引申出来的含义能使我们更好地领会非完全竞争模型,并不是因为完全竞争模型一定是真实的。

注意:若无特别声明,假定本章所有例题和练习题二综合应用题中的线性回归模型都是经典线性回归模型。

2.3.2 回归系数 OLS 估计量的统计性质

这里我们将证明,在模型(2.9)满足基本假定的条件下,$\beta_j(j=0,1)$ 的 OLS 估计量 $\hat{\beta}_j$ 具有如下优良的统计性质:线性性、无偏性、最小方差性和一致性。

2.3.2.1 线性性

$\hat{\beta}_j(j=0,1)$ 的**线性性**(linearity)是指它是被解释变量 Y 的观测值 $Y_1,Y_2,\cdots,Y_n$ 的线性函数。在稍后介绍的 $\hat{\beta}_j$ 的无偏性证明以及在§2.5 节对回归系数进行统计推断部分,推导 $\hat{\beta}_j$ 的正态性,都要用到这条性质。

$\hat{\beta}_j$ 的线性性说明:

由 $\hat{\beta}_1$ 的离差表达式(2.16)可知:

$$\begin{aligned}\hat{\beta}_1 &= \frac{\sum_{i=1}^{n} x_i y_i}{\sum_{i=1}^{n} x_i^2} = \frac{\sum_{i=1}^{n} x_i (Y_i - \bar{Y})}{\sum_{i=1}^{n} x_i^2} \\ &= \frac{\sum_{i=1}^{n} x_i Y_i}{\sum_{i=1}^{n} x_i^2} - \frac{\bar{Y}\sum_{i=1}^{n} x_i}{\sum_{i=1}^{n} x_i^2} = \sum_{i=1}^{n} \left(\frac{x_i}{\sum_{i=1}^{n} x_i^2}\right) Y_i \\ &= \sum_{i=1}^{n} k_i Y_i \end{aligned} \tag{2.17}$$

其中 $k_i = \frac{x_i}{\sum_{i=1}^{n} x_i^2}$。由 $\bar{Y} = \hat{\beta}_0 + \hat{\beta}_1 \bar{X}$ 及(2.17)式可知:

$$\begin{aligned}\hat{\beta}_0 &= \bar{Y} - \hat{\beta}_1 \bar{X} = \frac{1}{n}\sum_{i=1}^{n} Y_i - \bar{X}\sum_{i=1}^{n} k_i Y_i \\ &= \sum_{i=1}^{n}\left(\frac{1}{n} - \bar{X}k_i\right) Y_i = \sum_{i=1}^{n} w_i Y_i \end{aligned} \tag{2.18}$$

其中 $w_i = \frac{1}{n} - \bar{X}k_i$。

(2.17)式和(2.18)式表明，$\hat{\beta}_0$、$\hat{\beta}_1$ 都是 $Y_1, Y_2, \cdots, Y_n$ 的线性函数。

2.3.2.2　无偏性

$\hat{\beta}_j(j=0,1)$ 的**无偏性**(unbiasedness)是指它的均值等于参数真值 β_j，即 $E(\hat{\beta}_j)=\beta_j$。此表明，就平均而言，我们用 $\hat{\beta}_j$ 估计 β_j 肯定是准确的。具有无偏性的估计量称为**无偏估计量**(unbiased estimator)。如果 β_j 的估计量 $\hat{\beta}_j^*$ 使得 $E(\hat{\beta}_j^*)\neq\beta_j$，则称之为 β_j 的**有偏估计量**(biased estimator)。β_j 的无偏估计量和有偏估计量的概率分布，如图 2-7 所示。

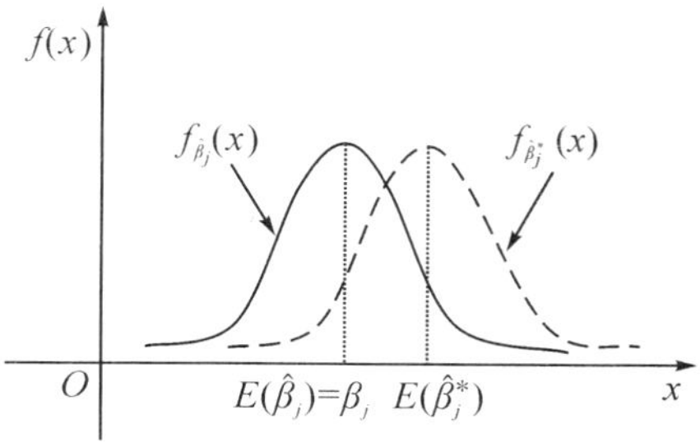

图 2-7　β_j 的无偏估计量和有偏估计量的分布示意图

$\hat{\beta}_j$ 的无偏性证明：

将 $Y_i=\beta_0+\beta_1X_i+u_i$ 代入(2.17)式，得

$$\hat{\beta}_1=\sum_{i=1}^{n}k_iY_i=\sum_{i=1}^{n}k_i(\beta_0+\beta_1X_i+u_i)$$
$$=\beta_0\sum_{i=1}^{n}k_i+\beta_1\sum_{i=1}^{n}k_iX_i+\sum_{i=1}^{n}k_iu_i$$

因为

$$\sum_{i=1}^{n}k_i=\sum_{i=1}^{n}\frac{x_i}{\sum_{i=1}^{n}x_i^2}=\frac{\sum_{i=1}^{n}x_i}{\sum_{i=1}^{n}x_i^2}=0$$

$$\sum_{i=1}^{n}k_iX_i=\sum_{i=1}^{n}\frac{x_i}{\sum_{i=1}^{n}x_i^2}(x_i+\bar{X})=\frac{\sum_{i=1}^{n}x_i^2}{\sum_{i=1}^{n}x_i^2}+\frac{\bar{X}\sum_{i=1}^{n}x_i}{\sum_{i=1}^{n}x_i^2}=1$$

所以

$$\hat{\beta}_1=\beta_1+\sum_{i=1}^{n}k_iu_i \tag{2.19}$$

于是，利用假定 1 及假定 2，可得

$$E(\hat{\beta}_1)=\beta_1+\sum_{i=1}^{n}k_iE(u_i)=\beta_1$$

利用 $\bar{Y}=\beta_0+\beta_1\bar{X}+\frac{1}{n}\sum_{i=1}^{n}u_i$ 及(2.19)式，可得

$$\hat{\beta}_0=\bar{Y}-\hat{\beta}_1\bar{X}=\beta_0+\beta_1\bar{X}+\frac{1}{n}\sum_{i=1}^{n}u_i-(\beta_1+\sum_{i=1}^{n}k_iu_i)\bar{X}$$

$$= \beta_0 + \frac{1}{n}\sum_{i=1}^{n} u_i - \bar{X}\sum_{i=1}^{n} k_i u_i = \beta_0 + \sum_{i=1}^{n}\left(\frac{1}{n} - \bar{X}k_i\right)u_i$$

$$= \beta_0 + \sum_{i=1}^{n} w_i u_i \tag{2.20}$$

于是

$$\begin{aligned} E(\hat{\beta}_0) &= E(\beta_0 + \sum_{i=1}^{n} w_i u_i) \\ &= \beta_0 + \sum_{i=1}^{n} w_i E(u_i) \quad \text{（利用假定 1）} \\ &= \beta_0 \quad \text{（利用假定 2）} \end{aligned}$$

至此完成了估计量 $\hat{\beta}_j(j = 0,1)$ 的无偏性证明。

2.3.2.3　最小方差性（有效性）

$\hat{\beta}_j(j = 0,1)$ 的**最小方差性**（minimum variance property）［也称为**有效性**（efficiency）］是指在 β_j 的所有线性无偏估计量中，普通最小二乘估计量 $\hat{\beta}_j$ 具有最小的方差，即对 β_j 的任意线性无偏估计量 $\hat{\beta}_j^* = \sum_{i=1}^{n} c_{ji}Y_i$，均有 $Var(\hat{\beta}_j^*) \geqslant Var(\hat{\beta}_j)$，且只有当 $\hat{\beta}_j^* = \hat{\beta}_j$ 时，等号才成立。此表明，与 β_j 的其他线性无偏估计量相比，OLS 估计量 $\hat{\beta}_j$ 更密集地分布在 β_j 附近。具有最小方差性的估计量称为**有效估计量**（efficient estimator），其概率分布如图 2－8 所示，其中 $\hat{\beta}_j^*$ 为**非有效估计量**（inefficient estimator）。

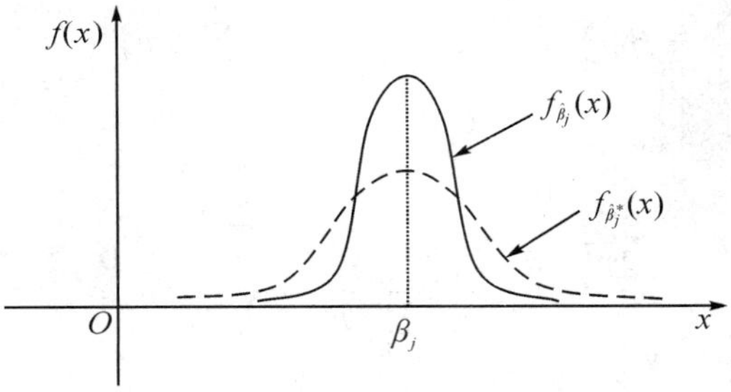

图 2－8　β_j 的有效估计量 $\hat{\beta}_j$ 的概率分布示意图

关于 $\hat{\beta}_j$ 的最小方差性证明比较烦琐，下面仅简要介绍其基本步骤：

首先，求出 $\hat{\beta}_j(j = 0,1)$ 的方差。由(2.19)式和(2.20)式，可推得它们的方差分别为：

$$\begin{aligned} Var(\hat{\beta}_1) &= Var(\beta_1 + \sum_{i=1}^{n} k_i u_i) \\ &= Var(\sum_{i=1}^{n} k_i u_i) = \sum_{i=1}^{n} k_i^2 Var(u_i) \quad \text{（利用假定 1、4）} \\ &= \sum_{i=1}^{n}\left(\frac{x_i}{\sum_{i=1}^{n} x_i^2}\right)^2 \sigma^2 \quad \text{（利用假定 3）} \\ &= \frac{\sigma^2}{\sum_{i=1}^{n} x_i^2} \end{aligned} \tag{2.21}$$

$$
\begin{aligned}
Var(\hat{\beta}_0) &= Var(\beta_0 + \sum_{i=1}^{n} w_i u_i) \\
&= \sum_{i=1}^{n} w_i^2 Var(u_i) \qquad \text{(利用假定 1、4)} \\
&= \sigma^2 \sum_{i=1}^{n} \left(\frac{1}{n} - \bar{X}k_i\right)^2 \qquad \text{(利用假定 3,代入 } w_i = \frac{1}{n} - \bar{X}k_i\text{)} \\
&= \frac{\sum_{i=1}^{n} X_i^2}{n \sum_{i=1}^{n} x_i^2}\sigma^2 \qquad \text{(利用 } \sum_{i=1}^{n} x_i^2 = \sum_{i=1}^{n} X_i^2 - n\bar{X}^2\text{)} \qquad (2.22)
\end{aligned}
$$

其次,对于 $\beta_j (j = 0,1)$ 的任意线性无偏估计量 $\hat{\beta}_j^*$,推导出 $Var(\hat{\beta}_j^*) \geqslant Var(\hat{\beta}_j)$。从而完成 $\hat{\beta}_j$ 的最小方差性证明(见本章附录 2.1)。

综上所述,在满足基本假定的条件下,一元线性回归模型回归系数的 OLS 估计量具有线性性、无偏性和最小方差性。这样的估计量称为**最佳线性无偏估计量**(best linear unbiased estimator,BLUE)。该结论就是著名的**高斯 - 马尔科夫定理**(Gauss - Markov theorem)①的特例。

关于高斯 - 马尔科夫定理(特例)的两点说明:

(1)在定理的证明过程中没有用到假定 5 和假定 6,因此只要模型满足除了这两条假定之外的其他假定条件且解释变量在各观测点上的取值不全相同,无论随机误差项服从什么分布,该定理均成立。

(2)该定理指出 OLS 估计量在线性无偏估计量中是最佳估计量,但在有偏或非线性的估计量中,可能存在方差比 OLS 估计量更小的估计量。

2.3.2.4 一致性

$\hat{\beta}_j (j=0,1)$ 的**一致性**(consistency)是指它**依概率收敛**(converges in probability)于参数真值 β_j,或者说,参数真值 β_j 是 $\hat{\beta}_j$ 的**概率极限**(probability limit):$P \lim\limits_{n\to\infty} \hat{\beta}_j = \beta_j$,即对于任意给定的 $\varepsilon > 0$,均有:

$$\lim_{n\to\infty} P(|\hat{\beta}_j - \beta_j| < \varepsilon) = 1$$

此表明,随着样本容量 n 的无限增大,除极个别值外,$\hat{\beta}_j$ 的取值聚集在 β_j 附近,而且要多接近就有多接近。因此,在实践中,当 n 很大时,$\hat{\beta}_j$ 可以看作近似等于 β_j。具有一致性的估计量称为**一致估计量**(consistent estimator)。一致估计量 $\hat{\beta}_j$ 的概率分布如图 2 - 9 所示,其中 $\hat{\beta}_j^{(n)}$($n = 20,50,200,500$)为样本容量为 n 时的 $\hat{\beta}_j$。可见,随着 n 的增大,在区间 $[\beta_j - \varepsilon, \beta_j + \varepsilon]$ 上,以 x 轴为底,$\hat{\beta}_j^{(n)}$ 的密度函数曲线 $f_{\hat{\beta}_j^{(n)}}(x)$ 为曲边的曲边梯形的面积,即 $\hat{\beta}_j^{(n)}$ 落在区间 $[\beta_j - \varepsilon, \beta_j + \varepsilon]$ 上的概率,趋近于 1。

$\hat{\beta}_j$ 的一致性证明:

由(2.19)式可知

$$\hat{\beta}_1 = \beta_1 + \sum_{i=1}^{n} k_i u_i = \beta_1 + \frac{\frac{1}{n}\sum_{i=1}^{n} x_i u_i}{\frac{1}{n}\sum_{i=1}^{n} x_i^2}$$

① 该定理是由德国数学家高斯(C. F. Gauss)利用最小二乘法和俄国数学家马尔科夫(A. A. Markov)利用最小方差法分别于 1821 年、1900 年推导出来的。

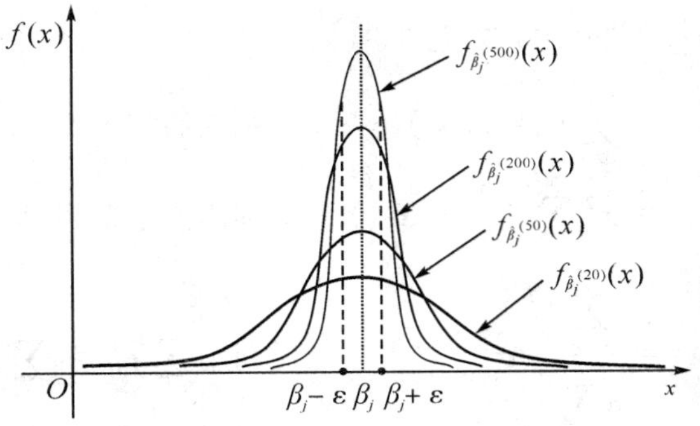

图 2－9　β_j 的一致估计量 $\hat{\beta}_j$ 的概率分布示意图

只要 $P\lim\limits_{n\to\infty}\frac{1}{n}\sum\limits_{i=1}^{n}x_iu_i=0$，利用假定 6：$\lim\limits_{n\to\infty}\frac{1}{n}\sum\limits_{i=1}^{n}x_i^2=Q\neq 0$，及概率极限的运算法则，我们就可以得到

$$P\lim_{n\to\infty}\hat{\beta}_1=\beta_1+\frac{P\lim\limits_{n\to\infty}\frac{1}{n}\sum\limits_{i=1}^{n}x_iu_i}{P\lim\limits_{n\to\infty}\frac{1}{n}\sum\limits_{i=1}^{n}x_i^2}=\beta_1$$

即 $\hat{\beta}_1$ 是 β_1 的一致估计量。

由假定 1、2、3、4、6 可知，

$$E(x_iu_i)=x_iE(u_i)=0$$

且

$$\lim_{n\to\infty}Var\left(\frac{1}{n}\sum_{i=1}^{n}x_iu_i\right)=\lim_{n\to\infty}\frac{1}{n^2}\sum_{i=1}^{n}x_i^2Var(u_i)=\lim_{n\to\infty}\left(\frac{\sigma^2}{n}\frac{1}{n}\sum_{i=1}^{n}x_i^2\right)$$

$$=\lim_{n\to\infty}\frac{\sigma^2}{n}\cdot\lim_{n\to\infty}\frac{1}{n}\sum_{i=1}^{n}x_i^2=0\times Q=0$$

因此依据马尔科夫大数定律（Markov's law of large numbers）①，对任意给定的 $\varepsilon>0$，有

$$\lim_{n\to\infty}P\left(\left|\frac{1}{n}\sum_{i=1}^{n}x_iu_i-\frac{1}{n}\sum_{i=1}^{n}E(x_iu_i)\right|<\varepsilon\right)=\lim_{n\to\infty}P\left(\left|\frac{1}{n}\sum_{i=1}^{n}x_iu_i-0\right|<\varepsilon\right)=1$$

即

$$P\lim_{n\to\infty}\frac{1}{n}\sum_{i=1}^{n}x_iu_i=0$$

综上所述，便证得 $\hat{\beta}_1$ 具有一致性。

同理，利用（2.20）式可以证明，$\hat{\beta}_0$ 也具有一致性。

综上所述，在满足基本假定的条件下，模型（2.9）回归系数的 OLS 估计量是最佳线性无偏估计量而且是一致估计量，前者与样本容量无关，称之为**有限样本性质**（finite sample

---

① 马尔科夫大数定律：设随机变量序列 $\zeta_i(i=1,2,\cdots)$ 满足 $\lim\limits_{n\to\infty}Var\left(\frac{1}{n}\sum\limits_{i=1}^{n}\zeta_i\right)=0$，则对任意给定的 $\varepsilon>0$，有

$$\lim_{n\to\infty}P\left|\frac{1}{n}\sum_{i=1}^{n}\zeta_i-\frac{1}{n}\sum_{i=1}^{n}E(\zeta_i)\right|<\varepsilon)=1$$

property）或**小样本性质**（small sample property），后者是在样本容量很大时才具有的性质，称之为**无限样本性质**（infinite sample property）或**大样本性质**（large sample property）或**渐近性质**（asymptotic property）。

2.3.3 随机误差项方差的 OLS 估计量

$\hat{\beta}_j$ 的方差 $Var(\hat{\beta}_j)$ 和标准差 $SD(\hat{\beta}_j)$ 度量了 $\hat{\beta}_j$ 估计 β_j 的**精度**（precision）（注：稍后对标准差的记号进行说明），$Var(\hat{\beta}_j)$ 或 $SD(\hat{\beta}_j)$ 越小，意味着 $\hat{\beta}_j$ 的精度越高。但在 $Var(\hat{\beta}_j)$ 的表达式中含有未知的随机误差项的方差 σ^2［见（2.21）式和（2.22）式］，实际上它们是无法计算的，因此需要对其进行估计。可以证明（参见：本章附录 2.2；靳云汇等，2007，$p_{202-203}$），在满足基本假定的条件下，

$$\hat{\sigma}^2 = \frac{\sum_{i=1}^{n} e_i^2}{n-2} \tag{2.23}$$

是 σ^2 的无偏且一致的估计量。由（2.23）式可以得到随机误差项标准差 σ 的估计量：

$$\hat{\sigma} = \sqrt{\frac{\sum_{i=1}^{n} e_i^2}{n-2}} \tag{2.24}$$

通常称之为**回归标准差**（standard error of the regression）。注意：这个估计量不再是无偏的。但由斯鲁茨基定理（Slustsky theorem）①可知，它仍是 σ 的一致估计量。

将（2.23）式分别代入（2.21）式和（2.22）式，便可以得到 $Var(\hat{\beta}_j)(j=0,1)$ 的估计量，进而可以得到 $SD(\hat{\beta}_j)$ 的估计量：

$$\hat{Var}(\hat{\beta}_1) = \hat{\sigma}^2 \frac{1}{\sum_{i=1}^{n} x_i^2} \tag{2.25}$$

$$\hat{SD}(\hat{\beta}_1) = \hat{\sigma}\sqrt{\frac{1}{\sum_{i=1}^{n} x_i^2}} \tag{2.26}$$

$$\hat{Var}(\hat{\beta}_0) = \hat{\sigma}^2 \frac{\sum_{i=1}^{n} X_i^2}{n\sum_{i=1}^{n} x_i^2} \tag{2.27}$$

$$\hat{SD}(\hat{\beta}_0) = \hat{\sigma}\sqrt{\frac{\sum_{i=1}^{n} X_i^2}{n\sum_{i=1}^{n} x_i^2}} \tag{2.28}$$

在 EViews 软件下，利用 OLS 法估计模型的输出结果中包含 $\hat{SD}(\hat{\beta}_0)$ 和 $\hat{SD}(\hat{\beta}_1)$ 的样

① 斯鲁茨基定理（Slustsky theorem）：如果 $\underset{n\to\infty}{Plim}\hat{\theta}_n = \theta$，且 $g(x)$ 是 x 的一个连续函数，则

$$\underset{n\to\infty}{Plim}\, g(\hat{\theta}_n) = g(\underset{n\to\infty}{Plim}\hat{\theta}_n) = g(\theta)$$

本值。例如,在例题 2.1 的表 2-2 中,S. E. of regression 对应的值 87.755 11 即为回归标准差 $\hat{\sigma}$; Std. Error 对应列中的 49.147 95、0.013 391 分别为 $\hat{\beta}_0$ 和 $\hat{\beta}_1$ 的标准差的估计值,即

$$\hat{SD}(\hat{\beta}_0) = 49.147\ 95, \quad \hat{SD}(\hat{\beta}_1) = 0.013\ 391$$

进而,可以计算出 $\hat{Var}(\hat{\beta}_0)$ 和 $\hat{Var}(\hat{\beta}_1)$。

在建模实践中,人们通常都是利用 $\hat{\beta}_j$ 的方差和标准差的估计量(值) $\hat{Var}(\hat{\beta}_j)$、$\hat{SD}(\hat{\beta}_j)$ 来度量它的精度,它们往往被简称为 $\hat{\beta}_j$ 的方差和标准差。在不致引起混淆的情形下,我们也采用这样的简称。

$\hat{\beta}_j(j=0,1)$ 是参数 β_j 的无偏估计量,因此 $\hat{\beta}_j$ 的标准差也被称为它的**标准误**(standard error,SE)或**均方根误差**(root mean squared error,RMSE)。**需要特别提醒读者注意的是**,对于参数 β_j 的一般估计量 $\tilde{\beta}_j$,其**标准差**(standard deviation,SD)和标准误是两个不同的概念,前者常被记为 $SD(\tilde{\beta}_j)$,后者常被记为 $SE(\tilde{\beta}_j)$。它们的定义式分别为:

$$SD(\tilde{\beta}_j) = \sqrt{E[\tilde{\beta}_j - E(\tilde{\beta}_j)]^2}$$

$$SE(\tilde{\beta}_j) = \sqrt{E(\tilde{\beta}_j - \beta_j)^2}$$

前者度量了 $\tilde{\beta}_j$ 偏离均值的程度,后者度量了 $\tilde{\beta}_j$ 与参数真值的接近程度。易见,当 $\tilde{\beta}_j$ 具有无偏性,即 $E(\tilde{\beta}_j)=\beta_j$ 时,$SD(\tilde{\beta}_j)=SE(\tilde{\beta}_j)$,但就一般而言,两者并不相等。由此可见,在一些教科书(如,伍德里奇:《计量经济学导论》的各版本)中,对于参数的估计量,无论是无偏的,还是有偏的,都将其标准差的估计量(值),称为它的标准误的做法是不可取的,因为对于有偏估计量,其标准误本身与标准差是具有不同含义的概念。这种做法与其他一些教科书中将参数估计量的标准差的估计量(值)称为其标准误的做法不是一回事,因为后者的应用背景是参数的估计量是无偏的,此时的标准误实际是对参数估计量的标准误(即标准差)的估计量(值)的简称,主要是为了强调它反映了参数估计量对参数真值的偏离程度。

§2.4 拟合优度的度量

由 §2.2 节的讨论可知,对任意给定的一组样本数据,依据最小二乘准则总能找到一元线性回归模型的一个样本回归函数,使残差平方和达到最小,即从整体来看,与其他线性函数相比,该函数与被解释变量的样本数据"最接近",或者说,该函数与样本数据拟合得最好,但我们并不知道它本身与样本数据的拟合程度。例如,图 2-10(a)、(b)分别为变量 Y_1 对 X_1、Y_2 对 X_2 的散点图,其中直线为依据散点对应的样本数据,利用 OLS 法回归所得样本回归线,其相应的样本回归函数为 SRF_1、SRF_2。虽然 SRF_1 和 SRF_2 都使各自的残差平方和达到最小,但从该图可以看出,相比之下,图 2-10(a)中的散点较密集地分布在直线 SRF_1 周围,SRF_1 与样本数据拟合得较好,它能够反映 Y_1 随着 X_1 的变化而变化的趋势;而图 2-10(b)中的散点分布较为分散,从整体来看,它们离直线 SRF_2 比较远,Y_2 的波动或变异更多的是由 SRF_2 之外的因素变化引起的,SRF_2 与样本数据拟合得较差,它不能反映 Y_2 随着 X_2 变化而变化的趋势。因此,在估计完模型的参数之后,还需要对样本回归函数与样本数据的拟合程度进行合理的度量,这项任务称为**模型拟合优度的度量**

（或检验）(measure, or testing, of the goodness of fit of a model)。本节通过建立一个定量指标来度量模型的拟合优度。

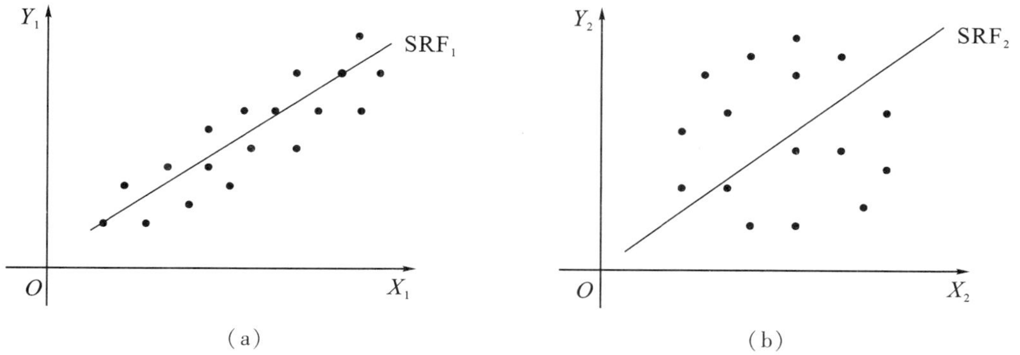

图 2-10 样本回归线与样本观测数据拟合程度的比较示意图

我们知道，对于相同的样本数据，可以用残差平方和来比较两个样本回归函数与样本数据的拟合程度，但把它作为度量模型拟合优度的指标存在一个明显的缺陷，这就是它与被解释变量的测量单位有关。当 Y 的单位扩大适当的倍数时，残差平方和

$$\sum_{i=1}^{n} e_i^2 = \sum_{i=1}^{n} (Y_i - \hat{\beta}_0 - \hat{\beta}_1 X_i)^2$$

可以小于任意给定的正数[见练习题二综合应用题(4)]。因此，一个适当的度量拟合优度的指标应该是一个与变量的测量单位无关的相对量。下面我们通过分解被解释变量的样本变异，研究其影响因素与模型拟合优度的关系，进而给出一种常用的度量模型拟合优度的指标——可决系数(coefficient of determination)。

2.4.1 可决系数(R^2)

对于给定的一组样本数据 (Y_i, X_i) $(i = 1, 2, \cdots, n)$，$y_i^2 = (Y_i - \bar{Y})^2$ 反映了在第 i 个观测点上 Y_i 对均值 $\bar{Y}$ 的偏离程度，因此可以用被解释变量 Y 的**总离差平方和**（也称为**总变差**）(total sum of squares, TSS)

$$\sum_{i=1}^{n} y_i^2 = \sum_{i=1}^{n} (Y_i - \bar{Y})^2 \tag{2.29}$$

来度量 Y_i 对其均值的总体偏离程度，即 Y_i 的总变异程度。若在各观测点上都有 $Y_i = \bar{Y}$，则 Y_i 不存在变异，此时 $\sum_{i=1}^{n} y_i^2 = 0$；否则，Y_i 就存在变异。下面分析 Y_i 的总变异构成及其与模型拟合优度的关系。

设依据上述样本数据，利用 OLS 法得到的样本回归函数为 $\hat{Y}_i = \hat{\beta}_0 + \hat{\beta}_1 X_i$。由 $Y_i = \hat{Y}_i + e_i$，可得

$$Y_i - \bar{Y} = (\hat{Y}_i - \bar{Y}) + e_i \tag{2.30}$$

其中

$$\hat{Y}_i - \bar{Y} = \hat{Y}_i - \bar{\hat{Y}} = \hat{\beta}_0 + \hat{\beta}_1 X_i - \hat{\beta}_0 - \hat{\beta}_1 \bar{X} = \hat{\beta}_1 (X_i - \bar{X})$$

此表明，在第 i 个观测点处，Y_i 的离差由两部分构成，其中 $\hat{Y}_i - \bar{Y}$ 是 $\hat{Y}_i$ 的离差，它是由解释变量 X_i 的离差解释的部分；残差 e_i 是由解释变量之外的因素解释的部分。图 2-11

给出了这些量之间关系的几何表示。可见，e_i 越接近于0(即 e_i^2 越小)，$\hat{Y}_i - \bar{Y}$ 与 $Y_i - \bar{Y}$ 越接近，点 (Y_i, X_i) 与样本回归线拟合得越好，即在第 i 个观测点处，样本回归函数 $\hat{Y}_i$ 与实际观测值 Y_i 拟合得就越好。

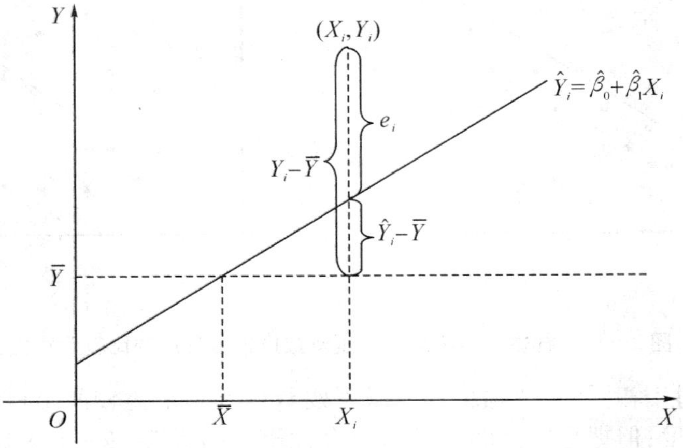

图2-11　Y_i 的变异分解图

下面讨论 Y_i 的总变异构成。利用(2.30)式，可得

$$\begin{aligned}\sum_{i=1}^{n} y_i^2 &= \sum_{i=1}^{n}[(\hat{Y}_i - \bar{Y}) + e_i]^2 \\ &= \sum_{i=1}^{n}(\hat{Y}_i - \bar{Y})^2 + 2\sum_{i=1}^{n}(\hat{Y}_i - \bar{Y})e_i + \sum_{i=1}^{n} e_i^2 \\ &= \sum_{i=1}^{n}(\hat{Y}_i - \bar{Y})^2 + \sum_{i=1}^{n} e_i^2 \quad \left[利用\sum_{i=1}^{n}(\hat{Y}_i - \bar{Y})e_i = \sum_{i=1}^{n}\hat{y}_i e_i = 0\right] \end{aligned} \qquad (2.31)$$

由此可知，Y_i 的总变异可以分解为两部分，其中 $\sum_{i=1}^{n}(\hat{Y}_i - \bar{Y})^2 = \sum_{i=1}^{n}(\hat{Y}_i - \bar{\hat{Y}})^2 = \sum_{i=1}^{n}\hat{y}_i^2$ 是由 X 的变异通过 $\hat{Y}_i = \hat{\beta}_0 + \hat{\beta}_1 X_i$ 引起的，称之为**回归平方和**(explained sum of squares, ESS)；**残差平方和**(residual sum of squares, RSS) $\sum_{i=1}^{n} e_i^2$ 是由其他影响因素通过残差引起的。

依据(2.31)式，对于给定的样本数据，即 TSS $= \sum_{i=1}^{n} y_i^2$ 一定，若回归平方和 ESS 越大，残差平方和越小，则样本回归函数与样本数据拟合得越好；否则，则反是。于是，可以用 Y_i 的总变异中能够由解释变量的变异解释的比例，即

$$\frac{\sum_{i=1}^{n}(\hat{Y}_i - \bar{Y})^2}{\sum_{i=1}^{n} y_i^2} = 1 - \frac{\sum_{i=1}^{n} e_i^2}{\sum_{i=1}^{n} y_i^2} \qquad (2.32)$$

来度量样本回归函数与样本数据的拟合优度。称(2.32)式为**可决系数**，记之为 R^2。由(2.31)式可知，$0 \leqslant R^2 \leqslant 1$。$R^2$ 越接近于1，表明样本回归函数与样本数据拟合得越好；相反，R^2 越接近于0，表明样本回归函数与样本数据拟合得越差。这里有两种极端的情形：

(1)当 Y 与 X 样本不相关时，$\hat{\beta}_1 = 0$，$\hat{\beta}_0 = \bar{Y} - \hat{\beta}_1\bar{X} = \bar{Y}$，样本回归线是一条水平直线 $\hat{Y}_i = \bar{Y}$，如图2-12(a)所示。此时，解释变量的变异对 Y_i 的总变异没有解释能力，$R^2 = 0$。

(2)当Y与X样本完全相关时,样本数据点均在回归线上,各点处残差都等于0,如图2-12(b)所示。此时,Y_i的总变异完全由解释变量的变异来解释,$R^2=1$。

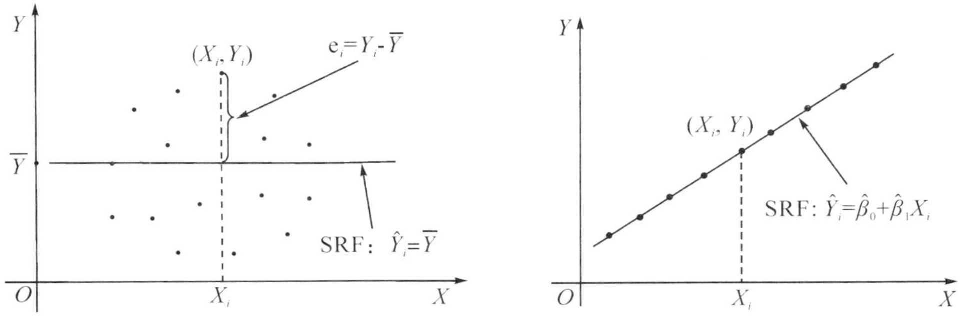

(a) $R^2=0$　　(b) $R^2=1$

图2-12　模型拟合程度的两种极端情形

将(2.31)式两端同时除以$n-1$,得

$$\frac{1}{n-1}\sum_{i=1}^{n}y_i^2=\frac{1}{n-1}\sum_{i=1}^{n}(\hat{Y}_i-\bar{Y})^2+\frac{1}{n-1}\sum_{i=1}^{n}e_i^2 \tag{2.33}$$

即

Y的样本方差$=\hat{Y}$的样本方差+残差的样本方差　(利用$\bar{Y}=\bar{\hat{Y}}$)

由此可见,若用Y的样本方差来度量样本的总变异程度,会得到同样的样本总变异分解式,而且R^2也是相同的。

例题2.1(续)　模型的拟合优度检验

由OLS法估计消费支出模型的输出结果(表2-2)可以直接读出R^2的样本值,即R-squared对应的值0.987 645。此表明在消费支出的样本总变异中,解释变量的变异解释了其中的98.7%,模型的拟合优度较高。

在实证分析中,应用R^2评价模型的拟合优度,我们需要注意以下两点:

(1)对于给定的样本数据,R^2是一个数值,究竟高到什么程度才算通过了拟合优度检验,没有统一的标准。R^2越高,残差的变异在Y_i的总变异中所占的比重越小,$\hat{Y}_i$越倾向于接近Y_i。因此,若建模的目的是对被解释变量进行预测,则往往要求R^2较高;若建模的目的是对经济变量之间的关系进行结构分析,或政策变量对经济系统影响的显著性,则人们更关心的是回归系数的真实值,此时R^2并非一个重要的指标。

一个经验结论:利用时间序列样本数据估计模型,通常会有较高的R^2。这主要是因为被解释变量和解释变量的时间序列样本数据随着时间的变化通常呈现共同的变化趋势,而这种共同的变化趋势形成了它们变异的大部分内容,致使回归平方和在被解释变量的样本总变异中占有较大的比重。

(2)对R^2的解释适用于利用OLS法估计的含有截距项的线性回归模型。总离差平方和分解式(2.31)成立的前提条件是$\sum_{i=1}^{n}(\hat{Y}_i-\bar{Y})e_i=0$。若模型不含有截距项,或是非线性的,或采用的估计方法不是OLS法,则该式未必成立。此时将

$$R^2 = \frac{\sum_{i=1}^{n}(\hat{Y}_i - \bar{Y})^2}{\sum_{i=1}^{n} y_i^2}$$

解释为“在 Y_i 的总变异中能够由解释变量的变异解释的比例”是值得怀疑的，而且按照公式

$$R^2 = 1 - \frac{\sum_{i=1}^{n} e_i^2}{\sum_{i=1}^{n} y_i^2}$$

计算的 R^2 可能为负值(注:EViews 软件就是按此公式计算的)。因此，对于模型 $Y_i = \beta_1 X_i + u_i$ 和非线性回归模型(如 $Y_i = e^{\alpha_0 + \alpha_1 X_i} + u_i$)，我们应该谨慎使用 R^2 来评价它们的拟合优度。

2.4.2 相关系数与 R^2 的关系

通过以上讨论可知，R^2 反映了样本回归直线与样本点的“总体接近”程度。R^2 越高，表明样本点的分布越靠近样本回归直线，也就是 Y 与 X 的样本相关程度越高;否则，则反是。因此，R^2 也是度量解释变量与被解释变量之间相关程度的一个指标。那么，它与常用的相关分析的工具——**相关系数**(correlation coefficient)之间有什么关系呢?

(1)联系

在数值上

$$R^2 = \frac{\sum_{i=1}^{n} \hat{y}_i^2}{\sum_{i=1}^{n} y_i^2} = \frac{\hat{\beta}_1^2 \sum_{i=1}^{n} x_i^2}{\sum_{i=1}^{n} y_i^2} \qquad (\text{利用 } \hat{y}_i = \hat{\beta}_1 x_i)$$

$$= \frac{(\sum_{i=1}^{n} x_i y_i)^2}{(\sum_{i=1}^{n} x_i^2)^2} \cdot \frac{\sum_{i=1}^{n} x_i^2}{\sum_{i=1}^{n} y_i^2} \qquad [\text{利用(2.16)式}]$$

$$= \left[\frac{\sum_{i=1}^{n} x_i y_i}{\sqrt{\sum_{i=1}^{n} x_i^2}\sqrt{\sum_{i=1}^{n} y_i^2}}\right]^2 = r_{XY}{}^2$$

由此可知，可决系数 R^2 恰好等于 Y 与 X 的简单(样本)相关系数 r_{XY} 的平方①。利用这个关系，我们可以借助回归分析研究变量之间的相关程度。

(2)区别

相关系数与 R^2 的区别体现在两个方面:① R^2 是就估计的回归模型而言，度量了被

① 人们习惯用 R 或 r 记变量之间的相关系数(correlation coefficient)，由于该等式成立，因此可决系数常被记为 R^2。

解释变量的样本变异中能够由解释变量解释的比例，而相关系数没有这种作用。② R^2 能反映变量之间的相关程度，但没有表明它们的相关方向是正相关还是负相关；而相关系数则较全面地表明了两变量之间的相关性。

§2.5 回归系数的假设检验及其区间估计

前面我们讨论的是用一个数值 $\hat{\beta}_j(j=0,1)$ 作为 β_j 的估计，这样的估计量称为**点估计量**(point estimator)。实际上，由于参数 β_j 是未知的，依据一次具体抽样得到的参数估计值 $\hat{\beta}_j$，并不能告诉我们 β_j 的真值是什么或 $\hat{\beta}_j$ 与 β_j 有多么"接近"。因此，在得到参数估计量 $\hat{\beta}_j$ 的基础上，还需要对参数 β_j 的真值及其所在的范围做进一步的统计推断。前者为**假设检验**(hypothesis testing)，即检验参数是否等于某一个数值，比如，检验 $\beta_0=0.9$、$\beta_1<0.6$ 是否成立；后者则为**区间估计**(interval estimation)，即在一定的可靠度或置信度下确定参数所在的范围，或者说，从统计角度估计利用样本数据得到的参数估计值与参数的真值有多么"接近"。要解决这些问题，首先需要明确参数估计量 $\hat{\beta}_j$ 的概率分布。

2.5.1 回归系数 OLS 估计量的概率分布

设模型

$$Y_i = \beta_0 + \beta_1 X_i + u_i \qquad (i=1,2,\cdots,n)$$

为经典线性回归模型。由于参数 $\beta_j(j=0,1)$ 的 OLS 估计量 $\hat{\beta}_j$ 是 $Y_1,Y_2,\cdots,Y_n$ 的线性函数，而且 Y_i 都服从正态分布，Y_i 之间相互独立，因此 $\hat{\beta}_j$ 也服从正态分布。再由 $\hat{\beta}_j$ 的无偏性及其方差的计算公式(2.21)式和(2.22)式，可得

$$\hat{\beta}_1 \sim N\left(\beta_1, \frac{\sigma^2}{\sum_{i=1}^{n} x_i^2}\right) \tag{2.34}$$

$$\hat{\beta}_0 \sim N\left(\beta_0, \frac{\sum_{i=1}^{n} X_i^2}{n\sum_{i=1}^{n} x_i^2}\sigma^2\right) \tag{2.35}$$

进而，将正态变量 $\hat{\beta}_1$、$\hat{\beta}_0$ 做标准化变换，可得如下标准正态变量：

$$z_1 = \frac{\hat{\beta}_1-\beta_1}{SD(\hat{\beta}_1)} = \frac{\hat{\beta}_1-\beta_1}{\dfrac{\sigma}{\sqrt{\sum_{i=1}^{n} x_i^2}}} \sim N(0,1) \tag{2.36}$$

$$z_0 = \frac{\hat{\beta}_0-\beta_0}{SD(\hat{\beta}_0)} = \frac{\hat{\beta}_0-\beta_0}{\sigma\sqrt{\dfrac{\sum_{i=1}^{n} X_i^2}{n\sum_{i=1}^{n} x_i^2}}} \sim N(0,1) \tag{2.37}$$

显然,(2.36)式和(2.37)式描述了反映$\hat{\beta}_j(j=0,1)$与β_j接近程度的变量的概率分布,当u_i的标准差σ已知时,便可以利用它们对β_j进行统计推断。由此建立的检验统计量常被称为**z 统计量**(z statistic)。但是,在通常情形下σ是未知的,z_0和z_1不能作为统计量。一个自然的想法是,用$\hat{\sigma}=\sqrt{\dfrac{\sum_{i=1}^{n}e_i^2}{n-2}}$替代(2.36)式和(2.37)式中的$\sigma$(因为$\hat{\sigma}^2=\dfrac{\sum_{i=1}^{n}e_i^2}{n-2}$是$\sigma^2$的无偏且一致估计量)去构造统计量。可以证明(参见:靳云汇等,2007,p_{93-95}),如下分布成立:

$$t_1=\frac{\hat{\beta}_1-\beta_1}{\hat{SD}(\hat{\beta}_1)}=\frac{\hat{\beta}_1-\beta_1}{\dfrac{\hat{\sigma}}{\sqrt{\sum_{i=1}^{n}x_i^2}}}\sim t(n-2) \tag{2.38}$$

$$t_0=\frac{\hat{\beta}_0-\beta_0}{\hat{SD}(\hat{\beta}_0)}=\frac{\hat{\beta}_0-\beta_0}{\hat{\sigma}\sqrt{\dfrac{\sum_{i=1}^{n}X_i^2}{n\sum_{i=1}^{n}x_i^2}}}\sim t(n-2) \tag{2.39}$$

于是,在u_i的标准差σ未知的情形下,应用(2.38)式和(2.39)式便可以对β_j的真值进行统计推断。这样建立的服从t分布的检验统计量t_j称为**t 统计量**(t statistic)。我们在此只针对这种情形展开讨论[注:可以应用(2.36)式和(2.37)式类似地对σ已知的情形进行讨论]。

2.5.2 回归系数的假设检验

2.5.2.1 t 检验

所谓**假设检验**,就是依据样本所提供的信息,对未知总体分布某些方面的假设做出合理的推断。在计量经济学中,关于参数的假设检验主要是对其是否为 0 进行检验。例如,检验例题 2.1 中消费支出模型的回归系数$\beta_1=0$是否成立,若检验结果接受$\beta_1=0$,则意味着收入I的变化对消费支出COM**没有显著影响**(*has not a significant effect*);若检验结果接受$\beta_1\neq 0$,则意味着收入I的变化对消费支出COM**有显著影响**(has a significant effect)。因此,对于回归模型斜率系数是否为 0 的检验也称为**变量的显著性检验**[significance testing of the variable(s)]。利用样本数据得到的参数估计值一般不会等于 0,但这可能是抽样得到的偶然结果,不能由此得出参数真值不等于 0 的结论。因此,需要从统计角度,对参数的真值是否为 0 进行假设检验。对于回归模型中回归系数是否为 0 的假设检验,也常被称为**回归系数的显著性检验**[significance testing of the regression coefficient(s)]。如果检验结果表明**一个回归系数显著不为** 0(a regression coefficient is significantly different from zero),则称它**通过了显著性检验**(passes the significance test)或**在统计上是显著的**(is statistically significant)。否则,则称它**没有通过显著性检验**(does not pass the significance test)或**在统计上是不显著的**(is statistically insignificant)。基于上述t

分布[(2.38)式和(2.39)式]对回归系数进行假设检验,是最常用的一种检验方法,称之为 **t 检验**(t test)。下面以斜率系数 $\beta_1=0$ 的 t 检验为例,复习假设检验的基本思想及步骤。

1. 假设检验的基本思想

首先,提出**原假设**(null hypothesis) $H_0:\beta_1=0$ 和与 H_0 互不相容的**备择假设**(alternative hypothesis) H_1,这里的"互不相容"意味着 H_0 与 H_1 不能同时成立。关于备择假设 H_1 的设定有三种情形:① $H_1:\beta_1\neq 0$; ② $H_1:\beta_1>0$;③ $H_1:\beta_1<0$。以情形①为备择假设的检验称为**双侧检验**(two - sided test),以情形②或情形③为备择假设的检验称为**单侧检验**(one - sided test)。

其次,利用具有概率性质的反证法推断是否接受 H_0。具体而言,在 H_0 成立的条件下,利用 t 统计量[见(2.38)式]构造一个小概率事件,若利用样本数据(这是一次观测或试验的结果)判断该事件发生了,则认为"H_0 成立"是不正确的,因而拒绝 H_0 而接受 H_1;反之,若该事件没有发生,则不能拒绝 H_0,通常就接受 H_0。这里利用了"**小概率事件原理**"(principle of small probability event):小概率事件在一次试验中几乎是不可能发生的。如果在一次实验中,恰好小概率事件发生了,则认为该结果与小概率事件原理相"违背",是不合理的。

在假设检验中,"小概率"的标准是由检验者依据所研究的问题事先确定的,通常设定发生的概率不超过 0.05(或 0.01、0.10 等)的事件为小概率事件。这里的 0.05(或 0.01、0.10)被称为**显著性水平**(significance level)或**检验水平**(size of test),记为 α。

假设检验是利用样本信息去推断总体的性质,可能得出错误结论。比如,对 $H_0:\beta_1=0$ 的检验,当 $\beta_1=0$ 正确时,检验结果却拒绝 H_0,这类错误称为**第一类错误**(type Ⅰ error)或**弃真错误**(error of rejecting the truth);当 $\beta_1=0$ 不正确时,检验结果却接受 H_0,这类错误称为**第二类错误**(type Ⅱ error)或**取伪错误**(error of accepting the falsehood)。显然,假设检验犯第一类错误的概率就是事先设定的显著性水平 α。如果犯第一类错误会导致较严重的后果,则 α 值要定得低一些。在假设检验中,人们希望所选择的检验方法犯两类错误的概率都很小,但对于一定的样本容量,这种愿望是不可能实现的,因为一种检验方法不可能使它们同时变小。因此,在实践中通常的做法是,对于一定的显著性水平,寻求犯第二类错误较小的检验方法。

在假设检验中还有另一个重要概念,即**检验的势**(或**检验的功效**)(power of a test),它是指在 H_0 不正确时检验结果拒绝 H_0 的概率,即 1 减去检验犯第二类错误的概率。减小犯第二类错误的概率就意味着提高检验的功效。

2. t 检验的步骤

下面以 β_1 是否为 0 的检验为例给出 t 检验的步骤:

(1) 双侧 t 检验

① 提出原假设和备择假设:

原假设 $H_0:\beta_1=0$

备择假设 $H_1:\beta_1\neq 0$

② 在 H_0 成立的条件下,对于给定的显著性水平 α,查自由度为 $n-2$ 的 t 分布表(见附录 B 表 2)得**临界值**(critical value) $t_{\alpha/2}(n-2)$,使得

$$P\left[\,|t_1|=\left|\frac{\hat{\beta}_1}{\hat{SD}(\hat{\beta}_1)}\right|>t_{\alpha/2}(n-2)\right]=\alpha \tag{2.40}$$

(2.40)式的几何表示如图 2-13 所示。

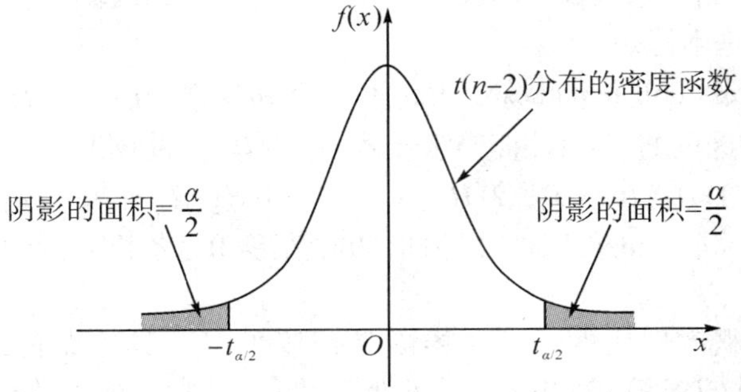

图 2-13　双侧 t 检验的临界值与显著性水平之间关系的示意图

③ 计算 **t 统计量值**(value of the t statistic):

$$t_1 = \frac{\hat{\beta}_1}{\hat{SD}(\hat{\beta}_1)} = \frac{\hat{\beta}_1}{\frac{\hat{\sigma}}{\sqrt{\sum_{i=1}^{n} x_i^2}}}$$

④ 给出判断结果:

若 $|t_1| > t_{\alpha/2}(n-2)$,则拒绝 $H_0:\beta_1 = 0$,接受 $H_1:\beta_1 \neq 0$。此时我们称在 α 的显著性水平下,$\beta_1 \neq 0$ 显著成立,或 β_1 显著不为 0。这意味着 X 对 Y 具有显著影响。

若 $|t_1| < t_{\alpha/2}(n-2)$,则不拒绝 $H_0:\beta_1 = 0$,通常接受 $H_0:\beta_1 = 0$。此时我们称在 α 的显著性水平下,$\beta_1 = 0$ 显著成立,或 β_1 显著为 0。这意味着 X 对 Y 没有显著影响。

一点说明:所谓一个假设检验的临界值,就是将其拒绝原假设的统计量值构成的集合[称之为该检验的**拒绝域**(region of rejection)或**临界域**(critical region)],与统计量分布的其他部分分离开来的统计量值。可见,上述双侧 t 检验的临界值为 $-t_{\alpha/2}(n-2)$ 和 $t_{\alpha/2}(n-2)$。

(2)单侧 t 检验($H_1:\beta_1 > 0$ 的情形)

① 提出原假设和备择假设:

原假设 $H_0:\beta_1 = 0$

备择假设 $H_1:\beta_1 > 0$

② 在 H_0 成立的条件下,对于给定的显著性水平 α,查自由度为 $n-2$ 的 t 分布表得临界值 $t_\alpha(n-2)$,使得

$$P\left[t_1 = \frac{\hat{\beta}_1}{\hat{SD}(\hat{\beta}_1)} > t_\alpha(n-2)\right] = \alpha \qquad (2.41)$$

(2.41)式的几何表示如图 2-14(b)所示。

③ 计算 t 统计量的值:

$$t_1 = \frac{\hat{\beta}_1}{\hat{SD}(\hat{\beta}_1)} = \frac{\hat{\beta}_1}{\frac{\hat{\sigma}}{\sqrt{\sum_{i=1}^{n} x_i^2}}}$$

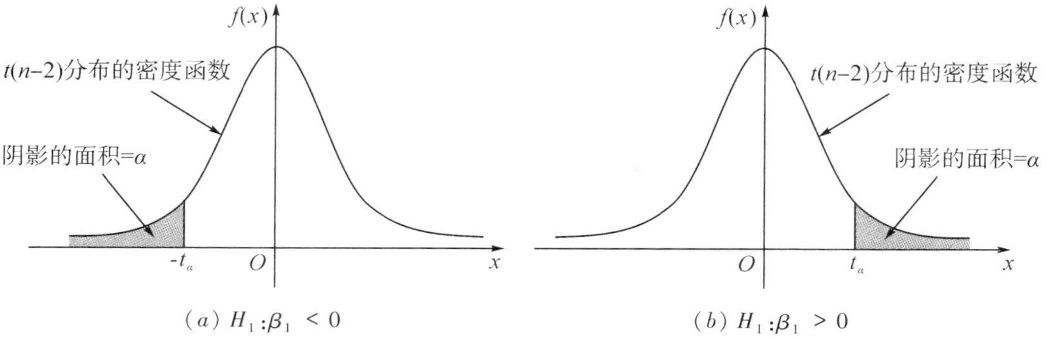

图 2-14　单侧 t 检验的临界值与显著性水平之间关系的示意图

④ 给出判断结果：

若 $t_1 > t_\alpha(n-2)$，则拒绝 $H_0:\beta_1 = 0$，接受 $H_1:\beta_1 > 0$。此时我们称在 α 的显著性水平下，$\beta_1 > 0$ 显著成立，或 β_1 显著大于0。这意味着 X 对 Y 具有显著影响并且 Y 随着 X 的增加而增加。

若 $t_1 < t_\alpha(n-2)$，则不拒绝 $H_0:\beta_1 = 0$，通常接受 $H_0:\beta_1 = 0$。这意味着在 α 的显著性水平下，$\beta_1 = 0$ 显著成立，即 X 对 Y 没有显著影响。

类似地，关于单侧 t 检验（$H_1:\beta_1 <0$），对于给定的显著性水平 α，利用 t 分布关于 0 的对称性，得到该检验的临界值 $-t_\alpha(n-2)$，使得

$$P\left[t_1 = \frac{\hat{\beta}_1}{\hat{SD}(\hat{\beta}_1)} < -t_\alpha(n-2)\right] = \alpha$$

该式的几何表示如图 2-14(a) 所示。若 $t_1 < -t_\alpha(n-2)$，则拒绝 $H_0:\beta_1 = 0$，接受 $H_1:\beta_1 < 0$，认为 X 对 Y 具有显著影响并且 Y 随着 X 的增加而减少。若 $t_1 > -t_\alpha(n-2)$，则不拒绝 $H_0:\beta_1 = 0$，通常接受 $H_0:\beta_1 = 0$，认为 X 对 Y 没有显著影响。

对备择假设 $H_1:\beta_1 > 0$（$H_1:\beta_1 < 0$）的单侧 t 检验，其拒绝域位于 t 统计量分布的右尾（左尾），因此常称之为**右尾（左尾）t 检验**[right-tailed (left-tailed) t test]。前面描述的双侧 t 检验的拒绝域位于 t 统计量分布的右尾和左尾，因此也称之为**双尾 t 检验**（two-tailed t test）。

容易看到，双侧 t 检验与单侧 t 检验具有如下关系：

显著性水平为 α 的双侧 t 检验临界值的绝对值与显著性水平为 $\alpha/2$ 的单侧 t 检验临界值的绝对值是一致的，而且在 $\alpha/2$ 的显著性水平下有一个单侧 t 检验拒绝原假设当且仅当在 α 的显著性水平下双侧 t 检验拒绝原假设。

例题 2.1（续）　回归系数的 t 检验

在应用 *OLS* 法估计消费支出模型所得输出结果（表 2-2）中，*t-Statistic* 对应列中的数值 10.163 70、37.932 65 分别为检验 $\beta_0 = 0$ 和 $\beta_1 = 0$ 的 t 统计量值，即：

$$t_0 = \frac{\hat{\beta}_0}{\hat{SD}(\hat{\beta}_0)} = 10.163\ 70,\quad t_1 = \frac{\hat{\beta}_1}{\hat{SD}(\hat{\beta}_1)} = 37.932\ 65$$

若我们关心截距项是否为0，收入 I 对消费支出 COM 是否有影响，则需要对回归系数进行双侧 t 检验。对于显著性水平 $\alpha = 0.05$，查自由度为 $n-2=18$ 的 t 分布表，得临界值为 $t_{\alpha/2}(18) = 2.101$。因为 $|t_0| > 2.101$，$|t_1| > 2.101$，所以在 0.05 的显著性水平

下，$\beta_0 \neq 0$，$\beta_1 \neq 0$ 均显著成立，即可以认为在消费支出模型中截距项显著不为0，而且收入I对消费支出 *COM* 具有显著影响。

若我们关心随着收入I的增加，消费支出COM是否增加，或者说，I对COM的影响乘数是否大于0，即家庭的边际消费倾向是否大于0，则需要对斜率系数 β_1 进行单侧 t 检验 $(H_1:\beta_1 > 0)$。对于显著性水平 $\alpha = 0.05$，查自由度为 $n-2=18$ 的 t 分布表，得临界值为 $t_\alpha(18) = 1.734$。因为 $t_1 > 1.734$，所以在0.05的显著性水平下，$\beta_1 > 0$ 显著成立，即可以认为收入I对消费支出COM具有显著影响，而且COM随着I的增加而增加。

3. 应用 t 检验的注意事项

（1）对于原假设 $H_0:\beta_j = \mu_j$（μ_j 为已知常数），t检验统计量的计算公式为

$$t = \frac{\hat{\beta}_j - \mu_j}{\hat{SD}(\hat{\beta}_j)}$$

（2）关于原假设含有不等号的单侧t检验的过程。上面我们针对原假设为等式的情形，讨论了单侧t检验，在实践中你可能会认为这样设定的原假设约束过强。例如，若对于参数 β_j 的符号没有先验信息，即 $\beta_j<0$ 和 $\beta_j>0$ 都是可能的，那么单侧t检验的原假设就应该设定为 $H_0:\beta_j\leqslant 0$ 或 $H_0:\beta_j\geqslant 0$。在此需要指出的是，关于原假设为 $H_0:\beta_j\leqslant 0$ $(H_0:\beta_j\geqslant 0)$，备择假设为 $H_1:\beta_j>0(H_1:\beta_j<0)$ 的t检验，与原假设为 $H_0:\beta_j=0$，备择假设为 $H_1:\beta_j>0(H_1:\beta_j<0)$ 的t检验，它们具有相同的检验统计量、临界值和 P 值（见下一段）。因此，对于单侧t检验备择假设的不等式"＞"（"＜"），其原假设可以设定为等式"＝"，也可以设定为不等式"≤"（"≥"），这要依据待检验参数可能的取值范围而定，但对于这两种情形，单侧 t 检验的检验过程是相同的。

2.5.2.2　t 检验的 P 值

下面以经典线性回归模型（2.9）中 $\beta_j = 0(j=0,1)$ 的双侧 t 检验为例，解释 P 值的含义及利用 P 值进行假设检验的判断规则。

依据给定的样本数据，计算 t 统计量值

$$t_j^* = \frac{\hat{\beta}_j}{\hat{SD}(\hat{\beta}_j)}$$

所谓**双侧 t 检验（统计量）的 P 值**[probability value of the two - sided t test(statistic)]，是按照如下公式计算出的概率值：

$$P\text{值} = P(|t_j| > |t_j^*|) \tag{2.42}$$

其中 t_j 为服从自由度为 $n-2$ 的 t 分布的随机变量。

将（2.42）式与（2.40）式对比可知，P 值就是以 $|t_j^*|$ 为临界值的绝对值的显著性水平。从图2－13可以看出，显著性水平 α 越小，临界值的绝对值就越大；反之，显著性水平 α 越大，临界值的绝对值就越小。因此，P 值 $<\alpha$ 当且仅当 $|t_j^*| > t_{\alpha/2}(n-2)$，也就是说，$P$ 值是 t 检验拒绝原假设 $H_0:\beta_j = 0$ 最小的显著性水平。于是，可以通过比较给定的显著性水平 α 与 P 值的大小来完成 t 检验。具体判断规则为：

若 $\alpha > P$ 值，则在显著性水平 α 下，拒绝原假设 H_0，接受 $\beta_j \neq 0$；

若 $\alpha < P$ 值，则在显著性水平 α 下，不拒绝原假设 H_0，通常接受 $\beta_j = 0$。

在EViews软件下，利用OLS法估计模型所得输出结果中同时给出了各回归系数的 t 统计量值及其相应的双侧 t 检验的 P 值，据此可以直接得到 t 检验的结果。例如，在例题

2.1 的表 2 - 2 中,*Prob.* 对应列中的数值 0.000 0、0.000 0 分别为对 $\beta_0 = 0$ 和 $\beta_1 = 0$ 进行双侧 t 检验的 P 值。显然,通常设定的显著性水平均大于这些 P 值,因此可以认为 $\beta_0 \neq 0$ 和 $\beta_1 \neq 0$ 均显著成立。此与利用临界值进行检验的结果是一致的。

类似地,我们可以定义对原假设 $H_0:\beta_j = 0$ 进行**单侧 t 检验的 P 值**(probability value of the one - sided t test)。对于备择假设为 $H_1:\beta_j > 0$ 的单侧 t 检验,P 值的计算公式为

$$P\text{ 值} = P(t_j > t_j^*)$$

对于备择假设为 $H_1:\beta_j < 0$ 的单侧 t 检验,P 值的计算公式为

$$P\text{ 值} = P(t_j < t_j^*)$$

利用 P 值进行单侧 t 检验的判断规则与双侧 t 检验的类似。

利用 t 分布关于 0 的对称性,可得

$$\text{双侧 } t \text{ 检验的 } P \text{ 值} = P(|t_j| > |t_j^*|) = P(t_j > |t_j^*|) + P(t_j < -|t_j^*|)$$

$$= \begin{cases} 2P(t_j > t_j^*) & \text{若 } t_j^* > 0 \\ 2P(t_j < t_j^*) & \text{若 } t_j^* < 0 \end{cases} \tag{2.43}$$

由此可知,对于 $H_0:\beta_j = 0$ 的双侧 t 检验的 P 值与单侧 t 检验的 P 值具有如下关系:

若 $t_j^* > 0$, 则对于备择假设为 $H_1:\beta_j > 0$ 的单侧 t 检验的 P 值是双侧 t 检验的 P 值的一半;

若 $t_j^* < 0$, 则对于备择假设为 $H_1:\beta_j < 0$ 的单侧 t 检验的 P 值是双侧 t 检验 P 值的一半。

因此,借助于 EViews 软件下得到的双侧 t 检验($H_1:\beta_j \neq 0$)的 P 值和 t 统计量值的正负,便可以完成单侧 t 检验($H_1:\beta_j < 0$、$H_1:\beta_j > 0$)。这里请读者自己思考:当 $t_j^* > 0$ 时,单侧 t 检验($H_1:\beta_j < 0$)的检验结果是什么?

本书后文提到的所有假设检验的 P 值的含义、计算公式及利用其进行检验的判断规则都与 t 检验的完全类似。

2.5.3 回归系数的区间估计

2.5.3.1 回归系数的置信区间

对于一般参数 θ 进行区间估计,通常采用的方法是求它的一个**置信区间**(confidence interval),即在一定的**置信度**(confidence level) $1-\alpha$ 下,构造一个包含参数真值的随机区间 $[\hat{\theta}_1, \hat{\theta}_2]$, 使得

$$P(\hat{\theta}_1 \leqslant \theta \leqslant \hat{\theta}_2) = 1 - \alpha$$

这里 $\hat{\theta}_1, \hat{\theta}_2$ 为随机样本数据的函数, $\hat{\theta}_1 < \hat{\theta}_2$。它意味着,若进行 100 次重复抽样观测,则在所得到的 100 个具体区间 $[\hat{\theta}_1, \hat{\theta}_2]$ 中,大约有 $100 \times (1-\alpha)$ 个包含参数 θ。下面对于给定的置信度 $1-\alpha$, 去构造经典线性回归模型 $Y_i = \beta_0 + \beta_1 X_i + u_i$ 中回归系数 $\beta_j (j = 0, 1)$ 的置信区间。

由本节 2.5.1 的讨论可知,在随机误差项的方差 σ^2 未知的情形下,有

$$t_j = \frac{\hat{\beta}_j - \beta_j}{\hat{SD}(\hat{\beta}_j)} \sim t(n-2) \qquad (j = 0, 1)$$

成立。因此,对于给定的置信度 $1-\alpha$, 可以查自由度为 $n-2$ 的 t 分布表得临界值 $t_{\alpha/2}(n-2)$, 使得

$$P\left[|t_j| = \left|\frac{\hat{\beta}_j - \beta_j}{\hat{SD}(\hat{\beta}_j)}\right| \leqslant t_{\alpha/2}(n-2)\right] = 1-\alpha \tag{2.44}$$

[通过比较(2.44)式与(2.36)式,你会得出什么结论?]
即

$$P\left[-t_{\alpha/2}(n-2) \leqslant \frac{\hat{\beta}_j - \beta_j}{\hat{SD}(\hat{\beta}_j)} \leqslant t_{\alpha/2}(n-2)\right] = 1-\alpha$$

亦即

$$P[\hat{\beta}_j - \hat{SD}(\hat{\beta}_j)t_{\alpha/2}(n-2) \leqslant \beta_j \leqslant \hat{\beta}_j + \hat{SD}(\hat{\beta}_j)t_{\alpha/2}(n-2)] = 1-\alpha$$

于是,得到参数 β_j 的置信度为 $1-\alpha$ 的置信区间为:

$$[\hat{\beta}_j - \hat{SD}(\hat{\beta}_j)t_{\alpha/2}(n-2), \hat{\beta}_j + \hat{SD}(\hat{\beta}_j)t_{\alpha/2}(n-2)] \tag{2.45}$$

利用已知的样本数据和(2.45)式便可以求得一个具体的置信区间。

例题 2.1(续) 回归系数的区间估计

由表 2-2 可知

$$\hat{\beta}_0 = 499.5, \hat{SD}(\hat{\beta}_0) = 49.15, \hat{\beta}_1 = 0.508, \hat{SD}(\hat{\beta}_1) = 0.013$$

对于置信度 $1-\alpha = 0.95$,查 t 分布表得临界值 $t_{\alpha/2}(18) = 2.101$。于是,利用公式(2.45)可得参数 β_0、β_1 的置信度为 0.95 的置信区间分别为:

$$[499.5 - 49.15 \times 2.101, 499.5 + 49.15 \times 2.101]$$

即

$$[396.23, 602.76]$$

和

$$[0.508 - 0.013 \times 2.101, 0.508 + 0.013 \times 2.101]$$

即

$$[0.4806, 0.5353]$$

2.5.3.2 置信区间与假设检验的联系

对于原假设 $H_0:\beta_j = \mu_j$(μ_j 为已知常数)和备择假设 $H_1:\beta_j \neq \mu_j$,进行 t 检验,在显著性水平 α 下,拒绝原假设 H_0 当且仅当

$$|t| = \left|\frac{\hat{\beta}_j - \mu_j}{\hat{SD}(\hat{\beta}_j)}\right| > t_{\alpha/2}(n-2)$$

即

$$\mu_j > \hat{\beta}_j + \hat{SD}(\hat{\beta}_j)t_{\alpha/2}(n-2) \text{ 或 } \mu_j < \hat{\beta}_j - \hat{SD}(\hat{\beta}_j)t_{\alpha/2}(n-2)$$

亦即

$$\mu_j \notin [\hat{\beta}_j - \hat{SD}(\hat{\beta}_j)t_{\alpha/2}(n-2), \hat{\beta}_j + \hat{SD}(\hat{\beta}_j)t_{\alpha/2}(n-2)]$$

因此,可以通过判断 μ_j 是否属于 β_j 的置信度为 $1-\alpha$ 的置信区间,来完成在显著性水平 α 下对 $\beta_j = \mu_j$ 的双侧 t 检验。

§2.6 预测

计量经济模型的一个重要应用就是经济预测。对于一元经典线性回归模型

$$Y_i = \beta_0 + \beta_1 X_i + u_i \quad (i = 1, 2, \cdots, n) \tag{2.46}$$

当我们利用样本数据及 OLS 法得到了样本回归函数

$$\hat{Y}_i = \hat{\beta}_0 + \hat{\beta}_1 X_i \tag{2.47}$$

后,便可以在已知预测期(指样本期以外)解释变量值 X_F 的条件下,利用(2.47)式对预测期的被解释变量值 Y_F 或其均值 $E(Y_F \mid X_F)$ 进行预测。在这里预测分为**点预测**(point prediction)和**区间预测**(interval prediction),前者是指用一个数值作为个别值 Y_F 或 $E(Y_F \mid X_F)$ 的预测值;后者是指在一定的可靠度下预测 Y_F 或 $E(Y_F \mid X_F)$ 所在的范围,通常是建立一个置信区间作为预测区间。

在展开讨论之前,首先需要说明两点:

(1)我们所进行的预测是一种条件预测,除需要已知解释变量在预测期的取值之外,还要求在样本期和预测期内,Y 对 X 的总体回归函数不变,即在预测期内,有

$$Y_F = \beta_0 + \beta_1 X_F + u_F$$

成立,而且随机误差项满足基本假定条件。因此,在应用所学预测方法时,首先要在经济理论分析和经验研究的基础上,判断所研究变量之间的关系在样本期和预测期有无明显变化,以及能否取得预测期内解释变量的值。

(2)什么样的**预测量**(predictor)才是“最优”的呢?依据随机样本数据对未知的量(变量或常数)(记为 θ)进行预测,通常是将样本数据的一个函数 $\hat{\theta}$ 作为 θ 的预测量,它是一个随机变量。因为 $\hat{\theta}$ 与 θ 通常是不相等的,因此我们希望作为预测量的变量 $\hat{\theta}$ 具有良好的统计性质[如,**无偏性**(unbiasedness)],而且与待预测量 θ 的实际值越“接近”越好,即**预测精度**(precision of prediction)越高越好。这里无偏性是指**预测误差**(prediction error) $e = \theta - \hat{\theta}$ 的平均值为 0,即

$$E(e) = E(\theta - \hat{\theta}) = 0$$

此表明,就平均而言,用 $\hat{\theta}$ 预测 θ 是准确的,没有系统偏差。度量预测精度最常用的指标是**均方误差**(mean squared error, MSE)和**均方根误差**(root mean squared error, RMSE)。θ 的预测量 $\hat{\theta}$ 的均方误差和均方根误差的定义式,分别为:

$$MSE(\hat{\theta}) = E[(\theta - \hat{\theta})^2]$$

$$RMSE(\hat{\theta}) = \sqrt{E[(\theta - \hat{\theta})^2]}$$

$MSE(\hat{\theta})$ 或 $RMSE(\hat{\theta})$ 越小,表明 $\hat{\theta}$ 的预测精度越高。显然,当 $\hat{\theta}$ 具有无偏性,即 $E(\theta - \hat{\theta}) = 0$ 时,有:

$$MSE(\hat{\theta}) = Var(\theta - \hat{\theta})$$

如果 θ 的一个预测量 $\hat{\theta}$ 具有无偏性且在所有无偏预测量中具有最小的均方误差,则称 $\hat{\theta}$ 为 θ 的**最优无偏预测量**(optimal unbiased predictor)。

习惯上,人们将预测量及其样本值统称为预测值(predicted value)**,后文我们也采用这种做法。**

2.6.1 点预测

利用(2.47)对 Y_F、$E(Y_F \mid X_F) = \beta_0 + \beta_1 X_F$ 进行点预测,是将

$$\hat{Y}_F = \hat{\beta}_0 + \hat{\beta}_1 X_F \tag{2.48}$$

作为它们的预测值。记它们的预测误差分别为

$$e_F = Y_F - \hat{Y}_F, \quad e_{E(Y_F \mid X_F)} = E(Y_F \mid X_F) - \hat{Y}_F$$

因为 $\hat{\beta}_j (j = 0,1)$ 为 β_j 的线性无偏估计,$E(\hat{\beta}_j) = \beta_j$,所以

$$E(e_F|X_F) = E\{[\beta_0+\beta_1X_F+u_F-(\hat{\beta}_0+\hat{\beta}_1X_F)]|X_F\}$$
$$= \beta_0+\beta_1X_F+E(u_F)-E(\hat{\beta}_0)-E(\hat{\beta}_1)X_F = 0 \qquad (2.49)$$
$$E[e_{E(Y_F|X_F)}|X_F] = E\{[\beta_0+\beta_1X_F-(\hat{\beta}_0+\hat{\beta}_1X_F)]|X_F\}$$
$$= \beta_0+\beta_1X_F-E(\hat{\beta}_0)-E(\hat{\beta}_1)X_F = 0 \qquad (2.50)$$

此表明 $\hat{Y}_F$ 是 Y_F 和 $E(Y_F|X_F)$ 的线性无偏预测(值),这里的"线性性"是指,预测值是被解释变量观测值的线性函数。

另外,可以证明(参见:贾奇等,1993,$p_{122-123}$;靳云汇等,2007,$p_{107-109}$):

① 把 $\hat{Y}_F$ 作为 Y_F 的预测值,有下式成立:

$$MSE(\hat{Y}_F|X_F) = Var(e_F|X_F) = \sigma^2[1+\frac{1}{n}+\frac{(X_F-\bar{X})^2}{\sum_{i=1}^{n}x_i^2}] \qquad (2.51)$$

而且 $\hat{Y}_F$ 是 Y_F 的**最优线性无偏预测(值)**[optimal linear unbiased predictor](即,在 Y_F 的所有线性无偏的预测值中,$\hat{Y}_F$ 具有最小的均方误差),Y_F 的其他线性无偏预测值都不具有最小均方误差性。

② 把 $\hat{Y}_F$ 作为 $E(Y_F|X_F)$ 的预测值,有下式成立:

$$MSE(\hat{Y}_F|X_F) = Var(\hat{Y}_F|X_F) = \sigma^2[\frac{1}{n}+\frac{(X_F-\bar{X})^2}{\sum_{i=1}^{n}x_i^2}] \qquad (2.52)$$

而且 $\hat{Y}_F$ 是 $E(Y_F|X_F)$ 的最优线性无偏预测(值),$E(Y_F|X_F)$ 的其他线性无偏预测值都不具有最小均方误差性。

2.6.2 区间预测

关于被解释变量的区间预测,无论统计量的构造过程,还是置信区间的表现形式,都与§2.5 中回归系数的区间估计类似。

2.6.2.1 $E(Y_F|X_F)$ 的区间预测

要分析 $\hat{Y}_F$ 与 $E(Y_F|X_F)$ 的接近程度,或构造 $E(Y_F|X_F)$ 的置信区间,首先需要知道 $\hat{Y}_F$ 的概率分布。由 $\hat{\beta}_0$、$\hat{\beta}_1$ 的线性性可知,它们都是 $u_1,u_2,\cdots,u_n$ 的线性函数,所以 $\hat{Y}_F=\hat{\beta}_0+\hat{\beta}_1X_F$ 也是 $u_1,u_2,\cdots,u_n$ 的线性函数。又由于 u_i 服从正态分布且不同 u_i 之间相互独立,因此在给定 X_F 的条件下,$\hat{Y}_F$ 服从正态分布。于是,利用(2.50)式和(2.52)式,可得:

$$\hat{Y}_F|X_F \sim N\{E(Y_F|X_F),\sigma^2[\frac{1}{n}+\frac{(X_F-\bar{X})^2}{\sum_{i=1}^{n}x_i^2}]\}$$

类似于参数置信区间的构造过程,当 σ 未知时,在给定 X_F 的条件下可以证明:

$$t = \frac{\hat{Y}_F-E(Y_F|X_F)}{\hat{SD}(\hat{Y}_F|X_F)} \sim t(n-2)$$

其中

$$\hat{SD}(\hat{Y}_F|X_F) = \hat{\sigma}\sqrt{\frac{1}{n}+\frac{(X_F-\bar{X})^2}{\sum_{i=1}^{n}x_i^2}},\hat{\sigma} = \sqrt{\sum_{i=1}^{n}e_i^2/(n-2)}$$

于是,对于给定的置信度 $1-\alpha$,查自由度为 $n-2$ 的 t 分布表得临界值 $t_{\alpha/2}(n-2)$,

使得

$$P\left[\left|\frac{\hat{Y}_F - E(Y_F \mid X_F)}{\hat{SD}(\hat{Y}_F \mid X_F)}\right| \leqslant t_{\alpha/2}(n-2)\right] = 1-\alpha$$

即

$$P\left[-t_{\alpha/2}(n-2) \leqslant \frac{\hat{Y}_F - E(Y_F \mid X_F)}{\hat{SD}(\hat{Y}_F \mid X_F)} \leqslant t_{\alpha/2}(n-2)\right] = 1-\alpha$$

亦即

$$P[\hat{Y}_F - \hat{SD}(\hat{Y}_F \mid X_F)t_{\alpha/2}(n-2) \leqslant E(Y_F \mid X_F) \leqslant \hat{Y}_F + \hat{SD}(\hat{Y}_F \mid X_F)t_{\alpha/2}(n-2)] = 1-\alpha$$

因此，$E(Y_F \mid X_F)$ 的置信度为 $1-\alpha$ 的预测区间为：

$$[\hat{Y}_F - \hat{SD}(\hat{Y}_F \mid X_F)t_{\alpha/2}(n-2), \hat{Y}_F + \hat{SD}(\hat{Y}_F \mid X_F)t_{\alpha/2}(n-2)]$$

即

$$\left[\hat{Y}_F - \hat{\sigma}\sqrt{\frac{1}{n} + \frac{(X_F - \bar{X})^2}{\sum_{i=1}^{n} x_i^2}}\,t_{\alpha/2}(n-2), \hat{Y}_F + \hat{\sigma}\sqrt{\frac{1}{n} + \frac{(X_F - \bar{X})^2}{\sum_{i=1}^{n} x_i^2}}\,t_{\alpha/2}(n-2)\right] \tag{2.53}$$

2.6.2.2 个别值 Y_F 的区间预测

预测误差 $e_F = Y_F - \hat{Y}_F$ 反映了 $\hat{Y}_F$ 与 Y_F 的接近程度，要建立 Y_F 的预测区间，首先需要知道 e_F 的概率分布。与上述推导 $\hat{Y}_F$ 的概率分布的过程完全类似，由

$$e_F = Y_F - \hat{Y}_F = \beta_0 + \beta_1 X_F + u_F - \hat{\beta}_0 - \hat{\beta}_1 X_F$$

是 $u_F, u_1, u_2, \cdots, u_n$ 的线性函数，推断 e_F 服从正态分布。再由(2.49)式和(2.51)式，可得：

$$e_F \mid X_F \sim N\left\{0, \sigma^2\left[1 + \frac{1}{n} + \frac{(X_F - \bar{X})^2}{\sum_{i=1}^{n} x_i^2}\right]\right\}$$

进而，类似于 $E(Y_F \mid X_F)$ 预测区间的建立过程，当 σ 未知时，在给定 X_F 的条件下可以证明：

$$t = \frac{Y_F - \hat{Y}_F}{\hat{SD}(e_F \mid X_F)} \sim t(n-2)$$

其中

$$\hat{SD}(e_F \mid X_F) = \hat{\sigma}\sqrt{1 + \frac{1}{n} + \frac{(X_F - \bar{X})^2}{\sum_{i=1}^{n} x_i^2}}$$

于是，可得 Y_F 的置信度为 $1-\alpha$ 的预测区间为：

$$[\hat{Y}_F - \hat{SD}(e_F \mid X_F)t_{\alpha/2}(n-2), \hat{Y}_F + \hat{SD}(e_F \mid X_F)t_{\alpha/2}(n-2)]$$

即

$$\left[\hat{Y}_F - \hat{\sigma}\sqrt{1 + \frac{1}{n} + \frac{(X_F - \bar{X})^2}{\sum_{i=1}^{n} x_i^2}}\,t_{\alpha/2}(n-2), \hat{Y}_F + \hat{\sigma}\sqrt{1 + \frac{1}{n} + \frac{(X_F - \bar{X})^2}{\sum_{i=1}^{n} x_i^2}}\,t_{\alpha/2}(n-2)\right] \tag{2.54}$$

从(2.49)式和(2.50)式可见,对于给定的样本数据和置信度 $1-\alpha$,当 $X_F=\bar{X}$ 时,$E(Y_F|X_F)$ 和 Y_F 的预测区间最小;X_F 越远离 $\bar{X}$,它们的预测区间越大,但两者的相对差距越小,即 Y_F 和 $E(Y_F|X_F)$ 的预测区间的长度之比:

$$\frac{2\hat{SD}(e_F|X_F)t_{\alpha/2}(n-2)}{2\hat{SD}(\hat{Y}_F|X_F)t_{\alpha/2}(n-2)}=\sqrt{\frac{1}{\frac{1}{n}+\frac{(X_F-\bar{X})^2}{\sum_{i=1}^{n}x_i^2}}+1}$$

越小。图 2-15 为 $E(Y_F|X_F)$ 和 Y_F 的预测区间的示意图。

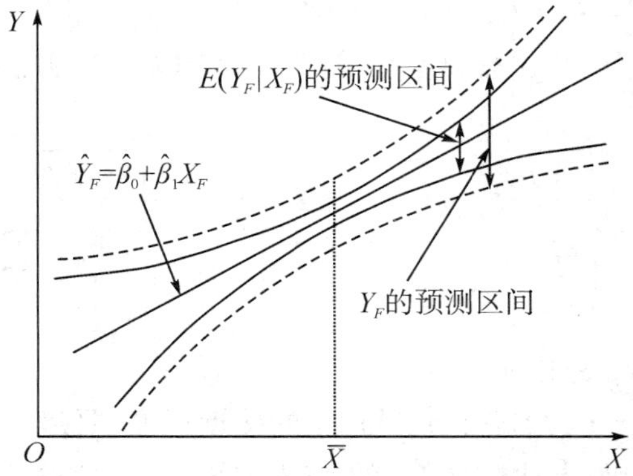

图 2-15　$E(Y_F|X_F)$ 和 Y_F 的预测区间示意图

比较 $\hat{SD}(\hat{Y}_F|X_F)$ 与 $\hat{SD}(e_F|X_F)$ 的表达式,可得

$$\hat{SD}(\hat{Y}_F|X_F)=\hat{\sigma}\sqrt{\frac{[\hat{SD}(e_F|X_F)]^2}{\hat{\sigma}^2}-1}=\sqrt{[\hat{SD}(e_F|X_F)]^2-\hat{\sigma}^2}\quad(2.55)$$

在利用(2.53)式求 $E(Y_F|X_F)$ 的预测区间时,可以在 EViews 下先得到 $\hat{SD}(e_F|X_F)$,然后利用(2.55)式,求得 $\hat{SD}(\hat{Y}_F|X_F)$。进而,将其代入(2.53)式得到所求预测区间。

在 EViews 软件下,利用 OLS 法估计模型(2.46)并对 Y 进行预测的基本执行过程:

① 扩展工作范围:在 Workfile 窗口,双击 Range,接着在弹出的窗口中,输入扩展的工作范围(包括样本区间和预测区间),然后点击 OK,并在弹出窗口中点击 Yes。

② 输入预测期解释变量的数据:在 Workfile 窗口,选中并双击解释变量 X,打开序列 X 的窗口,输入 X 在预测区间的数据。

③ 得到模型的 OLS 估计结果及 Y 的预测值:在主窗口中,点击 Quick→ Estimate Equation,弹出 Equation Estimation 窗口,在该窗口的 Equation Specification 对话框中,依次键入“Y　C　X”,然后点击“确定”,得到模型 OLS 估计的输出结果。在该输出结果窗口的工具栏上,点击 Forecast,弹出 Forecast 窗口,在该窗口中,Forecast name 对话框自动给出 Y 的预测值序列名为 YF。接着在 s. e(optional)对话框将预测误差的标准差序列命名为 SE(注:用户也可以用其他符号表示),在 Forecast sample 对话框输入预测区间,去掉“Insert actuals for out - of - sample observations”选项,然后点击 OK,便得到 YF 和 YF ±2 ×SE 的趋势图,同时 YF 和 SE 出现在 workfile 窗口的对象目录中。

例题 2.1(续) 模型的预测

对于月收入 I_F 为 5 600 元、5 900 元、6 200 元的家庭,求其月消费支出 COM_F 的预测值,以及当 $I_F=5\ 600$ 元时,COM_F 与 $E(COM_F|I_F=5\ 600)$ 的预测区间。

1. COM_F 的点预测

前面已经得到样本回归函数:

$$\hat{COM}_i = 499.5 + 0.508I_i$$

由此可得,月收入 I_F 为 5 600 元、5 900 元、6 200 元时,家庭月消费支出 COM_F 的预测值分别为:

$$\hat{COM}_F \big|_{I_F=5\ 600} = 499.5 + 0.508 \times 5\ 600 = 3\ 344.3(\text{元})$$

$$\hat{COM}_F \big|_{I_F=5\ 900} = 499.5 + 0.508 \times 5\ 900 = 3\ 496.7(\text{元})$$

$$\hat{COM}_F \big|_{I_F=6\ 200} = 499.5 + 0.508 \times 6\ 200 = 3\ 649.1(\text{元})$$

上述 COM_F 的预测值也可以利用 EViews 软件得到。按照前面给出的在 EViews 软件下进行预测的基本执行过程,首先将工作区间扩展为"1 23",然后打开序列 I,并在观测点 21、22、23 处分别输入 I 的值:5 600、5 900、6 200。其次在打开的 Forecast 窗口中,输入预测区间"21 23"以及预测误差标准差的序列名 SE,再点击 OK,便可以得到图 2-16。该图中间的实线为预测区间上 COM_F 的预测值 $\hat{COM}_F$(在图中用 COMF 表示)的图形,上下两条虚线为 $\hat{COM}_F \pm 2\times SE$ 的图形(它们说明什么问题?)。在 workfile 窗口打开序列 COMF 和 SE,便可以查看 COM_F 的预测值和预测误差的标准差。注意该预测值与上述手工计算得到的预测值有微小差别,这是因为我们在计算过程中利用的参数估计值是 EViews 输出结果中的近似值的缘故。

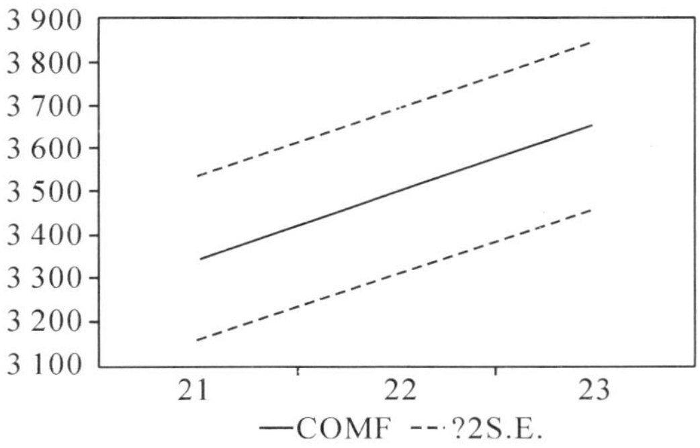

图 2-16 COM_F 的预测值 $\hat{COM}_F$ 及 $\hat{COM}_F \pm 2SE$ 的图形

2. 当 $I_F=5\ 600$ 时,COM_F 的区间预测

当 $I_F=5\ 600$ 时,在 EViews 软件下,可得 COM_F 的预测误差的标准差为 $\hat{SD}(e_F|I_F=5\ 600)=94.772\ 08$。对于置信度 $1-\alpha=0.95$,查自由度为 $n-2=18$ 的 t 分布表得临界值 $t_{\alpha/2}(18)=2.101$。于是,利用(2.54)式可得,当 $I_F=5\ 600$ 时,消费支出 COM_F 的置信度为 0.95 的预测区间为

$$[3\ 344.3-94.772\ 08\times 2.101,\ 3\ 344.3+94.772\ 08\times 2.101]$$

即

$$[3\ 145.18,\ 3\ 543.42]$$

3. $E(COM_F \mid I_F = 5\ 600)$ 的区间预测

方法一：在 EViews 软件下，计算 I_i 的样本均值及其离差平方和分别为

$$\bar{I} = 3\ 365,\ \sum_{i=1}^{n}(I_i - \bar{I})^2 = 42\ 945\ 500$$

由表 2－2 知，$\hat{\sigma} = 87.755\ 11$。进而，可得

$$\hat{SD}(\hat{COM}_F \mid I_F = 5\ 600) = \hat{\sigma}\sqrt{\frac{1}{n} + \frac{(I_F - \bar{I})^2}{\sum_{h=1}^{n}(I_i - \bar{I})^2}}$$

$$= 87.755\ 11 \times \sqrt{\frac{1}{20} + \frac{(5\ 600 - 3\ 365)^2}{42\ 945\ 500}} \approx 35.788\ 1$$

对于置信度 $1 - \alpha = 0.95$，利用(2.53)式可得，当 $I_F = 5\ 600$ 时，平均消费支出 $E(COM_F \mid I_F = 5\ 600)$ 的置信度为 0.95 的预测区间为

$$[3\ 344.3 - 35.788\ 1 \times 2.101,\ 3\ 344.3 + 35.788\ 1 \times 2.101]$$

即

$$[3\ 269.11,\ 3\ 419.49]$$

方法二：利用关系式(2.55)和 $\hat{SD}(e_F \mid I_F = 5\ 600) = 94.772\ 08$，可得

$$\hat{SD}(\hat{COM}_F \mid I_F = 5\ 600) = \sqrt{[\hat{SD}(e_F \mid I_F = 5\ 600)]^2 - \hat{\sigma}^2}$$

$$= \sqrt{94.772\ 08^2 - 87.755\ 11^2} \approx 35.788\ 1$$

进而，利用(2.53)式，可求得 $E(COM_F \mid I_F = 5\ 600)$ 的置信度为 0.05 的预测区间为 $[3\ 269.11, 3\ 419.49]$。

§2.7 案例分析

例题 2.2 恩格尔定律的实证检验

1857 年，德国统计学家恩格尔(E. Engel)在研究家庭收入水平对其消费结构的影响时，阐述了一个著名的定律－恩格尔定律(Engel's law)：收入越高，家庭将其收入用于食物支出的比例越低，并利用 Edouard Ducpetiaux 搜集的 198 个比利时家庭的家庭预算数据验证了该定律是成立的。下面我们利用从印度 55 个农户调查得到的食物支出 Y 和总支出 X 的样本数据(如表 2－3 所示)对恩格尔定律进行检验，即检验食物支出占收入的比例是否随着收入的增加而递减，并对收入 $X_F = 900$ 卢比的农户的平均食物支出 $E(Y_F \mid X_F = 900)$ 进行预测。这里我们以农户总支出作为其总收入的代理变量。

表 2-3　印度农户的周食物支出与总支出样本数据　　单位：卢比

序号	食物支出 Y	总支出 X	序号	食物支出 Y	总支出 X	序号	食物支出 Y	总支出 X
1	217	382	20	383	616	39	415	721
2	196	388	21	315	618	40	540	730
3	303	391	22	267	623	41	360	731
4	270	415	23	420	627	42	450	733
5	325	456	24	300	630	43	395	745
6	260	460	25	410	635	44	430	751
7	300	472	26	220	640	45	332	752
8	325	478	27	403	648	46	397	752
9	336	494	28	350	650	47	446	769
10	345	516	29	390	655	48	480	773
11	325	525	30	385	662	49	352	773
12	362	554	31	470	663	50	410	775
13	315	575	32	322	677	51	380	785
14	355	579	33	540	680	52	610	788
15	325	585	34	433	690	53	530	790
16	370	586	35	295	695	54	360	795
17	390	590	36	340	695	55	305	801
18	420	608	37	500	695			
19	410	610	38	450	720			

注：资料来源于 Chandan Mukherjee, Howard White and Marc Wuyts. Econometric and Data Analysis for Developing Countries, Routledge, New York,1998:437.

依据表 2-3 中的数据，作食物支出 Y 对总支出 X 的散点图，如图 2-17 所示。

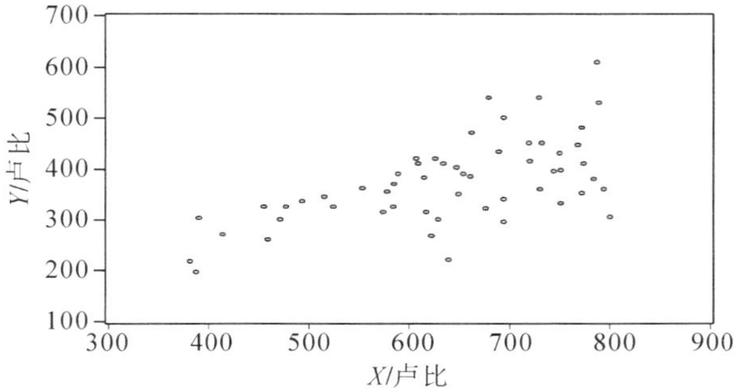

图 2-17　食物支出 Y 对总支出 X 的散点图

1. 恩格尔定律的检验

(1)模型的设定与检验的对象

从图 2-17 可以看出，随着 X 的增加 Y 大致呈现出线性增加的趋势，因此可以建立如下线性回归模型：

$$Y_i = \beta_0 + \beta_1 X_i + u_i \qquad (i = 1,2,\cdots,55) \tag{2.56}$$

总体回归函数为：

$$E(Y_i) = \beta_0 + \beta_1 X_i$$

于是，有：

$$\frac{E(Y_i)}{X_i} = \frac{\beta_0}{X_i} + \beta_1$$

由此可知，若$\beta_0 > 0$，则表明随着收入的增加平均食物支出占收入的比例是递减的；若$\beta_0 < 0$，则表明随着收入的增加平均食物支出占收入的比例是递增的；若$\beta_0 = 0$，则表明平均食物支出占收入的比例不随收入的变化而变化。于是，检验恩格尔定律就归结为检验$\beta_0 > 0$是否成立。当然，在做这项工作之前首先需要保证模型(2.56)能通过各种必要的基本检验。

(2)模型的估计及检验

在§2.5节关于回归系数的t检验是针对经典线性回归模型给出的，因此在应用该检验法之前首先应该对基本假定条件进行检验。在本书第4章将讨论基本假定的检验问题，在此我们权且假定模型(2.56)满足基本假定条件，直接应用OLS法估计模型并对其进行统计检验。利用OLS法估计模型(2.56)，得如下回归结果：

$$\hat{Y}_i = 94.21 + 0.436\,8X_i$$
$$t\text{值}\quad 1.852 \qquad 5.577$$
$$P\text{值}\quad 0.069\,5 \qquad 0.000$$

这里t值为检验对应回归系数是否为0的t统计量值，P值为其上方t值相应的双侧t检验的P值。**本书后文的回归结果沿用这种书写格式。**

一般来说，随着人们收入的增加，其用于食品的支出也会增加，因此斜率系数β_1的估计值$\hat{\beta}_1 = 0.4\,368 > 0$与我们的预期是一致的。下面分别对$\beta_0 > 0$和$\beta_1 > 0$进行单侧$t$检验。从上述回归结果可知，$\beta_0$、$\beta_1$的估计值分别为$\hat{\beta}_0 = 94.21 > 0$、$\hat{\beta}_1 = 0.436\,8 > 0$，检验它们是否为0的双侧$t$检验的$P$值分别为0.069 5、0.000。于是，利用双侧t检验与单侧t检验P值之间的关系，可得备择假设$H_1: \beta_0 > 0$和$H_1: \beta_1 > 0$的单侧t检验的P值分别为0.034 75和0.000 0，它们均小于0.05。因此，在0.05的显著性水平下，可以认为β_0和β_1均为正数。其表明表2-3给出的对印度农户的调查数据支持恩格尔定律。

另外，上述估计结果还表明，一个没有收入的印度农户在食品上的支出平均为94.21卢比，这可以看作印度农户在食品上的基本支出水平，而且在任一收入水平上，若农户增加一卢比的收入，预期其在食物上的支出平均增加0.436 8卢比。这些结论对于政府制定食品补贴或财政补贴计划、食品行业的发展规划等能提供有用的信息。

2. 预测

当印度农户总支出$X_F = 900$卢比时，由上述样本回归函数可得其食品支出的预测值为：

$$\hat{Y}_F = 94.21 + 0.436\,8 \times 900 = 487.33(\text{卢比})$$

下面给出Y_F的均值$E(Y_F \mid X_F = 900)$的预测区间。利用EViews软件，容易计算出总支出X_i的样本均值及其离差平方和分别为：

$$\bar{X} = 639.04, \sum_{i=1}^{n} x_i^2 = 728\,623.9$$

模型(2.51)的回归标准差为$\hat{\sigma} = 66.86$。对于置信度$1 - \alpha = 0.95$，查自由度为$n - 2 = 53$的t分布表得临界值$t_{\alpha/2}(53) = 2.01$①。于是，可得在0.95的置信度下食品支出的均值

① t分布表中没有给出$t_{0.025}(53)$的临界值，2.01是$t_{0.025}(53)$临近的两个临界值$t_{0.025}(40) = 2.021$和$t_{0.025}(60) = 2.000$的算术平均数。

$E(Y_F \mid X_F = 900)$ 的预测区间为：

$$\left[487.33-2.01\times66.86\times\sqrt{\frac{1}{55}+\frac{(900-639.04)^2}{728\,623.9}},\ 487.33+2.01\times66.86\times\sqrt{\frac{1}{55}+\frac{(900-639.04)^2}{728\,623.9}}\right]$$

即

$$[442.43,\quad 532.23]$$

上述 $E(Y_F \mid X_F = 900)$ 的预测区间也可以按如下方法求得(请读者自己完成)：首先在 EViews 下得到预测误差的标准差 $\hat{SD}(e_F \mid X_F = 900)$，并利用公式(2.55)计算出 $\hat{SD}(\hat{Y}_F \mid X_F = 900)$，然后再代入(2.53)式计算预测区间。

3. 待解决的问题

需要指出的是，从图 2－17 还可以看出，随着总支出(收入)的增加，食品支出的分散程度呈现增加的趋势，此表明模型(2.56)的随机误差项在不同的观测点可能具有不同的方差，即该模型可能不满足基本假定条件。若是这样，那么基于在满足基本假定条件下建立的 t 检验法和预测方法，对模型回归系数的检验和对被解释变量的预测所得结果就是值得怀疑的。在第 4 章 §4.2 中，我们将讨论违背同方差假定(即存在异方差性)模型的检验和参数估计问题，并进一步验证：在考虑存在异方差性的前提下，表 2－3 中的数据仍是支持恩格尔定律的。

恩格尔定律阐述的是食品支出与收入之间存在的一种关系。对于其他类型的消费支出，如住房支出、娱乐支出等，与收入之间是否也存在类似的关系呢？读者可以尝试运用典型的样本数据来研究这样的问题，并分析所得结论产生的原因。

§2.8 结束语

本章介绍了回归分析的基本思想，以及一元线性回归模型的估计、检验及应用，其知识结构如图 2－18 所示。

读者在学习本章时需要注意以下几点：

(1) 关于回归模型与因果关系。回归模型是回归分析的重要工具，它是从统计角度反映变量之间的数量依赖关系，但这种关系无论多么显著都不能直接推断为因果关系。

例如，在某一地区，农作物的收成(Y)依赖于降雨量(X)，可以用如下模型：

$$Y_t = \beta_0 + \beta_1 X_t + u_t \quad (\beta_1 \neq 0)$$

来刻画，由此可得如下模型：

$$X_t = \alpha_0 + \alpha_1 Y_t + v_t$$

其中 $\alpha_0 = -\dfrac{\beta_0}{\beta_1}, \alpha_1 = \dfrac{1}{\beta_1} \neq 0, v_t = -\dfrac{1}{\beta_1} u_t$。可见，当 u_t 满足基本假定条件时，v_t 也满足，而且可以证明，两模型中关于变量显著性 t 检验的统计量是相同的[见习题二综合应用题(3)]。也就是说，在实证分析中，当 β_1 显著不为 0 时，α_1 亦显著不为 0。但由此推断降雨量也依赖于农作物的收成，显然是荒谬的。事实上，我们说农作物收成依赖于降雨量，不是出于统计角度，而是基于常识或自然规律。同理，家庭的消费支出依赖于实际收入，也是基于经济理论，无论两者的回归结果多么显著，也不能推断出家庭的收入依赖于其消费支出的结论。

- 一元线性回归模型
  - 回归分析与回归模型
    - 回归分析的含义
    - 回归模型
      - 一般表达式、模型的识别
      - 基本术语：被解释变量、解释变量、随机误差项、总体(样本)回归模型、总体(样本)回归函数、残差
      - 回归模型与因果关系
    - 引入随机误差项的原因：被忽略的被解释变量的影响因素、总体回归函数与被解释变量的实际值不相等、测量误差
  - 基本假定条件
    - 为什么要设定基本假定条件
    - 基本假定条件
      - 对解释变量的假设：确定性、$\lim\limits_{n\to\infty}\frac{1}{n}\sum\limits_{i=1}^{n}X_i$ 存在、$\lim\limits_{n\to\infty}\frac{1}{n}\sum\limits_{i=1}^{n}x_i^2$ 存在且大于0
      - 对随机误差项的假设：零均值、同方差、无自相关和正态性
  - OLS 法及参数的 OLSE 的统计性质
    - OLS 法
      - 最小二乘准则
      - 正规方程组
      - 样本回归函数与残差的代数性质
      - 斜率系数与变量之间相关系数的关系
    - 回归系数 OLSE 的统计性质
      - 小样本性质：线性性、无偏性、有效性
      - 大样本性质：一致性
    - 误差项方差的 OLSE
      - 计算公式
      - 性质：一致性、无偏性
      - 回归标准差
  - 拟合优度的度量
    - 可决系数 R^2
      - 总离差平方和分解式
      - 定义
      - 解释及其适用范围
    - R^2 与相关系数 r_{XY} 的联系：$R^2 = r_{XY}^2$
  - 回归系数的假设检验与区间估计
    - 回归系数 OLSE 的概率分布
    - 双(单)侧 t 检验
      - 假设检验的基本原理
      - P 值
      - 检验程序：利用临界值检验、利用 P 值检验
    - 置信区间及其与双侧 t 检验之间的联系
  - 模型的应用：预测
    - 预测的评价标准：无偏性、最小均方误差性
    - 预测的条件：解释变量在预测期的取值 X_F 已知、在预测期和样本期被解释变量与解释变量的函数式不变、模型均满足基本假定条件
    - 预测的类型
      - 点预测：均值的预测和个别值的预测
      - 区间预测：均值的预测和个别值的预测

图 2－18　第 2 章知识结构图

(2) 关于经典线性回归模型的基本假定条件。现在教科书中流行的做法是，将解释变量设定成一般的变量(随机变量或确定性变量)，在给定解释变量的条件下，给出随机误差项 u 的假定条件。这样设定讨论起来比较烦琐，关于参数估计量的无偏性、最小方差性以及统计量的概率分布的推导过程都是以解释变量已知为条件。我们注意到，有一些教科书以解释变量已知为条件设定基本假设，但在后续的讨论中常常忽略这个条件的存在，表述不够严谨。事实上，对于随机解释变量，当给定其取值的条件下所进行的上述各种讨论过程及所得结论，与确定性解释变量的情形是一致的，而先研究后者，然后直接推广到前者，表述起来更加简明，对于初学者也更容易接受。另外，对于随机解释变量，误差项的条件均值(以解释变量为已知条件)为 0，是一个较误差项与解释变量不相关更强的条件，验证这一条件比较困难(见第 4 章 §4.4)。对于初学者，举例说明满足这个假定时，通常还是选择确定性变量的情形。

(3) 样本容量与参数估计量的性质。在计量经济学的教科书中，经常遇到参数估计量的小样本性质和大样本性质的表述。前者也称为有限样本性质，是指与样本容量无关的性质，如高斯－马尔科夫定理所陈述的性质即为小样本性质；后者是指只有在样本容量充分大时，参数估计量才具有的性质，如一致性、渐近正态性、渐近有效性等。从经典

线性回归模型 OLS 估计量为 BLUE 和一致估计量的证明过程可以看出，严格来说，小样本性质和大样本性质没有强弱之分。有时参数的 OLS 估计量是有偏的，但却是一致的。例如，对于一元经典线性回归模型

$$Y_i = \beta_0 + \beta_1 X_i + u_i$$

$\tilde{\sigma}^2 = \sum_{i=1}^{n} e_i^2/n$ 是 $Var(u_i) = \sigma^2$ 的有偏且一致的估计量。又如，对于含有滞后被解释变量作解释变量的一元自回归模型，当随机误差项满足零均值、同方差和无自相关性时，回归系数的 OLS 估计量是有偏且一致的（见第 4 章 §4.4 节）。有时参数的 OLS 估计量是无偏的，但却是不一致的。例如，考虑模型

$$Y_i = \beta_0 + \beta_1 X_i + u_i$$

其中 $X_i = 1/i$，u_i 满足经典假定条件。由高斯－马尔科夫定理可知，回归系数 $\beta_j (j = 0,1)$ 的 OLS 估计量 $\hat{\beta}_j$ 具有无偏性。但可以证明，$\hat{\beta}_0$ 是一致的，而 $\hat{\beta}_1$ 是非一致的（参见：戴维森和麦金农，2006，p_{80-81}）。尽管如此，在实证分析中，一般而言，大样本性质成立的条件比小样本性质成立的条件更容易满足。

另外，样本容量虽然不影响经典线性回归模型回归系数 OLS 估计量的最小方差性，但它会影响其有效程度。例如，由（2.21）式并利用假定 6，可得

$$\lim_{n\to\infty} Var(\hat{\beta}_1) = \lim_{n\to\infty}\left(\frac{\sigma^2}{n}\cdot\frac{1}{\frac{1}{n}\sum_{i=1}^{n}x_i^2}\right) = \lim_{n\to\infty}\frac{\sigma^2}{n}\cdot\lim_{n\to\infty}\frac{1}{\frac{1}{n}\sum_{i=1}^{n}x_i^2} = 0$$

此表明，只要样本容量 n 充分大，$\hat{\beta}_1$ 的方差 $Var(\hat{\beta}_1)$ 要多小就能够有多小，即 $\hat{\beta}_1$ 的有效性可以无限提高。类似地，由（2.22）式及假定 6 可得 $\lim_{n\to\infty} Var(\hat{\beta}_0) = 0$，此表明关于 $\hat{\beta}_0$ 的方差及有效性，也有同样的结论。

（4）经济理论的检验。应用计量经济学方法检验经济理论的重要环节是，将理论或假说所定性描述的经济现象中的数量关系，转化为计量经济模型中参数的检验问题，如 §2.7 节恩格尔定律的检验过程。当然，所建模型的质量不同，其检验结果也可能不一致。但有一点必须强调，这就是经济理论检验所依据的模型应该通过各种必要的统计检验。

（5）模型的解释。一般地，模型的解释适合于样本期及其附近，对于远离样本范围的个体或观测点，由于其经济行为或所处的外部环境与样本期相比，可能差异较大，因此需要谨慎地应用模型来解释其中的经济行为。

（6）何时使用单侧检验？在实际应用中，通常在如下两种情形下使用单侧检验：①提出的问题本身需要进行单侧检验，如在 §2.7 节恩格尔定律的检验问题；②存在明确的理由可以使用单侧备择假设进行检验，这个理由可能来源于经济理论或之前的经验证据。例如，在消费函数模型中，若参数为边际消费倾向，则检验该参数是否为 0，就可以设定备择假设为它大于 0。在情形②下，参数估计值的符号通常都能通过经济意义检验，此时单侧检验的 P 值为双侧检验 P 值的一半，单侧检验更容易拒绝原假设。

（7）为什么建立线性回归模型时常保留截距项 β_0？在建模过程中，除非经济理论或常识断定不含有截距项，否则，即使检验结果表明 β_0 显著为 0，我们通常也将其保留在模型中。这样做的主要理由是：如果 $\beta_0 \neq 0$，而模型未包含它，则会导致解释变量斜率系数的估计量是有偏的；如果 $\beta_0 = 0$，而模型却包含它，则通常会导致解释变量斜率系数估计量的方差增大，但它们仍是无偏的，且只要不影响模型的经济意义和它们的显著性，这往往被看作一个可以忽略的问题。

举例说明：在未知β_0是否为0的情况下，依据估计结果，如何在下面两个模型之间进行选择：

A：$Y_i = \beta_0 + \beta_1 X_i + u_i$（$u_i$满足基本假定条件，$Var(u_i) = \sigma^2$）

B：$Y_i = \alpha_1 X_i + v_i$

比较模型A与模型B，可知

$$v_i = \beta_0 + (\beta_1 - \alpha_1) X_i + u_i$$

进而，得

$$E(v_i) = \beta_0 + (\beta_1 - \alpha_1) X_i$$

利用OLS法回归模型A，从§2.3节的讨论过程可知，无论β_0是否为0，β_1的OLS估计量$\hat{\beta}_1$都具有无偏性且其方差为

$$Var(\hat{\beta}_1) = \frac{\sigma^2}{\sum_{i=1}^{n} x_i^2}$$

利用OLS法回归模型B，易得α_1的估计量为

$$\hat{\alpha}_1 = \frac{\sum_{i=1}^{n} X_i Y_i}{\sum_{i=1}^{n} X_i^2}$$

其均值和方差分别为

$$E(\hat{\alpha}_1) = \frac{\sum_{i=1}^{n} X_i E(Y_i)}{\sum_{i=1}^{n} X_i^2} = \frac{\sum_{i=1}^{n} X_i E(\alpha_1 X_i + v_i)}{\sum_{i=1}^{n} X_i^2} = \alpha_1 + \frac{\sum_{i=1}^{n} X_i E(v_i)}{\sum_{i=1}^{n} X_i^2}$$

$$= \beta_1 + \beta_0 \frac{\sum_{i=1}^{n} X_i}{\sum_{i=1}^{n} X_i^2}$$

$$Var(\hat{\alpha}_1) = \frac{\sum_{i=1}^{n} X_i^2 Var(Y_i)}{\left(\sum_{i=1}^{n} X_i^2\right)^2} = \frac{\sigma^2}{\sum_{i=1}^{n} X_i^2}$$

因为$\sum_{i=1}^{n} x_i^2 = \sum_{i=1}^{n} X_i^2 - n\bar{X}^2$，所以

$$Var(\hat{\alpha}_1) \leqslant Var(\hat{\beta}_1)$$

且只有当$\bar{X} = 0$时，等式才成立。

由此可见，对于$\bar{X} \neq 0$的情形，

当$\beta_0 \neq 0$时，设定模型为A比较合适。若设定模型为B，所得斜率系数的OLS估计量$\hat{\alpha}_1$是有偏的，$E(\hat{\alpha}_1) \neq \beta_1$，$E(\hat{\alpha}_1) \neq \alpha_1$。

当$\beta_0 = 0$时，设定模型为B比较合适。若设定模型为A，所得斜率系数的OLS估计量$\hat{\beta}_1$仍具有无偏性，$E(\hat{\alpha}_1) = \alpha_1 = \beta_1$，只是其方差要比采用模型B得到的估计量$\hat{\alpha}_1$的方差大，即参数估计的精度降低。

对比这两种"不合适"设定的模型导致的后果，在通常情形下"斜率系数的估计量是有偏的"这一后果更严重。因此，在未知β_0是否为0的情况下，通常将模型设定为A，而不是B。

练习题二

一、选择题

1. 高斯－马尔科夫定理中的最小方差性(有效性)是指回归系数的OLSE(　　)。

A. 在所有无偏估计量中方差最小　　B. 在所有线性有偏估计量中方差最小

C. 在所有估计量中方差最小　　D. 在所有线性无偏估计量中方差最小

2. 参数β的估计量$\hat{\beta}$具有一致性,是指(　　)。

A. $\lim_{n\to\infty}E(\hat{\beta}) = \beta$

B. $\lim_{n\to\infty}P(|\hat{\beta} - \beta| < \varepsilon) = 1$(对任意给定$\varepsilon > 0$)

C. $\lim_{n\to\infty}Var(\hat{\beta}) = 0$

D. $\lim_{n\to\infty}\hat{\beta} = \beta$

3. 依据最小二乘准则估计下面几个模型,哪一个模型的R^2能被解释为在Y_i的总变异中能够由X_i的变异解释的比例。(　　)

A. $Y_i = \beta_0 + \beta_1 X_i + u_i$　　B. $Y_i = \beta_1 X_i + u_i$

C. $\ln(Y_i) = \beta_0 + \beta_1 X_i + u_i$　　D. $Y_i = \beta_0 X_i^{\beta_1} + u_i$

二、判断正误题(要求:说明理由)

1. 通过各种统计检验的回归模型,能反映解释变量与被解释变量之间的因果关系。

2. 计量经济模型与回归模型是一回事。

3. 两个回归模型具有相同的统计形式,但对应参数不全相同,则它们都是不可以识别的。

4. 当回归模型中随机误差项的均值为0时,总体回归函数即为被解释变量的均值与解释变量之间的函数。

5. 最小二乘准则就是参数的估计量应该使残差和的平方$[\sum_{i=1}^{n}(Y_i - \hat{Y}_i)]^2$达到最小。

6. 利用OLS法回归模型:$Y_i = \beta X_i + u_i$,所得残差的均值不一定为0。

7. 利用OLS法估计一元线性回归模型,所得残差与被解释变量的拟合值样本相关。

8. 利用OLS法进行回归,得样本回归函数$\hat{Y}_i = 0.88 - 0.9X_i$,$R^2 = 0.9$。由此可知,$X$与$Y$的样本数据呈负相关,且相关系数$r_{XY} = -0.9$。

9. 利用OLS法估计一元线性回归模型,若随机误差项服从正态分布,则参数估计的精度会更高。

10. 根据高斯—马尔科夫定理,对于任意的样本容量,经典线性回归模型中回归系数的OLS估计量都是有效的,因此在实证分析时,应该使用尽可能小的样本,以节约分析成本。

11. 参数估计量的标准差(standard deviation)与它的标准误(standard error)是一回事。

12. 对一元线性回归模型 $Y_i = \beta_0 + \beta_1 X_i + u_i$，因为 $R^2 = r_{XY}^2$，而相关系数 r_{XY} 与变量的顺序无关，因此也可以将 R^2 解释为 X 的样本变异中由 Y 的变异解释的比例。

13. 对于满足基本假定的计量经济模型 $Y_i = \beta_0 + \beta_1 X_i + u_i$，截距项的经济含义为：当 $X = 0$ 时，Y 的平均值为 β_0。

14. 假设检验的 P 值与显著性水平 α 不是一回事。

15. 对模型进行 OLS 回归，得样本回归函数：$\hat{Y}_i = 800 + 9\,999X_i$。因为 X 的系数为 9 999，远大 0，所以可以认为 X 对 Y 具有显著影响，而且随着 X 的增加，Y 是递增的。

16. 利用经典线性回归模型 $Y = \beta_0 + \beta_1 X + u$ 检验如下命题：当 X 增加 1 个单位时，平均来说，Y 增加的数量超过 5 个单位，原假设和备择假设分别设定为：$H_0:\beta_1 > 5$，$H_1:\beta_1 \leqslant 5$。

17. 对于经典线性回归模型 $Y = \beta_0 + \beta_1 X + u$，在显著性水平 α_1 和 α_2（$\alpha_1 < \alpha_2$）下，参数 β_1 取值的单侧 t 检验（$H_1:\beta_1 > \mu$ 或 $H_1:\beta_1 < \mu$）的临界值分别为 d_{α_1}、d_{α_2}，则 $d_{\alpha_1} < d_{\alpha_2}$，且当有一个单侧检验拒绝原假设时，在同样的显著性水平下，双侧 t 检验（$H_1:\beta_1 \neq \mu$）也拒绝原假设。

18. 依据样本数据求得参数 β 的置信度为 0.95 的置信区间是[2,8]，因此表明区间[2,8]以 95% 的概率包含 β。

19. 利用 OLS 法估计经典线性回归模型，得样本回归函数：$\hat{Y}_i = 7.03 - 0.005X_i$，回归标准差：$\hat{\sigma} = 2$。对于给定的 X_F，已知 Y_F 的预测值为 30，预测误差的标准差为 $\hat{SD}(e_F) = 4$，那么在 0.95 的置信度下，$E(Y_F)$ 的预测区间为(22,38)。（注：临界值为 $t_{0.025} = 2$）

20. 利用回归模型得到的被解释变量的最优线性无偏预测具有最小方差性。

三、简答题

1. 我们观察到第 i 个家庭在 2009 年的储蓄额、可支配收入分别为 5 000 元和 30 000 元，而在计量经济模型

$$Y_i = \beta_0 + \beta_1 X_i + u_i$$

中又把该家庭在 2009 年的储蓄额 Y_i 设定为随机变量。对此你如何解释？

2. 什么是回归分析？在回归分析中，解释变量可以是确定性变量，也可以是随机变量，两者有什么区别？

3. 为什么总体回归模型中要引入随机误差项，而且必须对随机误差项施加适当的约束条件？

4. 在一项调查大学生一学期平均成绩(Y)与每周在学习、睡觉、锻炼身体和其他活动所用时间(依次分别记为 X_1、X_2、X_3、X_4)关系的研究中，有人建议采用如下回归模型：

$$Y = \beta_0 + \beta_1 X_1 + \beta_2 X_2 + \beta_3 X_3 + \beta_4 X_4 + u$$

进行研究。你认为该模型是否合适？若不合适，你打算如何修改？给出一种修改方法即可。

5. 如何理解总体回归模型与样本回归模型之间的联系和区别？

6. 为什么要对回归模型做基本假定？

7. 参数估计量的无偏性、有效性和一致性的含义是什么?

8. 依据最小二乘准则所得到的样本回归函数已经使残差平方和达到最小,即,总体来看,样本回归函数与样本数据最接近,为什么还要讨论模型拟合优度的度量问题?

9. 建立回归模型为什么要进行变量的显著性检验? 试举例表述假设检验的基本过程及依据。

10. 如何理解假设检验的 P 值? 利用 P 值进行假设检验的规则是什么?

11. 如何理解模型的有条件预测?

12. 在建立线性回归模型时,即使截距项没有通过显著性检验,人们通常也将其保留在模型中。这是为什么?

四、综合应用题

1. 对于一元线性回归模型

$$Y_i = \beta_0 + \beta_1 X_i + u_i \qquad (i = 1,2,\cdots,n) \tag{2.57}$$

函数 $\tilde{Y}_i = \beta_0 + \beta_1 X_i$ 能反映 Y_i 随着 X_i 变化而变化的趋势的一个基本条件是 $E(u_i) = 0(i = 1,2,\cdots,n)$。若 $E(u_i) = a \neq 0(i = 1,2,\cdots,n)$,则总可以将上述模型变换为斜率系数不变,随机误差项满足零均值假定的 Y 对 X 的一元线性回归模型。试证明这个结论,并讨论以下问题:

(1)若模型(2.57)满足除零均值假定以外的其他基本假定条件,经上述变换后的模型是否还满足这些条件?

(2)利用 OLS 法估计上述变换前后的两个模型,它们的参数估计量在统计性质上有什么异同?

2. 依据 2003 年我国大陆各省、自治区和直辖市的人均消费支出 Y(元)和人均可支配收入 X(元)的数据,建立消费函数模型:

$$Y_i = \beta_0 + \beta_1 X_i + u_i$$

在 EViews10 下利用 OLS 法估计该模型,得到如下表所示的输出结果:

表 2-4

Dependent Variable: Y
Method: Least Squares
Date: 07/29/17 Time: 07:26
Sample: 1 31
Included observations: 31

Variable	Coefficient	Std. Error	t - Statistic	Prob.
C	238.336 1	276.025 4	A	0.395 0
X	0.746 818	0.032 108	23.259 69	0.000 0

R - squared	B	Mean dependent var	6 432.710
Adjusted R - squared	0.947 370	S. D. dependent var	1 761.355
S. E. of regression	C	Akaike info criterion	14.903 43
Sum squared resid	4 735 089.	Schwarz criterion	14.995 95
Log likelihood	-229.003 2	Hannan - Quinn criter.	14.933 59
F - statistic	541.013 2	Durbin - Watson stat	1.221 371
Prob(F - statistic)	0.000 000		

试依据表 2 -4 提供的信息,回答以下问题:

(1)计算 A、B、C 处的数值,以及 Y 与 X 的样本相关系数;你如何评价 Y 与 X 的相关性?(提示:表 2 -4 中倒数第 6 行的 S. D. dependent var 为被解释变量 Y 的样本标准差,其计算公式为: $\sqrt{\frac{1}{n-1}\sum_{i=1}^{n}(Y_i-\bar{Y})^2}$,其中 n 为样本容量)

(2)写出样本回归函数,并解释其经济含义。

(3)可决系数 R^2 为多少?它说明什么问题?

(4)写出变量 X 的显著性 t 检验的原假设和备择假设、t 统计量及其在原假设下的概率分布,并在 0. 05 的显著性水平下,分别依据 t 统计量的 P 值和其分布的临界值,检验人均可支配收入 X 对人均消费支出 Y 是否有显著影响。

(5)在 0. 05 的显著性水平下,利用 t 检验法检验如下观点:"河南省人均可支配收入 X 对人均消费支出 Y 的影响乘数小于 0. 6"。

(6)要使河南省人均消费支出增加 100 元,其人均可支配收入需要增加多少?

3. 依据同样的样本数据,利用 OLS 法估计如下两个模型:

$$Y_i=\beta_0+\beta_1X_i+u_i$$

和

$$X_i=\alpha_0+\alpha_1Y_i+v_i$$

研究以下问题:

(1)它们的参数估计量有何关系? R^2 是否相同?

(2)两模型中解释变量显著性 t 检验的结果是否一致?

4. 对于一元线性回归模型

$$Y_i=\beta_0+\beta_1X_i+u_i \qquad (i=1,2,\cdots,n)$$

试分析下列变换对该模型的 OLS 估计结果,包括回归系数的估计量、被解释变量的拟合值、残差、可决系数 R^2 以及对变量进行显著性检验的 t 统计量值等,会产生什么影响?你从中能总结出什么规律?(提示:直接利用最小二乘准则,建立变量观测值变换前后模型参数估计量之间的关系式)

(1)将 X 的测量单位扩大 10 倍,即将样本数据由 X_i 变为 $\frac{1}{10}X_i$。

(2)将 Y 的测量单位扩大 10 倍,即将样本数据由 Y_i 变为 $\frac{1}{10}Y_i$。

(3)将 X 的测量单位扩大 $a(\neq 0)$ 倍,同时将 Y 的测量单位扩大 $b(\neq 0)$ 倍。

(4)将 X 的观测值都增加 5 ,即将样本数据由 X_i 变为 X_i+5。

(5)将 Y 的观测值都增加 5 ,即将样本数据由 Y_i 变为 Y_i+5。

5. 在 Edouard Ducpetiaux 搜集的 19 世纪比利时家庭的家庭预算数据中,除包括食物支出和总支出的样本数据外,还包括部分家庭的住房支出数据,表 2 -5 给出了这些住房支出数据的前 60 个。以总支出作为收入的代理变量,试利用这些数据研究以下问题:

表 2－5　比利时住房支出与总支出的样本数据　　　　单位：法郎

序号	总支出 X	住房支出 Y	序号	总支出 X	住房支出 Y	序号	总支出 X	住房支出 Y
1	835.94	60.32	21	1 230.92	75	41	838.76	44.2
2	876.04	59.8	22	1 807.96	110	42	535.08	15.08
3	951.47	78	23	415.44	40.7	43	487.76	39
4	473	60	24	541.2	45	44	692.64	53.04
5	601	60	25	581.36	26	45	997.88	78
6	683	80	26	743.08	52	46	507	52
7	832.3	40	27	1 057.68	71.76	47	654.16	49.4
8	958.88	26	28	420.16	40.04	48	933.92	67.6
9	1 129.54	26	29	541.32	52	49	433.68	27.04
10	1 213.76	25	30	639.08	65.52	50	587.6	43.66
11	539.64	52	31	750.88	65.52	51	896.48	160.16
12	457.6	52	32	829.4	65	52	454.48	19.76
13	562.64	52	33	984.36	75.92	53	585	22.36
14	636	50	34	1 311.44	111.8	54	502.44	36
15	759.4	80	35	1 492.4	260	55	713.52	45
16	1 078.84	90	36	505.44	52	56	906	69
17	499.75	70	37	621.91	62.4	57	517.8	20
18	1 020.02	100	38	801.32	91	58	695.8	60
19	1 595.16	200	39	555.88	24.44	59	1 532.31	108
20	876.6	91	40	713.44	34.32	60	1 056.08	82.15

注：资料来源于 www.aw－bc.com/murray。

（1）以总支出 X 为横轴、住房支出 Y 为纵轴绘制散点图，并依据散点图判断 Y 与 X 的趋势关系，进而设定回归模型。

（2）你所设定回归模型中的随机误差项可能包含哪些影响住房支出的因素？

利用如下模型

$$Y_i = \beta_0 + \beta_1 X_i + u_i \quad (i = 1,2,\cdots,60)$$

继续研究以下问题：

（3）利用 OLS 法估计该模型，对估计结果进行经济意义检验，对回归系数进行显著性检验，对模型进行拟合优度检验，并解释你的检验结果。

（4）住房支出与收入之间是否存在类似于恩格尔定律那样的数量规律，即收入越高，家庭将其收入用于住房支出的比例越低？

（5）对于收入为 1 000 法郎的家庭，预测它们的平均住房支出额，并在 0.95 的置信度下，求其预测区间。

（6）你认为上述研究有哪些不足之处？

6. 表 2－6 给出了来自《美国青年跟踪调查》的黑人女性工人的部分样本数据，其中包括年收入 Y（美元）和受教育年数 X（年）。试利用该表中的数据，研究以下问题：

表 2-6 黑人女性工人受教育年数和年收入的样本数据

序号	受教育年数 X/年	收入 Y/美元	序号	受教育年数 X/年	收入 Y/美元	序号	受教育年数 X/年	收入 Y/美元
1	11	10 700	21	12	22 333	41	14	25 333
2	15	3 000	22	15	36 500	42	14	13 000
3	11	5 000	23	14	17 600	43	18	20 000
4	13	14 489	24	14	7 433	44	12	18 333
5	12	9 666	25	10	13 433	45	12	14 166
6	12	3 506	26	14	13 500	46	12	20 333
7	12	1 063	27	12	22 000	47	12	21 300
8	19	28 946	28	17	20 094	48	12	2 500
9	12	18 333	29	16	3 000	49	15	24 333
10	13	27 166	30	12	10 100	50	12	6 210
11	13	26 666	31	18	33 643	51	12	9 333
12	14	19 566	32	12	17 933	52	15	20 000
13	16	25 833	33	16	15 333	53	13	23 000
14	12	6 333	34	12	8 333	54	13	1 266
15	14	22 666	35	16	15 500	55	12	25 766
16	15	18 125	36	12	14 000	56	14	16 333
17	12	8 333	37	12	8 866	57	12	39 000
18	16	24 872	38	12	10 000	58	14	12 750
19	13	8 763	39	13	22 333	59	11	7 475
20	11	10 000	40	13	11 000	60	14	25 666

注：① 资料来源：www. aw - bc. com/murray。

② 本表中数据是被调查的655 名黑人女性工人中最后60 名的样本数据。

(1)以受教育年数 X 为横轴、年收入 Y 为纵轴绘制散点图，并依据此图判断能否设定回归模型为：

$$Y_i = \alpha_0 + \alpha_1 X_i + u_i \tag{2.58}$$

(2)模型(2.58)中的随机误差项 u_i 可能包含哪些影响黑人女性工人收入的因素?

(3)利用 OLS 法估计模型(2.58)，对估计结果进行经济意义检验，对回归系数进行显著性检验，对模型进行拟合优度检验，并解释你的检验结果。

(4)在 0.95 的置信度下，求斜率系数 α_1 的置信区间。

(5)你认为上述研究有哪些不足之处?

(6)以受教育年数 X 为横轴、收入的自然对数 $\ln(Y)$ 为纵轴绘制散点图，并依据散点图判断是否可以将回归模型设定为：

$$\ln(Y_i) = \beta_0 + \beta_1 X_i + u_i \tag{2.59}$$

从散点图上看，在模型(2.58)与模型(2.59)之间，你认为选择哪一个更合适?

(7)若令 $W_i = \ln(Y_i)$，则非线性回归模型(2.59)便可以转化为一个线性回归模型

$$W_i = \beta_0 + \beta_1 X_i + u_i \tag{2.60}$$

于是，估计模型(2.59)就转化为估计线性回归模型(2.60)的问题。试利用这种方法估计模型(2.59)。由此得到的可决系数 R^2 能否被解释为收入 Y 的样本总变异中由受教育年数 X 的变异解释的比重？为什么?

7. 美国经济学家奥肯(A. M. Okun)在 1962 年根据美国 1947—1960 年的数据，提出了著名的奥肯定律(Okun's law)。该定律表明，在美国经济中，失业率下降 1 个百分点，产出大约增加 3 个百分点。为了检验奥肯定律在中国的适用性，有人建议用 GDP 的实际增长率(Y)代表产出增长率，用城镇登记的失业率代表实际失业率(X)，依据我国 1978—2015 年的数据，对该定律进行检验。请你查找相关的数据，利用一元回归模型的建模方法，继续完成这个检验过程，并思考该过程有哪些不足之处。

附录 2.1　回归系数 OLS 估计量的最小方差性证明

这里只证明 β_1 的 OLS 估计量 $\hat{\beta}_1$ 的最小方差性，即在 β_1 的所有线性无偏估计量中，$\hat{\beta}_1$ 的方差 $Var(\hat{\beta}_1)$ 是最小的。关于 $\hat{\beta}_0$ 的最小方差性，可以类似地证明。

由(2.17)式和(2.21)式可知，

$$\hat{\beta}_1 = \sum_{i=1}^{n} k_i Y_i, Var(\hat{\beta}_1) = \frac{\sigma^2}{\sum_{i=1}^{n} x_i^2}$$

其中 $k_i = \dfrac{x_i}{\sum_{i=1}^{n} x_i^2}$。设 $\hat{\beta}_1^* = \sum_{i=1}^{n} c_i Y_i$ 为 β_1 的任意一个线性无偏估计量，则有 $E(\hat{\beta}_1^*) = \beta_1$。

由于

$$\begin{aligned} E(\hat{\beta}_1^*) &= E(\sum_{i=1}^{n} c_i Y_i) \\ &= E[\sum_{i=1}^{n} c_i(\beta_0 + \beta_1 X_i + u_i)] \\ &= \beta_0 \sum_{i=1}^{n} c_i + \beta_1 \sum_{i=1}^{n} c_i X_i \qquad \text{(利用假定 1、2)} \end{aligned}$$

所以有如下恒等式成立

$$\beta_1 = \beta_0 \sum_{i=1}^{n} c_i + \beta_1 \sum_{i=1}^{n} c_i X_i$$

由此可知，

$$\sum_{i=1}^{n} c_i = 0, \sum_{i=1}^{n} c_i X_i = 1$$

因为

$$\begin{aligned} Var(\hat{\beta}_1^*) &= Var(\sum_{i=1}^{n} c_i Y_i) = \sum_{i=1}^{n} c_i^2 Var(Y_i) \qquad \text{(利用假定 1、4)} \\ &= \sigma^2 \sum_{i=1}^{n} c_i^2 \qquad \text{(利用假定 3)} \\ &= \sigma^2 \sum_{i=1}^{n} (c_i - k_i + k_i)^2 \\ &= \sigma^2 [\sum_{i=1}^{n} (c_i - k_i)^2 + \sum_{i=1}^{n} k_i^2 + 2\sum_{i=1}^{n} (c_i - k_i) k_i] \end{aligned}$$

上式最后一项

$$2\sum_{i=1}^{n}(c_i-k_i)k_i = 2\sum_{i=1}^{n}\frac{c_ix_i}{\sum_{i=1}^{n}x_i^2} - 2\sum_{i=1}^{n}\frac{x_i^2}{(\sum_{i=1}^{n}x_i^2)^2}$$

$$=\frac{2}{\sum_{i=1}^{n}x_i^2}\sum_{i=1}^{n}c_i(X_i-\bar{X})-\frac{2}{\sum_{i=1}^{n}x_i^2}$$

$$=\frac{2}{\sum_{i=1}^{n}x_i^2}(\sum_{i=1}^{n}c_iX_i-\bar{X}\sum_{i=1}^{n}c_i)-\frac{2}{\sum_{i=1}^{n}x_i^2}$$

$$=0 \qquad (利用\sum_{i=1}^{n}c_i=0,\sum_{i=1}^{n}c_iX_i=1)$$

所以

$$Var(\hat{\beta}_1^*)=\sigma^2\sum_{i=1}^{n}(c_i-k_i)^2+\sigma^2\sum_{i=1}^{n}k_i^2$$

$$=\sigma^2\sum_{i=1}^{n}(c_i-k_i)^2+\frac{\sigma^2}{\sum_{i=1}^{n}x_i^2}$$

$$=\sigma^2\sum_{i=1}^{n}(c_i-k_i)^2+Var(\hat{\beta}_1)$$

$$\geqslant Var(\hat{\beta}_1)$$

而且对于 $\sigma^2>0$，只有当 $c_i=k_i(i=1,2,\cdots,n)$，即 $\hat{\beta}_1^*=\hat{\beta}_1$ 时，才有 $Var(\hat{\beta}_1^*)=Var(\hat{\beta}_1)$ 成立。故 $\hat{\beta}_1$ 具有最小方差性。

附录 2.2　随机误差项方差 OLS 估计量的无偏性证明

随机误差项方差 σ^2 的 OLS 估计量为 $\hat{\sigma}^2=\sum_{i=1}^{n}e_i^2/(n-2)$，下面证明 $\hat{\sigma}^2$ 是 σ^2 的无偏估计量，即

$$E(\hat{\sigma}^2)=E[\sum_{i=1}^{n}e_i^2/(n-2)]=\sigma^2$$

由于

$$e_i=Y_i-\hat{Y}_i=Y_i-\bar{Y}-(\hat{Y}_i-\bar{\hat{Y}})=y_i-\hat{y}_i \qquad (利用\bar{Y}=\bar{\hat{Y}})$$

而

$$y_i=Y_i-\bar{Y}=\beta_0+\beta_1X_i+u_i-(\beta_0+\beta_1\bar{X}+\bar{u}) \qquad (这里\bar{u}=\frac{1}{n}\sum_{i=1}^{n}u_i)$$

$$=(u_i-\bar{u})+\beta_1(X_i-\bar{X})$$

$$=(u_i-\bar{u})+\beta_1x_i$$

$$\hat{y}_i=\hat{\beta}_1x_i$$

所以

$$e_i = (u_i - \bar{u}) + (\beta_1 - \hat{\beta}_1)x_i$$

于是

$$\sum_{i=1}^{n} e_i^2 = \sum_{i=1}^{n} [(u_i - \bar{u}) + (\beta_1 - \hat{\beta}_1)x_i]^2$$

$$= \sum_{i=1}^{n} (u_i - \bar{u})^2 + 2(\beta_1 - \hat{\beta}_1)\sum_{i=1}^{n} (u_i - \bar{u})x_i + (\beta_1 - \hat{\beta}_1)^2 \sum_{i=1}^{n} x_i^2$$

对上式两端同时求期望,得

$$E(\sum_{i=1}^{n} e_i^2) = E[\sum_{i=1}^{n} (u_i - \bar{u})^2] + 2E[(\beta_1 - \hat{\beta}_1)\sum_{i=1}^{n} (u_i - \bar{u})x_i] + E[(\beta_1 - \hat{\beta}_1)^2 \sum_{i=1}^{n} x_i^2]$$

因为

$$E[\sum_{i=1}^{n} (u_i - \bar{u})^2] = E[\sum_{i=1}^{n} u_i^2 - 2\sum_{i=1}^{n} u_i\bar{u} + \sum_{i=1}^{n} \bar{u}^2]$$

$$= E[\sum_{i=1}^{n} u_i^2 - n\bar{u}^2]$$

$$= \sum_{i=1}^{n} E(u_i^2) - \frac{1}{n}E(\sum_{i=1}^{n} u_i)^2$$

$$= n\sigma^2 - \frac{1}{n}E(\sum_{i=1}^{n} u_i^2 + 2\sum_{i=1}^{n}\sum_{j=i+1}^{n} u_iu_j) \quad \text{（利用假定 3）}$$

$$= n\sigma^2 - \frac{1}{n}\sum_{i=1}^{n} E(u_i^2) \quad \text{（利用假定 4）}$$

$$= n\sigma^2 - \sigma^2 \quad \text{（利用假定 3）}$$

$$2E[(\beta_1 - \hat{\beta}_1)\sum_{i=1}^{n} (u_i - \bar{u})x_i] = 2E[(\beta_1 - \hat{\beta}_1)(\sum_{i=1}^{n} x_iu_i - \bar{u}\sum_{i=1}^{n} x_i)]$$

$$= 2E[(\beta_1 - \hat{\beta}_1)\sum_{i=1}^{n} x_iu_i] \quad \text{（利用 } \sum_{i=1}^{n} x_i = 0\text{）}$$

$$= -2E[(\beta_1 - \hat{\beta}_1)^2 \sum_{i=1}^{n} x_i^2] \quad \text{[利用(2.19)式]}$$

$$= -2\frac{\sigma^2}{\sum_{i=1}^{n} x_i^2}\sum_{i=1}^{n} x_i^2 = -2\sigma^2 \quad \text{[利用假定 1 及(2.21)式]}$$

$$E[(\beta_1 - \hat{\beta}_1)^2 \sum_{i=1}^{n} x_i^2] = \frac{\sigma^2}{\sum_{i=1}^{n} x_i^2}\sum_{i=1}^{n} x_i^2 = \sigma^2 \quad \text{[利用假定 1 及(2.21)式]}$$

所以

$$E(\sum_{i=1}^{n} e_i^2) = n\sigma^2 - \sigma^2 - 2\sigma^2 + \sigma^2 = (n-2)\sigma^2$$

于是,有

$$E[\sum_{i=1}^{n} e_i^2/(n-2)] = \sigma^2$$

故 $\hat{\sigma}^2 = \sum_{i=1}^{n} e_i^2/(n-2)$ 是 σ^2 的无偏估计量。

3　多元线性回归模型

在上一章,我们讨论了一元线性回归模型的基本概念和建模过程,所研究的被解释变量只受一个解释变量的影响,但是在实际经济问题中,一个经济变量往往受多个因素的影响。例如,消费者对某种商品的需求量不仅受该种商品价格的影响,而且还受消费者的收入水平、其他相关商品的价格等因素的影响;企业的产出量同时受资本的投入量和劳动力数量、生产技术水平等因素的影响;一个国家的货币需求量不仅受该国经济总量(如 GDP)的影响,还受利率、物价水平、外汇储备等多种因素的影响。诸如此类比较复杂的经济问题的研究,就需要像第 1 章 §1.2 中建立生产函数模型(1.4):

$$Q = AK^{\alpha}L^{\beta}e^{u}$$

那样,在回归模型中引入多个解释变量,由此得到的模型称为**多元回归模型**(multiple regression model)。本章将讨论的多元线性回归模型是一类最简单的多元回归模型,也是计量经济分析中最重要的工具。关于多元线性回归模型的许多结论都是一元线性回归模型相应结论的直接推广,其不同之处只是表述过程比较复杂,用到了矩阵代数的一些概念和运算。

§3.1　基本概念及普通最小二乘法

3.1.1　基本概念

3.1.1.1　总体回归模型与样本回归模型

在第 2 章 §2.1 中,我们业已给出了被解释变量 Y 对解释变量 $X_1,X_2,\cdots,X_k$ 的 k 元(总体)线性回归模型的表达式,即(2.3)式:

$$Y = \beta_0 + \beta_1X_1 + \beta_2X_2 + \cdots + \beta_kX_k + u$$

对于确定性解释变量 $X_1,X_2,\cdots,X_k$,在 $E(u)=0$ 的条件下,该模型相应的总体回归函数可以表示为(2.4)式:

$$E(Y) = \beta_0 + \beta_1X_1 + \beta_2X_2 + \cdots + \beta_kX_k$$

由于从总体$(Y,X_1,X_2,\cdots,X_k)$中抽取的每一组观测值都满足(2.3)式,因此对于容量为 n 的样本$(Y_i,X_{1i},X_{2i},\cdots,X_{ki})$$(i=1,2,\cdots,n)$,$k$ 元线性回归模型(2.3)常被表示为:

$$Y_i = \beta_0 + \beta_1X_{1i} + \beta_2X_{2i} + \cdots + \beta_kX_{ki} + u_i \quad (i=1,2,\cdots,n)$$

或

$$\begin{cases} Y_1 = \beta_0 + \beta_1 X_{11} + \beta_2 X_{21} + \cdots + \beta_k X_{k1} + u_1 \\ Y_2 = \beta_0 + \beta_1 X_{12} + \beta_2 X_{22} + \cdots + \beta_k X_{k2} + u_2 \\ \qquad \vdots \\ Y_n = \beta_0 + \beta_1 X_{1n} + \beta_2 X_{2n} + \cdots + \beta_k X_{kn} + u_n \end{cases} \tag{3.1}$$

相应地,将 Y 对确定性变量 $X_1, X_2, \cdots, X_k$ 的总体回归函数(2.4)式改写为:

$$E(Y_i) = \beta_0 + \beta_1 X_{1i} + \beta_2 X_{2i} + \cdots + \beta_k X_{ki} \ (i = 1,2,\cdots,n)$$

或

$$\begin{cases} E(Y_1) = \beta_0 + \beta_1 X_{11} + \beta_2 X_{21} + \cdots + \beta_k X_{k1} \\ E(Y_2) = \beta_0 + \beta_1 X_{12} + \beta_2 X_{22} + \cdots + \beta_k X_{k2} \\ \qquad \vdots \\ E(Y_n) = \beta_0 + \beta_1 X_{1n} + \beta_2 X_{2n} + \cdots + \beta_k X_{kn} \end{cases} \tag{3.2}$$

利用矩阵运算,(3.1)式和(3.2)式可以简便地分别表示为如下矩阵形式:

$$Y = X\beta + u \tag{3.3}$$

和

$$E(Y) = X\beta \tag{3.4}$$

其中

$$Y = \begin{pmatrix} Y_1 \\ Y_2 \\ \vdots \\ Y_n \end{pmatrix}, \quad X = \begin{pmatrix} 1 & X_{11} & X_{21} & \cdots & X_{k1} \\ 1 & X_{12} & X_{22} & \cdots & X_{k2} \\ \vdots & \vdots & \vdots & \cdots & \vdots \\ 1 & X_{1n} & X_{2n} & \cdots & X_{kn} \end{pmatrix}, \quad \beta = \begin{pmatrix} \beta_0 \\ \beta_1 \\ \vdots \\ \beta_k \end{pmatrix}$$

$$u = \begin{pmatrix} u_1 \\ u_2 \\ \vdots \\ u_n \end{pmatrix}, \quad E(Y) = \begin{pmatrix} E(Y_1) \\ E(Y_2) \\ \vdots \\ E(Y_n) \end{pmatrix}^{①}$$

我们称 X 为**解释变量矩阵**(explanatory variable matrix),其中第一列元素与截距项相对应,可以看作一个每次观测都取值为 1 的虚变量的观测值序列,其余各列依次为 X_1, $X_2, \cdots, X_k$ 的样本数据序列。

将上述表达式中的期望值 $E(Y_i)(i = 1,2,\cdots,n)$、$E(Y)$ 分别改为总体回归函数的一般记号 $\bar{Y}_i$ 和 $\bar{Y}$, 就得到了一般多元线性回归模型相应的总体回归函数的表达式。

与一元线性回归模型相仿,依据样本数据 $(Y_i, X_{1i}, X_{2i}, \cdots, X_{ki})(i = 1,2,\cdots,n)$ 得到

---

① 随机矩阵(指含有随机变量为元素的矩阵)的期望是随机变量期望概念的直接推广。一个 $m \times n$ 随机矩阵 $A_{m\times n} = (a_{ij})_{m\times n}$($a_{ij}$ 为矩阵 $A_{m\times n}$ 的(i,j) 元) 的期望被定义为:

$$E(A_{m\times n}) = [E(a_{ij})]_{m\times n}$$

随机矩阵的期望具有以下运算法则:设矩阵 $A_{m\times n}$、$B_{m\times n}$、$C_{n\times q}$ 的期望均存在,

(1)$E(aA_{m\times n} + bB_{m\times n}) = aE(A_{m\times n}) + bE(B_{m\times n})$,其中 a,b 为常数。

(2) 若 $A_{m\times n}$ 的元素与 $C_{n\times q}$ 的元素相互独立,则 $E(A_{m\times n}C_{n\times q}) = E(A_{m\times n})E(C_{n\times q})$

的总体回归函数的估计量

$$\hat{Y}_i = \hat{\beta}_0 + \hat{\beta}_1 X_{1i} + \hat{\beta}_2 X_{2i} + \cdots + \hat{\beta}_k X_{ki} \tag{3.5}$$

称为**样本回归函数**,其中 $\hat{\beta}_j(j = 0,1,\cdots,k)$ 为回归系数 β_j 的估计量。$\hat{Y}_i$ 也称为在第 i 个观测点处 Y_i 或总体回归函数 $\bar{Y}_i$ 的**拟合值**。由于拟合值 $\hat{Y}_i$ 依赖于参数的估计方法和变量的样本数据,对于选定的参数估计方法,回归系数的估计量 $\hat{\beta}_j$ 及 $\hat{Y}_i$ 随着样本的变化而变化,因此在一般情形下,$\hat{Y}_i$ 与实际值 Y_i 并不相等。我们称 Y_i 与 $\hat{Y}_i$ 之差为**残差**(或**剩余项**),记为:

$$e_i = Y_i - \hat{Y}_i \tag{3.6}$$

由(3.5)式和(3.6)式,可得

$$Y_i = \hat{\beta}_0 + \hat{\beta}_1 X_{1i} + \hat{\beta}_2 X_{2i} + \cdots + \hat{\beta}_k X_{ki} + e_i \tag{3.7}$$

称(3.7)式为**样本回归模型**。

与总体的情形类似,可以把样本回归函数(3.5)和样本回归模型(3.7)分别写成如下矩阵形式:

$$\hat{Y} = X\hat{\beta} \tag{3.8}$$

和

$$Y = X\hat{\beta} + e \tag{3.9}$$

其中

$$\hat{Y} = \begin{pmatrix} \hat{Y}_1 \\ \hat{Y}_2 \\ \vdots \\ \hat{Y}_n \end{pmatrix}, \quad \hat{\beta} = \begin{pmatrix} \hat{\beta}_0 \\ \hat{\beta}_1 \\ \vdots \\ \hat{\beta}_k \end{pmatrix}, \quad e = \begin{pmatrix} e_1 \\ e_2 \\ \vdots \\ e_n \end{pmatrix}$$

3.1.1.2 偏回归系数的含义

由总体回归函数

$$E(Y) = \beta_0 + \beta_1 X_1 + \beta_2 X_2 + \cdots + \beta_k X_k$$

易知,在保持其他解释变量不变的条件下,给 $X_j(j = 1,2,\cdots,k)$ 一个改变量 ΔX_j,即 X_j 的取值由 X_j 变为 $X_j + \Delta X_j$,则总体回归函数 $E(Y)$ 的改变量为:

$$\Delta E(Y) = \beta_j \Delta X_j$$

即

$$\frac{\Delta E(Y)}{\Delta X_j} = \beta_j$$

该式表明在保持其他解释变量不变的条件下,解释变量 X_j 增加一个单位,平均来说,被解释变量 Y 增加 β_j 个单位,即 β_j 反映了 X_j 的单位变化对被解释变量的均值 $E(Y)$ 的净影响(不含其他变量的影响)。因此,β_j 也被称为**偏回归系数**(partial regression coefficient)。

由此可知,即使没有控制其他变量取值不变的样本,利用多元回归模型,我们也可以比较 X_j 的变化对 Y 或 $E(Y)$ 产生的影响。这样,在实践中无法进行的可控试验,便可以通过建立回归模型来完成。比如,通过建立货币需求量对利率、外汇储备、物价水平、GDP 的回归模型,可以研究在保持利率、外汇储备、物价水平等因素不变的条件下,GDP 的变化对货币需求量产生的数量影响。

需要注意的是，上面对偏回归系数 β_j 的解释是在保持其他解释变量不变的条件下进行的，若不能做到这一点，也就是说，当解释变量 X_j 的取值变化时，有别的解释变量在同一观测点处的取值也随着变化，那么 β_j 的大小通常就不能反映 X_j 对被解释变量的均值 $E(Y)$ 的净影响程度。

例如，设 Y 对可控变量 X_1、X_2 的二元线性回归模型为：

$$Y = \beta_0 + \beta_1 X_1 + \beta_2 X_2 + u$$

其中 $X_2 = X_1^2, E(u) = 0$。由于 X_1 变化时，X_2 也随着变化，因此说“在保持 X_2 不变的条件下改变 X_1”是没有意义的。若 X_1 为连续变量，则将总体回归函数

$$E(Y) = \beta_0 + \beta_1 X_1 + \beta_2 X_1^2$$

对 X_1 求导数，容易得到：

$$\frac{dE(Y)}{dX_1} = \beta_1 + 2\beta_2 X_1$$

由此可知，对于 X_1 的一个微小的改变量 ΔX_1，近似地有：

$$\frac{\Delta E(Y)}{\Delta X_1} = \beta_1 + 2\beta_2 X_1$$

此表明 X_1 对 Y 的边际效应不仅取决于所有斜率系数，而且与 X_1 的取值有关。

3.1.2 普通最小二乘法

由于多元总体回归函数通常是未知的，因此多元回归分析的主要目的是依据样本数据，选择适当的方法通过建立样本回归函数来估计总体回归函数。与一元线性回归模型的参数估计一样，多元线性回归模型参数估计最基本的方法仍然是基于最小二乘准则的普通最小二乘法（OLS 法）。

对于给定的一组样本数据 $(Y_i, X_{1i}, X_{2i}, \cdots, X_{ki})(i = 1,2,\cdots,n)$，设样本回归模型为：

$$Y = X\hat{\beta} + e$$

即

$$Y_i = \hat{\beta}_0 + \hat{\beta}_1 X_{1i} + \hat{\beta}_2 X_{2i} + \cdots + \hat{\beta}_k X_{ki} + e_i \tag{3.10}$$

依据最小二乘准则，参数向量 $\beta = (\beta_0, \beta_1, \cdots, \beta_k)'$ 的普通最小二乘估计量（OLS 估计量）$\hat{\beta} = (\hat{\beta}_0, \hat{\beta}_1, \cdots, \hat{\beta}_k)'$ 使得残差平方和

$$S(\hat{\beta}_0, \hat{\beta}_1, \cdots, \hat{\beta}_k) = \sum_{i=1}^{n} e_i^2 = \sum_{i=1}^{n} (Y_i - \hat{\beta}_0 - \hat{\beta}_1 X_{1i} - \cdots - \hat{\beta}_k X_{ki})^2$$

达到最小。根据多元函数取得最值的必要条件，可得到如下方程组（称之为**正规方程组**）

$$\begin{cases} \dfrac{\partial S(\hat{\beta}_0, \hat{\beta}_1, \cdots, \hat{\beta}_k)}{\partial \hat{\beta}_0} = -2\sum_{i=1}^{n} (Y_i - \hat{\beta}_0 - \hat{\beta}_1 X_{1i} - \cdots - \hat{\beta}_k X_{ki}) = 0 \\ \dfrac{\partial S(\hat{\beta}_0, \hat{\beta}_1, \cdots, \hat{\beta}_k)}{\partial \hat{\beta}_1} = -2\sum_{i=1}^{n} (Y_i - \hat{\beta}_0 - \hat{\beta}_1 X_{1i} - \cdots - \hat{\beta}_k X_{ki}) X_{1i} = 0 \\ \qquad \vdots \\ \dfrac{\partial S(\hat{\beta}_0, \hat{\beta}_1, \cdots, \hat{\beta}_k)}{\partial \hat{\beta}_k} = -2\sum_{i=1}^{n} (Y_i - \hat{\beta}_0 - \hat{\beta}_1 X_{1i} - \cdots - \hat{\beta}_k X_{ki}) X_{ki} = 0 \end{cases}$$

即

$$\begin{cases}\sum_{i=1}^{n} e_i = 0 \\ \sum_{i=1}^{n} e_i X_{1i} = 0 \\ \vdots \\ \sum_{i=1}^{n} e_i X_{ki} = 0\end{cases} \tag{3.11}$$

该方程组的矩阵表达式为:

$$X'e = \begin{pmatrix} 1 & X_{11} & X_{21} & \cdots & X_{k1} \\ 1 & X_{12} & X_{22} & \cdots & X_{k2} \\ \vdots & \vdots & \vdots & \cdots & \vdots \\ 1 & X_{1n} & X_{2n} & \cdots & X_{kn}\end{pmatrix}' \begin{pmatrix} e_1 \\ e_2 \\ \vdots \\ e_n\end{pmatrix} = 0 \tag{3.12}$$

由样本回归模型 $Y = X\hat{\beta} + e$ 及正规方程组 $X'e = 0$,可得:

$$X'Y = X'X\hat{\beta} + X'e = X'X\hat{\beta}$$

于是,若 $X'X$ 为满秩矩阵,则有:

$$\hat{\beta} = (X'X)^{-1}X'Y \tag{3.13}$$

利用函数取得最值的充分条件,可以证明,由(3.13)式得到的参数估计量 $\hat{\beta}$ 即为所求 β 的 OLS 估计量。

当已知样本数据时,将其代入(3.13)式,运用矩阵运算法则便可以计算出参数的 OLS 估计值。例如,对于只有两个解释变量的线性回归模型:

$$Y_i = \beta_0 + \beta_1 X_{1i} + \beta_2 X_{2i} + u_i$$

其参数 OLS 估计量的展开式为:

$$\hat{\beta}_1 = \frac{\sum_{i=1}^{n} y_i x_{1i} \sum_{i=1}^{n} x_{2i}^2 - \sum_{i=1}^{n} y_i x_{2i} \sum_{i=1}^{n} x_{1i} x_{2i}}{\sum_{i=1}^{n} x_{1i}^2 \sum_{i=1}^{n} x_{2i}^2 - \left(\sum_{i=1}^{n} x_{1i} x_{2i}\right)^2} \tag{3.14}$$

$$\hat{\beta}_2 = \frac{\sum_{i=1}^{n} y_i x_{2i} \sum_{i=1}^{n} x_{1i}^2 - \sum_{i=1}^{n} y_i x_{1i} \sum_{i=1}^{n} x_{1i} x_{2i}}{\sum_{i=1}^{n} x_{1i}^2 \sum_{i=1}^{n} x_{2i}^2 - \left(\sum_{i=1}^{n} x_{1i} x_{2i}\right)^2} \tag{3.15}$$

$$\hat{\beta}_0 = \bar{Y} - \hat{\beta}_1 \bar{X}_1 - \hat{\beta}_2 \bar{X}_2 \tag{3.16}$$

其中对于 $j = 1,2, i = 1,2,\cdots n, x_{ji} = X_{ji} - \bar{X}_j, \bar{X}_j = \frac{1}{n}\sum_{i=1}^{n} X_{ji}$。

从(3.14)式至(3.16)式可以看出,多元线性回归模型参数估计量的展开式要比一元线性回归模型的情形复杂得多。在实践中,我们没有必要记住它们,因为利用 EViews 软件可以轻而易举地得到这些参数的估计值,具体的执行程序与估计一元线性回归模型的情形完全相同。

另外,当 X_1 与 X_2 样本不相关,即 $\sum_{i=1}^{n} x_{1i} x_{2i} = 0$ 时,由(3.14)式和(3.15)式,易得:

$$\hat{\beta}_1 = \frac{\sum_{i=1}^{n} y_i x_{1i}}{\sum_{i=1}^{n} x_{1i}^2}, \qquad \hat{\beta}_2 = \frac{\sum_{i=1}^{n} y_i x_{2i}}{\sum_{i=1}^{n} x_{2i}^2}$$

它们恰好分别为模型

$$Y_i = \alpha_0 + \alpha_1 X_{1i} + v_i$$

和

$$Y_i = \gamma_0 + \gamma_2 X_{2i} + w_i$$

中斜率系数的 OLS 估计量。由此可知，当 X_1 与 X_2 样本不相关时，Y 同时对 X_1 和 X_2 进行线性回归与单独对它们进行一元线性回归所得到的斜率系数的 OLS 估计量是相同的。这个结论也可以推广到三个以上解释变量的情形，即：

在利用 OLS 法估计 $k(k \geqslant 3)$ 元线性回归模型[见练习题三综合应用题(1)]

$$Y_i = \beta_0 + \beta_1 X_{1i} + \beta_2 X_{2i} + \cdots + \beta_k X_{ki} + u_i$$

时，如果解释变量之间两两样本不相关，则斜率系数 $\beta_j (j = 1,2,\cdots,k)$ 的 OLS 估计量与 Y 对 X_j 进行一元线性回归所得斜率系数的 OLS 估计量是相同的。

利用正规方程组(3.11)，可以将关于一元线性回归模型样本回归函数和残差的五条代数性质，推广到多元线性回归模型的情形：

首先，令 $\bar{X}_j = \frac{1}{n}\sum_{i=1}^{n} X_{ji}$，$x_{ji} = X_{ji} - \bar{X}_j$ 为 X_{ji} 的离差，$\bar{Y}$、y_i、$\bar{\hat{Y}}$、$\hat{y}_i$ 的含义与第 2 章相同符号的含义相同，$j = 1,2,\cdots,k$，$i = 1,2,\cdots,n$。

① 残差的均值等于 0，即 $\bar{e} = \frac{1}{n}\sum_{i=1}^{n} e_i = 0$。

② 拟合值的样本均值与实际观测值的样本均值相等，即 $\bar{\hat{Y}} = \bar{Y}$。

③ 样本均值 $\bar{X}_1,\cdots,\bar{X}_k,\bar{Y}$ 满足如下等式：

$$\bar{Y} = \hat{\beta}_0 + \hat{\beta}_1 \bar{X}_1 + \cdots + \hat{\beta}_k \bar{X}_k \tag{3.17}$$

④残差 e 与解释变量 X_j 和被解释变量的拟合值 $\hat{Y}$ 都样本不相关，即 $\sum_{i=1}^{n} e_i x_{ji} = 0$，$\sum_{i=1}^{n} e_i \hat{y}_i = 0$。

⑤ 样本回归函数的离差表达式为：

$$\hat{y}_i = \hat{\beta}_1 x_{1i} + \hat{\beta}_2 x_{2i} + \cdots + \hat{\beta}_k x_{ki}$$

此外，在后面的讨论中，我们还会用到参数估计量的离差表达式：

$$\begin{cases} \hat{\beta}^{(0)} = (x'x)^{-1} x'y \\ \hat{\beta}_0 = \bar{Y} - \hat{\beta}_1 \bar{X}_1 - \cdots - \hat{\beta}_k \bar{X}_k \end{cases} \tag{3.18}$$

其中

$$\hat{\beta}^{(0)} = \begin{pmatrix} \hat{\beta}_1 \\ \hat{\beta}_2 \\ \vdots \\ \hat{\beta}_k \end{pmatrix}, \quad y = \begin{pmatrix} y_1 \\ y_2 \\ \vdots \\ y_n \end{pmatrix}, \quad x = \begin{pmatrix} x_{11} & x_{21} & \cdots & x_{k1} \\ x_{12} & x_{22} & \cdots & x_{k2} \\ \vdots & \vdots & \cdots & \vdots \\ x_{1n} & x_{2n} & \cdots & x_{kn} \end{pmatrix}$$

(3.18)式的推导过程如下：

将(3.10)式与(3.17)式两端同时相减，得样本回归模型的离差形式：

$$y_i = \hat{\beta}_1 x_{1i} + \hat{\beta}_2 x_{2i} + \cdots + \hat{\beta}_k x_{ki} + e_i$$

其矩阵表达式为：

$$y = x\hat{\beta}^{(0)} + e \tag{3.19}$$

由正规方程组(3.11)式，可得

$$\begin{cases} \sum_{i=1}^{n} e_i (X_{1i} - \bar{X}_1) = \sum_{i=1}^{n} e_i x_{1i} = 0 \\ \vdots \\ \sum_{i=1}^{n} e_i (X_{ki} - \bar{X}_k) = \sum_{i=1}^{n} e_i x_{ki} = 0 \end{cases}$$

该方程组的矩阵表达式为 $x'e = 0$。于是，用 x' 同时乘(3.19)式两端，并利用 $x'e = 0$，可得

$$x'y = x'x\hat{\beta}^{(0)}$$

由于在 $X'X$ 满秩的条件下，$x'x$ 也是满秩的（请读者自己推导），因此解该矩阵方程，得到

$$\hat{\beta}^{(0)} = (x'x)^{-1}x'y$$

再由(3.17)式可知，(3.18)式的第 2 个等式成立。至此，便完成了(3.18)式的推导。

利用(3.18)式易知，如果 Y 与每个解释变量 $X_j(j = 1,2,\cdots,k)$ 都样本不相关，则所有 X_j 的斜率系数的 OLS 估计量 $\hat{\beta}_j$ 都等于 0。

3.1.3 偏回归系数与偏相关系数的关系

我们知道，在统计学中变量 Y 与变量 X_j 之间的**偏相关系数**（partial correlation coefficient），就是在保持其他解释变量不变的条件下，Y 与 X_j 的（简单）相关系数。它度量了 Y 和 X_j 的偏相关程度，或“直接”相关程度，或“真实”相关程度，即排除其他解释变量的影响后，两者的相关程度。Y 与 X_j 的偏相关系数与偏回归系数 β_j 一样，都是在保持其他解释变量不变的条件下，或排除其他解释变量的影响后，度量了 Y 和 X_j 之间在某一方面关系的数量特征。那么，它们之间有什么关系呢？

对于给定的样本数据 $(Y_i, X_{1i}, X_{2i}, \cdots, X_{ki})(i = 1,2,\cdots,n)$，$Y$ 与 X_j 的样本偏相关系数，记为 $r_{YX_j \cdot X_1,\cdots,X_{j-1},X_{j+1},X_k}$，可以通过以下步骤得到：

①分别将 X_j、Y 对 $X_1,\cdots,X_{j-1},X_{j+1},\cdots X_k$ 进行 OLS 线性回归，得到残差：

$$\begin{aligned} e_{ji} &= X_{ji} - \hat{X}_{ji} \\ &= X_{ji} - \hat{\alpha}_{j0} - \hat{\alpha}_{j1} X_{ji} - \cdots - \hat{\alpha}_{j,j-1} X_{j-1,i} - \hat{\alpha}_{j,j+1} X_{j+1,i} - \cdots - \hat{\alpha}_{jk} X_{ki} \end{aligned} \tag{3.20}$$

和

$$\begin{aligned} e_i^{(j)} &= Y_i - \hat{Y}_i^{(j)} \\ &= Y_i - \hat{\eta}_0^{(j)} - \hat{\eta}_1^{(j)} X_{1i} - \cdots - \hat{\eta}_{j-1}^{(j)} X_{j-1,i} - \hat{\eta}_{j+1}^{(j)} X_{j+1,i} - \cdots - \hat{\eta}_k^{(j)} X_{ki} \end{aligned} \tag{3.21}$$

e_j、$e^{(j)}$ 分别是从 X_j 和 Y 中去掉了与 $X_1,\cdots,X_{j-1},X_{j+1},\cdots X_k$ 相关部分得到的剩余项，由正规方程组(3.11)式可知，它们与 $X_1,\cdots,X_{j-1},X_{j+1},\cdots X_k$ 是样本不相关的。

②计算 $r_{YX_j\cdot X_1,\cdots,X_{j-1},X_{j+1},X_k}$：

$$r_{YX_j\cdot X_1,\cdots,X_{j-1},X_{j+1},X_k} = \frac{\sum_{i=1}^{n} e_i^{(j)} e_{ji}}{\sqrt{\sum_{i=1}^{n} [e_i^{(j)}]^2}\sqrt{\sum_{i=1}^{n} e_{ji}^2}} \tag{3.22}$$

可以证明(请读者自己完成)，$r_{YX_j\cdot X_1,\cdots,X_{j-1},X_{j+1},X_k}$ 与 $\hat{\beta}_j$ 之间存在如下关系：

$$\hat{\beta}_j = r_{YX_j\cdot X_1,\cdots,X_{j-1},X_{j+1},X_k} \frac{\sqrt{\sum_{i=1}^{n} [e_i^{(j)}]^2}}{\sqrt{\sum_{i=1}^{n} e_{ji}^2}} \tag{3.23}$$

由此可知，$\hat{\beta}_j$ 与 $r_{YX_j\cdot X_1,\cdots,X_{j-1},X_{j+1},X_k}$ 通常是不相等的，前者是后者的 $\sqrt{\sum_{i=1}^{n} [e_i^{(j)}]^2} / \sqrt{\sum_{i=1}^{n} e_{ji}^2}$ 倍，但它们具有相同的符号。此表明，若 Y 与 X_j 是偏正相关的，那么 $\hat{\beta}_j$ 的符号为正；若 Y 与 X_j 是偏负相关的，那么 $\hat{\beta}_j$ 的符号为负；若 Y 与 X_j 是偏不相关的，那么 $\hat{\beta}_j = 0$。

但是，Y 和 X_j 的样本简单相关性与 $\hat{\beta}_j$ 的正负之间没有必然联系。例如，在本章 §3.7 例题 3.2 中，我们将依据表 3-4 中的样本数据，建立 Bay Area Rapid Food 汉堡连锁店的总收入(tr)对产品价格(p)和广告支出(a)的多元回归模型，研究 p 和 a 对 tr 的数量影响，以及该连锁店的利润最大化问题。下列表 3-1 给出了 p、a 与 tr 的样本简单相关系数和偏相关系数，以及对线性回归模型

$$tr_i = \beta_0 + \beta_1 p_i + \beta_2 a_i + u_i$$

进行 OLS 回归所得 $\hat{\beta}_1$、$\hat{\beta}_2$ 的值。

表 3-1　p、a 与 tr 的样本相关系数及它们的斜率系数估计值

	样本简单相关系数	样本偏相关系数	$\hat{\beta}_1$、$\hat{\beta}_2$ 的值
p	0.143 075	-0.594 763	-10.256 00 <0
a	0.897 143	0.933 412	2.678 939 >0

从表 3-1 可见，tr 与 a 的样本简单相关系数为 0.897 143，a 的斜率系数的估计值为 2.678 939，均大于 0；tr 与 p 的样本简单相关系数为 0.143 075 大于 0，p 的斜率系数的估计值为 -10.256 00 小于 0，两者的符号相反。

例题 3.1　美国黑人女性工人收入与受教育年数和工作经验之间的数量关系

在练习题二综合应用题(6)中，研究的问题是美国黑人女性工人的受教育年数对其收入的数量影响。事实上，个人的工资或收入除受受教育年数的影响外，还受其他因素的影响，如工作经验、现任职务的任期、失业率等。下面我们仍利用《美国青年跟踪调查》中的截面样本数据，研究美国黑人女性工人的收入与其主要影响因素：受教育年数和工作经验，之间的数量关系。在此我们以工作经历年数作为工作经验的代理变量。表 3-2 给出了来自《美国青年跟踪调查》中的黑人女性工人工作经历年数 Z(年)的部分样本数据，关于年收入 Y(美元)和受教育年数 X(年)的样本数据见第 2 章表 2-6，两表中相同序号对应同一个调查者。

表 3－2　黑人女性工人工作经历年数的样本数据

序号	工作经历年数 Z	序号	工作经历年数 Z	序号	工作经历年数 Z	序号	工作经历年数 Z	序号	工作经历年数 Z
1	10	13	10	25	10	37	6	49	7
2	7	14	10	26	8	38	10	50	7
3	8	15	11	27	11	39	8	51	9
4	8	16	9	28	10	40	8	52	13
5	8	17	7	29	8	41	11	53	14
6	10	18	11	30	9	42	10	54	9
7	10	19	9	31	8	43	12	55	11
8	11	20	9	32	9	44	10	56	10
9	12	21	9	33	11	45	8	57	14
10	11	22	10	34	11	46	8	58	12
11	11	23	7	35	9	47	11	59	6
12	11	24	11	36	7	48	8	60	11

注：数据来源于 www. aw－bc. com/murray。

在练习题二综合应用题(6)中，考虑了收入 Y 只对受教育年数 X 的回归模型，在此我们添加工作经历年数 Z 做解释变量，建立如下回归模型：

$$Y_i = \beta_0 + \beta_1 X_i + \beta_2 Z_i + u_i \ (i = 1,2,\cdots,60) \qquad (3.24)$$

总体回归函数为：

$$E(Y_i) = \beta_0 + \beta_1 X_i + \beta_2 Z_i$$

与一元线性回归模型的情形类似，依据表 2－6 和表 3－2 的样本数据，在 EViews 软件下得到利用 OLS 法估计模型(3.24)的输出结果，如表 3－3 所示。

表 3－3　OLS 法估计模型的输出结果

Dependent Variable：Y
Method：Least Squares
Date：05/19/21　Time：16:24
Sample：1 60
Included observations：60

Variable	Coefficient	Std. Error	t－Statistic	Prob.
C	－22 409.36	7 939.117	－2.822 652	0.006 5
X	1 491.001	514.621 1	2.897 280	0.005 3
Z	1 937.851	544.060 0	3.561 834	0.000 8

R－squared	0.307 717	Mean dependent var	16 034.28
Adjusted R－squared	0.283 426	S. D. dependent var	8 837.528
S. E. of regression	7 481.029	Akaike info criterion	20.726 84
Sum squared resid	3.19E＋09	Schwarz criterion	20.831 55
Log likelihood	－618.805 1	Hannan－Quinn criter.	20.767 80
F－statistic	12.668 11	Durbin－Watson stat	1.947 952
Prob(F－statistic)	0.000 028		

由表 3－3 可得，回归系数 β_0、β_1、β_2 的 OLS 估计值分别为 $\hat{\beta}_0 = -22\,409.36$、$\hat{\beta}_1 = 1\,491.00$ 和 $\hat{\beta}_2 = 1\,937.85$。进而，得到样本回归函数为：

$$\hat{Y}_i = -22\,409.36 + 1\,491.00X_i + 1\,937.85Z_i$$

上式中收入 X_i 和 Z_i 的系数分别为 1 491 和 1 937.85，均大于 0，表明在美国黑人女性工人的群体中，随着个人受教育年数 X_i 或工作经历年数 Z_i 的增加，个人平均年收入呈现增加的趋势，而且保持工作经历年数 Z_i 或工作经验不变，受教育年数 X_i 增加一年，个人平均年收入约增加 1 491 美元；保持受教育年数 X_i 不变，工作经历年数 Z_i 增加一年，个人平均年收入约增加 1 937 美元。

§3.2　总体回归模型的基本假定及参数 OLS 估计量的统计性质

3.2.1　基本假定

与一元线性回归模型类似，为了使得回归系数的 OLS 估计量具有良好的统计性质（如无偏性、最小方差性、一致性等），并对回归系数进行统计推断，需要对产生样本数据的总体或总体回归模型设定若干基本假定条件。为此，对于总体回归模型(3.1)

$$Y_i = \beta_0 + \beta_1 X_{1i} + \beta_2 X_{2i} + \cdots + \beta_k X_{ki} + u_i \ (i = 1,2,\cdots,n)$$

即

$$Y = X\beta + u$$

做出如下**基本假定**：

假定 1（解释变量的非随机性）：解释变量为确定性变量，即在第 i 个观测点上解释变量 X_j 的取值 $X_{ji}(j = 1,2,\cdots,k;i = 1,2,\cdots,n)$ 为确定的数值。

假定 2（零均值性）：u_i 的均值为 0，即

$$E(u_i) = 0 \qquad (i = 1,2,\cdots,n)$$

其矩阵表达式为

$$E(u) = 0$$

假定 3（同方差性）：u_i 在各观测点上的方差相同，即

$$Var(u_i) = \sigma^2 \qquad (i = 1,2,\cdots,n)$$

假定 4（无自相关性）：不同观测点上的 u_i 之间不相关，即

$$Cov(u_i,u_m) = 0 \qquad (i \neq m,i、m = 1,2,\cdots,n)$$

同方差性与无自相关性的矩阵表达式为

$$Cov(u) = \sigma^2 I_n$$

其中 I_n、$Cov(u)$ 分别为 n 阶单位矩阵和 u 的方差—协方差矩阵①

① 一个随机向量 $\xi = (\xi_1,\cdots,\xi_m)'$ 的方差－协方差矩阵 $Cov(\xi)$ 定义为：

$$Cov(\xi) = E\{[\xi - E(\xi)][\xi - E(\xi)]'\} = \begin{pmatrix} Var(\xi_1) & Cov(\xi_1,\xi_2) & \cdots & Cov(\xi_1,\xi_m) \\ Cov(\xi_2,\xi_1) & Var(\xi_2) & \cdots & Cov(\xi_2,\xi_m) \\ \vdots & \vdots & \cdots & \vdots \\ Cov(\xi_m,\xi_1) & Cov(\xi_m,\xi_2) & \cdots & Var(\xi_m) \end{pmatrix}$$

因为对任意 m 维实列向量 $\eta \neq 0$，

$$\eta' Cov(\xi)\eta = E\{[\eta'(\xi - E(\xi))][\eta'(\xi - E(\xi))]'\} = E\{[\eta'(\xi - E(\xi))]^2\} \geqslant 0$$

所以 $Cov(\xi)$ 是半正定的。

$$Cov(u) = \begin{pmatrix} Var(u_1) & Cov(u_1,u_2) & \cdots & Cov(u_1,u_n) \\ Cov(u_2,u_1) & Var(u_2) & \cdots & Cov(u_2,u_n) \\ \vdots & \vdots & \cdots & \vdots \\ Cov(u_n,u_1) & Cov(u_n,u_2) & \cdots & Var(u_n) \end{pmatrix}$$

假定5（正态性）：u_i 服从正态分布，即

$$u_i \sim N(0,\sigma^2) \qquad (i = 1,2,\cdots,n)$$

假定6［解释变量矩阵的满秩性（full rank explanatory variable matrix）］：解释变量矩阵 X 是满秩的，即

$$Rank(X) = k + 1$$

假定7：解释变量满足

$$\lim_{n\to\infty} \frac{1}{n}(X'X) = Q^{①}$$

其中 Q 为有限正定矩阵。

上述基本假定也称为**经典假定**（特例），满足该假定的线性回归模型也称为**经典线性回归模型**（特例）。

关于基本假定的五点说明：

（1）由假定1、2可知，模型的总体回归函数为

$$E(Y_i) = \beta_0 + \beta_1 X_{1i} + \beta_2 X_{2i} + \cdots + \beta_k X_{ki} \quad (i = 1,2,\cdots,n)$$

即

$$E(Y) = X\beta$$

（2）由假定4、5可知，随机误差项 u_i 之间是相互独立的。进而，再由假定1、2、3可知 Y_i 服从正态分布：

$$Y_i \sim N(\beta_0 + \beta_1 X_{1i} + \beta_2 X_{2i} + \cdots + \beta_k X_{ki}, \sigma^2)$$

且 Y_i 之间也是相互独立的。

（3）假定6意味着 X 的各列线性无关，即不存在不全为0的一组数 $\lambda_0,\lambda_1,\cdots,\lambda_k$ 使得下式成立：

$$\lambda_0 \begin{pmatrix} 1 \\ 1 \\ \vdots \\ 1 \end{pmatrix} + \lambda_1 \begin{pmatrix} X_{11} \\ X_{12} \\ \vdots \\ X_{1n} \end{pmatrix} + \cdots + \lambda_k \begin{pmatrix} X_{k1} \\ X_{k2} \\ \vdots \\ X_{kn} \end{pmatrix} = X(\lambda_0,\lambda_1,\cdots,\lambda_k)' = 0$$

即

---

① 矩阵序列的极限是数列极限概念的直接推广。对于 $m \times p$ 矩阵序列 $A^{(n)}(n = 1,2,\cdots,)$ 及由常数构成的 $m \times p$ 矩阵 B，$A^{(n)}$ 以 B 为极限，即

$$\lim_{n\to\infty} A^{(n)} = B$$

当且仅当对任意 $i,j(i = 1,2,\cdots,m; j = 1,2,\cdots,p)$，均有

$$\lim_{n\to\infty} a_{ij}^{(n)} = b_{ij}$$

其中 $a_{ij}^{(n)}$ 为矩阵 $A^{(n)}$ 的 (i,j) 元，b_{ij} 为 B 的 (i,j) 元。

$$\lambda_0 + \lambda_1 X_{1i} + \cdots + \lambda_k X_{ki} = 0 \ (i = 1,2,\cdots,n)$$

此表明解释变量的样本数据之间不存在严格的线性关系。因此,这条性质也被称为**解释变量之间无完全多重共线性**(no perfect multicollinearity among the explanatory variables)。

另外,假定6蕴含着:$n \geqslant k+1$,且 $X'X$ 是可逆的(原因:对于任意实数向量 $\lambda = (\lambda_0,\lambda_1,\cdots,\lambda_k)' \neq 0$,均有 $X\lambda \neq 0$,由此得到 $\lambda'(X'X)\lambda = (X\lambda)'X\lambda > 0$,此表明 $X'X$ 是正定的),它保证了回归系数的 OLS 估计量是存在且唯一的。

(4)假定1、2、6保证了模型(3.1)是可以识别的。

证明:由假定1、2已知 $E(Y) = X\beta$,因此

$$X'E(Y) = (X'X)\beta$$

再由假定6已知 $X'X$ 是可逆的,可解得上述方程的唯一解:

$$\beta = (X'X)^{-1}X'E(Y)$$

所以,模型(3.1)是可以识别的。

(5)假定7是保证参数的 OLS 估计量具有一致性的基本条件之一,它蕴含着 $\lim\limits_{n\to\infty}\frac{1}{n}\sum\limits_{i=1}^{n}X_{ji}^2$ 和 $\lim\limits_{n\to\infty}\frac{1}{n}\sum\limits_{i=1}^{n}X_{ji}$ 均存在,且当 $k=1$ 时,

$$\lim_{n\to\infty}\frac{1}{n}\sum_{i=1}^{n}x_{1i}^2 = \lim_{n\to\infty}\frac{1}{n}\left(\sum_{i=1}^{n}X_{1i}^2 - n\bar{X}_1^2\right) = |Q| > 0$$

注意:若无特别声明,假定本章所有例题和练习题三综合应用题中的线性回归模型都是经典线性回归模型。

3.2.2 回归系数 OLS 估计量的统计性质

3.2.2.1 高斯-马尔科夫定理

借助于矩阵代数的知识,可以证明如下定理成立:

高斯-马尔科夫定理(特例):对于满足基本假定条件的模型(3.1),参数 $\beta_j (j = 0, 1,\cdots,k)$ 的 OLS 估计量 $\hat{\beta}_j$ 具有线性性、无偏性和最小方差性。它们的数学表达式分别为:

$$\hat{\beta} = (X'X)^{-1}X'Y = [(X'X)^{-1}X']Y \tag{3.25}$$

$$E(\hat{\beta}) = \beta \tag{3.26}$$

$$Cov(\hat{\beta}) = \sigma^2 (X'X)^{-1} \leqslant Cov(\hat{\beta}^*) \text{①} \tag{3.27}$$

这里 σ^2 为随机误差项 u_i 的方差,$\hat{\beta}^* = (\hat{\beta}_0^*,\hat{\beta}_1^*,\cdots\hat{\beta}_k^*)'$ 的分量分别为 β 相应分量的任意线性无偏估计量,$E(\hat{\beta}^*) = \beta$,$Cov(\hat{\beta})$、$Cov(\hat{\beta}^*)$ 分别为 $\hat{\beta}$、$\hat{\beta}^*$ 的方差-协方差矩阵,且只有 $\hat{\beta}^* = \hat{\beta}$ 时,(3.27)式中不等式的等号才成立。关于这里的 $\hat{\beta}^*$,我们也直接称之为 β 的线性无偏估计量。

(3.27)式中的等式蕴含着 $\hat{\beta}_j$ 的方差为

---

① 对于两个对称矩阵 A 和 B,若 $A-B$ 是半正定的,则称 A 大于等于 B,记为 $A \geqslant B$。若 $A-B$ 是正定的,则称 A 大于 B,记为 $A > B$。由(半)正定矩阵的性质可知,若 $A \geqslant B(A > B)$,则 $A-B$ 的主对角线上的元素均大于等于0(大于0)。

$$Var(\hat{\beta}_j) = \sigma^2 (X'X)^{-1}_{j+1,j+1} \tag{3.28}$$

其中 $(X'X)^{-1}_{j+1,j+1}$ 为矩阵 $(X'X)^{-1}$ 主对角线上的第 $j+1$ 个元素。由矩阵不等式的定义可知,(3.27)式中的不等式蕴含着 $Cov(\hat{\beta})$ 主对角线上第 $j+1$ 个元素小于等于 $Cov(\hat{\beta}^*)$ 相应位置上的元素,即 $Var(\hat{\beta}_j) \leqslant Var(\hat{\beta}_j^*)$,此表明 $\hat{\beta}_j$ 具有最小方差性。

上述高斯－马尔科夫定理是以确定性解释变量为条件的,在第 4 章 §4.4 节我们将针对可能含有随机解释变量的情形,给出高斯－马尔科夫定理的一般表述。下面对(3.25)、(3.26)、(3.27)式做简单的推导或说明。

(1)线性性。依据矩阵乘积和相等的定义,(3.25)式左端的分量 $\hat{\beta}_j$ 是右端矩阵 $(X'X)^{-1}X'$ 的第 $j+1$ 行的元素与 Y 的对应位置上元素的乘积之和,也就是 $Y_1, Y_2, \cdots, Y_n$ 的线性函数。因此,$\hat{\beta}_j$ 具有线性性。

(2)无偏性。将 $Y = X\beta + u$ 代入 $\hat{\beta}$ 的表达式,得

$$\begin{aligned}\hat{\beta} &= (X'X)^{-1}X'(X\beta + u) = (X'X)^{-1}(X'X)\beta + (X'X)^{-1}X'u \\ &= \beta + (X'X)^{-1}X'u\end{aligned}$$

于是,应用矩阵期望的运算法则(见第 77 页脚注①),可得

$$\begin{aligned}E(\hat{\beta}) &= \beta + E[(X'X)^{-1}X'u] \\ &= \beta + (X'X)^{-1}X'E(u) \qquad \text{(利用假定 1)} \\ &= \beta \qquad \text{(利用假定 2)}\end{aligned}$$

因此,$\hat{\beta}$ 具有无偏性,即 $\hat{\beta}$ 的每个分量 $\hat{\beta}_j$ 都具有无偏性。

(3)最小方差性。关于最小方差性的证明比较复杂,有兴趣的读者可以参考相关的书籍(如:格林,2011,p_{49-50})。

最后,需要注意的是,在第 2 章 §2.3 节,针对一元线性回归模型的高斯—马尔科夫定理的两点说明,也适合这里多元线性回归模型的情形。

3.2.2.2　一致性

在基本假定条件下,回归系数 $\beta_j (j = 0,1,2,\cdots,k)$ 的 OLS 估计量 $\hat{\beta}_j$ 具有一致性,即

$$P\lim_{n\to\infty}\hat{\beta}_j = \beta_j$$

也就是说,$\hat{\beta}$ 具有一致性,即 $\hat{\beta}$ 的概率极限为 β,$P\lim_{n\to\infty}\hat{\beta} = \beta$①。

---

① 随机矩阵的概率极限是随机变量序列概率极限概念的直接推广。对于 $m \times p$ 随机矩阵序列 $A^{(n)} (n = 1, 2,\cdots,)$ 及由常数构成的 $m \times p$ 矩阵 B,$A^{(n)}$ 的概率极限为 B,即 $P\lim_{n\to\infty}A^{(n)} = B$ 当且仅当对任意 $i,j(i = 1,2,\cdots,m; j = 1,2,\cdots,p)$,均有 $P\lim_{n\to\infty}a_{ij}^{(n)} = b_{ij}$,其中 $a_{ij}^{(n)}$ 为矩阵 $A^{(n)}$ 的 (i,j) 元,b_{ij} 为 B 的 (i,j) 元。显然,若 $A^{(n)}$ 为非随机序列,则 $\lim_{n\to\infty}A^{(n)} = B$ 也意味着 $P\lim_{n\to\infty}A^{(n)} = B$。

随机矩阵的概率极限具有以下运算法则:

(1) $P\lim_{n\to\infty}(X^{(n)} \pm Y^{(n)}) = P\lim_{n\to\infty}X^{(n)} \pm P\lim_{n\to\infty}Y^{(n)}$

(2) $P\lim_{n\to\infty}(X^{(n)}Y^{(n)}) = P\lim_{n\to\infty}X^{(n)}\ P\lim_{n\to\infty}Y^{(n)}$

(3) $P\lim_{n\to\infty}X^{(n)-1} = [P\lim_{n\to\infty}X^{(n)}]^{-1}$

这里所有矩阵的概率极限均存在。

下面是该结论的简要证明过程：

利用上述 $\hat{\beta}$ 的分解式及假定7，只要再证明 $P\lim_{n\to\infty}(\frac{1}{n}X'u) = 0$，就可以得到：

$$
\begin{aligned}
P\lim_{n\to\infty}\hat{\beta} &= \beta + P\lim_{n\to\infty}(\frac{X'X}{n})^{-1}P\lim_{n\to\infty}(\frac{1}{n}X'u) \\
&= \beta + Q^{-1}\cdot 0 \\
&= \beta
\end{aligned}
$$

因为

$$
\frac{1}{n}X'u = \frac{1}{n}\begin{pmatrix} 1 & X_{11} & X_{21} & \cdots & X_{k1} \\ 1 & X_{12} & X_{22} & \cdots & X_{k2} \\ \vdots & \vdots & \vdots & \cdots & \vdots \\ 1 & X_{1n} & X_{2n} & \cdots & X_{kn} \end{pmatrix}'\begin{pmatrix} u_1 \\ u_2 \\ \vdots \\ u_n \end{pmatrix} = \begin{pmatrix} \frac{1}{n}\sum_{i=1}^{n}u_i \\ \frac{1}{n}\sum_{i=1}^{n}X_{1i}u_i \\ \vdots \\ \frac{1}{n}\sum_{i=1}^{n}X_{ki}u_i \end{pmatrix}
$$

而且由假定1、2、3、4、6可知，

$$
E(\frac{1}{n}\sum_{i=1}^{n}u_i) = 0, E(\frac{1}{n}\sum_{i=1}^{n}X_{ji}u_i) = 0
$$

$$
\lim_{n\to\infty}Var(\frac{1}{n}\sum_{i=1}^{n}u_i) = \lim_{n\to\infty}\frac{1}{n^2}\sum_{i=1}^{n}Var(u_i) = \lim_{n\to\infty}\frac{\sigma^2}{n} = 0
$$

$$
\lim_{n\to\infty}Var(\frac{1}{n}\sum_{i=1}^{n}X_{ji}u_i) = \lim_{n\to\infty}\frac{1}{n^2}\sum_{i=1}^{n}X_{ji}^2Var(u_i) = \lim_{n\to\infty}\frac{\sigma^2}{n}\cdot\frac{1}{n}\sum_{i=1}^{n}X_{ji}^2 = 0
$$

因此依据马尔科夫大数定律，得

$$
P\lim_{n\to\infty}\frac{1}{n}\sum_{i=1}^{n}u_i = 0 \text{ , } P\lim_{n\to\infty}\frac{1}{n}\sum_{i=1}^{n}X_{ji}u_i = 0
$$

即

$$
P\lim_{n\to\infty}(\frac{1}{n}X'u) = 0
$$

综上所述，便证得 $\hat{\beta}$ 具有一致性，即 $\hat{\beta}$ 的每个分量 $\hat{\beta}_j$ 都具有一致性。

3.2.3 随机误差项方差的 OLS 估计量

在 $Var(\hat{\beta}_j)$ 的表达式中含有未知的随机误差项的方差 σ^2，实际上它是无法计算的，所以需要对其进行估计。可以证明（参见：靳云汇等，2007，$p_{63-64,202-203}$）：在满足基本假定的条件下，

$$
\hat{\sigma}^2 = \frac{\sum_{i=1}^{n}e_i^2}{n-k-1} \tag{3.29}
$$

为 σ^2 的无偏且一致估计量。

进而，可以得到随机误差项标准差 σ 的估计量：

$$\hat{\sigma} = \sqrt{\frac{\sum_{i=1}^{n} e_i^2}{n-k-1}} \tag{3.30}$$

通常称之为**回归标准差**。注意:这个估计量不再是无偏的,但由斯鲁茨基定理可知,它仍是 σ 的一致估计量。

将(3.29)式代入(3.28)式,便得到 $\hat{\beta}_j$ 的方差 $Var(\hat{\beta}_j)$ 的估计量:

$$\hat{Var}(\hat{\beta}_j) = \hat{\sigma}^2 (X'X)^{-1}_{j+1,j+1} \tag{3.31}$$

进而,可以得到其标准差的估计量:

$$\hat{SD}(\hat{\beta}_j) = \hat{\sigma} \sqrt{(X'X)^{-1}_{j+1,j+1}} \tag{3.32}$$

例题 3.1(续) 回归系数估计量的标准差的估计

由表 3-3 可得模型(3.24)的回归标准差为:

$$\hat{\sigma} = \sqrt{\frac{\sum_{i=1}^{n} e_i^2}{60-2-1}} = 7\ 481.029$$

回归系数 β_0、β_1、β_2 的 OLS 估计量 $\hat{\beta}_0$、$\hat{\beta}_1$、$\hat{\beta}_2$ 的标准差估计值分别为 $\hat{SD}(\hat{\beta}_0) = 7\ 939.117$、$\hat{SD}(\hat{\beta}_1) = 514.621\ 1$、$\hat{SD}(\hat{\beta}_2) = 544.060\ 0$。

§3.3 可决系数与调整的可决系数

3.3.1 可决系数(R^2)

与一元线性回归模型一样,在得到多元线性回归模型的样本回归函数之后,还需要对该函数与样本数据的拟合优度进行度量,这里建立的度量指标仍是可决系数。

对于给定的样本数据 $(Y_i, X_{1i}, X_{2i}, \cdots, X_{ki})$ $(i = 1, 2, \cdots, n)$,设应用 OLS 法估计模型(3.1)得到的样本回归函数为:

$$\hat{Y}_i = \hat{\beta}_0 + \hat{\beta}_1 X_{1i} + \hat{\beta}_2 X_{2i} + \cdots + \hat{\beta}_k X_{ki}$$

与(2.31)式的推导过程一样,利用 $\sum_{i=1}^{n} \hat{y}_i e_i = 0$,可将反映被解释变量 Y 的样本总变异程度的总离差平方 $TSS = \sum_{i=1}^{n} y_i^2 = \sum_{i=1}^{n} (Y_i - \bar{Y})^2$ 做如下分解:

$$\sum_{i=1}^{n} y_i^2 = \sum_{i=1}^{n} (\hat{Y}_i - \bar{Y})^2 + \sum_{i=1}^{n} e_i^2 \tag{3.33}$$

此表明 $TSS = \sum_{i=1}^{n} y_i^2$ 可以分解为由 Y 的拟合值 $\hat{Y}$ 或解释变量的变异解释的回归平方和 $ESS = \sum_{i=1}^{n} (\hat{Y}_i - \bar{Y})^2 = \sum_{i=1}^{n} \hat{y}_i^2$ 与由其余因素解释的残差平方和 $RSS = \sum_{i=1}^{n} e_i^2$ 之和,即

$$TSS = ESS + RSS$$

在 TSS 中，ESS 所占的比重越大，表明 Y 的样本总变异中能由样本回归函数的变异解释的比例越高，则样本回归函数与样本数据拟合得越好；否则，则反是。基于此，可以建立如下评价模型拟合程度的指标——**可决系数R^2**：

$$R^2 = \frac{ESS}{TSS} = 1 - \frac{RSS}{TSS} = 1 - \frac{\sum_{i=1}^{n} e_i^2}{\sum_{i=1}^{n} y_i^2} \tag{3.34}$$

显然，$0 \leqslant R^2 \leqslant 1$。$R^2$ 越大，表明样本回归函数与样本数据的拟合程度就越高，解释变量的变异对被解释变量样本变异的解释能力越强；否则，则反是。

多元线性回归模型的可决系数是基于 OLS 法估计的含有截距项的线性回归模型建立起来的，当模型是非线性的或不含有截距项或采用的估计方法不是 OLS 法时，总离差平方和分解式(3.33)不一定成立(因为 $\sum_{i=1}^{n} (\hat{Y}_i - \bar{Y}) e_i = 0$ 不一定成立)，因此将 R^2 解释为 Y 的样本变异中由所有解释变量的变异解释的比例是值得怀疑的，而且按照公式

$$R^2 = 1 - \frac{\sum_{i=1}^{n} e_i^2}{\sum_{i=1}^{n} y_i^2}$$

计算的 R^2 可能为负值。

与可决系数密切相关但含义不同的一个概念是复相关系数，后者反映了一个变量与一组变量的线性相关程度。Y 与 $X_1, X_2, \cdots, X_k$ 的**样本复相关系数**(sample multiple correlation coefficient)被定义为 Y 与 Y 对 $X_1, X_2, \cdots, X_k$ 进行 OLS 回归，所得拟合值 $\hat{Y}$：

$$\hat{Y} = \hat{\beta}_0 + \hat{\beta}_1 X_1 + \hat{\beta}_2 X_2 + \cdots + \hat{\beta}_k X_k$$

的样本简单相关系数 $r_{Y\hat{Y}}$，记为 $r_{Y;X_1,X_2,\cdots,X_k}$。因为

$$\begin{aligned} r_{Y;X_1,X_2,\cdots,X_k} = r_{Y\hat{Y}} &= \frac{\sum_{i=1}^{n} y_i \hat{y}_i}{\sqrt{\sum_{i=1}^{n} y_i^2}\sqrt{\sum_{i=1}^{n} \hat{y}_i^2}} \\ &= \frac{\sum_{i=1}^{n} (\hat{y}_i + e_i)\hat{y}_i}{\sqrt{\sum_{i=1}^{n} y_i^2}\sqrt{\sum_{i=1}^{n} \hat{y}_i^2}} = \frac{\sum_{i=1}^{n} \hat{y}_i^2 + \sum_{i=1}^{n} e_i \hat{y}_i}{\sqrt{\sum_{i=1}^{n} y_i^2}\sqrt{\sum_{i=1}^{n} \hat{y}_i^2}} \\ &= \frac{\sqrt{\sum_{i=1}^{n} \hat{y}_i^2}}{\sqrt{\sum_{i=1}^{n} y_i^2}} \qquad \left(\text{利用} \sum_{i=1}^{n} e_i \hat{y}_i = 0\right) \end{aligned}$$

所以 $0 \leqslant r_{Y;X_1,X_2,\cdots,X_k} \leqslant 1$。$r_{Y;X_1,X_2,\cdots,X_k}$ 越大，表明 Y 与 $X_1, X_2, \cdots, X_k$ 的样本(线性)相关程度越高。当 $r_{Y;X_1,X_2,\cdots,X_k} = 0$ 时，称 Y 与 $X_1, X_2, \cdots, X_k$ 样本(线性)不相关。

从 $0 \leqslant r_{Y;X_1,X_2,\cdots,X_k} \leqslant 1$ 推导过程中最后一个等式可知，模型(3.1)的可决系数 R^2 恰好等于 Y 与 $X_1, X_2, \cdots, X_k$ 的复相关系数 $r_{Y;X_1,X_2,\cdots,X_k}$ 的平方，即

$$R^2 = r^2_{Y;X_1,X_2,\cdots,X_k}$$

3.3.2 调整的可决系数($\bar{R}^2$)

对于多元线性回归模型,可以证明(参见:格林,2011,p_{37}),随着解释变量个数的增加,残差平方和 $\sum_{i=1}^{n} e_i^2$ 不会增加,通常会减少。进而可知,R^2 不会下降,通常会严格增加。因此,以 R^2 最大为标准来评价模型的优劣,所选模型很可能包含过多的解释变量,其中一些是与被解释变量无关的。但是,当解释变量个数增加时,回归系数 OLS 估计量的方差可能会增大[见本章§3.4 节(3.45)式],即它们的估计精度可能会下降。鉴于此,在建模实践中,要整体评价模型的优劣,就需要对模型的拟合优度和参数的估计精度进行权衡。为了弥补 R^2 在这方面存在的缺陷,人们通过引入解释变量的个数或残差平方和的**自由度**(degree of freedom)①对 R^2 进行调整,以建立在考虑参数估计精度下度量模型拟合优度的指标,其中应用最为广泛的是如下定义的**调整的可决系数**(adjusted coefficient of determination),即**调整的 R^2**(adjusted R^2)②。

$$\bar{R}^2 = 1 - \frac{RSS/(n-k-1)}{TSS/(n-1)} = 1 - \frac{\sum_{i=1}^{n} e_i^2/(n-k-1)}{\sum_{i=1}^{n} y_i^2/(n-1)} \tag{3.35}$$

其中 $n-k-1$、$n-1$ 分别为 $\sum_{i=1}^{n} e_i^2$ 和 $\sum_{i=1}^{n} y_i^2$ 的自由度。

容易证明,R^2 与 $\bar{R}^2$ 具有如下算术关系:

$$\bar{R}^2 = 1 - \frac{n-1}{n-k-1}(1-R^2)$$

从上述关系式可以看出,当 $R^2=1$ 时,$\bar{R}^2=1$ 。当 $k \geqslant 1$,$R^2 \neq 1$ 时,$\bar{R}^2 < R^2$,k 值越大,两者的差距越大,而且 $\bar{R}^2$ 可能为负值。例如,当 Y 与 $X_1, X_2, \cdots, X_k$ 不相关时,$R^2=0$,则有

$$\bar{R}^2 = \frac{-k}{n-k-1} < 0$$

$\bar{R}^2$ 的根本吸引力在于,在其计算公式(3.35)中同时引入了 $\sum_{i=1}^{n} e_i^2$ 及其自由度 $n-k-1$。对于给定的样本数据,当在模型(3.1)中增加一个变量时,$n-k-1$ 变小,参数估计精度有一定程度的下降,若 $\sum_{i=1}^{n} e_i^2$ 减少很多,即模型的拟合优度提高很多,则从整体来看,模型变好;否则,则反是。因此,**利用 $\bar{R}^2$ 评价模型的准则**是,$\bar{R}^2$ 值越大,模型越好。$\bar{R}^2$ 是上升还是下降依赖于 $\sum_{i=1}^{n} e_i^2/(n-k-1)$ 变大还是变小,即新增加的变量对样本回归函数拟合程度的贡献是否超过对损失一个额外自由度所做修正的补偿。

---

① 在数理统计学中,由样本构造的变量平方和中独立的变量平方的个数称为该平方和的自由度。设模型(3.1)中解释变量均为确定性变量,Y 的样本观测值之间相互独立,那么利用 OLS 法估计该模型,由于残差 e_i 受 $\sum_{i=1}^{n} e_i = 0$,$\sum_{i=1}^{n} e_i X_{ji} = 0 (j=1,2,\cdots,k)$ 这 $k+1$ 个等式的约束,因此 $\sum_{i=1}^{n} e_i^2$ 中 e_i^2 之间不是独立的,其独立取值的个数为 $n-(k+1)$,即它的自由度为 $n-(k+1)$。同理,由于 y_i 受 $\sum_{i=1}^{n} y_i = 0$ 的约束,可知 $\sum_{i=1}^{n} y_i^2$ 的自由度为 $n-1$。

② 格林(2011,p_{39})和古扎拉蒂(2005,$p_{196-197}$)还介绍了其他通过调整 R^2 得到的评价指标。

例题 3.1(续) 模型的拟合优度检验

在表 3-3 中,R-squared 和 Adjusted R-squared 分别为 R^2 和调整的 R^2,即 $\bar{R}^2$,其样本值为 $R^2=0.308$ 和 $\bar{R}^2=0.283$。此表明在被解释变量的样本总变异中只有 30.8% 能由解释变量的变异来解释,模型的拟合优度较低。

§3.4 变量的显著性检验及回归系数的区间估计

3.4.1 变量的显著性检验

对于多元线性回归模型,变量的显著性检验分为解释变量的**总体显著性检验**(overall significance testing)和**个别变量的显著性检验**(significance testing of the individual variables)。前者也称为**方程的显著性检验**(significance testing of the equation),它是检验模型中被解释变量与解释变量之间的线性关系在总体上是否显著成立,或者说解释变量联合起来对被解释变量是否具有显著影响;后者是对模型中个别回归系数是否显著为 0 进行的检验,主要目的是检验个别解释变量对被解释变量是否具有显著影响。

3.4.1.1 变量的总体显著性检验(F 检验)

对于多元线性回归模型

$$Y_i=\beta_0+\beta_1X_{1i}+\beta_2X_{2i}+\cdots+\beta_kX_{ki}+u_i \quad (i=1,2,\cdots,n)$$

在一定的显著性水平下,变量的总体显著性检验是一个联合检验,其原假设和备择假设分别为:

原假设 H_0: $\beta_1=\beta_2=\cdots=\beta_k=0$

备择假设 H_1: $\beta_1,\beta_2,\cdots,\beta_k$ 不全为 0

若接受 H_0,则表明所有偏回归系数都显著为 0,即 Y 与解释变量之间在总体上不存在显著的线性关系;若接受 H_1,则表明存在显著不为 0 的偏回归系数,即 Y 与解释变量之间在总体上存在显著的线性关系,或者说解释变量联合起来对 Y 具有显著影响。在模型满足基本假定的条件下,变量的总体显著性检验通常采用的是基于 ***F* 统计量**(F statistic)的 ***F* 检验**(F test)。

F 统计量的构造思想来自总离差平方和的分解式:

$$TSS=ESS+RSS$$

若 ESS 与 RSS 的比值 ESS/RSS 较大,即

$$R^2=\frac{ESS}{TSS}=\frac{1}{1+\dfrac{RSS}{ESS}}$$

较大,此表明 Y 与解释变量之间的线性相关程度较高,则可以认为它们在总体上存在线性关系。否则,如果 ESS/RSS 较小,则可以认为 Y 与解释变量在总体上不存在线性关系。因此,可以利用 ESS/RSS 的概率分布对 Y 与解释变量之间是否存在线性关系进行统计推断。

若上述模型为经典线性回归模型,则可以证明(参见:靳云汇等,2007,p_{98-99}):

$$RSS/\sigma^2=\sum_{i=1}^{n}e_i^2/\sigma^2\sim\chi^2(n-k-1)$$

$$ESS/\sigma^2 = \sum_{i=1}^{n} \hat{y}_i^2/\sigma^2 \sim \chi^2(k) \quad （在原假设 H_0 成立的条件下）$$

且 RSS/σ^2 与 ESS/σ^2 相互独立。由此可得，当原假设 H_0 成立时，

$$F = \frac{ESS/k}{RSS/(n-k-1)} = \frac{\sum_{i=1}^{n} \hat{y}_i^2/k}{\sum_{i=1}^{n} e_i^2/(n-k-1)} \sim F(k,n-k-1) \tag{3.36}$$

于是，对于给定的显著性水平 α，查第一自由度为 k、第二自由度为 $n-k-1$ 的 F 分布表（见附录 B 表 3），可得到临界值 $F_\alpha(k,n-k-1)$，使得

$$P[F > F_\alpha(k,n-k-1)] = \alpha$$

图 3－1 为 $k=10, n-k-1=50$ 时该等式的几何表示。

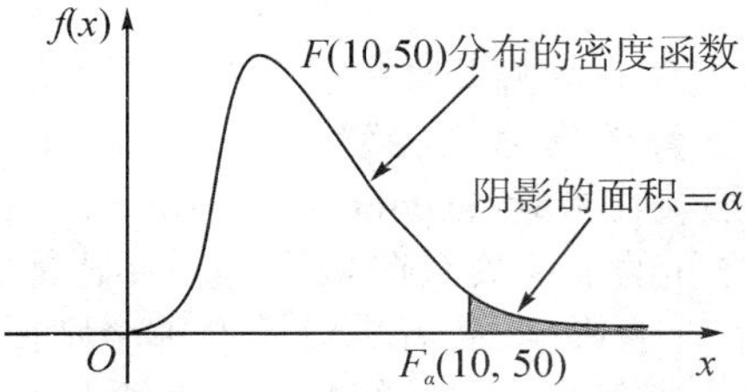

图 3－1　F 检验的临界值与显著性水平之间关系的示意图

将依据样本数据计算的 F 统计量值与该临界值进行比较，便可以推断是接受 H_0 还是接受 H_1：

若 F 统计量值 $> F_\alpha(k,n-k-1)$，则拒绝 H_0，即认为解释变量联合起来对被解释变量的影响是显著的；

若 F 统计量值 $< F_\alpha(k,n-k-1)$，则通常接受 H_0，即认为被解释变量与解释变量之间的线性关系是不显著的。

在 EViews 软件下应用 OLS 法估计模型得到的输出结果中，给出了 F 统计量值及其相应的 P 值。我们可以利用 F 统计量值与查表得到的临界值进行比较完成 F 检验，也可以将显著性水平 α 与 F 检验的 P 值进行比较完成 F 检验，此时若 P 值 $> \alpha$，则通常接受 H_0；若 P 值 $< \alpha$，则拒绝 H_0。

例题 3.1（续）　方程的显著性检验

在表 3－3 中，F－statistic 对应的值 12.668 11 即为方程显著性检验的 F 统计量值，其下方 Prob（F－statistic）对应的值 0.000 028 即为 F 检验的 P 值。在 0.05 的显著性水平下，查 F 分布表得临界值 $F_{0.05}(2,57) = 3.16$[①]。因为 $F = 12.668\ 11 > 3.16$，或 P 值 $= 0.000\ 028 < 0.05$，所以在 0.05 的显著性水平下，拒绝模型（3.24）中的斜率系数全为 0 的原假设。因此，可以认为美国黑人女性工人群体中，受教育年数和工作经验合起来对收入具有显著影响。

① F 分布表中没有给出临界值 $F_{0.05}(2,57)$，3.16 是 $F_{0.05}(2,57)$ 临近的两个临界值 $F_{0.05}(2,55) = 3.17$ 和 $F_{0.05}(2,60) = 3.15$ 的算术平均数。

(调整的)可决系数与 F 统计量都是建立在被解释变量的总离差平方和分解式的基础之上,这也决定了它们之间存在一定的数量关系。容易证明,如下两式成立:

$$F = \frac{n-k-1}{k} \times \frac{R^2}{1-R^2} \tag{3.37}$$

和

$$\bar{R}^2 = 1 - \frac{n-1}{n-k-1+kF} \tag{3.38}$$

从(3.37)式可以看出,F 统计量与 R^2 同方向变化,并且当 $R^2 = 0$ 时, $F = 0$; 当 $R^2 \to 1$ 时, $F \to \infty$ 。

3.4.1.2 个别变量的显著性检验(t 检验)

在一定的显著性水平下,对第 j $(j = 1,2,\cdots,k)$ 个变量 X_j 的显著性检验的原假设和备择假设分别为:

原假设 H_0: $\beta_j = 0$

备择假设 H_1: $\beta_j \neq 0$

若接受 H_0, 则表明 X_j 对 Y 的影响是不显著的;若接受 H_1, 则表明 X_j 对 Y 的影响是显著的。

与一元线性回归模型的情形同理,对于上述经典多元线性回归模型,回归系数 $\beta_j(j = 0,1,2,\cdots,k)$ 的 OLS 估计量 $\hat{\beta}_j$ 服从如下正态分布:

$$\hat{\beta}_j \sim N[\beta_j, \sigma^2 (X'X)^{-1}_{j+1,j+1}] \tag{3.39}$$

将其标准化,得到服从标准正态分布的随机变量

$$z_j = \frac{\hat{\beta}_j - \beta_j}{SD(\hat{\beta}_j)} = \frac{\hat{\beta}_j - \beta_j}{\sigma \sqrt{(X'X)^{-1}_{j+1,j+1}}} \sim N(0,1) \tag{3.40}$$

当 σ 未知时,用 $\hat{\sigma}$ 去替代(3.40)式中的 σ, 得到服从自由度为 $n-k-1$ 的 t 分布的随机变量

$$t_j = \frac{\hat{\beta}_j - \beta_j}{\hat{SD}(\hat{\beta}_j)} = \frac{\hat{\beta}_j - \beta_j}{\hat{\sigma} \sqrt{(X'X)^{-1}_{j+1,j+1}}} \sim t(n-k-1) \tag{3.41}$$

因此,利用(3.41)式就可以对 β_j 进行假设检验和区间估计。

由(3.41)式可知,在 H_0 成立的条件下,

$$t_j = \frac{\hat{\beta}_j}{\hat{SD}(\hat{\beta}_j)} \sim t(n-k-1) \tag{3.42}$$

于是,对于给定的显著性水平 α, 查自由度为 $n-k-1$ 的 t 分布表可得到临界值 $t_{\alpha/2}(n-k-1)$, 使得

$$P\left[|t_j| = \left| \frac{\hat{\beta}_j}{\hat{SD}(\hat{\beta}_j)} \right| > t_{\alpha/2}(n-k-1) \right] = \alpha$$

依据样本数据计算 t 统计量值 t_j, 若 $|t_j| > t_{\alpha/2}(n-k-1)$, 则拒绝 H_0, 认为 X_j 对 Y 的影响是显著的;若 $|t_j| < t_{\alpha/2}(n-k-1)$, 则通常接受 H_0, 认为 X_j 对 Y 的影响是不显著的。

一般地,利用(3.41)式可以对 β_j 与某一数值之间的大小关系进行 t 检验。

在建立计量经济模型时,通常需要对每个解释变量都进行显著性检验,去掉那些对被解释变量影响不显著的变量①。

① 当模型存在严重的多重共线性时,应该谨慎地剔除不显著的变量(见第4章§4.1)。

例题 3.1(续)　个别变量的显著性检验

在模型(3.24)中,个别变量 X、Z 对 Y 影响的显著性检验,分别归结为对回归系数 β_1、β_2 是否等于0的检验。由表3-3可得,对它们进行 t 检验的统计量值分别为 $t_1 = 2.897$、$t_2 = 3.562$。在0.05的显著性水平下,查 t 分布表得临界值 $t_{0.025}(57) = 2.000$ ①。因为 $|t_1| = 2.897$、$|t_2| = 3.562$ 均大于 $t_{0.025}(57) = 2.000$,所以在0.05的显著性水平下,拒绝回归系数 β_1、β_2 都为0的原假设。因此,可以认为在美国黑人女性工人群体中,受教育年数和工作经验对收入都具有显著影响。通过将显著性水平0.05与 t 统计量的 P 值进行比较,也可以完成上述 t 检验。

需要指出的是,对于一元线性回归模型,方程的显著性 F 检验与变量的显著性 t 检验是等价的,理由如下:

一方面,两者具有相同的原假设 $H_0:\beta_1 = 0$ 和备择假设 $H_1:\beta_1 \neq 0$。

另一方面,两者检验结果是一致的。因为它们的统计量具有如下数量关系:

$$F = \frac{\sum_{i=1}^{n} \hat{y}_i^2}{\sum_{i=1}^{n} e_i^2/(n-2)} = \frac{\hat{\beta}_1^{\,2}\sum_{i=1}^{n} x_i^2}{\sum_{i=1}^{n} e_i^2/(n-2)} \qquad (\text{利用 } \hat{y}_i = \hat{\beta}_1 x_i)$$

$$= \frac{\hat{\beta}_1^{\,2}}{[\sum_{i=1}^{n} e_i^2/(n-2)]/\sum_{i=1}^{n} x_i^2}$$

$$= [\frac{\hat{\beta}_1}{\sqrt{\sum_{i=1}^{n} e_i^2/(n-2)}/\sqrt{\sum_{i=1}^{n} x_i^2}}]^2 = t_1^2$$

而且服从自由度为 $n-2$ 的 t 分布的随机变量的平方恰好服从第一自由度为1,第二自由度为 $n-2$ 的 F 分布,所以对于给定的显著性水平 α,$t_{\alpha/2}(n-2) = \sqrt{F_\alpha(1,n-2)}$,

$$F > F_\alpha(1,n-2) \Leftrightarrow |t_1| > t_{\alpha/2}(n-2)$$

此表明方程显著性 F 检验结果与变量显著性 t 检验的结果是一致的。

3.4.2　回归系数的区间估计

3.4.2.1　区间估计

对回归系数 β_j 进行区间估计,就是要在一定的置信度下去求 β_j 的置信区间。在 σ 未知的情形下,由(3.41)式可知,对于一定的置信度 $1-\alpha$,查 t 分布表可得到临界值 $t_{\alpha/2}(n-k-1)$,使得

$$P[\left|\frac{\hat{\beta}_j - \beta_j}{\hat{SD}(\hat{\beta}_j)}\right| \leqslant t_{\alpha/2}(n-k-1)] = 1-\alpha$$

即

$$P[\hat{\beta}_j - \hat{SD}(\hat{\beta}_j)t_{\alpha/2}(n-k-1) \leqslant \beta_j \leqslant \hat{\beta}_j + \hat{SD}(\hat{\beta}_j)t_{\alpha/2}(n-k-1)] = 1-\alpha$$

① t 分布表中没有给出 $t_{0.025}(57)$ 的临界值,我们使用 $t_{0.025}(60) = 2.000$ 作为它的近似值。

于是，得到回归系数 β_j 的置信度为 $1-\alpha$ 的置信区间为：

$$[\hat{\beta}_j - \hat{SD}(\hat{\beta}_j)t_{\alpha/2}(n-k-1), \hat{\beta}_j + \hat{SD}(\hat{\beta}_j)t_{\alpha/2}(n-k-1)] \tag{3.43}$$

例题 3.1（续） 回归系数的区间估计

对于给定的置信度 $1-\alpha=0.95$，查 t 分布表得临界值 $t_{0.025}(57)=2.000$。由表 3-3 可得：

$$\hat{\beta}_0 = -22\,409.36,\ \hat{SD}(\hat{\beta}_0) = 7\,939.11$$
$$\hat{\beta}_1 = 1\,491.00,\quad \hat{SD}(\hat{\beta}_1) = 514.62$$
$$\hat{\beta}_2 = 1\,937.85,\quad \hat{SD}(\hat{\beta}_2) = 544.06$$

将上述结果代入(3.43)式，便可计算出 β_0、β_1、β_2 的置信度为 0.95 的置信区间分别为 [−38 287.6, −6 531.13]、[461.75, 2 520.24] 和 [849.73, 3 025.97]。

3.4.2.2 置信区间大小的影响因素分析

1. 影响因素分析

对于给定的置信度 $1-\alpha$，参数的置信区间越小或长度越短，表明能限定参数在越小的范围内，参数的估计精度就越高，因此我们希望参数的置信区间越小越好。由(3.43)式可得，β_j 的置信区间的长度为：

$$d = 2\hat{SD}(\hat{\beta}_j)t_{\alpha/2}(n-k-1) = 2\hat{\sigma}\sqrt{\frac{1}{n}(\frac{1}{n}X'X)^{-1}_{j+1,j+1}}\,t_{\alpha/2}(n-k-1) \tag{3.44}$$

由此可见，影响 β_j 的置信区间的因素包括三个方面：回归标准差 $\hat{\sigma}$、样本容量 n、$(\frac{1}{n}X'X)^{-1}_{j+1,j+1}$。具体而言，在其他因素不变的条件下：

(1) $\hat{\sigma}$ 越小，β_j 的置信区间越小。

(2) 样本容量 n 越大，$\frac{1}{n}$ 和 $t_{\alpha/2}(n-k-1)$ 越小，因此 $\hat{\beta}_j$ 的置信区间越小。

另外，因为 $P\lim\limits_{n\to\infty}\hat{\sigma}=\sigma$，$\lim\limits_{n\to\infty}\frac{1}{n}(X'X)=Q$，及当 $n\to\infty$ 时，$t_{\alpha/2}(n-k-1)$ 收敛于标准正态分布的临界值 $z_{\alpha/2}$，所以

$$P\lim_{n\to\infty}d = P\lim_{n\to\infty}[2\hat{\sigma}\sqrt{\frac{1}{n}(\frac{1}{n}X'X)^{-1}_{j+1,j+1}}\,t_{\alpha/2}(n-k-1)] = 2\sigma\sqrt{0\times Q^{-1}_{j+1,j+1}}\times z_{\alpha/2} = 0$$

其中 $Q_{j+1,j+1}$ 为矩阵 Q 主对角线上第 $j+1$ 个元素。此表明，不限定 $\hat{\sigma}$ 和 $(\frac{1}{n}X'X)^{-1}_{j+1,j+1}$ 的取值，只要 n 充分大，就一般而言，$\hat{\beta}_j$ 的置信区间要多小就能有多小。

(3) β_j 的置信区间与 $(\frac{1}{n}X'X)^{-1}_{j+1,j+1}$ 有关。关于样本数据对截距项置信区间的影响分析比较复杂，而且它往往也不是人们关注的重点，因此这里只针对斜率系数的置信区间加以讨论。

可以证明（留作练习），$\beta_j(j=1,2,\cdots,k)$ 的方差表达式(3.28)等价于

$$Var(\hat{\beta}_j) = \frac{\sigma^2}{\sum_{i=1}^{n} x_{ji}^2} \cdot \frac{1}{1 - R_j^2} \tag{3.45}$$

其中 R_j^2 为 X_j 对其他解释变量回归所得可决系数，即利用 OLS 法估计模型

$$X_{ji} = \alpha_0 + \alpha_1 X_{1i} + \cdots + \alpha_{j-1} X_{j-1,i} + \alpha_{j+1,i} X_{j+1,i} + \cdots + \alpha_k X_{k,i} + v_i \tag{3.46}$$

得到的可决系数，这里若无其他解释变量，则模型(3.46)右端为 $\alpha_0 + v_i$。进而，可得

$$\hat{SD}(\hat{\beta}_j) = \hat{\sigma} \sqrt{\frac{1}{\sum_{i=1}^{n} x_{ji}^2} \cdot \frac{1}{1 - R_j^2}} \tag{3.47}$$

$$d = \frac{2\hat{\sigma}}{\sqrt{n}} \sqrt{\frac{1}{\frac{1}{n}\sum_{i=1}^{n} x_{ji}^2} \cdot \frac{1}{1 - R_j^2}} \cdot t_{\alpha/2}(n - k - 1) \tag{3.48}$$

可见，影响 $(\frac{1}{n}X'X)_{j+1,j+1}^{-1}$ 因素包括 $\frac{1}{n}\sum_{i=1}^{n} x_{ji}^2$ 和 R_j^2，它们也是影响斜率系数 β_j 置信区间大小的影响因素。具体而言，在其他影响因素不变的条件下，

(3.1) $\frac{1}{n}\sum_{i=1}^{n} x_{ji}^2$ 越大，即 X_j 的取值越分散，X_j 的置信区间越小。

(3.2) R_j^2 越小，即 X_j 与其他解释变量的线性相关程度越低，β_j 的置信区间越小。

2. β_j 的置信区间的大小与 $\hat{SD}(\hat{\beta}_j)$ 之间的联系

在实践中，$\hat{SD}(\hat{\beta}_j)$ 也常用来度量 $\hat{\beta}_j$ 估计 β_j 的精度，那么 $\hat{SD}(\hat{\beta}_j)$ 与 β_j 的置信区间的大小，及其影响因素之间有什么联系呢？从(3.44)式可见，β_j 的置信区间的长度 d 是 $\hat{SD}(\hat{\beta}_j)$ 的 $2t_{\alpha/2}(n-k-1)$ 倍，该倍数与置信度 $1-\alpha$、样本容量 n 有关，与影响 d 的其他因素无关。易知，当只有一个影响因素变化时，d 变小当且仅当 $\hat{SD}(\hat{\beta}_j)$ 变小。因此，无论用 $\hat{SD}(\hat{\beta}_j)$，还是用给定置信度下 $\hat{\beta}_j$ 的置信区间的长度，来度量 $\hat{\beta}_j$ 的精度，在其他影响因素不变的条件下，分析某一因素变化对其产生的影响，所得结论都是一致的。

§3.5 预测

多元线性回归模型的一个重要应用就是经济预测。对于经典线性回归模型

$$Y_i = \beta_0 + \beta_1 X_{1i} + \beta_2 X_{2i} + \cdots + \beta_k X_{ki} + u_i \ (i = 1,2,\cdots,n)$$

即

$$Y = X\beta + u$$

当我们依据样本数据，利用 OLS 法得到了样本回归函数

$$\hat{Y}_i = \hat{\beta}_0 + \hat{\beta}_1 X_{1i} + \hat{\beta}_2 X_{2i} + \cdots + \hat{\beta}_k X_{ki} \tag{3.49}$$

便可以在已知预测期解释变量向量 $X_F = (1, X_{1F}, X_{2F}, \cdots, X_{kF})$ 的条件下，利用样本回归函数(3.49)对被解释变量值 Y_F 或其均值 $E(Y_F \mid X_F)$ 进行预测。与一元线性回归模型的情形一样，这里的预测仍是一种条件预测，除需要已知解释变量在预测期的取值外，还要求在样本期和预测期内，Y 对 $X_1, X_2, \cdots, X_k$ 的总体回归函数不变，即有

$$Y_F = \beta_0 + \beta_1 X_{1F} + \beta_2 X_{2F} + \cdots + \beta_k X_{kF} + u_F$$
$$= X_F \beta + u_F$$

成立,并且随机误差项满足基本假定条件。因此,在应用所学预测方法时,首先要在经济理论分析和经验研究的基础上,判断所研究变量之间的关系在样本期和预测期有无明显变化,以及能否取得预测期内解释变量的值。

下面分别介绍在已知 X_F 的条件下,Y_F 和 $E(Y_F|X_F)$ 的点预测和区间预测。

3.5.1 点预测

利用(3.49)式,对 Y_F、$E(Y_F|X_F)$:

$$E(Y_F|X_F) = X_F\beta = \beta_0 + \beta_1 X_{1F} + \beta_2 X_{2F} + \cdots + \beta_k X_{kF}$$

进行点预测,是将

$$\hat{Y}_F = X_F\hat{\beta} = \hat{\beta}_0 + \hat{\beta}_1 X_{1F} + \hat{\beta}_2 X_{2F} + \cdots + \hat{\beta}_k X_{kF} \tag{3.50}$$

作为它们的预测值。记它们的预测误差分别为

$$e_F = Y_F - \hat{Y}_F, \quad e_{E(Y_F|X_F)} = E(Y_F|X_F) - \hat{Y}_F$$

因为 $\hat{\beta}_j(j = 0,1,\cdots,k)$ 为 β_j 的无偏估计,即 $E(\hat{\beta}_j) = \beta_j$, 所以

$$E(e_F|X_F) = E[(X_F\beta + u_F - X_F\hat{\beta})|X_F] = X_F\beta + E(u_F) - X_F E(\hat{\beta}) = 0 \tag{3.51}$$

$$E[e_{E(Y_F|X_F)}|X_F] = E[(X_F\beta - X_F\hat{\beta})|X_F] = X_F\beta - X_F E(\hat{\beta}) = 0 \tag{3.52}$$

此表明 $\hat{Y}_F$ 是 Y_F 和 $E(Y_F|X_F)$ 的无偏预测。

另外,可以证明(参见:贾奇等,1993,$p_{122-123}$;靳云汇等,2007,$p_{107-109}$):

① 把 $\hat{Y}_F$ 作为 Y_F 的预测值,有下式成立:

$$MSE(\hat{Y}_F|X_F) = Var(e_F|X_F) = \sigma^2[1 + X_F(X'X)^{-1}X'_F] \tag{3.53}$$

而且 $\hat{Y}_F$ 是 Y_F 的最优线性无偏预测, Y_F 的其他线性无偏预测值都不具有最小均方误差性。

② 把 $\hat{Y}_F$ 作为 $E(Y_F|X_F)$ 的预测值,有下式成立:

$$MSE(\hat{Y}_F|X_F) = Var(\hat{Y}_F|X_F) = \sigma^2[X_F(X'X)^{-1}X'_F] \tag{3.54}$$

而且 $\hat{Y}_F$ 是 $E(Y_F|X_F)$ 的最优线性无偏预测, $E(Y_F|X_F)$ 的其他线性无偏预测值都不具有最小均方误差性。

3.5.2 区间预测

3.5.2.1 $E(Y_F|X_F)$ 的区间预测

要构造 $E(Y_F|X_F)$ 的置信区间,首先需要知道 $\hat{Y}_F$ 的概率分布。与一元线性回归模型的情形同理,利用参数估计量 $\hat{\beta}_j$ 的线性性,以及 u_i 服从正态分布且不同 u_i 之间相互独立,可推断 $\hat{Y}_F = X_F\hat{\beta}$ 服从正态分布。再由(3.52)式和(3.54)式,可得:

$$\hat{Y}_F|X_F \sim N[E(Y_F|X_F), \sigma^2 X_F(X'X)^{-1}X'_F]$$

与上一节中回归系数置信区间的构造过程类似,当 σ 未知时,在给定 X_F 的条件下可以证明:

$$t = \frac{\hat{Y}_F - E(Y_F \mid X_F)}{\hat{SD}(\hat{Y}_F \mid X_F)} \sim t(n-k-1)$$

其中

$$\hat{SD}(\hat{Y}_F \mid X_F) = \hat{\sigma}\sqrt{X_F (X'X)^{-1} X'_F}, \hat{\sigma} = \sqrt{\frac{\sum_{i=1}^{n} e_i^2}{n-k-1}}$$

于是,对于给定的置信度 $1-\alpha$, 查 t 分布表可得临界值 $t_{\alpha/2}(n-k-1)$, 使得

$$P\left[\left|\frac{\hat{Y}_F - E(Y_F \mid X_F)}{\hat{SD}(\hat{Y}_F \mid X_F)}\right| \leqslant t_{\alpha/2}(n-k-1)\right] = 1-\alpha$$

进而,可求得 $E(Y_F \mid X_F)$ 的置信度为 $1-\alpha$ 的预测区间为:

$$[\hat{Y}_F - \hat{SD}(\hat{Y}_F \mid X_F) t_{\alpha/2}(n-k-1), \hat{Y}_F + \hat{SD}(\hat{Y}_F \mid X_F) t_{\alpha/2}(n-k-1)]$$

即

$$[\hat{Y}_F - \hat{\sigma}\sqrt{X_F(X'X)^{-1}X'_F}\, t_{\alpha/2}(n-k-1), \hat{Y}_F + \hat{\sigma}\sqrt{X_F(X'X)^{-1}X'_F}\, t_{\alpha/2}(n-k-1)] \tag{3.55}$$

3.5.2.2　Y_F 的区间预测

预测误差 $e_F = Y_F - \hat{Y}_F$ 反映了 $\hat{Y}_F$ 与 Y_F 的接近程度,要建立 Y_F 的预测区间,首先需要知道 e_F 的概率分布。与上述推导 $\hat{Y}_F$ 的概率分布的过程完全类似,由

$$e_F = Y_F - \hat{Y}_F = X_F\beta + u_F - X_F\hat{\beta}$$

是 $u_1, u_2, \cdots, u_n, u_F$ 的线性函数,以及 u_i(含 u_F)服从正态分布且 u_i 之间相互独立,可推断 e_F 服从正态分布。再由(3.51)式和(3.53)式,可得:

$$e_F \mid X_F \sim N\{0, \sigma^2[1 + X_F(X'X)^{-1}X'_F]\}$$

当 σ 未知时,在给定 X_F 的条件下可以证明:

$$t = \frac{Y_F - \hat{Y}_F}{\hat{SD}(e_F \mid X_F)} \sim t(n-k-1)$$

其中

$$\hat{SD}(e_F \mid X_F) = \hat{\sigma}\sqrt{1 + X_F (X'X)^{-1} X'_F}$$

于是,对于给定的置信度 $1-\alpha$, 查 t 分布表可得临界值 $t_{\alpha/2}(n-k-1)$, 使得

$$P\left[\left|\frac{Y_F - \hat{Y}_F}{\hat{SD}(e_F \mid X_F)}\right| \leqslant t_{\alpha/2}(n-k-1)\right] = 1-\alpha$$

进而,可求得 Y_F 的置信度为 $1-\alpha$ 的预测区间为:

$$[\hat{Y}_F - \hat{SD}(e_F \mid X_F) t_{\alpha/2}(n-k-1), \hat{Y}_F + \hat{SD}(e_F \mid X_F) t_{\alpha/2}(n-k-1)]$$

即

$$[\hat{Y}_F - \hat{\sigma}\sqrt{1 + X_F(X'X)^{-1}X'_F}\, t_{\alpha/2}(n-k-1), \hat{Y}_F + \hat{\sigma}\sqrt{1 + X_F(X'X)^{-1}X'_F}\, t_{\alpha/2}(n-k-1)] \tag{3.56}$$

在利用(3.55)式求 $E(Y_F \mid X_F)$ 的预测区间时,可以在 EViews 下,先得到 $\hat{SD}(e_F \mid X_F)$。然后利用关系式:

$$\hat{SD}(\hat{Y}_F \mid X_F) = \hat{\sigma}\sqrt{\frac{[\hat{SD}(e_F \mid X_F)]^2}{\hat{\sigma}^2} - 1} = \sqrt{[\hat{SD}(e_F \mid X_F)]^2 - \hat{\sigma}^2} \tag{3.57}$$

求得 $\hat{SD}(\hat{Y}_F \mid X_F)$。进而,将其代入(3.55)式得到所求预测区间。

例题 3.1(续) 模型的预测

对于受教育年数 $X_F=15$，工作经历年数 $Z_F=10$ 的黑人女性工人，求其收入 Y_F 的预测值，并在 $1-\alpha=0.95$ 的置信度下，求 $E(Y_F|X_F=15,Z_F=10)$ 和 Y_F 的预测区间。

1. 求 Y_F 的预测值

前面已经得到了样本回归函数

$$\hat{Y}_i=-22\ 409.36+1\ 491.001X_i+1\ 937.851Z_i$$

将 $X_F=15,Z_F=10$ 代入上式，可得到 Y_F 的预测值为：

$$\hat{Y}_F=-22\ 409.36+1\ 491.001\times 15+1\ 937.851\times 10\approx 19\ 334.17\ (\text{美元})$$

在§2.6 中，我们介绍了在 EViews 软件下进行点预测的基本执行过程，请读者自己利用 EViews 软件得到上述条件下 Y_F 的预测值。

2. 求 Y_F 的区间预测

在 EViews 软件下可得，当 $X_F=15,Z_F=10$ 时，Y_F 的预测值和预测误差的标准差分别为 $\hat{Y}_F=19\ 334.17$ 和 $\hat{SD}(e_F|X_F=15,Z_F=10)=7\ 589.92$。对于置信度 $1-\alpha=0.95$，查自由度为 $n-k-1=57$ 的 t 分布表，得临界值 $t_{0.025}(57)\approx 2$。于是，利用(3.56)式，求得 Y_F 的预测区间为

$$[19\ 334.17-7\ 589.92\times 2,\ 19\ 334.17+7\ 589.92\times 2]$$

即

$$[4\ 154.33,34\ 514.01]$$

3. 求 $E(Y_F|X_F=15,Z_F=10)$ 的区间预测

方法一：在 EViews 软件下，计算出预测区间中的矩阵表达式(执行过程见本章附录 3.3)：

$$W_F(W'W)^{-1}W_F'=0.029\ 323$$

其中 $W_F=(1\quad X_F\quad Z_F)$，$W$ 为模型(3.24)的系数矩阵，其第一列元素全为 1，第二、三列分别为受教育年数 X 和工作经历年数 Z 的样本数据序列。这里使用符号 W 而不使用 X 表示模型的系数矩阵只是为了与受教育年数 X 区分开，别无他意。再由表 3-2 可得 $\hat{\sigma}=7\ 481.03$。于是，利用(3.55)式，求得 $E(Y_F|X_F=15,Z_F=10)$ 的置信度为 0.95 的预测区间为：

$$[19\ 334.17-7\ 481.03\times\sqrt{0.029\ 323}\times 2,\ 19\ 334.17+7\ 481.03\times\sqrt{0.029\ 323}\times 2]$$

即

$$[16\ 772.07,21\ 896.27]$$

方法二：利用(3.57)式和 $\hat{SD}(e_F|X_F=15,Z_F=10)=7\ 589.92$，可得

$$\hat{SD}(\hat{Y}_F|X_F=15,Z_F=10)=\sqrt{7\ 589.92^2-7\ 481.03^2}\approx 1\ 281.05$$

进而，利用(3.55)式，求得 $E(Y_F|X_F=15,Z_F=10)$ 的预测区间为[16 772.07, 21 896.27]。

3.5.3 预测区间大小的影响因素分析

1. 影响因素分析

对于给定的置信度 $1-\alpha$，预测区间越小或长度越短，表明能限定待预测值在越小的范围内。我们希望预测区间越小越好。由(3.55)式和(3.56)式可知，$E(Y_F\mid X_F)$ 与 Y_F 的预测区间的长度分别为：

$$\begin{aligned} d_1 &= 2\,\hat{SD}(\hat{Y}_F\mid X_F)t_{\alpha/2}(n-k-1) = 2\hat{\sigma}\sqrt{X_F(X'X)^{-1}X_F'}\,t_{\alpha/2}(n-k-1) \\ &= 2\hat{\sigma}\sqrt{\frac{1}{n}X_F(\frac{1}{n}X'X)^{-1}X_F'}\,t_{\alpha/2}(n-k-1) \end{aligned} \tag{3.58}$$

$$\begin{aligned} d_2 &= 2\,\hat{SD}(e_F\mid X_F)t_{\alpha/2}(n-k-1) = 2\hat{\sigma}\sqrt{1+X_F(X'X)^{-1}X_F'}\,t_{\alpha/2}(n-k-1) \\ &= 2\hat{\sigma}\sqrt{1+\frac{1}{n}X_F(\frac{1}{n}X'X)^{-1}X_F'}\,t_{\alpha/2}(n-k-1) \end{aligned} \tag{3.59}$$

易见，影响 $E(Y_F\mid X_F)$ 和 Y_F 的预测区间大小的因素是相同的，且 $d_2>d_1$，即在同样的置信度下，$E(Y_F\mid X_F)$ 的预测区间小于 Y_F 的预测区间。

从(3.58)式和(3.59)式可见，在给定置信度 $1-\alpha$ 下，影响 $E(Y_F\mid X_F)$ 和 Y_F 的预测区间大小的因素都来自以下四个方面：回归标准差 $\hat{\sigma}$、解释变量 X_F 的取值、样本容量 n、$(\frac{1}{n}X'X)^{-1}$。具体而言，在其他因素不变的条件下，

(1) $\hat{\sigma}$ 越小，它们的预测区间越小。

(2) X_F 越接近于解释变量的样本均值 $\bar{X}=(1,\bar{X}_1,\bar{X}_2,\cdots,\bar{X}_k)$，它们的预测区间越小；当 $X_F=\bar{X}$ 时，它们的预测区间最小。

为了看清楚性质(2)为什么成立，需要将 d_1 和 d_2 中的矩阵表达式展开。可以证明

$$X_F(X'X)^{-1}X'_F=\frac{1}{n}+\sum_{j=1}^{k}\sum_{m=1}^{k}(X_{jF}-\bar{X}_j)(X_{mF}-\bar{X}_m)(X^{(0)\prime}MX^{(0)})_{jm}$$

其中 $\bar{X}_j$ 为 X_j的样本均值，M 为 n 阶对称幂等矩阵，即

$$M=M^2=\begin{pmatrix} 1-\frac{1}{n} & -\frac{1}{n} & \cdots & -\frac{1}{n} \\ -\frac{1}{n} & 1-\frac{1}{n} & \cdots & -\frac{1}{n} \\ \vdots & \vdots & \cdots & \vdots \\ -\frac{1}{n} & -\frac{1}{n} & \cdots & 1-\frac{1}{n} \end{pmatrix}$$

$$X^{(0)}=\begin{pmatrix} X_{11} & X_{21} & \cdots & X_{k1} \\ X_{12} & X_{22} & \cdots & X_{k2} \\ \vdots & \vdots & \cdots & \vdots \\ X_{1n} & X_{2n} & \cdots & X_{kn} \end{pmatrix}$$

$(X^{(0)\prime}MX^{(0)})_{jm}$ 为 $X^{(0)\prime}MX^{(0)}$ 的(j,m)元。因为 $X_F\neq 0$，$(X'X)^{-1}$ 为正定矩阵，$X_F(X'X)^{-1}X_F'>0$，所以上述展开式右端第 2 项是非负的。进而可知，当 $X_F=\bar{X}$ 时，X_F

$(X'X)^{-1}X_F' = \frac{1}{n}$ 达到最小，且在其他影响因素不变的条件下，d_1 和 d_2 也达到最小。

(3)由于样本容量 n 越大，$\frac{1}{n}$ 和 $t_{\alpha/2}(n-k-1)$ 越小，因此它们的预测区间越小。

另外，因为 $P\lim_{n\to\infty}\hat{\sigma} = \sigma$，$\lim_{n\to\infty}\frac{1}{n}(X'X) = Q$，及当 n→∞ 时，$t_{\alpha/2}(n-k-1)$ 收敛于标准正态分布的临界值 $z_{\alpha/2}$，所以

$$P\lim_{n\to\infty}d_1 = P\lim_{n\to\infty}[2\hat{\sigma}\sqrt{\frac{1}{n}X_F(\frac{1}{n}X'X)^{-1}X_F'}t_{\alpha/2}(n-k-1)]$$

$$= 2\sigma\sqrt{0\times X_FQ^{-1}X_F'}\times z_{\alpha/2} = 0$$

$$P\lim_{n\to\infty}d_2 = P\lim_{n\to\infty}[2\hat{\sigma}\sqrt{1+\frac{1}{n}X_F(\frac{1}{n}X'X)^{-1}X_F'}t_{\alpha/2}(n-k-1)] = 2\sigma\times z_{\alpha/2}\neq 0$$

此表明，不限定 $\hat{\sigma}$、$(\frac{1}{n}X'X)^{-1}$ 和 X_F 的取值，只要 n 充分大，就一般而言，$E(Y_F|X_F)$ 的预测区间要多小就能有多小，即可以对 $E(Y_F|X_F)$ 做到精准预测，但无论有多少数据，我们都不可能做到完全准确地预测 Y_F。

(4)它们的预测区间与 $(\frac{1}{n}X'X)^{-1}$ 有关。例如，对于一元回归模型：$Y_i = \beta_0 + \beta_1X_{1i} + u_i$，(3.59)式的展开式为[见第2章§2.6节(2.54)式]：

$$d_2 = 2\hat{\sigma}\sqrt{1+\frac{1}{n}[1+\frac{(X_{1F}-\bar{X}_1)^2}{\frac{1}{n}\sum_{i=1}^{n}x_{1i}^2}]}\cdot t_{\alpha/2}(n-2)$$

可见，影响 $(\frac{1}{n}X'X)^{-1}$ 的因素包括 $\frac{1}{n}\sum_{i=1}^{n}x_{1i}^2$ 和 $\bar{X}_1$，它们也是影响 Y_F 的预测区间大小的因素。具体而言，在其他影响因素不变的条件下，$\frac{1}{n}\sum_{i=1}^{n}x_{1i}^2$ 越大，即 X_1 的取值越分散，Y_F 的预测区间越小；$\bar{X}_1$ 越接近于 X_1 在预测期的取值 X_{1F}，Y_F 的预测区间越小。

上述分析表明，尽管不能利用依据历史数据建立的样本回归函数完全准确地对被解释变量进行预测，但是注意到这些影响预测区间大小的因素，可以提示我们如何使预测进行得更精确。

2. 预测区间大小与均方根误差之间的联系

从(3.58)式可见，对于给定的置信度 $1-\alpha$，Y_F 的预测区间的大小也反映了预测值 $\hat{Y}_F$ 与 Y_F 之间的接近程度，那么它与第2章§2.6节介绍的 $\hat{Y}_F$ 的预测精度的度量指标均方根误差 $RMSE(\hat{Y}_F|X_F)$ 有什么联系呢？

由(3.53)式可得

$$RMSE(\hat{Y}_F|X_F) = SD(e_F|X_F) = \sigma\sqrt{1+X_F(X'X)^{-1}X_F'}$$

该式中含有随机误差项的标准差 σ，它是未知的，因此在事前对预测效果进行评价时，通常用 $\hat{\sigma}$ 替换 σ 得到的 $RMSE(\hat{Y}_F)$ 的一致估计量：

$$R\hat{M}SE(\hat{Y}_F|X_F) = S\hat{D}(e_F|X_F) = \hat{\sigma}\sqrt{1+X_F(X'X)^{-1}X_F'}$$

来度量 $\hat{Y}_F$ 的预测精度。在实践中,人们常将 $R\hat{M}SE(\hat{Y}_F|X_F)$、$\hat{SD}(e_F|X_F)$ 分别简称为 $\hat{Y}_F$ 的均方根误差和预测误差的标准差。在不致引起混淆的情形下,我们也采用这样的简称。

由(3.59)式可知,Y_F 的预测区间的长度 d_2 与 $R\hat{M}SE(\hat{Y}_F|X_F)$ 的关系式为:

$$d_2 = 2t_{\alpha/2}(n-k-1)\ R\hat{M}SE(\hat{Y}_F|X_F)$$

即 d_2 是 $R\hat{M}SE(\hat{Y}_F|X_F)$ 的 $2t_{\alpha/2}(n-k-1)$ 倍。该倍数与样本容量 n 和置信度 $1-\alpha$ 有关,与其他影响 d_2 的因素无关。易知,当只有一个影响因素变化时,d_2 变小当且仅当 $R\hat{M}SE(\hat{Y}_F|X_F)$ 变小。因此,无论用 $R\hat{M}SE(\hat{Y}_F|X_F)$(即 $\hat{SD}(e_F|X_F)$),还是用给定置信度下 Y_F 的预测区间的长度,来度量 $\hat{Y}_F$ 的预测精度,在其他影响因素不变的条件下,分析某一因素变化对其产生的影响,所得结论都是一致的。

当把 $\hat{Y}_F$ 作为 $E(Y_F|X_F)$ 的预测值时,利用(3.58)式,对 $R\hat{M}SE(\hat{Y}_F|X_F)$ 与 $E(Y_F|X_F)$ 的预测区间大小之间的联系进行讨论,也可以得到类似的结论。

§3.6 可线性化的非线性回归模型

前面我们讨论了多元线性回归模型的估计、检验和预测问题,但是在现实经济现象中,被解释变量与解释变量之间的关系往往并不呈现线性关系,而是比较复杂的非线性关系。刻画变量之间非线性关系的回归模型就是所谓的非线性回归模型。例如,在第1章中,我们看到的可以用于刻画菲利普斯曲线的模型

$$Y = \beta_0 + \beta_1 \frac{1}{X} + u$$

以及反映消费支出 C 与收入 I 之间数量依赖关系的二次曲线模型

$$C = \beta_0 + \beta_1 I + \beta_2 I^2 + u$$

都是非线性回归模型。又如,Cobb－Dauglas 生产函数模型

$$Q = AK^{\alpha}L^{\beta} + u \tag{3.60}$$

其中 Q、K、L 分别表示产出量、资本投入量和劳动力数量,也属于非线性回归模型。上述前两个模型经变换可以转化为线性回归模型(见本节后面的讨论),因此可以利用本章前面介绍的线性回归模型的估计方法对其进行估计。像这样的非线性回归模型称为**可线性化的非线性回归模型**(linearizable nonlinear regression model)。而对于模型(3.60),我们无法经过变换将它转变为线性回归模型的表现形式,像这样的模型称为**不可线性化的非线性回归模型**(nonlinearizable nonlinear regression model)。

本节我们以一元或二元回归模型为例,介绍几种常见的可线性化的非线性回归模型及其线性化的处理过程,包括倒数模型、双对数模型、半对数模型、多项式模型、增长曲线模型、交互效应模型等,并假设解释变量均为连续取值的变量(注:在第5章§5.4中将讨论包含离散取值解释变量的模型)。关于不可线性化的非线性回归模型的估计问题放在本章附录3.2中。

3.6.1 几种常见的模型

3.6.1.1 倒数模型

形如

$$Y = \beta_0 + \beta_1(1/X) + u \tag{3.61}$$

$$1/Y = \beta_0 + \beta_1 X + u \tag{3.62}$$

$$1/Y = \beta_0 + \beta_1(1/X) + u \tag{3.63}$$

的回归模型,统称为**倒数模型**(reciprocal model)。在这类模型中被解释变量或解释变量取倒数后变量之间呈线性关系。它们有一个共同的特点,即随着 X 的无限增大,总体回归函数 $\tilde{Y}$ 趋近于一个常数。比如,在模型(3.61)中,随着 X 的无限增大,总体回归函数 $\tilde{Y}=\beta_0+\beta_1(1/X)$ 趋近于截距项 β_0。图 3-2 描绘了总体回归线的基本形状,该曲线以 $Y=\beta_0$ 为渐近线,至于 $\tilde{Y}$ 从上方还是下方趋近 β_0 取决于 β_1 的符号。因此,倒数模型常被用于描述产量与平均固定成本、供给量与价格、失业率与通货膨胀率等变量之间的关系。

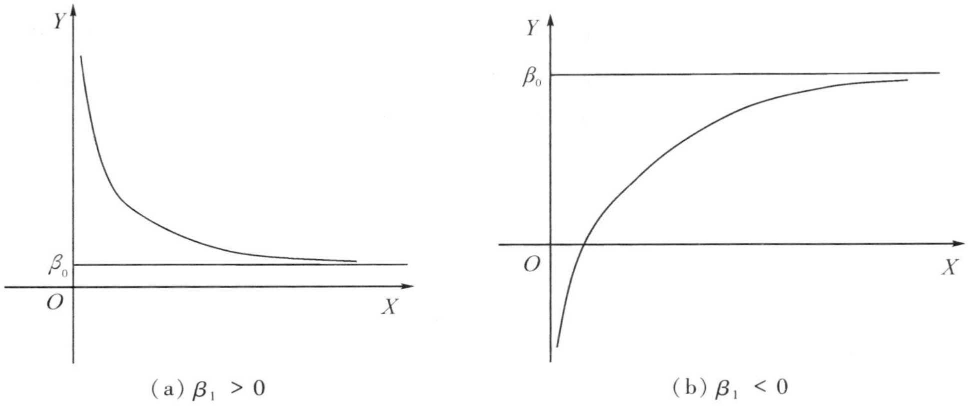

图 3-2 曲线 $\tilde{Y}=\beta_0+\beta_1(1/X)$ 的示意图

做倒数变换 $X^* = 1/X$ 或 $Y^* = 1/Y$, 可以将倒数模型转化为线性回归模型。比如,令 $X^* = 1/X$, 便将模型(3.61)变换为线性回归模型

$$Y = \beta_0 + \beta_1 X^* + u$$

3.6.1.2 双对数模型

形如

$$\ln(Y) = \beta_0 + \beta_1 \ln(X) + u \tag{3.64}$$

的回归模型称为**双对数模型**(double - log model)或**对数线性模型**(log - linear model)。在这种模型中,被解释变量与解释变量都取自然对数后所得变量之间呈线性关系。对模型(3.64)的总体回归函数

$$\ln(\tilde{Y}) = \beta_0 + \beta_1 \ln(X)$$

求导数并整理,可得

$$\frac{d\tilde{Y}}{dX}\frac{X}{\tilde{Y}} = \beta_1$$

此式表明模型(3.64)中的回归系数β_1恰好(近似)为总体回归函数$\tilde{Y}$对X的弹性,它意味着若X增加1%,Y将大约增加β_1%。因此,双对数模型常被用于刻画在任何观测点上,被解释变量对解释变量的偏弹性保持不变的经济现象。

令$Y^* = \ln(Y)$,$X^* = \ln(X)$,便可以将模型(3.64)变换为线性回归模型

$$Y^* = \beta_0 + \beta_1 X^* + u$$

多元双对数模型的一个典型例子来自如下设定的Cobb - Dauglas生产函数模型

$$Q = AK^{\alpha} L^{\beta} e^{u}$$

对上式两端同时求自然对数,便转化为二元双对数模型

$$\ln(Q) = \ln(A) + \alpha\ln(K) + \beta\ln(L) + u \tag{3.65}$$

对模型(3.65)的总体回归函数

$$\ln(\tilde{Q}) = \ln(A) + \alpha\ln(K) + \beta\ln(L)$$

求偏导数并整理,可得

$$\frac{\partial\tilde{Q}}{\partial K}\frac{K}{\tilde{Q}} = \alpha, \ \frac{\partial\tilde{Q}}{\partial L}\frac{L}{\tilde{Q}} = \beta$$

由此可见,模型(3.65)中的回归系数α、β分别刻画了资本K和劳动力L的产出弹性。而且它们之和$\alpha+\beta$反映了生产的规模报酬情况:$\alpha+\beta=1$表明生产是规模报酬不变的;$\alpha+\beta<1$表明生产是规模报酬递减的;$\alpha+\beta>1$表明生产是规模报酬递增的。

3.6.1.3 半对数模型

形如

$$Y = \beta_0 + \beta_1\ln(X) + u \tag{3.66}$$

或

$$\ln(Y) = \beta_0 + \beta_1 X + u \tag{3.67}$$

的回归模型,称为**半对数模型**(semi - log model)。这类模型的特点是被解释变量与解释变量有一方取对数后呈线性关系。对模型(3.66)的总体回归函数

$$\tilde{Y} = \beta_0 + \beta_1\ln(X)$$

求导数并整理,可得

$$\frac{d\tilde{Y}}{dX/X} = \beta_1$$

上式意味着当X增加1%时,Y大约增加$0.01\times\beta_1$个单位。

类似地,由模型(3.67)的总体回归函数

$$\ln(\tilde{Y}) = \beta_0 + \beta_1 X$$

可得

$$\frac{d\tilde{Y}/\tilde{Y}}{dX} = \beta_1$$

上式意味着当X增加一个单位时,Y大约增加$100\times\beta_1$%。

做对数变换$Y^* = \ln(Y)$或$X^* = \ln(X)$,便可以将半对数模型转变为线性回归模型。比如,令$X^* = \ln(X)$,就将模型(3.66)变换为线性回归模型

$$Y = \beta_0 + \beta_1 X^* + u$$

特别地,若时间序列变量Y_t对时间变量t的总体回归函数为

$$\ln(\tilde{Y}_t) = \beta_0 + \beta_1 t$$

则有

$$\frac{d\tilde{Y}_t/\tilde{Y}_t}{dt} = \beta_1$$

此式表明 β_1 近似等于 Y_t 在单位时间内的增长率。因此,该模型经常被用于测定经济变量的增长率,如劳动力增长率、货币供应量增长率、GDP 增长率等。这里,模型中含有时间变量 t,它是一个确定性变量,可以按照本章介绍的方法对其中的参数进行估计,稍后介绍的逻辑斯蒂增长曲线模型也属于这种情形。(关于含有时间变量模型的进一步讨论见本章 §3.8 节)

3.6.1.4 多项式模型

形如

$$Y = \beta_0 + \beta_1 X + \beta_2 X^2 + \cdots + \beta_k X^k + u$$

的回归模型,称为**多项式模型**(polynomial model)。这类模型的总体回归函数是解释变量 X 的一个 k 次多项式函数,经常被用于反映生产活动中成本(总成本、边际成本、平均成本)与产量、税收与税率之间的关系等。例如,描述税收与税率之间数量关系的著名的拉弗曲线(Laffer curve)(如图 3-3 所示)就可以考虑用二次多项式模型

$$Y = \beta_0 + \beta_1 X + \beta_2 X^2 + u \quad (\beta_2 < 0) \tag{3.68}$$

来刻画,其中 Y、X 分别为税收和税率。

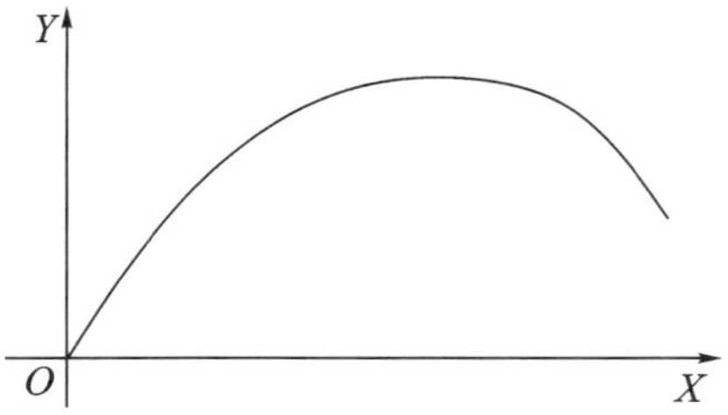

图 3-3 拉弗曲线示意图

令 $X^* = X^2$,便将模型(3.68)转变为线性回归模型

$$Y = \beta_0 + \beta_1 X + \beta_2 X^* + u$$

又如,描述经济增长与收入分配差距之间数量关系的著名的库兹涅茨倒 U 假设,也可以考虑用二次多项式模型来刻画。

3.6.1.5 逻辑斯蒂(Logistic)增长曲线模型

形如

$$Y_t = \frac{K}{1 + e^{\beta_0 + \beta_1 t + u_t}} \quad (K > 0) \tag{3.69}$$

的回归模型,其中 t 为时间变量(注:在实际应用中,可以用其他解释变量替换 t,来研究其与 Y 之间存在的类似数量关系),称为**逻辑斯蒂增长曲线模型**(logistic growth curve model)。该模型的总体回归函数为:

$$\tilde{Y}_t = \frac{K}{1 + e^{\beta_0 + \beta_1 t}}$$

容易得到以下等式:

$$\frac{d\tilde{Y}_t}{dt}=\frac{-K\beta_1 e^{\beta_0+\beta_1 t}}{(1+e^{\beta_0+\beta_1 t})^2}$$

且总体回归曲线有一个拐点 $(-\frac{\beta_0}{\beta_1},\frac{K}{2})$。由此可知,当 $\beta_1<0(\beta_1>0)$ 时,模型(3.69)的总体回归函数 $\tilde{Y}$ 是单调递增的(递减的),在拐点之前 $\tilde{Y}$ 增加(减少)的速度越来越快,在拐点之后 $\tilde{Y}$ 增加(减少)的速度越来越慢,其上限为 $Y=K$, 下限为 $Y=0$, 其图形呈 S 形状(倒 S 形状),如图 3-4 所示。

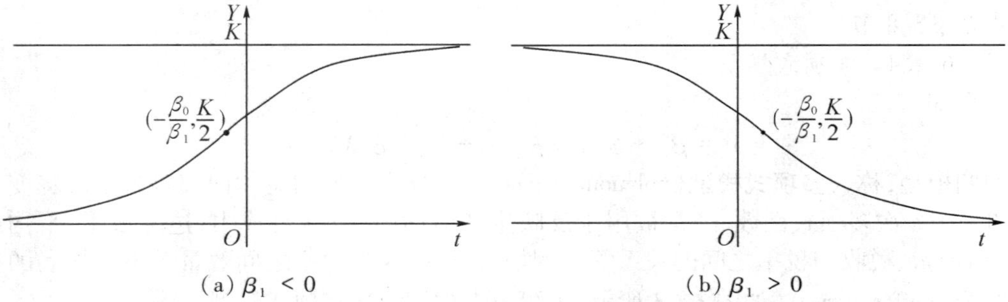

图 3-4　逻辑斯蒂增长曲线示意图

在实际经济活动中,很多经济变量的变化过程,都表现为一种 S 曲线的特征,即先缓慢启动,然后高速增长,最后减速增长并趋于稳定。比如,成功推广的新产品和新技术,像传真机、CD、彩色电视机等耐用消费品、互联网等,它们的销售量随着时间的变化趋势就呈现出如图 3-4(a)所示 S 曲线的特征,因此经常被用逻辑斯蒂增长曲线模型来刻画。

要线性化模型(3.69),首先需要依据经济理论或实践经验设定极限值 K。例如,可以依据人口数和消费水平推测某种消费品的最大需求量;依据光能转换效率推算单位耕地面积农产品产量的极限值。在 K 已知时,令 $Y_t^*=\ln(\frac{K}{Y}-1)$,便将模型(3.69)变换为可以估计的线性回归模型

$$Y_t^*=\beta_0+\beta_1 t+u_t$$

3.6.1.6　交互效应模型

形如

$$Y=\beta_0+\beta_1X_1+\beta_2X_2+\beta_3X_1X_2+u \tag{3.70}$$

的回归模型,称为**交互效应模型**(interaction effects model)。这类模型中含有解释变量的交叉乘积项,能够反映一个解释变量对被解释变量的(偏)边际效应受其他解释变量影响,即解释变量之间存在的交互效应。对模型(3.70)的总体回归函数

$$\tilde{Y}=\beta_0+\beta_1X_1+\beta_2X_2+\beta_3X_1X_2$$

求偏导数,得

$$\frac{\partial\tilde{Y}}{\partial X_1}=\beta_1+\beta_3X_2,\ \frac{\partial\tilde{Y}}{\partial X_2}=\beta_2+\beta_3X_1$$

由此可知,解释变量 X_1、X_2 对被解释变量 Y 的(偏)边际效应可以分别近似地表示为 $\beta_1+\beta_3X_2$ 和 $\beta_2+\beta_3X_1$。若 β_3 不等于 0,则表明 X_1 与 X_2 之间存在交互效应;否则,则反是。因此,可以通过检验 β_3 是否等于 0 来检验交互效应的存在性。

例如,克莱因(L. R. Klein)和摩根(J. N. Morgan)(1951)提出了有关收入和财产在决定消费模式上相互作用的假设。他们认为收入对消费的边际效应依赖于财产的多少——较富有的人可能会有不同的边际消费倾向。这个假设可以用如下交互效应模型来刻画:

$$Y = \beta_0 + \beta_1 X_1 + \beta_2 X_2 + \beta_3 X_1 X_2 + u$$

其中 Y、X_1、X_2 分别为个人的消费支出、收入和拥有的财产。

令 $X^* = X_1 X_2$,便将上述模型转变为线性回归模型

$$Y = \beta_0 + \beta_1 X_1 + \beta_2 X_2 + \beta_3 X^* + u$$

在第 5 章 §5.4 我们将继续讨论交互效应模型的应用。

3.6.2 模型的估计与预测

将非线性回归模型变换为线性回归模型以后,便可以利用前面介绍的方法对模型进行估计、检验和应用。这里以如下模型为例展开讨论:

$$\ln(Y_i) = \beta_0 + \beta_1 X_i + \beta_2 X_i^2 + u_i \quad (i = 1,2,\cdots,n) \tag{3.71}$$

其中 X 为确定性变量,u_i 满足基本假定条件,$Var(u_i) = \sigma^2$。

令 $Y_i^* = \ln(Y_i)$,$X_i^* = X_i^2$,将(3.71)变换为 Y_i^* 对 X_i,X_i^* 的线性回归模型

$$Y_i^* = \beta_0 + \beta_1 X_i + \beta_2 X_i^* + u_i \tag{3.72}$$

1. 模型的估计和检验

当 X_i,X_i^* 无完全多重共线性时,利用 OLS 法估计模型(3.72),可得到参数 $\beta_j (j = 0, 1, 2)$ 的最佳线性无偏估计量 $\hat{\beta}_j$(注:这里"线性"是针对 $Y_1^*, Y_2^*, \cdots, Y_n^*$ 而言的,对于被解释变量 Y 的观测值 $Y_1, Y_2, \cdots, Y_n$,$\hat{\beta}_j$ 不再具有线性性),而且可以利用通常的 t 统计量和 F 统计量对回归系数 β_j 和方程进行显著性检验,此时前者的自由度为 $n-3$,后者的第 1 自由度为 2,第 2 自由度为 $n-3$。

在 EViews 软件下,也可以不用引入中间变量直接估计模型(3.71)并进行各种检验。具体执行过程是:直接在 Equation Estimation 窗口的 Equation specification 对话框中,输入"log(Y)　c　X　X^2",然后点击 OK,便得到该模型 OLS 法估计的输出结果。

2. 模型的预测

在得到模型(3.72)的样本回归函数

$$\hat{Y}_i^* = \hat{\beta}_0 + \hat{\beta}_1 X_i + \hat{\beta}_2 X_i^*$$

后,在已知预测期 X 的取值 X_F 的条件下,便可以得到预测期 $Y^* = \ln(Y)$ 的值 $Y_F^* = \ln(Y_F)$ 的最优线性无偏预测 $\hat{Y}_F^*$:

$$\hat{Y}_F^* = \hat{\beta}_0 + \hat{\beta}_1 X_F + \hat{\beta}_2 X_F^*$$

进而,可以通过解方程

$$\hat{Y}_F^* = \ln(\hat{Y}_F)$$

得到 Y_F 的预测值

$$\hat{Y}_F = e^{\hat{Y}_F^*} = e^{\hat{\beta}_0 + \hat{\beta}_1 X_F + \hat{\beta}_2 X_F^2}$$

但是,$\hat{Y}_F$ 不再是 Y_F 的无偏预测。论证过程如下:

由预测的条件及(3.71)式,得

$$Y_F = e^{u_F} e^{\beta_0 + \beta_1 X_F + \beta_2 X_F^2} = e^{u_F} e^{E(Y_F^* \mid X_F)}$$

因为在给定 X_F 的条件下，u_F、$\hat{Y}_F^* - E(\hat{Y}_F^* \mid X_F)$ 均服从均值为0的正态分布，

$$E(e^{u_F} \mid X_F) = e^{\sigma^2/2}$$

$$E[e^{\hat{Y}_F^* - E(\hat{Y}_F^* \mid X_F)} \mid X_F] = e^{Var(\hat{Y}_F^* \mid X_F)/2} = e^{\sigma^2 W_F (W'W)^{-1} W_F'/2}$$

其中 $W_F = (1, X_F, X_F^2)$，W 为模型(3.72)的解释变量矩阵，所以 $\hat{Y}_F$ 的预测误差 e_F 的均值为：

$$\begin{aligned} E(e_F \mid X_F) &= E[(Y_F - \hat{Y}_F) \mid X_F] \\ &= E(e^{u_F} \mid X_F) e^{E(Y_F^* \mid X_F)} - E(e^{\hat{Y}_F^*} \mid X_F) \\ &= E(e^{u_F} \mid X_F) e^{E(Y_F^* \mid X_F)} - E[e^{\hat{Y}_F^* - E(\hat{Y}_F^* \mid X_F)} \mid X_F] e^{E(\hat{Y}_F^* \mid X_F)} \\ &= e^{\sigma^2/2} e^{E(Y_F^* \mid X_F)} - e^{\sigma^2 W_F (W'W)^{-1} W_F'/2} e^{E(\hat{Y}_F^* \mid X_F)} \\ &= e^{\beta_0 + \beta_1 X_F + \beta_2 X_F^2} [e^{\sigma^2/2} - e^{\sigma^2 W_F (W'W)^{-1} W_F'/2}] \end{aligned}$$

可见，$E(e_F \mid X_F)$ 是解释变量的观测值（含 X_F）的函数，因此 $\hat{Y}_F$ 作为 Y_F 的预测值，不具有无偏性。

上述预测值 $\hat{Y}_F$ 也可以在 EViews 软件下直接得到。此时，需要按照上述不引入中间变量的执行过程，得到回归模型(3.71)的输出结果。与线性回归模型的预测不同之处只在于，在 Forecast 窗口的 Series to Forecast（预测的序列）的选项（Y 和 LOG(Y)）中，要选择“Y”。

§3.7 案例分析[①]

例题 3.2 汉堡连锁店的总收入模型及其利润最大化问题

每周，Bay Area Rapid Food 汉堡连锁店的管理部门都必须决定应该花多少钱来为其产品做广告，以及应采取什么特价活动（降价）。管理部门特别关心的是当广告的支出水平改变时，总收入会变动多少，即广告支出的增加是否会导致总收入的增加。如果是的话，总收入的增加是否足以证明广告支出的增加是合理的？总利润会增加吗？管理部门也很关心产品的定价策略。产品降价将会导致总收入增加还是减少？若价格的下降只导致销售量小幅上升，则总收入将会减少（需求对价格缺乏弹性）；若价格的下降导致销售量大幅上升，则总收入将会增加（需求对价格富有弹性）。这些经济信息对有效的管理来说是很基本的要素。为此，我们通过建立回归模型来研究该汉堡连锁店的产品价格（p）和广告支出（a）对其总收入（tr）的影响，以及利润最大化问题。

一家汉堡店出售许多产品，如汉堡、薯条、奶昔等，每种产品都有自己的价格，因此需要使用所有产品的某种平均价格作为衡量该店产品的价格水平。表 3－4 列出了某个汉堡连锁店一些具有代表性的总收入 tr、价格 p 和广告支出 a 的观测值。

① 本案例选自 R. 卡特·希尔，等. 初级计量经济学[M]. 于阳，等译. 2 版. 大连：东北财经大学出版社，2007：115－117，138－141. 本书作者对原书中的分析过程做了改动。

表 3-4　汉堡连锁店的总收入、价格及广告支出的周观测值

周次	总收入 tr /千美元	价格 p /美元	广告支出 a /千美元	周次	总收入 tr /千美元	价格 p /美元	广告支出 a /千美元
1	123.1	1.92	12.4	40	153.2	2.13	19.6
2	124.3	2.15	9.9	41	120.1	2.05	6.3
3	89.3	1.67	2.4	42	119.3	1.89	9
4	141.3	1.68	13.8	43	150.6	2.12	18.7
5	112.8	1.75	3.5	44	92.2	1.87	2.2
6	108.1	1.55	1.8	45	130.5	2.09	16
7	143.9	1.54	17.8	46	112.5	1.76	4.5
8	124.2	2.1	9.8	47	111.8	1.77	4.3
9	110.1	2.44	8.3	48	120.1	1.94	9.3
10	111.7	2.47	9.8	49	107.4	2.37	8.3
11	123.8	1.86	12.6	50	128.6	2.1	15.4
12	123.5	1.93	11.5	51	124.6	2.29	9.2
13	110.2	2.47	7.4	52	127.2	2.36	10.2
14	100.9	2.11	6.1	53	129.9	2.87	16
15	123.3	2.1	9.5	54	101.5	2.05	4
16	115.7	1.73	8.8	55	136.3	2.55	19.6
17	116.6	1.86	4.9	56	97.6	3.49	10.2
18	153.5	2.19	18.8	57	118.9	3.45	17.5
19	149.2	1.9	18.9	58	130.5	3.45	18.3
20	89	1.67	2.3	59	128.5	2.58	18.2
21	132.6	2.43	14.1	60	138.3	2.87	22.1
22	97.5	2.13	2.9	61	103.6	1.76	4.1
23	106.1	2.33	5.9	62	151.8	2.97	24.9
24	115.3	1.75	7.6	63	128.5	2.77	14.7
25	98.5	2.05	5.3	64	128.5	2.64	18.6
26	135.1	2.35	16.8	65	143.7	1.5	20.9
27	124.2	2.12	8.8	66	108.6	1.61	4.8
28	98.4	2.13	3.2	67	158.8	2.66	27.7
29	114.8	1.89	5.4	68	147.2	1.74	20.6
30	142.5	1.5	17.3	69	146.3	3.21	25.4
31	122.6	1.93	11.2	70	121.2	1.5	10.2
32	127.7	2.27	11.2	71	107	1.78	4.9
33	113	1.66	7.9	72	121.2	2.43	12.1
34	144.2	1.73	17	73	125.4	2.04	12.3
35	109.2	1.59	3.3	74	141.9	2.99	19.7
36	106.8	2.29	7.1	75	120	2.83	14.3
37	145	1.86	15.3	76	101.9	2.47	4.8
38	124	1.91	12.7	77	130.4	2.04	11.6
39	106.7	2.34	6.1	78	139.9	1.87	19.8

1. 理论回归模型的设定

多元总体回归模型的设定主要是依据经济理论或参考前人积累的经验模型，也可以通过观察被解释变量对每个解释变量的散点图得到函数形式设定的启示。依据表 3-4 中的样本数据，作 tr 对 p、tr 对 a 的散点图，如图 3-5 所示。

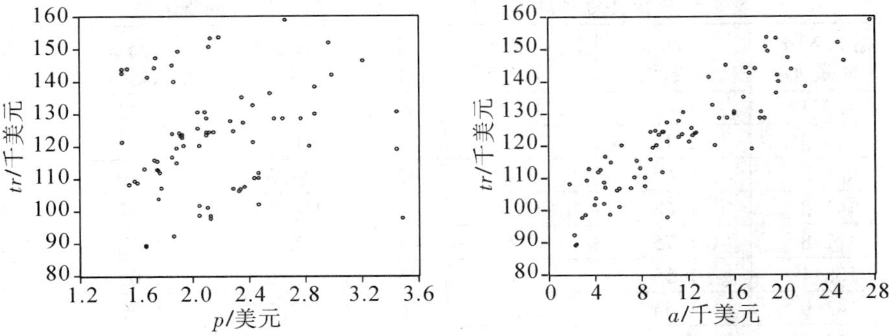

图 3-5　tr 对 p、tr 对 a 的散点图

从图 3-5 可以看出，tr 与 a 具有较明显的线性关系，而 tr 与 p 似乎不呈现任何关系。但是，由于 tr 的样本数据是由 a 和 p 共同影响的结果，因此在理论模型中并不能排除解释变量 p。基于此，可以将 tr 对 p、a 的回归模型设定为：

$$tr_i = \beta_0 + \beta_1 p_i + \beta_2 a_i + u_i \tag{3.73}$$

我们预期在价格不变的前提下广告支出的增加不会减少收入，即 $\beta_2 \geqslant 0$。

模型(3.73)的回归系数均为常数，这意味着，在价格不变的条件下，无论现有的广告支出水平如何，增加广告支出将持续地以相同的比例增加收入。然而，当广告支出增加到一定水平时，我们预期随着广告支出的增加，总收入的边际增量，即增加单位广告支出带来的总收入的增加额，将开始递减，即广告支出存在边际报酬递减现象。为刻画这一经济现象，可以在模型(3.73)中添加 a_i^2 项，建立如下回归模型：

$$tr_i = \beta_0 + \beta_1 p_i + \beta_2 a_i + \beta_3 a_i^2 + u_i \tag{3.74}$$

为了考察 a_i 的边际报酬，将 $E(tr_i)$ 对 a_i 求偏导数，得

$$\frac{\partial E(tr_i)}{\partial a_i} = \beta_2 + 2a_i\beta_3 \tag{3.75}$$

由此可知，当 $\beta_3 < 0$ 时，广告支出 a_i 的(偏)边际报酬 $\frac{\partial E(tr_i)}{\partial a_i}$ 随着 a_i 的增加而递减，且由于当 $a_i = 0$ 时，广告支出的(偏)边际报酬是非负的，因此应该有 $\beta_2 \geqslant 0$。

显然，模型(3.73)是模型(3.74)在 $\beta_3 = 0$ 时的特殊情形。于是，可以先设定较一般的模型(3.74)，然后通过检验 $\beta_3 = 0$ 是否成立来判断哪一个模型更合适(关于模型选择问题的深入探讨，见第 5 章)。

2. 模型的估计及检验

利用 OLS 法估计模型(3.74)，得到如下回归结果：

$$\hat{tr}_i = 110.464\,1 - 10.198p_i + 3.361a_i - 0.026\,7a_i^2 \tag{3.76}$$

t 值	29.524	−6.446	7.969	−1.684
P 值	0.000 0	0.000 0	0.000 0	0.096 4

$$R^2 = 0.878\,5, \bar{R}^2 = 0.873\,6, F = 178.43\ (P\text{ 值} = 0.000\,0)$$

由此可见，广告支出 a_i 的系数为正、a_i^2 的系数为负，此表明广告支出存在边际报酬递减现象，这与我们的预期是一致的。F 统计量的 P 值 $=0.000\,0$，表明回归方程显著成立。价格 p 显著性 t 检验的 P 值 $=0.000\,0$，表明价格 p 对总收入 tr 的影响是显著的。$R^2 = 0.878\,5$，$\bar{R}^2 = 0.873\,6$，表明模型具有较高的拟合优度。

下面分别对 $\beta_2 > 0$ 和 $\beta_3 < 0$ 进行单侧 t 检验。从上述回归结果可知，β_2、β_3 的估计值

分别为$\hat{\beta}_2=3.361>0$、$\hat{\beta}_3=-0.0267<0$，相应的t统计量的P值分别为0.000 0、0.096 4，所以利用双侧t检验与单侧t检验P值之间的关系，可得备择假设为$H_1:\beta_2>0$和$H_1:\beta_3<0$的单侧t检验的P值分别为0.000 0和0.048 2，它们均小于0.05。因此，在0.05的显著性水平下，可以认为$\beta_2>0$和$\beta_3<0$均显著成立，此表明广告支出a_i存在边际报酬递减现象。

利用OLS法估计模型(3.73)，得到回归结果：

$$\hat{tr}_i = 113.835 - 10.256p_i + 2.679a_i \tag{3.77}$$

$$\begin{array}{lccc} t\text{值} & 35.579 & -6.407 & 22.529 \\ P\text{值} & 0.0000 & 0.0000 & 0.0000 \end{array}$$

$$R^2 = 0.8738, \bar{R}^2 = 0.8705, F = 259.86\ (P\text{值}=0.0000)$$

比较(3.76)式与(3.77)式可以发现，两式中价格系数的估计值非常接近，(3.76)式中的$\bar{R}^2=0.8736$略高于(3.77)式的$\bar{R}^2=0.8705$。这进一步表明我们将模型设定为(3.74)式是合适的。

3. 模型分析及结论

综合以上对模型(3.74)的估计和检验结果，可以认为价格p_i和广告支出a_i对总收入的影响是显著的，而且在广告支出保持不变的条件下，价格每增加1美元，平均总收入$E(tr_i)$约下降10 198美元；在价格不变的条件下，随着广告支出的增加，平均总收入的边际增加额是递减的。这里存在两个问题：一是为得到更高的收入应采取何种降价策略？是否可以持续降价？二是汉堡连锁店的经营目标是利润最大化，那么广告支出增加到什么水平，能使该店的利润达到最大？显然，回答这些问题能为管理者提供更有价值的信息。

很明显，当价格$p_i=0$时，总收入$tr_i=0$，因此持续降价是不可行的。这是否与我们得到的降价能提高收入的结论相矛盾呢？需要注意的是，前面回归分析的结果是依据表3-4中的样本数据得到的，它们体现了在样本范围内总收入tr_i与价格p_i、广告支出a_i之间的数量关系。对于远离样本范围的tr_i、p_i和a_i，它们之间的关系与样本范围体现出的数量关系可能相差很远。因此，利用上述回归分析的结果去推断极端情形下价格p_i和广告支出a_i对应的总收入tr_i是不可行的。但降价能提高收入的结论告诉我们，在适当的范围内（样本范围及其附近）采取一些降价策略（特价活动）能够增加总收入。

下面讨论在价格不变的前提下，该汉堡连锁店的利润最大化问题。经济理论表明，要使利润最大化，需要边际报酬等于边际成本。对于Bay Area Rapid Food汉堡连锁店，广告支出的边际报酬是增加一个单位的广告支出得到的总收入的增加额，由(3.75)式可知，它约等于

$$\frac{\partial E(tr_i)}{\partial a_i} = \beta_2 + 2a_i\beta_3$$

其边际成本为增加一个单位广告支出的广告的成本（1个单位）加上由于有效的广告而多售出产品的准备成本。如果我们忽略后者，则利润最大化的条件是：

$$\beta_2 + 2a_i\beta_3 = 1$$

于是，将回归系数β_2、β_3的OLS估计值代入上式，得

$$3.361 + 2\times(-0.0267)\hat{a}_i = 1$$

解之，得

$$\hat{a}_i = 44.2135$$

由此可知，对于一定的价格水平，“最优周广告支出水平”约为44 214美元。管理部门据此调整广告支出的力度，以实现利润的最大化。

若考虑有效的广告而多售出产品的准备成本，你推测最优周广告支出水平会如何变化？

§3.8 结束语

本章介绍了多元线性回归模型的基本概念、基本假定和建模方法，在许多方面，它们都是一元情形的直接扩展，只不过为了多元建模的需要，引入了一些新的概念、假定和检验方法，如偏回归系数、无完全多重共线性假定、调整的可决系数以及方程的显著性检验等。本章还细致分析了回归系数的估计精度和被解释变量的预测精度的影响因素。另外，还介绍了几种常用的可线性化的非线性回归模型。其知识结构如图 3－6 所示。

- 多元线性回归模型
  - 基本概念及 OLS 法
    - 基本术语：总体(样本)回归模型、总体(样本)回归函数、残差
    - OLS 法：最小二乘准则、正规方程组、参数估计量的矩阵表达式
    - 样本回归函数和残差的代数性质
    - 偏回归系数与偏相关系数的关系
  - 基本假定与参数 OLSE 的统计性质
    - 为什么要设定基本假定条件
    - 基本假定条件
      - 对解释变量的假设：确定性、解释变量矩阵的满秩性、$\lim\limits_{n\to\infty}\frac{1}{n}(X'X)=Q$，$Q$ 为有限正定矩阵
      - 对随机误差项的假设：零均值、同方差、无自相关和正态性
    - 回归系数 OLSE 的统计性质
      - 小样本性质：线性性、无偏性、有效性
      - 大样本性质：一致性
    - 误差项方差的 OLSE
      - 计算公式
      - 性质：一致性、无偏性
      - 回归标准差
  - 拟合优度的度量
    - 可决系数 R^2
      - 总离差平方和分解式
      - 定义
      - 解释及其适用范围
    - R^2 与复相关系数 $r_{Y;X_1,X_2,\cdots,X_k}$ 的联系：$R^2=r^2_{Y;X_1,X_2,\cdots,X_k}$
    - 调整的可决系数 $\bar{R}^2$
      - 引入的原因
      - 计算公式
      - 与 R^2、F 统计量的关系
  - 回归系数的假设检验与区间估计
    - 回归系数 OLSE 的概率分布
    - 双(单)侧 t 检验：利用临界值检验、利用 P 值检验
    - 方程的 F 检验：统计量的计算公式、概率分布、与 t 检验的关系
    - 区间估计
      - 置信区间
      - β_j 的置信区间大小的影响因素：置信度、回归标准差、样本容量、$(\frac{1}{n}X'X)^{-1}_{j+1,j+1}$
  - 模型的应用：预测
    - 预测的条件：解释变量在预测期的取值 X_F 已知、在预测期和样本期被解释变量与解释变量的函数式不变、模型均满足基本假定条件
    - 预测的类型
      - 点预测：均值的预测和个别值的预测
      - 区间预测：均值的预测和个别值的预测
    - 预测精度的影响因素：回归标准差 $\hat{\sigma}$、样本容量、解释变量在预测期的取值 X_F、$(\frac{1}{n}X'X)^{-1}$
  - 可线性化的非线性回归模型
    - 模型类型：倒数模型、双对数模型、半对数模型、多项式模型、逻辑斯蒂增长曲线模型、交互效应模型
    - 知识点
      - 模型的表达式及线性化
      - 参数的经济意义
      - 应用领域
      - 估计与预测

图 3－6 第 3 章知识结构图

在第2章结束语中所提到的需要注意的地方，也适合于本章的学习。此外，关于多元线性回归模型的学习，还应注意以下几点：

（1）关于经典线性回归模型的结论，如果没有特别说明，应该就多元线性回归模型的情形进行表述。

（2）关于调整的可决系数 $\bar{R}^2$。$\bar{R}^2$ 是在考虑到应用可决系数 R^2 选择模型存在一定缺陷（只度量了模型的拟合优度，未考虑参数估计的精度）的背景下，建立起来的一种既考虑模型的拟合优度，又顾及参数估计精度的评价模型的指标。它与第5章§5.3介绍的AIC和SIC等信息准则一样，都属于综合评价模型优劣的准则，并非模型设定检验的统计量。在以 $\bar{R}^2$ 最大化为准则选择模型时，与 R^2 一样，也存在将对被解释变量影响不显著的变量纳入模型的问题，只是问题的严重性得到一定程度的控制。可以证明，只有当新添加的解释变量显著性 t 检验统计量值的绝对值大于1时，$\bar{R}^2$ 才会增加。在实证分析中，对于通常的显著性水平 $\alpha=0.05$，双侧 t 检验的临界值 $t_{\alpha/2}$ 一般在2附近，因此当新添加变量显著性检验的 t 值满足 $1 < |t| < t_{\alpha/2}$ 时，它是不显著的，但 $\bar{R}^2$ 会增加。

（3）关于变量显著性 t 检验和方程显著性 F 检验。在建立线性回归模型时，经常要对变量进行显著性 t 检验，又要对方程进行显著性 F 检验。对于一元线性回归模型，两者是等价的。但对于多元线性回归模型，变量的显著性 t 检验与方程的显著性 F 检验不能相互替代。原因如下：①从待检验的假设来看，前者是对某一个斜率系数是否等于0的检验，原假设为一个等式；后者是对所有斜率系数是否同时为0的联合检验，原假设是多个等式。②从统计量的构造来看，前者是基于参数的估计量与其真值的接近程度来构造统计量，后者是基于回归平方和与残差平方和的比值来构造统计量，即基于约束模型和无约束模型与样本数据的拟合程度的差异来构造统计量（见第5章§5.2）。③从检验结果来看，当方程通过显著性检验时，单个变量未必通过显著性检验；当变量均通过显著性检验时，方程也未必通过显著性检验（靳庭良、张宝青，2009）。

（4）关于含有时间变量的回归模型。许多经济时间序列随着时间推移都呈现上升或下降的变化趋势，在利用回归模型对它们进行预测，或研究它们之间的数量关系时，我们有时需要在模型中添加时间变量做解释变量。这里的时间变量也称为**趋势变量**（trend variable），是表征观测期内各观测点时间顺序的变量，常记为 t。对于具有一定观测频率的时间序列样本，时间变量常取值为：$1,2,\cdots,n$，有时也取值为：$\cdots,-2,-1,0,1,2,\cdots$。例如，若变量 Y 随着时间推移呈现确定的线性上升或下降的趋势，则可以建立模型

$$Y_t = \beta_0 + \beta_1 t + u_t$$

来刻画这种趋势。在§3.7节，测定变量增长率的半对数模型、逻辑斯蒂增长曲线模型都是以时间变量 t 为解释变量，来刻画被解释变量随着时间变化的趋势的模型。又如，在研究住房价格（X）对人均住房投资（Y）的影响时，考虑到 X 与 Y 随着时间的推移都呈现上升的趋势，建立模型如下

$$\ln(Y_t) = \beta_0 + \beta_1 \ln(X_t) + \beta_2 t + u_t$$

这里，若不加入时间变量 t，则随机误差项随着 t 的变化呈现确定的线性变化趋势，模型不满足基本假定条件。在该模型中，t 可以看作除住房价格之外，其他影响人均住房投资的因素的代表，但不能将时间的推移解释为人均住房投资变化的原因。

在建立含有时间变量的线性回归模型时，只要它满足基本假定的前6条，我们就可以按照本章介绍的建模方法进行回归分析。

(5)关于不含截距项的线性回归模型,这类模型是一般线性回归模型在截距项为0时的特殊情形。在第3章,我们介绍的是含有截距项线性回归模型的建模理论和方法。如果理论表明变量之间的关系适合于用不含截距项的模型来刻画,如依据成本分析理论,生产的可变成本正比于产出,或者,在模型的估计过程中涉及到这类模型的估计和检验,如利用加权最小二乘法估计存在异方差性的模型,加权模型可能不含截距项(见:第4章§4.2节),那么前面介绍的建模理论和方法还适用吗?

在含有截距项的k元线性回归模型中,截距项可以看作每次观测值都取1的"变量"X_0的系数,从高斯-马尔科夫定理和参数估计量一致性的证明过程,以及单个回归系数等于常数检验的t统计量和回归系数的一组线性约束检验的F统计量(见:第5章§5.2节)概率分布的推导过程可见,其中X_0与解释变量的地位是平等的。此表明去掉截距项或X_0,这些定理和检验仍是成立或有效的。此时,残差平方和$\sum_{i=1}^{n} e_i^2$的自由度为$n-k$;回归标准差的估计量为$\hat{\sigma}=\sqrt{\dfrac{\sum_{i=1}^{n} e_i^2}{n-k}}$;$t$统计量服从$t(n-k)$分布;检验回归系数的$q(q \leqslant k)$个独立线性等式约束是否同时正确的$F$统计量服从$F(q,n-k)$分布,特别地,方程显著性检验$F$统计量为:

$$F=\frac{\sum_{i=1}^{n} \hat{Y}_i^2/k}{\sum_{i=1}^{n} e_i^2/(n-k)} \sim F(k,n-k)$$

其中$\hat{Y}_i$为被解释变量Y_i的拟合值。

但是,对于不含截距项的模型,正规方程组不包含方程:$\sum_{i=1}^{n} e_i=0$,解之得到的参数估计量未必满足该方程,因此第3章§3.1节给出的关于样本回归函数和残差的前4条代数性质未必成立。而且,当$\sum_{i=1}^{n} e_i \neq 0$,$\sum_{i=1}^{n} Y_i \neq 0$时,$\sum_{i=1}^{n} (\hat{Y}_i-\bar{Y})e_i \neq 0$,$Y$的总离差平方和分解式不成立,对$R^2$含义的解释也不成立,并且$R^2$未必位于0与1之间。

练习题三

一、选择题

1. 对于总体回归模型$\ln(Y_i)=\beta_0+\beta_1 X_i^2+\beta_2\ln(Z_i)+u_i$,样本回归函数可表示为(　　)。

A. $\ln(Y_i)=\beta_0+\beta_1 X_i^2+\beta_2\ln(Z_i)$　　B. $\ln(\hat{Y}_i)=\hat{\beta}_0+\hat{\beta}_1 X_i^2+\hat{\beta}_2\ln(Z_i)$

C. $\ln(Y_i)=\hat{\beta}_0+\hat{\beta}_1 X_i^2+\hat{\beta}_2\ln(Z_i)$　　D. $E[\ln(Y_i)]=\beta_0+\beta_1 X_i^2+\beta_2\ln(Z_i)$

2. 对于线性回归模型,下列关于R^2与$\bar{R}^2$的叙述,不正确的是(　　)。

A. $\bar{R}^2$可能小于0

B. 依据$\bar{R}^2$最大准则所选模型中的解释变量对被解释变量都有显著影响

C. 自变量个数越多,两者相差越大

D. 判断多元线性回归模型优劣时,使用后者

3. 下列模型中,哪一个常被用于刻画库兹涅茨“倒 U”假设中经济增长与收入分配差距之间的数量关系。(　　)

A. $1/Y = \beta_0 + \beta_1(1/X) + u$　　B. $\ln(Y) = \beta_0 + \beta_1\ln(X) + u$

C. $Y = \beta_0 + \beta_1 X + \beta_2 X^2 + u$　　D. $Y_t = \dfrac{K}{1 + e^{\beta_0 + \beta_1 t + u_t}}$

二、判断正误题(要求:说明理由)

1. 在实证分析中,依据随机抽样得到的样本数据所作被解释变量对每一个解释变量的散点图,便可以合理设定多元回归模型的数学表达式。

2. 利用 OLS 法估计多元线性回归模型,残差与每个解释变量都样本不相关。

3. 在回归模型

$$Y_i = \beta_0 + \beta_1 X_{1i} + \beta_2 X_{2i} + \beta_3 X_{3i} + u_i$$

中,若 Y 与 X_1 样本不相关,则 X_1 的系数 β_1 的 OLS 估计量 $\hat{\beta}_1 = 0$;若 Y 与 X_1、X_2、X_3 都样本不相关,则所有斜率系数的 OLS 估计量都等于 0。

4. 利用 OLS 法估计模型,得到样本回归函数:$\hat{Y}_i = 9.5 + 0.56X_{1i} - 88X_{2i}$。由 X_{1i} 和 X_{2i} 的系数可知,Y 与 X_1 样本正相关,Y 与 X_2 样本负相关。

5. 由样本回归模型 $Y_i = -0.88 - 0.9X_i - 5.6Z_i + e_i$ 可知,X 的系数的绝对值小于 Z 的系数的绝对值,因此 X 对 Y 的影响程度小于 Z 对 Y 的影响程度。

6. 经典假定条件中的“解释变量无完全多重共线性”,保证了模型是可以识别的且回归系数的 OLS 估计量存在且唯一。

7. 回归标准差 $\hat{\sigma}$ 就是回归模型得到的残差的样本标准差,与解释变量的个数无关。

8. 利用 OLS 法估计含有截距项的线性回归模型,被解释变量与解释变量的线性相关程度越高,R^2 越大;反之亦然。

9. 利用 OLS 法估计含有截距项的线性回归模型,$R^2 \geq \bar{R}^2 \geq 0$,只有当 $R^2 = 1$ 时,才有 $\bar{R}^2 = R^2$,而且当增加解释变量个数时,$\bar{R}^2$、R^2 都会增加,只是前者增加速度比较慢。

10. R^2 越大,方程显著性检验的 F 统计量值也越大,而且当 $R^2 = 0$ 时,F 值 =0,当 $R^2 \to 1$ 时,F 值 $\to \infty$。

11. 利用 OLS 法估计模型:$Y_i = \beta_0 + \beta_1 X_{1i} + \beta_2 X_{2i} + u_i$,得到调整的可决系数 $\bar{R}^2 = 0.95$,此表明在被解释变量的样本总变异中有 95% 能够由解释变量的变异解释。

12. 只有当新添加的解释变量能通过显著性 t 检验时,$\bar{R}^2$ 才会增加。

13. 模型的回归系数通过了显著性检验意味着它显著不等于 1,模型通过了方程显著性检验意味着它的所有回归系数都显著不为 1。

14. 对于多元经典线性回归模型,所有单个解释变量都通过了显著性 t 检验当且仅当方程或解释变量整体通过了显著性 F 检验。

15. 利用 OLS 法回归经典线性回归模型,得到样本回归函数

$$\hat{Y}_i = 7.03 - 0.005X_{1i} + 13X_{2i}$$
$$(0.1)\quad(0.03)\quad(0.1)$$

其中括号中数字为回归系数显著性 t 检验的 P 值。对于给定的显著性水平 0.05,利用 t 统计量的检验结果应该是,X_1 对 Y 没有显著影响,X_2 对 Y 有显著影响。

16. “在一般情形下,样本数据越多,参数估计结果越精确”,其成立的前提条件之一是参数的估计量具有一致性。

17. 当 m 很大时(如 $m>120$),基于自由度为 m 的 t 分布 $t(m)$ 的假设检验的临界值可以用标准正态分布的临界值近似代替。

18. 利用 OLS 法估计经典线性回归模型,对于给定的置信度,参数的置信区间与其估计量的方差同时变小,或同时变大。

19. 利用 $\hat{Y}_F$ 预测 $E(Y_F|X_F)$ 的精度,比用它预测 Y_F 的精度高。

20. 在样本回归模型 $\ln(Y_i)=56-1.68\ln(X_i)-X_i^2+e_i$ 中,$\ln(X_i)$ 的系数可以解释为:当 X 增加 1% 时,Y 大约下降 1.68%。

21. 不能用模型

$$\ln(Y)=\beta_0+\beta_1\ln(X)+\beta_2[\ln(X)]^2+u$$

来刻画生产活动中成本(Y)与产量(X)之间的数量关系。

22. Y 对 X 的回归模型

$$\ln(Y)+5[\ln(Y)]^2=\frac{K}{1+e^{\beta_0+\beta_1[\ln(X)]^2+u}}$$

是不可线性化的回归模型,其中 K 为已知常数,β_0、β_1 为未知参数,u 为随机误差项。

23. 依据容量为 100 的样本,利用 OLS 法估计模型

$$Y_i=\beta_0+\beta_1X_{1i}+\beta_2X_{1i}^2+\beta_3\ln(X_{2i})+u_i$$

其中 u_i 满足经典假定条件,检验如下观点:在 X_1 不变的条件下,X_2 增加 10%,Y 增加 10 个单位,原假设和备择假设分别设定为:$H_0:\beta_3=100$, $H_1:\beta_3\neq100$,t 统计量及其概率分布为:$t=(\hat{\beta}_3-100)/\hat{SD}(\hat{\beta}_3)\sim t(97)$。

24. 依据容量为 100 的样本,利用 OLS 法估计模型

$$Y_i=\beta_0+\beta_1X_{1i}+\beta_2X_{1i}^2+\beta_3X_{2i}+u_i$$

u_i 满足经典假定条件,检验方程显著性的原假设和备择假设分别设定为:$H_0:\beta_1=\beta_2=\beta_3=0$, $H_1:\beta_1$、β_2、β_3 不全为 0,F 统计量及其概率分布为:$F=(\sum_{i=1}^{n}\hat{y}_i^2/2)/[\sum_{i=1}^{n}e_i^2/(100-2-1)]\sim F(2,97)$。检验 X_1 对 Y 影响显著性的原假设和备择假设分别设定为:$H_0:\beta_1=0$, $H_1:\beta_1\neq0$。

25. 依据模型

$$\ln(Y_i)=\beta_0+\beta_1X_{1i}+\beta_2\ln(X_{2i})+u_i$$

检验如下观点:在 X_2 不变的条件下,X_1 增加一个单位,Y 增长幅度超过 5%,原假设和备择假设分别设定为:$H_0:\beta_1=5$, $H_1:\beta_1\neq5$。检验 Y 对 X_2 的偏弹性是否为 0.8,原假设和备择假设分别设定为:$H_0:\beta_2=0.8$, $H_1:\beta_1\neq0.8$。

26. 设企业的生产函数模型为

$$\ln(Q)=\ln(A)+\alpha\ln(K)+\beta\ln(L)+u$$

其中 Q、K、L 分别为产量、资本和劳动力数量,利用 Q 对 K、L 的偏弹性来研究 Q 对于 K、L 变化的敏感程度有无差异,原假设和备择假设分别设定为:$H_0:\alpha=\beta$, $H_1:\alpha\neq\beta$。

27. 若变量 Y 受 X_1, X_2 的影响,且 Y 对 X_1 的偏弹性受 X_2 的影响,Y 对 X_2 的偏弹性也受 X_1 的影响,则建立如下模型来刻画 Y 与其影响因素的数量关系是不合适的:

$$\ln(Y)=\beta_0+\beta_1\ln(X_1)+\beta_2\ln(X_2)+\beta_3\ln(X_1)\ln(X_2)+u$$

28. 设 Y 对 X_1, X_2 的总体回归函数为

$$E(Y)=\beta_0+\beta_1X_1+\beta_2X_2+\beta_3X_1X_2$$

则 β_3 为当 X_1,X_2同时增加一个单位时,Y 平均增加的数量超过它们对 $E(Y)$ 的两个偏边际效应之和的部分。

29. 在含有时间变量的模型中,时间变量是被解释变量变化的原因,可以直接对它们进行结构分析。

30. OLS 法、ML 法、NLS 法是基于三种不同准则建立起来的参数估计方法。

三、简答题

1. 在研究解释变量 X_1与 X_2对被解释变量 Y 的边际影响程度时,用下面两个一元线性回归模型:

$$Y_i = \alpha_0 + \alpha_1 X_{1i} + v_i$$
$$Y_i = \gamma_0 + \gamma_2 X_{2i} + w_i$$

替代二元线性回归模型:

$$Y_i = \beta_0 + \beta_1 X_{1i} + \beta_2 X_{2i} + u_i$$

你认为这样做合适吗?为什么?

2. 在多元线性回归模型中,偏回归系数、被解释变量与解释变量之间的偏相关系数、简单相关系数,三者在概念上有何联系和区别?

3. 对于给定的样本数据(Y_i,X_{1i},X_{2i})($i = 1,2,\cdots,n$),写出计算 Y 与 X_1 的样本偏相关系数的步骤。

4. 计量经济模型具有“经济政策实验室”的作用依据的基本原理是什么?举例说明。

5. 在解释变量为确定性变量的情形下,线性回归模型的经典假定条件包括哪些内容?

6. 在对模型中变量进行筛选时,为什么常用 $\bar{R}^2$,而不用 R^2?

7. 如何理解解释变量之间的交互效应?举例说明。

8. 试分析哪些因素影响多元经典线性回归模型中回归系数置信区间的大小。

9. 试分析哪些因素影响多元经典线性回归模型中被解释变量的预测精度。

10. 将非线性回归模型线性化,并利用 OLS 法回归,所得参数的估计量具有线性性、无偏性和最小方差性。如何理解这里的最小方差性?举例说明。

11. 经分析已知变量 Y 受 X_1、X_2、X_3、X_4的影响,Y 对 X_1 的偏弹性是常数,X_2对 Y 的偏边际效应也是常数,且 X_3与 X_4之间存在交互效应,试建立合适的模型来刻画 Y 与其影响因素之间的数量关系。

四、综合应用题

1. 利用 OLS 法估计下列模型

模型一:$Y_i = \beta_0 + \beta_1 X_{1i} + \beta_2 X_{2i} + u_{1i}$

模型二:$X_{1i} = \alpha_0 + \alpha_1 X_{2i} + u_{2i}$

模型三:$Y_i = \eta_0 + \eta_1 X_{2i} + u_{3i}$

模型四:$Y_i = \gamma_0 + \gamma_1 e_{2i} + \gamma_2 X_{2i} + u_{4i}$

模型五:$e_{3i} = \mu_0 + \mu_1 e_{2i} + u_{5i}$

这里 e_{2i}、e_{3i} 分别为由模型二、三得到的残差。

(1)证明参数β_1、γ_1、μ_1 的 OLS 估计量均相等,即$\hat{\beta}_1 = \hat{\gamma}_1 = \hat{\mu}_1$,并从直观上解释该结论。

(2)设由模型一、四、五得到的残差分别为 e_{1i}、e_{4i}、e_{5i},证明 $e_{1i} = e_{4i} = e_{5i}$。

(3)将(1)、(2)中关于模型一、五的结论推广到一般情形即得到著名的弗瑞希—

沃—洛维尔（Frisch 和 Waugh，1933；lovell，1963）定理。对于 k 元线性回归模型

$$Y_i = \beta_0 + \beta_1 X_{1i} + \cdots + \beta_m X_{mi} + \beta_{m+1} X_{m+1,i} + \cdots + \beta_k X_{ki} + u_{1i}$$

考虑参数 $\beta_1, \cdots, \beta_m$ 的估计量，请你写出该定理的内容。

（4）证明：如果本题第（3）小题中解释变量的两个子集 $S_1 = \{X_1, X_2, \cdots, X_m\}$ 与 $S_2 = \{X_{m+1}, X_{m+2}, \cdots, X_k\}$ 样本不相关，即 S_1 中的任意一个变量都与 S_2 中的每一个变量样本不相关，则斜率系数 $\beta_j (j = 1, 2, \cdots, m)$ 的 OLS 估计量与 Y 对 $X_1, X_2, \cdots, X_m$ 进行线性回归所得相应斜率系数的 OLS 估计量是相同的。（提示：利用 OLS 法估计模型建立的正规方程组及分块矩阵的运算法则）

（5）证明本章第 § 3.4 节的（3.45）式。

2. 证明本章第 § 3.1 节中的（3.23）式。

3. 为了研究我国大陆各省、自治区和直辖市 2016 年家用汽车拥有量与其主要影响因素之间的数量关系，有人以每百户拥有家用汽车数量 Y（辆）为被解释变量，以人均地区生产总值 X_1（万元）和居民消费价格指数 X_2（上年 = 100）为解释变量，建立线性回归模型：

$$Y_i = \beta_0 + \beta_1 X_{1i} + \beta_2 X_{2i} + u_i$$

依据来自《中国统计年鉴》（2017）的样本数据，在 EViews 下利用 OLS 法回归该模型，得到输出结果，如表 3 - 5 所示。

表 3 - 5　OLS 法估计模型的输出结果

Dependent Variable：Y
Method：Least Squares
Date：08/03/21　Time：09:45
Sample：1 31
Included observations：31

Variable	Coefficient	Std. Error	t - Statistic	Prob.
X1	2.715 540	0.471 028	5.765 140	0.000 0
X2	-4.387 753	2.651 403	A	0.109 1
C	458.482 0	269.151 4	1.703 435	0.099 6

R - squared	0.543 340	Mean dependent var	26.990 32
Adjusted R - squared	B	S. D. dependent var	8.926 005
S. E. of regression	6.243 602	Akaike info criterion	6.592 757
Sum squared resid	C	Schwarz criterion	6.731 530
Log likelihood	-99.187 74	Hannan - Quinn criter.	6.637 994
F - statistic	D	Durbin - Watson stat	1.487 396
Prob(F - statistic)	0.000 017		

请你根据表 3 - 5 提供的信息，回答下列问题：

（1）计算 A、B、C、D 的值；考察 Y 与 X_1、X_2 的样本复相关程度。

（2）写出 Y 对 X_1、X_2 的样本回归函数，并解释其中回归系数的经济含义，它能不能通过经济意义检验？

（3）可决系数 R^2 和调整的可决系数 $\bar{R}^2$ 各为多少？R^2 说明什么问题？

（4）写出方程显著性 F 检验的原假设和备择假设、F 统计量及其在原假设下的概率分布，并在 0.05 的显著性水平下，分别依据 F 统计量的 P 值和其分布的临界值，检验方程的显著性。

(5)写出单个变量显著性 t 检验的统计量及其在原假设下的概率分布,并在 0.05 的显著性水平下,分别检验人均地区生产总值和居民消费价格指数对每百户拥有家用汽车数量是否有显著影响。

(6)在 0.05 的显著性水平下,利用 t 检验法检验如下观点:“河南省人均地区生产总值对每百户拥有家用汽车数量平均值的偏影响乘数大于 3”。

(7)在 0.05 的显著性水平下,利用 t 检验法检验如下观点:“在人均地区生产总值不变的条件下,河南省居民消费价格指数每增加上年指数的一个百分点,即 X_2 每增加 1,其每百户拥有家用汽车数量平均减少 5 辆”。

4. 初步研究表明,吸烟者每天增加的吸烟数量(*cigs*,单位:根)可能与吸烟者的受教育年限(*edu*)、年收入(*income*,单位:美元)以及每包香烟的价格(*price*,单位:美分)有关。依据对 309 个吸烟者的随机抽样调查数据,有人建立了香烟日需求函数模型,并在 EViews 下利用 OLS 法估计该模型,得到表 3-6 所示的输出结果。

表 3-6 OLS 法估计模型的输出结果

Dependent Variable: CIGS
Method: Least Squares
Date: 12/08/17 Time: 12:18
Sample: 1 309
Included observations: 309

Variable	Coefficient	Std. Error	t-Statistic	Prob.
C	-17.451 21	36.203 65	-0.482 029	0.630 1
EDU	0.665 194	0.287 441	2.314 193	0.021 3
LOG(PRICE)	1.345 682	8.593 336	0.156 596	0.875 7
LOG(INCOME)	2.731 995	1.110 789	2.459 507	0.014 5

R-squared	0.045 623	Mean dependent var	22.524 27
Adjusted R-squared	0.036 235	S. D. dependent var	13.164 43
S. E. of regression	12.923 72	Akaike info criterion	7.968 866
Sum squared resid	50 941.874	Schwarz criterion	8.017 194
Log likelihood	-1 227.190	Hannan-Quinn criter.	7.988 188
F-statistic	4.860 069	Durbin-Watson stat	1.909 737
Prob(F-statistic)	0.002 565		

试回答下列问题:

(1)写出日香烟需求的总体回归模型和样本回归函数,并说明样本回归函数中斜率系数的经济含义。

(2) R^2 和 $\bar{R}^2$ 各为多少?如何解释 R^2?

(3)在 0.05 的显著性水平下,分别依据 F 统计量的 P 值和其分布的临界值,检验方程的显著性。

(4)0.05 的显著性水平下,分别检验吸烟者的受教育年数、每包香烟的价格是否对其吸烟数量具有显著影响。

(5)有人认为“在其他因素不变的条件下,吸烟者的年收入增加 10%,其平均每天增加的吸烟数量会超过 0.3 根”。请你利用所学知识对此观点进行检验。

(6)依据以上检验结果,你认为是否有必要对模型进行改进?若有,请写出改进后的总体回归模型。

5. 依据某地区506个社区的数据，有人利用OLS法估计了一个住房价格模型，得到样本回归函数为

$$\ln(\hat{price}) = 13.39 - 0.868\ln(nox) - 0.087\ln(dist) - 0.545rooms + 0.062rooms^2 - 0.044stratio$$
$$(0.57)\quad(0.126)\qquad(0.043)\qquad(0.165)\qquad(0.013)\qquad(0.006)$$
$$R^2 = 0.603, \bar{R}^2 = 0.599, \text{样本容量 } n = 506$$

其中 *price*、*nox*、*dist*、*rooms*、*stratio* 依次表示社区住房价格（单位：元/平方米）、社区空气中氧化亚氮的含量（单位：百万分子）、社区到商业中心的距离（单位：公里）、社区平均每套房的间数、社区学校的平均学生—教师比，括号内数据为对应参数估计量的标准差。依据此人的回归结果，试回答下列问题：

（1）写出社区住房价格的总体回归模型，并解释样本回归函数中 ln（*nox*）、ln（*dist*）、*stratio* 前面系数的经济含义。

（2）检验回归方程的显著性；社区空气中氧化亚氮含量是否对其住房价格有显著影响？为什么？

（3）有人认为“社区住房价格对其到商业中心的距离的偏弹性为 -0.1，即，在其他因素不变的条件下，社区到商业中心的距离下降1%，其住房价格增加0.1%”，你是否同意这个观点？为什么？

（4）有人认为“在其他因素不变的条件下，社区学校的平均学生—教师比增加0.1，社区住房价格下降幅度会超过0.5%”，你是否同意这个观点？为什么？

（5）在其他因素不变的条件下，随着社区平均每套房房间数的增加，其住房价格是否呈现先减后增的变化趋势？给出你的统计学依据，并讨论社区平均每套房房间数为多少时，其住房价格最低。

（6）若社区住房价格、社区到商业中心的距离分别用“百元/平方米”和“百米”来计量，试简单推导利用同样估计法得到的样本回归函数。

（7）在其他因素不变的条件下，社区到商业中心的距离增加10%，社区学校的学生教师比下降0.1，预期社区住房价格将变化多少？要求写出分析过程。

（8）在其他因素不变的条件下，要使社区住房价格提高10%，社区学校的学生教师比需要降低多少？

（9）题中社区住房价格模型暗含着假定在样本期 *price* 对 *nox* 的偏弹性系数 η 为常数。若该假定条件未必成立，你打算如何扩展原模型，使之包容 η 为可变的情形？试写出扩展后的总体回归模型，并说明如何检验 η 的可变性。

6. 关于多元线性回归模型

$$Y_i = \beta_0 + \beta_1 X_{1i} + \beta_2 X_{2i} + \cdots + \beta_k X_{ki} + u_i \ (i = 1,2,\cdots,n) \tag{3.78}$$

也存在类似于第2章练习题二综合应用题（4）中的问题。可以证明，在那里得到的关于一元线性回归模型的规律也适合于模型（3.78）。此表明一个解释变量偏回归系数的OLS估计量与它和被解释变量的测量单位有关。因此，对于具有不同测量单位的解释变量，不能通过比较它们的系数的大小，来得到相应解释变量对被解释变量影响是较大还是较小的结论。

避免测量单位对回归系数估计量影响的一种方法是将变量用其样本标准差来测量，然后再对它们进行回归分析。具体做法是：

令

$$Y_i^* = \frac{Y_i}{S_Y}, \quad X_{ji}^* = \frac{X_{ji}}{S_{X_j}} \quad (j = 1,2,\cdots,k)$$

其中

$$S_Y = \sqrt{\frac{\sum_{i=1}^{n}(Y_i - \bar{Y})^2}{n-1}}, \quad S_{X_j} = \sqrt{\frac{\sum_{i=1}^{n}(X_{ji} - \bar{X}_j)^2}{n-1}}$$

再利用 OLS 法估计模型

$$Y_i^* = \beta_0^* + \beta_1^* X_{1i}^* + \beta_2^* X_{2i}^* + \cdots + \beta_k^* X_{ki}^* + u_i^* \quad (3.79)$$

在模型(3.79)中,所有变量都用其标准差来测量,而变量的标准差的单位与其自身的单位相同,所以该模型回归系数的 OLS 估计量与变量的测量单位无关,这样就把所有解释变量放到了相同的地位上。模型(3.79)的偏回归系数常被称为 **β 系数**(β coefficients)。因此,可以通过比较 β 系数的估计量来评价被解释变量对不同解释变量变化的敏感程度。类似于普通模型中偏回归系数的解释,β_j^* 被解释为:在其他解释变量不变的条件下,解释变量 X_{ji} 增加一个标准差,被解释变量平均将增加 β_j^* 个标准差。

(1)试证明:模型(3.78)与模型(3.79)中偏回归系数的 OLS 估计量具有如下关系:

$$\hat{\beta}_j^* = \hat{\beta}_j \frac{S_{X_j}}{S_Y} \quad (3.80)$$

(2)试利用 β 系数来比较例题 3.1 中黑人女性职工的年收入 Y 对工作经历年数 Z 和受教育年数 X 变化的敏感程度。

7. 在例题 3.1 中,我们利用线性回归模型研究了美国黑人女性工人年收入 Y 与受教育年数 X 和工作经验 Z 之间的数量关系,当时的讨论是在假定模型满足基本假定条件下进行的。一般认为,使用收入或工资的对数作为被解释变量所建模型更接近于经典线性回归模型(在第 4 章 §4.3 将对此做进一步说明)。基于此,可以设定理论回归模型为:

$$\ln(Y_i) = \beta_0 + \beta_1 X_i + \beta_2 Z_i + u_i \quad (3.81)$$

对上述模型的总体回归函数

$$\ln(\tilde{Y}_i) = \beta_0 + \beta_1 X_i + \beta_2 Z_i$$

求偏导数,可得

$$\frac{1}{\tilde{Y}_i}\frac{\partial \tilde{Y}_i}{\partial X_i} = \beta_1 \quad (3.82)$$

$$\frac{1}{\tilde{Y}_i}\frac{\partial \tilde{Y}_i}{\partial Z_i} = \beta_2 \quad (3.83)$$

由(3.82)式可知,在工作经验保持不变,受教育年数的改变量 ΔX_i 很小时,有

$$\frac{\frac{\Delta \tilde{Y}_i}{\tilde{Y}_i}}{\Delta X_i} \approx \beta_1$$

成立,该式左端为 $\tilde{Y}_i$ 的相对改变量 $\frac{\Delta \tilde{Y}_i}{\tilde{Y}_i}$ 与 X_i的绝对改变量的比值。此式意味着,在工作经验保持不变的条件下,受教育年数增加一年,黑人女性工人的年收入大约增加 100 ×

$\beta_1\%$。劳动经济学家常称 $100\times\beta_1\%$ 为教育的回报率。类似地，(3.83)式意味着，在受教育年数保持不变的条件下，工作经历增加一年，黑人女性工人的年收入大约增加 $100\times\beta_2\%$。试依据例题3.1中的样本数据，利用OLS法估计模型(3.81)，并回答以下问题：

(1)写出样本回归函数及后面答题要用到的统计指标。

(2)解释样本回归函数中参数估计值的经济含义，并分析它们是否具有经济意义？

(3)在0.05的显著性水平下，对单个变量和方程进行显著性检验。

(4)可决系数 R^2 为多少？它的含义是什么？调整的可决系数 $\bar{R}^2$ 为多少？将这里 $\bar{R}^2$ 与线性回归模型(3.24)的 $\bar{R}^2$ 进行比较，便可以判断模型(3.81)与模型(3.24)的好坏，这种观点正确吗？

(5)在0.95的置信度下，求斜率系数 β_1 和 β_2 的置信区间。

(6)对受教育年数为15，工作经历年数为10的美国黑人女性工人的年收入进行点预测，并在0.95的置信度下求其预测区间。将所求得的预测区间与基于线性回归模型得到的预测区间相比，你有什么发现？

(7)你认为上述研究有哪些不足之处？

8. 经研究发现，家庭书刊消费支出受家庭收入和户主受教育年数的影响。表3-7给出了对某地区部分家庭抽样调查得到的样本数据。

表3-7 家庭书刊消费支出、家庭收入和户主受教育年数的样本数据

序号	家庭书刊年消费支出 Y/元	家庭月平均收入 X/元	户主受教育年数 T/年	序号	家庭书刊年消费支出 Y/元	家庭月平均收入 X/元	户主受教育年数 T/年
1	450	1 027.2	8	10	793.2	1 998.6	14
2	507.7	1 045.2	9	11	660.8	2 196	10
3	613.9	1 225.8	12	12	792.7	2 105.4	12
4	563.4	1 312.2	9	13	580.8	2 147.4	8
5	501.5	1 316.4	7	14	612.7	2 154	10
6	781.5	1 442.4	15	15	890.8	2 231.4	14
7	541.8	1 641	9	16	1 121	2 611.8	18
8	611.1	1 768.8	10	17	1 094.2	3 143.4	16
9	1 222.1	1 981.2	18	18	1 253	3 624.6	20

(1)依据表3-7中的样本数据，建立家庭书刊消费支出的理论回归模型。

(2)利用OLS法估计(1)中所建立的模型。

(3)检验样本回归函数的经济意义，检验户主受教育年数和家庭月平均收入对家庭书刊消费支出是否有显著影响。

(4)所建模型有何用处？对于家庭月平均收入 X 为2 500元、户主受教育年数 T 为16年的家庭，求其家庭书刊年消费支出额 Y 的点预测值，并在0.95的置信度下，求其预测区间。你如何评价自己的预测结果？为了提高预测精度，你有哪些建议？

9. 在第2章§2.7节的案例分析中，我们通过建立线性回归模型(2.56)：

$$Y_i=\beta_0+\beta_1X_i+u_i$$

检验了恩格尔定律的适用性。有人建议采用双对数模型：

$$\ln(Y_i) = \alpha_0 + \alpha_1 \ln(X_i) + v_i$$

来完成这个检验。请你分析这两种做法依据的前提条件有什么不同，并写出后一种做法的原假设和备择假设，及检验过程。

10. 利用§3.4节给出的残差平方和的概率分布

$$\sum_{i=1}^{n} e_i^2/\sigma^2 \sim \chi^2(n-k-1)$$

(1)仿照回归系数区间估计的做法，建立 σ^2 的置信区间，并对影响该区间大小的因素进行分析。

(2)利用例题3.1给出的样本数据，在0.95的置信度下，求模型(3.24)中 u_i 的方差 σ^2 的置信区间。

附录3.1　最大似然估计法

最大似然估计法(maximum likelihood method, ML)①是不同于最小二乘法(least squares, LS)的另一种重要的参数估计方法，近代计量经济学的发展更多的是建立在这种估计方法之上，一些特殊的计量经济学模型只有使用最大似然估计法估计，才能得到具有良好性质的参数估计量。这种方法依据的基本原理是**最大似然原理**(maximum likelihood principle)：既然所抽取的样本是在一次观测中得到的，则可以认为该样本来自使其出现可能性最大的总体。基于这一原理，在模型的参数估计中，应该选择使样本数据出现可能性最大的参数值作为模型真实参数的估计值。这种求参数估计量的方法就称为**最大似然估计法**，由此得到的参数估计量称为**最大似然估计量**或**ML估计量**(maximum likelihood estimator, MLE)。

对于多元经典线性回归模型

$$Y_i = \beta_0 + \beta_1 X_{1i} + \beta_2 X_{2i} + \cdots + \beta_k X_{ki} + u_i \quad (i = 1,2,\cdots,n)$$

由于 X_{ji} 均为确定性变量，u_i 之间相互独立且 $u_i \sim N(0,\sigma^2)$，所以 Y_i 之间亦相互独立，并且

$$Y_i \sim N(\beta_0 + \beta_1 X_{1i} + \beta_2 X_{2i} + \cdots + \beta_k X_{ki}, \sigma^2)$$

其概率密度函数为：

$$f(Y_i \mid \beta_j, j = 0,1,\cdots,k;\sigma^2) = \frac{1}{(2\pi\sigma^2)^{\frac{1}{2}}} e^{-\frac{(Y_i-\beta_0-\beta_1X_{1i}-\beta_2X_{2i}-\cdots-\beta_kX_{ki})^2}{2\sigma^2}}$$

于是，$Y_1, Y_2, \cdots, Y_n$ 的联合概率密度函数就等于各变量的概率密度函数的乘积，即

$$f(Y_1, Y_2, \cdots, Y_n \mid \beta_j, j = 0,1,\cdots,k;\sigma^2) = \frac{1}{(2\pi\sigma^2)^{\frac{n}{2}}} e^{-\sum_{i=1}^{n}\frac{(Y_i-\beta_0-\beta_1X_{1i}-\beta_2X_{2i}-\cdots-\beta_kX_{ki})^2}{2\sigma^2}}$$

① 最大似然估计法(也称为极大似然估计法)是由德国数学家高斯(C. F. Gauss)于1821年提出来的。英国统计学家费希尔(R. A. Fisher)于1922年为该方法命名，并首先探讨了它的一些性质。

我们称上式为样本数据的**似然函数**(likelihood function),记为 $L(Y|\beta_j, j=0,1,\cdots,k;\sigma^2)$ 或 L。由于连续型随机变量在某一点附近取值的概率取决于该点处的概率密度,因此依据最大似然原理,参数的最大似然估计量 $\hat{\beta}_j(j=0,1,\cdots,k)$、$\hat{\sigma}^2$ 应使上述联合概率密度函数达到最大。因为自然对数函数 $\ln(x)$ 是 x 的严格递增函数,所以上述似然函数与其对数函数同时达到最大。于是,参数的最大似然估计量应使似然函数的对数

$$\ln(L)=-\frac{n}{2}\ln(2\pi)-\frac{n}{2}\ln(\hat{\sigma}^2)-\sum_{i=1}^{n}\frac{(Y_i-\hat{\beta}_0-\hat{\beta}_1X_{1i}-\hat{\beta}_2X_{2i}-\cdots-\hat{\beta}_kX_{ki})^2}{2\hat{\sigma}^2}$$

达到最大。求 $\ln(L)$ 对 $\hat{\beta}_j(j=0,1,\cdots,k)$、$\hat{\sigma}^2$ 的偏导数,并令其为0,得方程组

$$\begin{cases}\dfrac{\partial\ln(L)}{\partial\hat{\beta}_0}=\dfrac{1}{\hat{\sigma}^2}\sum\limits_{i=1}^{n}(Y_i-\hat{\beta}_0-\hat{\beta}_1X_{1i}-\hat{\beta}_2X_{2i}-\cdots-\hat{\beta}_kX_{ki})=0\\ \dfrac{\partial\ln(L)}{\partial\hat{\beta}_j}=\dfrac{1}{\hat{\sigma}^2}\sum\limits_{i=1}^{n}(Y_i-\hat{\beta}_0-\hat{\beta}_1X_{1i}-\hat{\beta}_2X_{2i}-\cdots-\hat{\beta}_kX_{ki})X_{ji}=0\quad(j=1,\cdots,k)\\ \dfrac{\partial\ln(L)}{\partial\hat{\sigma}^2}=-\dfrac{n}{2\hat{\sigma}^2}+\dfrac{1}{2\hat{\sigma}^4}\sum\limits_{i=1}^{n}(Y_i-\hat{\beta}_0-\hat{\beta}_1X_{1i}-\hat{\beta}_2X_{2i}-\cdots-\hat{\beta}_kX_{ki})^2=0\end{cases}$$

即

$$\begin{cases}\sum\limits_{i=1}^{n}(Y_i-\hat{\beta}_0-\hat{\beta}_1X_{1i}-\hat{\beta}_2X_{2i}-\cdots-\hat{\beta}_kX_{ki})=0\\ \sum\limits_{i=1}^{n}(Y_i-\hat{\beta}_0-\hat{\beta}_1X_{1i}-\hat{\beta}_2X_{2i}-\cdots-\hat{\beta}_kX_{ki})X_{ji}=0\quad(j=1,\cdots,k)\\ -n+\dfrac{1}{\hat{\sigma}^2}\sum\limits_{i=1}^{n}(Y_i-\hat{\beta}_0-\hat{\beta}_1X_{1i}-\hat{\beta}_2X_{2i}-\cdots-\hat{\beta}_kX_{ki})^2=0\end{cases}$$

上述方程组也称为**正规方程组**。显然,该方程组的前 $k+1$ 个方程恰好为利用 OLS 法估计该模型时的正规方程组,因此经典线性回归模型回归系数的最大似然估计量与 OLS 估计量是一致的,其矩阵表达式亦为:

$$\hat{\beta}=(X'X)^{-1}X'Y$$

由正规方程组的最后一个方程,可以求得随机误差项方差 σ^2 的最大似然估计量为:

$$\hat{\sigma}^2=\frac{1}{n}\sum_{i=1}^{n}(Y_i-\hat{\beta}_0-\hat{\beta}_1X_{1i}-\hat{\beta}_2X_{2i}-\cdots-\hat{\beta}_kX_{ki})^2=\frac{1}{n}\sum_{i=1}^{n}e_i^2$$

从上述估计过程及结果可以看出,精确的最大似然估计要求知道随机误差项的概率分布,对于经典线性回归模型,回归系数的最大似然估计量与 OLS 估计量是一致的,但随机误差项方差 σ^2 的最大似然估计量是有偏的,而其 OLS 估计量 $\left(\frac{1}{n-k-1}\sum\limits_{i=1}^{n}e_i^2\right)$ 是无偏的。

附录 3.2　不可线性化非线性回归模型的估计

对于不可线性化的非线性回归模型,如 Cobb－Dauglas 生产函数模型(3.60):

$$Q_i=AK_i^{\alpha}L_i^{\beta}+u_i\quad(i=1,2,\cdots,n)$$

我们无法通过变换将它变换为线性回归模型。估计这类模型的方法主要有非线性最小二乘法(nonlinear least squares,NLS)和非线性最大似然估计法(nonlinear maximum likelihood method,NML)。在此只就模型(3.60)的估计介绍非线性最小二乘法的基本思路。

非线性最小二乘法依据的基本原理仍是最小二乘准则:参数的估计量应使残差平方和达到最小。利用这种方法估计模型(3.60)就是去求使残差平方和

$$S(\hat{A},\hat{\alpha},\hat{\beta}) = \sum_{i=1}^{n} e_i^2 = \sum_{i=1}^{n} (Q_i - \hat{A}K_i^{\hat{\alpha}}L_i^{\hat{\beta}})^2$$

达到最小的参数 A、α、β 的估计量 $\hat{A}$、$\hat{\alpha}$、$\hat{\beta}$,称之为**非线性最小二乘估计量**或 NLS **估计量**(nonlinear least squares estimator,NLSE)。为此,考虑 $S(\hat{A},\hat{\alpha},\hat{\beta})$ 取得最值的必要条件,即通过求 $S(\hat{A},\hat{\alpha},\hat{\beta})$ 对 $\hat{A}$、$\hat{\alpha}$、$\hat{\beta}$ 的偏导数,并令它们等于 0,得到方程组

$$\begin{cases} \dfrac{\partial S(\hat{A},\hat{\alpha},\hat{\beta})}{\partial \hat{A}} = -2\sum\limits_{i=1}^{n} (Q_i - \hat{A}K_i^{\hat{\alpha}}L_i^{\hat{\beta}})K_i^{\hat{\alpha}}L_i^{\hat{\beta}} = 0 \\ \dfrac{\partial S(\hat{A},\hat{\alpha},\hat{\beta})}{\partial \hat{\alpha}} = -2\hat{A}\sum\limits_{i=1}^{n} (Q_i - \hat{A}K_i^{\hat{\alpha}}L_i^{\hat{\beta}})\ln(K_i)K_i^{\hat{\alpha}}L_i^{\hat{\beta}} = 0 \\ \dfrac{\partial S(\hat{A},\hat{\alpha},\hat{\beta})}{\partial \hat{\beta}} = -2\hat{A}\sum\limits_{i=1}^{n} (Q_i - \hat{A}K_i^{\hat{\alpha}}L_i^{\hat{\beta}})\ln(L_i)K_i^{\hat{\alpha}}L_i^{\hat{\beta}} = 0 \end{cases}$$

显然,该方程组是一个比较复杂的非线性方程组,我们无法像估计线性回归模型那样得到它的显示解。也就是说,该方程组的解不能写成我们熟悉的函数形式,因此求非线性最小二乘估计量 $\hat{A}$、$\hat{\alpha}$、$\hat{\beta}$ 必须使用迭代法。可以证明,在一定的基本假定条件下,模型(3.60)中参数的 NLS 估计量**渐近服从正态分布**(asymptotically follow the normal distributions),并且具有一致性和**渐近有效性**(asymptotic efficiency)①。但正如我们在§3.3 中讨论的那样,对于基于非线性最小二乘估计量计算的 R^2 可以作为一种评价模型优劣的参考指标,但不能像线性回归模型那样进行解释。关于这部分内容的详细讨论,有兴趣的读者可以参考相关的书籍(格林,2011;戴维森和麦金农,2006)。

> 在 EViews 软件下,利用非线性最小二乘法估计模型(3.60)的执行过程:
>
> 在主窗口中,点击 Quick→Estimate Equation,接着在弹出的 Equation Estimation 窗口的 Equation Specification 对话框中,输入方程 Q = C(1) * K^C(2) * L^C(3),在 Method 对话框中选择 LS - Least Squares(NLS and ARMA),然后点击“确定”,就得到了模型(3.60)的估计结果[注:这里 C(1)、C(2)、C(3)分别对应参数 A、α、β]。
>
> 可以看到,非线性最小二乘法的输出格式与普通最小二乘法的完全一样。

① 一个随机变量的**渐近分布**(asymptotic distribution)是指,在大样本的情形下它的真实分布的近似分布,渐近分布的均值和方差分别称为**渐近均值**(asymptotic mean)和**渐近方差**(asymptotic variance)。参数的 NLS 估计量**渐近服从正态分布**是指,在大样本的情形下,该估计量近似服从正态分布。所谓“**渐近服从**”(asymptotically follow)就是,“在大样本的情形下近似服从”的意思。一个渐近服从正态分布的一致估计量具有**渐近有效性**是指,在所有渐近服从正态分布的一致估计量中,它具有最小的渐近方差。

附录 3.3 在 EViews 软件下进行矩阵运算的基本过程

首先介绍在 EViews 软件下矩阵输入及其基本运算的命令格式，然后给出计算 §3.5 例题中的 $W_F(W'W)^{-1}W'_F$ 的执行过程。

1. 矩阵输入及其基本运算的命令格式

矩阵输入及其基本运算是在已建立 Workfile 的基础上，通过在主窗口的命令区输入相应的命令（再按回车键）而实现的。

（1）矩阵输入

下面以一个 $m \times n$ 矩阵 A（m、n 均为正整数）的输入为例介绍矩阵输入的基本步骤：首先，在主窗口的命令区输入

matrix(m,n)　A

再按回车键，这样在 Workfile 中可以生成矩阵 A，其图标是一个小矩阵。在 Workfile 的目录中选中 A 并用左键双击之，即弹出显示矩阵 A 的窗口，此时该矩阵中元素均为 0。同时用类似于变量数据的输入方法给矩阵 A 输入实际数据。

（2）矩阵的基本运算

下面给出矩阵的基本运算：加法、减法、乘法、数乘、转置和求逆矩阵等的命令格式。设在 Workfile 中已存在四个矩阵：$m \times n$ 矩阵 A，$m \times n$ 矩阵 B 和 $n \times p$ 矩阵 E，n 阶可逆矩阵 G，k 为一个常数，

①计算 A + B 的命令格式：　matrix S = A + B

②计算 A − B 的命令格式：　matrix M = A − B

③计算 kA 的命令格式：　matrix H = k * A

④计算 AE 的命令格式：　matrix T = A * E

⑤计算 A′的命令格式：　matrix TR = @transpose(A)

⑥计算 G^{-1}的命令格式：　matrix INV = @inverse(G)

这里各种运算结果的矩阵名称：S、M、H、T、TR、INV 是由用户自己设定的。

2. 计算 $W_F(W'W)^{-1}W'_F$ 的基本过程

首先，输入 W_F（在 EViews 下不妨用 *WF* 表示）：在主窗口的命令区输入

matrix(1,3)　WF

再按回车键，继而在 Workfile 中将它打开，依次输入 1、15、10。接着输入 W：在主窗口的命令区输入

matrix(60,3)　W

再按回车键，并在 Workfile 中将它打开，将第一列都输入 1，将 X、Z 的数据依次粘贴到第二、三列。

其次，在主窗口的命令区输入

matrix M = WF * @inverse(@transpose(W) * W) * @transpose(WF)

再按回车键，矩阵 M 便显示在 Workfile 的目录中，它即为所求 $W_F(W'W)^{-1}W'_F$。左键双击 M 就可以看到它的计算结果。

4 违背基本假定的多元线性回归模型

引言

在上一章，我们讨论了多元线性回归模型的估计、检验和预测，在那里基于 OLS 法得到的回归系数的最佳线性无偏估计量，以及变量显著性 t 检验和方程显著性 F 检验的程序，都是以模型满足基本假定条件为前提的。但是，在实际建立的计量经济模型中，完全满足这些条件的情况并不常见。**不满足或违背基本假定条件的情况**（violations of the fundamental assumptions）主要包括解释变量之间存在多重共线性，随机误差项的异方差性、序列相关性、非正态性以及随机解释变量问题等。对于违背基本假定的线性回归模型，自然会提出以下基本问题：

◆ OLS 法是否还适用？其所得参数估计量是否还具有优良的统计性质？变量显著性 t 检验和方程显著性 F 检验是否还有效？

◆ 如果 OLS 法失效，有哪些补救措施？

◆ 如何检验模型是否违背基本假定条件？

本章主要针对违背基本假定中的一条而其他假定条件仍满足的线性回归模型，对上述问题展开讨论，具体内容包括：多重共线性、异方差性、自相关性、随机解释变量问题。

关于随机误差项 u_i **不满足正态性假设**（violating the normality assumption）的线性回归模型，在此只做如下简单讨论：

1. OLS 估计量的统计性质

由高斯—马尔科夫定理及回归系数 OLS 估计量的一致性证明过程可知，当 u_i 不服从正态分布时，回归系数 OLS 估计量仍然是最佳线性无偏估计量，且具有一致性。同样，u_i 的方差 σ^2 的 OLS 估计量 $\hat{\sigma}^2$ 也仍是无偏且一致的。

2. 变量的显著性检验问题

因为变量显著性的 t 检验和 F 检验都是建立在随机误差项服从正态分布的基础之上，所以当 u_i 不服从正态分布时，t 检验和 F 检验都是**非有效的**（invalid）。但是，可以证明，回归系数的 OLS 估计量渐近服从正态分布（见第 3 章附录 3.2 的脚注①），通常变量显著性检验的 t 统计量渐近服从 $t(n-k-1)$ 分布，方程显著性检验的 F 统计量渐近服从 $F(k,\ n-k-1)$ 分布，所以在大样本的情形下，通常的 t 检验和 F 检验都是**近似（或渐近）有效的**（approximately, or asymptotically, valid）。对于小样本的情形，则需要选择其他方法，以完成变量的显著性检验。

另外，与 t 检验的有效性分析同理，当随机误差项不服从正态分布时，在大样本的情形下，第 2、3 章构造的被解释变量的个别值和均值的预测区间都是近似成立的。

3. 常用的正态性检验方法

由于随机误差项 u_i 不能直接观测，因此它的**正态性检验**（testing of normality）的基本思路是，首先利用 OLS 法估计模型得到残差 e_i，然后通过研究 e_i 是否具有正态性来推断 u_i 是否具有正态性。下面介绍两种常用的检验 u_i 正态性的方法：直方图法（histogram method）和雅克—贝拉检验（Jarque - Bera test，JB test）。

（1）直方图法

直方图法是依据估计模型得到的残差 e_i 的直方图的形状，来推断 u_i 的概率分布的方法。残差直方图的做法：在横轴上，将 e_i 的最大值与最小值构成的区间分成若干等长的小区间，然后在每个小区间上以其所含观测值的个数（频数）或频率（频数/观测值总数）为高作矩形。若直方图大致呈"钟"形，则认为 u_i 近似服从正态分布。这是一种粗略的几何直观判断方法。

（2）雅克 - 贝拉检验

雅克 - 贝拉检验是雅克（C. M. Jarque）和贝拉（A. K. Bera）在 1987 年通过研究一个随机变量 Y 的概率分布与正态分布在偏度（skewness）和峰度（kurtosis）上的差异，建立起来的检验其是否服从正态分布的一种统计推断方法。对于连续型随机变量 Y，偏度和峰度是度量随机变量的概率密度函数（probability density function，PDF）曲线形态特征的数字指标。

所谓 Y 的（分布的）偏度定义为

$$S = \frac{E(Y-\mu)^3}{\sigma^3} \tag{4.1}$$

其中 $\mu = E(Y)$，$\sigma = \sqrt{Var(Y)}$。它度量了 Y 的 PDF 曲线关于均值的不对称性，如果 Y 的 PDF 曲线关于均值是对称的，则其偏度 S 为 0。如，正态分布、t 分布的偏度 S 均为 0。偏度 $S>0$，意味着 PDF 曲线是**右偏的**（right skewed）；偏度 $S<0$，意味着 PDF 曲线是**左偏的**（left skewed）。图 4 - 1 为分布的偏度与其对称性关系的示意图。

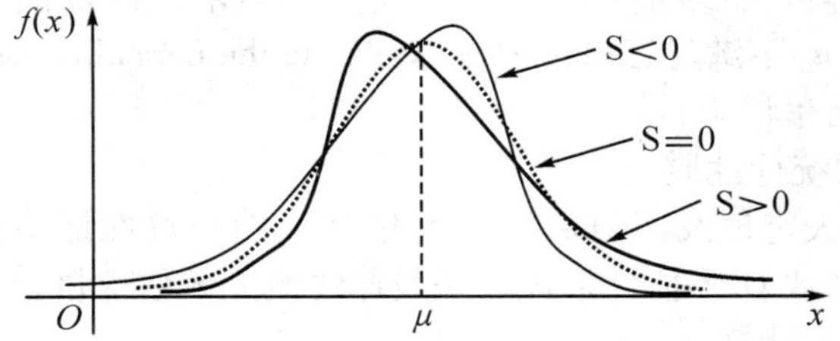

图 4 - 1　分布的偏度与其对称性关系的示意图

Y 的偏度 S 的样本值为

$$\hat{S} = \frac{\frac{1}{n}\sum_{i=1}^{n}(Y_i - \bar{Y})^3}{\hat{\sigma}^3} \tag{4.2}$$

其中 n 为样本容量，$\bar{Y} = \frac{1}{n}\sum_{i=1}^{n} Y_i$，$\hat{\sigma} = \sqrt{\frac{1}{n}\sum_{i=1}^{n}(Y_i - \bar{Y})^2}$。

所谓 Y 的（分布的）峰度定义为

$$K = \frac{E(Y-\mu)^4}{\sigma^4} \tag{4.3}$$

它主要度量了 Y 的 PDF 曲线的**尾部形态**(tail behavior)(肥瘦或轻重程度),在较少程度上度量了它在中心区域的**峰态**(peakedness)(尖峰或扁平程度)。正态分布的峰度 K 等于 3。因此,对于一个服从对称分布的连续型随机变量,如果它的峰度 $K>3$,则相对于正态分布的 PDF 曲线,它的 PDF 曲线是**肥尾的**(fat - tailed)或**尖峰的**(leptokurtic);如果它的峰度 $K<3$,则相对于正态分布的 PDF 曲线,它的 PDF 曲线呈现**瘦尾的**(thin - tailed)且**低峰的**(platykurtic)。分布的中心区域和尾部所在的区间与其标准差有关。对于与正态分布具有相同标准差的分布,它们的 K 值与其 PDF 曲线关系的示意图,如图 4 - 2 所示。关于峰度含义的进一步讨论,参见本章 §4.5 节(1)。

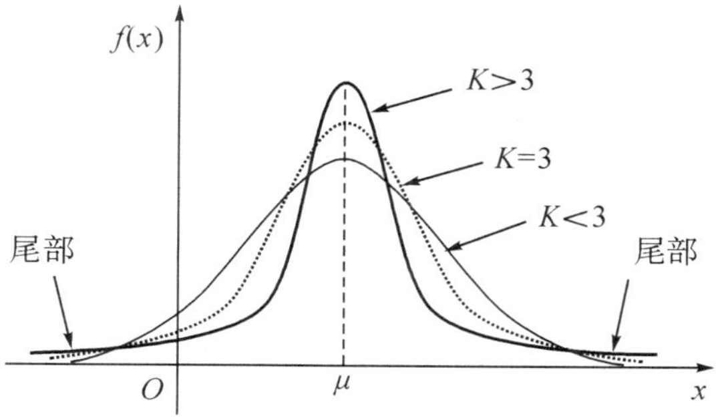

图 4 - 2 分布的峰度与其 PDF 曲线关系的示意图

Y 的峰度的样本值为

$$\hat{K} = \frac{\frac{1}{n}\sum_{i=1}^{n}(Y_i - \bar{Y})^4}{\hat{\sigma}^4} \tag{4.4}$$

检验随机误差项 u_i 正态性的雅克 - 贝拉检验的原假设为 H_0:u_i 服从正态分布,备择假设为 H_1:u_i 不服从正态分布。其统计量定义为

$$JB = n\left[\frac{\hat{S}^2}{6} + \frac{(\hat{K}-3)^2}{24}\right] \tag{4.5}$$

其中 $\hat{S}$、$\hat{K}$ 分别为利用 OLS 法估计模型所得残差 e_i 的偏度和峰度的样本值。在原假设为 H_0 成立的条件下,JB 统计量渐近服从自由度为 2 的 χ^2 分布,即

$$JB \overset{a}{\sim} \chi^2(2)$$

于是,在大样本的情形下,对于给定的显著性水平 α,查 $\chi^2(2)$ 分布表(见附录 B 表 4),可得临界值 $\chi^2_\alpha(2)$,使得

$$P[JB > \chi^2_\alpha(2)] = \alpha$$

该等式的几何表示如图 4 - 3 所示。

将依据样本数据计算的 JB 统计量值与 $\chi^2_\alpha(2)$ 比较,便可以对 H_0 进行统计推断:

若 $JB > \chi^2_\alpha(2)$,则拒绝 H_0,认为 u_i 不服从正态分布;

若 $JB < \chi^2_\alpha(2)$,则接受 H_0,认为 u_i 服从正态分布。

在 EViews 软件下,首先利用 OLS 法估计模型,然后在输出结果窗口的菜单栏中点击 View → Residual Tests → Histogram - Normality Test,便可以得到 e_i 的直方图和对 u_i 进行雅克 - 贝拉检验的输出结果,其中包括 JB 统计量值和相应的 P 值。

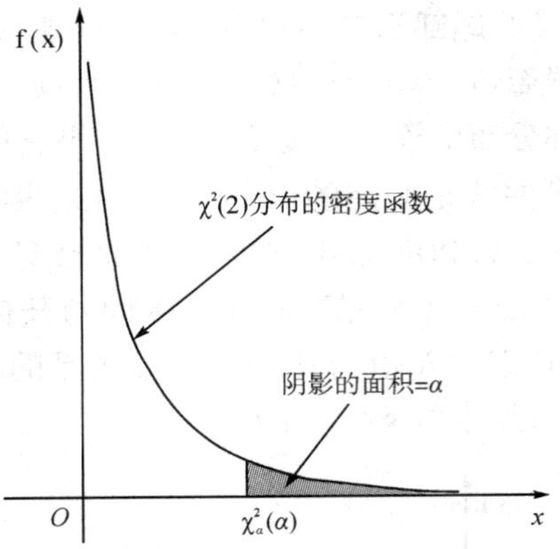

图 4-3　JB 检验的临界值与显著性水平之间关系的示意图

例如,在 EViews 软件下,检验例题 3.1 中模型(3.24)中 u_i 的正态性,输出结果如图 4-4 所示。该图左侧为残差 e_i 的直方图,其形状大致为"钟"形。右侧 Jarque - Bera、Probability 对应的数值 0.498 505、0.779 383 分别为 JB 检验的统计量值和 P 值。因为 $JB = 0.498\,505 < \chi^2_{0.05}(2) = 5.991$, P 值 $= 0.779\,383 > 0.05$,所以在 0.05 的显著性水平下,可以认为 u_i 服从正态分布。

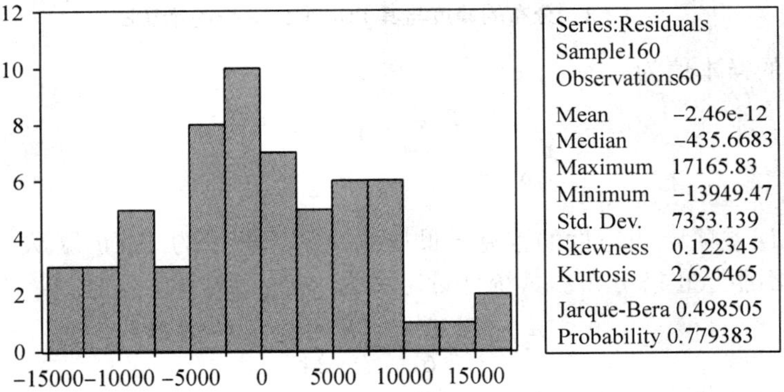

图 4-4　残差的直方图和 JB 检验的统计量值、P 值

§4.1　多重共线性

4.1.1　多重共线性的概念

经典线性回归模型

$$Y_i = \beta_0 + \beta_1 X_{1i} + \beta_2 X_{2i} + \cdots + \beta_k X_{ki} + u_i \quad (i = 1, 2, \cdots, n)$$

即

$$Y = X\beta + u$$

的基本假定要求解释变量矩阵 X 具有满秩性,即解释变量之间无完全多重共线性,如果模型违背了这个假定条件,即

$$Rank(X) < k + 1$$

亦即，存在不全为 0 的一组数 $\lambda_0, \lambda_1, \cdots, \lambda_k$，使得

$$\lambda_0 + \lambda_1 X_{1i} + \cdots + \lambda_k X_{ki} = 0 \quad (i = 1, 2, \cdots, n) \tag{4.6}$$

则称解释变量 $X_1, X_2, \cdots, X_k$ 之间（或模型）存在**完全（或准确）多重共线性**（perfect, or exact, multicollinearity）[①]。

显然，(4.6)式中的 $\lambda_1, \cdots, \lambda_k$ 不全为 0，因此解释变量之间的完全多重共线性意味着，解释变量的样本数据之间存在严格的线性关系，而且存在某一解释变量的样本数据能由其余解释变量的样本数据线性表示。

如果解释变量中有两个变量，如 X_1 与 X_2，的样本数据满足

$$\lambda_0 + \lambda_1 X_{1i} + \lambda_2 X_{2i} = 0 \quad (i = 1, 2, \cdots, n)$$

其中 λ_1, λ_2 为不全为 0 的常数，即点 (X_{1i}, X_{2i}) 全部位于一条直线上，如图 4－5 所示，那么所有解释变量之间就存在完全多重共线性。

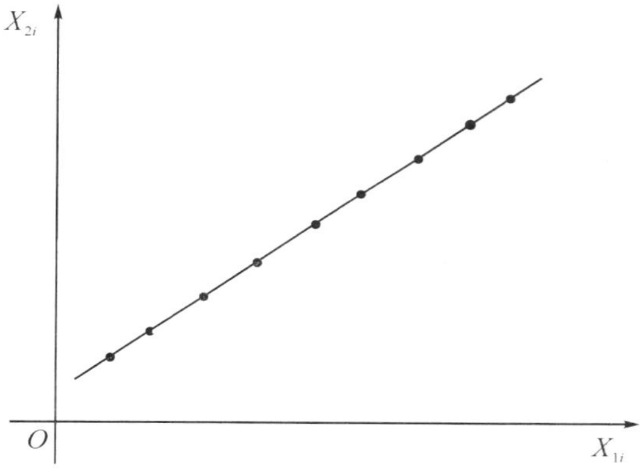

图 4－5　X_{1i} 与 X_{2i} 共线的示意图

经济数据通常是非实验数据，完全多重共线性并不多见。常见的情形是：存在不全为 0 的常数 $\lambda_0, \lambda_1, \cdots, \lambda_k$，使得

$$\lambda_0 + \lambda_1 X_{1i} + \cdots + \lambda_k X_{ki} \approx 0 \quad (i = 1, 2, \cdots, n) \tag{4.7}$$

即解释变量的样本数据之间存在近似的线性关系，此时称解释变量之间（或模型）存在**不完全（或近似）多重共线性**（less than perfect, or approximate, multicollinearity）。解释变量之间存在不完全多重共线性意味着存在某一解释变量的样本数据能由其余解释变量的样本数据近似地线性表示。

显然，如果解释变量中存在两个变量，如 X_1 和 X_2，它们的样本数据点 (X_{1i}, X_{2i}) 密集的分布在某一条直线附近，即它们高度相关，如图 4－6 所示，那么所有解释变量之间就存在较严重的不完全多重共线性。

---

① **多重共线性**（multicollinearity）一词是由费瑞希引入的（Frisch, 1934）。它的原义是我们这里给出的完全多重共线性的情形。严格地说，完全多重共线性与**共线性**（collinearity）有区别的，前者是指解释变量样本数据之间存在多于一个准确的线性关系，而后者则指它们存在单一的线性关系. 但在实践中，这种区分很少得到遵循，从而完全多重共线性兼指这两种情形。现在多重共线性一词的含义既包括完全多重共线性的情形，也包括后文介绍的不完全多重共线性的情形。（参见：古扎拉蒂，2005，$p_{319,361}$）

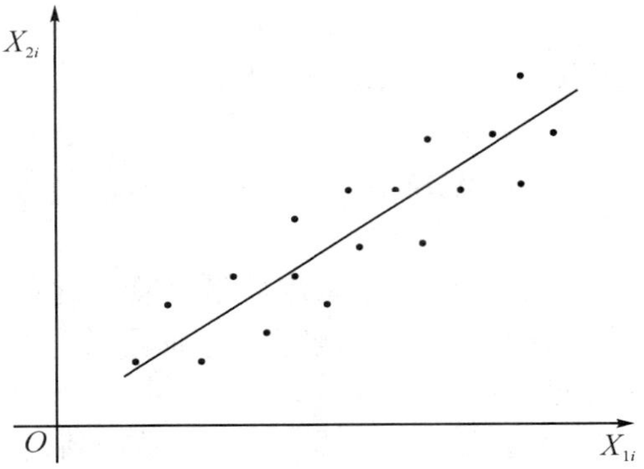

图 4-6　X_{1i} 与 X_{2i} 高度相关的示意图

在计量经济学中，解释变量之间的完全多重共线性和不完全多重共线性统称为**多重共线性**(multicollinearity)。

从上述定义可知，多重共线性本质上是解释变量的样本数据之间存在完全或近似的线性相关性。此性质的一种极端情形是解释变量之间存在严格的或准确的线性关系。例如，以某一农村地区居民家庭收入（I_1）、家庭经营收入（I_2）和其他收入（I_3）为解释变量，建立该地区的家庭消费函数模型：

$$C = \beta_0 + \beta_1 I_1 + \beta_2 I_2 + \beta_3 I_3 + u \tag{4.8}$$

由于对每个家庭均有 $I_1 = I_2 + I_3$，即三个解释变量之间具有严格的线性关系，因此该模型存在完全多重共线性，而且是不可以识别的（见第 2 章 §2.1）。

容易知道，当解释变量中有两个变量的样本数据之间高度相关时，模型就存在较严重的多重共线性。但当解释变量两两之间的相关程度都比较低时，所有解释变量之间仍可能存在较严重的多重共线性。例如，假设变量 X_1、X_2、X_3 的样本数据如表 4-1 所示。从该表可以看出，在任意一个观测点 i 上，都有 $X_{3i} = X_{1i} + X_{2i}$ 成立，因此 X_1, X_2, X_3 之间存在完全多重共线性。但是容易算出这三个变量两两之间的相关系数分别为 $r_{X_1X_2} = -0.5$ 和 $r_{X_1X_3} = r_{X_2X_3} = 0.5$，此表明它们两两之间的相关程度都不高。

表 4-1　变量 X_1、X_2、X_3 的样本数据

序号	X_1	X_2	X_3	序号	X_1	X_2	X_3
1	1	0	1	9	0	1	1
2	1	0	1	10	0	1	1
3	1	0	1	11	1	1	2
4	1	0	1	12	1	1	2
5	1	0	1	13	1	1	2
6	0	1	1	14	1	1	2
7	0	1	1	15	1	1	2
8	0	1	1				

多重共线性是变量的样本数据特征。在实际经济问题中，完全不相关的变量几乎不存在，因此解释变量之间一般都存在一定程度上的多重共线性，只是有些模型强一些，有些模型则相对较弱。下面是几个可能存在较严重多重共线性的例子：

(1) 在经济扩张时期，收入、消费、就业率等时间序列变量均呈现上升的趋势，而在经

济收缩时期，它们又都呈现下降趋势。若同时将这些变量作为解释变量引入模型，就可能引起较严重的多重共线性。

(2)利用截面数据建立生产函数模型时，由于资本和劳动力的投入量与生产的规模相关，大企业投入的资本、劳动力数量都较多，而小企业投入的都较少，因此表示资本和劳动力的变量之间往往高度相关，致使含有这些变量的生产函数模型存在较严重的多重共线性。

(3)在实际经济问题中，经济变量当期值与其过去时期的值［称之为**滞后变量**(lagged variable)］之间往往存在一定的相关性，若将它们同时引入到模型中，就很可能导致模型存在较严重的多重共线性。比如，以当期收入水平 X_t，前一期收入水平(记为 X_{t-1})为解释变量，建立消费函数模型，由于 X_t 与 X_{t-1} 呈现出的相关性，很可能导致该模型存在较严重的多重共线性。

4.1.2 多重共线性的后果

当模型存在多重共线性时，利用 OLS 法估计模型的参数，可能会产生一些不良后果。下面分两种情形进行讨论：

(1)完全多重共线性的情形

在解释变量之间存在完全多重共线性的情形下，$Rank(X) < k+1$ 。因为

$$Rank(X'X) \leqslant \min\{Rank(X'), Rank(X)\} = Rank(X)$$

所以 $Rank(X'X) < k+1$，即 $X'X$ 是不可逆的。因此，正规方程组 $X'Y = (X'X)\hat{\beta}$ 或者无解，或者有无穷多解，即回归系数的 OLS 估计量无法确定。

(2)不完全多重共线性的情形

在不完全多重共线性的情形下，仍然有 $Rank(X) = k+1$ 成立，因此利用 OLS 法还能得到参数的唯一一组估计量，而且在满足其他基本假定条件下，回归系数的 OLS 估计量仍是最佳线性无偏估计量。但是这样的估计量并不是“完美的”，严重的多重共线性可能会给参数的估计、解释及统计检验带来以下不良后果：

(1)使回归系数 OLS 估计量的方差变大，估计精度下降。

由(3.45)式已知，

$$Var(\hat{\beta}_j) = \frac{\sigma^2}{\sum_{i=1}^{n} x_{ji}^2} \cdot \frac{1}{1 - R_j^2} \tag{4.9}$$

其中 R_j^2 为利用 OLS 法估计模型

$$X_{ji} = \alpha_0 + \alpha_1 X_{1i} + \cdots + \alpha_{j-1} X_{j-1,i} + \alpha_{j+1} X_{j+1,i} + \cdots + \alpha_k X_{k,i} + v_i \tag{4.10}$$

所得可决系数。R_j^2 等于 X_j 与 $X_1, X_2, \cdots, X_{j-1}, X_{j+1}, \cdots, X_k$ 的样本复相关系数的平方，它反映了 X_j 与其余解释变量的线性相关程度。易见，当 X_j 与其余解释变量样本不相关，即 $R_j^2 = 0$ 时，

$$Var(\hat{\beta}_j) = \frac{\sigma^2}{\sum_{i=1}^{n} x_{ji}^2}$$

当 X_{ji} 能近似地由 $X_{1i}, \cdots, X_{j-1,i}, X_{j+1,i}, \cdots, X_{ki}$ 线性表示，即 X_j 与其余解释变量样本相关，$0 < R_j^2 < 1$ 时，$Var(\hat{\beta}_j)$ 是 X_j 与其余解释变量样本不相关时所得 β_j 的 OLS 估计量方差的

$\frac{1}{1-R_j^2}$ 倍，而且近似程度越高，$\frac{1}{1-R_j^2}$ 越大，在随机误差项的方差 σ^2 和 $\sum_{i=1}^{n} x_{ji}^2$ 不变的条件下，$Var(\hat{\beta}_j)$ 也越大，$\hat{\beta}_j$ 的估计精度越低。$\frac{1}{1-R_j^2}$ 称为 $\hat{\beta}_j$ 的**方差膨胀因子**（variance inflation factor, VIF），记为 VIF_j。显然，当 $R_j^2=0$ 时，VIF_j 取得最小值1；当 $R_j^2 \to 1$ 时，VIF_j 单调趋于无穷大。

从（4.9）式可见，在解释变量存在不完全多重共线性的情形下，$Var(\hat{\beta}_j)$ 只与 σ^2、$\sum_{i=1}^{n} x_{ji}^2$ 和 X_j 与其余解释变量的线性相关程度有关，与其余解释变量之间的相关程度无关。此表明某些解释变量之间存在严重的多重共线性对模型中其他解释变量斜率系数估计的影响可能并不重要。比如，当变量 X_j 与其余解释变量两两样本线性无关时，利用回归系数OLS估计量的离差表达式，可得模型（4.10）中回归系数的OLS估计量为

$$\begin{cases}\hat{\alpha}^{(j)}=[x'_{(j)}x_{(j)}]^{-1}x'_{(j)}x_j=0\\ \hat{\alpha}_0=\bar{X}_j-\hat{\alpha}_1\bar{X}_1-\cdots-\hat{\alpha}_{j-1}\bar{X}_{j-1}-\hat{\alpha}_{j+1}\bar{X}_{j+1}-\cdots-\hat{\alpha}_k\bar{X}_k=\bar{X}_j\end{cases}$$

其中 $\hat{\alpha}^{(j)}$ 为回归系数的OLS估计量 $\hat{\alpha}_1,\cdots,\hat{\alpha}_{j-1},\hat{\alpha}_{j+1},\cdots,\hat{\alpha}_k$ 构成的列向量，$x_{(j)}$ 是由 $X_1,\cdots X_{j-1}, X_{j+1},\cdots,X_k$ 的离差序列为列构成的矩阵，x_j 为 X_j 的离差序列构成的列向量。由此可知，无论其余解释变量之间相关程度如何，X_j 对它们回归得到的可决系数 R_j^2 都等于0，X_j 的系数估计量 $\hat{\beta}_j$ 的方差都为

$$Var(\hat{\beta}_j)=\frac{\sigma^2}{\sum_{i=1}^{n} x_{ji}^2}$$

（2）模型的估计结果对数据的微小变化非常敏感，出现参数的估计值具有不合理的大小，甚至“错误的”符号，使回归结果不能通过经济意义检验。

产生后果（2）的原因是后果（1）。

（3）变量的显著性检验容易产生误导，使对被解释变量具有显著影响的变量无法通过显著性检验。

我们知道，变量显著性检验的 t 统计量为：

$$t_j=\frac{\hat{\beta}_j}{\hat{SD}(\hat{\beta}_j)}$$

由后果（1）可知，X_j 与其余解释变量之间的线性相关程度越高，$\hat{\beta}_j$ 的标准差估计量 $\hat{SD}(\hat{\beta}_j)$ 可能就越大，因此对于给定的显著性水平 α，容易出现

$$|t_j|=\left|\frac{\hat{\beta}_j}{\hat{SD}(\hat{\beta}_j)}\right|<t_{\alpha/2}(n-k-1)$$

进而得到 Y 对 Y 影响不显著的结论（事实上，Y 对 Y 的影响可能是显著的）。

4.1.3 多重共线性的诊断

由于经济变量之间或多或少存在着一定程度的相关关系，因此多重共线性的诊断并不在于有无之间的区分，而在于观察或判断它的严重程度以及它是由哪些变量引起的。这里我们介绍**几种常见的诊断多重共线性的方法**：综合分析法、简单相关系数法、辅助回归法和条件指数法（condition index method）。

4.1.3.1 综合分析法

应用 OLS 法估计模型,若 R^2 与方程显著性检验的 F 统计量值均较大,但变量显著性检验的 t 统计量值的绝对值普遍较小,或回归系数估计值的大小或符号不合理,则模型很可能存在较严重的多重共线性。这种方法的依据是前面总结的多重共线性可能造成的后果,它是对多重共线性的一种初步诊断。

4.1.3.2 简单相关系数法

简单相关系数法是依据解释变量两两之间的相关系数去判断模型是否存在多重共线性的一种简便方法。若存在两个解释变量的相关系数的绝对值接近于1,则可以认为解释变量之间存在较严重的多重共线性。显然,这只是判断多重共线性存在的充分条件而不是必要条件,因为当解释变量两两之间相关系数的绝对值都比较小时,并不能就此得出模型不存在较严重多重共线性的结论。利用 EViews 软件可以直接得到解释变量之间的相关系数矩阵,据此可以完成简单相关系数法的检验。

4.1.3.3 辅助回归法

将每一个解释变量对其余解释变量进行线性回归,称之为**辅助回归**(auxiliary regression),若某一辅助回归的 R^2 较大(如大于0.8或0.90)或 VIF 较大(如大于5或10),则可以认为解释变量之间存在较严重的多重共线性;若所有辅助回归的可决系数都比较小,则可以认为解释变量之间的多重共线性并不严重。

4.1.3.4 条件指数法

条件指数法是 Belsley 等人于1980年提出的一种依据条件指数诊断多重共线性的方法。这种方法基于如下考虑:当 $X_1, X_2, \cdots, X_k$ 之间存在多重共线性时,其中至少有一个变量的样本值能或近似能由其余变量的样本值线性表示,因此有 $|X'X| = 0$ 或 $|X'X| \approx 0$。条件指数就是判断 $|X'X|$ 接近于0的程度的一个指标,其定义为:

$$CI = \sqrt{\frac{\lambda_{\max}}{\lambda_{\min}}} \tag{4.11}$$

其中 $\lambda_{\max}$、$\lambda_{\min}$ 分别为矩阵 $S(X'X)S$ 的最大特征值和最小特征值。

$$S = \begin{pmatrix} 1/\sqrt{n} & 0 & \cdots & 0 \\ 0 & 1/\sqrt{\sum_{i=1}^{n} X_{1i}^2} & \cdots & 0 \\ \vdots & \vdots & \vdots & \vdots \\ 0 & 0 & \cdots & 1/\sqrt{\sum_{i=1}^{n} X_{ki}^2} \end{pmatrix}$$

显然,$CI \geqslant 1$。一般地,解释变量之间多重共线性程度越高,条件指数 CI 通常就越大。实践经验表明,若 $CI > 20$,则可以认为模型存在较严重多重共线性的征兆。关于条件指数法的理论依据超出了本书的范围,有兴趣的读者可以参考相关的书籍①。

4.1.4 多重共线性的处理

如果模型存在较严重的多重共线性,该怎么办?有两种方法可供我们选择:①不做

① 如 D. A. Belsley, E. Kuh, and R. E. Welsch. Regression Diagnostics: Identifying Influential Data and Sources of Collinearity, John Wiley & Sons, New York, 1980, Chap. 3.

处理;②采用某些补救措施以减弱多重共线性对估计结果的影响。

4.1.4.1 不做处理

模型存在的多重共线性引起的各种不良后果都是源自它导致参数估计量的方差增大,但多重共线性只是影响参数估计量方差的因素之一,由(4.9)式可知,它还受模型随机误差项的方差(σ^2)和解释变量变异程度($\sum_{i=1}^{n} x_{ji}^2$)的影响。当σ^2很小、解释变量变异程度很大时,即使存在较严重的多重共线性,参数估计量的方差也可能是比较小的或可以接受的。因此,当模型的估计结果能够通过经济意义检验,并且变量的显著性检验结果也合理时,多重共线性并不是一个严重的问题,可以不做任何处理,或者说,"无为而治"。另外,如果研究目的仅在于预测被解释变量 Y 的值,而且解释变量之间多重共线关系的性质在预测期将继续保持,这时可决系数 R^2 越高,预测就越准确,对多重共线性问题也可以不做处理。

4.1.4.2 补救措施

若多重共线性导致模型的估计出现了严重的后果,则应该采取必要的措施减弱多重共线性引起的不良影响。这里介绍几种常用的做法:

第一种做法:经验做法

(1)剔除相对不重要的变量

直接从模型中去掉那些引起多重共线性的,相对而言不重要的变量,以减弱变量之间的多重共线性。这种做法简便易行,但值得注意的是,当去掉某个(些)变量时,保留在模型中的变量的系数的经济含义将发生变化,其估计值通常也将发生变化。

(2)补充新样本数据

严重的多重共线性意味着解释变量的样本数据构成的向量之间存在高度的线性相关性,增加新的样本数据,一方面可能会减弱它们之间的相关程度,另一方面通常会使$\sum_{i=1}^{n} x_{ji}^2$增加,进而导致 $Var(\hat{\beta}_j)$ 减小[依据(4.9)式]。看起来这是一种解决问题的好办法,但在实证分析中,我们往往是已尽可能地利用了所有的样本数据,很难再有额外的数据资料可供利用。

(3)利用先验信息

第一种情形:依据经济理论或实践经验得到的某些参数之间的线性关系,对参数进行约束最小二乘估计。例如,在建立 Cobb – Dauglas 生产函数模型

$$\ln(Q) = \ln(A) + \alpha\ln(K) + \beta\ln(L) + u \tag{4.12}$$

时,若长期的实践经验表明生产是规模报酬不变的,则有 $\alpha + \beta = 1$。于是,利用该式可以将模型(4.12)变换为:

$$\ln(Q) = \ln(A) + \alpha\ln(K) + (1 - \alpha)\ln(L) + u$$

即

$$\ln(Q/L) = \ln(A) + \alpha\ln(K/L) + u$$

消除其存在的多重共线性。进而,利用 OLS 法估计变换后的模型得到 $\ln A$ 和 α 的估计量 $\widehat{\ln A}$、$\hat{\alpha}$,再令 $\hat{\beta} = 1 - \hat{\alpha}$,得到$\beta$的估计量 $\hat{\beta}$。

第二种情形:在某些参数的横截面估计与时间序列估计一致,或在不同截面之间的估计没有大的变化的前提下,综合使用横截面数据与时间序列数据分批估计参数。其基

本做法是：首先利用横截面数据估计出部分参数，再利用时间序列数据估计出另外的部分参数，从而完成对整个模型的估计。

例如，我们要研究中国家用轿车的需求问题，搜集到了关于家用轿车的销售数量（Y_t）、平均价格（P_t）和消费者收入（I_t）的时间序列数据，并设定模型为：

$$\ln(Y_t) = \beta_0 + \beta_1\ln(P_t) + \beta_2\ln(I_t) + u_t$$

由于P_t和I_t具有相同的变化趋势，致使模型存在较严重的多重共线性问题。解决这一问题的一种方法是：

首先，利用定点追踪调查得到的消费者的横截面数据（在这一点上轿车的平均价格可以看作是常数），通过估计如下模型

$$\ln(Y_i) = \alpha_1 + \alpha_2\ln(I_i) + v_i$$

得到参数 α_2 的截面估计值 $\hat{\alpha}_2$。

其次，用 $\hat{\alpha}_2$ 替换原模型中的参数β_2，得到模型

$$\ln(Y_t) = \beta_0 + \beta_1\ln(P_t) + \hat{\alpha}_2\ln(I_t) + w_t$$

即

$$Y_t^* = \beta_0 + \beta_1\ln(P_t) + w_t$$

其中 $Y_t^* = \ln(Y_t) - \hat{\alpha}_2\ln(I_t)$。再利用时间序列样本数据，得到参数$\beta_0$、$\beta_1$ 的估计值$\hat{\beta}_0$、$\hat{\beta}_1$。

需要注意的是，这种做法暗含着假定轿车销售量的收入弹性在横截面上的估计和利用时间序列数据得到的估计是一样的。当在样本区间各时点截面上所得收入弹性变化不大时，这是一个值得考虑的方法。

（4）变换模型的形式

这种做法是对模型进行适当的变换，以使新模型具有较弱的多重共线性。例如，时间序列变量之间的多重共线性往往是由于它们具有随着时间朝同一方向变化的趋势造成的，若对变量进行差分变换，消除各变量中存在的时间趋势，就可能减弱模型存在的多重共线性。

具体做法是：若原模型为

$$Y_t = \beta_0 + \beta_1X_{1t} + \beta_2X_{2t} + \cdots + \beta_kX_{kt} + u_t \tag{4.13}$$

这里 t 可以是样本期内的任一时点，那么对于时点 $t-1$，仍有

$$Y_{t-1} = \beta_0 + \beta_1X_{1,t-1} + \beta_2X_{2,t-1} + \cdots + \beta_kX_{k,t-1} + u_{t-1} \tag{4.14}$$

将(4.13)式减去(4.14)式，得

$$\Delta Y_t = \beta_1\Delta X_{1t} + \beta_2\Delta X_{2t} + \cdots + \beta_k\Delta X_{kt} + \Delta u_t \tag{4.15}$$

其中

$$\Delta Y_t = Y_t - Y_{t-1}$$

$$\Delta X_{jt} = X_{jt} - X_{j,t-1} \quad (j = 1,2,\cdots,k)$$

$$\Delta u_t = u_t - u_{t-1}$$

分别称为 Y_t、X_{jt}、u_t 的一阶差分，模型(4.15)称为**一阶差分模型**(first - difference model)。利用 OLS 法估计模型(4.15)，首先得到$\beta_j(j = 1,\cdots,k)$ 的估计量$\hat{\beta}_j$，再通过关系式 $\bar{Y} = \hat{\beta}_0 + \hat{\beta}_1\bar{X}_1 + \cdots + \hat{\beta}_k\bar{X}_k$，得到$\beta_0$ 的估计量$\hat{\beta}_0$。

需要注意的是，若原模型的随机误差项满足基本假定条件，变换模型的形式虽然可能减弱多重共线性的影响，但是变换后的模型可能会违背基本假定中的某些条件。比

如，上述差分模型中的 $\Delta u_t = u_t - u_{t-1}$ 是自相关的（请读者自己证明）。在后面两节，我们将会看到，这些对基本假定条件的违背可能带来比多重共线性更为严重的后果。因此，在实践中应该谨慎使用这种做法。

第二种做法：逐步回归法

逐步回归法（stepwise regression）也称为**费瑞希修正法**（Frisch correction method），是处理多重共线性问题的一种常用方法。其基本步骤是：

（1）用被解释变量分别对每一个解释变量进行线性回归，依据对解释变量的重要性、变量的显著性和 R^2 的综合分析，从中选择一个最合适的回归模型作为基础模型。

（2）依据变量的重要性，在基础模型中逐个增加其他解释变量，每增加一个解释变量都重新进行线性回归，并按下面的规则决定是舍弃还是保留新增加的解释变量，直至考虑完所有的解释变量为止。

逐步回归法添加解释变量的一般规则：

① 若样本回归函数不能通过经济意义检验，或者明显地影响了其他变量显著性检验的结果，则说明该解释变量与其他变量之间具有较严重的多重共线性，应该舍弃。

② 若样本回归函数通过了经济意义检验，对其他变量的显著性 t 检验未带来什么影响，但未能明显改进 $\bar{R}^2$ 或新增加的解释变量是不显著的，则认为该变量是多余的，应该舍弃。

③ 除①②之外，则保留新增加的解释变量。

逐步回归法存在的缺陷是，逐步回归过程中的每一次回归都只是针对部分解释变量进行的，因此这种方法与剔除相对不重要的变量的做法一样，也存在参数的经济意义和估计值发生变化的问题。

第三种做法：改变参数的估计方法以减小参数估计量的方差

多重共线性造成的主要后果是参数估计量具有较大的方差。为了解决这一问题，计量经济学家们提出了一些以引入偏误为代价来提高参数估计量稳定性的参数估计方法，如岭回归法（ridge regression）、主成分回归法（principal components regression）等。下面简要介绍岭回归法的基本思想。

岭回归法是由霍尔（A. E. Hoerl）于 1962 年首先提出的，通过直接修正 OLS 估计量，来解决多重共线性问题的一种方法，后来于 1970 年霍尔和肯纳德（R. W. Kennard）对该方法给予了详细讨论。其基本思想是，由于解释变量之间存在多重共线性时，$|X'X| \approx 0$，进而导致参数的 OLS 估计量具有较大的方差，因此为减弱多重共线性产生的这一后果，可以通过修正参数的 OLS 估计量 $\hat{\beta} = (X'X)^{-1}X'Y$ 中的矩阵 $X'X$，以得到方差较小的估计量。通常的做法是，在 $\hat{\beta}$ 中引入对角矩阵 rD，使参数的估计量为：

$$\tilde{\beta} = (X'X + rD)^{-1}X'Y \tag{4.16}$$

其中 D 为 $X'X$ 主对角线上的元素构成的对角矩阵，r 为大于 0 的常数。这个估计量称为**岭回归估计量**（ridge regression estimator）。可以证明：$\tilde{\beta}$ 的第 j 个分量 $\tilde{\beta}_j$ 是参数 β_j 的有偏估计量，即 $E(\tilde{\beta}_j) \neq \beta_j$，并且 $Var(\tilde{\beta}_j) < Var(\hat{\beta}_j)$。

岭回归估计量的方差 $Var(\tilde{\beta}_j)$ 和偏倚 $E(\tilde{\beta}_j) - \beta_j$ 与 r 值的设定有关，r 越大，$\tilde{\beta}_j$ 的偏倚越大，其方差就越小。在实际应用中，往往使用逐步搜索的方法，首先给定较小的 r 值，然后逐渐增大 r 值，直至岭回归估计量 $\tilde{\beta}$ 趋于稳定为止。

岭回归估计法是借助于 OLS 估计量的表达式，机械地设定一种具有较小方差的参数估计量以解决多重共线性问题的方法，它的吸引力在于用较小的偏误换来方差的改善，但在如何确定 r 值上缺乏令人信服的理论依据，而且对参数的统计推断也相当复杂。因此，这种方法在实际中并不常用。

例题 4.1　河南省粮食生产函数模型

本案例的研究目的是依据 1978—2000 年的样本数据建立河南省粮食生产函数模型。根据理论和经验分析，影响河南省粮食产量（Y）的主要因素有粮食播种面积、种植粮食使用的化肥数量及机械化作业的程度、成灾面积、有效灌溉面积、从事粮食生产的劳动力数量等。成灾面积主要是自然灾害形成的，不能看作可控变量，因此这里暂且不把它列为解释变量。考虑到样本数据的可得性，除粮食种植面积（X_1）外，我们使用农业生产的总体数据代替影响粮食生产的各种因素的指标数据，即以农用化肥施用量（X_2）、农用机械总动力（X_3）、农、林、牧、渔业劳动力人数（X_4）、农田有效灌溉面积（X_5）分别替代种植粮食使用的化肥数量、机械化作业的程度、种植粮食的劳动力数量及种植粮食的土地的有效灌溉面积等，建立如下粮食生产函数模型：

$$Y_t = \beta_0 + \beta_1 X_{1t} + \beta_2 X_{2t} + \beta_3 X_{3t} + \beta_4 X_{4t} + \beta_5 X_{5t} + u_t \quad (t = 1\,978, 1\,979, \cdots, 2\,000)$$

表 4－2 给出了有关河南省粮食生产的相关数据。

表 4－2　河南省粮食生产的相关数据

年份	粮食产量 Y /万吨	粮食播种面积 X_1 /千公顷	农用化肥施用量 X_2 /万吨	农用机械总动力 X_3 /万千瓦	农、林、牧、渔业劳动力 X_4 /万人	有效灌溉面积 X_5 /千公顷
1978	2 097.40	9 123.30	52.54	974.4	2 251	3 722.67
1979	2 134.50	9 066.70	60.05	1 079.3	2 300	3 636.00
1980	2 148.68	8 858.90	72.52	1 178.0	2 365	3 536.23
1981	2 314.50	9 029.30	81.90	1 262.1	2 457	3 388.00
1982	2 217.10	8 923.30	105.50	1 356.3	2 515	3 265.33
1983	2 904.00	9 286.70	130.67	1 405.9	2 537	3 210.00
1984	2 893.50	8 996.70	140.16	1 507.0	2 565	3 278.67
1985	2 710.53	9 029.30	143.58	1 590.0	2 558	3 189.97
1986	2 545.67	9 372.20	148.73	1 737.9	2 561	3 212.71
1987	2 948.41	9 365.20	135.58	1 865.9	2 583	3 250.07
1988	2 663.00	9 053.80	150.57	2 004.2	2 636	3 358.76
1989	3 149.44	9 262.00	184.25	2 153.4	2 706	3 438.00
1990	3 303.66	9 316.10	213.18	2 264.0	2 820	3 550.09
1991	3 010.30	9 040.40	239.74	2 330.4	2 913	3 676.59
1992	3 109.61	8 804.70	251.13	2 424.4	2 947	3 779.72
1993	3 639.21	8 969.00	288.21	2 624.0	2 902	3 868.33
1994	3 253.80	8 810.90	292.47	2 780.5	2 859	3 931.30
1995	3 466.50	8 810.00	322.21	3 115.4	2 808	4 044.19
1996	3 839.90	8 965.30	345.33	4 256.4	2 816	4 191.05
1997	3 894.66	8 879.90	355.31	4 337.9	2 903	4 333.06
1998	4 009.61	9 101.98	382.80	4 764.4	2 940	4 513.86
1999	4 253.25	9 032.30	399.85	5 342.9	3 299	4 648.78
2000	4 101.50	9 029.60	420.71	5 780.6	3 559	4 725.31

注：数据来源于《河南省统计年鉴》(2001)。

1. 利用 OLS 法初步估计模型

利用 OLS 法估计模型，得到如下回归结果：

$$\hat{Y}_t = -2\,708.08 + 0.588X_{1t} + 6.095X_{2t} + 0.049X_{3t} - 0.150X_{4t} - 0.150X_{5t}$$

t 值	-0.971	2.330	5.136	0.398	-0.512	-0.702
P 值	0.345 0	0.032 4	0.000 1	0.695 5	0.614 9	0.492 4

$R^2 = 0.954\,6, \bar{R}^2 = 0.941\,3, F = 71.562$（$P$ 值 = 0.000 0）

从上述结果可以看出，R^2 和 $\bar{R}^2$ 均大于 0.94，表明模型的拟合优度较高；F 检验的 P 值 =0.000 0，表明解释变量整体对粮食产量具有显著影响。但由于 X_3、X_4、X_5 对应的 t 统计量的 P 值都相当高，不能通过显著性检验，而且后两者系数的符号不合理，因此初步判断解释变量之间存在严重的多重共线性。

2. 进一步检验多重共线性

（1）利用简单相关系数法检验。在 EViews 软件下计算出解释变量之间的简单相关系数矩阵，如表 4－3 所示。

表 4－3　解释变量之间的简单相关系数矩阵

变量	X_1	X_2	X_3	X_4	X_5
X_1	1.000	-0.296	-0.213	-0.195	-0.383
X_2	-0.296	1.000	0.955	0.912	0.868
X_3	-0.213	0.955	1.000	0.895	0.915
X_4	-0.195	0.912	0.895	1.000	0.770
X_5	-0.383	0.868	0.915	0.770	1.000

因为 X_2 与 X_3、X_4、X_5，X_3 与 X_4、X_5 的相关系数均在 0.80 以上，而且 X_2 与 X_3 的相关系数达到 0.955，故可推断解释变量之间存在严重的多重共线性。

（2）利用辅助回归法检验。将每个解释变量对其他解释变量进行回归，考察它们的可决系数 R^2。为节省篇幅，这里只给出辅助回归的 R^2 及由此得到的方差膨胀因子 VIF，如表 4－4 所示。

表 4－4　辅助回归的 R^2 值和 VIF

被解释变量	X_1	X_2	X_3	X_4	X_5
R_j^2	0.375 8	0.938 1	0.960 3	0.851 0	0.888 2
$VIF_j(\frac{1}{1-R_j^2})$	1.602	16.155	25.188	6.711	8.945

由于 $X_2, \cdots, X_5$ 相应的 R^2 均大于 0.85，VIF 均大于 6，其中 X_3 相应的 R_3^2 达到 0.96，VIF_3 达到 25，因此也可推断模型存在严重的多重共线性。

综上所述，可以推断模型存在严重的多重共线性。

3. 利用逐步回归法重新估计模型

为克服多重共线性的影响，我们采用逐步回归法重新建立回归模型。

（1）建立基础回归模型。将 Y 对每一个解释变量进行 OLS 法回归，得

$$\hat{Y}_t = 7\,640.89 - 0.505\,1X_{1t}$$
t 值　　1.010 5　−0.604 6
P 值　　0.323 7　0.551 9
$R^2 = 0.017\,1, \bar{R}^2 = -0.029\,6$

$$\hat{Y}_t = 1\,893.14 + 5.504X_{2t}$$
t 值　　16.291　23.115
P 值　　0.000 0　0.000 0
$R^2 = 0.926\,6, \bar{R}^2 = 0.923\,1$

$$\hat{Y}_t = 1\,965.93 + 0.436\,7X_{3t}$$
t 值　　17.789　11.396
P 值　　0.000 0　0.000 0
$R^2 = 0.860\,8, \bar{R}^2 = 0.854\,1$

$$\hat{Y}_t = -2\,198.24 + 1.929X_{4t}$$
t 值　　−3.576 9　8.623 5
P 值　　0.001 8　0.000 0
$R^2 = 0.779\,7, \bar{R}^2 = 0.769\,3$

$$\hat{Y}_t = -1\,071.85 + 1.110\,9X_{5t}$$
t 值　　−1.568 4　6.108 8
P 值　　0.131 7　0.000 0
$R^2 = 0.639\,9, \bar{R}^2 = 0.622\,7$

依据变量的重要性，并比较上述回归结果中的 R^2 及变量显著性检验的 t 值的绝对值（或 P 值），可知宜选择

$$Y_t = \gamma_0 + \gamma_1 X_{2t} + v_t$$

为基础模型。

（2）将其余解释变量逐步引入模型，并判断变量的取舍，其中对各步模型进行 OLS 回归的主要结果如表 4－5 所示。

表 4－5　粮食生产函数模型逐步回归的结果

模型	X_1	X_2	X_3	X_4	X_5	$\bar{R}^2$	DW
$f(X_2)$		5.505 (0.000)				0.923	2.123
$f(X_1, X_2)$	0.654 (0.003)	5.792 (0.000)				0.948	2.310
$f(X_1, X_2, X_3)$	0.665 (0.005)	5.999 (0.000)	−0.017 (0.833)			0.946	2.322
$f(X_1, X_2, X_4)$	0.670 (0.004)	6.058 (0.000)		−0.109 (0.691)		0.946	2.332

表4-5(续)

模型	X_1	X_2	X_3	X_4	X_5	$\bar{R}^2$	DW
$f(X_1,X_2,X_5)$	0.622 (0.007)	6.084 (0.000)			-0.086 (0.555)	0.946	2.376

注:① 模型均为 Y 对解释变量的含有截距项的线性回归模型,如 $f(X_2)$ 意味着 $Y_t=\gamma_0+\gamma_1X_{2t}+v_t$。

② 解释变量所在列中数字为相应解释变量的系数估计值,括号中数字为该变量显著性检验 t 统计量的 P 值。

③ DW 值是检验模型的随机误差项是否存在自相关性的 DW 检验的统计量值,DW 值在 2 附近表明随机误差项无自相关性(详细的讨论在本章 §4.3)。

从表4-5 可以看出,在基础模型中引入 X_1 后,$\bar{R}^2$ 明显提高,变量系数估计值的符号合理且都能通过 t 检验,因此保留 X_1。在此基础上分别引入 X_3、X_4、X_5 所得模型的估计结果中,$\bar{R}^2$ 都有所下降,而且由于 X_3、X_4、X_5 均与 X_2 高度相关,导致它们的系数估计值的符号不合理且都不能通过 t 检验,因此模型中不再引入这些变量。于是,按此引入变量的顺序,所建立的河南省粮食生产函数模型为:

$$\hat{Y}_t=-4\ 090.05+0.654X_{1t}+5.792X_{2t} \tag{4.17}$$

t 值	-2.278	3.334	19.928
P 值	0.033 9	0.003 3	0.000 0

$$R^2=0.952\ 8, \bar{R}^2=0.948\ 1, F=202.19(P=0.000\ 0), DW=2.310\ 4$$

另外,可以验证:若改变引入变量的顺序,所得回归模型都达不到模型(4.17)的拟合效果。因此,模型(4.17)即为最终建立的河南省粮食生产函数模型。

最后,需要说明的是,模型(4.17)没有考虑自然灾害对粮食生产的影响,而且 X_2 为农用化肥施用量而不是用于粮食生产的化肥施用量,这在一定程度上影响了模型的质量。如果在这些方面加以改进,可以预期所建模型的质量会进一步提高。

§4.2 异方差性

4.2.1 异方差性的概念

经典线性回归模型

$$Y_i=\beta_0+\beta_1X_{1i}+\cdots+\beta_kX_{ki}+u_i \quad (i=1,2,\cdots,n)$$

的同方差性假定要求对所有的观测点 i 都有

$$Var(u_i)=\sigma^2$$

如果模型违背了同方差性假定,随机误差项 u_i 的方差在不同观测点处不再为同一常数,即

$$Var(u_i)=\sigma_i^2 \quad (i=1,2,\cdots,n) \tag{4.18}$$

则称 u_i(或模型)存在**异方差性**(heteroskedasticity)。由于 $X_j(j=1,2,\cdots,k)$ 为确定性变量,

$$Var(Y_i) = Var(u_i)$$

所以(4.18)式等价于

$$Var(Y_i) = \sigma_i^2 \quad (i = 1,2,\cdots,n)$$

图4-7为 Y_i 具有异方差性的示意图。

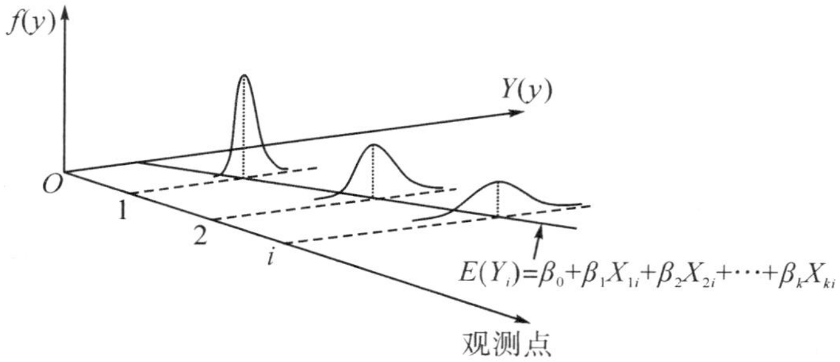

图4-7 Y_i 的异方差性示意图

异方差性表明随机误差项 u_i 或被解释变量 Y_i 在各个观测点处的方差与观测点有关,或者说,与解释变量的取值有关。因此,异方差性往往用某一解释变量或多个解释变量的函数来表示,其一般形式为:

$$\sigma_i^2 = \sigma^2 f(X_{1i}, X_{2i}, \cdots, X_{ki})$$

这里 σ^2 为正常数。当然,至于选择哪些变量及采用什么函数形式要依据异方差的性质而定。

对于某一解释变量 X_j,异方差性一般可以分为三种类型:①单调递增型:σ_i^2 随 X_{ji} 的增加而增加。②单调递减型:σ_i^2 随 X_{ji} 的增加而减小。③复杂型:σ_i^2 随 X_{ji} 的变化呈复杂形式。图4-8为各种类型的异方差性对应的分布示意图。

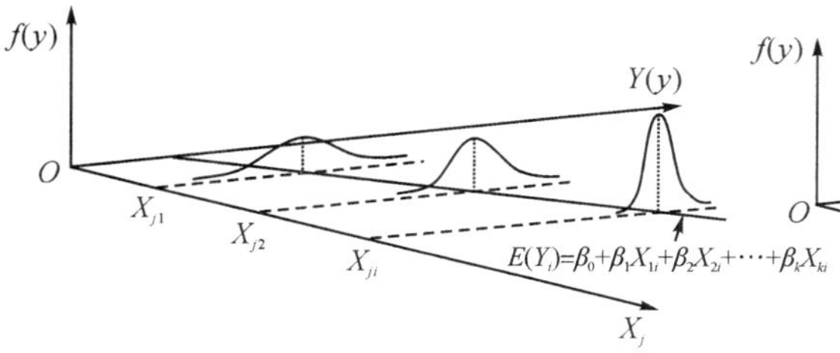

(a)递减型异方差

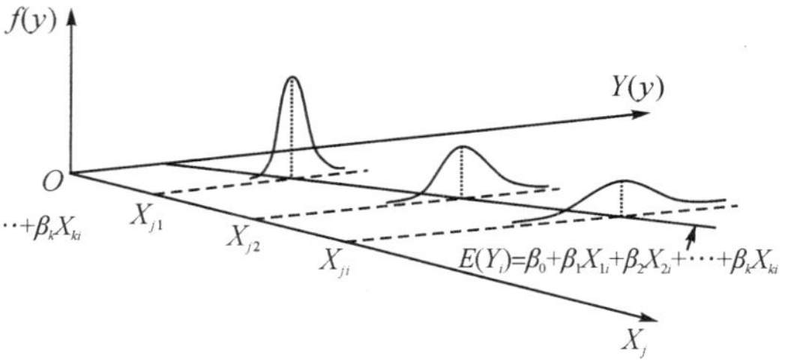

(b)递增型异方差

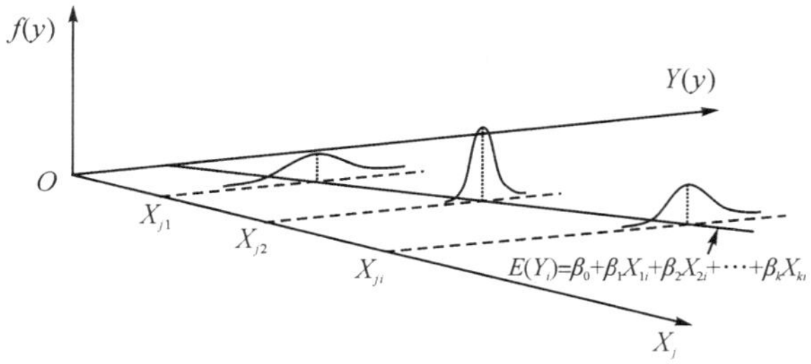

(c)复杂型异方差

图4-8 不同类型异方差性的分布示意图

由于现实经济活动的错综复杂性，建模过程中异方差现象是经常出现的。下面是几个可能存在异方差性的例子：

(1)利用居民家庭的储蓄额 Y(被解释变量)和可支配收入 X(解释变量)的截面样本数据建立居民家庭的储蓄函数模型。一般来说，高收入家庭的储蓄差异比较大，低收入家庭的储蓄则更有规律性(如为某一目的而储蓄)，差异较小，因此 $Var(Y)$ 往往随着 X 的增加而增加，呈现出单调递增型的变化。

(2)以某一行业的企业为样本建立企业生产函数模型，其中被解释变量为企业的产出量，解释变量为企业的资本投入量、劳动力数量和技术水平。除这些解释变量外，企业的管理水平、所处外部环境(能源供应、政策、自然环境等)对产出量也会产生一定的影响，而且对大企业的影响往往要比对小企业的影响大。换言之，就是企业管理水平、所处外部环境的差异导致大企业产量的波动性(方差)要大于小企业产量的波动性(方差)，从而导致模型出现异方差性。

(3)模型设定的偏误(指实际建立的模型与"正确的"模型不一致)导致其可能存在异方差性。如，"正确的"模型不存在异方差性，实际建立的模型遗漏了或为减弱多重共线性人为去掉了"正确的"模型中的某些随机解释变量，这些变量就归入了随机误差项中，如果它们本身存在异方差性，就可能导致该模型的随机误差项出现异方差性。又如，"正确的"模型为：

$$\ln(Y_i) = \beta_0 + \beta_1 X_i + u_i$$

不存在异方差性，而实际建立的是线性回归模型

$$Y_i = \alpha_0 + \alpha_1 X_i + v_i$$

则该模型就会存在异方差性。

(4)样本数据观测误差的波动性有可能随研究范围的扩大而增加，也可能随着观测技术的提高和数据处理方法的改进而逐步减小，因此当观测误差构成了随机误差项的主要成分时，在上述两种情形下随机误差项就可能出现异方差性。

一个经验的结论是：采用横截面样本数据建模，由于在不同的样本点上解释变量之外的其他因素对被解释变量影响的差异较大，因而模型往往存在异方差性。

4.2.2 异方差性的后果

在线性回归模型存在异方差性的情形下，由第2、3章关于回归系数OLS估计量 $\hat{\beta}_j$ 的统计性质的证明过程可知，$\hat{\beta}_j$ 仍然具有线性性、无偏性，而且通常也具有一致性(见§4.4)。尽管如此，采用OLS法估计存在异方差性的模型会产生以下后果：

4.2.2.1 回归系数的OLS估计量不具有最小方差性

本节后面4.2.4部分的研究表明，对于存在异方差性的模型，利用加权最小二乘法得到的回归系数的估计量是最佳线性无偏估计量，而且其方差通常小于OLS估计量的方差。这意味着在回归系数的所有线性无偏估计量中，OLS估计量的方差通常不是最小的，即它通常不具有最小方差性[注：OLS估计量的方差也可能是最小的，但这种情况在实践中并不常见(参见：古扎拉蒂，2005，p_{375})]。回归系数的OLS估计量不具有最小方差性，也称它是**非有效的**(inefficient)。

下面以一元线性回归模型(为简单起见,模型中没有包括截距项)

$$Y_i = \beta X_i + u_i \tag{4.19}$$

为例,说明回归系数 OLS 估计量的非有效性及其方差估计中遇到的问题,这里 $Var(u_i) = \sigma^2 X_i^2$,模型满足其他基本假定条件。容易求得 β 的 OLS 估计量为:

$$\hat{\beta} = \frac{\sum_{i=1}^{n} X_i Y_i}{\sum_{i=1}^{n} X_i^2} = \beta + \frac{\sum_{i=1}^{n} X_i u_i}{\sum_{i=1}^{n} X_i^2}$$

$\hat{\beta}$ 的方差为:

$$Var(\hat{\beta}) = \sum_{i=1}^{n} \left(\frac{X_i}{\sum_{i=1}^{n} X_i^2}\right)^2 Var(u_i) \qquad \text{(利用假定 1、4)}$$

$$= \sum_{i=1}^{n} \left(\frac{X_i}{\sum_{i=1}^{n} X_i^2}\right)^2 \sigma^2 X_i^2 = \frac{\sigma^2}{\sum_{i=1}^{n} X_i^2} \cdot \frac{\sum_{i=1}^{n} X_i^4}{\sum_{i=1}^{n} X_i^2}$$

在本节后面 4.2.4 部分我们将看到,利用加权最小二乘法可得参数 β 的最佳线性无偏估计量为:

$$\hat{\beta}^{wls} = \frac{1}{n} \sum_{i=1}^{n} \frac{Y_i}{X_i}$$

其方差为:

$$Var(\hat{\beta}^{wls}) = \frac{1}{n^2} \sum_{i=1}^{n} \frac{Var(Y_i)}{X_i^2} \qquad \text{(利用假定 1、4)}$$

$$= \frac{1}{n^2} \sum_{i=1}^{n} \frac{\sigma^2 X_i^2}{X_i^2} = \frac{\sigma^2}{n}$$

由于 $\left(\sum_{i=1}^{n} X_i^2\right)^2 \leqslant n \sum_{i=1}^{n} X_i^4$,其中等式只有当 X_i^2 为与 i 无关的常数时才成立,因此

$$\frac{\sigma^2}{\sum_{i=1}^{n} X_i^2} \cdot \frac{\sum_{i=1}^{n} X_i^4}{\sum_{i=1}^{n} X_i^2} \geqslant \frac{\sigma^2}{n}$$

即 $Var(\hat{\beta}) \geqslant Var(\hat{\beta}^{wls})$,且在实践中不等式的等号成立的情况并不常见。此表明 β 的 OLS 估计量 $\hat{\beta}$ 通常不具有最小方差性。

在 $Var(\hat{\beta})$ 中含有未知的参数 σ^2,因此要度量 $\hat{\beta}$ 的稳定性或其估计精度,就需要对 $Var(\hat{\beta})$ 进行估计。我们知道,对同样的样本数据,若将随机误差项"看作"具有相同的方差 σ_0^2,则 $\hat{\beta}$ 的方差为:

$$\widetilde{Var}(\hat{\beta}) = \frac{\sigma_0^2}{\sum_{i=1}^{n} X_i^2}$$

于是,可得

$$\frac{Var(\hat{\beta})}{\widetilde{Var}(\hat{\beta})}=\frac{\sigma^2}{\sigma_0^2}\cdot\frac{\sum_{i=1}^{n}X_i^4}{\sum_{i=1}^{n}X_i^2}$$

显然，$\frac{Var(\hat{\beta})}{\widetilde{Var}(\hat{\beta})}$ 的大小与解释变量及其测量单位有关，它既可能大于 1 也可能小于 1。由此可知，通常用于估计 $\widetilde{Var}(\hat{\beta})$ 的估计量 $\frac{\hat{\sigma}_0^2}{\sum_{i=1}^{n}X_i^2}$（其中 $\hat{\sigma}_0^2=\frac{\sum_{i=1}^{n}e_i^2}{n-1}$），用来估计 $Var(\hat{\beta})$ 是不合适的。在本节 4.2.4 中我们将介绍 $Var(\hat{\beta})$ 的一个一致估计量。

4.2.2.2　通常的变量和方程的显著性检验失效

采用 OLS 法回归模型，变量的显著性检验通常采用的统计量为

$$t_j=\frac{\hat{\beta}_j}{\hat{SD}(\hat{\beta}_j)}\sim t(n-k-1)\quad（在 H_0:\beta_j=0 成立的条件下）$$

其中，$\hat{SD}(\hat{\beta}_j)=\hat{\sigma}\sqrt{(X'X)^{-1}_{j+1,j+1}}$，$\hat{\sigma}^2=\frac{\sum_{i=1}^{n}e_i^2}{n-k-1}$。上述分布依赖于随机误差项 u_i 具有同方差性，当 u_i 存在异方差性时，如此构造的统计量 t_j 不再服从 $t(n-k-1)$ 分布，因此将其样本值与 $t(n-k-1)$ 分布的临界值相比较进行变量的显著性检验，其结果是不可靠的。关于方程的 F 检验也是如此。

4.2.2.3　被解释变量通常的预测值不具有最小均方误差性且通常的预测区间不可靠

当模型存在异方差性时，回归系数的 OLS 估计量仍然是无偏的，并且依据样本回归函数得到的被解释变量 Y 的预测值也是无偏的。但是，本节后面 4.2.5 部分的研究表明，依据利用加权最小二乘法得到的样本回归函数对 Y 进行预测，所得预测值是最优线性无偏预测。这意味着在 Y 的所有线性无偏预测值中，利用 OLS 法得到的 Y 通常的预测值的均方误差不是最小的，即它不具有最小均方误差性。而且，由于 $E(Y_F\mid X_F)$ 通常的预测区间要求 u_i 具有同方差性，当 u_i 存在异方差性时，

$$t=\frac{\hat{Y}_F-E(Y_F\mid X_F)}{\hat{\sigma}\sqrt{X_F(X'X)^{-1}X_F'}}\sim t(n-k-1)$$

不再成立，导致基于此所建立的预测区间是不可靠的。同理，通常构造的 Y_F 的预测区间也是不可靠的。

4.2.3　异方差性的检验

由于异方差性使得回归系数的 OLS 估计量通常是非有效的，并且给模型的统计推断和预测带来了许多不良后果，因此在建模过程中有必要对模型的异方差性进行检验，以便采取适当的参数估计方法。在此我们介绍**几种常用的异方差性检验方法**：图示检验法、戈德菲尔德－匡特（Goldfeld－Quandt）检验、怀特（White）检验和戈里瑟（Glejser）检验等。

异方差性检验就是要检验随机误差项 u_i 的方差是否随着观测点或解释变量的变化而变化。由于 u_i 是不可观测的，其方差 σ_i^2 也是未知的，因此异方差性检验首先要解决的问题是用什么来替代或估计 σ_i^2。在第 2 章中我们已经指出，当 u_i 的分布性质未知时，若 u_i 与残差 e_i 可以看作近似相等，则可以借助于 e_i 的性质来对其进行推断。由于 β_j 的 OLS 估计量 $\hat{\beta}_j$ 是无偏且一致的，并且

$$e_i = Y_i - \hat{\beta}_0 - \hat{\beta}_1 X_{1i} - \hat{\beta}_2 X_{2i} - \cdots - \hat{\beta}_k X_{ki}$$

$$= (\beta_0 - \hat{\beta}_0) + (\beta_1 - \hat{\beta}_1) X_{1i} + (\beta_2 - \hat{\beta}_2) X_{2i} + \cdots + (\beta_k - \hat{\beta}_k) X_{ki} + u_i$$

因此可以认为，至少在大样本的情形下，$e_i \approx u_i$。又由于

$$E(u_i^2) = \sigma_i^2$$

因此在只有一个样本值时，可以把 u_i^2 作为 σ_i^2 的估计。于是，在 u_i^2 未知的情形下，将 e_i^2 作为 σ_i^2 的估计量是一个自然的选择。基于这种考虑，异方差性检验的基本思路通常是，首先利用 OLS 法估计参数并计算 e_i^2，然后通过研究 e_i^2 是否随着观测点的变化而变化来推断 u_i 是否存在异方差性。

4.2.3.1　图示检验法

图示检验法是通过做 e_i^2 对某一解释变量 X_{ji} 的散点图，从几何直观上对 u_i 的异方差性进行推断。图 4 - 9 为 e_i^2 对 X_{ji} 的各种散点图，其中图(a)表明 u_i 为同方差的；图(b)、(c)、(d)为 u_i 存在异方差性的情形，并且依次为递增型、递减型和复杂型的异方差性。

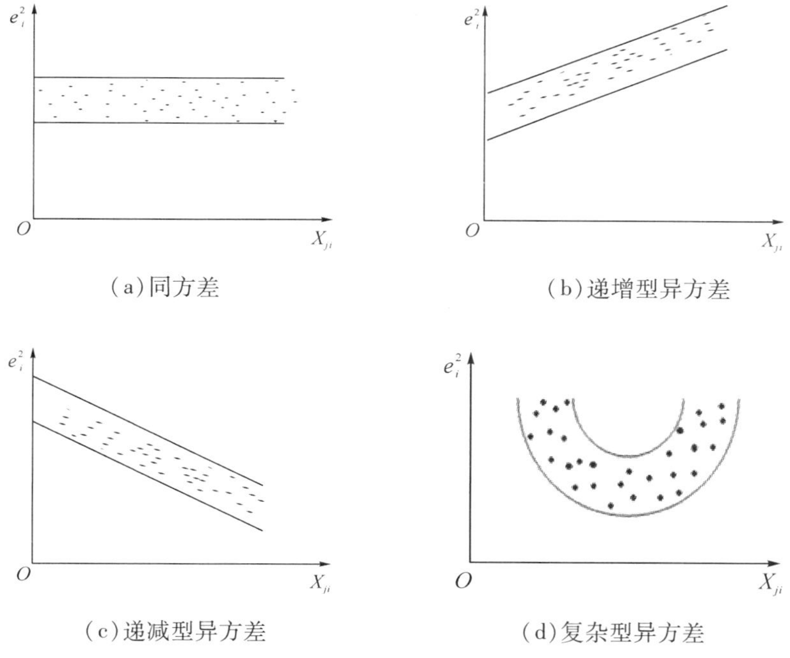

图 4 - 9　e_i^2 对 X_{ji} 的各种散点图

通过做被解释变量 Y_i 对某一解释变量 X_{ji} 的散点图，如图 4 - 10 所示，也可以对 Y_i 或 u_i 的异方差性进行推断。

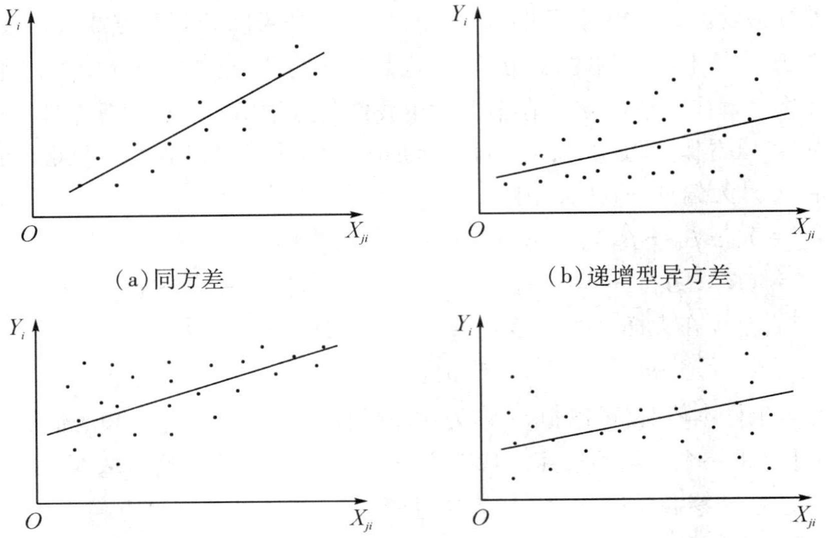

(a)同方差　　(b)递增型异方差

(c)递减型异方差　　(d)复杂型异方差

图 4-10　Y_i 对 X_{ji} 的各种散点图

在实践中，如果我们事先无法确定针对哪一个解释变量检验合适，可以对每一个解释变量都作其与 e_i^2（或 Y_i）的散点图，利用上述检验法进行检验。若所有散点图均与图 4-9(a)［或图 4-10(a)］类似，则认为随机误差项 u_i 是同方差的；否则，则认为 u_i 存在异方差性。

图示检验法简单易操作，但对异方差性的判断比较粗糙。由于引起异方差性的原因错综复杂，随机误差项的方差可能是所有解释变量的一个复杂函数，仅靠图形有时很难准确对是否存在异方差性下结论，因此该方法通常是作为对异方差性的一种初步检验。

4.2.3.2　戈德菲尔德-匡特(Goldfeld-Quandt)检验

戈德菲尔德-匡特检验是戈德菲尔德(S. M. Goldfeld)和匡特(R. E. Quandt')于 1965 年提出的，可用于检验递增型或递减型异方差性的一种检验方法。该检验的基本思想是：由于在满足基本假定条件下，基于 OLS 法得到的估计量 $\hat{\sigma}^2 = \frac{\sum_{i=1}^{n} e_i^2}{n-k-1}$ 是随机误差项 u_i 的方差 σ^2 的无偏且一致估计量，因此对于样本的两部分，如：子样本 1($i=1,2,\cdots,m$) 和子样本 2($i=m+1,m+2,\cdots,n$)，若它们对应的随机误差项 u_i 具有相同的方差，那么依据它们各自得到的 u_i 的方差的 OLS 估计量：

$$\hat{\sigma}_1^{\ 2} = \frac{\sum_{i=1}^{m} e_{1i}^2}{m-k-1},\ \hat{\sigma}_2^{\ 2} = \frac{\sum_{i=m+1}^{n} e_{2i}^2}{n-m-k-1}$$

通常应该非常接近。于是，可以通过考察 $\hat{\sigma}_1^{\ 2}$ 与 $\hat{\sigma}_2^{\ 2}$ 的比值 $\hat{\sigma}_1^{\ 2}/\hat{\sigma}_2^{\ 2}$ 来推断两个子样本 u_i 的方差是否存在显著差异。

戈德菲尔德-匡特检验是在经初步检验已知 u_i 对于解释变量 X_j 可能存在递增（或递减）型的异方差性的基础上进行的，其原假设和备择假设分别为：

H_0：u_i 具有同方差性

$H_1: u_i$ 具有递增(或递减)型的异方差性

对于 u_i 可能存在递增型异方差性的情形,戈德菲尔德－匡特检验的通常做法是:

① 将样本数据 $(Y_i, X_{1i}, X_{2i}, \cdots, X_{ki})(i = 1,2,\cdots,n)$ 按 X_j 从小到大的顺序排序,并把排在中间的 c(约 $n/4$)个数据去掉,再将剩余数据分为前后两个子样本,每个子样本的样本容量为 $(n-c)/2$(整数)。

② 对每个子样本分别进行 OLS 回归,并计算各自的残差平方和,分别用 RSS_1、RSS_2 表示前后两个子样本的残差平方和。

③ 在原假设 H_0 成立的条件下,构造如下统计量:

$$F = \frac{RSS_2/(\frac{n-c}{2}-k-1)}{RSS_1/(\frac{n-c}{2}-k-1)} = \frac{RSS_2}{RSS_1} \sim F(\frac{n-c}{2}-k-1, \frac{n-c}{2}-k-1) \quad (4.20)$$

④ 对于给定的显著性水平 α,查 F 分布表得临界值 $F_\alpha(\frac{n-c}{2}-k-1, \frac{n-c}{2}-k-1)$,并计算统计量的样本值 F。若 $F > F_\alpha(\frac{n-c}{2}-k-1, \frac{n-c}{2}-k-1)$,则拒绝原假设,认为 u_i 存在异方差性,并且是递增型的;若 $F < F_\alpha(\frac{n-c}{2}-k-1, \frac{n-c}{2}-k-1)$,则接受原假设,认为 u_i 具有同方差性。

请读者思考:在上述检验步骤①中,为什么要去掉中间的部分数据?

对于 u_i 可能存在递减型异方差性的情形,执行戈德菲尔德－匡特检验的第①步是按某一解释变量从大到小的顺序排序,接下来的步骤与检验递增型的情形相同。

与图示检验法的说明类似,如果我们事先无法确定针对哪一个解释变量检验合适,可以对每一个可能与 e_i^2 有递增或递减关系的解释变量进行戈德菲尔德－匡特检验。若所有检验结果均接受原假设,则认为随机误差项 u_i 是同方差的;否则,则认为 u_i 存在异方差性。

4.2.3.3　怀特(White)检验

怀特检验是怀特(H. White)在 1980 年提出的一种异方差性检验方法,它不需要对异方差性的类型做任何假定。怀特检验的原假设和备择假设分别为 $H_0: u_i$ 具有同方差性,$H_1: u_i$ 具有异方差性。对于线性回归模型,其通常的检验步骤为:

① 用 OLS 法估计待检验的模型,并计算残差 $e_i = Y_i - \hat{Y}_i$ 的平方 e_i^2。

② 以 e_i^2 为被解释变量,对待检验模型中的解释变量及其平方、解释变量之间的交叉乘积进行 OLS 回归,称之为**辅助回归**,得到可决系数 R^2。例如,二元回归模型

$$Y_i = \beta_0 + \beta_1 X_{1i} + \beta_2 X_{2i} + u_i$$

对应的辅助回归模型为:

$$e_i^2 = \alpha_0 + \alpha_1 X_{1i} + \alpha_2 X_{2i} + \alpha_3 X_{1i}^2 + \alpha_4 X_{2i}^2 + \alpha_5 X_{1i} X_{2i} + v_i \quad (4.21)$$

③ 在原假设 H_0 成立的条件下,构造如下统计量:

$$nR^2 \overset{a}{\sim} \chi^2(p-1)$$

即 nR^2 渐近服从自由度为 $p-1$ 的 χ^2 分布,这里 n 为模型的样本容量,p 为辅助回归模型中待估参数的个数。例如,辅助回归模型(4.21)中的 p 值为 6。

④ 对于给定的显著性水平 α，查自由度为 $p-1$ 的 χ^2 分布表得临界值 $\chi_\alpha^2(p-1)$，使得

$$P[nR^2 > \chi_\alpha^2(p-1)] = \alpha$$

图 4－11 是自由度为 p－1＝5 时该等式的几何表示。

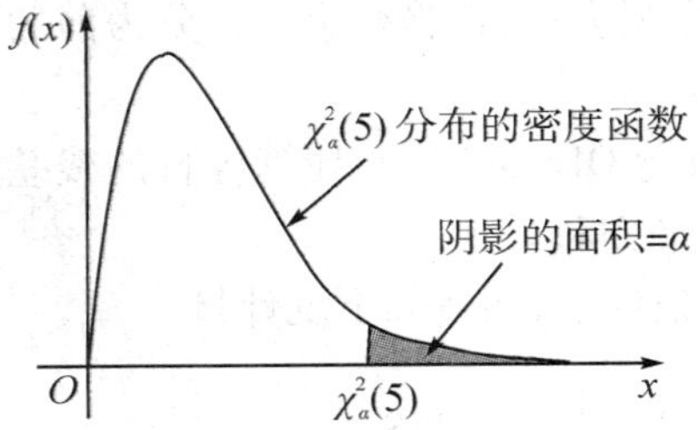

图 4－11　χ^2 检验的临界值与显著性水平之间关系的示意图

计算统计量的样本值 nR^2。若 $nR^2 > \chi_\alpha^2(p-1)$，则拒绝原假设，认为 u_i 存在异方差性；若 $nR^2 < \chi_\alpha^2(p-1)$，则接受原假设，认为 u_i 具有同方差性。

执行怀特检验时，需要注意以下事项：

（1）按照第②步的规则建立辅助回归模型时，若出现相同的变量，则只保留其中之一。例如，当待检验模型含有虚拟变量，即取值为 0、1 的人工变量 D，做解释变量时，因为 $D = D^2$，则在辅助回归模型中，D 与 D^2 只需保留一个。否则，模型是不可以识别的。

请读者自己写出对如下模型进行怀特检验的辅助回归模型的表达式：

$$Y_i = \beta_0 + \beta_1 X_{1i} + \beta_2 X_{1i}^2 + \beta_3 X_{2i} + u_i$$

（2）当解释变量个数较多时，辅助回归模型中待估参数的个数会相当多，造成辅助回归模型的估计精度较差，甚至无法进行估计，此时可以去掉辅助回归模型中解释变量之间的交叉乘积项。在 EViews 软件中依据辅助回归是否含有交叉乘积项，将怀特检验相应地分为两种情形，需要用户根据需要自己进行选择。**需要注意的是**，在 EViews6.0 以后的版本下，当选择不含有交叉（乘积）项，或者，待检验的模型不含有截距项时，怀特检验的辅助回归模型也不含有解释变量的一次项。

（3）怀特检验是基于统计量 nR^2 的渐近分布，因此该检验要求样本为大样本。

（4）由于辅助回归模型特定的函数形式，导致怀特检验通常具有较高的犯第二类错误（即，模型存在异方差性但检验结果却接受原假设）的概率。

> 在 EViews 软件下，怀特检验的执行过程：
>
> 在对原模型进行 OLS 回归的输出结果窗口中，点击 View→Residual diagnostics→Heteroskedasticity tests，弹出 Heteroskedasticity tests 窗口，接着在该窗口的 Test type 选项中选择 White，并根据需要在右侧确定是否选择 Include White cross terms（包括怀特交叉项）。然后点击 OK，即得到怀特检验的输出结果，其中包括对辅助回归模型进行 OLS 回归的输出结果、Obs * R－squared（ nR^2 ）的值及其相应的 Prob. Chi－Square 的值（ nR^2 相应的 P 值），将 Prob. Chi－Square 的值与显著性水平进行比较，便可以完成怀特检验。

4.2.3.4　戈里瑟（Glejser）检验

戈里瑟检验是戈里瑟（H. Glejser）在 1969 年提出的一种异方差性的检验方法。其基本思想是：通过检验由 OLS 回归得到的残差 e_i 的绝对值 $|e_i|$ 是否与某一个解释变量 X_{ji}

之间存在某种函数关系,来推断 u_i 是否存在异方差性。在实际检验中,戈里瑟采用了如下一些假设的模型形式(不妨称之为“试验模型”):

$$|e_i| = \alpha_0 + \alpha_1 X_{ji} + v_i$$

$$|e_i| = \alpha_0 + \alpha_1 \sqrt{X_{ji}} + v_i$$

$$|e_i| = \alpha_0 + \alpha_1 \frac{1}{X_{ji}} + v_i$$

$$|e_i| = \alpha_0 + \alpha_1 \frac{1}{\sqrt{X_{ji}}} + v_i$$

等,并发现对于大样本的情形,一般都能给出令人满意的检验结果。

戈里瑟检验的具体步骤:

① 用 OLS 法估计原模型,并计算残差 $e_i = Y_i - \hat{Y}_i$ 的绝对值 $|e_i|$。

② 以 $|e_i|$ 为被解释变量,某一 X_{ji} 为解释变量建立“试验模型”,并进行 OLS 回归。

③ 利用 t 检验法检验每个“试验模型”中斜率系数 α_1 的显著性。如果某一个模型的 α_1 显著不为 0,则认为 u_i 存在异方差性;否则,则认为 u_i 具有同方差性。

在 EViews 软件下执行戈里瑟检验,只需将怀特检验执行过程中的 Specification Test type 选项改为 Glejser,并在 Regressors 区域输入试验模型中的解释变量,再点击 OK。依据输出结果中 F 统计量的 P 值,便可以检验试验模型中斜率系数的显著性(注:对于一元线性回归模型,F 检验与 t 检验是等价的)。

与戈德菲尔德-匡特检验类似,对于含有多个解释变量的模型,可能需要多次重复上述戈里瑟检验的步骤,方能得出随机误差项 u_i 是否存在异方差性的结论。

戈里瑟检验是基于 OLS 法对“试验模型”中的变量进行通常的 t 检验来检验异方差性的。如果它们的误差项不满足基本假定条件,如存在异方差性、序列相关性(见下一节)等,此时 t 检验是失效的,那么其检验结果就值得怀疑。

戈里瑟检验的优点是:不仅可以检验异方差性是否存在,而且通过在检验过程中设定不同函数形式的“试验模型”,还可以探测异方差性的具体表现形式,这有助于旨在消除异方差性影响的各种估计方法(如,可行的加权最小二乘法)的应用。其不足之处是:检验过程比较烦琐,需要对各种可能的异方差性表现形式进行试验。

除上述介绍的几种检验方法外,还有其他一些检验异方差性的方法,如 Breusch - Pagan检验(1979)、Koenker - Bassett 检验(1982),等等。**需要指出的是**,对于各种异方差性的检验方法,很难说哪一种方法最为有效。因此,在实践中,往往需要综合考虑几种检验方法的结果,来最终确定随机误差项是否存在异方差性。

4.2.4 异方差性的补救措施

对于存在异方差性的模型,通常需要采取适当的补救措施,以消除或减小异方差性对参数估计和统计推断的影响。首先应检查异方差性是否源于模型设定的偏误。若它是因函数形式设定不正确引起的,则应对其加以修正。若它是因忽略了重要的解释变量引起的,而且将其添加到模型中并不会产生多重共性问题,则应补充这些变量以消除模型存在的异方差性。对于其他原因导致的异方差性,通常则需要采取新的参数估计方法或统计推断方法解决模型存在的异方差性问题。这里我们主要介绍**三种常见的处理方**

法：加权最小二乘法或 WLS 法（weighted least squares，WLS）、怀特异方差－稳健性程序（White heteroskedasticity－robust procedure）和改变函数形式的经验做法。

4.2.4.1 加权最小二乘法

加权最小二乘法的基本思路是，首先依据异方差性的表现形式对模型进行适当的加权变换，将其变成不存在异方差性的模型，然后利用 OLS 法估计该模型得到参数的估计量。

设模型

$$Y_i = \beta_0 + \beta_1 X_{1i} + \beta_2 X_{2i} + \cdots + \beta_k X_{ki} + u_i \quad (i = 1,2,\cdots,n) \tag{4.22}$$

存在异方差性：$Var(u_i) = \sigma^2 h_i^2$，$\sigma^2$ 为正常数，$h_i > 0$。

（1）在 h_i 已知的情形下，应用加权最小二乘法估计模型（4.22）的具体做法如下：

首先，用 $\frac{1}{h_i}$ 乘（4.22）式两端，得到一个新模型

$$\frac{Y_i}{h_i} = \beta_0(\frac{1}{h_i}) + \beta_1(\frac{X_{1i}}{h_i}) + \beta_2(\frac{X_{2i}}{h_i}) + \cdots + \beta_k(\frac{X_{ki}}{h_i}) + (\frac{u_i}{h_i}) \tag{4.23}$$

即

$$Y_i^* = \beta_0 X_{0i}^* + \beta_1 X_{1i}^* + \beta_2 X_{2i}^* + \cdots + \beta_k X_{ki}^* + u_i^* \tag{4.24}$$

其中 $Y_i^* = Y_i/h_i$，$X_{0i}^* = 1/h_i$，$X_{ji}^* = X_{ji}/h_i(j = 1,\cdots,k)$，$u_i^* = u_i/h_i$。这个变换过程称为**加权变换**（weighting transformation），$1/h_i$ 称为**权序列**（weight series），记为 W_i，模型（4.23）或（4.24）称为**加权模型**（weighted model）。

由于在第 i 个观测点上，h_i 是一个已知常数，所以

$$Var(\frac{u_i}{h_i}) = \frac{1}{h_i^2}Var(u_i) = \frac{1}{h_i^2}\sigma^2 h_i^2 = \sigma^2$$

此表明加权模型（4.24）满足同方差性。

其次，利用 OLS 法估计模型（4.24），得到参数 $\beta_j(j = 0,1,2,\cdots,k)$ 的最佳线性无偏估计量 $\hat{\beta}_j$，这里“线性”是针对加权模型中被解释变量的观测值 $Y_1^*, Y_2^*, \cdots, Y_n^*$ 而言的。显然，$Y_1, Y_2, \cdots, Y_n$ 的任意线性函数都是 $Y_1^*, Y_2^*, \cdots, Y_n^*$ 的线性函数。因此，对于 Y 的样本观测值，$\hat{\beta}_j$ 也是原模型（4.22）中参数 β_j 的最佳线性无偏估计量，记为 $\hat{\beta}_j^{wls}$，称之为**加权最小二乘估计量或WLS 估计量**（WLS estimator，WLSE）。

进而，可以得到 Y 对 $X_1, X_2, \cdots, X_k$ 回归的样本回归函数为：

$$\hat{Y}_i = \hat{\beta}_0^{wls} + \hat{\beta}_1^{wls} X_{1i} + \hat{\beta}_2^{wls} X_{2i} + \cdots + \hat{\beta}_k^{wls} X_{ki}$$

且可以基于模型（4.24），按照通常的 t 检验和 F 检验程序对变量进行显著性检验。

显然，如果随机误差项的方差 $Var(u_i)$ 是已知的，不含有未知常数，则直接以 $\frac{1}{\sqrt{Var(u_i)}}$ 为权序列进行 WLS 法的估计就可以了。当随机误差项 u_i 具有同方差性 $Var(u_i) = \sigma^2$ 时，WLS 法的权序列 $W_i = \frac{1}{h_i} = 1$，WLS 法就是 OLS 法。也就是说，OLS 法是 WLS 法的特例。

例如，利用 WLS 法估计异方差性为 $Var(u_i) = X_i^2(X_i > 0)$ 的模型：

$$Y_i = \beta X_i + u_i$$

首先需要用权数序列 $\frac{1}{X_i}$ 对原模型进行加权变换，得加权模型：

$$\frac{Y_i}{X_i} = \beta + \frac{u_i}{X_i} \tag{4.25}$$

然后利用 OLS 法估计模型(4.25),便得到参数β的 WLS 估计量

$$\hat{\beta}^{wls} = \frac{1}{n}\sum_{i=1}^{n}\frac{Y_i}{X_i}$$

及样本回归函数

$$\hat{Y}_i = \hat{\beta}^{wls}X_i$$

(2)在h_i未知的情形下,加权模型(4.23)无法估计,因此不能直接应用 WLS 法估计模型(4.22)。对于这种情形,一般可以先建立h_i或$Var(u_i)$对解释变量的回归模型,依据样本数据得到h_i的一致估计量,进而计算出它的估计值$\hat{h}_i$。然后以$\frac{1}{\hat{h}_i}$为权序列进行 WLS 法的估计过程,得到原模型中参数的估计量。这种方法称为**可行的加权最小二乘法**或**FWLS 法**(feasible weighted least squares,FWLS),由此得到的估计量称为**可行的加权最小二乘估计量**或**FWLS 估计量**(FWLS estimator,FWLSE)。可以证明,在一定的宽松条件下,FWLS 估计量渐近服从正态分布,而且具有一致性和渐近有效性(见附录 3.2 的脚注①)。

在实际应用 FWLS 法时,估计权序列$W_i = \frac{1}{h_i}$的常用做法是,利用 OLS 法估计模型得到的残差的平方e_i^2作为误差项方差的估计量,并设定e_i^2对解释变量的回归模型,通过估计该模型得到e_i^2的估计值$\hat{e}_i^2$,进而得到W_i的估计值$\frac{1}{\hat{h}_i} = \frac{1}{|\hat{e}_i|}$。关于$e_i^2$对解释变量的回归模型的设定,有如下两种常见的形式(参见:伍德里奇,2018,$p_{224-225}$;靳云汇等,2007,$p_{314-315}$):

$$\ln(e_i^2) = \alpha_0 + \alpha_1X_{1i} + \alpha_2X_{2i} + \cdots + \alpha_kX_{ki} + v_i$$

$$e_i^2 = \alpha_0 + \alpha_1X_{1i} + \alpha_2X_{2i} + \cdots + \alpha_kX_{ki} + v_i$$

除上述一般性方法外,也可以依据异方差性检验提供的信息估计权序列。例如,若戈里瑟检验结果表明模型存在异方差性,且斜率系数显著不为0、拟合“最佳”的试验模型为:

$$|e_i| = \hat{\alpha}_0 + \hat{\alpha}_1\sqrt{X_{ji}} + \hat{v}_i$$

则可以考虑令$\frac{1}{\hat{h}_i} = \frac{1}{\hat{\alpha}_0 + \hat{\alpha}_1\sqrt{X_{ji}}}$或$\frac{1}{\hat{h}_i} = \frac{1}{\sqrt{X_{ji}}}$。

在实践中,异方差的性质通常是未知的,无论用什么方法估计权序列,都不能保证加权变换后的模型一定不存在异方差性,因此在应用 FWLS 法时,也需要对加权模型进行异方差性检验。若加权模型还存在异方差性,则通常需要另外选择权序列,重新利用 FWLS 法对原模型进行估计。

在 EViews 软件下,应用 WLS 法估计模型(4.22)的执行过程:

① 在 Workfile 中,输入被解释变量 Y、解释变量 X1、X2…Xk 的样本数据,并生成权序列 W=1/h(注:X1、X2…Xk 分别表示变量X_1、X_2…X_k)。

② 在主窗口中,点击 Quick→Estimate Equation,接着在弹出的 Equation Estimation 窗口的 Equation Specification 对话框中依次键入“Y C X1 X2 … Xk”,然后点击 options,并在弹出的界面的左侧 Covariance method 选项中选择 Ordinary,在右侧 Weight 部分 Type 选项中选择 Inverse std. dev.,在 Weight series 对话框中输入权序列名 W,在 Scaling 选项中选择 EViews default,然后点击“确定”,便得到利用加权最小二乘法估计模型(4.22)的输出结果。

4.2.4.2 怀特异方差-稳健性程序

怀特异方差-稳健性程序是怀特(H. White)于1980年提出的一种处理异方差性导致参数统计推断失效问题的方法。它的基本做法是,在未知异方差性表现形式的情形下,仍然利用OLS法估计模型,但依据怀特给出的回归系数OLS估计量方差的一致估计量构造t统计量,进而对参数进行统计推断。

我们知道,对于存在异方差性的模型(4.22),利用OLS法估计的不良后果之一是通常的变量显著性t检验失效。究其根源在于t统计量的构造过程中使用了$\hat{\beta}_j$的标准差的不合适的估计量,致使其不再服从t分布。为此,在未知异方差性表现形式的情况下,怀特(1980)给出了$\hat{\beta}_j$的方差$Var(\hat{\beta}_j)$的一致估计量,并基于此建立起回归系数的**异方差-稳健性t检验**(heteroskedasticity-robust t test)。下面是他给出的回归系数向量β的OLS估计量$\hat{\beta}$的方差-协方差矩阵的一致估计量:

$$\hat{Cov}(\hat{\beta}) = \frac{n}{n-k-1}(X'X)^{-1}\left(\sum_{i=1}^{n} e_i^2 X_i X_i'\right)(X'X)^{-1} \tag{4.26}$$

其中$X_i' = (1, X_{1i}, X_{2i}, \cdots, X_{ki})$,$e_i$为利用OLS法回归原模型得到的残差序列,矩阵$\hat{Cov}(\hat{\beta})$主对角线上的第$j+1$个元素即为$Var(\hat{\beta}_j)$的一致估计量,记为$\hat{Var}(\hat{\beta}_j)$。由于无论异方差性的类型如何,由(4.26)式得到的$\hat{Var}(\hat{\beta}_j)$都是$Var(\hat{\beta}_j)$的一致估计量,因此它被称为$\hat{\beta}_j$的**异方差-稳健性方差估计量**(heteroskedasticity-robust variance estimator)。相应地,称$\sqrt{\hat{Var}(\hat{\beta}_j)}$为$\hat{\beta}_j$的**异方差-稳健性标准差估计量**(heteroscedasticity-robust standard deviation estimator)。利用$\sqrt{\hat{Var}(\hat{\beta}_j)}$便可以构造渐近服从自由度为$n-k-1$的$t$分布的统计量

$$t = \frac{\hat{\beta}_j - \beta_j}{\sqrt{\hat{Var}(\hat{\beta}_j)}} \tag{4.27}$$

称之为**异方差-稳健性t统计量**(heteroskedasticity-robust t statistic)。于是,在大样本的情形下,利用这个结论便可以对β_j进行假设检验。

由此可见,引进参数估计量的异方差-稳健性方差估计量的目的是纠正在参数统计推断上存在的问题,但其参数的估计量仍是通常非有效的OLS估计量。因此,尽管这种估计程序不要求知道随机误差项异方差性的表现形式,具有广泛的实用性,但它不能替代(可行的)加权最小二乘法,因为当异方差性已知或其中的参数可以一致估计时,(可行的)加权最小二乘估计量是(渐近)有效的估计量。

无论是可行的加权最小二乘估法还是基于OLS法的异方差-稳健性程序,都是适用于大样本的情形。对于小样本或有限样本的情形,这些处理异方差性的方法与OLS法相比,哪一个更有效并没有一般的结论。另外,对于大样本的情形,由于异方差-稳健性方差估计量是对OLS估计量的方差的渐近估计,而利用一个合适的权序列所得到的可行的加权最小二乘估计量是渐近有效的,因此它的方差估计量通常应该小于异方差-稳健性方差估计量。由此可以通过比较这两个方差估计量,为权序列的选择提供基本依据。

在 EViews 软件下，应用怀特异方差－稳健性程序估计模型(4.22)的执行过程：

① 在 Workfile 中，输入被解释变量 Y、解释变量 X1、X2…Xk 的样本数据。

② 在主窗口中，点击 Quick→Estimate Equation，接着在弹出的 Equation Estimation 窗口的 Equation Specification 对话框中，依次键入“Y　C　X1　X2　…　Xk”，然后点击 options，弹出 options 界面。在该界面上左侧的 Covariance method 选项中选择 Hube－White，在右侧 Weight 部分 Type 选项中选择 None，然后点击“确定”，就得到了利用怀特异方差－稳健性程序估计模型(4.22)的输出结果。(注：该输出结果与通常的 OLS 法估计的输出结果的不同之处，只在于参数估计量的标准差估计值和 t 统计量值是基于怀特异方差－稳健性方差估计值计算所得。)

4.2.4.3　改变函数形式的经验做法

以上我们对于已设定的模型讨论了异方差性问题的补救措施。在实证分析中，在符合研究目的且经济意义成立的前提下，也可以通过选择适当的函数形式以减弱模型的异方差性。

例如，与存在异方差性的模型

$$Y_i = \alpha_0 + \alpha_1 X_i + u_i \tag{4.28}$$

相比，如下建立的双对数模型

$$\ln(Y_i) = \beta_0 + \beta_1 \ln(X_i) + v_i \tag{4.29}$$

或半对数模型

$$\ln(Y_i) = \beta_0 + \beta_1 X_i + v_i \tag{4.30}$$

往往具有较弱的异方差性。下面以模型(4.29)为例，解释其中的原因：

设模型(4.28)中 X 为确定性变量，u_i 存在异方差性。对于模型(4.29)，其总体回归函数记为

$$\ln(\tilde{Y}_i) = \beta_0 + \beta_1 \ln(X_i)$$

即

$$\tilde{Y}_i = e^{\beta_0} X_i^{\beta_1}$$

当 Y_i 与 $\tilde{Y}_i$ 之间的相对误差 $(Y_i - \tilde{Y}_i)/\tilde{Y}_i$ 接近于 0 时，有

$$v_i = \ln(Y_i) - \ln(\tilde{Y}_i) = \ln\left(\frac{Y_i - \tilde{Y}_i}{\tilde{Y}_i} + 1\right) \approx \frac{Y_i - \tilde{Y}_i}{\tilde{Y}_i}$$

$$Var(v_i) \approx Var\left(\frac{Y_i - \tilde{Y}_i}{\tilde{Y}_i}\right) = \frac{Var(Y_i)}{\tilde{Y}_i^2} \tag{4.31}$$

于是，对于第 i、h 个观测点，有

$$\frac{Var(v_i)}{Var(v_h)} \approx \frac{Var(Y_i)}{Var(Y_h)} \cdot \left(\frac{\tilde{Y}_h}{\tilde{Y}_i}\right)^2 = \frac{Var(Y_i)}{Var(Y_h)} \cdot \left(\frac{X_h}{X_i}\right)^{2\beta_1}$$

可见，对数变换对模型异方差性的影响与参数 β_1 的取值有关。当 $X_i > X_h$ 时，

(1)若 $\beta_1 > 0$，则 $\left(\frac{X_h}{X_i}\right)^{2\beta_1} < 1$，近似地，有

$$\frac{Var(v_i)}{Var(v_h)} < \frac{Var(Y_i)}{Var(Y_h)}$$

因此，若模型(4. 28)存在递增型的异方差性且模型(4. 29)也存在递增型的异方差性，则后者比前者具有较弱的异方差性。若两模型均存在递减型的异方差性，则模型(4. 29)较模型(4. 28)具有较强的异方差性。

(2)若$\beta_1 < 0$，则$\left(\frac{X_h}{X_i}\right)^{2\beta_1} > 1$，近似地，有

$$\frac{Var(v_i)}{Var(v_h)} > \frac{Var(Y_i)}{Var(Y_h)}$$

因此，若模型(4. 28)与模型(4. 29)都存在递减型的异方差性，则后者比前者具有较弱的异方差性。若它们均存在递增型的异方差性，则后者较前者具有较强的异方差性。

由(1)和(2)中关于方差的不等式易知，当模型(4. 28)的异方差性类型不属于递增型或递减型时，与之相比，模型(4. 29)的异方差性较弱还是较强，没有一般的结论，而且当模型(4. 28)与模型(4. 29)的异方差性类型不相同时，它们之间的异方差性强弱也没有一般的结论。

从上述"数理"论证过程可见，模型(4. 29)比模型(4. 28)具有较弱的异方差性的一个前提条件是$(Y_i - \tilde{Y}_i)/\tilde{Y}_i$接近于0。当它满足零均值性，$E(v_i) = 0$时，$(Y_i - \tilde{Y}_i)/\tilde{Y}_i$围绕着0波动。在实际经济问题建模的许多情形下，$(Y_i - \tilde{Y}_i)/\tilde{Y}_i$往往在0附近，这一点可以利用$(Y_i - \hat{Y}_i)/\hat{Y}_i$($\hat{Y}_i$为样本回归函数)来推断。另外，当模型(4. 28)存在递增型或递减型的异方差性时，模型(4. 29)往往也具有相同类型的异方差性，而且当$\beta_1 > 0$($\beta_1 < 0$)时，它们通常存在递增型(递减型)的异方差性。因此，通过对数变换建立的模型(4. 29)往往比模型(4. 28)具有较弱的异方差性。

在许多实证分析的论文中，业已把建立双对数模型或半对数模型以避免或减弱异方差性作为一种常规的建模手段。但值得注意的是，对数变换并不是总能起到减弱异方差性的效果(请读者自己举例说明)。另外，双对数模型和半对数模型中的参数与线性模型中的参数具有不同的含义。例如，模型(4. 29)中的β_1近似为Y_i对X_i的弹性，模型(4. 30)中的β_1近似为X_i增加一个单位时Y_i的相对改变量，而模型(4. 28)中的α_1则近似为X_i对Y_i的影响乘数。因此，是否建立双对数模型或半对数模型应该因研究的目的、模型的经济含义、异方差的性质和程度以及变量的观测值而定。

例题 4. 2　恩格尔定律的再检验

在第2章§2. 7例题2. 2中，在假定模型(2. 56)：

$$Y_i = \beta_0 + \beta_1 X_i + u_i \qquad (i = 1,2,\cdots,55)$$

满足基本假定条件的情况下，我们的检验结果表明，印度农户的周食物支出Y与总支出X的样本数据支持恩格尔定律。但从Y对X的散点图(图2－17)可以看出，随着X的增加Y的分散程度呈现增加的趋势，此表明在不同的观测点上Y_i可能具有不同的方差，即该模型可能存在异方差性。我们知道，在存在异方差性的情形下，通常进行的变量显著性t检验是失效的，因此有必要对模型(2. 56)进行异方差性检验。

1. 模型的异方差性检验

首先，在 EViews 软件下，利用 OLS 法估计模型(2.56)，并生成残差序列 e = resid。

(1)利用图示检验法检验。生成残差序列的平方 $e2=e^2$，并作 $e2$ 对 X 的散点图，如图 4-12 所示。从该图可以看出，残差平方 $e2$ 随着 X 的增加呈现增大的趋势，因此模型很可能存在递增型的异方差性。

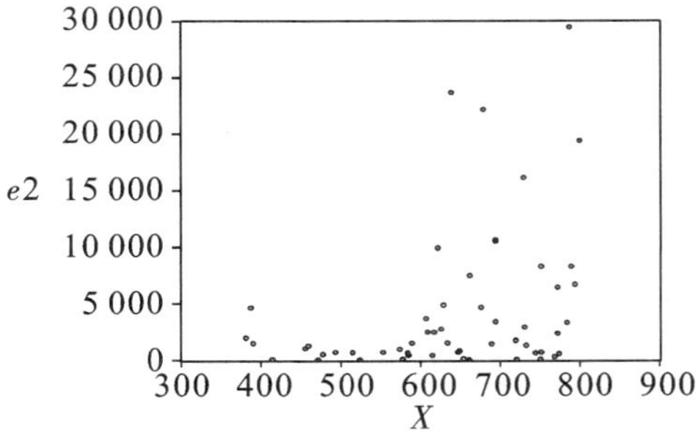

图 4-12 $e2$ 对 X 的散点图

(2)利用怀特检验法检验。在 EViews 软件下怀特检验的输出结果如表 4-6 所示。

表 4-6 怀特检验的输出结果

Heteroskedasticity Test: White			
F - statistic	4.025 939	Prob. F(2,52)	0.023 7
Obs * R - squared	7.374 513	Prob. Chi - Square(2)	0.025 0
Scaled explained SS	7.650 764	Prob. Chi - Square(2)	0.021 8

Test Equation:
Dependent Variable: RESID^2
Method: Least Squares
Date: 06/01/21 Time: 11:01
Sample: 1 55
Included observations: 55

Variable	Coefficient	Std. Error	t - Statistic	Prob.
C	13 044.00	21 156.58	0.616 546	0.540 2
X^2	0.059 795	0.058 860	1.015 887	0.314 4
X	-53.122 60	71.483 47	-0.743 145	0.460 7

R - squared	0.134 082	Mean dependent var	4 307.157
Adjusted R - squared	0.100 778	S. D. dependent var	6 497.746
S. E. of regression	6 161.639	Akaike info criterion	20.343 07
Sum squared resid	1.97E+09	Schwarz criterion	20.452 57
Log likelihood	-556.434 6	Hannan - Quinn criter.	20.385 42
F - statistic	4.025 939	Durbin - Watson stat	2.116 734
Prob(F - statistic)	0.023 681		

表 4-6 的底部是利用 OLS 法估计检验方程(Test Equation)，即辅助回归模型，的输出结果，由此可得相应的样本回归函数及 R^2 分别为：

$$\hat{e}_i^2 = 13\ 044.00 - 53.122\ 60X_i + 0.059\ 795X_i^2$$

$$R^2 = 0.134\ 082$$

该表的顶部是基于上述回归结果计算的怀特异方差性检验的三个统计量值及其相应的P值，其中第3行的Obs * R－squared和Prob. Chi－Square(2)为本书介绍的统计量nR^2及其相应的P值(注:Prob. Chi－Square(2)中的2为nR^2的渐近χ^2分布的自由度)。由此可得$nR^2 = 7.374\ 513$，P值=0.025 0。

在0.05的显著性水平下，查χ^2分布表，得临界值$\chi^2_{0.05}(2) = 5.991$。因为$nR^2 > \chi^2_{0.05}(2)$，或P值<0.05，所以在0.05的显著性水平下，怀特检验拒绝同方差性的原假设，接受模型存在异方差性。

(3)利用戈里瑟检验法检验。生成残差序列的绝对值$|e|$，并利用OLS法估计$|e|$对X的回归模型：

$$|e_i| = \alpha_0 + \alpha_1 X_i + v_i\ (i = 1,2,\cdots,55)$$

得如下样本回归模型：

$$|e_i| = -32.220 + 0.130\ 7X_i + \hat{v}_i$$

t值	−1.092 6	2.878 0
P值	0.279 5	0.005 8

$$R^2 = 0.135\ 2, DW = 1.846\ 7$$

由于$\alpha_1 = 0$的显著性t检验的P值 = 0.005 8小于0.05，因此在0.05的显著性水平下，X对$|e|$的影响是显著的，即可以认为模型(2.56)存在异方差性。利用前文给出的其他"试验模型"，也可以得到同样的结论。

(4)利用戈德菲尔德－匡特检验法检验。将样本数据按X从小到大排序(注:在Workfile窗口，点击工具栏中的Proc→Sort Current Page，在弹出窗口的对话框内输入"X"，在Sort order选项中选择Ascending，点击OK即可)，并去掉中间的13组数据，得到两个容量为21的子样本。对两个子样本分别进行Y对X的OLS线性回归，求各自的残差平方和RSS_1和RSS_2：

子样本1:1—21

$$\hat{Y}_i = 28.556 + 0.573\ 2X_i$$
$$RSS_1 = 21\ 986.20$$

子样本2:35—55

$$\hat{Y}_i = 219.97 + 0.263\ 6X_i$$
$$RSS_2 = 131\ 198.6$$

计算F统计量值：

$$F = \frac{RSS_2}{RSS_1} = \frac{131\ 198.6}{21\ 986.20} = 5.967\ 3$$

在0.05的显著性水平下，查F分布表得临界值$F_{0.05}(19,19) = 2.18$①。因为

$$F = 5.967\ 3 > F_{0.05}(19,19) = 2.18$$

所以在0.05的显著性水平下，拒绝模型(2.56)具有同方差性的原假设，接受随机误差项

① F分布表中没有给出临界值$F_{0.05}(19,19)$，2.18是其临近的两个临界值$F_{0.05}(16,19) = 2.21$和$F_{0.05}(20,19) = 2.15$的算术平均数。

存在递增型的异方差性。

综合上述各种检验结果，可以认为模型(2.56)存在异方差性。

2. 模型的估计与检验

为了减弱或消除异方差性对回归结果的影响，我们采用怀特异方差-稳健性程序和FWLS法对模型进行估计和检验。

(1)怀特异方差-稳健性程序。在EViews软件下，利用怀特异方差-稳健性程序估计模型(2.56)，可得回归结果：

$$\hat{Y}_i = 94.208 + 0.4368X_i \tag{4.32}$$

	(43.263)	(0.0742)
t值	2.1775	5.8825
P值	0.0339	0.0000

括号中数字为参数估计量怀特异方差-稳健性标准差的估计值。

从(4.32)式可见，斜率系数β_1的估计值$\hat{\beta}_1 = 0.4368 > 0$，经济意义合理。由$\beta_0$和$\beta_1$显著性检验的t统计量值分别为2.1775和5.8825，均大于0，可知，对$\beta_0 > 0$、$\beta_1 > 0$进行单侧t检验的P值分别为0.0339/2=0.01695和0.0000/2=0，它们均小于0.05，因此在0.05的显著性水平下，接受$\beta_0 > 0$、$\beta_1 > 0$。此表明在0.05的显著性水平下，印度农户的周总支出X对周食品支出Y具有显著正的影响，而且其样本数据是支持恩格尔定律的。

(2)FWLS法。依据戈里瑟检验的结果，我们以$1/X_i$为权序列，利用FWLS法估计模型(2.56)。首先，利用OLS法估计加权模型

$$\frac{Y_i}{X_i} = \beta_0\left(\frac{1}{X_i}\right) + \beta_1 + \frac{u_i}{X_i} \tag{4.33}$$

得到回归结果：

$$\left(\frac{\hat{Y}_i}{X_i}\right) = 76.543 \times \frac{1}{X_i} + 0.4649 \tag{4.34}$$

	(37.943)	(0.0631)
t值	2.1073	7.3609
P值	0.0487	0.0000

$$R^2 = 0.0713, F = 4.0695 (P\text{值} = 0.0487)$$

这里t值上面括号中数字为回归系数FWLS估计量的标准差的估计值。怀特检验法的结果表明，加权回归模型(4.35)中的误差项u_i/X_i已不存在异方差性(请读者自己完成这个检验)。

需要指出的是，在回归结果(4.34)式中，F值是对加权模型(4.33)进行方程显著性F检验的统计量值，此时检验的是β_0是否为0，而不是原模型中斜率系数是否为0，因此不能用这里的F值去推断原模型方程的显著性。此外，R^2值与利用OLS法估计原模型(2.56)得到的R^2值也不具有可比性(为什么?)。

其次，由(4.34)式，可得模型(2.56)的样本回归函数为：

$$\hat{Y}_i = 76.543 + 0.4649X_i$$

请读者注意，在EViews下，按照本节方框中介绍的WLS法的执行过程估计模型(2.56)，可得如本章附录4.1的表4-19所示FWLS法的输出结果，据此可以直接写出其样本回归函数及(4.34)式中回归系数估计量标准差的估计值、t统计量值及P值，即

$$\hat{Y}_i = 76.543 + 0.464\,9X_i \quad (4.35)$$
$$(37.943)\ (0.063\,1)$$
$$t\text{ 值} \quad 2.107\,3 \quad 7.360\,9$$
$$P\text{ 值} \quad 0.048\,7 \quad 0.000\,0$$

在显示表4－19 所示 FWLS 估计模型的输出结果窗口，按照怀特检验的执行过程，可以直接对相应的加权模型(4.33)进行 White 异方差性检验(注：该检验输出结果中辅助回归模型估计结果部分的 WGT 代表权序列)。

类似于(1)中怀特异方差－稳健性程序的检验过程，依据(4.34)式或(4.35)式，也可以得到印度农户的样本数据支持恩格尔定律的检验结果。

综上所述，在考虑存在异方差性的情形下，无论是采用怀特异方差－稳健性程序还是可行的加权最小二乘法，检验结果均表明印度农户的样本数据仍支持恩格尔定律，即随着收入的增加平均食物支出占收入的比例是递减的。

4.2.5 存在异方差性情形下的预测

在第2、3章，我们介绍的预测理论和方法适用于基于经典线性回归模型，对被解释变量进行的有条件预测。这里我们考虑当模型的误差项存在异方差性时，如何求预测期被解释变量及其均值的最优预测值和预测区间问题。

对于存在异方差性的模型(4.22)，当权序列 $W_i = 1/h_i$ 已知时，经加权变换得到的模型(4.24)满足基本假定条件。在预测期解释变量的取值 $X_F = (1, X_{1F}, X_{2F}, \cdots, X_{kF})$ 和权序列值 $1/h_F(>0)$ 已知的条件下，依据利用 OLS 法估计模型(4.24)得到的样本回归函数，可得 $E(Y_F^* \mid X_F, h_F)$ 的最优线性无偏预测为

$$\hat{Y}_F^* = \hat{\beta}_0^{wls}(1/h_F) + \hat{\beta}_1^{wls}X_{1F}^* + \hat{\beta}_2^{wls}X_{2F}^* + \cdots + \hat{\beta}_k^{wls}X_{kF}^*$$

这里“线性”是针对 $Y_1^*, Y_2^*, \cdots, Y_n^*$ 而言的，$X_{jF}^* = X_{jF}/h_F\ (j=1,2,\cdots,k)$。预测误差记为 $e_F^* = E(Y_F^* \mid X_F, h_F) - \hat{Y}_F^*$。

1. 点预测

首先，求 $E(Y_F \mid X_F)$ 的最优线性无偏预测。令 $E(Y_F \mid X_F)$ 的预测值为 $\hat{Y}_F$：

$$\hat{Y}_F = h_F\hat{Y}_F^* = \hat{\beta}_0^{wls} + \hat{\beta}_1^{wls}X_{1F} + \hat{\beta}_2^{wls}X_{2F} + \cdots + \hat{\beta}_k^{wls}X_{kF}$$

显然，$\hat{Y}_F$ 是 $Y_1, Y_2, \cdots, Y_n$ 的线性函数，且

$$e_F = E(Y_F \mid X_F) - \hat{Y}_F = h_F E(Y_F^* \mid X_F, h_F) - h_F\hat{Y}_F^* = h_F e_F^*$$

由此可知，$\hat{Y}_F$ 具有无偏性：

$$E(e_F \mid X_F) = h_F E(e_F^* \mid X_F, h_F) = 0,$$

且

$$MSE(\hat{Y}_F \mid X_F) = Var(\hat{Y}_F \mid X_F) = h_F^2 Var(\hat{Y}_F^* \mid X_F, h_F) = h_F^2 MSE(\hat{Y}_F^* \mid X_F, h_F)$$

设 $\tilde{Y}_F$ 是 $E(Y_F \mid X_F)$ 的任意线性无偏预测，$\tilde{Y}_F^* = \tilde{Y}_F/h_F$，则

$$E\{[E(Y_F^* \mid X_F, h_F) - \tilde{Y}_F^*] \mid X_F, h_F\} = E\{[E(Y_F \mid X_F)/h_F - \tilde{Y}_F/h_F] \mid X_F, h_F\} = 0$$

由于 $Y_1, Y_2, \cdots, Y_n$ 的任意线性函数都是 $Y_1^*, Y_2^*, \cdots, Y_n^*$ 的线性函数，因此 $\tilde{Y}_F^*$ 是 Y_F^* 的线

性无偏预测。又由 $\hat{Y}_F^*$ 的最小均方误差性,及

$$MSE(\widehat{Y}_F \mid X_F) = Var(\widehat{Y}_F \mid X_F) = h_F^2 Var(\widehat{Y}_F^* \mid X_F, h_F) = h_F^2 MSE(\widehat{Y}_F^* \mid X_F, h_F)$$

可知,

$$MSE(\widehat{Y}_F \mid X_F) \geqslant h_F^2 MSE(\hat{Y}_F^* \mid X_F, h_F) = MSE(\hat{Y}_F \mid X_F)$$

所以,$\hat{Y}_F$ 是 $E(Y_F \mid X_F)$ 的最优线性无偏预测。

其次,可以类似地证明,$\hat{Y}_F$ 也是 Y_F 的最优线性无偏预测。

综上所述,在模型的误差项存在异方差性的情形下,可以直接利用 WLS 法估计得到的样本回归函数对预测期的被解释变量 Y_F 及其均值 $E(Y_F \mid X_F)$ 进行预测,且所得预测值为最优线性无偏预测。此亦表明,如果利用 OLS 法回归模型对它们进行预测,所得预测值在所有线性无偏预测中不再具有最小均方误差。

2. 区间预测

首先,求 $E(Y_F \mid X_F)$ 的预测区间。由(3.55)式可知,对于置信度 $1-\alpha$,$E(Y_F^* \mid X_F)$ 的预测区间为

$$\hat{Y}_F^* - \hat{SD}(\hat{Y}_F^* \mid X_F, h_F) t_{\alpha/2}(n-k-1) \leqslant E(Y_F^* \mid X_F, h_F) \leqslant \hat{Y}_F^* + \hat{SD}(\hat{Y}_F^* \mid X_F, h_F) t_{\alpha/2}(n-k-1)$$

将上式中的 $\hat{Y}_F^*$、Y_F^* 分别用 $\hat{Y}_F$、Y_F 的表达式替换,得

$$\frac{\hat{Y}_F}{h_F} - \hat{SD}(\hat{Y}_F^* \mid X_F, h_F) t_{\alpha/2}(n-k-1) \leqslant \frac{E(Y_F \mid X_F)}{h_F} \leqslant \frac{\hat{Y}_F}{h_F} + \hat{SD}(\hat{Y}_F^* \mid X_F, h_F) t_{\alpha/2}(n-k-1)$$

即

$$\hat{Y}_F - h_F \hat{SD}(\hat{Y}_F^* \mid X_F, h_F) t_{\alpha/2}(n-k-1) \leqslant E(Y_F \mid X_F) \leqslant \hat{Y}_F + h_F \hat{SD}(\hat{Y}_F^* \mid X_F, h_F) t_{\alpha/2}(n-k-1)$$

上式即为所求 $E(Y_F \mid X_F)$ 的置信度为 $1-\alpha$ 的预测区间,它也可以改写为

$$[\hat{Y}_F - h_F \hat{SD}(\hat{Y}_F^* \mid X_F, h_F) t_{\alpha/2}(n-k-1), \hat{Y}_F + h_F \hat{SD}(\hat{Y}_F^* \mid X_F, h_F) t_{\alpha/2}(n-k-1)] \tag{4.36}$$

因为

$$h_F \hat{SD}(\hat{Y}_F^* \mid X_F, h_F) = h_F \hat{\sigma}^* \sqrt{X_F^* (X^{*\prime} X^*)^{-1} X_F^{*\prime}} = \hat{\sigma}^* \sqrt{X_F (X^{*\prime} X^*)^{-1} X_F^{\prime}}$$

这里 $X_F^* = (1/h_F, X_{1F}^*, X_{2F}^*, \cdots, X_{kF}^*)$,$X^*$、$\hat{\sigma}^*$ 分别为加权模型(4.24)的解释变量矩阵和回归标准差,所以(4.36)式可以改写为

$$[\hat{Y}_F - \hat{\sigma}^* \sqrt{X_F (X^{*\prime} X^*)^{-1} X_F^{\prime}} t_{\alpha/2}(n-k-1), \hat{Y}_F + \hat{\sigma}^* \sqrt{X_F (X^{*\prime} X^*)^{-1} X_F^{\prime}} t_{\alpha/2}(n-k-1)] \tag{4.37}$$

需要注意,在上述推导过程中,我们是在给定 X_F、h_F 的条件下进行的,但最终得到的 $E(Y_F \mid X_F)$ 的预测区间(4.37)与 h_F 无关。此表明,只要 X_F 已知,无论 h_F 如何设定都不影响最终的预测结果。

其次,可以类似地建立 Y_F 的预测区间,但该区间与 h_F 的取值有关(请读者自己推导)。

上面我们针对权序列 $W_i = 1/h_i$ 已知的情形,讨论了 $E(Y_F \mid X_F)$ 和 Y_F 的预测问题。当 $W_i = 1/h_i$ 未知时,可以利用 FWLS 法估计模型(4.24),然后再进行预测。但此时不能保证所得预测值 $\hat{Y}_F$ 是 $E(Y_F \mid X_F)$ 和 Y_F 的最优线性无偏预测。

在 EViews 下,利用 WLS 法估计模型(4.22),求 $E(Y_F \mid X_F)$ 和 Y_F 的预测值。在输入

权序列 $W_i = 1/h_i$时,要保证其在预测期有观测值(可以设定该值为任意正数)。利用 OLS 法估计加权模型(4.24)时,在 Equation Estimation 窗口的 Equation specification 对话框中,直接输入"Y/h 1/h X1/h　X2/h …Xk/h",这里 X1、X2…Xk 依次为变量 X_1、X_2…X_k在 EViews 下的序列名。在得到估计模型的输出结果窗口后,打开预测 Forecast 窗口,并在该窗口选择预测的序列(Series to forecast)为 Y。有关预测操作的其他说明在第 2 章§2.6 节的方框中。在执行预测后,便可以得到 $E(Y_F|X_F)$ 和 Y_F 的预测值。

在上述操作基础上,按(4.36)式求 $E(Y_F|X_F)$ 的预测区间的基本步骤如下:

①回到 Forecast 窗口,选择预测的序列为 Y/h,在 S. E.(optional)对话框中输入 se,其他设置不变。在执行预测后,得到 se,即为 e_F^* 的标准差 $\hat{SD}(e_F^*|X_F,h_F)$。

②利用(3.57)式计算 $\hat{SD}(\hat{Y}_F^*|X_F,h_F)$。

③将 $\hat{Y}_F$、$\hat{SD}(\hat{Y}_F^*|X_F,h_F)$、$h_F$ 及 $t_{\alpha/2}(n-k-1)$ 代入(4.36),即得所求 $E(Y_F|X_F)$ 的预测区间。

例题 4.2(续)　误差项存在异方差性情形下的预测

依据例题 4.2 中采用 FWLS 法建立的样本回归函数(4.35),对收入 $X_F = 900$ 卢比的家庭,求其平均食物支出 $E(Y_F|X_F = 900)$ 的点预测值,并在 0.95 的置信度下,求其预测区间。

利用(4.35)式可得,当 $X_F = 900$ 卢比时,$E(Y_F|X_F = 900)$ 的预测值为

$$\hat{Y}_F = 76.543 + 0.4649 \times 900 \approx 494.95\ (\text{卢比})$$

在 EViews 下也可以直接得到 $\hat{Y}_F$ 的值及预测误差的标准差 $\hat{SD}(e_F^*|X_F,h_F) = 0.1022$(请读者自己练习)。利用(3.57)式,可得

$$\hat{SD}(\hat{Y}_F^*|X_F,h_F) = \sqrt{[\hat{SD}(e_F^*|X_F,h_F)]^2 - \hat{\sigma}^{*2}} = \sqrt{0.1022^2 - 0.0994^2} \approx 0.02376$$

查 t 分布表得临界值 $t_{0.025}(53) \approx 2.0105$(该值为 $t_{0.025}(40) = 2.021$ 与 $t_{0.025}(60) = 2$ 的算术平均数)。按照公式(4.36)可求得,在 0.95 置信度下,$E(Y_F|X_F = 900)$ 的预测区间为

$$[494.95 - 900 \times 0.02376 \times 2.0105,\ 494.95 + 900 \times 0.02376 \times 2.0105]$$

即

$$[451.96,\ 537.94]$$

这里括号中的 900 是 h_F 的取值。

易见,在 0.95 的置信度下,与第 2 章§2.7 节利用 OLS 法得到的预测区间[442.43,532.23]相比,在考虑模型(2.56)存在异方差行的情形下,这里利用 FWLS 法估计模型得到的预测区间变窄了。

§4.3 自相关性

4.3.1 自相关性的概念及表现形式

4.3.1.1 自相关性的概念

经典线性回归模型

$$Y_i = \beta_0 + \beta_1 X_{1i} + \cdots + \beta_k X_{ki} + u_i \quad (i = 1,2,\cdots,n)$$

的无自相关性假定要求在不同观测点上的 u_i 与 u_j 互不相关,即

$$Cov(u_i,u_j) = 0 \quad (i \neq j,i,j = 1,2,\cdots,n)$$

如果模型违背了无自相关性假定,即 $Cov(u_i,u_j)(i \neq j,i,j = 1,2,\cdots,n)$ 不全为0,则称 u_i(或模型)存在**自相关性**(autocorrelation)。由于解释变量为确定性变量,

$$Cov(Y_i,Y_j) = Cov(u_i,u_j)$$

所以 u_i 存在自相关性也意味着 $Cov(Y_i,Y_j)(i \neq j,i,j = 1,2,\cdots,n)$ 不全为0。因此,分析 u_i 的自相关性就等价于分析 Y_i 的自相关性。

我们知道,变量之间的线性相关程度通常采用无量纲的相关系数来度量。在满足基本假定中其他假定条件的情形下,u_i 与 u_j 之间的相关系数可以表示为:

$$\rho_{ij} = \frac{Cov(u_i,u_j)}{Var(u_i)} = \frac{E(u_i u_j)}{E(u_i^2)} \tag{4.38}$$

$|\rho_{ij}|$ 越接近1,表明 u_i 与 u_j 的相关程度越高。$\rho_{ij} < 0$($\rho_{ij} > 0$)表明它们存在负(正)相关。由于 u_i 通常是不可以观测的,它们之间的相关系数也是未知的,因此在实证分析中,通常采用基于回归模型得到的 ρ_{ij} 的适当估计量(见本节4.3.3),来研究 u_i 的自相关性。

在实证分析中,导致回归模型存在自相关性的原因主要来自以下六个方面:

(1)经济行为的惯性

在经济运行过程中,居民的消费、企业的投资和经营模式、政府税收和购买等经济行为在时间上都有一定的持续性或惯性,因此导致描述经济系统运行特征的各种数量指标(变量)呈现周期性的波动特征。例如,在经济复苏阶段,国内生产总值、物价指数、就业率、固定资产投资、居民消费支出等都呈现逐期上升的趋势;当经济进入繁荣时期时,它们都会在较高的水平持续一段时间。而在经济衰退阶段,这些经济变量呈现逐期下降的趋势;当经济进入萧条时期时,它们都会在较低的水平持续一段时间。如果以这些变量为被解释变量建立时间序列模型,那么该模型的随机误差项就很可能存在自相关性。

(2)偶然因素的持续影响

地震、战争、气候、金融危机等偶然因素对经济系统的影响可能会持续多个时期,在此期间一些经济变量会低于或高于长期均衡水平,若以这些变量为被解释变量建模,其误差项就可能存在自相关性。

(3)个体相邻的地理位置的影响

利用截面数据建模时,由于地理位置相邻的个体之间在经济活动上存在一定的联系,致使模型可能存在自相关性。例如,一个家庭的消费行为可能会影响一些邻近家庭的消费行为,一个地区经济的快速增长很可能会带动邻近其他地区的经济增长,由此可能

导致家庭的消费支出、反映地区经济增长的变量在不同观测点上存在自相关性。

(4)模型设定的偏误

模型设定的偏误可能导致其存在自相关性。如,在不存在自相关性的“正确的”模型中,忽略了或为减弱多重共线性人为去掉了某些变量,这些变量就归入了随机误差项中,如果它们本身存在自相关性,就可能导致随机误差项出现自相关性。再如,“正确的”模型为线性回归模型:

$$Y_i = \beta_0 + \beta_1 X_i + u_i$$

它不存在自相关性,而实际建立的模型为

$$Y_i^2 = \alpha_0 + \alpha_1 X_i + v_i$$

则该模型就会存在自相关性(请读者自己就 X 为确定性变量的情形证明之)。

(5)样本数据是经过对实际观测数据加工处理得到的

在实证分析中,有些变量的样本数据是经过对实际观测数据加工处理得到的,它们在不同期之间存在一定的内在联系,因此以这些变量为被解释变量的模型就可能存在自相关性。例如,对于不存在自相关性的变量序列 X_t,为了消除季节因素的影响,采用如下移动平均公式

$$X_t^* = w_0 X_t + w_1 X_{t-1} + w_2 X_{t-2} + w_3 X_{t-3}$$

其中 $w_i > 0(i = 0,1,2,3)$,$w_0 + w_1 + w_2 + w_3 = 1$,得到季节调整后的变量序列 X_t^*。容易证明,X_t^* 存在自相关性。再如,对缺失的时间点上的数据,采用特定的内插或外推处理方法加以弥补,也可能使所得样本数据的前后期相关,从而产生自相关性。

(6)蛛网现象

蛛网现象是微观经济学中的一个概念。它是指某种商品当期的供给量受其前一期价格的影响而表现出来的,呈蛛网状收敛于供需的均衡点或发散的一种经济现象。例如,许多农产品供给的调整需要经过一定的时间(一年或半年)才能实现,由此导致它们的供给对价格的反应要滞后一个时期。也就是说,第 t 期的供给量 Y_t 是受第 $t-1$ 期价格 P_{t-1} 的影响,呈现出蛛网现象的特征。因此,这些农产品的供给函数模型可以设定为:

$$Y_t = \beta_0 + \beta_1 P_{t-1} + u_t \tag{4.39}$$

在它们的需求具有刚性的条件下,当第 t 期的供给量 Y_t 高于长期均衡供给量 $E(Y_t)$ 时,第 t 期的价格 P_t 通常会低于 $t-1$ 期价格 P_{t-1},因此农民就很可能决定在第 $t+1$ 期减少它们的种植,从而减少供给量,如图 4-13 所示。此表明模型(4.39)中的 u_t 很可能存在自相关性。

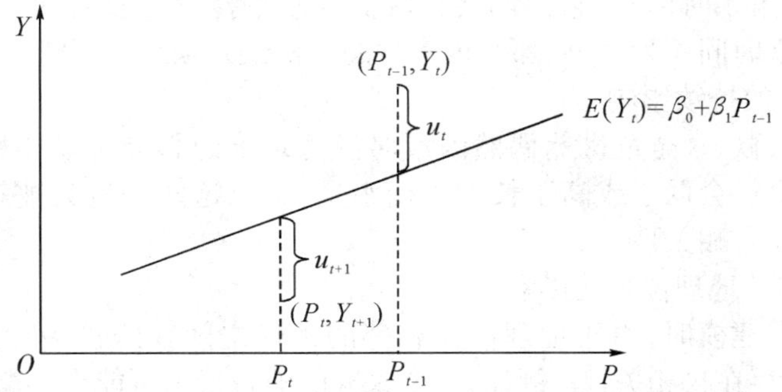

图 4-13 农产品供给量随价格变化的示意图

自相关性经常出现在以时间序列数据为样本的模型中[此时也称之为**序列相关性**(serial correlation)],因此在本节后文的讨论中,变量的下标用 t 表示。对于时间变量序列 u_t,我们称 u_t 和 u_{t-k}($k \geq 1$,k 为整数)的协方差为 u_t 的 **k 阶自协方差**(kth order autocovariance),将 u_t 与 u_{t-k} 的相关系数称为 u_t 的 **k 阶自相关系数**(kth order autocorrelation coefficient),记为 ρ_k。在以横截面数据为样本的模型中,也可能会出现自相关性,通常称之为**空间自相关**(spatial autocorrelation),它属于空间计量经济学的研究范畴。本书主要讨论时间序列模型的自相关性问题。

4.3.1.2 自相关性的表现形式

由于实际问题中变量序列的自相关性相当复杂,因此人们常常采用有规律的几种表现形式去近似地刻画它。对于平稳变量序列,常用**自回归过程**(autoregressive process,AR process)、**移动平均过程**(moving average process,MA process)和**自回归移动平均过程**(autoregressive moving average process,ARMA process)来刻画。这里,所谓**平稳变量序列**(stationary variable sequence)或**平稳过程**(stationary process)是指,在任意时点(观测点)上,它的均值、方差以及 k 阶自协方差都存在,且它们的取值都不随着时点的变化而变化(在第八章§8.1节,我们将详细讨论时间变量序列的平稳性问题)。

例如,满足如下条件的变量序列 ε_t,就是一个平稳过程:对于任意时点 t,都有

$$E(\varepsilon_t) = 0 \tag{4.40}$$

$$Var(\varepsilon_t) = \sigma_\varepsilon^2 < \infty \tag{4.41}$$

$$Cov(\varepsilon_t, \varepsilon_{t-k}) = 0 \ (k \neq 0) \tag{4.42}$$

这样的平稳过程被称为**白噪声过程**(white noise process),记为 $\varepsilon_t \sim WN(0,\sigma^2)$。

(1)自回归过程

若随机变量序列 u_t 满足

$$u_t = c + \varphi_1 u_{t-1} + \varphi_2 u_{t-2} + \cdots + \varphi_p u_{t-p} + \varepsilon_t \tag{4.43}$$

其中 $c, \varphi_1, \varphi_2, \cdots, \varphi_p$ 为任意常数,$\varepsilon_t \sim WN(0,\sigma^2)$,则称 u_t 为 **p 阶自回归过程**(pth order AR process),记为AR(p),称 $\varphi_j(j = 1,2,\cdots,p)$ 为**自回归系数**(AR coefficient),称 ε_t **为扰动项**(disturbance)或**新息**(innovation)。显然,当 $p > 1$ 时,AR(1)、…、AR($p-1$)都是AR(p)的特例。

对于一般平稳 AR(p)过程 u_t,可以证明,它的 k 阶自相关系数 ρ_k 随着 k 的增加逐渐衰减为0,此时称 ρ_k 是"拖尾的"。这表明随着 u_t 与 u_{t-k} 之间间隔期数的增加,它们之间的相关关系越来越弱并最终消失。

例如,一阶自回归过程:

$$u_t = \varphi u_{t-1} + \varepsilon_t \tag{4.44}$$

其中 $|\varphi| < 1$,是一个平稳过程,且当 $0 < |\varphi| < 1$ 时,它的 k 阶自相关系数 ρ_k 是"拖尾的"。证明过程如下:

$$u_{t-1} = \varphi u_{t-2} + \varepsilon_{t-1}$$

$$u_{t-2} = \varphi u_{t-3} + \varepsilon_{t-2}$$

$$\cdots\cdots$$

将上述各式依次代入(4.44)式,可得

$$u_t = \varepsilon_t + \varphi\varepsilon_{t-1} + \varphi^2\varepsilon_{t-2} + \cdots = \sum_{r=0}^{\infty}\varphi^r\varepsilon_{t-r} \tag{4.45}$$

当 $|\varphi| < 1$ 时,由于 $\varepsilon_t \sim WN(0,\sigma^2)$,则可以推导出以下结果:

$$E(u_t) = \sum_{r=0}^{\infty}\varphi^r E(\varepsilon_{t-r}) = 0 \tag{4.46}$$

$$Var(u_t) = \sum_{r=0}^{\infty}\varphi^{2r}Var(\varepsilon_{t-r}) = \frac{\sigma^2}{1-\varphi^2} \tag{4.47}$$

$$Cov(u_t,u_{t-k}) = \varphi^k Var(u_t) = \varphi^k\frac{\sigma^2}{1-\varphi^2} \quad (k = 1,2,\cdots) \tag{4.48}$$

下面是(4.48)式的推导过程:

$$\begin{aligned} Cov(u_t,u_{t-1}) &= E(u_t u_{t-1}) = E[(\varphi u_{t-1} + \varepsilon_t)u_{t-1}] \\ &= E(\varphi u_{t-1}^2 + \varepsilon_t u_{t-1}) \\ &= \varphi E(u_{t-1}^2) + E(\varepsilon_t u_{t-1}) \\ &= \varphi Var(u_t)\ [\text{利用(4.45)式-(4.47)式、}\varepsilon_t \sim WN(0,\sigma^2)] \end{aligned}$$

$$\begin{aligned} Cov(u_t,u_{t-2}) &= E(u_t u_{t-2}) = E[(\varphi u_{t-1} + \varepsilon_t)u_{t-2}] = E(\varphi u_{t-1}u_{t-2} + \varepsilon_t u_{t-2}) \\ &= E[\varphi(\varphi u_{t-2} + \varepsilon_{t-1})u_{t-2} + \varepsilon_t u_{t-2}] = E(\varphi^2 u_{t-2}^2 + \varphi\varepsilon_{t-1}u_{t-2} + \varepsilon_t u_{t-2}) \\ &= \varphi^2 E(u_{t-2}^2) + \varphi E(\varepsilon_{t-1}u_{t-2}) + E(\varepsilon_t u_{t-2}) \\ &= \varphi^2 Var(u_t) \qquad [\text{利用(4.45)式-(4.47)式、}\varepsilon_t \sim WN(0,\sigma^2)] \end{aligned}$$

以此类推,即可得到(4.48)式。

上述结果表明 u_t 是平稳的。进而,由(4.47)式和(4.48)式,可得 u_t 与 u_{t-k} 的相关系数为:

$$\rho_k = \varphi^k$$

由此可知,当 $0 < |\varphi| < 1$ 时,一阶自回归过程 AR(1)满足 0 均值和同方差性,它们的自相关系数均不为 0,即该过程的各期变量之间存在自相关性,但随着滞后期 k 的增加,u_t 与 u_{t-k} 之间的相关性逐渐减弱并最终消失。

(2)移动平均过程

若随机变量序列 u_t 满足

$$u_t = \mu + \varepsilon_t + \theta_1\varepsilon_{t-1} + \theta_2\varepsilon_{t-2} + \cdots + \theta_q\varepsilon_{t-q} \tag{4.49}$$

其中 $\mu,\theta_1,\theta_2,\cdots,\theta_q$ 为任意常数,$\varepsilon_t \sim WN(0,\sigma^2)$,则称该过程为**$q$ 阶移动平均过程**(qth order MA process),记为**MA(q)**,称 $\theta_j(j = 1,2,\cdots,q)$ 为**移动平均系数**(MA coefficient)。

对于 $MA(q)(1 \leqslant q < \infty)$ 过程 u_t,可以证明,当 $k > q$ 时,它的 k 阶自相关系数 ρ_k 都等于 0,此时称 ρ_k 是“截尾的”。这表明在该过程中,间隔超过 q 期的两个变量是不相关的。

例如,设一阶移动平均过程 MA(1)为:

$$u_t = \mu + \varepsilon_t + \theta\varepsilon_{t-1} \tag{4.50}$$

则由 $\varepsilon_t \sim WN(0,\sigma^2)$,可得

$$E(u_t) = \mu$$

$$Var(u_t) = Var(\varepsilon_t) + \theta^2 Var(\varepsilon_{t-1}) = (1+\theta^2)\sigma^2$$

$$Cov(u_t, u_{t-1}) = Cov(\mu + \varepsilon_t + \theta\varepsilon_{t-1}, \mu + \varepsilon_{t-1} + \theta\varepsilon_{t-2}) = \theta\sigma^2$$

当 $k>1$ 时,

$$Cov(u_t, u_{t-k}) = Cov(\mu + \varepsilon_t + \theta\varepsilon_{t-1}, \mu + \varepsilon_{t-k} + \theta\varepsilon_{t-k-1}) = 0$$

$$\rho_k = \frac{Cov(u_t, u_{t-k})}{Var(u_t)} = 0$$

(3)自回归移动平均过程

若随机变量序列 u_t 满足

$$u_t = c + \varphi_1 u_{t-1} + \varphi_2 u_{t-2} + \cdots + \varphi_p u_{t-p} + \varepsilon_t + \theta_1\varepsilon_{t-1} + \cdots + \theta_q\varepsilon_{t-q} \tag{4.51}$$

其中 $c, \varphi_1, \varphi_2, \cdots, \varphi_p, \theta_1, \theta_2, \cdots, \theta_q$ 为任意常数,$\varepsilon_t \sim WN(0,\sigma^2)$,则称该过程为**$(p,q)$ 阶自回归移动平均过程**[(p,q)th order ARMA process],记为**ARMA(p,q)**。

容易看到,自回归移动平均过程 u_t 是由两部分构成的:前一部分是自回归项,后一部分是由扰动项构成的移动平均项。显然,AR(p)过程和 MA(q)过程都是 ARMA(p,q)过程的特例。

对于一般平稳 $ARMA(p,q)$($p \geq 1$)过程 u_t,可以证明,它的 k 阶自相关系数 ρ_k 是“拖尾的”,即随着阶数 k 的增加,ρ_k 逐渐衰减为 0。

4.3.2 自相关性的后果

在线性回归模型存在自相关性的情形下,由第 2、3 章回归系数 OLS 估计量 $\hat{\beta}_j$ 的统计性质的证明过程可知,$\hat{\beta}_j$ 仍然具有线性性、无偏性,而且通常也具有一致性(见 §4.4)。尽管如此,采用 OLS 法估计存在自相关性的模型会产生以下后果:

4.3.2.1 回归系数的 OLS 估计量通常不具有最小方差性

本节后面 4.3.4 部分的研究表明,对于存在自相关性的模型,利用广义最小二乘法得到的回归系数的估计量是最佳线性无偏估计量,而且其方差通常小于 OLS 估计量的方差。这意味着在回归系数的所有线性无偏估计量中,OLS 估计量的方差通常不是最小的,即它通常不具有最小方差性,或者说,它通常是非有效的[注:OLS 估计量的方差也可能是最小的,但这种情况在实践中并不常见(参见:古扎拉蒂,2005,p_{426})]。

这里以如下一元回归模型为例,说明回归系数 OLS 估计量的非有效性及其方差估计中遇到的问题:

$$Y_t = \beta X_t + u_t$$

其中,u_t 为 AR(1)过程 $u_t = \varphi u_{t-1} + \varepsilon_t (0 < |\varphi| < 1, \varepsilon_t \sim WN(0,\sigma^2))$。参数 β 的 OLS 估计量为:

$$\hat{\beta} = \beta + \frac{\sum_{t=1}^{n} X_t u_t}{\sum_{t=1}^{n} X_t^2}$$

利用前面得到的关于 u_t 的方差及协方差的计算结果,即(4.47)式和(4.48)式,容易得到 $\hat{\beta}$ 的方差为:

$$Var(\hat{\beta}) = \frac{\sigma_u^2}{\sum_{t=1}^{n} X_t^2}\left(1 + 2\varphi \frac{\sum_{t=1}^{n-1} X_t X_{t+1}}{\sum_{t=1}^{n} X_t^2} + 2\varphi^2 \frac{\sum_{t=1}^{n-2} X_t X_{t+2}}{\sum_{t=1}^{n} X_t^2} + \cdots + 2\varphi^{n-1} \frac{X_1 X_n}{\sum_{t=1}^{n} X_t^2}\right) \tag{4.52}$$

其中 $\sigma_u^2 = Var(u_t)$。

利用广义最小二乘法(见本节后面 4.3.4 部分),可得参数 β 的最佳线性无偏估计量为:

$$\hat{\beta}^{gls} = \frac{\sum_{t=2}^{n} (X_t - \varphi X_{t-1})(Y_t - \varphi Y_{t-1}) + (1 - \varphi^2) X_1 Y_1}{\sum_{t=2}^{n} (X_t - \varphi X_{t-1})^2 + (1 - \varphi^2) X_1^2}$$

其方差为:

$$Var(\hat{\beta}^{gls}) = \frac{\sigma^2}{\sum_{t=2}^{n} (X_t - \varphi X_{t-1})^2 + (1 - \varphi^2) X_1^2}$$

因此 $Var(\hat{\beta}^{gls}) \leqslant Var(\hat{\beta})$,而且在实践中不等式的等号成立的情况并不常见。此表明 β 的 OLS 估计量 $\hat{\beta}$ 通常不具有最小方差性。

在 $Var(\hat{\beta})$ 中含有未知的参数 σ_u^2,与异方差的情形一样,这里也涉及 $Var(\hat{\beta})$ 的估计问题。对同样的样本数据,若将随机误差项"看作"是无自相关性的,则 $\hat{\beta}$ 的方差为:

$$\tilde{Var}(\hat{\beta}) = \frac{\sigma_u^2}{\sum_{t=1}^{n} X_t^2}$$

从(4.52)式可以看出,当 $\varphi \neq 0$ 时,$Var(\hat{\beta})$ 与 $\tilde{Var}(\hat{\beta})$ 通常是不相等的,前者可能大于后者,也可能小于后者(请读者自己分析各种可能的情况)。此外,还可以证明:当 u_t 存在自相关性时,基于 OLS 法得到的 $\hat{\sigma}_u^2 = \frac{\sum_{t=1}^{n} e_t^2}{n-1}$ 通常不再是 u_t 的方差 σ_u^2 的无偏估计。因此,利用 $\frac{\hat{\sigma}_u^2}{\sum_{i=1}^{n} X_i^2}$ 去估计 $\hat{\beta}$ 的方差 $Var(\hat{\beta})$ 是不合适的。在本节 4.3.4 中我们将介绍 $Var(\hat{\beta})$ 的一个一致估计量,即所谓的尼威-韦斯特自相关-稳健性估计量。

4.3.2.2　通常的变量和方程的显著性检验失效

采用 OLS 法回归模型,变量的显著性检验通常采用的统计量为

$$t_j = \frac{\hat{\beta}_j}{\hat{SD}(\hat{\beta}_j)} \sim t(n-k-1) \quad (在 H_0:\beta_j = 0 成立的条件下)$$

其中 $\hat{SD}(\hat{\beta}_j) = \hat{\sigma}\sqrt{(X'X)^{-1}_{j+1,j+1}}$,$\hat{\sigma}^2 = \frac{\sum_{t=1}^{n} e_t^2}{n-k-1}$。上述分布依赖于随机误差项 u_t 具有无自相关性,当 u_t 存在自相关性时,如此构造的统计量 t_j 不再服从 $t(n-k-1)$ 分布,因此

将其与 $t(n-k-1)$ 分布的临界值相比较进行变量的显著性检验，其结果是不可靠的。关于方程的 F 检验也是如此。

4.3.2.3 被解释变量通常的预测值不具有最小均方误差性且通常的预测区间不可靠

当模型存在自相关性时，回归系数的 OLS 估计量仍然是无偏的，并且依据样本回归函数得到的被解释变量 Y 的预测值也是无偏的。尽管如此，本节后面 4.3.5 部分的研究表明，基于利用广义最小二乘法得到的样本回归函数及自相关性的表现形式，可以得到 Y 的最优线性无偏预测。这意味着在 Y 的所有线性无偏预测值中，利用 OLS 法得到的 Y 通常的预测值的均方误差不是最小的，即它不具有最小均方误差性。而且，由于 $E(Y_F|X_F)$ 通常的预测区间要求 u_t 具有无自相关性，当 u_t 存在自相关性时，

$$t=\frac{\hat{Y}_F-E(Y_F|X_F)}{\hat{\sigma}\sqrt{X_F(X'X)^{-1}X'_F}}\sim t(n-k-1)$$

不再成立，从而基于此所建立的预测区间将不再可靠。同理，通常构造的 Y_F 的预测区间也不再可靠。

4.3.3 自相关性的检验

由于 u_t 是不可观测的，依据异方差性检验时的同样理由，要检验 u_t 的自相关性，首先需利用 OLS 法估计模型得到残差 e_t，并把它作为 u_t 的估计量，然后通过研究 e_t 的自相关性来推断 u_t 的自相关性。在此我们介绍**几种常用的自相关性检验方法**：图示检验法、DW 检验（Durbin - Watson test，DW test）、拉格朗日乘数检验（lagrange multiplier test，LM test）。

4.3.3.1 图示检验法

图示检验法是通过做残差 e_t 的趋势图或 e_t 对其滞后值的散点图，如图 4-14 所示，从几何直观上对 u_t 的自相关性进行推断。例如，若残差的趋势图与图 4-14(a)[图 4-14(c)]类似，或 e_t 对 e_{t-1} 的散点图与图 4-14(b)[图 4-14(d)]类似，则表明 u_t 存在一阶正(负)自相关。

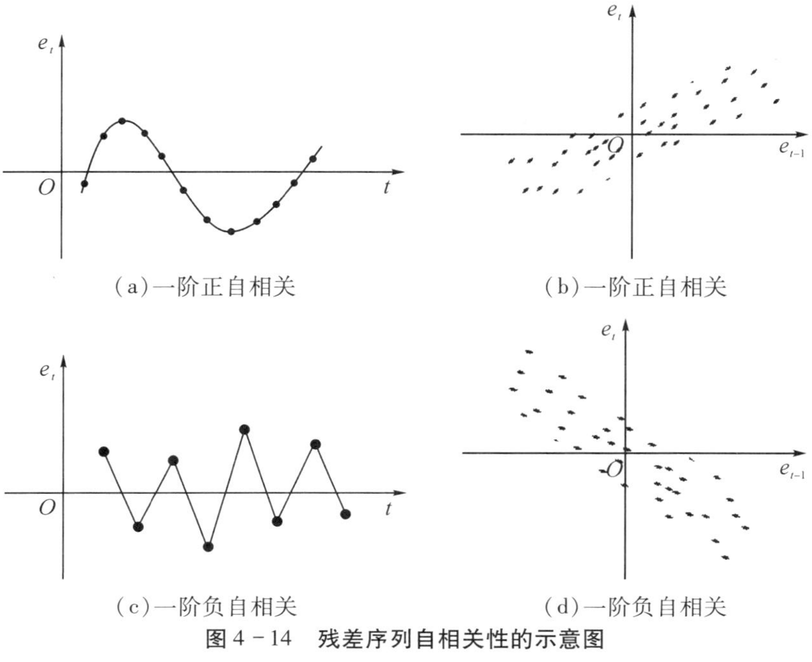

图 4-14 残差序列自相关性的示意图

4.3.3.2　DW 检验

DW 检验是德宾(J. Durbin)和沃特森(G. S. Watson)于 1950 年提出的一种被广为应用的自相关性检验方法(Durbin 和 Watson,1950、1951、1971)。该方法的基本假定条件是:

① 回归模型含有截距项,且不含滞后被解释变量。

② 解释变量为非随机变量。

③ 随机误差项服从正态分布,且为一阶自回归过程:$u_t = \varphi u_{t-1} + \varepsilon_t (|\varphi| < 1)$。

④ 样本容量较大。

与 t 检验一样,DW 检验也分为单侧检验和双侧检验,它们的原假设 H_0 和备择假设 H_1 分别为:

左尾 DW **检验**(left - tailed DW test):

$H_0: \varphi \leqslant 0$(u_t 非一阶正自相关)

$H_1: \varphi > 0$(u_t 一阶正自相关)

右尾 DW **检验**(right - tailed DW test):

$H_0: \varphi \geqslant 0$(u_t 非一阶负自相关)

$H_1: \varphi < 0$(u_t 一阶负自相关)

双侧(或双尾)DW **检验**(two - sided, or two - tailed, DW test):

$H_0: \varphi = 0$(u_t 无自相关)

$H_1: \varphi \neq 0$(u_t 存在一阶自相关)

DW 检验的统计量为:

$$DW = \frac{\sum_{t=2}^{n}(e_t - e_{t-1})^2}{\sum_{t=1}^{n} e_t^2} \tag{4.53}$$

其中 e_t 为利用 OLS 法回归模型得到的残差,即 $e_t = Y_t - \hat{Y}_t$, $t = 1,2,\cdots,n$。

在给出检验规则之前,首先考察一下 DW 统计量与 u_t 的一阶自相关系数 φ 之间的关系。展开(4.53)式,可得

$$DW = \frac{\sum_{t=2}^{n} e_t^2 + \sum_{t=2}^{n} e_{t-1}^2 - 2\sum_{t=2}^{n} e_t e_{t-1}}{\sum_{t=1}^{n} e_t^2} \tag{4.54}$$

当 n 较大时,$\sum_{t=2}^{n} e_t^2 \approx \sum_{t=2}^{n} e_{t-1}^2 \approx \sum_{t=1}^{n} e_t^2$,从而(4.54)式可以简化为:

$$DW \approx 2\left[1 - \frac{\sum_{t=2}^{n} e_t e_{t-1}}{\sum_{t=2}^{h} e_{t-1}^2}\right] = 2(1 - \hat{\varphi}) \tag{4.55}$$

其中

$$\hat{\varphi} = \frac{\sum_{t=2}^{n} e_t e_{t-1}}{\sum_{t=2}^{n} e_{t-1}^2} \tag{4.56}$$

为 e_t 的一阶样本自相关系数，它是 u_t 的一阶自相关系数 φ 的一个估计量。

因为 $|\varphi| < 1$，所以 DW 统计量一般位于 0 和 4 之间。表 4－7 给出了 DW 统计量与 $\hat{\varphi}$ 之间的近似对应关系。

表 4－7　DW 统计量与 $\hat{\varphi}$ 之间的近似对应关系

$\hat{\varphi}$	DW
-1	4
$(-1, 0)$	$(2, 4)$
0	2
$(0, 1)$	$(0, 2)$
1	0

由此可知，若 u_t 无自相关性，则 $\hat{\varphi}$ 分布在 0 附近，DW 统计量分布在 2 附近；若 u_t 与 u_{t-1} 之间存在完全正相关性，则 $\hat{\varphi}$ 分布在 1 附近，DW 统计量分布在 0 附近；若 u_t 与 u_{t-1} 之间存在完全负相关性，则 $\hat{\varphi}$ 分布在 -1 附近，DW 统计量分布在 4 附近。于是，若知道在原假设 H_0 成立时 DW 统计量的分布，便可以对 u_t 的自相关性进行检验。

然而，德宾和沃特森（1950、1951）的研究表明，DW 统计量的概率分布依赖于解释变量的取值，不能像 t 检验那样通过表格列出 DW 检验的临界值。作为该问题的部分解决方法，德宾和沃特森找到了两个统计量 DW_L 和 DW_U，分别称之为**DW 统计量的下限（界）**（lower bound of DW statistic）和**上限（界）**（upper bound of DW statistic），它们只与样本容量 n 和解释变量个数 k 有关，且对于任意解释变量的取值，均满足

$$DW_L \leqslant DW \leqslant DW_U$$

（1）对于左尾 DW 检验（$H_0:\varphi \leqslant 0$，$H_1:\varphi > 0$），在显著性水平 α 下，有如下关系式成立：

$$P(DW < d_L) \leqslant P(DW < d) = \alpha \leqslant P(DW < d_U)$$

即

$$d_L \leqslant d \leqslant d_U$$

其中 d 为 DW 统计量分布的真实临界值，d_L、d_U 分别为 DW_L 和 DW_U 的**显著点**（significance point），即它们满足

$$P(DW_L < d_L) = \alpha, P(DW_U < d_U) = \alpha$$

称 d_L、d_U 分别为 d **的下限（界）**（lower bound of d）和**上限（界）**（upper bound of d）。于是，得到**左尾 DW 检验的判断规则**为：

若 $DW < d_L$，则 $DW < d$，接受 $\varphi > 0$，u_t 存在一阶正自相关；

若 $DW > d_U$，则 $DW > d$，接受 $\varphi \leqslant 0$，u_t 不存在一阶正自相关；

若 $d_L \leqslant DW \leqslant d_U$，则不能得出明确的结论。

同理，可以建立右尾 DW 检验和双侧 DW 检验的判断规则如下：

（2）对于右尾 DW 检验（$H_0:\varphi \geqslant 0$，$H_1:\varphi < 0$），利用 DW 统计量分布关于 2 的对称性，在显著性水平 α 下，DW 统计量分布的真实临界值为 $4-d$，它满足

$$P(DW > 4 - d) = \alpha$$

于是，利用关系式 $d_L \leqslant d \leqslant d_U$，得到**右尾 DW 检验的判断规则**为：

若 $DW > 4-d_L$，则 $DW > 4-d$，接受 $\varphi < 0$，u_t存在一阶负自相关；

若 $DW < 4-d_U$，则 $DW < 4-d$，接受 $\varphi \geqslant 0$，u_t不存在一阶负自相关；

若 $4-d_U \leqslant DW \leqslant 4-d_L$，则不能得出明确的结论。

(3)对于双侧 DW 检验（$H_0:\varphi = 0$，$H_1:\varphi \neq 0$），在显著性水平 2α 下，DW 统计量分布的真实临界值 d、$4-d$ 满足

$$P(DW < d) = P(DW > 4-d) = \alpha$$

可以分两种情形建立**双侧 DW 检验的判断规则**为：

①当 $d_U < 2$ 时，

若 $DW < d_L$ 或 $DW > 4-d_L$，则 $DW < d$ 或 $DW > 4-d$，接受 $\varphi \neq 0$，u_t存在一阶自相关；

若 $d_U < DW < 4-d_U$，则 $d < DW < 4-d$，接受 $\varphi = 0$，u_t不存在自相关；

若 $d_L \leqslant DW \leqslant d_U$ 或 $4-d_U \leqslant DW \leqslant 4-d_L$，则不能得出明确的结论。

②当 $d_U \geqslant 2$ 时，

若 $DW < d_L$ 或 $DW > 4-d_L$，则接受 $\varphi \neq 0$，u_t 存在一阶自相关；

若 $d_L \leqslant DW \leqslant 4-d_L$，则不能得出明确的结论。

由此可知，当 $d_U \geqslant 2$ 时，DW 检验无法确定 u_t不存在自相关性的情形。

DW 检验的判断规则可以用坐标图直观地表示出来，如图 4－15 所示。

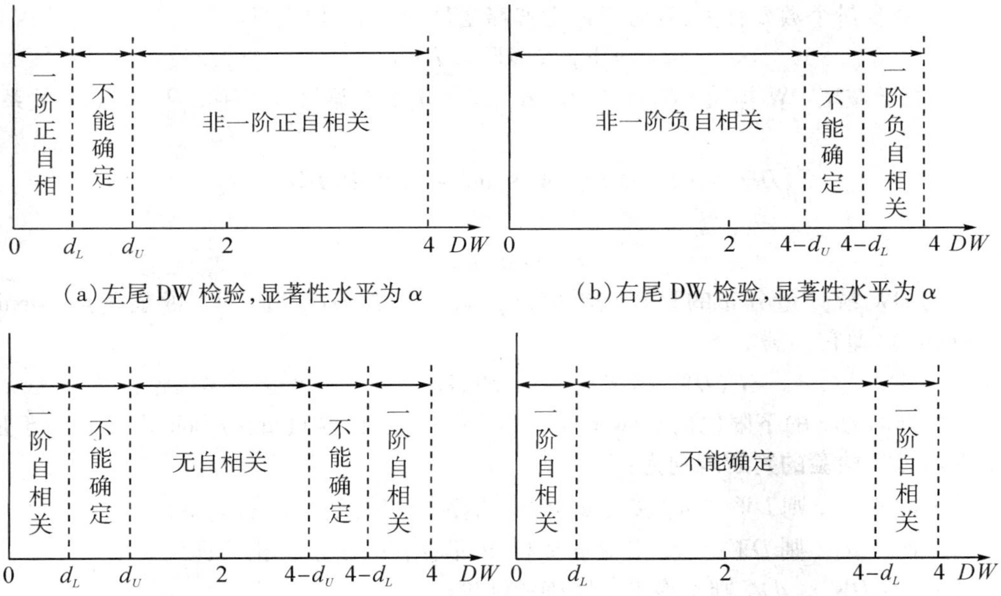

(a)左尾 DW 检验，显著性水平为 α

(b)右尾 DW 检验，显著性水平为 α

(c)双侧 DW 检验，显著性水平为 2α，$d_U < 2$

(d)双侧 DW 检验，显著性水平为 2α，$d_U \geqslant 2$

图 4－15　DW 检验的判断规则示意图

对于 0.01 和 0.05 的显著性水平，德宾和沃特森（1951）给出了左尾 DW 检验临界值的上下限表，后来，赛文（N. E. Savin）和怀特（K. J. White）（1980）对该表做了扩充（见附录 B 表 5）。在 EViews 软件下，利用 OLS 法估计模型的输出结果中给出了 DW 统计量值

(Durbin - Watson stat),通过查表可以得到左尾 DW 检验临界值的上下限,据此并应用上述判断规则便可以完成对随机误差项 u_t 的自相关性单侧 DW 检验。**这里需要说明的是,**在0.01 和0.05 的显著性水平下,要执行双侧 DW 检验,需要知道 0.01/2 = 0.005 和 0.05/2 = 0.025 显著性水平下左尾 DW 检验临界值的上下限,但在附录 B 表 5 中并没有给出这些上下限。此时,可以借助于在0.02 和0.10 显著性水平下双侧 DW 检验的结果,部分解决在显著性水平 0.05 下,双侧 DW 检验结果的判断问题。经常用到以下结论(推导过程留作练习):

(1)在0.02 和0.10 的显著性水平下,若双侧 DW 检验的结果一致,则在 0.05 的显著性水平下,该检验也得到同样的结果。

(2)在0.02 的显著性水平下,若双侧 DW 检验拒绝原假设,则在0.05 的显著性水平下,该检验也拒绝原假设;在0.10 的显著性水平下,若双侧 DW 检验接受原假设,则在0.05 的显著性水平下,该检验也接受原假设。

在应用 DW 检验时,还需要注意以下两点:

(1)DW 检验是建立在其成立的基本假定条件之上,当它们当中的某一条不成立时,该检验是无效的。例如,当模型中含有滞后被解释变量 Y_{t-1} 作解释变量时,Y_{t-1} 是随机变量且与随机误差项 u_{t-1} 相关。模拟试验表明,对这样的模型,DW 统计量值通常在 2 附近。也就是说,当随机误差项存在自相关时,DW 检验倾向于得出无自相关的结论。因此,DW 检验不适合这类模型自相关性的检验。

(2) DW 检验有不能确定的区域,当 DW 统计量值落入其中时,它不能得出明确的结论,需要选择其他检验方法。

4.3.3.3 拉格朗日乘数(LM)检验

拉格朗日乘数(LM)检验是布劳殊(T. S. Breusch)和格弗雷(L. G. Goldfrey)于 1978 年基于拉格朗日乘数检验原理提出的一种自相关性的检验方法(Breusch, 1978; Goldfrey, 1978)。它是建立在统计量渐近分布上的大样本检验法,也称为 **BG 检验**。与 DW 检验法不同,LM 检验法适用于检验任意阶自回归形式的自相关性,而且不受回归模型是否含有滞后被解释变量的影响。

对于模型

$$Y_t = \beta_0 + \beta_1 X_{1t} + \beta_2 X_{2t} + \cdots + \beta_k X_{kt} + u_t \quad (t = 1,2,\cdots,n) \tag{4.57}$$

若怀疑随机误差项 u_t 具有 p 阶自回归形式

$$u_t = \varphi_1 u_{t-1} + \cdots + \varphi_p u_{t-p} + \varepsilon_t$$

的自相关性,LM 检验的基本步骤是:

① 提出假设检验的原假设和备择假设分别为:

H_0:u_t 无自相关性 ($\varphi_1 = \cdots = \varphi_p = 0$)

H_1:u_t 存在自相关性 ($\varphi_1,\cdots,\varphi_p$ 不全为 0)

② 利用 OLS 法估计如下辅助回归模型:

$$e_t = \alpha_0 + \alpha_1 X_{1t} + \alpha_2 X_{2t} + \cdots + \alpha_k X_{kt} + \rho_1 e_{t-1} + \cdots + \rho_p e_{t-p} + v_t$$

得到可决系数 R^2,这里 e_t 为利用 OLS 法回归原模型(4.57)得到的残差序列,p 为滞后阶数;并建立 LM 统计量:

$$LM(p) = nR^2$$

可以证明，若原假设成立，那么在相当一般的条件下，$LM(p)$渐近服从自由度为 p 的 χ^2 分布，即

$$LM(p) = nR^2 \overset{a}{\sim} \chi^2(p)$$

③ 对于给定的显著性水平 α，查自由度为 p 的χ^2 分布表得临界值$\chi^2_\alpha(p)$，并与 $LM(p)$ 的样本值进行比较。若 $LM(p) > \chi^2_\alpha(p)$，则拒绝原假设，认为 u_t 存在 p 阶自回归形式的自相关性；若 $LM(p) < \chi^2_\alpha(p)$，则接受原假设，认为 u_t 不存在 p 阶自回归形式的自相关性。

LM 检验的结果可能与自回归过程 u_t 的滞后阶数 p 的设置有关。在实际应用中，可以从 1 阶、2 阶……逐次对更高阶的情形进行检验，并利用辅助回归模型中残差滞后项的显著性检验结果，去帮助推断 u_t 的自回归阶数。

需要指出的是，LM 检验也适用于随机误差项具有一般 ARMA(r,q)过程形式的自相关性的检验，此时 LM 检验的原假设和备择假设分别被一般地设定为：

H_0：u_t 不存在 1 至 p 阶的自相关，即 u_t 的 1 至 p 阶的自相关系数都为 0

H_1：u_t 存在 ARMA(r,q)过程形式的自相关性，这里 $\text{Max}\{r,q\} = p$

显然，这里的一般备择假设 H_1 包括 AR(p)过程。关于一般 LM 检验统计量的构造与检验 u_t 是否具有 AR(p)过程形式的自相关性的 LM 统计量完全一样，而且在原假设 H_0 成立的条件下，该统计量仍渐近服从自由度为 p 的χ^2 分布。

另外，在 LM 检验辅助回归模型中含有 e_{t-1}、e_{t-2}、…、e_{t-p}，估计该模型的有效样本的容量为 $n-p$，因此有的书将 LM 检验的统计量设定为

$$LM(p) = (n-p)R^2$$

它与 nR^2 具有相同的渐近分布。戴维森（R. Davidson）和麦金农（J. G. MaKinnon）（1993）指出，在估计辅助回归模型时，设定残差在样本之前的 p 个值为 0，即 $e_0 = e_{-1} = \cdots = e_{-p+1} = 0$，将样本容量扩大为 n，以 nR^2 为统计量的 LM 检验具有较好的有限样本性质。在 EViews 下，LM 检验的统计量就是 nR^2。

> 在 EViews 软件下，LM 检验的执行过程：
>
> 在原模型 OLS 回归的输出结果窗口，点击 View→Residual diagnostics→Series Correlation LM test，接着在弹出的 Lag Specification 窗口的对话框中，设置滞后阶数 p（即辅助回归模型中滞后残差的项数），然后点击 OK，便得到 LM 检验的输出结果，其中包括对辅助回归模型进行 OLS 回归的输出结果、Obs * R - squared（nR^2）的值及其相应的 Prob. Chi - Square 的值（nR^2 相应的 P 值），将 Prob. Chi - Square 的值与显著性水平进行比较，便可以完成 LM 检验。

4.3.4 自相关性的补救措施

对于存在自相关性的模型，通常需要采取适当的补救措施，以消除或减小自相关性对参数估计和统计推断的影响。首先应检查自相关性是否源于模型设定的偏误。若它是因函数形式设定不正确引起的，则应对其加以修正。若它是因忽略了重要的解释变量

引起的，而且将其添加到模型中并不会产生多重共性问题，则应补充这些变量以消除模型存在的自相关性。对于其他原因导致的自相关性，通常则需要采取新的参数估计方法或统计推断方法解决模型存在自相关性问题。这里我们介绍**几种常见的处理方法**：广义最小二乘法（generalized least squares，GLS）、广义差分法（generalized difference method，GD）、非线性最小二乘法（NLS 法）（见第 3 章附录 3.2）、尼威和韦斯特自相关－稳健性估计程序（Newey－West autocorrelation－robust procedure）。

4.3.4.1　广义最小二乘法

广义最小二乘法估计存在自相关性或异方差性模型的基本思路是，首先将模型变换为不存在自相关性和异方差性的模型，然后利用 OLS 法得到参数的估计量。

设模型(4.57)的矩阵表达式为：

$$Y = X\beta + u \tag{4.58}$$

它存在异方差性或自相关性，即 u 的方差－协方差矩阵为：$Cov(u) = \sigma^2\Omega$，其中 σ^2 为正常数，Ω 为正定对称矩阵且 $\Omega \neq I_n$。

(1)在 Ω 已知的情形下，应用广义最小二乘法估计模型(4.58)的具体做法如下：

首先，将 Ω 进行分解：$\Omega = PP'$，其中 P 为 n 阶可逆矩阵，并用 P^{-1} 左乘(4.58)式两端，得到一个新模型

$$P^{-1}Y = (P^{-1}X)\beta + P^{-1}u \tag{4.59}$$

即

$$Y^* = \beta X^* + u^* \tag{4.60}$$

其中 $Y^* = P^{-1}Y, Y^* = P^{-1}Y, u^* = P^{-1}u$。可以证明：模型(4.60)满足同方差性和无自相关性。

其次，利用 OLS 法估计模型(4.60)，得到回归系数 $\beta_j(j = 0,1,\cdots,k)$ 的最佳线性无偏估计量 $\hat{\beta}_j$。显然 $Y_1, Y_2, \cdots, Y_n$ 的任意线性函数 CY 都可以表示为：

$$CY = (CP)(P^{-1}Y) = (CP)Y^*$$

即它们也是 $Y_1^*, Y_2^*, \cdots, Y_n^*$ 的线性函数。因此，对于原模型(4.58)中被解释变量 Y 的样本观测值，$\hat{\beta}_j$ 也是 β_j 的最佳线性无偏估计量，记为 $\hat{\beta}_j^{gls}$，称之为**广义最小二乘估计量**或 **GLS 估计量**（GLS estimator）。回归系数向量 β 的 GLS 估计量的表达式为：

$$\begin{aligned}\hat{\beta}^{gls} &= [(P^{-1}X)'(P^{-1}X)]^{-1}(P^{-1}X)'(P^{-1}Y)\\ &= [X'(P^{-1\prime}P^{-1})X]^{-1}X'(P^{-1\prime}P^{-1})Y\\ &= (X'\Omega^{-1}X)^{-1}X'\Omega^{-1}Y \qquad (\text{利用 } \Omega = PP')\end{aligned} \tag{4.61}$$

可以证明（请读者自己完成）：当随机误差项 u_i 不存在自相关性，$Var(u_i) = \sigma^2 h_i^2$ 时，GLS 法经变换后得到的模型(4.60)即为以 $W_i = \dfrac{1}{h_i}$ 为权序列 WLS 法所得加权模型的矩阵表达式。此表明 OLS 法和 WLS 法都是 GLS 法的特例。

(2)在 Ω 未知的情形下，首先依据样本数据，对它进行估计，得到它的一致估计量，并计算其样本值 $\hat{\Omega}$。然后用 $\hat{\Omega}$ 替换 GLS 法估计过程中的 Ω，进而得到回归系数 β_j 的估计量。这种估计方法称为**可行的广义最小二乘法**（feasible generalized least squares，FGLS），由此得到的估计量称为**可行的广义最小二乘估计量**或**可行的 GLS 估计量**（FGLS estimator，

FGLSE)。可以证明,在一定的宽松条件下,可行的 GLS 估计量是一致且渐近有效的。

需要注意的是,对于容量为 n 的样本,Ω 中最多含有 $n(n+1)/2$ 个未知参数,因此在实际应用 FGLS 法时,通常的做法是,首先设定 u_t 具有特殊结构的自相关性,以使 Ω 含有少量的未知参数,然后对这些参数进行估计,进而得到 Ω 的估计量。

4.3.4.2　*广义差分法*

对于 u_t 为 AR(p)过程的自相关性模型(4.57),也可以应用广义差分法进行估计。下面以 u_t 为 AR(1)过程

$$u_t = \varphi u_{t-1} + \varepsilon_t \quad (0 < |\varphi| < 1, \varepsilon_t \sim WN(0,\sigma^2))$$

为例,介绍这种方法。

(1)当自回归系数 φ 已知时,应用广义差分法估计的具体做法如下:

首先,将(4.57)式滞后一期,两端同时乘以 φ,得

$$\varphi Y_{t-1} = \beta_0\varphi + \beta_1\varphi X_{1,t-1} + \beta_2\varphi X_{2,t-1} + \cdots + \beta_k\varphi X_{k,t-1} + \varphi u_{t-1} \quad (t = 2,3\cdots,n) \tag{4.62}$$

再将(4.57)式减去(4.62)式,可得

$$Y_t - \varphi Y_{t-1} = \tilde{\beta}_0 + \beta_1(X_{1t} - \varphi X_{1,t-1}) + \beta_2(X_{2t} - \varphi X_{2,t-1}) + \cdots + \beta_k(X_{kt} - \varphi X_{k,t-1}) + (u_t - \varphi u_{t-1}) \quad (t=2,3,\cdots,n) \tag{4.63}$$

即

$$Y_t^* = \tilde{\beta}_0 + \beta_1 X_{1t}^* + \beta_2 X_{2t}^* + \cdots + \beta_k X_{kt}^* + \varepsilon_t \tag{4.64}$$

其中 $\tilde{\beta}_0 = \beta_0(1-\varphi)$,$Y_t^* = Y_t - \varphi Y_{t-1}$,$X_{jt}^* = X_{jt} - \varphi X_{j,t-1}(j = 1,\cdots,k)$,随机误差项 ε_t 满足基本假定条件。上述变换过程称为**广义差分变换**(generalized difference transformation),模型(4.63)或(4.64)称为**广义差分模型**(generalized difference model)①。

其次,利用 OLS 法估计模型(4.63),得到回归系数 $\tilde{\beta}_0$、$\beta_j(j = 1,\cdots,k)$ 的最佳线性无偏估计量,分别记为 $\hat{\tilde{\beta}}_0$、$\hat{\beta}_j$。可以证明(请读者自己完成),$Y_1, Y_2, \cdots, Y_n$ 的任意线性函数都是 $Y_2^*, \cdots, Y_n^*$ 的线性函数。因此,对于原模型(4.57)中被解释变量 Y 的样本观测值,$\hat{\beta}_0 = \hat{\tilde{\beta}}_0/(1-\varphi)$、$\hat{\beta}_j$ 也分别是 β_0、β_j 的最佳线性无偏估计量。

(2)当自回归系数 φ 未知时,首先需要得到 φ 的一致估计量,并计算出估计值 $\hat{\varphi}$,然后将上述情形(1)中的 φ 用 $\hat{\varphi}$ 替换,建立广义差分模型,并利用 OLS 法该模型。这种方法称为**可行的广义差分法**(feasible generalized difference method,FGD)。可以证明,在一定的基本条件下,利用可行的广义差分法得到的回归系数 β_j 的估计量是一致且渐近有效的。

在应用可行的广义差分法时,涉及对 $AR(p)$ 过程 u_t 自回归系数 φ_j 的估计,稍后介绍的科克伦—奥科特迭代法是常用的估计方法之一。当 u_t 是 $AR(1)$ 过程时,也可以借助于利用 OLS 估计原模型计算的 DW 统计量值,得到一阶自回归系数 φ 的估计值 $\hat{\varphi}$:

$$\hat{\varphi} = 1 - \frac{DW}{2} \tag{4.65}$$

---

① 名称来源于模型(4.52)中的被解释变量 $Y_t - \varphi Y_{t-1}$ 与解释变量 $X_{jt} - \varphi X_{j,t-1}(j=1,2,\cdots,k)$ 均为当期值减去前期值的一部分。

对于 u_t 具有 AR(p)过程的自相关性模型,利用 GLS 法和广义差分法都能得到回归系数的最佳线性无偏估计量,两者之间的差别仅在于后者在变换过程中损失了部分样本信息。例如,对于模型(4.57),当 u_t 存在上述 $AR(1)$ 过程的自相关性时,由(4.47)、(4.48)式,可得随机误差项向量 u 的方差—协方差矩阵为:

$$Cov(u) = \sigma_u^2\Omega = \sigma_u^2\begin{pmatrix} 1 & \varphi & \cdots & \varphi^{n-1} \\ \varphi & 1 & \cdots & \varphi^{n-2} \\ \vdots & \vdots & \cdots & \vdots \\ \varphi^{n-1} & \varphi^{n-2} & \cdots & 1 \end{pmatrix}$$

其中 $\sigma_u^2 = Var(u_t)$。Ω 可以分解为 $\Omega = PP'$,其中可逆矩阵 P 的逆矩阵为:

$$P^{-1} = \begin{pmatrix} \sqrt{1-\varphi^2} & 0 & \cdots & 0 & 0 \\ -\varphi & 1 & \cdots & 0 & 0 \\ 0 & -\varphi & \cdots & 0 & 0 \\ \vdots & \vdots & \cdots & \vdots & \vdots \\ 0 & 0 & \cdots & -\varphi & 1 \end{pmatrix}$$

于是,将 P^{-1} 代入模型(4.59)并展开,可得利用 GLS 法估计,经变换后的模型为:

$$\begin{cases} \sqrt{1-\varphi^2}Y_1 = \beta_0\sqrt{1-\varphi^2} + \beta_1\sqrt{1-\varphi^2}X_{11} + \cdots + \beta_k\sqrt{1-\varphi^2}X_{k1} + \sqrt{1-\varphi^2}u_1 \\ Y_t - \varphi Y_{t-1} = \beta_0(1-\varphi) + \beta_1(X_{1t} - \varphi X_{1,t-1}) + \cdots + \beta_k(X_{kt} - \varphi X_{k,t-1}) + (u_t - \varphi u_{t-1}) \\ \qquad (t = 2,3\cdots,n) \end{cases} \tag{4.66}$$

对比模型(4.63)和模型(4.66)可以看出,前者仅比后者少利用了一组样本观测值:

$$(\sqrt{1-\varphi^2}Y_1, \sqrt{1-\varphi^2}X_{11}, \cdots, \sqrt{1-\varphi^2}X_{k1})$$

对于高阶的自回归形式,也有类似于 AR(1)情形下的结论。如,对于 AR(2)的情形,广义差分模型即为利用 GLS 法估计时,经变换后所得模型的后 $n-2$ 个方程,只是 GLS 法变换后的前两组数据的计算更加复杂(参见:格林,2011,p_{636})。

由此可见,在小样本的情形下,GLS 法比广义差分法更多地利用了样本信息(用于估计变换后模型的样本观测值较多),其参数估计量也更加有效,但在大样本的情形下,两者的估计结果是相近的。因此,对于随机误差项为自回归过程的自相关性模型,在小样本的情形下,应该使用广义最小二乘法;在大样本的情形下,使用广义差分法估计则更为简便。

4.3.4.3 科克伦-奥科特(Cochrance-Orcutt)迭代法

科克伦-奥科特迭代法是科克伦(D. Cochrance)和奥科特(G. H. Orcutt)于 1949 年提出的一种常用的可行的广义差分法。下面仍以介绍广义差分法时的例子为例,说明应用这种方法估计模型的基本步骤。

① 使用 OLS 法估计模型(4.57),并计算残差 $e_t^{(1)}$:

$$e_t^{(1)} = Y_t - \hat{\beta}_0 - \hat{\beta}_1X_{1t} - \beta_2X_{2t} - \cdots - \hat{\beta}_kX_{kt}$$

② 利用 OLS 法估计如下回归模型

$$e_t^{(1)} = \varphi^{(1)}e_{t-1}^{(1)} + v_{1t}$$

得到 φ 的第一次估计值 $\hat{\varphi}^{(1)}$。

③ 将 $\hat{\varphi}^{(1)}$ 代入广义差分模型(4.63),得

$$Y_t - \hat{\varphi}^{(1)}Y_{t-1} = \beta_0[1-\hat{\varphi}^{(1)}] + \beta_1[X_{1t} - \hat{\varphi}^{(1)}X_{1,t-1}] + \beta_2[X_{2t} - \hat{\varphi}^{(1)}X_{2,t-1}] + \cdots + \beta_k[X_{kt} - \hat{\varphi}^{(1)}X_{k,t-1}] + [u_t - \hat{\varphi}^{(1)}u_{t-1}] \tag{4.67}$$

利用 OLS 法估计模型(4.67),得到$\beta_j(j=0,1,\cdots,k)$的估计值$\hat{\beta}_j^{(1)}$,并计算残差

$$e_t^{(2)}=Y_t-\hat{\beta}_0^{(1)}-\hat{\beta}_1^{(1)}X_{1t}-\hat{\beta}_2^{(1)}X_{2t}-\cdots-\hat{\beta}_k^{(1)}X_{kt}$$

④ 利用 OLS 法回归模型

$$e_t^{(2)}=\varphi^{(2)}e_{t-1}^{(2)}+v_{2t}$$

得到φ的第二次估计值$\hat{\varphi}^{(2)}$。

依此继续下去,直到相邻两次估计值$\hat{\varphi}^{(l)}$与$\hat{\varphi}^{(l+1)}$之差的绝对值小于事先设定的精度为止。此时$\hat{\beta}_j^{(l)}(j=0,1,\cdots,k)$即为所求参数$\beta_j$的估计值。

在实践中,也可以对每次得到的广义差分模型进行自相关检验,如 DW 检验等,当不能拒绝无自相关性假设时,则停止迭代。

4.3.4.4 非线性最小二乘法(NLS 法)

在 EViews 软件下,估计一般自相关性模型使用的是非线性最小二乘法。这种方法的优点是容易理解和应用,并适用于含有滞后被解释变量做解释变量的模型,而且在一定的基本假定条件下,所得参数的估计量是一致且渐近有效的。这里以如下模型为例,简单说明应用非线性最小二乘法估计自相关性模型的基本过程:

$$Y_t=\beta_0+\beta_1X_t+u_t \tag{4.68}$$
$$u_t=\varphi u_{t-1}+\varepsilon_t$$

其中$0<|\varphi|<1,\varepsilon_t\sim WN(0,\sigma^2)$。

首先,将模型(4.68)转变为非线性回归模型。由(4.68)式,得$u_t=Y_t-\beta_0-\beta_1X_t$,并将由此式得到的$u_t$和$u_{t-1}$代入误差项方程,得

$$Y_t-\beta_0-\beta_1X_t=\varphi(Y_{t-1}-\beta_0-\beta_1X_{t-1})+\varepsilon_t$$

即

$$Y_t=\varphi Y_{t-1}+\beta_0(1-\varphi)+\beta_1X_t-\varphi\beta_1X_{t-1}+\varepsilon_t \quad (t=2,3,\cdots,n) \tag{4.69}$$

这里Y_t与参数φ,β_0,β_1之间的关系是非线性的。

(4.69)式也可以先通过对(4.68)式进行广义差分变换得到类似于(4.63)式的广义差分模型,然后将被解释变量的滞后项φY_{t-1}移到右端而得到。

其次,采用马夸特(D. W. Marquardt)非线性最小二乘算法(Marquardt nonlinear least squares algorithm),求得模型(4.69)中参数φ,β_0,β_1的非线性最小二乘估计量的数值解$\hat{\varphi},\hat{\beta}_0,\hat{\beta}_1$。

从上述估计过程可以看出,对于存在自回归形式的自相关性,EViews 中的 NLS 法本质上仍是可行的广义差分法,只是采用了非线性估计技术,同时对模型中的参数和随机误差项u_t中的自回归系数进行估计。当自回归过程u_t的阶数未知时,可以依次设定为 AR(1)、AR(2)……直到广义差分模型不存在自相关性为止。

在 EViews 软件下,应用 NLS 法估计模型(4.68)的执行程序:

① 在 Workfile 中,输入被解释变量 Y、解释变量 X 的样本数据。

② 在主窗口中,点击 Quick→Estimate Equation,接着在弹出的 Equation Estimation 窗口的 Equation Specification 对话框中,依次键入“Y C X AR(1)”,然后点击 Options。在 Options 界面上 ARMA 部分的 method 中选择 CLS,再点击“确定”,就得到了利用 NLS 法估计模型的输出结果。

注意:在 Equation Specification 对话框中,AR(1)与自回归过程u_t中的u_{t-1}相对应。若u_t为 ARMA(2,1)过程

$$u_t = \varphi_1 u_{t-1} + \varphi_2 u_{t-2} + \varepsilon_t + \theta_1 \varepsilon_{t-1}$$

则在 Equation Specification 对话框中，应该键入“Y C X AR(1) AR(2) MA(1)”，其中 MA(1) 与 ε_{t-1} 相对应。

4.3.4.5 尼威和韦斯特(Newey - West)自相关 - 稳健性程序

对于存在自相关性的模型(4.57)，利用 OLS 法估计的不良后果之一是通常的变量显著性 t 检验失效。究其根源在于 t 统计量的构造过程中使用了 $\hat{\beta}_j$ 的标准差的不合适的估计量，致使其不再服从 t 分布。为此，在未知异方差性和自相关性表现形式的情况下，类似于怀特提出参数的异方差 - 稳健性 t 检验的基本思想，尼威(W. K. Newey)和韦斯特(K. West)于 1987 年在提出 $\hat{\beta}_j$ 的方差 $Var(\hat{\beta}_j)$ 的一致估计量的基础上，建立起参数的**自相关 - 稳健性 t 检验**(autocorrelation - robust t test)。下面是他们给出的参数向量 β 的 OLS 估计量 $\hat{\beta}$ 的方差 - 协方差矩阵的一致估计量。

$$\hat{Cov}(\hat{\beta}) = \frac{n}{n-k-1}(X'X)^{-1}\hat{\Omega}(X'X)^{-1} \tag{4.70}$$

其中

$$\hat{\Omega} = \frac{n}{n-k-1}\left[\sum_{t=1}^{n} e_t^2 X_t X_t' + \sum_{l=1}^{L}\sum_{t=l+1}^{n}\left(1-\frac{l}{L+1}\right)e_t e_{t-l}(X_t X_{t-l}' + X_{t-l}X_t')\right]$$

这里 L 为修正自相关性的滞后截断参数，$X_t' = (1 \quad X_{1t} \quad X_{2t} \quad \cdots \quad X_{kt})$，$e_t$ 为利用 OLS 法回归模型得到的残差。

矩阵 $\hat{Cov}(\hat{\beta})$ 主对角线上的第 $j+1$ 个元素即为 $Var(\hat{\beta}_j)$ 的一致估计量，记为 $\hat{Var}(\hat{\beta}_j)$。由于无论自相关性的表现形式如何，$\hat{Var}(\hat{\beta}_j)$ 都是 $Var(\hat{\beta}_j)$ 的一致估计量，因此称之为 $\hat{\beta}_j$ 的**自相关 - 稳健性方差估计量**(autocorrelation - robust variance estimator)。相应地，称 $\sqrt{\hat{Var}(\hat{\beta}_j)}$ 为 $\hat{\beta}_j$ 的**自相关 - 稳健性标准差估计量**(autocorrelation - robust standard deviation estimator)。利用 $\sqrt{\hat{Var}(\hat{\beta}_j)}$ 便可以构造渐近服从自由度为 $n-k-1$ 的 t 分布的统计量

$$t = \frac{\hat{\beta}_j - \beta_j}{\sqrt{\hat{Var}(\hat{\beta}_j)}} \tag{4.71}$$

我们称之为**自相关 - 稳健性 t 统计量**(autocorrelation - robust t statistic)。于是，在大样本的情形下，利用这个结论便可以对 β_j 进行假设检验。我们称上述估计过程为**尼威和韦斯特自相关 - 稳健性程序**(autocorrelation - robust procedure)。

从(4.70)式可以看出，进行自相关 - 稳健性 t 检验，需要设定滞后截断参数 L。在实际应用中，关于如何设定 L 没有一般的标准。在 EViews 软件下，设定 $L = 4(n/100)^{\frac{2}{9}}$ 的整数部分。尽管 $\sqrt{\hat{Var}(\hat{\beta}_j)}$ 的计算式非常复杂，但使用 EViews 软件还是可以很方便地计算出它的值以及自相关 - 稳健性 t 统计量的值，所以读者没有必要记住它。

在 EViews 软件下，执行估计模型的尼威和韦斯特自相关 - 稳健性程序与执行怀特异方差 - 稳健性程序的不同之处，只是在 options 界面的 Covariance method 选项中，选择

HAC(Newey - West),而不是选择 Hube - White。

从上述分析过程可知,应用尼威和韦斯特自相关 - 稳健性程序的目的是纠正存在自相关性或异方差性的模型在参数统计推断上存在的问题,但其参数的估计量仍是通常非有效的 OLS 估计量。因此,尽管这种估计程序不要求知道随机误差项的自相关性或异方差性的表现形式,具有广泛的实用性,但它不能替代(可行的)GLS 法,因为当已知随机误差项的方差和协方差的结构时,后者得到的估计量是(渐近)有效的估计量。

需要强调的是,无论是可行的 GLS 法还是基于 OLS 法的自相关 - 稳健性程序,都是适用于大样本的情形。对于小样本或有限样本的情形,这些处理自相关性的方法与 OLS 法相比,哪一个更有效并没有一般的结论。另外,由于自相关 - 稳健性方差估计量是对 OLS 估计量方差的渐近估计,而可行的 GLS 估计量是渐近有效的,因此对于大样本的情形,它通常应大于可行的 GLS 估计量的方差。由此可以通过比较自相关 - 稳健性方差估计量与可行的 GLS 估计量的方差估计量,为自相关性表现形式的设定提供基本依据。

例题 4.3　日本工薪家庭的消费函数模型

表 4 - 8 给出了在 1970—1994 年日本工薪家庭实际消费支出与实际可支配收入的数据。我们以这些数据为样本建立此期间日本工薪家庭的消费函数模型,其目的是熟悉自相关性模型的各种检验方法和估计方法。建模过程分为以下三个步骤:

表 4 - 8　日本工薪家庭人均实际消费支出与人均实际可支配收入　单位:千日元

年份	人均实际消费支出(Y)	人均实际可支配收入(X)	年份	人均实际消费支出(Y)	人均实际可支配收入(X)	年份	人均实际消费支出(Y)	人均实际可支配收入(X)
1970	239	300	1979	293	378	1988	324	428
1971	248	311	1980	291	374	1989	326	434
1972	258	329	1981	294	371	1990	332	441
1973	272	351	1982	302	381	1991	334	449
1974	268	354	1983	304	384	1992	336	451
1975	280	364	1984	308	392	1993	334	449
1976	279	360	1985	310	400	1994	330	449
1977	282	366	1986	312	403			
1978	285	370	1987	314	411			

注:资料来源于日本银行《经济统计年报》,表中数据按 1990 年价格计算。

1. 设定理论回归模型

作 Y 对 X 的散点图,如图 4 - 16 所示。从该图可以看出,散点大致在一条直线附近,所以我们设定如下一元线性回归模型

$$Y_t = \beta_0 + \beta_1 X_t + u_t \quad (t = 1\,970, \cdots, 1\,994) \tag{4.72}$$

来反映 Y 与 X 之间的数量关系。

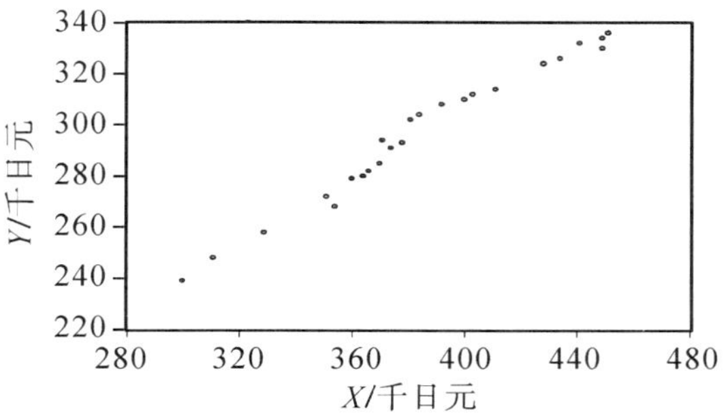

图 4－16　Y 对 X 的散点图

2. 检验模型是否存在自相关性和异方差性

利用 OLS 法估计模型(4.72)，得如下回归结果：

$$\hat{Y}_t = 50.874\,54 + 0.637\,437X_t \tag{4.73}$$

$$R^2 = 0.975\,0,\ DW = 0.352\,7$$

并生成残差序列 e_t。

(1)利用图示法检验。作 e_t 对 e_{t-1} 的散点图，如图 4－17 所示(图中 e、e(－1)分别代表 e_t、e_{t-1})。可见该图中散点密集地分布在一条直线周围，由此推断模型(4.72)的随机误差项存在一阶正自相关性。

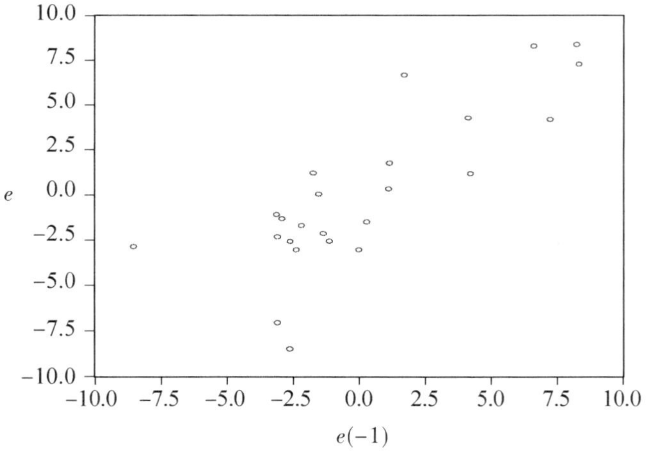

图 4－17　e_t 对 e_{t-1} 的散点图

(2)利用 DW 检验法检验。由(4.73)式可见，回归方程具有较高的拟合优度，但 DW 值较低。对于 0.05 的显著性水平，查左尾 DW 检验临界值的上下限表(样本容量 $n=25$，解释变量个数 $k=1$)，可得 $d_L = 1.288$，$d_U = 1.454$。因为 $DW = 0.352\,7 < d_L = 1.288$，所以依据左尾 DW 检验的判断规则，在 0.05 的显著性水平下，接受模型(4.72)的随机误差项存在一阶正自相关。

(3)利用 LM 检验法检验。令辅助回归模型中滞后残差项数即滞后阶数 $p = 1$，在 EViews 下，得到 LM 检验的输出结果，如表 4－9 所示。

表 4-9 LM 检验的输出结果

Breusch - Godfrey Serial Correlation LM Test:			
F - statistic	42.202 52	Prob. F(1,22)	0.000 0
Obs * R - squared	16.433 36	Prob. Chi - Square(1)	0.000 1

Test Equation:
Dependent Variable: RESID
Method: Least Squares
Date: 06/01/21 Time: 16:27
Sample: 1970 1994
Included observations: 25
Presample missing value lagged residuals set to zero.

Variable	Coefficient	Std. Error	t - Statistic	Prob.
X	-0.009 030	0.012 790	-0.706 044	0.487 6
C	3.258 508	4.987 754	0.653 302	0.520 3
RESID(-1)	0.865 292	0.133 197	6.496 347	0.000 0

R - squared	0.657 334	Mean dependent var	-3.33E-14
Adjusted R - squared	0.626 183	S. D. dependent var	4.414 544
S. E. of regression	2.699 078	Akaike info criterion	4.935 864
Sum squared resid	160.270 4	Schwarz criterion	5.082 129
Log likelihood	-58.698 30	Hannan - Quinn criter.	4.976 432
F - statistic	21.101 26	Durbin - Watson stat	2.017 329
Prob(F - statistic)	0.000 008		

表 4-9 的底部是利用 OLS 法估计检验方程(Test Equation),即辅助回归模型,的输出结果,由此可得相应的样本回归函数及 R^2 分别为

$$\hat{e}_t = 3.258\ 508 - 0.009\ 030X_t + 0.865\ 292e_{t-1}$$

$$P\text{ 值} \quad 0.520\ 3 \quad 0.487\ 6 \quad 0.000\ 0$$

$$R^2 = 0.657\ 334$$

该表的顶部是基于上述回归结果计算的 LM 自相关性检验的两个统计量值及其相应的 P 值,其中第 3 行的 Obs * R - squared 和 Prob. Chi - Square(1)为本书介绍的统计量 nR^2 及其相应的 P 值(注:Prob. Chi - Square(1)中的 1 为 nR^2 的渐近 χ^2 分布的自由度)。由此可得 $LM(1) = nR^2 = 16.433\ 36$, P 值 =0.000 1。

在 0.05 的显著性水平下,查 χ^2 分布表,得临界值 $\chi^2_{0.05}(1) = 3.841$。因为 $LM(1) > \chi^2_{0.05}(1)$,或 P 值 <0.05,所以在 0.05 的显著性水平下,LM 检验拒绝无自相关性的原假设,即接受模型存在自相关性。

下面令辅助回归模型中滞后阶数 $p = 2$,继续执行自相关性的 LM 检验,以便进一步推断随机误差项自相关性的表现形式,为后续对自相关性引起的后果进行修正做准备。在 EViews 下,得到 LM 检验的输出结果,如表 4-10 所示。

表4-10 LM检验的输出结果

Breusch - Godfrey Serial Correlation LM Test:

F - statistic	20.450 34	Prob. F(2,21)	0.000 0
Obs * R - squared	16.518 67	Prob. Chi - Square(2)	0.000 3

Test Equation:
Dependent Variable: RESID
Method: Least Squares
Date: 06/01/21 Time: 16:33
Sample: 1970 1994
Included observations: 25
Presample missing value lagged residuals set to zero.

Variable	Coefficient	Std. Error	t - Statistic	Prob.
X	-0.010 166	0.013 258	-0.766 821	0.451 7
C	3.679 408	5.161 536	0.712 851	0.483 8
RESID(-1)	0.780 389	0.229 186	3.405 047	0.002 7
RESID(-2)	0.108 336	0.235 715	0.459 606	0.650 5

R - squared	0.660 747	Mean dependent var	-3.33E-14
Adjusted R - squared	0.612 282	S. D. dependent var	4.414 544
S. E. of regression	2.748 804	Akaike info criterion	5.005 855
Sum squared resid	158.674 4	Schwarz criterion	5.200 875
Log likelihood	-58.573 19	Hannan - Quinn criter.	5.059 946
F - statistic	13.633 56	Durbin - Watson stat	1.816 613
Prob(F - statistic)	0.000 037		

从表4-10可见，$LM(2) = nR^2 = 16.518\ 67$，P值=0.000 3，辅助回归模型的回归结果为：

$$\hat{e}_t = 3.679\ 408 - 0.010\ 166X_t + 0.780\ 389e_{t-1} + 0.108\ 336e_{t-2} \qquad (4.74)$$

$$P\text{值} \quad 0.483\ 8 \quad 0.451\ 7 \quad 0.002\ 7 \quad 0.650\ 5$$

$$R^2 = 0.657\ 334$$

在0.05的显著性水平下，查χ^2分布表，得临界值$\chi^2_{0.05}(2) = 5.991$。因为$LM(2) > \chi^2_{0.05}(2)$，或P值<0.05，所以在0.05的显著性水平下，LM检验仍拒绝无自相关性的原假设，即接受模型存在自相关性。但由(4.74)式可知，辅助回归模型中e_{t-2}相应的P值=0.650 5远大于通常的显著性水平0.05，此表明它前面的回归系数显著为0(注：对于不存在自相关性的辅助回归模型，OLS法仍然适用，在第6章§6.3节有相关的讨论)。

综合上述检验结果，可以认为模型(4.72)存在一阶自回归形式的自相关性。

另外，可以验证该模型不存在异方差性(请读者自己完成)。

3. 模型的估计与统计检验

下面采用科克伦-奥科特迭代法和NLS法估计模型(4.72)。设随机误差项u_t具有一阶自回归形式

$$u_t = \varphi u_{t-1} + \varepsilon_t \qquad (4.75)$$

其中$0 < |\varphi| < 1, \varepsilon_t \sim WN(0,\sigma^2)$。

(1)利用科克伦－奥科特迭代法估计。估计步骤如下：

① 利用样本回归函数(4.73)计算残差序列：

$$e_t^{(1)} = Y_t - 50.874\,54 - 0.637\,437\,X_t$$

② 利用 OLS 法将 $e_t^{(1)}$ 对 $e_{t-1}^{(1)}$ 进行回归，得

$$\hat{e}_t^{(1)} = 0.850\,961 e_{t-1}^{(1)} \qquad (t = 1\,971, \cdots, 1\,994)$$

于是，得到 φ 的第一次估计值 $\hat{\varphi}^{(1)} = 0.850\,961$。

③ 用 $\hat{\varphi}^{(1)} = 0.850\,961$ 替换(4.75)式中的 φ，并对原模型进行广义差分变换，得到广义差分模型：

$$Y_t^* = \alpha_0 + \beta_1 X_t^* + v_t \qquad (t = 1\,971, \cdots, 1\,994) \tag{4.76}$$

其中

$$Y_t^* = Y_t - 0.850\,961 Y_{t-1}$$
$$\alpha_0 = \beta_0(1 - 0.850\,961)$$
$$X_t^* = X_t - 0.850\,961 X_{t-1}$$
$$v_t = u_t - 0.850\,961 u_{t-1}$$

利用 OLS 法估计该模型，得

$$\hat{Y}_t^* = 13.973\,34 + 0.535\,125\,X_t^* \tag{4.77}$$

t 值	2.917 5	7.154
P 值	0.008 0	0.000 0

$R^2 = 0.699\,4$ ①，$DW = 2.377\,6$

对于0.05 的显著性水平，查左尾 DW 检验临界值的上下限表($n = 24$，解释变量个数 $k = 1$)，可得 $d_L = 1.27$，$d_U = 1.45$。因为 $d_U = 1.45 < DW = 2.377\,6 < 4 - d_U = 2.55$，所以依据 DW 双侧检验的判断规则，在 0.10 的显著性水平下，接受广义差分模型(4.76)不存在自相关性。因此，在 0.05 的显著性水平下，也得到同样的检验结果。另外，LM 检验亦表明模型(4.76)已不存在自相关性(请读者自己验证)。

于是，可以依据(4.77)式给出的回归结果，对模型(4.76)中的 β_1 进行显著性检验。因为 β_1 的显著性 t 检验的 P 值均为 0，因此在相当小的显著性水平下，都可以认为它显著不为 0，此表明 X 对 Y 具有显著影响。

由(4.77)式得到原模型(4.72)回归系数的估计值为：

$$\hat{\beta}_0 = \hat{\alpha}_0/(1 - 0.850\,961) = 13.973\,34/(1 - 0.850\,961) = 93.756\,27$$
$$\hat{\beta}_1 = 0.535\,125$$

进而，可得利用科克伦—奥科特迭代法估计模型(4.72)建立的日本工薪家庭的消费函数模型为：

$$\hat{Y}_t = 93.756\,27 + 0.535\,125\,X_t \tag{4.78}$$

(2)利用 NLS 法估计。在 EViews 软件下，利用 NLS 法估计模型(4.72)的输出结果，如表 4－11 所示。

---

① 广义差分模型中的 R^2 与原模型中的 R^2 是不可比的，因为这两个模型的被解释变量不相同。

表 4-11 利用 NLS 法估计模型(4.72)的输出结果

Dependent Variable: Y
Method: ARMA Conditional Least Squares (Gauss-Newton / Marquardt steps)
Date: 06/01/21 Time: 17:14
Sample (adjusted): 1971 1994
Included observations: 24 after adjustments
Convergence achieved after 10 iterations
Coefficient covariance computed using outer product of gradients

Variable	Coefficient	Std. Error	t-Statistic	Prob.
C	91.357 29	34.494 32	2.648 473	0.015 0
X	0.539 768	0.079 907	6.754 937	0.000 0
AR(1)	0.826 553	0.098 443	8.396 240	0.000 0

R-squared	0.990 570	Mean dependent var	300.666 7
Adjusted R-squared	0.989 672	S.D. dependent var	25.647 56
S.E. of regression	2.606 535	Akaike info criterion	4.870 389
Sum squared resid	142.674 5	Schwarz criterion	5.017 646
Log likelihood	-55.444 67	Hannan-Quinn criter.	4.909 456
F-statistic	1 102.930	Durbin-Watson stat	2.310 683
Prob(F-statistic)	0.000 000		
Inverted AR Roots	.83		

注:① AR(1)与自回归过程 u_t 中的 u_{t-1} 相对应。

② 最后一行中的 Inverted AR Roots(可逆的自回归特征根)为 0.83,表明随机误差项 u_t 是平稳的,这是对回归模型的基本要求(详细的讨论见第 8 章)。

从表 4-11 可得模型(4.72)的回归结果为:

$$\hat{Y}_t = 91.357\,29 + 0.539\,768X_t + 0.826\,553AR(1) \tag{4.79}$$

t 值	2.648 5	6.754 9	8.396 2
P 值	0.015 0	0.000 0	0.000 0

$$R^2 = 0.990\,5, \bar{R}^2 = 0.989\,6, F = 1\,102.9(P\text{ 值} = 0.000\,0)$$

其中 AR(1)前面的系数为(4.75)式中 φ 的估计值,即 $\hat{\varphi}=0.826\,553$。

表 4-12 列出了利用 LM 检验法检验随机误差项自相关性的统计量值及其相应的 P 值。从该表可以看出,当滞后阶数取为 1~5 时,LM 检验的 P 值都远大于 0.05,因此在 0.05 的显著性水平下,可以认为模型

$$Y_t = \beta_0 + \beta_1 X_t + \varphi u_{t-1} + \varepsilon_t \tag{4.80}$$

或

$$Y_t = \varphi Y_{t-1} + \beta_0(1-\varphi) + \beta_1 X_{1t} - \varphi\beta_1 X_{1,t-1} + \varepsilon_t \tag{4.81}$$

中的随机扰动项 ε_t 不存在自相关性。

于是,可以依据(4.79)式对模型(4.80)中的斜率系数进行显著性检验。因为 X 和 AR(1) 的系数显著性 t 检验的 P 值均为 0,因此在相当小的显著性水平下,都可以认为它们都显著不为 0,这意味着 X 对 Y 具有显著影响,原模型随机误差项的一阶自回归系数显著不为 0。

进而,由(4.79)式可得,利用 NLS 法回归模型(4.72),建立的日本工薪家庭的消费函数模型为:

$$\hat{Y}_t = 91.357\,29 + 0.539\,768X_t \tag{4.82}$$

表 4-12 模型(4.81)的自相关性 LM 检验的统计量值及其 P 值

滞后阶数(p)	1	2	3	4	5
$LM(p)$	1.952 9	2.284 4	2.388 4	2.388 4	3.765 2
P 值	0.162 2	0.319 1	0.495 7	0.664 7	0.583 6

比较(4.78)式与(4.82)式可以看出,利用上述两种方法得到的模型(4.72)的样本回归函数非常接近,且它们的斜率系数(边际消费倾向的估计值)都位于0和1之间。

4.3.5 存在自相关性情形下的预测

当模型的误差项存在自相关性时,求被解释变量的最优预测值及其概率分布问题比较复杂,它与自相关性的表现形式有关。关于这部分知识的详细介绍,读者可以参考以"时间序列分析"或"时间序列计量经济学"等命名的相关书籍。本小节只简单介绍,在误差项具有自回归形式自相关性的情形下,求被解释变量的最优线性无偏预测和预测区间。

首先声明,我们进行的预测仍是有条件预测,即假定已知预测期解释变量的取值,而且在样本期和预测期,总体回归模型的函数关系式是相同的。预测的基本思路是,利用前面介绍的自相关性的补救措施,将存在自相关性的线性回归模型变换为不存在自相关性的模型,然后借助于经典线性回归模型的预测方法,求得原模型中被解释变量的"最优"预测值及预测区间。

设总体回归模型为

$$Y_t = \beta_0 + \beta_1 X_t + u_t \quad (t = 1,2,\cdots,n) \tag{4.83}$$
$$u_t = \varphi u_{t-1} + \varepsilon_t$$

其中$0 < |\varphi| < 1$,$\varepsilon_t \sim WN(0,\sigma^2)$,求第$n+1$期$Y_{n+1}$的预测值及预测区间。

当φ已知时,把模型(4.83)变换为广义差分模型:

$$Y_t^* = \beta_0(1-\varphi) + \beta_1 X_t^* + \varepsilon_t \quad (t = 2,3,\cdots,n) \tag{4.84}$$

其中$Y_t^* = Y_t - \varphi Y_{t-1}$,$X_t^* = X_t - \varphi X_{t-1}$。利用OLS法估计模型(4.84),得到参数$\beta_0$、$\beta_1$的广义差分法估计量$\hat{\beta}_0$、$\hat{\beta}_1$。由于该模型满足基本假定条件,因此$Y_{n+1}^* = Y_{n+1} - \varphi Y_n$的最优线性无偏预测为

$$\hat{Y}_{n+1}^* = \hat{\beta}_0(1-\varphi) + \hat{\beta}_1 X_{n+1}^*$$

这里"线性"是针对$Y_2^*, Y_3^*, \cdots, Y_n^*$而言的。预测误差记为$e_{n+1}^* = Y_{n+1}^* - \hat{Y}_{n+1}^*$。

1. 点预测

令Y_{n+1}的预测值为

$$\begin{aligned}\hat{Y}_{n+1} &= \hat{Y}_{n+1}^* + \varphi Y_n \\ &= \hat{\beta}_0(1-\varphi) + \hat{\beta}_1(X_{n+1} - \varphi X_n) + \varphi Y_n\end{aligned}$$

即

$$\hat{Y}_{n+1} = \hat{\beta}_0 + \hat{\beta}_1 X_{n+1} + \varphi e_n \tag{4.85}$$

其中$e_n = Y_n - \hat{\beta}_0 - \hat{\beta}_1 X_n$为第$n$期的残差。记$\hat{Y}_{n+1}$的预测误差为$e_{n+1} = Y_{n+1} - \hat{Y}_{n+1}$。显然,$\hat{Y}_{n+1}$是$Y_1, Y_2, \cdots, Y_n$的线性函数,且

$$e_{n+1} = (Y_{n+1}^* + \varphi Y_n) - (\hat{Y}_{n+1}^* + \varphi Y_n) = e_{n+1}^*$$

由此可知，$\hat{Y}_{n+1}$ 具有无偏性：

$$E(e_{n+1} | X_{n+1}) = E(e_{n+1}^* | X_{n+1}) = 0$$

且

$$MSE(\hat{Y}_{n+1} | X_{n+1}) = Var(e_{n+1} | X_{n+1}) = Var(e_{n+1}^* | X_{n+1}) = MSE(\hat{Y}_{n+1}^* | X_{n+1})$$

设 $\widetilde{Y}_{n+1}$ 为 Y_{n+1} 的任意线性无偏预测，$\widetilde{Y}_{n+1}^* = \widetilde{Y}_{n+1} - \varphi Y_n$，则

$$E[(Y_{n+1}^* - \widetilde{Y}_{n+1}^*) | X_{n+1}] = E\{[(Y_{n+1} - \varphi Y_n) - (\widetilde{Y}_{n+1} - \varphi Y_n)] | X_{n+1}\} = 0$$

由于 $Y_1, Y_2, \cdots, Y_n$ 的任意线性函数都是 $Y_2^*, \cdots, Y_n^*$ 的线性函数，因此 $\widetilde{Y}_{n+1}^*$ 是 Y_{n+1}^* 的线性无偏预测。又由 $\hat{Y}_{n+1}^*$ 的最小均方误差性，及

$$MSE(\widetilde{Y}_{n+1} | X_{n+1}) = Var[(Y_{n+1} - \widetilde{Y}_{n+1}) | X_{n+1}] = Var[(Y_{n+1}^* - \widetilde{Y}_{n+1}^*) | X_{n+1}] = MSE(\widetilde{Y}_{n+1}^* | X_{n+1})$$

可知，

$$MSE(\widetilde{Y}_{n+1} | X_{n+1}) \geqslant MSE(\hat{Y}_{n+1}^* | X_{n+1}) = MSE(\hat{Y}_{n+1} | X_{n+1})$$

所以，$\hat{Y}_{n+1}$ 是 Y_{n+1} 的最优线性无偏预测。

由此可知，如果去掉(4.85)式中的残差项 φe_n，那么所得 Y_{n+1} 的预测值在所有线性无偏预测中不再具有最小的均方误差，而且利用 OLS 法估计模型(4.83)，基于样本回归函数所得到的 Y_{n+1} 的预测值也不具有最小均方误差性。

2. 区间预测

当 ε_t 服从正态分布时，由第3章§3.5节的(3.56)式可知，对于置信度 $1-\alpha$，Y_{n+1}^* 的预测区间为

$$\hat{Y}_{n+1}^* - \hat{SD}(e_{n+1}^* | X_{n+1}) t_{\alpha/2}(n-3) \leqslant Y_{n+1}^* \leqslant \hat{Y}_{n+1}^* + \hat{SD}(e_{n+1}^* | X_{n+1}) t_{\alpha/2}(n-3)$$

将 $\hat{Y}_{n+1}^*$、Y_{n+1}^* 分别用 $\hat{Y}_{n+1}$、Y_{n+1} 的表达式替换，得

$$\hat{Y}_{n+1} - \varphi Y_n - \hat{SD}(e_{n+1}^* | X_{n+1}) t_{\alpha/2}(n-3) \leqslant Y_{n+1} - \varphi Y_n \leqslant \hat{Y}_{n+1} - \varphi Y_n + \hat{SD}(e_{n+1}^* | X_{n+1}) t_{\alpha/2}(n-3)$$

即

$$\hat{Y}_{n+1} - \hat{SD}(e_{n+1}^* | X_{n+1}) t_{\alpha/2}(n-3) \leqslant Y_{n+1} \leqslant \hat{Y}_{n+1} + \hat{SD}(e_{n+1}^* | X_{n+1}) t_{\alpha/2}(n-3)$$

上式即为所求 Y_{n+1} 的置信度为 $1-\alpha$ 的预测区间，它也可以改写为

$$[\hat{Y}_{n+1} - \hat{SD}(e_{n+1}^* | X_{n+1}) t_{\alpha/2}(n-3), \hat{Y}_{n+1} + \hat{SD}(e_{n+1}^* | X_{n+1}) t_{\alpha/2}(n-3)] \quad (4.86)$$

其中 $\hat{SD}(e_{n+1}^* | X_{n+1}) = \hat{SD}(e_{n+1} | X_{n+1})$。

关于上述预测方法的两点说明：

① 当 φ 已知时，应用 GLS 法估计模型(4.83)，也可以得到 Y_{n+1} 的预测公式(4.85)(请读者自己推导)。

② 当模型的随机误差项 u_t 为 AR(p)过程时，即

$$u_t = \varphi_1 u_{t-1} + \varphi_2 u_{t-2} + \cdots + \varphi_p u_{t-p} + \varepsilon_t$$

$\hat{Y}_{n+1}$ 的表达式(4.85)中的残差项 φe_n 应替换为

$$\varphi_1 e_n + \varphi_2 e_{n-1} + \cdots + \varphi_p e_{n-p+1}$$

上面我们针对模型(4.83)中随机误差项 u_t 的自回归系数 φ 已知的情形，讨论了 Y_{n+1} 的预测问题。当 φ 未知时，在大样本的情形下，可以利用可行的广义差分法估计模型(4.83)，然后再对 Y_{n+1} 进行预测。但此时不能保证所得预测值 $\hat{Y}_{n+1}$ 是最优线性无偏预测。

在 EViews 软件下，利用广义差分法估计模型(4.83)时，在 Equation Estimation 窗口

的 Equation specification 对话框中，直接输入“Y - φ * Y(-1)　c　X - φ * X(-1)”。在得到估计模型的输出结果窗口后，打开预测 Forecast 窗口，并在该窗口选择预测的序列(Series to forecast)为 Y，在 S. E. (optional)对话框中输入 se。有关预测其他操作的说明在第 2 章 § 2. 6 节的方框中。在执行预测后，便可以得到 Y_{n+1} 的预测值及其相应的预测误差的标准差 se，即 $\hat{SD}(e_{n+1} | X_{n+1})$。

类似地，利用 NLS 法估计模型(4. 83)，并进行预测，可以在得到 φ 的估计值的同时，得到按照公式(4. 85)计算出的 Y_{n+1} 的预测值及相应预测误差的标准差。

例题 4. 3 (续)　误差项存在自相关性情形下的预测

设日本工薪家庭在 1995 年的人均实际可支配收入 X 为 400 千日元。分别依据例题 4. 3 中采用科克伦 - 奥科特迭代法和 NLS 法建立的模型，对当年日本工薪家庭的人均实际消费支出 Y 进行点预测，并在 0. 95 的置信度下，求 Y 的预测区间。

这里我们利用科克伦 - 奥科特迭代法回归模型(4. 72)得到的结果，对 Y 进行预测。关于利用 NLS 法的回归结果对 Y 进行的相应预测，请读者自己完成。

利用样本回归函数(4. 78)及 u_t 的自回归系数的估计值 $\hat{\varphi}^{(1)} = 0.850\,961$，按照预测公式(4. 85)可得，当 $X_{1995} = 400$ 时，Y_{1995} 的预测值为

$$\begin{aligned}\hat{Y}_{1995} &= 93.756\,27 + 0.535\,125 \times X_{1995} + 0.850\,961 \times e_{1994} \\ &= 93.756\,27 + 0.535\,125 \times 400 + 0.850\,961 \times (330 - 93.756\,27 - 0.535\,125 \times 449) \\ &= 304.379\,1\end{aligned}$$

在 EViews 下可以直接得到该预测值及其相应预测误差的标准差 $\hat{SD}(e_{1995}) = 4.299\,055$ (请读者自己练习)。查 t 分布表得临界值 $t_{\alpha/2}(22) = 2.074$，按照公式(4. 86)可求得，在 0. 95 置信度下，Y_{1995} 的预测区间为

$$[304.379\,1 - 4.299\,055 \times 2.704,\ 304.379\,1 + 4.299\,055 \times 2.704]$$

即

$$[295.462\,9, 313.295\,3]$$

§4. 4　随机解释变量模型

4. 4. 1　经典线性回归模型的一般定义及参数 OLSE 的统计性质

至今为止，我们所研究回归模型中的解释变量都是确定性变量，但在许多实际经济问题中，影响一个被解释变量的变量有一些是确定性的，同时也有一些是非确定性的，它们与被解释变量一样是随机变量。例如，影响粮食产量的自然灾害导致的成灾面积，一个国家(如中国、美国等)的国内生产总值、总消费支出、总投资，失业率、通货膨胀率、2000 年第四季度汽油消费量等，都不能看作是由可控制试验产生的，它们是随机变量。若模型中含有随机变量做解释变量，则称之为**随机解释变量模型**(stochastic explanatory variable model)。

4.4.1.1 经典线性回归模型的一般定义

如果线性回归模型

$$Y_i = \beta_0 + \beta_1 X_{1i} + \cdots + \beta_k X_{ki} + u_i \quad (i = 1,2,\cdots,n)$$

即

$$Y = X\beta + u \tag{4.87}$$

满足如下假定条件,则称之为**经典线性回归模型**(classical linear regression model):

假定2′:零均值性,即 $E(u_i \mid X) = 0\ (i = 1,2,\cdots,n)$,其矩阵表达式为

$$E(u \mid X) = 0$$

假定3′:同方差性,即 $Var(u_i \mid X) = \sigma^2 (i = 1,2,\cdots,n)$

假定4′:无自相关性,即 $Cov(u_i, u_m \mid X) = 0\ (i \neq m, i, m = 1,2,\cdots,n)$

同方差性和无自相关性的矩阵表达式为

$$Cov(u \mid X) = \sigma^2 I_n \quad (I_n \text{ 为 } n \text{ 阶单位矩阵})$$

假定5′:正态性,即 $u_i \mid X \sim N(0,\sigma^2)(i = 1,2,\cdots,n)$

假定6′:解释变量矩阵 $X_{n\times(k+1)}$ 的满秩性,即 $Rank(X) = k + 1$

假定7′:解释变量满足 $E[(X'X)^{-1}]$ 存在,$P\lim\limits_{n\to\infty}[\frac{1}{n}(X'X)] = Q_1$ 且 $\lim\limits_{n\to\infty}E[\frac{1}{n}(X'X)] = Q_2$,其中 Q_1、Q_2 均为有限正定矩阵。

显然,第2、3章讨论的满足基本假定条件的回归模型都属于经典线性回归模型。

上述假定条件称为**经典假定条件**(classical assumption),其中假定2′、3′、4′、6′也称为**高斯-马尔科夫假定条件**(Gauss - Markov assumption)。

对任意 i、m、j,利用期望迭代律,由假定2′可知,

$$E(u_i) = E_X[E(u_i \mid X)] = 0$$

即 $E(u) = 0$,且

$$Cov(u_i, X_{jm}) = E(u_i X_{jm}) = E_X[E(u_i X_{jm} \mid X)] = E_X[X_{jm}E(u_i \mid X)] = 0$$

即 $E(u \otimes X) = 0$①。此表明零均值性假定2′蕴含着 u_i 的无条件均值也为0,而且 u_i 与 X_{jm} 不相关。同理,由假定2′、3′、4′可知,

---

① 在处理多元回归模型时,矩阵的直积或**克罗内克积**(Kronecker product)是一种有助于简化符号的运算。设 $A = (a_{ij})_{m\times n}$、$B = (b_{ij})_{p\times q}$ 分别为 $m \times n$ 矩阵和 $p \times q$ 矩阵,A 与 B 的直积定义为如下 $mp \times nq$ 矩阵:

$$A \otimes B = \begin{pmatrix} a_{11}B & a_{12}B & \cdots & a_{1n}B \\ a_{21}B & a_{22}B & \cdots & a_{2n}B \\ \vdots & \vdots & \vdots & \vdots \\ a_{m1}B & a_{m2}B & \cdots & a_{mn}B \end{pmatrix}$$

矩阵直积的运算性质:

①$(A \otimes B) \otimes C = A \otimes (B \otimes C)$

②$A \otimes (B + C) = A \otimes B + A \otimes C, (A + B) \otimes C = A \otimes C + B \otimes C$

③$(A \otimes B)' = A' \otimes B'$

当 A、B 分别为 m、p 阶方阵时,有

④$|A \otimes B| = |A|^m\ |B|^p$

⑤$(A \otimes B)^{-1} = A^{-1} \otimes B^{-1}$($A$ 和 B 均为可逆矩阵)

⑥$tr(A \otimes B) = tr(A) \otimes tr(B)$($tr(A)$ 为矩阵 A 的迹,即 A 的主对角线上元素之和)

$$Var(u_i) = E(u_i^2) = E_X\{E[(u_i - E(u_i|X))^2|X]\} = E_X[Var(u_i|X)] = \sigma^2$$

$$Cov(u_i, u_m) = E(u_i u_m) = E_X[E(u_i u_m|X)] = 0 \quad (i \neq m)$$

即 $Cov(u) = \sigma^2 I_n$。此表明，在满足零均值性假定条件下，假定3′暗含着 u_i 的无条件方差为常数，假定4′暗含着 u_i 之间是无条件不相关的。

4.4.1.2 高斯－马尔科夫定理及其推论

对于满足高斯－马尔科夫假定条件的线性回归模型(4.87)，类似于确定性解释变量的情形，可以证明，在给定解释变量取值的条件下，回归系数向量 β 的 OLS 估计量 $\hat{\beta}$ 具有线性性、无偏性和最小方差性，它们的数学表达式分别为：

$$\hat{\beta} = [(X'X)^{-1}X']Y$$

$$E(\hat{\beta}|X) = \beta$$

$$Cov(\hat{\beta}|X) = \sigma^2(X'X)^{-1} \leqslant Cov(\hat{\beta}^*|X)$$

其中 $\hat{\beta}^*$ 为 β 的任意线性条件无偏估计量，$E(\hat{\beta}^*|X) = \beta$，只有当 $\hat{\beta}^* = \hat{\beta}$ 时，不等式的等号才成立。上述最后一个不等式蕴含着，在给定解释变量取值的条件下，在 $\beta_j (j = 0, 1, \cdots, k)$ 的所有线性无偏估计量中，其 OLS 估计量 $\hat{\beta}_j$ 的方差是最小的。该结论便是在解释变量可能含有随机解释变量情形下**高斯－马尔科夫定理的一般表述**。

在实践中，当解释变量为随机变量时，它们往往是和被解释变量同时确定的，因此有必要进一步讨论在不附加给定解释变量取值的条件下，高斯－马尔科夫定理的结论是否还成立。

由高斯－马尔科夫定理和期望迭代律，以及向量的方差－协方差分解式：对任意 m 维列向量 ξ 和矩阵 X，

$$Cov(\xi) = Cov_X[E(\xi|X)] + E_X[Cov(\xi|X)]$$

可得

$$E(\hat{\beta}) = E_X[E(\hat{\beta}|X)] = E_X(\beta) = \beta$$

$$Cov_X[E(\hat{\beta}|X)] = Cov_X(\beta) = 0$$

$$Cov(\hat{\beta}) = Cov_X[E(\hat{\beta}|X)] + E_X[Cov(\hat{\beta}|X)] = E_X[Cov(\hat{\beta}|X)] = \sigma^2 E[(X'X)^{-1}]$$

对 β 的任意线性条件无偏估计量 $\hat{\beta}^*$，$E(\hat{\beta}^*|X) = \beta$，因为

$$Cov(\hat{\beta}|X) \leqslant Cov(\hat{\beta}^*|X)$$

所以

$$E_X[Cov(\hat{\beta}|X)] \leqslant E_X[Cov(\hat{\beta}^*|X)]$$

再由 $Cov_X[E(\hat{\beta}^*|X)]$ 是半正定矩阵，可得

$$Cov(\hat{\beta}) = E_X[Cov(\hat{\beta}|X)] \leqslant Cov_X[E(\hat{\beta}^*|X)] + E_X[Cov(\hat{\beta}^*|X)] = Cov(\hat{\beta}^*)$$

于是，可得高斯－马尔科夫定理的推论(corollary of Gauss－Markov theorem)：

对于满足高斯－马尔科夫假定条件的模型(4.87)，回归系数向量 β 的 OLS 估计量 $\hat{\beta}$ 具有线性性、无偏性和“最小方差性”，它们的数学表达式依次为：

$$\hat{\beta} = [(X'X)^{-1}X']Y$$

$$E(\hat{\beta}) = \beta$$

$$Cov(\hat{\beta}) = \sigma^2 E[(X'X)^{-1}] \leqslant Cov(\hat{\beta}^*)$$

其中$\hat{\beta}^*$为β的任意线性条件无偏估计量，$E(\hat{\beta}^* | X) = \beta$，只有当$\hat{\beta}^* = \hat{\beta}$时，不等式的等号才成立。这里回归系数估计量的“线性性”是指它们是Y的观测值的线性（随机）函数。

思考题：在β的所有线性无偏估计量中，$\hat{\beta}$是否具有最小方差性？

4.4.1.3　一致性

对于经典线性回归模型(4.64)，回归系数向量的OLS估计量为：

$$\hat{\beta} = (X'X)^{-1}X'Y = \beta + (X'X)^{-1}X'u$$

利用假定7′，只要证明$P\lim\limits_{n\to\infty}\frac{1}{n}(X'u) = 0$，就可以得到

$$P\lim_{n\to\infty}\hat{\beta} = \beta + P\lim_{n\to\infty}\left(\frac{X'X}{n}\right)^{-1}P\lim_{n\to\infty}\left(\frac{1}{n}X'u\right)$$
$$= \beta + Q_1^{-1}\cdot 0 = \beta$$

由零均值假定可知，

$$E\left(\frac{1}{n}\sum_{i=1}^{n}u_i\right) = 0, E\left(\frac{1}{n}\sum_{i=1}^{n}X_{ji}u_i\right) = 0$$

即$E\left(\frac{1}{n}X'u\right) = 0$。又由于$\lim\limits_{n\to\infty}Cov\left(\frac{1}{n}X'u\right) = 0$蕴含着

$$\lim_{n\to\infty}Var\left(\frac{1}{n}\sum_{i=1}^{n}u_i\right) = 0,\ \lim_{n\to\infty}Var\left(\frac{1}{n}\sum_{i=1}^{n}X_{ji}u_i\right) = 0$$

因此，只要证明

$$\lim_{n\to\infty}Cov\left(\frac{1}{n}X'u\right) = 0$$

成立，依据马尔科夫大数定律，即可证得

$$P\lim_{n\to\infty}\left(\frac{1}{n}X'u\right) = 0$$

利用期望迭代律及假定2′、3′、4′、7′，得

$$Cov\left(\frac{1}{n}X'u\right) = E\left[\left(\frac{1}{n}X'u\right)\left(\frac{1}{n}X'u\right)'\right] = E\left\{\left[E_X\left[\left(\frac{1}{n}X'u\right)\left(\frac{1}{n}X'u\right)' | X\right]\right]\right\}$$
$$= \frac{1}{n}E\left[\frac{1}{n}X'E_X(uu'|X)X\right]$$
$$= \frac{\sigma^2}{n}E\left(\frac{1}{n}X'X\right)$$

$$\lim_{n\to\infty}Cov\left(\frac{1}{n}X'u\right) = \lim_{n\to\infty}\frac{\sigma^2}{n}\lim_{n\to\infty}E\left(\frac{1}{n}X'X\right) = 0\times Q_2 = 0$$

综上所述，便完成了回归系数向量β的OLS估计量$\hat{\beta}$的一致性证明。

从上述证明过程可见，当$E(u_i) = E(X_{ji}u_i) = 0$时，即使$u$不满足假定2′、3′、4′，只要当$n\to\infty$时，$E\left[\frac{1}{n}X'E_X(uu'|X)X\right]$收敛，或者它是比$n$低阶的无穷大，就能保证$\hat{\beta}$具有一致性。

4.4.1.4　假设检验

对于经典线性回归模型(4.87)，在给定X的条件下，仿照确定性解释变量的情形，可以推导出利用β_j的OLS估计量$\hat{\beta}_j$对其进行统计推断的t统计量：

$$t_j \mid X = \frac{\hat{\beta}_j - \beta_j}{\hat{SD}(\hat{\beta}_j)} = \frac{\hat{\beta}_j - \beta_j}{\hat{\sigma}\sqrt{(X'X)^{-1}_{j+1,j+1}}} \sim t(n-k-1)$$

可见 $t_j \mid X$ 的概率分布与 X 无关，此表明无论是否给定 X，t_j 都是服从自由度为 $n-k-1$ 的 t 分布。因此，对于含有随机解释变量的经典线性回归模型，仍然可以依据通常的 t 统计量对参数进行假设检验和区间估计。

同理，对于含有随机解释变量的经典线性回归模型，第 3 章给出的方程显著性的 F 检验也是有效的。

4.4.2 内生解释变量问题及工具变量法

4.4.2.1 内生解释变量

从上述关于回归系数 OLS 估计量 $\hat{\beta}$ 的无偏性和一致性的证明过程可知，它们都要求模型满足 $E(X_{ji}u_i)=0(j=1,2,\cdots,k;i=1,2,\cdots,n)$（注：该条件是 $E(u \mid X)=0$ 成立的必要条件）。在 $E(u)=0$ 的前提下该条件等价于，任意解释变量 X_j 与随机误差项 u 在同一观测点上都是不相关的，称之为 X_j 与 u **同期不相关**（contemporaneous noncorrelation）。当至少有一个解释变量与随机误差项**同期相关**（contemporaneous correlation），即至少有一个解释变量与随机误差项在某一观测点上相关时，从本节 4.4.1 部分关于 $\hat{\beta}$ 的无偏性和一致性证明过程可见，$\hat{\beta}$ 不具有无偏性和一致性，这是一个非常严重的后果。我们称与随机误差项 u 同期相关的解释变量为**内生解释变量**（endogenous explanatory variable），将与随机误差项同期不相关的解释变量称为**外生解释变量**（exogenous explanatory variable）①。此表明，对于线性回归模型，若含有内生的解释变量，则回归系数的 OLS 估计量 $\hat{\beta}$ 不具有无偏性和一致性，OLS 法完全失效。若所有解释变量均是外生的，则 $\hat{\beta}$ 具有一致性。在后一种情形下，若存在解释变量，其与随机误差项**异期相关**（heterophase correlation），即该解释变量与随机误差项在不同观测点上的取值是相关的，则 $\hat{\beta}$ 不具有无偏性。因为

$$E(\hat{\beta}) = E[(X'X)^{-1}X'(X\beta+u)] = \beta + E\{[(X'X)^{-1}X']u\}$$

当存在 X_{ji} 与 u_h 相关时，$E\{[(X'X)^{-1}X']u\} \neq 0$，所以 $E(\hat{\beta}) \neq \beta$。

例如，设在回归模型

$$Y_t = \beta_0 + \beta_1 Y_{t-1} + u_t$$

中，u_t 为白噪声过程：$u_t \sim WN(0,\sigma^2)$，$|\beta_1| < 1$。由于

$$Y_{t-1} = \beta_0 + \beta_1 Y_{t-2} + u_{t-1}$$
$$Y_{t-2} = \beta_0 + \beta_1 Y_{t-3} + u_{t-2}$$
$$Y_{t-3} = \beta_0 + \beta_1 Y_{t-4} + u_{t-3}$$
$$\vdots$$

将 Y_{t-2}、Y_{t-3}、…的表达式依次代入 Y_{t-1} 的表达式，得

$$\begin{aligned} Y_{t-1} &= \beta_0 + \beta_1(\beta_0 + \beta_1 Y_{t-3} + u_{t-2}) + u_{t-1} \\ &= \beta_0(1+\beta_1) + \beta_1^2 Y_{t-3} + u_{t-1} + \beta_1 u_{t-2} \\ &\vdots \\ &= \beta_0(1+\beta_1+\cdots+\beta_1^{n-1}+\cdots) + u_{t-1} + \beta_1 u_{t-2} + \cdots + \beta_1^{n-1}u_{t-n} + \cdots \end{aligned}$$

① 内生变量、外生变量的进一步讨论将在第七章给出。

因为 u_t 是白噪声过程，所以

$$Cov(Y_{t-1}, u_t) = 0,\ Cov(Y_{t-1}, u_s) \neq 0\ (s < t)$$

即 Y_{t-1} 与 u_t 同期不相关，异期相关。因此，参数 β_1 的 OLS 估计量 $\hat{\beta}_1$ 具有一致性。

对于容量 n 的样本，利用第 2 章 §2.2 和 §2.3 两节所得结论，易知

$$\hat{\beta}_1 = \frac{\sum_{t=2}^{n} x_t Y_t}{\sum_{t=2}^{n} x_t^2} = \beta_1 + \sum_{t=2}^{n} \frac{x_t}{\sum_{t=2}^{n} x_t^2} u_t$$

$$E(\hat{\beta}_1) = \beta_1 + \sum_{t=2}^{n} E\left(\frac{x_t}{\sum_{t=2}^{n} x_t^2} u_t\right)$$

其中 $x_t = Y_{t-1} - \frac{1}{n-1}\sum_{t=2}^{n} Y_{t-1}$，$y_t = Y_t - \frac{1}{n-1}\sum_{t=2}^{n} Y_t$。对于任一 u_t，$\sum_{t=2}^{n} x_t^2$ 中一定包含不同期的 $Y_{s-1}\ (s \neq t)$，因此由 Y_{t-1} 与 u_t 的异期相关性，可知 $E(\hat{\beta}_1) \neq \beta_1$，即 $\hat{\beta}_1$ 不具有无偏性。

在实际经济问题中建立的回归模型经常会含有内生解释变量，其产生的原因主要有以下三种：

(1) 由于某些重要变量无法观测，或为了克服严重的多重共线性问题，不得不人为去掉了一些解释变量，而这些变量都将归入随机误差项 u_i 中，若它们与保留下的某一解释变量相关，则这个保留的解释变量就可能成为内生解释变量。

(2) 由于经济现象的复杂性，变量之间往往是互相影响、互为因果关系的，当所建模型中的被解释变量 Y 与某一解释变量 X_j 存在相互影响时，X_j 便成为内生解释变量。比如，研究企业的研发投入与绩效、经济增长与居民消费关系的模型都属于这种情形。

(3) 由于解释变量存在的测量误差与解释变量本身存在一定的相关性，当它构成随机误差项的主要成分时，模型就出现了内生解释变量。

因此，长期以来研究含有内生解释变量模型的估计和统计检验，一直是计量经济学的一个重要研究领域。下面简要介绍估计这类模型的一种常用方法——**工具变量法**或 **IV 法**(instrumental variables method, IV method)[①]。

4.4.2.2 工具变量法

对于存在内生解释变量的模型，其参数 OLS 估计量的不一致性是由内生解释变量与随机误差项同期相关引起的，因此工具变量法的基本思路是，为每一个内生解释变量寻找一个**工具变量**(instrumental variable)，在模型估计过程中，利用工具变量的信息"代替"内生解释变量的信息，以得到参数的一致估计量。这里被选择为工具变量的变量要求满足如下条件：

① 工具变量与所代替的解释变量同期高度相关。

② 工具变量与随机误差项同期不相关，即工具变量是外生变量。

③ 所有工具变量、外生解释变量之间不存在严重的多重共线性。

其中条件①和②是最本质的条件。

---

① 工具变量估计法最早出现在 1928 年美国经济学家菲利普·莱特(Philip G. Wright)的著作《The Tariff on Animal and Vegetable Oils》书后的附录中，其中工具变量法的基本思想是由他与他的儿子遗传学家西沃尔·莱特(Sewall Wright)合作提出来的(参见：詹姆斯·H. 斯托克和马克·W. 沃森，2009，$p_{317-318}$)。

下面以如下二元线性回归模型的估计为例，介绍工具变量法的估计过程：

$$Y_i = \beta_0 + \beta_1 X_{1i} + \beta_2 X_{2i} + u_i \quad (i = 1,2,\cdots,n) \tag{4.88}$$

其中 X_1 为内生解释变量，X_2 为外生变量，$E(u_i) = 0$，并设 Z_1 为 X_1 的工具变量。

首先，将模型(4.88)改写为：

$$Y_i - \beta_0 - \beta_1 X_{1i} - \beta_2 X_{2i} = u_i$$

由已知条件可知，Z_{1i}、X_{2i} 和 u_i，满足如下矩条件：

$$\begin{cases} E(u_i) = 0 \\ E(u_i Z_{1i}) = 0 \\ E(u_i X_{2i}) = 0 \end{cases}$$

即

$$\begin{cases} E(Y_i - \beta_0 - \beta_1 X_{1i} - \beta_2 X_{2i}) = 0 \\ E[(Y_i - \beta_0 - \beta_1 X_{1i} - \beta_2 X_{2i}) Z_{1i}] = 0 \\ E[(Y_i - \beta_0 - \beta_1 X_{1i} - \beta_2 X_{2i}) X_{2i}] = 0 \end{cases} \tag{4.89}$$

其次，用变量的样本均值替换总体均值，并用参数的估计量替换相应的参数，得

$$\begin{cases} \frac{1}{n}\sum_{i=1}^{n}(Y_i - \hat{\beta}_0 - \hat{\beta}_1 X_{1i} - \hat{\beta}_2 X_{2i}) = 0 \\ \frac{1}{n}\sum_{i=1}^{n}(Y_i - \hat{\beta}_0 - \hat{\beta}_1 X_{1i} - \hat{\beta}_2 X_{2i}) Z_{1i} = 0 \\ \frac{1}{n}\sum_{i=1}^{n}(Y_i - \hat{\beta}_0 - \hat{\beta}_1 X_{1i} - \hat{\beta}_2 X_{2i}) X_{2i} = 0 \end{cases} \tag{4.90}$$

该式为工具变量法估计模型(4.88)的正规方程组。解之得到的估计量 $\hat{\beta}_j (j = 0,1,2)$ 即为回归系数 β_j 的**工具变量法估计量**(IV estimator)，记为 $\hat{\beta}_j^{iv}$。

在工具变量法的估计过程中，利用变量 u_i、$u_i Z_{1i}$、$u_i X_{2i}$ 的样本均值（一阶样本矩）分别去匹配总体均值（一阶总体矩）$E(u_i)$、$E(u_i Z_{1i})$、$E(u_i X_{2i})$，建立关于参数估计量的正规方程组，此表明工具变量法是一种特殊的**矩法**(method of moments, MM)①。利用矩法得到的参数估计量称为**矩法估计量**(MM estimator)。第3章介绍的 GLS 法和 ML 法都是矩法的特例。

若模型(4.88)中的 X_1、X_2 都是外生变量，则它们可以看作是自己的工具变量，利用 IV 法估计模型的正规方程组(4.90)为：

$$\begin{cases} \frac{1}{n}\sum_{i=1}^{n}(Y_i - \hat{\beta}_0 - \hat{\beta}_1 X_{1i} - \hat{\beta}_2 X_{2i}) = 0 \\ \frac{1}{n}\sum_{i=1}^{n}(Y_i - \hat{\beta}_0 - \hat{\beta}_1 X_{1i} - \hat{\beta}_2 X_{2i}) X_{1i} = 0 \\ \frac{1}{n}\sum_{i=1}^{n}(Y_i - \hat{\beta}_0 - \hat{\beta}_1 X_{1i} - \hat{\beta}_2 X_{2i}) X_{2i} = 0 \end{cases}$$

---

① 矩法是英国统计学家皮尔逊(K. Pearson)于19世纪90年代后期提出来的，其基本思想是用变量的样本矩去匹配总体矩，进而得到总体中参数的估计量。

可见,该方程组就是利用 OLS 法估计模型(4.88)的正规方程组。因此,模型中参数的 IV 估计量与 OLS 估计量是相同的,此表明 OLS 法是 IV 法的特例。

工具变量法可以等价地通过两次利用 OLS 法来实现。具体做法是(以上述例题为例):

第一步,利用 OLS 法将内生解释变量 (X_1) 对所有工具变量 (Z_1) 和外生解释变量 (X_2) 回归,得到拟合值:

$$\hat{X}_{1i} = \hat{\alpha}_0 + \hat{\alpha}_1 Z_{1i} + \hat{\alpha}_2 X_{2i}$$

第二步,用 $\hat{X}_{1i}$ 替换原模型中的 X_{1i},得到模型:

$$Y_i = \beta_0 + \beta_1 \hat{X}_{1i} + \beta_2 X_{2i} + v_i$$

再利用 OLS 法估计该模型。这样得到的参数 β_j 的估计量 $\hat{\beta}_j$ 与直接利用工具变量法得到的估计量是一致的。

上述估计过程两次用到 OLS 法,因此该方法也称为**两阶段最小二乘法**(two - stage least squares,2SLS or TSLS)。可以证明(留作练习):若对于每一个内生解释变量都能找到至少一个工具变量,那么回归系数的两阶段最小二乘估计量(注:第一阶段各内生解释变量均对所有工具变量和外生解释变量回归)也是一个工具变量法估计量,此时每个内生解释变量都以上述第一阶段所得其拟合值为工具变量。

对于含有内生解释变量的一般线性回归模型,其参数的 IV 估计量也有类似于 OLS 估计量的矩阵表达式[见练习题四综合应用题(11)],请读者自己写出求解过程。

在 EViews 软件下,工具变量法或两阶段最小二乘法的执行程序(以如下模型的估计为例:

$$Y_i = \beta_0 + \beta_1 X_{1i} + \beta_2 X_{2i} + u_i$$

其中 X_1 为内生解释变量,X_2 为外生变量,Z_1 为 X_1 的工具变量):

在主窗口中,点击 Quick→Estimate Equation,弹出 Equation Estimation 窗口,在此窗口的 Equation Specification 对话框中,依次键入"Y　C　X1　X2",在 Estimate Settings 栏的 Methods 中选择 TSLS,接着在弹出窗口的 Instrument list 对话框中,输入所有工具变量(含外生解释变量)"Z1　X2",然后点击"确定",就得到了工具变量法估计模型的输出结果。(注:在执行过程中,X1、X2、Z1 分别表示变量 X_1、X_2、Z_1)

与解释变量均为外生变量的情形下回归系数 OLS 估计量的一致性证明类似,可以就含有内生解释变量的 k 元线性回归模型的一般情形证明(参见:贾奇等,1993,p_{345}):回归系数的工具变量法估计量也具有一致性,而且在工具变量 $Z_j(j = 1,2,\cdots,k)$ 满足 $\frac{1}{\sqrt{n}}\sum_{i=1}^{n} Z_{ji}u_i$ 渐近服从正态分布的条件下,它们渐近服从正态分布,这里 Z_1、$Z_2\cdots Z_k$ 分别为 k 个解释变量的工具变量(外生解释变量的工具变量为其自身)。因此,利用它们的渐近标准差的一致估计量,按通常方式构造的对回归系数进行假设检验的 t 统计量渐近服从 t 分布。于是,在大样本下,可以利用该统计量对回归系数进行统计推断。

当存在内生解释变量时,尽管工具变量法估计量具有上述良好的渐近性质,但它是有偏且非渐近有效的。从理论上讲,对于一个内生解释变量可能有多个满足要求的工具变量,利用不同的工具变量会得到不同的估计结果,因此采用工具变量法估计内生解释变量模型可能得到多个一致估计量,但它们都是非渐近有效的。一般认为,工具变量含有的信息越多,所得到的估计量的渐近方差就越小。当一组工具变量的个数多于内生解释变量的个数时,利用两阶段最小二乘法(注:第一阶段各内生解释变量均对所有工具变量和外生解释变量回归)所得工具变量法估计量是唯一的,并且对于这一组工具变量而言,该估计量是最有效的,即在所有以该组工具变量的线性组合为工具变量得到的估计量中,两阶段最小二乘估计量具有最小的渐近方差。这种性质也称为**两阶段最小二乘估计量的相对渐近有效性**(relative asymptotic efficiency of 2SLS estimator)。

4.4.2.3 工具变量的选择

要应用工具变量法估计内生解释变量模型,首先需要为每一个内生解释变量至少找到一个既与内生解释变量同期相关,又与随机误差项同期不相关的工具变量。这里介绍两种选择工具变量的常用方法:

(1)依据经济理论或对所研究问题的经验分析,选择影响内生解释变量的外生变量作为工具变量。例如,要建立如下小麦需求模型:

$$D_i = \alpha_0 + \alpha_1 P_i + \alpha_2 Y_i + u_i$$

其中 D、P、Y 分别为该商品的需求量、价格和居民收入水平。由于小麦的价格是由小麦的供给与需求共同决定的,当影响需求量的干扰 u_i 大于0,使得 D_i 增加时,在供给量不变的条件下,价格 P_i 有增加的趋势。因此,该模型中价格 P_i 与随机误差项 u_i 是同期相关的。这时,可以考虑从影响小麦供给的因素中寻找工具变量,因为这些因素与小麦的价格是相关的。一个很自然的工具变量是气候变量 W_i,它与小麦的价格 P_i 相关,而与 u_i 不太可能相关。

(2)利用模型中变量的滞后值构造工具变量。例如,如果随机误差项 u 只与解释变量 X_j 同期相关,而异期不相关,则可以考虑使用该解释变量的滞后值(如 $X_{j,i-1}$、$X_{j,i-2}$),或 X_{ji} 对其滞后值回归得到的拟合值,如

$$\hat{X}_{ji} = \hat{\alpha}_0 + \hat{\alpha}_1 X_{j,i-1} + \hat{\alpha}_2 X_{j,i-2}$$

作为工具变量。

又如,建立含有内生解释变量的模型:

$$Y_i = \beta_0 + \beta_1 X_{1i} + \beta_2 X_{2i} + \beta_3 Y_{i-1} + u_i$$

其中,X_{1i}、X_{2i} 为外生变量且与 u_i 异期不相关,Y_{i-1} 与 u_i 相关。将 Y_i 对 X_{1i}、X_{2i} 进行回归得到拟合值:

$$\hat{Y}_i = \hat{\alpha}_0 + \hat{\alpha}_1 X_{1i} + \hat{\alpha}_2 X_{2i}$$

由于 $\hat{Y}_{i-1}$ 是外生变量 $X_{1,i-1}$、$X_{2,i-1}$ 的线性组合,与 u_i 不相关,因此可以考虑将 $\hat{Y}_{i-1}$ 作为 Y_{i-1} 的工具变量。

4.4.2.4 解释变量的内生性检验

当模型含有内生解释变量时,参数的 OLS 估计量是有偏且不一致的,而其 IV 估计量具有一致性;当模型不含有内生解释变量且满足基本假定条件时,参数的 OLS 估计量和 IV 估计量均具有一致性,但前者还具有有效性,而异于 OLS 估计量的 IV 估计量则是非有效的。因此,在选择估计方法之前,首先应该对可疑的解释变量的内生性进行检验。豪斯曼(J. A. Hausman)于 1978 年提出了一种广为应用的检验解释变量内生性的方法,称之为**豪斯曼(Hausman)检验**。其基本思想是:对于原假设 H_0:解释变量都是外生的,备择假设 H_1:存在内生解释变量,比较参数向量 β 的 OLS 估计量 $\hat{\beta}^{OLS}$ 和 IV 估计量 $\hat{\beta}^{IV}$ 的性质已知:在 H_0 和 H_1 下 $\hat{\beta}^{IV}$ 都具有一致性,只有在 H_0 下 $\hat{\beta}^{OLS}$ 才具有一致性。如果 $\hat{\beta}^{OLS}$ -

$\hat{\beta}^{IV}$ 显著为0,则接受 H_0,认为所有解释变量都是外生的;否则,则接受 H_1,认为模型含有内生解释变量。下面举例说明借助于辅助回归模型执行豪斯曼检验的步骤(见:Davidson 和 Mackinnon,1993)。

设

$$Y_i = \beta_0 + \beta_1 X_{1i} + \beta_2 X_{2i} + \beta_3 W_i + u_i \quad (i = 1,2,\cdots,n) \tag{4.91}$$

其中 X_1、X_2 为外生变量,Z_1、Z_2、Z_3 为变量 W 的工具变量。检验 W 是否为内生解释变量,即检验 W_i 与 u_i 是否相关,豪斯曼检验的步骤是:

① 建立 W 对所有生解释变量和工具变量的辅助回归模型:

$$W_i = \alpha_0 + \alpha_1 X_{1i} + \alpha_2 X_{2i} + \gamma_1 Z_{1i} + \gamma_2 Z_{2i} + \gamma_3 Z_{3i} + v_i \tag{4.92}$$

并利用 OLS 法估计之,得到残差 $\hat{v}_i$:

$$\hat{v}_i = W_i - \hat{\alpha}_0 - \hat{\alpha}_1 X_{1i} - \hat{\alpha}_2 X_{2i} - \hat{\gamma}_1 Z_{1i} - \hat{\gamma}_2 Z_{2i} - \hat{\gamma}_3 Z_{3i} \tag{4.93}$$

② 在原模型中添加 $\hat{v}_i$,建立回归模型:

$$Y_i = \beta_0 + \beta_1 X_{1i} + \beta_2 X_{2i} + \beta_3 W_i + \delta \hat{v}_i + \omega_i \tag{4.94}$$

利用 OLS 法估计该模型,并在给定显著性水平下,对 δ 进行显著性 t 检验:

若 $\delta = 0$ 显著成立,则认为 W 是外生变量;

若 $\delta \neq 0$ 显著不成立,则认为 W 是内生变量。

上述步骤②中的 t 统计量可以是通常使用的 t 统计量,当模型存在异方差性时,也可以考虑使用怀特异方差 - 稳健性 t 统计量。另外,可以证明:利用 OLS 法回归模型(4.94)得到的参数估计量,除 $\hat{v}_i$ 的系数 δ 的估计量外,其余均与模型(4.91)中相应参数的两阶段最小二乘估计量相同。

一般地,当我们怀疑模型

$$Y_i = \beta_0 + \beta_1 X_{1i} + \beta_2 X_{2i} + \cdots + \beta_k X_{ki} + u_i$$

有 m 个解释变量具有内生性时,可以对每一个被怀疑的解释变量进行上述步骤①那样的估计获得残差,依次记为 $\hat{v}_{1i},\cdots,\hat{v}_{mi}$,然后将这些残差作为解释变量同时添加到原模型中,建立回归模型:

$$Y_i = \beta_0 + \beta_1 X_{1i} + \beta_2 X_{2i} + \cdots + \beta_k X_{ki} + \delta_1 \hat{v}_{1i} + \cdots + \delta_m \hat{v}_{mi} + \varepsilon_i$$

利用 F 检验法检验线性约束 $H_0: \delta_1 = \cdots = \delta_m = 0$ 是否显著成立(关于线性约束的 F 检验,见第5章§5.2节)。若 H_0 显著不成立,则表明在被怀疑的解释变量中至少有一个是内生的;否则,则认为所有解释变量均是外生的。

例题 4.4　我国城乡居民人民币储蓄与经济总量水平关系的截面分析

理论和经验分析表明,影响我国大陆各地区城乡居民人民币储蓄的主要因素是各地区的经济总量水平。在此,我们以各地区城乡居民人民币储蓄存款年底余额(S)的增加额(Y)代表其当年的城乡居民人民币储蓄,以地区生产总值(GDP)代表其经济总量水平,从地区层次上来研究21世纪初我国城乡居民人民币储蓄与经济总量水平的数量依赖关系。表4-13给出了我国大陆各地区(不包括西藏自治区)2001年、2002年城乡居民人民币储蓄存款年底余额的数据(S_{2001}、S_{2002})和2002年地区生产总值(GDP)、居民消费价格指数(CPI)、外商直接投资(FDI)、当年的城乡居民人民币储蓄存款(Y)的数据。其中,考虑到物价水平的变动,居民人民币储蓄 Y 是经过居民消费价格指数调整后,按2002年价格计算的2002年居民人民币储蓄存款年底余额相对于2001年的增加额:$Y = S_{2002} - S_{2001} \times CPI/100$。依据 Y 对 GDP 的散点图(如图4-18所示),建立线性回归模型

$$Y_i = \beta_0 + \beta_1 GDP_i + u_i \quad (i = 1,2,\cdots,30) \tag{4.95}$$

来反映 Y 对 GDP 的数量依赖关系。

表4-13　各地区居民储蓄、地区生产总值、居民消费价格指数和外商直接投资的数据

序号	地区	2001年居民人民币储蓄存款年底余额 S_{2001}/亿元	2002年居民人民币储蓄存款年底余额 S_{2002}/亿元	2002年居民消费价格指数CPI (2001年为100)	2002年居民人民币储蓄存款 Y /亿元	2002年地区生产总值GDP /亿元	2002年外商直接投资FDI /万美元
1	北　京	3 536.32	4 389.69	98.2	917.023	3 212.71	172 464
2	天　津	1 284.95	1 486.38	99.6	206.569	2 051.16	158 195
3	河　北	4 364.51	4 808.29	99	487.425	6 122.53	78 271
4	山　西	1 979.72	2 307.32	98.4	359.275	2 017.54	21 164
5	内蒙古	986.74	1 137.93	100.2	149.216	1 756.29	17 701
6	辽　宁	4 131.55	4 665.04	98.9	578.937	5 265.66	341 168
7	吉　林	1 676.06	1 878.45	99.5	210.770	2 246.12	24 468
8	黑龙江	2 578.45	2 915.65	99.3	355.249	3 882.16	35 511
9	上　海	3 001.89	3 891.45	100.5	874.550	5 408.76	427 229
10	江　苏	5 172.83	6 276.2	99.2	1 144.753	10 631.75	1 018 960
11	浙　江	4 262.38	5 212.69	99.1	988.671	7 796.00	307 610
12	安　徽	1 700.47	2 047.51	99	364.044	3 553.56	38 375
13	福　建	2 030.93	2 430.46	99.5	409.684	4 682.01	383 837
14	江　西	1 429.52	1 706.63	100.1	275.680	2 450.48	108 197
15	山　东	5 063.42	5 803.52	99.3	775.543	10 552.06	473 404
16	河　南	3 634.51	4 196.01	100.1	557.865	6 168.73	40 463
17	湖　北	2 287.4	2 754.54	99.6	476.289	4 830.98	142 665
18	湖　南	2 183.73	2 576.4	99.5	403.588	4 140.94	90 022
19	广　东	9 930.12	11 813.33	98.6	2 022.232	11 735.64	1 133 400
20	广　西	1 538.61	1 733.53	99.1	208.767	2 455.36	41 726
21	海　南	427.32	483.51	99.5	58.326	597.50	51 196
22	重　庆	1 317.17	1 582.33	99.6	270.428	1 971.30	19 576
23	四　川	3 123.38	3 665.2	99.7	551.190	4 875.12	55 583
24	贵　州	641.67	758.65	99	123.396	1 185.04	3 821
25	云　南	1 298.52	1 499.75	99.8	203.827	2 232.32	11 169
26	陕　西	1 768.47	2 108.09	98.9	359.073	2 101.60	36 005
27	甘　肃	920.71	1 042.39	100	121.68	1 161.43	6 121
28	青　海	188.53	222.37	102.3	29.503	341.11	4 726
29	宁　夏	257.97	306.75	99.4	50.327	329.28	2 200
30	新　疆	994.3	1 137.64	99.4	149.305	1 598.28	1 899

注:除2002年居民人民币储蓄存款 Y 外,所有数据均来自《中国统计年鉴》(2003、2005),Y 的计算公式为:$Y = S_{2002} - S_{2001} \times CPI/100$。

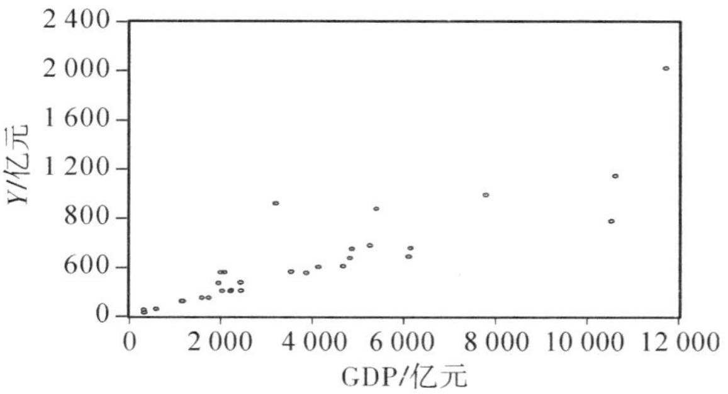

图 4-18 Y 对 GDP 的散点图

因为在地区生产总值影响居民储蓄的同时，居民储蓄通过转化为投资又对地区生产总值产生影响，即两者之间存在相互影响，所以模型(4.72)很可能存在内生解释变量问题。下面利用 Hausman 检验法检验 GDP_i 的内生性。为此，首先需要为 GDP_i 寻找工具变量。显然，外商直接投资 FDI_i 是影响各地区生产总值 GDP_i 的因素之一。容易计算出 FDI_i 与 GDP_i 的相关系数为 0.840 2，此表明两者之间具有较高的相关性。由于 FDI_i 与除 GDP_i 之外的影响居民人民币储蓄的因素具有很弱的相关性，因此可以认为它与模型(4.72)中的 u_i 是不相关的。基于上述考虑，我们把 FDI_i 作为 GDP_i 的工具变量。

将 GDP_i 对 FDI_i 进行 OLS 回归，得样本回归函数：

$$\hat{GDP}_i = 2\,320.180 + 0.009\,1FDI_i$$

$$t \text{ 值} \qquad 6.397\,5 \qquad 8.199\,9$$

$$R^2 = 0.706\,0$$

及残差序列

$$\hat{v}_i = GDP_i - 2\,320.180 - 0.009\,1FDI_i$$

进而，利用 OLS 法估计模型

$$Y_i = \beta_0 + \beta_1 GDP_i + \delta\hat{v}_i + \varepsilon_i$$

得回归结果：

$$\hat{Y}_i = -99.907\,65 + 0.142\,138GDP_i - 0.076\,654\hat{v}_i$$

t 值	−1.670 9	11.051 5	−3.231 5
	(−1.255 7)	(5.793 5)	(−2.222 3)
P 值	0.106 3	0.000 0	0.003 2
	(0.220 0)	(0.000 0)	(0.034 8)

$$R^2 = 0.831\,17, \bar{R}^2 = 0.818\,6, F = 66.465\,3(P \text{ 值} = 0.000\,0)$$

这里括号中数据为怀特异方差-稳健性 t 统计量值及其相应的 P 值。从该结果可以看出，无论是直接采用 OLS 法，还是采用怀特异方差-稳健性的估计程序，变量 $\hat{v}_i$ 显著性 t 检验的 P 值均小于 0.05，因此在 0.05 的显著性水平下，这两种 t 检验都拒绝回归系数 δ 等于 0 的原假设。由此可以推断 GDP_i 是内生解释变量。

于是，以 FDI_i 为 GDP_i 的工具变量，利用工具变量法怀特异方差-稳健性程序估计模型(4.72)，这里怀特异方差—稳健性 t 统计量的构造与 OLS 法的类似。在 EViews 软件下，在 Equation Estimation 窗口完成 Equation Specification 界面对话框的设置后，接着点击 Options，在 Coefficient covariance matrix 中选择 White，然后点击“确定”，便得到怀特异方差—稳健性程序的输出结果。由此可得如下回归结果：

$$\hat{Y}_i = -99.90765 + 0.142138 GDP_i$$

t 值　　-1.1569　　5.3722

P 值　　0.2571　　0.0000

$$R^2 = 0.7386$$

在该结果中，$R^2 = 0.7386$ 表明模型具有较高的拟合优度。由于 GDP_i 的显著性 t 检验的 P 值为 0.000，因此可以认为 GDP_i 对 Y_i 具有显著影响(注：直接利用工具变量法也得到同样的检验结果)。

综合上述检验结果可知，回归方程

$$\hat{Y}_i = -99.90765 + 0.142138 GDP_i$$

能够反映 2002 年我国大陆各地区(西藏除外)城乡居民人民币储蓄与地区生产总值之间的数量依赖关系。GDP_i 的系数 0.142138 意味着，各地区地区生产总值增加 1 亿元，城乡居民人民币储蓄存款平均约增加 0.142138 亿元。

§4.5 结束语

本章给出了一般经典线性回归模型满足的基本假定条件，并分别讨论了线性回归模型存在多重共线性、异方差性、自相关性和内生解释变量等四种违背基本假定条件的情形下，模型的估计和检验，以及存在异方差性、自相关性时，模型的预测问题。其知识结构如图 4-19 所示。

读者在阅读本章内容时应注意以下几点：

(1)随机变量的峰度 K 度量了其分布的什么特征？针对 19 世纪末统计学家们将频率分布设定为正态分布的流行做法，英国数学家和统计学家皮尔逊(K. Pearson)于 1905 年提出了一族非正态分布。当时他提出峰度的概念，主要是用于度量一个对称分布的概率密度函数(probability density function，PDF)曲线与正态分布的 PDF 在中心区域(或均值附近)陡峭程度的差异。皮尔逊对 K 值的解释是：对于一个峰度值为 K，且与正态分布具有相同标准差的对称分布，如果 $K<3$，则该分布 PDF 曲线的顶部比正态分布的更平坦，称之为是低峰态的(platykurtic)；如果 $K>3$，则该分布 PDF 曲线的顶部比正态分布的更陡峭，称之为是尖峰态的(leptokurtic)；如果 $K=3$，则该分布 PDF 曲线的顶部与正态分布的有相同的陡峭程度，称之为是常峰态的(mesokurtosis)。这里随机变量的 PDF 曲线在中心区域比较陡峭(平坦)，意味着它在该区域取值的概率较大(较小)。从(4.3)式可以看出，K 值除了受变量在均值附近取值概率的影响外，还受其在其他区域取值概率的影响。因此，在此后接下来的几十年中，人们围绕 K 值的含义，即它与 PDF 曲线的形态特征之间有何对应关系，展开了广泛的讨论。归纳起来，主要有三种观点：一是认为 K 值在于区分中心区域的尖峰(peakedness)与平坦(flatness)(如，Kendall 和 Buckland 1971；Levin，1984)，二是强调 K 值是对分布尾部形态的度量(如，Chissom，1970)，三是强调 K 值同时依赖于中心区域的峰态和尾部的重量或肥瘦(如，Finucan，1964；Johnson 和 Kotz，1985)。但这些观点的提出都是基于定性分析，而没有定量地分析决定 K 值的尾部肥瘦、中心区域峰态以及**腹部**(flank)肥瘦[或**肩部缺失程度**(lack of shoulder)]的相对重要性,因此在这段时间内,人们对于 K 值的含义并没有达成一致意见。

- 违背基本假定条件的线性回归模型
  - 随机误差项的非正态性
    - 回归系数 OLS 估计量的统计性质
    - 变量的显著性检验问题
    - 检验方法:直方图法、JB 检验
  - 多重共线性
    - 概念
      - 定义:完全多重共线性、不完全多重共线性
      - 经济背景
    - 后果
      - 完全多重共线性的情形:参数的 OLSE 不唯一
      - 不完全多重共线性:可能使参数 OLS 估计量的方差变大,估计精度下降;OLS 回归结果对数据的微小变化非常敏感,可能出现参数估计值的大小或符号不合理的现象;对被解释变量有显著影响的变量可能无法通过显著性检验
    - 诊断方法:综合统计法、简单相关系数法、辅助回归法、条件指数法
    - 处理方法
      - 不做处理
      - 补救措施:经验做法、逐步回归法、改变参数的估计方法以减小参数估计量的方差(如,岭回归法)
  - 异方差性
    - 概念
      - 定义
      - 类型:单调递减型、单调递增型、复杂型
      - 经济背景
    - 后果:回归系数的 OLSE 通常是非有效的、通常的变量显著性 t 检验和 F 检验失效、被解释变量通常的预测值不具有最小均方误差性且通常的预测区间不可靠
    - 检验方法
      - 基本思路
      - 方法:图示法、Goldfeld - Quandt 检验、White 检验、Glejser 检验
    - 补救措施:(可行的)WLS 法、White 异方差 - 稳健性程序、改变函数形式的经验做法
    - 存在异方差性情形下的预测:点预测、区间预测
  - 自相关性
    - 概念
      - 定义
      - 自相关性的表现形式:自回归过程、移动平均过程、自回归移动平均过程
      - 经济背景
    - 后果:回归系数的 OLSE 通常是非有效的、通常的变量显著性 t 检验和 F 检验失效、被解释变量通常的预测值不具有最小均方误差性且通常的预测区间不可靠
    - 检验方法
      - 基本思路
      - 方法:图示法、DW 检验、LM(BG)检验
    - 补救措施:(可行的)GLS 法、(可行的)广义差分法(含 Cochrane 和 Orcutt 迭代法)、Newey - West 自相关 - 稳健性程序、NLS 法
    - 存在自相关性情形下的预测:点预测、区间预测
  - 随机解释变量模型
    - 经典线性回归模型
      - 经典假定条件:共 7 条
      - 回归系数 OLSE 的性质:Gauss - Markov 定理及推论、一致性
    - 内生解释变量问题
      - 概念:内生解释变量、外生解释变量
      - 经济背景
      - 后果:参数的 OLSE 不具有无偏性和一致性
      - 检验方法:Hausman 检验
      - 处理方法:工具变量法

图 4 - 19　第 4 章知识结构图

直到 1987 年,鲁珀特(D. Ruppert)对于一般的对称分布,借助于汉姆佩尔(F. R. Hampel)(1968,1974)提出的**影响函数法**(influence function approach),深入研究了不同区域内分布函数的变化对 K 值的影响,发现 K 值主要受分布尾部表现的影响,它只在较少程度上受中心区域峰态的影响,而且一个分布的中心区域、尾部和腹部所在区间与分布的标准差有关。菲奥里(A. M. Fiori)和曾加(M. Zenga)(2005)指出,揭示 K 值含义的一种方便方法是考察当观测值被添加到一个现有分布上时,K 值是如何变化的,而早在

1948 年法莱斯基尼(L. Faleschini)就回答了这个问题。法莱斯基尼对于变量取若干实数值的情形,利用 K 对某一观测值 x_r 出现的频数 f_r 的偏导数 $\frac{\partial K}{\partial f_r}$,对 K 值的含义进行了数量研究,菲奥里和曾加证明 $\frac{\partial K}{\partial f_r}$ 就是 K 的影响函数的**直觉概念**(intuitive notion)。但在鲁珀特(1987)利用影响函数法研究 K 值的含义之前,法莱斯基尼的偏导数几乎被统计文献忽视了。

因此,认为 K 值只是对分布尾态的度量,或只是对分布峰态的度量都是片面的,但 K 值主要是对分布尾部形态的度量,只在较小程度上是对中心峰态的度量。而且对于具有相同均值和标准差的对称分布,可以将它们在相同区间上 PDF 曲线的形态特征进行比较,而对于具有不同均值或标准差的对称分布,应该分别将它们在中心区域、尾部所在区间和腹部所在区间上 PDF 曲线的形态特征做比较,而不是将它们在相同区间上的分布特征做比较。

由此可见,有些教科书在对 K 值含义的理解上存在错误。例如,在古扎拉蒂所著《计量经济学基础》各版本中,将 $K<3$ 的 PDF 称为扁(低)峰态的,有肥而短的尾部;将 $K>3$ 的 PDF 称为尖峰态的,有细(即,瘦)而长的尾部;峰度值为 3 的 PDF 称为常峰态(mesokurtosis),并且使用图 4-20 来对它们进行几何说明。但在图 4-20 中,显然三个分布具有不同的方差(尖峰态的、常峰态的、低峰态的对应分布的标准差依次变大),在相同区间上它们的 PDF 曲线离开横轴的远近,并不能说明它们"真实"尾部的肥瘦。因此,古扎拉蒂对 K 值含义的解释是错误的。

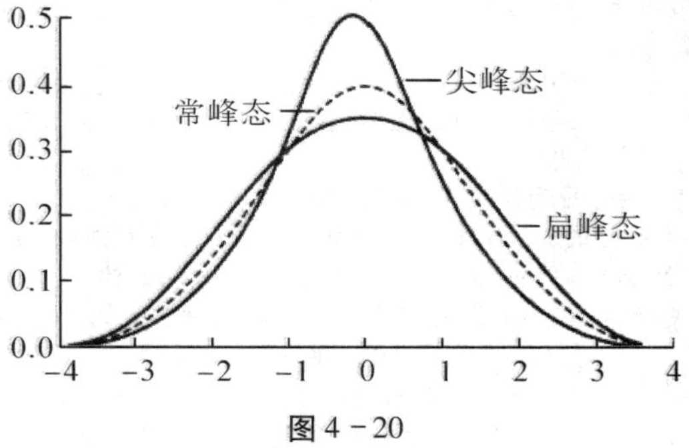

图 4-20

另外,具有不同形态特征的分布可能具有相同的 K 值。例如,人们已经发现了一些非正态的对称分布,它们与正态分布具有同样的 K 值,但其尾部的肥瘦程度并不一样(Balanda 和 MacGillivray,1988;Kale 和 Sebastian,1996)。因此,基于将一个对称分布的 K 值与 3 的比较结果,来推断其与正态分布的形态差异时,需要谨慎从事。

(2)将误差项不存在自相关性的非线性回归模型"误设"为线性回归模型,其误差项一定存在自相关性或异方差性吗? 有不少计量经济学教科书(如,古扎拉蒂著《计量经济学基础》各版本)都把非线性回归模型"误设"为线性回归模型作为随机误差项可能产生自相关性的原因之一。在这些书中大多采用如下例子给予说明:设 Y 对 X 的散点图,如图 4-21 所示,依据该图提供的信息,建立非线性回归模型,如:

$$Y_t = \beta_0 + \beta_1 X_t + \beta_2 X_t^{\ 2} + u_t \tag{4.96}$$

则该模型不存在自相关性。若将其“误设”为线性回归模型：

$$Y_t = \alpha_0 + \alpha_1 X_t + v_t \tag{4.97}$$

则误差项 v_t 就存在自相关性。

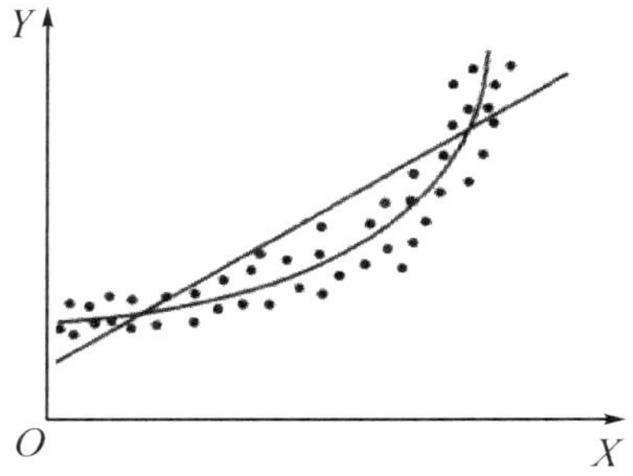

图 4-21 Y 对 X 的散点图

事实上，模型(4.97)中的 v_t 未必存在自相关性。理由如下：

比较(4.96)和(4.97)两式可得，

$$v_t = \beta_0 - \alpha_0 + (\beta_1 - \alpha_1)X_t + \beta_2 X_t^2 + u_t \tag{4.98}$$

显然，如果 X_t 为随机变量，则 $Cov(v_s, v_t)$ ($s \neq t$)很可能不全为 0，即 v_t 可能存在无条件自相关性；u_t 与 v_t 很可能具有不同的无条件方差。但由

$$Cov(v_s, v_t | X) = Cov(u_s, u_t | X) \tag{4.99}$$

其中 X 代表解释变量的观测值向量，可知，u_t 与 v_t 具有相同的条件方差和条件相关性，即在给定 X 的条件下，u_t 不相关时，v_t 亦不相关；u_t 具有同方差性时，v_t 亦具有同方差性。对于 X_t 为非随机变量的情形，(4.99)式也可以写为无条件等式：

$$Cov(v_s, v_t) = Cov(u_s, u_t)$$

即 u_t 与 v_t 具有相同的方差和相关性。

在实证分析中，如果利用图 4-21 中散点对应的样本数据对模型(4.97)进行本章介绍的自相关性(异方差性)检验，很可能得到其存在自相关(异方差)的结果，这实际上是一个“伪结果”。我们知道，自相关(异方差)检验的基本思路是，依据回归模型得到的残差序列的自相关性(异方差性)去推断随机误差项的自相关性(异方差性)，但其前提条件是残差应该是随机误差项的“好的”估计。这个估计的好坏依赖于回归模型中参数估计量与参数真值的接近程度。当模型满足除同方差和无自相关性之外的基本假定条件时，自相关(异方差)检验结果是有效的。但由(4.98)可知，在 $E(u_t | X) = 0$ 的假定下，

$$E(v_t | X) = \beta_0 - \alpha_0 + (\beta_1 - \alpha_1)X_t + \beta_2 X_t^2$$

是 X_t 的函数。因此，对模型(4.97)进行 OLS 回归所得参数的估计量是有偏且不一致的(见第 5 章 §5.1 节的相关内容)。进而，导致对随机误差项的自相关(异方差)性检验失效，其检验结果是不可靠的。

(3)关于时间序列数据的建模问题。当依据时间序列数据建模时，若变量序列是非平稳的，则采用前面各章介绍的经典计量经济学理论和方法建模，很可能产生“伪回归”现象(见第 8 章)。经典计量经济学没有对“伪回归”产生的原因及补救措施进行研究，这是它的缺陷之一。本章给出的例题和习题中涉及时间序列变量，完整的建模过程要求首

先检验它们的单整性及其之间协整关系的存在性，以避免“伪回归”现象的发生，这将用到本书第8章的知识。等到读完本书之后，在实证分析中，读者切记补上这一步骤。在第5－7章，也存在同样的问题。

(4)关于经典线性回归模型的基本假定条件。在本章§4.4节，我们就一般解释变量的情形给出了经典线性回归模型的概念及其满足的基本假定条件(即经典假定条件)。对线性回归模型施加经典假定条件，目的是保证高斯－马尔科夫定理的结论成立，即回归系数的OLSE是BLUE，参数的OLSE具有良好的大样本性质，而且能利用标准的t检验或F检验对参数进行统计推断。在国外一些计量经济学教科书中，称满足高斯－马尔科夫假定的线性回归模型为经典线性回归模型(如，格林，2011)，利用OLS法估计这类模型，只能保证高斯－马尔科夫定理的结论成立。读者在遇到这样的术语时，应该首先熟悉其出现的背景。

需要特别指出的是，在高斯－马尔科夫定理的条件中，有些教科书附加了一个条件，即要求模型是“正确的”或“真实的”(correct or true)(如，古扎拉蒂：《计量经济学基础》各版本、伍德里奇：《计量经济学导论》各版本，后者虽然没有给出“真实”模型的详细说明，但从其后文“遗漏变量的偏误”部分的讨论可见，那里的“真实”模型就是前者所描述的“正确”模型)。我们认为这个条件是多余的，因为：①可以证明(请读者自己完成)：只要k元线性回归模型满足零均值性假定2′和解释变量矩阵的满秩性假定6′，就能保证它是可以识别的，且

$$E(Y_i|X_{1i},\cdots,X_{ki})=\beta_0+\beta_1X_{1i}+\cdots+\beta_kX_{ki}$$

②对于一个可以识别的模型，高斯－马尔科夫定理的证明过程是纯粹的数学推导，与模型“正确”或“真实”与否无关。另外，正如第2章§2.1节所述，在实际经济问题中，人们很难回答什么样的总体回归模型才是“正确的”或“真实的”。因此，上述为高斯－马尔科夫定理添加“附加条件”的做法是不可取的。

(5)关于经典假定条件的检验顺序与违背经典假定条件的回归模型的估计问题。对于违背经典假定条件的回归模型，直接利用OLS估计可能产生比较严重的后果，因此当总体回归模型建立之后，首先需要检验它是否满足经典假定条件，以便采取适当的估计或处理方法，这就是在第1章提到的建模过程中的计量经济学检验。本章前四节分别针对只违背一条而其他假定条件仍满足的情形展开了讨论，主要包括解释变量的多重共线性和内生性检验，误差项的异方差性和自相关性检验等。在经济建模实践中，所设定的模型可能同时违背几条经典假定条件，此时就存在一个检验顺序问题。

我们知道，当模型存在完全多重共线性时，参数的OLS估计量不是唯一的；当模型存在不完全多重共线性时，回归系数的OLSE仍是BLUE，其造成的后果来自这个最小方差本身的增大，而OLSE的方差除受多重共线性影响外，还受其他因素的影响，因此当模型估计未出现与我们预期相反的结果时，可以不进行多重共线性检验。当模型存在异方差性或自相关性时，OLSE是无偏且通常也是一致的；而当模型存在内生解释变量时，OLSE是有偏且不一致的。因此，依据违背假定条件所造成后果的严重程度，我们提议，在一般情形下，可以按如下步骤检验和估计：

第一步，经济意义检验和多重共线性检验。若样本回归函数未出现与我们预期不一

致的结果,通过了经济意义检验,则不再进行多重共线性检验;否则,首先进行多重共线性检验并进行相应的处理。

第二步,内生性检验。对通过经济意义检验的模型,检验解释变量的内生性,若存在,则可以采用工具变量法估计模型;否则,进行下一步检验。

第三步,异方差性或自相关性检验。若不存在异方差性和自相关性,则利用 OLS 法估计模型;否则,则需采取相应的补救措施。关于异方差性与自相关性检验的顺序,需要依据选择的检验方法是否以满足另一条假定为条件来定。比如,若应用 DW 检验法检验自相关性,则需要先检验模型是否满足同方差性,因为具有同方差性是该检验有效的前提条件。如果遇到回归模型可能同时存在异方差性和自相关性的情形,该如何对它们进行检验呢? 关于这个问题的讨论,请读者参考相关的文献(如:古扎拉蒂,2005,p_{455};伍德里奇,2018,$p_{342-343}$)。

在实证分析中,我们处理违背经典假定条件的模型,通常采用的都是大样本方法,如 FGLS 法、可行的广义差分法、NLS 法、IV 法,自相关或异方差稳健性的统计推断程序等,在小样本的情形下,它们之间以及它们与 OLS 法相比,哪一种更有效没有一般的结论。即使在大样本的情形下,这些方法的有效性都依赖于一定的前提条件,如 FGLS 法要求模型不含有内生解释变量且在已知方差和协方差表现形式下得到其一致估计量、IV 法要求选择合适的工具变量等,当这些条件不满足时,其有效性是值得怀疑的。因此,我们建议,当模型存在未知形式的异方差性或自相关性,且可能含有内生解释变量,而又没有合适的工具变量可供选择时,宜选择自相关或异方差稳健性的统计推断程序(参见:伍德里奇,2018,$p_{336-339}$)。

(6) 关于工具变量的选择与 2SLS 法。利用 IV 法估计内生解释变量模型,其有效性与所选工具变量的质量密切相关。在 §4.4 节我们提到了两种寻找工具变量的途径,由此选择的工具变量或者是影响内生解释变量的外生变量,或者是滞后变量。我们知道,在实证分析中,产生内生解释变量的一个重要原因是,被解释变量与解释变量之间存在相互影响。对于这种情况,我们可以考虑将被解释变量、所有内生解释变量以及其他相关经济变量构成一个经济系统,利用联立方程模型来刻画它,其中所有前定变量(包括外生变量和滞后变量)都可以用作工具变量。估计联立方程模型中单个方程的 2SLS 法就是基于这些变量构成的工具变量组建立起来的工具变量法(见第 7 章 §7.3)。

练习题四

一、选择题

1. 在高斯 - 马尔科夫定理的推论中,参数估计量的方差和无偏性的矩阵表达式为(　　)。

A. $Cov(\hat{\beta}) = \sigma^2 E[(X'X)^{-1}]$, $E(\hat{\beta}) = \beta$

B. $Cov(\hat{\beta} \mid X) = \sigma^2 (X'X)^{-1}$, $E(\hat{\beta} \mid X) = \beta$

C. $Cov(\hat{\beta}) = \sigma^2 (X'X)^{-1}$, $E(\hat{\beta}) = \beta$

D. $Cov(\hat{\beta}) = \sigma^2 (X'X)$, $E(\hat{\beta}) = \beta$

2. 对于存在自相关性的模型，在小样本下，采用下列哪一种方法估计，有效性比较差。（　　）

A. FGLS 法　　B. OLS 法

C. Cochrance - Orcutt 迭代法　　D. 不一定

3. 对于含有内生解释变量的模型，在大样本的情形下，选择下列哪一种估计方法为宜。（　　）

A. IV 法　　B. FWLS 法

C. OLS 法　　D. 逐步回归法

二、判断正误题（要求：说明理由）

1. 当线性回归模型的随机误差项服从二项分布时，参数的 OLS 估计量不再具有最小方差性，而且即使样本容量很大，通常的 t 检验和 F 检验也是失效的。

2. 在对随机误差项的分布进行检验时，直方图的形状呈“钟”形，与 JB 统计量值大于 $\chi_{\alpha}^{2}(2)$ 的判断结果是一致的。

3. 对于任意样本容量，利用 J - B 检验法检验随机误差项是否具有正态性都是有效的。

4. 一个随机变量的偏度 S = 0，峰度 K 等于 3，那么它一定服从正态分布。

5. 计量经济学中的多重共线性与数学中的共线性是一回事。

6. 在 6 元线性回归模型中，有两个解释变量的相关系数为 -0.98，其余解释变量之间的相关系数都在 0 附近，那么全体解释变量之间的多重共线性可能并不严重。

7. 在利用 OLS 法估计经典线性回归模型时，若解释变量存在严重的多重共线性，则变量的显著性 t 检验失效。

8. 在建立回归模型时，若某一变量不能通过显著性检验，就应该将其从模型中剔除掉。

9. 当经典线性回归模型存在严重的多重共线性时，为了得到参数的最佳线性无偏估计量，宜采用岭回归法或主成分回归法或逐步回归法进行估计。

10. 将误差项不存在异方差性和自相关性的非线性回归模型，“误设”为线性回归模型，其随机误差项一定存在异方差性或自相关性。

11. 对于存在异方差性或自相关性的模型，回归系数的 OLS 估计量不具有无偏性和一致性。

12. 对于不满足经典假定条件的线性回归模型，通过适当变换转化为经典线性回归模型，利用 OLS 法估计原模型和变换后的模型，前者所得 R^2 小于后者的，此表明变换后模型的拟合优度比较高。

13. 严重的多重共线性导致回归系数 OLS 估计量的方差变大，与存在自相关性或异方差性模型回归系数的 OLS 估计量不具有最小方差性，两者本质上是一回事。

14. G - Q 检验适用于任意类型的异方差性检验，其第一步要求“去掉排序后序列中间的部分数据”，目的提高检验的势，即减少犯第二类错误的概率。

15. 模型 $Y_i=\beta_0+\beta_1X_{1i}+\beta_2X_{2i}+u_i$ 关于 X_1 可能存在递减型的异方差。在 0.05 的显著性水平下，依据容量为 66 的样本数据，戈德菲尔德 - 匡特异方差性检验如下：对样本数据按照 X_1 从大到小的顺序排序，并去掉中间的 16 个，分别依据前后两个子样本进行

OLS 回归,得到残差平方和分别为 $RSS_1 = 10$ 和 $RSS_2 = 50$。因为 $F = RSS_1/RSS_2 = 0.2 < F_{0.05}(47,47)$,所以模型不存在异方差性。

16. 利用怀特检验法检验模型 $Y_i = \beta_0 + \beta_1 D_i + \beta_2 X_i + u_i$ 是否存在异方差性,其中 D 为取值为 0、1 的虚拟变量,那么怀特统计量的概率分布为 $nR^2 \overset{a}{\sim} \chi^2(5)$。

17. 因为怀特检验事先不需要对异方差性的类型做任何假定,因此该检验优于其他异方差性检验。

18. 利用 WLS 法和 OLS 法估计同一个存在异方差性的模型,因为前者得到的回归系数的估计量是最佳线性无偏估计量,所以它得到的残差平方和要小于后者得到的残差平方和。

19. 对于存在异方差性的线性回归模型,依据 WLS 法得到的样本回归函数对被解释变量及其均值进行预测,所得预测值是最优线性无偏预测,它们与权序列在预测期的取值无关,但所得预测区间与权序列在预测期的取值有关。

20. 在 EViews 下,利用 WLS 法估计存在异方差性的模型,所得输出结果中"Weighted Statistics"部分的"R - squared"为利用 OLS 法估计加权模型得到的可决系数 R^2。

21. 当线性回归模型存在异方差性时,若模型中所有变量的取值均大于 1,则将模型的函数形式改为双对数模型形式会消除或减弱异方差性。

22. 解释变量之间具有共同变化趋势,表明模型存在自相关性。

23. DW 检验和 LM 检验都适用于检验任何形式的自相关性。

24. 当样本容量 n 比较大(如 $n \geqslant 50$)时,若 DW 统计量值 =2,则利用 DW 检验的判断规则便可以推断模型不存在自相关性。

25. 在 0.02 和 0.10 的显著性水平下,若双侧 DW 检验的结果一致,则在 0.05 的显著性水平下,该检验也得到同样的结果。

26. 对于存在 AR(1) 自相关性的随机误差项 u_t: $u_t = \varphi u_{t-1} + \varepsilon_t$,当样本容量比较大时,它的一阶自相关系数 φ 可以利用 $1 - DW/2$ 估计,也可以利用科克伦—奥科特迭代法来估计。

27. 在 0.05 的显著性水平下,利用 LM 检验法检验模型是否存在自相关性,当取 $p = 2$ 时,若 $LM(2) > \chi^2_{0.05}(2) = 5.991$,则接受模型存在自相关性,而且存在二阶自相关;若 $LM(2) < \chi^2_{0.05}(2) = 5.991$,则接受模型不存在自相关性。

28. 对于任意具有满秩性的线性回归模型,利用 OLS 法进行估计得到残差,再通过研究残差的自相关性去推断随机误差项的自相关性,都是建立自相关性检验的一种合理的基本思路。

29. OLS 法是 WLS 法的特例,WLS 法是 GLS 法的特例。

30. 对于任意样本容量,利用 FGLS 法估计存在异方差性或自相关性的模型都是有效的。

31. 在大样本的情形下,利用尼威 - 韦斯特(Newey - west)稳健性程序可以得到回归系数的有效估计量,并利用自相关稳健性 t 统计量对变量进行显著性检验。

32. 对于线性回归模型,因存在多重共线性导致对被解释变量有显著影响的变量没有通过显著性 t 检验,此时的检验结果是不可信的,这与模型存在异方差或自相关性时 t 检验的失效是一回事。

33．对于存在AR(2)自相关性的线性回归模型，依据广义差分法得到的样本回归函数对被解释变量进行预测，所得预测值是最优线性无偏预测。

34．利用LS法得到的样本回归函数使得残差平方和达到最小，所以依据该函数对被解释变量进行预测，所得预测值具有最小均方误差性。

35．高斯－马尔科夫定理是OLS法得以广泛应用的理论依据。

36．模型中的内生解释变量与被解释变量一定存在因果关系。

37．工具变量法就是用合适的工具变量替换模型中的内生解释变量，建立新模型，然后再用OLS法进行估计。

38．对于含有内生解释变量的模型，回归系数的工具变量法估计量是渐近有效的。

39．在模型 $Y_i = \beta_0 + \beta_1 X_{1i} + \beta_2 X_{2i} + u_i$ 中，X_1 是内生的，X_2 是外生的，则参数 β_1 的OLS估计量是有偏且不一致的，但 β_2 的OLS估计量仍具有一致性。

40．在模型 $Y_t = \beta_0 + \beta_1 X_t + \beta_2 Y_{t-1} + u_t$ 中，由于含有滞后被解释变量 Y_{t-1} 作解释变量，因此它一定存在内生解释变量问题。

三、简答题

1．什么是多重共线性？解释变量之间的多重共线性可能导致哪些后果？有哪些诊断方法？

2．处理多重共线性问题有哪些常用的方法？你如何评价这些方法？

3．你如何看待模型存在的多重共线性问题？

4．什么是异方差性和自相关性？举例说明模型存在异方差性、自相关性的经济背景。

5．叙述检验异方差性和自相关性的基本思路。

6．模型存在异方差性会产生哪些后果？异方差性的检验方法和补救措施有哪些？

7．叙述G－Q异方差性检验的基本思想和检验步骤。

8．多重共线性使回归系数OLS估计量的方差变大，异方差性使回归系数OLS估计量不具有最小方差性。两者的含义有什么不同之处？

9．模型存在自相关性会产生哪些后果？自相关性的检验方法和补救措施有哪些？

10．DW检验的临界值表给出了显著性水平为0.01和0.05的左尾单侧检验临界值的下限和上限，据此建立显著性水平为0.05的双侧DW检验的判断规则。

11．比较DW检验和LM检验的优劣。

12．叙述经典线性回归模型满足的基本假定条件。

13．什么是内生解释变量和外生解释变量？解释变量的内生性产生的主要原因是什么？存在内生解释变量的后果及检验方法有哪些？

14．什么是工具变量？工具变量要求满足什么条件？举例说明应用2SLS法的估计过程，并对这种方法进行评价？

15．当线性回归模型违背经典假定条件时，你如何处理模型的估计问题？

四、综合应用题

1．随着改革开放政策的逐步深入，我国经济市场化程度的不断提高，影响我国商品进口额的内部因素主要体现在我国经济的总量水平和价格水平。表 4 - 14 给出了 1985—2003 年我国商品进口额 Y、国内生产总值 GDP、居民消费价格指数 CPI 的数据。试研究如下模型：

$$\ln(Y_t) = \beta_0 + \beta_1\ln(GDP_t) + \beta_2\ln(CPI_t) + u_t\ (t = 1\,985,\cdots,2\,003)$$

表 4 - 14 我国商品进口额、国内生产总值和居民消费价格指数的数据

年份	商品进口额 Y/亿元	国内生产总值 GDP/亿元	居民消费价格指数 CPI（1985 年 = 100）
1985	1 257.8	8 964.4	100
1986	1 498.3	10 202.2	106.5
1987	1 614.2	11 962.5	114.3
1988	2 055.1	14 928.3	135.8
1989	2 199.9	16 909.2	160.2
1990	2 574.3	18 547.9	165.2
1991	3 398.7	21 617.8	170.8
1992	4 443.3	26 638.1	181.7
1993	5 986.2	34 634.4	208.4
1994	9 960.1	46 759.4	258.6
1995	11 048.1	58 478.1	302.8
1996	11 557.4	67 884.6	327.9
1997	11 806.5	74 462.6	337.1
1998	11 626.1	78 345.2	334.4
1999	13 736.4	82 067.5	329.7
2000	18 638.8	89 468.1	331.0
2001	20 159.2	97 314.8	333.3
2002	24 430.3	105 172.3	330.6
2003	34 195.6	117 251.9	334.6

注：数据来源于《中国统计年鉴》(2000、2004)，其中商品进口额和国内生产总值均按当年价格计算。

(1)依据表 4 - 14 中数据对该模型进行 OLS 回归，并运用你所学过的各种检验方法检验其是否存在多重共线性。

(2)如果存在多重共线性，是否需要采取必要的措施进行补救？若是，你将采取什么补救措施？结果如何？

2. 在练习题三综合应用题(2)中，为了研究吸烟者的受教育程度、收入及香烟价格等因素对香烟消费量的影响，建立了需求函数模型

$$cigs_i = \beta_0 + \beta_1 edu_i + \beta_2\ln(price_i) + \beta_3\ln(income_i) + u_i$$

并利用通常的 t 统计量和 F 统计量检验了方程和变量的显著性。由于这些检验成立的前提是模型满足基本假定条件，因此在应用它们之前，首先应该对模型是否满足基本假定条件进行检验。在此我们检验同方差性。在 EViews10 下利用 OLS 法估计模型，得到异方差性 White 检验的输出结果如下表所示：

表 4-15

Heteroskedasticity Test: White			
F - statistic	2.613 581	Prob. F(3,305)	0.051 4
Obs * R - squared	A	Prob. Chi - Square(3)	0.051 6
Scaled explained SS	11.248 15	Prob. Chi - Square(3)	0.010 5

Test Equation:
Dependent Variable: RESID^2
Method: Least Squares
Date: 12/08/17 Time: 16:26
Sample: 1 309
Included observations: 309

Variable	Coefficient	Std. Error	t - Statistic	Prob.
C	29.854 75	403.872 9	0.073 921	0.941 1
EDU^2	0.519 006	0.255 165	2.033 998	0.042 8
(LOG(PRICE))^2	-7.623 162	23.314 59	-0.326 970	0.743 9
(LOG(INCOME))^2	1.953 355	1.314 856	1.485 603	0.138 4

R - squared	0.025 063	Mean dependent var	164.860 4
Adjusted R - squared	0.015 474	S. D. dependent var	285.126 9
S. E. of regression	282.912 4	Akaike info criterion	14.141 01
Sum squared resid	24 412 019	Schwarz criterion	14.189 34
Log likelihood	-2 180.786	Hannan - Quinn criter.	14.160 33
F - statistic	2.613 581	Durbin - Watson stat	2.096 432
Prob(F - statistic)	0.051 372		

异方差性 Glejser 检验试验模型的回归结果为:

$$|\hat{e}_i| = 4.476 + 0.448\, edu_i$$

$$t\text{ 值} \quad 2.053 \quad 2.526$$

试回答以下问题:

(1)计算上面表格中 A 的数值,写出 White 检验的辅助回归模型的估计结果。

(2) 在0.05 的显著性水平下,分别依据χ^2分布的临界值和统计量的 P 值,利用 White 检验法检验模型是否存在异方差性。

(3)在0.05 的显著性水平下,利用 Glejser 检验法检验模型是否存在异方差性。

(4)综合上述异方差性的检验结果,你倾向于接受模型存在同方差性还是异方差性?为什么?你打算如何处理该模型的估计问题?

(5)若模型存在异方差性,试依据本题提供的信息,写出利用 FWLS 法估计模型的具体步骤。

3. 依据某地区 1980—2000 年的地区生产总值 (Y,亿元) 和固定资产投资额(X,亿元) 的数据, 建立如下计量经济模型

$$\ln(Y_t) = \beta_0 + \beta_1 X_t + u_t$$

在 EViews10 下利用 OLS 法估计模型,得到自相关性 DW 检验的统计量值为 DW =0.75,自相关性 LM 检验(滞后阶数 $p=1$)的输出结果如下表所示:

表 4 - 16

Breusch - Godfrey Serial Correlation LM Test:			
F - statistic	9.378 896	Prob. F(1,18)	0.006 7
Obs * R - squared	A	Prob. Chi - Square(1)	0.007 3

Test Equation:
Dependent Variable: RESID
Method: Least Squares
Date: 08/01/17 Time: 11:37
Sample: 1980 2000
Included observations: 21
Presample missing value lagged residuals set to zero.

Variable	Coefficient	Std. Error	t - Statistic	Prob.
X	-4.05E - 05	8.79E - 05	-0.460 084	0.651 0
C	0.019 694	0.055 070	0.357 624	0.724 8
RESID(-1)	0.600 154	0.195 969	3.062 498	0.006 7

R - squared	0.342 559	Mean dependent var	1.59E - 16
Adjusted R - squared	0.269 510	S. D. dependent var	0.137 000
S. E. of regression	0.117 092	Akaike info criterion	-1.320 147
Sum squared resid	0.246 790	Schwarz criterion	-1.170 930
Log likelihood	16.861 54	Hannan - Quinn criter.	-1.287 763
F - statistic	4.689 448	Durbin - Watson stat	1.880 277
Prob(F - statistic)	0.022 946		

试回答以下问题：

(1)在0.05的显著性水平下，利用DW检验法检验模型是否存在自相关性；若存在，进一步说明自相关的方向。

(2)计算上面表格中A的数值，写出LM检验的辅助回归模型的估计结果。

(3)在0.05的显著性水平下，分别依据χ^2分布的临界值和统计量的P值，利用LM检验法检验模型是否存在自相关性。

(4)如果u_t存在一阶自回归形式的自相关性：$u_t = \varphi u_t + \varepsilon_t, \varepsilon_t \sim WN(0,\sigma^2)$，试估计一阶自相关系数$\varphi$，并采用可行的广义差分法处理模型中的自相关问题(只写出估计步骤)。

4. 在第3章练习题三综合应用题(8)中，表3-5给出了对某地区部分家庭抽样调查得到的家庭书刊消费支出(Y)、家庭收入(X)和户主受教育年数(T)的样本数据，依据这些数据建立如下模型：

$$Y_i = \beta_0 + \beta_1 X_i + \beta_2 T_i + u_i \qquad (t = 1,2,\cdots,18)$$

(1)利用OLS法回归该模型，得到残差序列e_i，并作e_i^2对T_i的散点图，初步判断模型是否存在异方差性。

(2)运用你所学过的各种合适的统计检验方法，进一步检验模型是否存在异方差性。

(3)如果该模型存在异方差性，试利用适当的方法处理它存在的参数估计和统计推断问题。你如何评价所得到的估计结果？

(4)在解答本题第(3)问的基础上，对于家庭月平均收入X为2 500元、户主受教育年数T为16年的家庭，预测它的家庭书刊年消费支出额Y，并在0.95的置信度下，求Y的均值的预测区间。将这里的预测结果与第3章综合应用题(8)的预测结果进行对比分析。

5. 表4-17给出了美国1960—1995年个人实际可支配收入(X)和个人实际消费支出(Y)的数据。依据这些数据建立美国消费函数模型：

$$Y_t = \beta_0 + \beta_1 X_t + u_t \qquad (t = 1\,960, \cdots, 1\,995)$$

表4-17　美国个人实际可支配收入和个人实际消费支出的数据

单位:100亿美元

年份	个人实际可支配收入(X)	个人实际消费支出(Y)	年份	个人实际可支配收入(X)	个人实际消费支出(Y)
1960	157	143	1978	326	295
1961	162	146	1979	335	302
1962	169	153	1980	337	301
1963	176	160	1981	345	305
1964	188	169	1982	348	308
1965	200	180	1983	358	324
1966	211	190	1984	384	341
1967	220	196	1985	396	357
1968	230	207	1986	409	371
1969	237	215	1987	415	382
1970	247	220	1988	432	397
1971	256	228	1989	440	406
1972	268	242	1990	448	413
1973	287	253	1991	449	411
1974	285	251	1992	461	422
1975	290	257	1993	467	434
1976	301	271	1994	478	447
1977	311	283	1995	493	458

注:① 表中数据按1992年价格计算。
② 资料来源:Economic Report of the President(1960—1995)(美国)。

(1)利用OLS法回归该模型,得到残差序列 e_t,并作 e_t 的趋势图,初步判断模型是否存在自相关性。

(2)运用你所学过的各种统计检验方法进一步检验模型是否存在自相关性。

(3)如果该模型存在自相关性,试分别利用科克伦-奥科特迭代法和非线性最小二乘法估计其中的参数。你如何评价所得到的估计结果?

(4)若1996年美国个人实际可支配收入 X_{1996} = 5万亿美元,预测这一年该国的个人实际消费支出 Y_{1996} 为多少?并求 Y_{1996} 的置信度为0.95的预测区间。

6. 在已知 X_{n+1} 和 φ 的条件下,利用GLS法估计模型(4.83),推导 Y_{n+1} 的预测公式(4.85),并证明 $\hat{Y}_{n+1}$ 是 Y_{n+1} 的最优线性无偏预测。

7. 在已知 X_{n+1}, X_{n+2},…,X_{n+p},φ 的条件下,利用广义差分法估计模型(4.81),如何对 Y_{n+p} 进行预测?你得到的预测值有什么好的统计性质?利用你的预测方法,做如下预测练习:在练习题三综合应用题第5题中,设1996—2000年美国历年的个人可支配收入依次为500、510、520、525、517,依据该题所建模型,预测2000年美国的个人可支配收入 Y_{2000} 为多少。

8. 表 4 - 18 给出了 1985—2000 年我国农村居民人均消费支出、人均纯收入按当年价格计算的数据，以及利用农村居民消费价格指数调整得到的农村居民人均实际消费支出（Y）和人均实际纯收入（X）（按 1985 年价格计算）的数据。为了消除价格因素变动对农村居民收入和消费支出数量关系的影响，拟采用人均实际纯收入和人均实际消费支出的数据建立我国农村居民的消费函数模型。依据 Y 对 X 的散点图，设定理论模型如下：

$$Y_t = \beta_0 + \beta_1 X_t + u_t \qquad (t = 1\,985, \cdots, 2\,000)$$

表 4 - 18　农村居民人均纯收入和人均消费支出的数据　　单位：元

年份	年人均消费支出（当年价格）	年人均纯收入（当年价格）	消费价格指数（1985 年 = 100）	年人均实际消费支出（1985 年价格）	年人均实际纯收入（1985 年价格）
1985	317.42	397.6	100	317.42	397.6
1986	357	423.8	106.1	336.48	399.43
1987	398.3	462.6	112.7	353.42	410.47
1988	476.7	544.9	132.4	360.05	411.56
1989	535.4	601.5	157.9	339.08	380.94
1990	584.63	686.3	165.1	354.11	415.69
1991	619.8	708.6	168.9	366.96	419.54
1992	659.8	784	176.8	373.19	443.44
1993	769.7	921.6	201	382.94	458.51
1994	1 016.81	1 221	248	410.004	492.34
1995	1 310.36	1 577.7	291.4	449.68	541.42
1996	1 572.1	1 926.1	314.4	500.03	612.63
1997	1 617.15	2 090.1	322.3	501.75	648.50
1998	1 590.33	2 162	319.1	498.38	677.53
1999	1 577.42	2 210.3	314.3	501.88	703.25
2000	1 670	2 253.4	314	531.85	717.64

注：表中按当年价格计算的人均消费支出、人均纯收入和居民消费价格指数来自《中国统计年鉴》（1986—2001），按 1985 年价格计算的人均消费支出、人均纯收入是用当年价格计算的数据除以居民消费价格指数，再乘以 100 得到的。

（1）假定 X_{t-1} 为 X_t 的一个工具变量，试依据表 4 - 18 中的数据，利用 Hausman 检验法检验 X_t 是不是内生解释变量。

（2）依据（1）中的检验结果，选择合适的方法估计该模型。

（3）你认为（1）中的假定能成立吗？哪些变量可以作为 X_t 的工具变量？为什么？

9. 在本章例题 4.1 中，我们在没有考虑自然灾害的前提下，建立了河南省粮食生产函数模型。如果考虑这一影响因素，你打算在模型中添加什么变量？对新建的模型能否直接应用 OLS 法进行估计？请说明理由，并补充样本数据，采用合适的方法估计该模型。

10. 对于本章例题 4.4 中的模型（4.95），我们找到了地区生产总值 GDP 的一个工具变量，即外商直接投资 FDI。除此之外，你还能找到可以作为 GDP 的工具变量的其他变量吗？若能，你认为如何估计该模型可以提高参数估计量的有效性？

11. 对于一般的内生解释变量模型

$$Y = X\beta + u$$

仿照回归系数 OLS 估计量的矩阵表达式 $\hat{\beta} = (X'X)^{-1}X'Y$ 的推导过程，证明回归系数的工具变量法估计量的矩阵表达式为

$$\hat{\beta}^{iv} = (Z'X)^{-1}Z'Y$$

其中 $\hat{\beta}^{iv}$ 为回归系数的工具变量法估计量构成的列向量,矩阵 Z 为解释变量的工具变量矩阵,它是将解释变量矩阵 X 中的内生解释变量对应的列替换为其工具变量序列得到的矩阵。

附录 4.1 在 EViews 软件下利用 WLS 法估计模型的输出结果

在 EViews 软件下,以 $1/X_i$ 为权序列,利用 FWLS 法(WLS 法)估计模型(2.56)的输出结果如表 4-19 所示。

表 4-19 在 EViews 软件下利用 WLS 法估计模型(2.56)的输出结果

Dependent Variable: Y
Method: Least Squares
Date: 07/09/21 Time: 09:51
Sample: 1 55
Included observations: 55
Weighting series: 1/X
Weight type: Inverse standard deviation (EViews default scaling)

Variable	Coefficient	Std. Error	t - Statistic	Prob.
X	0.464 997	0.063 171	7.360 907	0.000 0
C	76.543 88	37.943 52	2.017 311	0.048 7

Weighted Statistics

R - squared	0.505 518	Mean dependent var	362.345 9
Adjusted R - squared	0.496 189	S. D. dependent var	62.789 15
S. E. of regression	61.077 23	Akaike info criterion	11.097 84
Sum squared resid	197 712.7	Schwarz criterion	11.170 84
Log likelihood	-303.190 6	Hannan - Quinn criter.	11.126 07
F - statistic	54.182 95	Durbin - Watson stat	2.122 781
Prob(F - statistic)	0.000 000	Weighted mean dep.	349.487 3

Unweighted Statistics

R - squared	0.368 266	Mean dependent var	373.345 5
Adjusted R - squared	0.356 346	S. D. dependent var	83.435 10
S. E. of regression	66.938 33	Sum squared resid	237 479.3
Durbin - Watson stat	2.078 885		

表 4-19 的顶部给出了对 FWLS 法(WLS 法)权序列(Weighting series)和权重类型(weight type)的设置信息,前者为 1/X ,后者为 EViews 默认权重尺度下标准差的倒数(Inverse standard deviation EViews default scaling)。它的中间部分给出了变量(Variable)、回归系数的估计值(Coefficient)及相应的标准差(Std. Error)、t 统计量值(t - Statistic)及其相应的 P 值(Prob.)等各列。它的底部给出了两集统计量,即加权统计量(Weighted Statistics)和非加权统计量(Unweighted Statistics)。加权统计量是利用 OLS 法估计加权模型得到的统计量,其中一部分对于权重尺度是不变的,如 R - squared、Adjusted R - squared、F - statistic、Prob(F - statistic)、DurbinWatson stat 和 Weighted mean dep. 等;其余部分是随着权重尺度变化的。在选择 EViews 默认权重尺度下,采用的权序列是 $\frac{1}{WX_i}$,其

中 $\bar{W}=\frac{1}{n}\sum_{i=1}^{n}\frac{1}{X_i}$，$n$ 为观测点个数，加权模型为

$$\frac{Y_i}{\bar{W}X_i}=\beta_0\left(\frac{1}{\bar{W}X_i}\right)+\beta'_1+\frac{u_i}{\bar{W}X_i} \tag{4.100}$$

其中 $\beta'_1=\beta_1/\bar{W}$。这种处理方法的初衷是使 FWLS 法（WLS 法）估计的残差与未加权的 OLS 估计的残差具有一定的可比性。

非加权统计量是使用原模型中没有加权的变量的样本数据和回归系数的 FWLS（WLS）估计值计算的统计指标，其中 Mean dependent var 和 S. D. dependent var 分别为原模型中被解释变量的均值和标准差，其余部分是基于 FWLS 法（WLS 法）得到的样本回归函数计算的残差 $\tilde{e}_i=Y_i-\hat{Y}_i$，得到的统计量。

由表 4－19 可得，利用 FWLS 法估计模型（2.56）的回归结果为：

$$\hat{Y}_i=76.543+0.4649X_i$$

	(37.943)	(0.063 1)
t 值	2.107 3	7.360 9
P 值	0.048 7	0.000 0

这里括号中数字为回归系数 FWLS 估计量的标准差的估计值。

在认识表 4－19 给出的输出结果时，读者需要特别注意以下三点：

（1）表中 F－statistic 的值 54.182 95 不是加权模型（4.100）方程显著性检验（即对所有斜率系数是否同时为 0 的检验，亦即对 β_0 是否为 0 的检验）的 F 统计量值，而是利用加权模型的估计结果，对原模型：

$$Y_i=\beta_0+\beta_1X_i+u_i$$

的斜率系数是否同时为 0（即对 β_1 是否为 0 的检验）进行 F 检验的统计量值。

（2）表中 R－squared、Adjusted R－squared 的值 0.505 518、0.496 189，也不是加权模型的可决系数 R^2 和调整的可决系数 $\bar{R}^2$ 的样本值，而是依据表中 F－statistic 值（54.182 95），分别利用（3.37）式和（3.38）式，即

$$F=\frac{n-k-1}{k}\times\frac{R^2}{1-R^2}$$

和

$$\bar{R}^2=1-\frac{n-1}{n-k-1+kF}$$

计算得到的。（1）中分析表明，这个 F－statistic 值并非加权模型方程显著性检验的 F 统计量值，它与加权模型的 R^2 和 $\bar{R}^2$ 并不满足上述等式。加权模型的 R^2、$\bar{R}^2$、方程显著性检验的 F 统计量值依次为：0.071 308、0.053 786、4.069 542，它们才满足上述等式。

（3）加权模型的 R^2 与原模型的 R^2 不具有可比性，因为它们的被解释变量是不相同的，前者为 $\frac{Y}{\bar{W}X}$，后者为 Y。因此，不能因为加权模型的 $R^2=0.071308$ 小于原模型的 $R^2=0.369824$，而得出利用 FWLS 法估计模型导致其拟合优度大幅下降的结论。表 4－19 中 Unweighted Statistics 部分给出的指标，才是将 FWLS 法（WLS 法）的估计结果与 OLS 法的估计结果进行对比时的参考指标。例如，R－squared 的值为 0.368 266 小于利用 OLS 法估计得到的 $R^2=0.369824$，但两者非常接近。此表明利用 FWLS 法估计模型得到的样本回归函数的拟合优度与利用 OLS 法相比只是略有下降。

5 回归模型的设定与选择

引言

在前面几章，我们针对已设定的回归模型，讨论了参数的估计和统计推断问题。但是，在实际建模实践中经常遇到的情形是，被解释变量受很多因素的影响，模型中究竟应该包含哪些解释变量、变量之间的函数关系式是什么，经济理论并不能给出具体的指导。因此，如果建模者所设定的模型与"正确的"模型不一致，就出现了**模型设定的偏误**(model specification bias)。**模型设定的偏误主要有两大类**：一类是解释变量选取的偏误，另一类是采用错误函数形式的偏误。

例如，"正确的"模型为：

$$Y = \beta_0 + \beta_1 X_1 + \beta_2 X_2 + u \tag{5.1}$$

若在实际设定模型时，漏掉了一个(与被解释变量)相关的变量 X_2，而将模型设定为

$$Y = \alpha_0 + \alpha_1 X_1 + v \tag{5.2}$$

就属于**解释变量选取的偏误**(choosing explanatory variables bias)，称这种偏误为**遗漏相关变量**(omitting a relevant variable)或**拟合不足**(underfitting a model)。与之相反，若"正确的"模型为(5.2)，而我们却将模型设定为(5.1)，即多选了一个(与被解释变量)无关的变量 X_2，也属于解释变量选取的偏误，称这种偏误为**误选无关变量**(mischoosing an irrelevant variable)或**拟合过度**(overfitting a model)。

又如，"正确的"模型为双对数模型：

$$\ln(Y) = \beta_0 + \beta_1 \ln(X_1) + \beta_2 \ln(X_2) + u$$

而我们却将模型设定为模型(5.1)，就属于**采用错误函数形式的偏误**(adopting the wrong functional form bias)。

在之前我们设定模型中的参数都是常数，但在实际问题中，当样本期较长或截面上的样本点较多时，被解释变量与解释变量之间的数量关系很可能会发生变化。若真如此，用于刻画它们之间数量关系的模型表达式就应与样本点有关。其中一种典型的情形是，模型表达式为某一初等函数的形式，但参数与样本点有关。在这种情形下，若将参数设定为常数，则也属于采用错误函数形式的偏误。

例如，由于改革开放政策的影响，在1978年前后，我国居民无论是在收入水平上，还是在消费观念上都发生了很大的变化，所以居民的边际消费倾向很可能随之改变。如果利用1952—1999年我国居民的样本数据建立回归模型：

$$C = \beta_0 + \beta_1 I + u$$

其中，β_0、β_1 均为常数，C、I 分别为居民的消费支出和可支配收入，则很可能会导致模型存在采用错误函数形式的偏误。

又如，在研究 1960—1995 年美国的汽油需求量与其影响因素（如，收入水平、汽油价格以及汽车价格等）的数量关系时，样本期内发生了两次世界性的石油危机。在 1973 年之前，世界石油价格一直比较稳定，但在石油危机来临后，石油市场呈现出供应短缺、价格飙升和间歇性的混乱特征，因此我们推断用于反映美国汽油需求量与其影响因素之间关系的回归模型在 1973 年前后很可能发生了变化。如果利用整个样本期的数据建立参数不变的表达式为某一初等函数形式的回归模型，就很可能会导致模型存在采用错误函数形式的偏误。

在建模实践中，由于反映被解释变量与解释变量之间数量关系的“正确模型”通常是未知的，因此人们经常面对的问题是，相对于一个模型，另一个（些）模型是否存在误设问题，或者说，如何从若干回归模型中选择一个比较合适的模型用于实证分析。从统计角度，一般有两种选择模型的方法：假设检验法和信息准则法。另外，影响被解释变量的重要因素中可能有一些无法用数值来度量的定性因素，比如，居民收入的影响因素中的性别、职业和就业的地域等。要将这些因素纳入模型，首先需要解决的问题是，如何用适当的变量表征它们，即如何将它们“**量化**”（quantification）。为此，本章首先讨论解释变量选取的偏误产生的后果与“从一般到特殊”的建模策略，然后介绍模型选择的两种方法，最后讨论定性因素的量化及模型结构的变化问题。

§5.1 解释变量选取的偏误

本节我们在假定“正确”模型已知且满足经典假定条件的基础上，分析解释变量选取偏误产生的后果。为简便起见，我们就解释变量为确定性变量的一元和二元模型的情形进行讨论。

5.1.1 遗漏相关变量

设“正确的”模型为：

$$Y_i = \beta_0 + \beta_1 X_{1i} + \beta_2 X_{2i} + u_i \tag{5.3}$$

它满足基本假定条件，并且 $\beta_2 \neq 0$，而实际建立的模型为：

$$Y_i = \alpha_0 + \alpha_1 X_{1i} + v_i \tag{5.4}$$

对比这两个模型，可得

$$v_i = (\beta_0 - \alpha_0) + (\beta_1 - \alpha_1) X_{1i} + \beta_2 X_{2i} + u_i$$

由于 X_1 与 X_2 均为确定性变量，因此

$$E(v_i) = (\beta_0 - \alpha_0) + (\beta_1 - \alpha_1) X_{1i} + \beta_2 X_{2i}$$

由于 $\beta_2 \neq 0$，因此 v_i 满足除零均值性之外的其他基本假定条件，并且 $Var(v_i) = \sigma_v^2 = Var(u_i) = \sigma_u^2$。

模型（5.3）和（5.4）的总体回归函数分别为：

$$E(Y_i) = \beta_0 + \beta_1 X_{1i} + \beta_2 X_{2i}$$

和

$$\tilde{Y}_i = \alpha_0 + \alpha_1 X_{1i}$$

由于$E(v_i)$不全为0，$\tilde{Y}_i$与$E(Y_i)$不全相等，因此这两个函数中X_{1i}的系数具有不同的含义，前者表明在X_{2i}不变的条件下，X_{1i}增加1，$E(Y_i)$增加β_1；后者则意味着无论X_{2i}是否变化，X_{1i}增加1，$\tilde{Y}_i$增加α_1，但$E(Y_i)$未必增加α_1。可见，当模型遗漏相关变量时，会导致其经济含义的改变。

从模型估计的角度看，估计模型(5.4)可以看作在施加了不正确的约束条件$\beta_2 = 0$下对模型(5.3)进行估计，由此得到的参数$\alpha_j(j = 0,1)$的估计量通常是$\beta_j(\alpha_j)$的有偏且不一致的估计量。下面主要针对斜率系数的估计加以讨论。

利用OLS法估计模型(5.4)，得到α_1的估计量为：

$$\hat{\alpha}_1 = \frac{\sum_{i=1}^{n} x_{1i} y_i}{\sum_{i=1}^{n} x_{1i}^2}$$

将(5.3)式的离差表达式$y_i = \beta_1 x_{1i} + \beta_2 x_{2i} + u_i - \bar{u}$代入上式，得

$$\begin{aligned}
\hat{\alpha}_1 &= \frac{\sum_{i=1}^{n} x_{1i}(\beta_1 x_{1i} + \beta_2 x_{2i} + u_i - \bar{u})}{\sum_{i=1}^{n} x_{1i}^2} \\
&= \frac{\beta_1 \sum_{i=1}^{n} x_{1i}^2 + \beta_2 \sum_{i=1}^{n} x_{1i} x_{2i} + \sum_{i=1}^{n} x_{1i}(u_i - \bar{u})}{\sum_{i=1}^{n} x_{1i}^2} \\
&= \beta_1 + \frac{\beta_2 \sum_{i=1}^{n} x_{1i} x_{2i}}{\sum_{i=1}^{n} x_{1i}^2} + \frac{\sum_{i=1}^{n} x_{1i} u_i}{\sum_{i=1}^{n} x_{1i}^2}
\end{aligned} \tag{5.5}$$

从(5.5)式容易推得以下结果：

(1)如果X_1与X_2样本相关，即$\frac{1}{n}\sum_{i=1}^{n} x_{1i} x_{2i} \neq 0$，则

$$E(\hat{\alpha}_1) = \beta_1 + \frac{\beta_2 \sum_{i=1}^{n} x_{1i} x_{2i}}{\sum_{i=1}^{n} x_{1i}^2} \neq \beta_1$$

即用$\hat{\alpha}_1$估计β_1是有偏的。如果X_1与X_2样本渐近相关，即$\lim_{n\to\infty} \frac{1}{n}\sum_{i=1}^{n} x_{1i} x_{2i} \neq 0$，则

$$P\lim_{n\to\infty} \hat{\alpha}_1 = \beta_1 + \frac{\beta_2 \lim_{n\to\infty} \frac{1}{n}\sum_{i=1}^{n} x_{1i} x_{2i}}{\lim_{n\to\infty} \frac{1}{n}\sum_{i=1}^{n} x_{1i}^2} \neq \beta_1 \quad \left(利用P\lim_{n\to\infty} \frac{1}{n}\sum_{i=1}^{n} x_{1i} u_i = 0\right)$$

此表明用 $\hat{\alpha}_1$ 作为 β_1 的估计量是不一致的。

从 $E(\hat{\alpha}_1)$ 和 $P\lim\limits_{n\to\infty}\hat{\alpha}_1$ 的表达式可知，在上述条件下，$\hat{\alpha}_1$ 通常也是 α_1 的有偏且不一致的估计量。

(2) 如果 X_1 与 X_2 样本不相关，即 $\frac{1}{n}\sum\limits_{i=1}^{n} x_{1i}x_{2i} = 0$，则 $E(\hat{\alpha}_1) = \beta_1$。如果 $\lim\limits_{n\to\infty}\frac{1}{n}\sum\limits_{i=1}^{n} x_{1i}x_{2i} = 0$，即 X_1 与 X_2 是样本渐近无关的，则有 $P\lim\limits_{n\to\infty}\hat{\alpha}_1 = \beta_1$ 成立，即 $\hat{\alpha}_1$ 是 β_1 的一致估计量。但除非 $\alpha_1 = \beta_1$，$\hat{\alpha}_1$ 作为 α_1 的估计量仍是有偏且不一致的。

另外，可以证明，无论 X_1 与 X_2 的样本相关性如何，用 $\hat{\alpha}_0$ 估计 $\beta_0(\alpha_0)$ 都是有偏且不一致的。

(3) 由于模型(5.4)中参数 α_1 的 OLS 估计量 $\hat{\alpha}_1$ 的方差为：

$$Var(\hat{\alpha}_1) = \frac{\sigma_u^2}{\sum\limits_{i=1}^{n} x_{1i}^2} \qquad (\text{利用 } \sigma_v^2 = \sigma_u^2)$$

而模型(5.3)中参数 β_1 的 OLS 估计量 $\hat{\beta}_1$ 的方差为：

$$Var(\hat{\beta}_1) = \frac{\sigma_u^2}{\sum\limits_{i=1}^{n} x_{1i}^2} \cdot \frac{1}{1 - r_{X_1X_2}^2} \quad [\text{见(3.45)式}]$$

其中 $r_{X_1X_2}$ 为 X_1 与 X_2 的样本相关系数，所以有

$$Var(\hat{\alpha}_1) \leqslant Var(\hat{\beta}_1)$$

而且只有当 $r_{X_1X_2} = 0$，即 X_1 与 X_2 样本不相关时，不等式的等号才成立。此表明，与建立"正确"模型(5.3)相比，建立模型(5.4)得到的回归系数 OLS 估计量通常具有较小的方差，即该估计量通常具有较好的稳定性。

另外，可以证明以下结论成立（参见：靳云汇等，2007，$p_{395-396}$）：

(4) 对模型(5.4)进行 OLS 回归得到的 $\sigma_u^2(\sigma_v^2)$ 的估计量

$$\hat{\sigma}_v^2 = \frac{\sum\limits_{i=1}^{n} \tilde{e}_i^2}{n-2} \tag{5.6}$$

是有偏的且偏差是正向的，即 $E(\hat{\sigma}_v^2) - \sigma_u^2 > 0$。此表明，就平均而言 $\hat{\sigma}_v^2$ 会高估 σ_u^2。这里 $\tilde{e}_i = Y_i - \hat{\alpha}_0 - \hat{\alpha}_1 X_{1i}$。因此，执行基于误差项方差估计量的通常的假设检验和区间估计程序会产生误导。[注：利用模型(5.3)得到的估计量

$$\hat{\sigma}_u^2 = \frac{\sum\limits_{i=1}^{n} e_i^2}{n-3} \tag{5.7}$$

是 σ_u^2 的无偏估计量，这里 $e_i = Y_i - \hat{\beta}_0 - \hat{\beta}_1 X_{1i} - \hat{\beta}_2 X_{2i}$]

类似地，可以将上述结论推广到正确模型为多元经典线性回归模型的情形，得到一般结论：遗漏相关变量会导致随机误差项方差的 OLS 估计量存在正向偏差，并且回归系数的 OLS 估计量通常是有偏且不一致的，但与建立正确模型相比，它们通常具有较小的方差。

5.1.2 误选无关变量

将遗漏相关变量情形中"正确的"模型与实际建立的模型交换位置，就是误选无关变量的情形。现在设"正确的"模型为：

$$Y_i = \alpha_0 + \alpha_1 X_{1i} + v_i \tag{5.8}$$

它满足基本假定条件，实际建立的模型为：

$$Y_i = \beta_0 + \beta_1 X_{1i} + \beta_2 X_{2i} + u_i \tag{5.9}$$

它包含无关变量 X_2，即 $\beta_2 = 0$。

我们知道，当模型(5.9)满足基本假定条件时，回归系数 $\beta_j(j = 0,1,2)$ 的 OLS 估计量 $\hat{\beta}_j$ 是无偏且一致的。这条性质的证明是将 $Y_i = \beta_0 + \beta_1 X_{1i} + \beta_2 X_{2i} + u_i$ 代入 $\hat{\beta}_j$ 的表达式，利用 u_i 及 X_{1i}、X_{2i} 满足基本假定条件而完成的。由于模型(5.8)可以看作模型(5.9)在 $\beta_2 = 0$ 的约束条件下的特殊形式，因此与(5.5)式的推导类似，将 $Y_i = \alpha_0 + \alpha_1 X_{1i} + v_i$ 代入 $\hat{\beta}_j$ 的表达式，利用 v_i 及 X_{1i}、X_{2i} 满足基本假定条件，便可以证明 $\hat{\beta}_j(j = 0,1)$ 是参数 α_j 的无偏且一致的估计量。

类似地，可以证明，

$$Var(\hat{\beta}_1) = \frac{\sigma_v^{\ 2}}{\sum_{i=1}^{n} x_{1i}^2} \cdot \frac{1}{1 - r_{X_1X_2}^2} \geqslant \frac{\sigma_v^{\ 2}}{\sum_{i=1}^{n} x_{1i}^2} = Var(\hat{\alpha}_1)$$

其中 $\hat{\alpha}_1$ 为估计模型(5.8)得到的参数 α_1 的 OLS 估计量，而且 $\hat{\sigma}_u^2 = \dfrac{\sum_{i=1}^{n} e_i^2}{n - 3}$ 是随机误差项方差 σ_v^2 的无偏估计量。

由此可见，估计一般模型(5.9)仍能得到"正确"模型(5.8)中斜率系数的无偏且一致估计量，且用 $\hat{\sigma}_u^2$ 估计 σ_v^2 也是无偏的，但是当 $r_{X_1X_2} \neq 0$ 时，$Var(\hat{\beta}_1) > Var(\hat{\alpha}_1)$，此表明当解释变量 X_1 与误选的无关变量 X_2 样本相关时，由于在估计模型(5.9)的过程中没有利用 $\beta_2 = 0$ 的信息，因此导致参数 α_1 的估计量与回归"正确"模型(5.8)所得估计量相比具有较大的方差。类似地，关于截距项 α_0 的 OLS 估计量，我们也可推得同样的性质。

类似地，可以将上述结论推广到多元经典线性回归模型的情形，得到一般结论：误选无关变量对回归系数 OLS 估计量的无偏性和一致性以及随机误差项方差 OLS 估计量的无偏性没有影响，但与建立正确模型相比，它通常导致回归系数 OLS 估计量具有较大的方差，估计精度下降，从而使相应变量显著性 t 检验会过度接受原假设，具有较高犯第二类错误的概率。

5.1.3 "从一般到特殊"的建模策略

前面我们在已知"正确"模型的前提下，讨论了解释变量选取偏误产生的后果。对于实际经济问题，人们往往不可能清楚地知道隐含在数据中变量之间的真实数量关系，也就是说，不知道"正确"模型是什么样的，那么该如何"合理地"设定模型呢？我们知道，遗漏相关变量和误选无关变量产生的主要后果，都是由于遗漏或误选的变量与实际设定模型中的(其他)解释变量之间样本相关引起的，而在实际经济问题中，变量之间往往都存在一定程度的相关性，因此无论哪一种模型设定偏误，都会给参数的估计和检验带来一定的后果。遗漏相关变量通常会使回归系数 OLS 估计量的方差减小，但它们通常是有偏且不一致的；而误选无关变量虽然仍能得到回归系数的无偏且一致的 OLS 估计量，但它们的方差通常会增大,损失有效性。相比较而言,遗漏相关变量产生的不良后果更加严重,因为对于一个存在严重偏倚且不一致的估计量,无论如何增加样本容量或“重复”多少次试验,按这样的估计量计算的平均值都会与参数的真值存在着较大的偏差,而参数估计量方差的增大,未必会给模型的经济意义和变量的显著性检验结果带来影响。另外,由 §3.4 节(3.28)式,可得

$$\lim_{n\to\infty}Var(\hat{\beta}_j) = \lim_{n\to\infty}\left[\frac{\sigma^2}{n}\left(\frac{1}{n}X'X\right)^{-1}_{j+1,j+1}\right] = \lim_{n\to\infty}\frac{\sigma^2}{n}\cdot\lim_{n\to\infty}\left(\frac{1}{n}X'X\right)^{-1}_{j+1,j+1} = 0$$

此表明只要 n 充分大, $Var(\hat{\beta}_j)$ 要多小就能有多小。这意味着,从理论上讲,误选无关变量导致参数估计量方差增大的后果,可以通过增加样本容量得以消除。因此,在实际建模中,人们越来越倾向于采用“**从一般到特殊**”(general to specific)的建模策略,即:

首先,依据经济理论或经验建立一个包含尽可能多的解释变量的“一般”模型,这些变量用来表征或量化被解释变量的主要影响因素。然后,采用适当的估计方法、检验方法以及各种选择准则,将模型简化到一个令人满意的“特殊”模型。

稍后我们将介绍几种常见的模型设定的统计检验方法和选择准则。

§5.2 模型设定的统计检验

本节首先介绍关于线性回归模型中参数的线性约束的 F 检验,进而利用该检验法对模型的设定进行统计检验,包括解释变量的取舍和函数形式设定的检验。

5.2.1 线性约束的 F 检验

在已建立的理论回归模型中,参数之间可能存在某种约束关系。例如,在建立 Cobb - Dauglas 生产函数模型

$$\ln(Q) = \ln(A) + \alpha\ln(K) + \beta\ln(L) + u$$

时,这里 Q、K、L 分别表示产出量、资本投入量和劳动力数量,如果长期经验表明生产是规模报酬不变的,则应该有 $\alpha + \beta = 1$ 成立。又如,对于一般线性回归模型

$$Y_i = \beta_0 + \beta_1X_{1i} + \beta_2X_{2i} + \cdots + \beta_kX_{ki} + u_i \quad (i = 1,2,\cdots,n) \tag{5.10}$$

可能某些解释变量,如 X_1 和 X_2 联合起来对被解释变量没有影响,则应该有 $\beta_1 = \beta_2 = 0$ 成立。对于这些可能存在的约束关系,在实际建模过程中都需要进行检验。在第 3 章,我们介绍了对于满足经典假定条件的模型(5.10),检验 $\beta_1 = \beta_2 = \cdots = \beta_k = 0$ 是否成立的一种检验方法,即 F 检验。现在我们将这种检验方法推广到检验参数之间的一般线性约束关系上,仍称之为 F 检验。

为了便于理解,我们采用对如下具体约束条件的检验来说明 F 检验的基本步骤。设模型(5.10)($k \geq 3$)满足经典假定条件,待检验的原假设和备择假设分别为:

$H_0:\beta_1 = 2,\beta_2 + \beta_3 = 1$

$H_1:\beta_1 \neq 2$ 或 $\beta_2 + \beta_3 \neq 1$

当原假设成立时,将 $\beta_1 = 2,\beta_2 = 1 - \beta_3$ 代入模型(5.10),并整理得

$$(Y_i - 2X_{1i} - X_{2i}) = \beta_0 + \beta_3(X_{3i} - X_{2i}) + \cdots + \beta_kX_{ki} + u_i \tag{5.11}$$

称该模型为**约束模型**(restricted model),而将模型(5.10)称为**无约束模型**(unrestricted model)。在这里,约束模型为无约束模型的特殊情形,或者说,后者包容前者,因此称它

们为**嵌套模型**(nested models),并且称模型(5.11)嵌套于模型(5.10)中,或者说,模型(5.10)嵌套模型(5.11)。

可以证明(参见:靳云汇等,2007,$p_{157-160}$):在 H_0 成立的条件下,

$$F = \frac{(RSS_R - RSS_U)/2}{RSS_U/(n-k-1)} \sim F(2, n-k-1)$$

其中 RSS_R、RSS_U 分别为利用 OLS 法估计约束模型(5.11)和无约束模型(5.10)得到的残差平方和,F 分布的第一自由度为约束条件中等式的个数 2。这里暗含着 RSS_R 大于 RSS_U(为什么?)。

于是,对于给定的显著性水平 α,查 F 分布表可以得到临界值 $F_\alpha(2, n-k-1)$,通过比较依据样本数据计算的 F 统计量值与 $F_\alpha(2, n-k-1)$ 的大小,便可以对 H_0 进行检验:

若 $F > F_\alpha(2, n-k-1)$,则拒绝 H_0,认为 H_1 显著成立;

若 $F < F_\alpha(2, n-k-1)$,则不拒绝 H_0,认为 H_0 显著成立。

一般地,若要检验经典线性回归模型(5.10)中回归系数的 $q(q \leqslant k+1)$ 个独立线性等式约束是否同时成立(注:这里一组线性等式约束相互独立是指,其中每一个等式都不是其余等式的线性组合),则在它们同时成立的原假设下,F 检验的统计量为:

$$F = \frac{(RSS_R - RSS_U)/q}{RSS_U/(n-k-1)} \sim F(q, n-k-1) \tag{5.12}$$

其中 RSS_R、RSS_U 分别为利用 OLS 法估计约束模型和无约束模型得到的残差平方和。

可以验证(留作练习),对于经典线性回归模型(5.10),检验约束等式组 $H_0: \beta_1 = \beta_2 = \cdots = \beta_k = 0$ 是否成立时,按照(5.12)式构造的 F 统计量,就是我们在第 3 章学习的方程显著性 F 检验的统计量。

需要指出的是,F 统计量的分布要求模型满足经典假定条件,当随机误差项不满足正态性时,F 统计量不再服从 F 分布。但是,当样本容量很大时,F 统计量通常可以看作近似服从 F 分布。因此,在大样本的情形下,无论随机误差项是否服从正态分布,F 检验都是有效的。

> 在 EViews 软件下,F 检验的执行过程:
>
> ① 利用 OLS 法估计无约束模型,得到输出结果。
>
> ② 在①中的输出结果窗口,点击 View→Coefficient Diagnostics →Wald Test - Coefficient Restrictions,接着在弹出窗口的对话框中,输入约束等式[注:参数按其出现在模型中的次序依次用 C(1)、C(2)……表示],然后点击 OK,即得到 F 检验的输出结果。依据该结果中的 F 统计量值(F-Statistic)及其相应的 P 值(Probability)便可以完成 F 检验。

5.2.2 解释变量的筛选

这里我们举例说明如何利用 F 检验对模型中解释变量进行取舍。设模型

$$Y_i = \beta_0 + \beta_1 X_{1i} + \beta_2 X_{2i} + \beta_3 X_{3i} + \beta_4 X_{4i} + \beta_5 X_{5i} + u_i (i = 1, 2, \cdots, n) \tag{5.13}$$

为经典线性回归模型,如果怀疑变量 X_4、X_5 为多余变量,则可以对原假设 $H_0: \beta_4 = 0, \beta_5 = 0$ 进行 F 检验。若接受 H_0,则可以认为它们是多余的;否则,则不能将它的同时舍去。此时,由(5.12)式可知,在 H_0 成立的条件下,F 统计量的概率分布为:$F \sim F(2, n-6)$。

关于向模型

$$Y_i = \beta_0 + \beta_1 X_{1i} + \beta_2 X_{2i} + \beta_3 X_{3i} + u_i \tag{5.14}$$

中添加变量 X_4、X_5 的检验,与上述检验过程一致。应用这种方法取舍变量时,需要注意模型(5.13)可能存在的多重共线性问题。显然,上述变量筛选的过程也就是选择模型(5.13),还是模型(5.14)的过程。

5.2.3 非嵌套模型之间的选择

当被解释变量受多个因素影响时,如何合理设定和选择变量之间的函数关系式,是实证建模过程中的难点。下面将这个问题简化为在两个模型之间的选择问题。比如,在经济理论和实践经验无法提供先验信息的前提下,利用统计检验法在如下两个模型之间进行选择:

$$Y_i = \beta_0 + \beta_1 X_{1i} + \beta_2 X_{2i} + u_i \tag{5.15}$$

和

$$Y_i = \alpha_0 + \alpha_1 \ln(X_{1i}) + \alpha_2 \ln(X_{2i}) + v_i \tag{5.16}$$

这两个模型中的任何一个都不是另一个的特殊情形,我们称它们为**非嵌套模型**(nonnested models)。这里我们介绍米松(G. E. Mizon)和理查德(J. F. Richard)(1986)提出来的在非嵌套模型之间进行选择的统计检验方法。

该检验方法的基本过程是,首先构造一个扩展模型,将每个模型都作为特殊情形包容在其中,即扩展模型与每个模型之间都是嵌套关系,然后检验导致每个模型的约束条件是否成立。例如,对于模型(5.15)和(5.16),所构造的扩展模型为:

$$Y_i = \gamma_0 + \gamma_1 X_{1i} + \gamma_2 X_{2i} + \gamma_3 \ln(X_{1i}) + \gamma_4 \ln(X_{2i}) + w_i \tag{5.17}$$

通过检验原假设 $H_0: \gamma_1 = 0, \gamma_2 = 0$,或 $H'_0: \gamma_3 = 0, \gamma_4 = 0$,来选择模型(5.16)或模型(5.15)。若接受 H_0,则选择模型(5.16),若拒绝 H_0,则不选择(5.16)。若接受 H'_0,则选择模型(5.15),若拒绝 H'_0,则不选择模型(5.15)。当模型(5.17)满足经典假定条件时,可以直接利用前面给出的 F 统计量进行检验。

可以看出,上述非嵌套模型的检验存在一个明显问题,就是两个模型都可能被拒绝,也可能没有一个被拒绝。若是后一种情形,则可以借助于下一节介绍的信息准则进一步选择。若是前一种情形,则需要考虑将模型设定为其他函数形式的可行性。伍德里奇(2018,$p_{240-241}$)指出,在选择模型时,重要的是知道使用这种或那种形式的实际后果:如果关键自变量对被解释变量的影响没有较大差异,那么使用哪个模型实际上并不重要。

5.2.4 模型结构突变的 Chow 检验

线性约束的 F 检验的另一个应用是对**模型结构稳定性**(structural stability of a model)的检验。在 1960 年,邹至庄(G. Chow)依据 F 检验的基本原理,提出了检验在两个不相交的子样本上模型结构是否发生变化的一种方法,它常被称为**邹(Chow)检验**(Chow test)。下面介绍 Chow 检验的基本思路及注意事项。

设在样本观测点 n_1+1 处模型结构可能发生变化,n_1+1 将样本分为两部分:子样本 1 和子样本 2,它们对应的回归模型分别为:

子样本 1:$Y_i = \beta_0 + \beta_1 X_{1i} + \beta_2 X_{2i} + \cdots + \beta_k X_{ki} + u_i \quad (i = 1, 2, \cdots, n_1)$ (5.18)

子样本 2:$Y_i = \alpha_0 + \alpha_1 X_{1i} + \alpha_2 X_{2i} + \cdots + \alpha_k X_{ki} + u_i \quad (i = n_1+1, n_1+2, \cdots, n)$ (5.19)

假设模型(5.18)和模型(5.19)都满足经典假定条件，两组随机误差项序列 $u_1,\cdots,u_{n_1}$ 和 $u_{n_1+1},\cdots,u_n$ 相互独立并且具有相同的方差。

Chow 检验的原假设和备择假设分别为：

$H_0:\beta_j = \alpha_j (j = 0,1,\cdots,k)$

$H_1:\beta_j$ 与 $\alpha_j (j = 0,1,\cdots,k)$ 不全相等

当原假设成立时，可以合并上述两个子样本的数据建立回归模型(约束模型)：

$$Y_i = \beta_0 + \beta_1 X_{1i} + \beta_2 X_{2i} + \cdots + \beta_k X_{ki} + u_i \quad (i = 1,2,\cdots,n) \tag{5.20}$$

Chow 检验的基本思路是，首先建立一个能同时包容模型(5.18)和(5.19)的一般回归模型[见练习题五综合应用题(5)]，在原假设 H_0 成立的条件下该模型恰好为约束模型(5.20)；然后应用前面介绍的 F 统计量对 H_0 进行检验。当 H_0 成立时，Chow 检验的统计量为：

$$F = \frac{[RSS_R - (RSS_1 + RSS_2)]/(k+1)}{(RSS_1 + RSS_2)/[n - 2(k+1)]} \sim F[k+1, n-2(k+1)] \tag{5.21}$$

其中 RSS_R、RSS_1、RSS_2 分别为利用 OLS 法估计约束模型(5.20)和模型(5.18)、模型(5.19)得到的残差平方和，$F[k+1,n-2(k+1)]$ 分布的第一自由度为 H_0 中等式的个数，第二自由度为样本容量 n 减去上述一般模型中待估回归系数的个数。

上述 Chow 检验的统计量是针对模型所有参数都可能发生变化的情形建立起来的。对于模型中部分参数不变，其余参数可能变化的情形，Chow 检验需要构造不同的一般回归模型，基于该模型建立的 F 统计量也不同于(5.21)式。例如，已知(5.18)式与(5.19)式中变量 X_1、X_2 的系数对应相等，即 $\alpha_1 = \beta_1, \alpha_2 = \beta_2$，此时 Chow 检验的 F 统计量在结构不变原假设下的概率分布为：$F \sim F\{k-1, n-[2(k-1)+2]\}$。

关于 Chow 检验的几点说明：

(1)按照 Chow 检验的逻辑推导过程，可以很容易地将其推广到模型在样本期存在 m 次结构变动的情形。此时的原假设为“在整个样本期模型不存在结构变动”，备择假设为“模型至少存在一次结构变动”，所用 F 统计量与存在一次结构变动情形的差异在于表达式中各子样本对应的残差平方和由两个变为 $m+1$ 个，F 分布的自由度相应的调整为：第一自由度为 $m(k+1)$，第二自由度为 $n-(m+1)(k+1)$。

(2)在应用之前，应该验证该检验成立的前提条件。关于两个子样本上随机误差项的方差是否相同的检验，可以利用如下 F 统计量进行：

$$F = \frac{RSS_1/(n_1 - k - 1)}{RSS_2/(n - n_1 - k - 1)} \sim F(n_1 - k - 1, n - n_1 - k - 1) \text{（在方差相同的原假设下）}$$

(注：上述统计量中的分子要大于分母)

(3)在没有先验信息的条件下，Chow 检验拒绝原假设只表明在整个样本期模型存在结构变化，并不能告诉我们这种变化是来自截距项、斜率系数，还是两者都有。

(4)事先要对可能发生结构变化的点做出判断。

在 EViews 软件下，Chow 检验的执行过程：

① 利用 OLS 法估计约束模型，得到输出结果。

② 在①中的输出结果窗口，点击 View→Stability Diagnostics→Chow Breakpoint Test，接着在弹出的 Chow Tests 窗口的两个对话框中，分别输入结构变化点的日期(或观测点的序号)和可能发生变化的回归系数对应的解释变量(截距项对应 C)，然后点击 OK，即得到在其他系数不变的情形下 Chow 检验的输出结果。依据该结果中的 F 统计量值(F - Statistic)及其相应的 P 值(Probability)，便可以完成 Chow 检验。

例题 5.1 美国通用电气公司与西屋电气公司投资策略异同的 Chow 检验

美国两大电气公司——通用电气公司(General Electric Company,GE)和西屋电气公司(Westinghouse Electric Corperation,WE)生产许多同类产品,相互竞争。我们通过建立计量经济模型研究它们是否具有相似的投资策略。表 5-1 给出了 1935—1954 年这两家公司的投资数据,其中:

INV = 在工厂和设备方面的总投资;

V = 公司的价值(即普通股和优先股的价值);

K = 资本存量。

表 5-1 通用电气公司和西屋电气公司的投资相关数据 单位:百万美元

年度	通用电气公司(GE)			西屋电气公司(WE)		
	INV	V	K	INV	V	K
1935	33.1	1 170.6	97.8	12.93	191.5	1.8
1936	45	2 015.8	104.4	25.9	516	0.8
1937	77.2	2 803.3	118	35.05	729	7.4
1938	44.6	2 039.7	156.2	22.89	560.4	18.1
1939	48.1	2 256.2	172.6	18.84	519.9	23.5
1940	74.4	2 132.2	186.6	28.57	628.5	26.5
1941	113	1 834.1	220.9	48.51	537.1	36.2
1942	91.9	1 588	287.8	43.34	561.2	60.8
1943	61.3	1 749.4	319.9	37.02	617.2	84.4
1944	56.8	1 687.2	321.3	37.81	626.7	91.2
1945	93.6	2 007.7	319.6	39.27	737.2	92.4
1946	159.9	2 208.3	346	53.46	760.5	86
1947	147.2	1 656.7	456.4	55.56	581.4	111.1
1948	146.3	1 604.4	543.4	49.56	662.3	130.6
1949	98.3	1 431.8	618.3	32.04	583.8	141.8
1950	93.5	1 610.5	647.4	32.04	635.2	136.7
1951	135.2	1 819.4	671.3	54.38	723.8	129.7
1952	157.3	2 079.7	726.1	71.78	864.1	145.5
1953	179.5	2 371.6	800.3	90.08	1 193.5	174.8
1954	189.6	2 759.9	888.9	68.6	1 188.9	213.5

注:① 表中数据均按 1947 年价格计算。

② 数据来源:R. 卡特·希尔,等. 初级计量经济学[M]. 于阳,等译. 2 版. 大连:东北财经大学出版社,2007:165.

下面依据表 5-1 中的数据,以 INV 为被解释变量,V 和 K 为解释变量建立双对数模型①

$$\ln(INV_t) = \beta_0 + \beta_1 \ln(V_t) + \beta_2 \ln(K_t) + u_t$$

① 在 R. 卡特·希尔等著的《初级计量经济学》(第 2 版,东北财经大学出版社,2007,第 164-166 页)中,采用的是线性回归模型。他们在对两公司各自建立的时间序列模型在结构上的差异进行 Chow 检验时,并没有检验这两个模型随机误差项的方差是否相同。事实上,由于两公司在各项指标上的差异较大,可以验证(请读者自己完成),这两个模型随机误差项的方差存在着显著差异,因此它们不满足 Chow 检验应用的条件。

来研究两公司的投资函数是否存在显著差异。

为便于应用 Chow 检验,将两公司的样本数据合并成一组,下标用 i 表示:通用电气公司的时间序列数据排在前面,序号依次记为 1,2,…,20,西屋电器公司的时间序列数据排在后面,序号依次记为 21,22,…,40。设通用电器公司和西屋电器公司的投资模型分别为:

$$\ln(INV_i) = \beta_0^{GE} + \beta_1^{GE}\ln(V_i) + \beta_2^{GE}\ln(K_i) + u_i^{GE} \quad (i = 1,2,\cdots,20) \quad (5.22)$$

$$\ln(INV_i) = \beta_0^{WE} + \beta_1^{WE}\ln(V_i) + \beta_2^{WE}\ln(K_i) + u_i^{WE} \quad (i = 21,22,\cdots,40) \quad (5.23)$$

首先,对 u_i^{GE} 与 u_j^{WE} 的方差是否相同进行 F 检验。分别利用 OLS 法估计模型(5.22)和(5.23),得

$$\ln(\hat{INV}_i) = -3.921\,414 + 0.658\,470\ln(V_i) + 0.598\,570\ln(K_i) \quad (i = 1,2,\cdots,20)$$

$RSS = 1.304\,561$(记为 RSS_1)

$$\ln(\hat{INV}_i) = -1.867\,521 + 0.800\,357\ln(V_i) + 0.094\,164\ln(K_i) \quad (i = 21,22,\cdots,40)$$

$RSS = 1.118\,366$(记为 RSS_2)

于是,得到 F 统计量值为:

$$F = \frac{RSS_1/(20-2-1)}{RSS_2/(20-2-1)} = \frac{1.304\,561}{1.118\,366} = 1.166\,488$$

在 0.05 的显著性水平下,查表得临界值 $F_{0.05}(17,17) = 2.26$①。因为 $F = 1.166\,488 < F_{0.05}(17,17)$,所以可以认为 u_i^{GE} 与 u_j^{WE} 具有相同的方差。

其次,对原假设 $H_0:\beta_0^{GE} = \beta_0^{WE}, \beta_1^{GE} = \beta_1^{WE}, \beta_2^{GE} = \beta_2^{WE}$,在 EViews 软件下,利用 OLS 法估计约束模型并进行 Chow 检验,所得输出结果如表 5-2 所示。从该表可以看出,F 统计量值 =8.589 021,其 P 值 =0.000 2 <0.05,因此在 0.05 的显著性水平下,Chow 检验拒绝原假设 H_0,即可以认为在 1935—1954 年通用电气公司与西屋电气公司具有不同的投资函数。

表 5-2　Chow 检验的输出结果

Chow Breakpoint Test: 21
Null Hypothesis: No breaks at specified breakpoints
Varying regressors: All equation variables
Equation Sample: 1 40

F-statistic	8.589 021	Prob. F(3,34)	0.000 2
Log likelihood ratio	22.563 77	Prob. Chi-Square(3)	0.000 0
Wald Statistic	25.767 06	Prob. Chi-Square(3)	0.000 0

最后,需要特别指出的是,本例主要是说明 Chow 检验和两个子样本上误差项的方差异同的 F 检验的基本过程,并没有检验应用 Chow 检验需要模型满足的其他经典假定条件。如果这些条件不满足,那么基于标准 F 分布所得 Chow 检验的结果就是值得怀疑的。请读者自己完成本例中这些经典假定条件的检验,并思考下面的问题:当模型存在自相关性时,该如何检验模型(5.22)与模型(5.23)是否具有相同的结构。

① F 分布表中没有给出临界值 $F_{0.05}(17,17)$,2.26 是其临近的两个临界值 $F_{0.05}(16,17) = 2.29$ 和 $F_{0.05}(20,17) = 2.23$ 的算术平均数。

§5.3 模型的选择准则

对于具有经济意义的回归模型,从统计角度评价其优劣,主要考虑两个方面:一是样本回归函数与样本数据的拟合程度。其度量指标主要是基于残差平方和得到的可决系数 R^2, 对于给定的样本数据,它的样本值取决于残差平方和的大小。二是参数估计的精确性,它可以通过估计量的方差或标准差来度量。由第 3 章 § 3.3 节的讨论可知,增加解释变量的个数通常会提高模型的拟合优度,但同时也会导致参数估计量方差的增大;反之,则反是。因此,在若干互相竞争的模型中做出选择时,往往需要在两者之间进行权衡。为此,在那里我们介绍了一个综合评价模型的指标(或准则)——调整的可决系数 $\bar{R}^2$。本节再介绍两种常用的模型选择准则:赤池信息准则(Akaike information criterion, AIC)(Akaike, 1974)、施瓦茨信息准则(Schwarz information criterion, SIC)(Schwarz, 1978)。这些准则的共同特点是,在尽可能最小化残差平方和的同时,对解释变量个数的增加进行一定程度的惩罚。

(1)赤池信息准则(AIC 准则)

赤池信息准则常见的计算公式为:

$$AIC(K) = \ln\left(\frac{1}{n}\sum_{i=1}^{n} e_i^2\right) + \frac{2K}{n} \tag{5.24}$$

其中 n 为样本容量, K 为待估计参数的个数, e_i 为估计模型得到的残差。与利用 $\bar{R}^2$ 选择模型的规则同理,**在不同模型之间进行比较时, $AIC(K)$ 值越小,模型越好。**

在 EViews 软件中, AIC 准则的计算公式为:

$$AIC(K) = 1 + \ln(2\pi) + \ln\left(\frac{1}{n}\sum_{i=1}^{n} e_i^2\right) + \frac{2K}{n}$$

该式与(5.24)式只差一个常数,在应用它们选择模型时,会得到同样的结果。

(2)施瓦茨信息准则(SIC 准则)

施瓦茨信息准则常见的计算公式为:

$$SIC(K) = \ln\left(\frac{1}{n}\sum_{i=1}^{n} e_i^2\right) + \frac{K\ln(n)}{n} \tag{5.25}$$

其中符号的意义与(5.24)式的一致。与赤池信息准则一样,**在不同模型之间进行比较时, $SIC(K)$ 值越小,模型越好。**

在 EViews 软件中, SIC 准则的计算公式为:

$$SIC(K) = 1 + \ln(2\pi) + \ln\left(\frac{1}{n}\sum_{i=1}^{n} e_i^2\right) + \frac{K\ln(n)}{n}$$

应用该式与应用(5.25)式选择模型,所得结果是相同的。

比较(5.24)式和(5.25)式可以看出, $AIC(K)$ 与 $SIC(K)$ 的不同之处只在于第二项中 K 的系数,前者为 $\frac{2}{n}$, 后者为 $\frac{\ln(n)}{n}$。当添加一个解释变量时, $AIC(K)$ 比 $SIC(K)$ 增加的要少一些(因为 $\ln(n) > 2$), 或者说,后者对增加解释变量的惩罚更加严厉。因此,使

用 $SIC(K)$ 选择模型倾向于得到更简单的模型。

关于应用信息准则的两点注意事项：

①在 AIC 值和 SIC 值的计算公式中都涉及残差，如果残差是针对不同变量计算的，那么由此得到的信息准则值就不具有可比性。例如，在 EViews 软件下，在估计模型的输出结果中报告的 Akaike info criterion（即 AIC）和 Schwarz criterion（即 SIC）的值，都是基于模型左端被解释变量的函数相应的残差计算得到的。因此，在该软件下估计模型：

$$\ln(Y_i) = \beta_0 + \beta_1 X_i + u_i$$

和

$$Y_i = \alpha_0 + \alpha_1 X_i + v_i$$

所得输出结果中的 AIC 值（SIC 值）就不具有可比性，因为前者的残差为 $e_i = \ln(Y_i) - \hat{\beta}_0 - \hat{\beta}_1 X_i$，后者的残差为 $e'_i = Y_i - \hat{\alpha}_0 - \hat{\alpha}_1 X_i$，它们不具有可比性。

②本节所介绍的模型选择准则都是描述性的，并非模型设定检验的统计量，它们可以看作是前面我们讨论的各种检验方法的补充，而且在它们中间没有哪一个肯定优于其他准则。

§5.4　定性因素的量化与虚拟变量

5.4.1　定性因素的量化

在前面各章的例题中，作为解释变量的被解释变量的影响因素都是可以用数值度量的。例如，居民的收入、一种商品的价格、一个地区的失业率和劳动力人数等。像这样的因素称为**定量因素**（quantitative factors）。但在现实经济生活中，影响某一被解释变量的因素，除了一些定量因素之外，还可能包括一些无法用数值度量的**定性因素**。例如：经济体制的变革、战争、自然灾害会影响一个国家的 GDP；职业、文化程度、性别、种族会影响某一地区的居民消费支出；季节会影响啤酒、电暖气的需求量；所有制、地理位置、管理者素质会影响某一行业中企业的利润。定性因素一般包括若干种属性类型或状态，比如，经济体制的变革：计划经济或市场经济，性别：男性或女性，地理位置：东部或中部或西部，所有制：私营或非私营，季节：第一、二、三、四季度。因此，定性因素也称为**属性因素**（attributive factor）。要在回归模型中反映定性因素对被解释变量的影响，就需要将它们“量化”。这种“**量化**”通常是通过引入“虚拟变量”（dummy variable）来完成的。所谓**虚拟变量**是人为设定的通常取值为 0 或 1 的二值变量，一般用 D 来表示。在模型中引入虚拟变量，便可以将定性因素的不同属性类型区分开，同时反映定性因素对被解释变量的影响。

例如，在第 1 章建立我国粮食产量模型时，引入了反映经济体制变革的虚拟变量：

$$D_t = \begin{cases} 0 & 1952 < t \leqslant 1977 \\ 1 & 1978 \leqslant t \leqslant 2008 \end{cases}$$

又如，在建立居民家庭的消费函数模型时，考虑到家庭消费支出（COM）不仅受家庭收入（I）的影响，还可能受居住地（城镇或农村）的影响，因此需要在模型中引入反映居住

地的虚拟变量 D：

$$D_i = \begin{cases} 0 & 第\ i\ 家庭位于农村 \\ 1 & 第\ i\ 家庭位于城镇 \end{cases}$$

若居民的居住地只对家庭基本消费支出产生影响，而对其边际消费倾向没有影响，则可以考虑设定居民家庭的消费函数模型为：

$$COM_i = \beta_0 + \beta_1 D_i + \gamma I_i + u_i \quad (5.26)$$

在 $E(u_i | D_i, I_i) = 0$ 的假定下，则有

$$E(COM_i | D_i, I_i) = \beta_0 + \beta_1 D_i + \gamma I_i$$

由此可得，农村家庭的平均消费支出为

$$E(COM_i | D_i = 0, I_i) = \beta_0 + \gamma I_i \quad (5.27)$$

城镇家庭的平均消费支出为

$$E(COM_i | D_i = 1, I_i) = (\beta_0 + \beta_1) + \gamma I_i \quad (5.28)$$

比较(5.27)式和(5.28)式可以看出，两者的差别仅在于截距项。若 $\beta_1 \neq 0$，则表明农村家庭与城镇家庭在基本消费上存在差异，且后者比前者平均多支出个 β_1 个单位。图 5-1 为居民家庭平均消费支出函数（$\beta_1 > 0$）的几何表示。通过对 β_1 是否等于 0 进行显著性检验，便可以推断城镇家庭与农村家庭在基本消费上是否存在显著差异，或居住地对居民家庭的基本消费支出是否有显著影响。

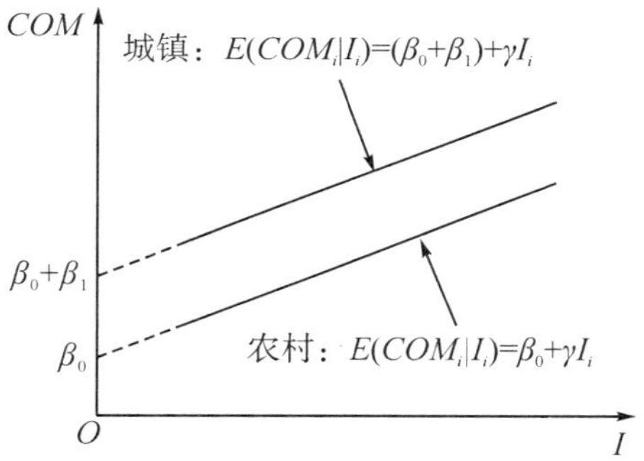

图 5-1 居民家庭基本消费的差异示意图

从上述例题可以看到，对于只有两种属性类型的定性因素，只需引入一个虚拟变量就能将它们区分开。

再如，在利用季度数据建立某一地区居民的煤炭需求模型时，影响煤炭需求量 Q 的因素，除了该地区居民收入水平 I、煤炭价格 P 等定量因素外，还包括定性的季节因素。要区分居民在四个季度对煤炭需求可能存在的差异，需要在模型中引入三个虚拟变量，如 D_2、D_3、D_4：

$$D_{2t} = \begin{cases} 1 & t\ 为第二季度 \\ 0 & 其他 \end{cases}, D_{3t} = \begin{cases} 1 & t\ 为第三季度 \\ 0 & 其他 \end{cases}, D_{4t} = \begin{cases} 1 & t\ 为第四季度 \\ 0 & 其他 \end{cases}$$

这样 $D_{2t} = D_{3t} = D_{4t} = 0$ 对应第一季度；$D_{2t} = 1, D_{3t} = D_{4t} = 0$ 对应第二季度；$D_{3t} = 1$，$D_{2t} = D_{4t} = 0$ 对应第三季度；$D_{4t} = 1, D_{2t} = D_{4t} = 0$ 对应第四季度；恰好将四个季度区分开。

如果居民的收入和煤炭价格对煤炭需求量的偏边际效应（即偏影响乘数）都是不随

时间变化的常数,则可以将煤炭需求函数模型设定为:

$$Q_t = \beta_0 + \beta_1 D_{2t} + \beta_2 D_{3t} + \beta_3 D_{4t} + \gamma_1 I_t + \gamma_2 P_t + u_t \tag{5.29}$$

在 $E(u_t | D_{2t}, D_{3t}, D_{4t}, I_t, P_t) = 0$ 的假定下,则有:

$$E(Q_t | D_{2t}, D_{3t}, D_{4t}, I_t, P_t) = \beta_0 + \beta_1 D_{2t} + \beta_2 D_{3t} + \beta_3 D_{4t} + \gamma_1 I_t + \gamma_2 P_t$$

该式蕴含着各季度的平均煤炭需求量分别为:

第一季度:$E(Q_t | D_{2t} = 0, D_{3t} = 0, D_{4t} = 0, I_t, P_t) = \beta_0 + \gamma_1 I_t + \gamma_2 P_t$

第二季度:$E(Q_t | D_{2t} = 1, D_{3t} = 0, D_{4t} = 0, I_t, P_t) = (\beta_0 + \beta_1) + \gamma_1 I_t + \gamma_2 P_t$

第三季度:$E(Q_t | D_{2t} = 0, D_{3t} = 1, D_{4t} = 0, I_t, P_t) = (\beta_0 + \beta_2) + \gamma_1 I_t + \gamma_2 P_t$

第四季度:$E(Q_t | D_{2t} = 0, D_{3t} = 0, D_{4t} = 1, I_t, P_t) = (\beta_0 + \beta_3) + \gamma_1 I_t + \gamma_2 P_t$

由此可见,各季度平均煤炭需求量的差异都体现在截距项上,在收入 I 和价格 P 不变的条件下,第二、三、四季度的平均煤炭需求量分别比第一季度多 β_1、β_2、β_3 个单位。如果 $\beta_1 = \beta_2 = \beta_3 = 0$,则表明各季度的平均煤炭需求量没有差异,或季节因素对居民的煤炭需求量没有影响。因此,通过分别检验 β_1、β_2、β_3 是否等于0,就可以依次推断第二、三、四季度的煤炭需求量是否与第一季度存在显著差异。另外,还可以通过检验 β_j $(j=1,2,3)$之间是否相等,来推断第二、三、四季度的煤炭需求量是否存在显著差异。

另外,回归系数 γ_1、γ_2 分别为在季节不变的条件下或剔除季节的影响后①,居民收入水平 I 和煤炭价格 P 对居民煤炭需求量 Q 的偏边际效应。

5.4.2 虚拟变量的设置

5.4.2.1 设置规则

一般地,若一个定性因素具有 $m(\geqslant 2)$ 个属性类型,则在模型中需要引入 $m-1$ 个虚拟变量。显然,若引入虚拟变量的个数少于 $m-1$,则无法将不同属性类型对应的被解释变量的表达式区分开。那么,能否在模型中引入 m 个虚拟变量呢?若引入 m 个虚拟变量,会出现两种可能的结果:

① 模型存在完全多重共线性且是不可以识别的。例如,在模型(5.26)中增加虚拟变量 D_1:

$$D_{1i} = \begin{cases} 1 & \text{第 } i \text{ 个家庭位于农村} \\ 0 & \text{第 } i \text{ 个家庭位于城镇} \end{cases}$$

建立回归模型:

$$COM_i = \beta_0 + \beta_1 D_i + \beta_2 D_{1i} + \gamma I_i + u_i \tag{5.30}$$

---

① 对于表现出季节特征的时间序列数据,可以采用对季节虚拟变量回归的方法,剔除其中的季节成分。这个过程称为**除季节性**(deseasonalization)或**季节调整**(seasonal adjustment)。例如,要剔除煤炭需求量 Q 中的季节成分,首先估计模型

$$Q_t = \alpha_0 + \alpha_1 D_{2t} + \alpha_2 D_{3t} + \alpha_3 D_{4t} + v_t$$

得到拟合值 $$\hat{Q}_t = \hat{\alpha}_0 + \hat{\alpha}_1 D_{2t} + \hat{\alpha}_2 D_{3t} + \hat{\alpha}_3 D_{4t}$$

残差序列 $e_t = Q_t - \hat{Q}_t$ 即为剔除季节影响(或季节调整后)的煤炭需求量序列。

因为

$$1 - D - D_1 = 0$$

所以该模型存在完全多重共线性且是不可以识别的。像这种因过多引入虚拟变量而使模型不可识别的情形称为陷入“**虚拟变量陷阱**”(dummy variable trap)。

② 模型与引入 $m-1$ 个虚拟变量所建模型是等价的。例如,上述模型(5.26)也可以等价地表示为:

$$COM_i = \beta_0(D_{1i} + D_i) + \beta_1 D_i + \gamma I_i + u_i$$

即

$$COM_i = \beta_0 D_{1i} + (\beta_0 + \beta_1) D_i + \gamma I_i + u_i$$

亦即

$$COM_i = \alpha_0 D_{1i} + \alpha_1 D_i + \gamma I_i + u_i \tag{5.31}$$

其中

$$\begin{cases} \alpha_0 = \beta_0 \\ \alpha_1 = \beta_1 + \beta_0 \end{cases} \tag{5.32}$$

易见,模型(5.31)含有的居住地虚拟变量(D_1、D)的个数与居住地属性类型(农村、城镇)的个数相等,但该模型不含有截距项。(5.32)式为两等价模型(5.26)和(5.31)参数之间的关系式。

在影响被解释变量的因素中可能有多个定性因素,此时我们可以对它们分别设置虚拟变量同时引入到模型中。例如,在建立5.4.1中居民家庭消费函数模型时,若不同地区(东部、中部和西部)的居民在基本消费支出上可能存在差异,则需要将总体回归模型(5.26)修改为:

$$COM_i = \beta_0 + \beta_1 D_i + \beta_2 D_{ei} + \beta_3 D_{wi} + \gamma I_i + u_i \tag{5.33}$$

其中

$$D_{ei} = \begin{cases} 1 & \text{第 } i \text{ 个家庭位于东部} \\ 0 & \text{其他} \end{cases}, D_{wi} = \begin{cases} 1 & \text{第 } i \text{ 个家庭位于西部} \\ 0 & \text{其他} \end{cases}$$

就可以同时考察居民家庭所在地区、位于农村还是城镇对家庭消费支出的影响。若 $E(u_i | D_i, D_e, D_w, I_i) = 0$,则不同地区农村家庭和城镇家庭的平均消费支出分别由下列各式给出:

东部农村家庭:$E(COM_i | D_i = 0, D_{ei} = 1, D_{wi} = 0, I_i) = (\beta_0 + \beta_2) + \gamma I_i$

中部农村家庭:$E(COM_i | D_i = 0, D_{ei} = 0, D_{wi} = 0, I_i) = \beta_0 + \gamma I_i$

西部农村家庭:$E(COM_i | D_i = 0, D_{ei} = 0, D_{wi} = 1, I_i) = (\beta_0 + \beta_3) + \gamma I_i$

东部城镇家庭:$E(COM_i | D_i = 1, D_{ei} = 1, D_{wi} = 0, I_i) = (\beta_0 + \beta_1 + \beta_2) + \gamma I_i$

中部城镇家庭:$E(COM_i | D_i = 1, D_{ei} = 0, D_{wi} = 0, I_i) = (\beta_0 + \beta_1) + \gamma I_i$

西部城镇家庭:$E(COM_i | D_i = 1, D_{ei} = 0, D_{wi} = 1, I_i) = (\beta_0 + \beta_1 + \beta_3) + \gamma I_i$

在实证分析中,可以利用样本数据估计总体回归函数(5.33)中的参数,并对 $\beta_1 = 0$、

$\beta_2=0$、$\beta_3=0$ 分别进行显著性检验，来推断各地区农村家庭和城镇家庭在基本消费支出上是否存在显著差异。

需要指出的是，在虚拟变量的设置中，哪一种属性类型取为1或0，没有固定的标准。通常令作为比较基础的类型（基础类型）的取值为0，而将与基础类型进行比较的类型（比较类型）取值为1。这样做的好处是使模型的设定和解释更加清晰。例如，上述模型(5.33)中的地区虚拟变量就可以看作是以中部家庭为基础类型，东、西部家庭为比较类型设定的，其中参数 β_2、β_3 分别表示在收入相同的条件下，东部和西部城镇（农村）家庭比中部城镇（农村）家庭平均多消费支出的单位数。但是，任意两个以不同属性类型为基础类型设置虚拟变量所建模型都是等价的（请读者自己举例验证，并写出两个等价模型参数之间的关系式）。

5.4.2.2　引入方式

虚拟变量作为解释变量引入模型有三种方式：加法方式、乘法方式和混合方式。

(1)加法方式

以加法方式引入虚拟变量，是指将虚拟变量以相加的形式引入模型。通过这种方式引入虚拟变量能够考察定性因素的不同属性类型对应的模型表达式在截距项上是否存在差异。例如，前面我们建立的居民家庭消费支出函数模型(5.26)和煤炭需求模型(5.29)，都是以加法方式引入虚拟变量的。

(2)乘法方式

以乘法方式引入虚拟变量，是指将虚拟变量与其他虚拟变量或定量解释变量以相乘的形式引入模型。通过这种方式引入虚拟变量，能够考察定性因素对定量变量斜率系数的影响以及定性因素之间的交互效应（见§3.6）。

例如，在建立1952—1999年我国某地区居民消费函数模型时，分析结果表明该地区居民的消费行为主要受下面两个因素的影响：收入水平I和1978年的改革开放政策，且后者只对居民的边际消费倾向产生一定的影响，因此可以考虑以乘法方式引入虚拟变量，建立消费函数模型如下：

$$COM_t=\beta_0+\beta_1 I_t+\beta_2 D_t I_t+u_t \tag{5.34}$$

其中 COM 为该地区居民的消费支出，

$$D_t=\begin{cases}0 & 1952\leqslant t\leqslant 1977\\ 1 & 1978\leqslant t\leqslant 1999\end{cases}$$

若 $E(u_t|D_t,I_t)=0$，则由模型(5.34)可得1978年前后两个时期居民的平均消费支出分别为：

$$1952\text{—}1977\text{年：}E(COM_t|D_t=0,I_t)=\beta_0+\beta_1 I_t \tag{5.35}$$

$$1978\text{—}1999\text{年：}E(COM_t|D_t=1,I_t)=\beta_0+(\beta_1+\beta_2)I_t \tag{5.36}$$

比较(5.35)式和(5.36)式可以看出，两者的差别仅在于 I_t 的斜率系数。若 $\beta_2\neq 0$，则表明改革开放政策对居民的边际消费倾向产生了影响。图5－2为居民消费函数（$\beta_2>0$）的几何表示。通过对 β_2 是否等于0进行显著性检验，便可以推断改革开放前后居民的边际消费倾向是否存在显著差异，或改革开放政策是否对居民的边际消费倾向产生显著影响。

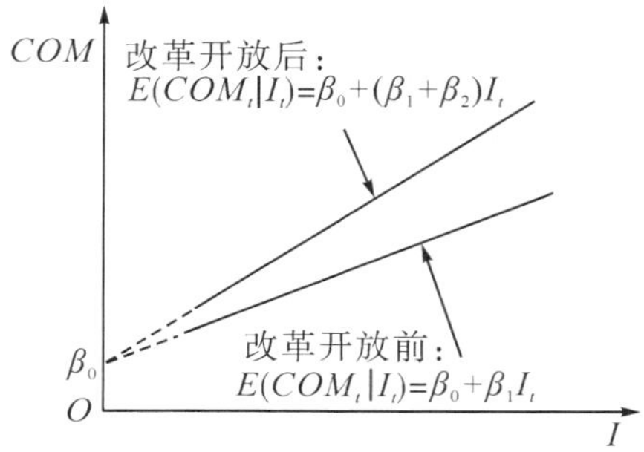

图 5-2 居民边际消费倾向的差异示意图

(3)混合方式

以混合方式引入虚拟变量，是指同时采用加法方式和乘法方式将虚拟变量引入到模型中。通过这种方式引入虚拟变量，能够同时考察在样本期内定性因素对模型截距项和斜率系数的影响。

例如，设某行业职工收入(Y)主要受职工受教育年数(X)、性别和地理位置(东部、西部)的影响。考虑到不同性别、所处地理位置不同的职工平均收入可能存在一定的差异，而且不同性别在收入上的差异可能与其所在的地理位置有关，即两个定性因素之间可能存在交互效应，因此在受教育年数对收入的边际效应不因职工个体而异的前提下，可以采用混合方式引入虚拟变量建立如下回归模型：

$$Y_i = \beta_0 + \beta_1 D_{1i} + \beta_2 D_{2i} + \beta_3 (D_{1i} D_{2i}) + \gamma X_i + u_i \tag{5.37}$$

其中

$$D_{1i} = \begin{cases} 1 & 第\ i\ 个职工为男性 \\ 0 & 第\ i\ 个职工为女性 \end{cases} \qquad D_{2i} = \begin{cases} 1 & 第\ i\ 个职工位于东部 \\ 0 & 第\ i\ 个职工位于西部 \end{cases}$$

若 $E(u_i | D_{1i}, D_{2i}, X_i) = 0$，则由上述模型可得不同性别职工的平均收入函数分别为：

女职工：$E(Y_i | D_{1i} = 0, D_{2i}, X_i) = (\beta_0 + \beta_2 D_{2i}) + \gamma X_i$

男职工：$E(Y_i | D_{1i} = 1, D_{2i}, X_i) = [\beta_0 + \beta_1 + (\beta_2 + \beta_3) D_{2i}] + \gamma X_i$

由此可知，若 $\beta_3 \neq 0$，则表明不同性别在收入上的差异与其所在的地理位置有关。

5.4.3 虚拟变量在模型结构差异检验中的应用

5.4.3.1 模型结构差异的一般检验

在 §5.2 中，我们讨论了样本期内模型结构稳定性的 Chow 检验。这种检验只能告诉我们模型是否存在结构变化，但不能指出是哪些参数发生了变化。通过引入虚拟变量可以弥补 Chow 检验的这一缺陷。下面以一元线性回归模型为例说明虚拟变量在模型结构差异检验中的应用。

设在样本观测点 $n_1 + 1$ 处模型可能发生结构变化，$n_1 + 1$ 将样本分为两个子样本，它们对应的回归模型分别为：

子样本 1：$Y_i = \beta_0 + \beta_1 X_i + u_i \quad (i = 1, 2, \cdots, n_1)$ (5.38)

子样本 2：$Y_i = \alpha_0 + \alpha_1 X_i + u_i \quad (i = n_1 + 1, n_1 + 2, \cdots, n)$ (5.39)

在样本期内，可能出现以下四种情形：

①$\beta_0 = \alpha_0, \beta_1 = \alpha_1$：模型没有发生结构变化；

②$\beta_0 \neq \alpha_0, \beta_1 = \alpha_1$：模型截距发生变化，而斜率系数没有变化；

③$\beta_0 = \alpha_0, \beta_1 \neq \alpha_1$：模型截距没有变化，而斜率系数发生变化；

④$\beta_0 \neq \alpha_0, \beta_1 \neq \alpha_1$：模型截距和斜率系数都发生变化。

当 X_i满足 $X_{i_1} < X_{n_1+1} \leq X_{i_2}(1 \leq i_1 < n_1 + 1 \leq i_2 \leq n)$ 时，上述四种情形下总体回归函数的几何意义如图 5－3 所示。

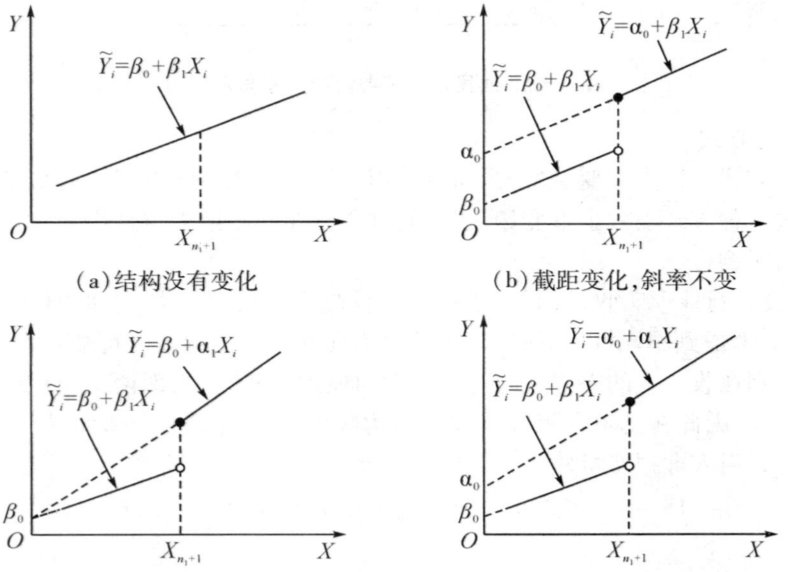

(a)结构没有变化　　(b)截距变化，斜率不变

(c)截距不变，斜率变化　　(d)截距变化，斜率变化

图 5－3　总体回归函数结构变化示意图

现在依据可能发生结构变化的观测点 $n_1 + 1$，引入虚拟变量：

$$D_i = \begin{cases} 1 & 1 \leq i \leq n_1 \\ 0 & n_1 + 1 \leq i \leq n \end{cases}$$

建立如下回归模型：

$$Y_i = \beta_0 + \gamma_0 D_i + \beta_1 X_i + \gamma_1 D_i X_i + u_i \quad (i = 1,2,\cdots,n) \tag{5.40}$$

显然，在模型(5.40)中，若 $\gamma_0 = 0, \gamma_1 = 0$，则表明模型没有发生结构变化，此与上述情形①相对应。相应地，$\gamma_0 \neq 0, \gamma_1 = 0$；$\gamma_0 = 0, \gamma_1 \neq 0$；$\gamma_0 \neq 0, \gamma_1 \neq 0$ 分别与情形②、③、④相对应。于是，通过回归模型(5.40)，并检验参数 γ_0、γ_1 是否显著为 0，便可以完成样本期内模型结构的稳定性检验。与 Chow 检验不同的是，这里可以分别检验 $\gamma_0 = 0$、$\gamma_1 = 0$ 是否成立，而 Chow 检验只是对两者是否同时成立进行的联合检验。

例题 5.2　美国通用电气公司与西屋电气公司投资策略异同的再检验

在例题 5.1 中，Chow 检验的结果表明通用电气公司与西屋电气公司在投资行为上存在显著差异，但并没有指出这种差异是表现在基础投资水平上，还是投资 INV 对公司价值 V 的弹性或对资本 K 的弹性上，而且在那里没有考虑模型是否存在自相关性。这里我们首先通过引入虚拟变量,建立一个包容模型(5.22)和模型(5.23)的一般回归模型,并对其进行自相关性检验,然后再对这两个模型结构的异同做进一步检验。

首先,构造如下一般回归模型:

$$\ln(INV_i) = \beta_0^{GE} + \beta_1^{GE}\ln(V_i) + \beta_2^{GE}\ln(K_i) + \gamma_0 D_i + \gamma_1[D_i\ln(V_i)] + \gamma_2[D_i\ln(K_i)] + u_i \quad (i = 1,2,\cdots,40) \qquad (5.41)$$

其中

$$D_i = \begin{cases} 0 & i = 1,2,\cdots,20 \quad (\text{通用电气公司}) \\ 1 & i = 21,\cdots,40 \quad (\text{西屋电气公司}) \end{cases}$$

例题5.1中的检验结果表明,该模型具有同方差性。下面进一步检验其是否满足无自相关性。

利用OLS法估计模型(5.41),得到回归结果:

$$\ln(\hat{INV_i}) = -3.921\,414 + 0.658\,470\ln(V_i) + 0.598\,570\ln(K_i) + 2.053\,893D_i + 0.141\,888[D_i\ln(V_i)] - 0.504\,406[D_i\ln(K_i)]$$

$$R^2 = 0.853\,9, \bar{R}^2 = 0.832\,5, DW = 1.260\,7$$

在该回归结果中,DW值偏低。查显著性水平为0.01、0.05的左尾DW检验临界值的上下限表($n=40$,解释变量个数$k=5$),可得上下限分别为$d'_U = 1.584$和$d'_L = 1.048$、$d''_U = 1.786$和$d''_L = 1.23$。可见$d'_L < DW = 1.260\,7 < d'_U$且$d''_L < DW = 1.260\,7 < d''_U$。此表明在0.02和0.10的显著性水平下,双侧DW检验均不能得出明确的结论。因此,在0.05的显著性水平下,双侧DW检验也不能得出明确的结论。

对u_i进行LM自相关性检验,所得统计量值及其相应的P值如表5-3所示。显然,在各种情形下LM统计量的P值均小于0.05,此表明在0.05的显著性水平下,可以认为u_i存在自相关性。

表5-3 LM统计量值及其相应的P值

滞后阶数(p)	1	2	3
$LM(p)$	6.092 5	23.252	24.001
P值	0.013 6	0.000 0	0.000 0

由于在模型存在自相关性的情形下,通常进行的基于OLS法的t检验失效,所以我们利用EViews软件中的非线性最小二乘法重新估计模型(5.41),得回归结果:

$$\ln(\hat{INV_i}) = -5.063\,171 + 0.793\,851\ln(V_i) + 0.621\,031\ln(K_i)$$

t值	-2.701 1	3.280 1	10.347
P值	0.011 3	0.002 6	0.000 0

$$+ 4.543\,903D_i - 0.244\,363[D_i\ln(V_i)] - 0.461\,943[D_i\ln(K_i)]$$

t值	2.014 2	-0.781 3	-7.150 3
P值	0.053 0	0.440 7	0.000 0

$$+ 0.669\,316AR(1) - 0.778\,188AR(2)$$

t值	5.537 9	-6.461 4
P值	0.000 0	0.000 0

$$R^2 = 0.943\,7, \bar{R}^2 = 0.930\,5, F = 71.86 \ (P\text{值} = 0.000\,0)$$

LM 检验的结果表明，该回归结果相应的非线性回归模型已不存在自相关性（请读者自己验证）。于是，将上述表达式中的 P 值与 0.05 比较可知，在 0.05 的显著性水平下，只有 $D_i\ln(V_i)$ 的系数（t 统计量的 P 值 = 0.440 7 > 0.05）和 D_i 的系数（t 统计量的 P 值 = 0.053 0 > 0.05）显著为 0，其余各项的系数（含截距项）均显著不为 0。此表明通用电气公司与西屋电气公司在投资函数上存在显著差异，这种差异主要表现在投资 INV 对资本存量 K 的弹性上。前者的投资 INV 对资本存量 K 的弹性系数约为 0.621 031，后者的投资 INV 对资本存量 K 的弹性系数为 0.621 031 − 0.461 943 = 0.159 088，它们大约相差 0.461 943。

从例题 5.2 的检验结果可以看出，利用引入虚拟变量的方法，不但可以检验模型结构是否发生变化，而且还能检验出哪个（些）参数发生了变化。

5.4.3.2　连续总体回归函数的结构稳定性检验

在实际经济问题中，描述一些变量之间关系的总体回归函数是连续函数，但在不同的样本区间可能具有不同的斜率系数。图 5 − 4 为变量 Y 对 X 的散点图，从中可以看出，在 X^* 左右两侧的散点各自密集地分布在一条直线周围，但这两条直线的斜率看起来是不一样的。由此可以初步推断，建立 Y 对 X 的线性回归模型，其斜率系数在 X^* 处可能发生了变化。另外，由于图 5 − 4 中散点没有明显地分为两块，因此 Y 对 X 的总体回归函数可以看作是 X 的连续函数。

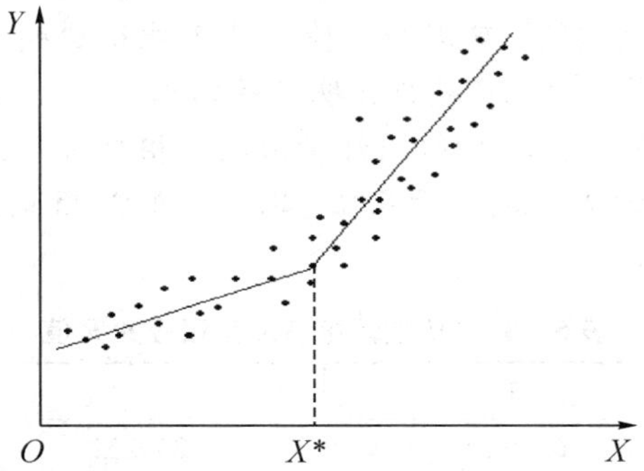

图 5 − 4　连续总体回归函数的结构变化示意图

因此，设 Y 对 X 的总体回归函数为

$$E(Y_i|X_i) = \begin{cases} \beta_0 + \beta_1 X_i & X_i < X^* \\ \alpha_0 + (\beta_1 + \beta_2)X_i & X_i \geqslant X^* \end{cases} \tag{5.42}$$

当它在 X^* 点处连续时，应该有如下等式成立：

$$\alpha_0 + (\beta_1 + \beta_2)X^* = \beta_0 + \beta_1 X^*$$

即

$$\alpha_0 = \beta_0 - \beta_2 X^*$$

此时，(5.42) 式即为

$$E(Y_i|X_i) = \begin{cases} \beta_0 + \beta_1 X_i & X_i < X^* \\ \beta_0 + \beta_1 X_i + \beta_2(X_i - X^*) & X_i \geqslant X^* \end{cases} \tag{5.43}$$

观察该式中分段点 X^* 两侧的表达式可见，左侧的是右侧表达式在 $X_i - X^*$ 的系数为 0 时

的特例，因此(5.43)可以等价地表示为

$$E(Y_i|X_i)=\beta_0+\beta_1X_i+\beta_2D_i(X_i-X^*)$$

其中

$$D_i=\begin{cases}0 & X_i<X^*\\1 & X_i\geqslant X^*\end{cases}$$

于是，可以通过引入虚拟变量 D_i 建立如下模型，来刻画变量 Y 与 X 之间的数量关系：

$$Y_i=\beta_0+\beta_1X_i+\beta_2D_i(X_i-X^*)+u_i \tag{5.44}$$

若 $E(u_i|X_i,D_i)=0$，则当 $X_i<X^*$ 时，

$$E(Y_i|X_i,D_i=0)=\beta_0+\beta_1X_i \tag{5.45}$$

当 $X_i\geqslant X^*$ 时，

$$E(Y_i|X_i,D_i=1)=(\beta_0-\beta_2X^*)+(\beta_1+\beta_2)X_i \tag{5.46}$$

若 $\beta_2=0$，则(5.45)式和(5.46)式是 X_i 的相同函数，表明模型结构在 X^* 点处没有发生变化。否则，则表明模型结构在 X^* 点处发生了变化。因此，在实际经济问题中，依据样本数据估计模型(5.44)，通过对 $\beta_2=0$ 进行假设检验，便可以推断模型结构是否存在显著变化。有的书称模型(5.44)为**分段线性回归模型**(piecewise linear regression model)。

例题 5.3　我国家用轿车拥有量对城镇居民人均实际可支配收入的回归模型

作为通过引入虚拟变量以反映连续总体回归函数结构变化的例子，我们建立 1985—2002 年我国家用轿车拥有量对城镇居民人均实际可支配收入的回归模型。表 5－4 给出了在此期间我国家用轿车拥有量 Y、城镇居民人均可支配收入 I、消费价格指数 P 和城镇居民人均实际可支配收入 X 的年度数据。从 Y 对 X 的散点图(如图 5－5 所示)可以看出，在人均实际可支配收入为 1 000 元附近(1993 年)，Y 与 X 的数量关系可能发生了变化。于是，考虑建立如下分段线性回归模型：

$$Y_t=\beta_0+\beta_1X_t+\beta_2(X_t-1\,026.85)D_t+u_t \tag{5.47}$$

其中 1 026.85(元)为 1993 年我国城镇居民人均实际可支配收入，

$$D_t=\begin{cases}0 & t\leqslant 1\,992\\1 & t\geqslant 1\,993\end{cases}$$

表 5－4　我国家用汽车拥有量与城镇居民人均可支配收入、消费价格指数数据

年度	轿车拥有量 Y/万辆	城镇居民人均可支配收入 I/元(当年价格)	城镇居民消费价格指数 P(1978 为 100)	城镇居民人均实际可支配收入 X/元(1978 价格)
1985	28. 49	739. 1	124. 1	595. 57
1986	34. 71	899. 6	132. 6	678. 43
1987	42. 29	1 002. 2	142. 9	701. 33
1988	60. 42	1 181. 4	173. 6	680. 53
1989	73. 12	1 375. 7	199. 5	689. 58
1990	81. 62	1 510. 2	200. 5	753. 22

表5-4(续)

年度	轿车拥有量 Y/万辆	城镇居民人均可支配收入 I/元(当年价格)	城镇居民消费价格指数 P(1978 为 100)	城镇居民人均实际可支配收入 X/元(1978 价格)
1991	96.04	1 700.6	210.7	807.12
1992	118.2	2 026.6	227	892.78
1993	155.77	2 577.4	251	1 026.85
1994	205.42	3 496.2	319.8	1 093.25
1995	249.96	4 283	373.8	1 145.8
1996	289.67	4 838.9	409.3	1 182.24
1997	358.36	5 160.3	419.2	1 230.99
1998	423.65	5 425.1	410.4	1 321.91
1999	533.88	5 854	396.4	1 476.79
2000	625.33	6 280	392.9	1 598.37
2001	770.78	6 859.6	395.6	1 733.97
2002	968.98	7 702.8	394.8	1 951.06

注:轿车拥有量 Y、城镇居民人均可支配收入 I 和城镇居民消费价格指数 P 的数据来自《中国统计年鉴》(1986—2003),城镇居民人均实际可支配收入 X 的计算公式:$X=100\times I\div P$。

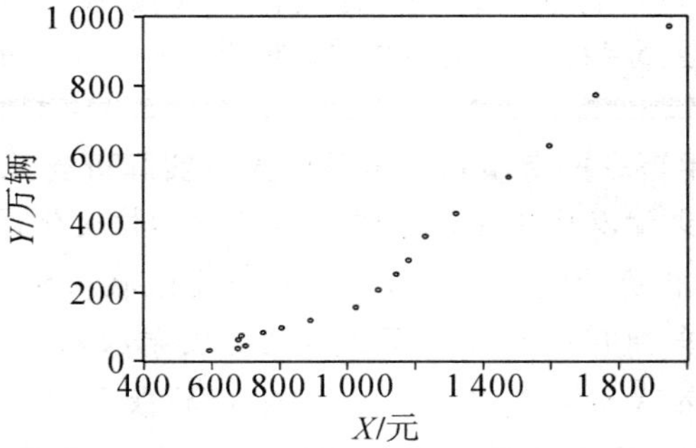

图 5-5 轿车拥有量 Y 对城镇居民人均实际可支配收入 X 的散点图

利用 OLS 法回归模型(5.47),得到回归结果:

$$\hat{Y}_t = -148.869\,6 + 0.296\,952X_t + 0.569\,187(X_t - 1\,026.85)D_t$$

$$R^2 = 0.997\,7, \bar{R}^2 = 0.997\,4, DW = 1.295\,5$$

对随机误差项 u_t 进行 LM 自相关性检验,当滞后阶数 $p=2$ 时,$LM(2)=10.501$,其相应的 P 值 $=0.005\,2$ 小于 0.05,因此在 0.05 的显著性水平下,可以认为 u_t 存在自相关性。于是,利用 EViews 软件中的非线性最小二乘法重新估计模型(5.47),得回归结果:

$$\hat{Y}_t = -148.779\,5 + 0.299\,069X_t + 0.560\,019(X_t - 1\,026.85)D_t$$

t 值	-10.101	17.245	21.992
P 值	0.000 0	0.000 0	0.000 0

$$+0.583\,060\,AR(1) - 0.762\,482\,AR(2)$$

t 值	3.170 3	-3.964 5
P 值	0.008 9	0.002 2

$$R^2 = 0.999\,2, \bar{R}^2 = 0.998\,9, F = 3\,584.16(P\text{ 值} = 0.000\,0)$$

LM 检验的结果表明,该回归结果相应的非线性回归模型的随机扰动项已不存在自相关性(请读者自己验证)。从上述表达式可见,所有回归系数的 t 统计量值的绝对值均很大,其 P 值均远小于 0.05。因此,在 0.05 的显著性水平下,模型(5.47)中所有回归系数均显著不为 0,可以认为在 1993 年前后我国轿车拥有量 Y 与城镇居民人均实际可支配收入 X 的数量关系发生了显著变化,其样本回归函数分别为

1992 年以前: $\hat{Y}_t = -148.7781 + 0.299067X_t$

1993 年以后: $\hat{Y}_t = -723.836 + 0.859088X_t$

此表明在 1992 年以前我国城镇居民人均实际可支配收入每增加 1 元,家用轿车的拥有量约增加 2 991 辆;在 1993 年以后我国城镇居民人均实际可支配收入每增加 1 元,家用轿车的拥有量约增加 8 591 辆。

一点说明: LM 检验法和 NLS 法都是适用于大样本的情形,本例题建模依据的样本容量($n=18$)比较小,因此我们也可以尝试利用 OLS 法或尼威和韦斯特自相关稳健性程序等方法建模,并将各种方法所得模型进行比较,从中选择最合适的用于实证分析。

§5.5 结束语

本章讨论了总体回归模型的设定和选择问题,包括解释变量选取偏误的后果、模型选择的统计检验法和信息准则法以及定性因素的量化问题,其知识结构如图 5-6 所示。

- 回归模型的设定与选择
  - 模型设定偏误的类型
    - 解释变量选取的偏误
      - 遗漏相关变量的后果:改变了参数的意义、参数的 OLSE 通常是有偏且不一致的
      - 误选无关变量的后果:参数的 OLSE 的方差通常变大
      - 一般到特殊的建模策略
    - 采用错误函数形式的偏误
  - 模型设定的统计检验
    - 参数约束检验
      - 线性约束的 F 检验
      - 一般约束的检验:Wald 检验、LR 检验、LM 检验
    - 解释变量的筛选
    - 非嵌套模型之间的选择:Mizon 和 Richard 检验法、Davidson 和 Mackinnon 检验法、RESET 检验
    - 模型结构突变的 Chow 检验
      - 统计量及其概率分布
      - 应用条件
      - 局限性
  - 模型的选择准则
    - 常用的模型选择准则:$\bar{R}^2$、AIC 准则、SIC 准则
    - 知识点
      - 计算公式
      - 选择标准
      - 应用范围
  - 虚拟变量
    - 作用:定性因素的量化、模型结构变化的检验、提高参数估计的精度
    - 设置规则:避免陷入"虚拟变量陷阱"
    - 引入方式:加法、乘法、混合方式

图 5-6 第 5 章知识结构图

读者在阅读本章时应注意以下几点:

(1) 关于时间序列的建模问题。[见 §4.5(1)]

(2)关于 t 检验和 F 检验的进一步讨论。在第3章,对于一元经典线性回归模型,我们已知斜率系数的显著性检验,t 检验法和 F 检验法是等价的,那里的 F 检验是本章介绍的一般线性约束 F 检验的特例。该结论可以推广到多元的情形,即,对于多元经典线性回归模型,对单个回归系数为0的显著性检验,t 检验法和 F 检验法是等价的。而且,更一般地,有如下结论成立:对于经典线性回归模型中回归系数的任意一个线性约束等式的显著性检验,t 检验法和 F 检验法是等价的(参见:格林,2011,p_{83-84})。

例如,对于经典线性回归模型:

$$Y_i = \beta_0 + \beta_1 X_{1i} + \beta_2 X_{2i} + u_i \tag{5.48}$$

待检验的原假设和备择假设分别为:

$H_0:\beta_1 + 2\beta_2 - 1 = 0$

$H_1:\beta_1 + 2\beta_2 - 1 \neq 0$

对它们进行 F 检验,等价于进行如下 t 检验:

首先,令 $\theta = \beta_1 + 2\beta_2 - 1$,则 $\beta_1 = \theta - 2\beta_2 + 1$。进而,可以将模型(5.48)变换为:

$$(Y_i - X_{1i}) = \beta_0 + \theta X_{1i} + \beta_2(X_{2i} - 2X_{1i}) + u_i \tag{5.49}$$

于是,对原模型(5.48)中 H_0 是否成立的检验问题,就转化为对模型(5.49)中单个参数 θ 是否为0的检验问题。

然后,利用 OLS 法估计模型(5.49),对 θ 是否为0进行 t 检验,从而完成对 H_0 是否成立的检验。

从上述 t 检验的过程可知,对于模型(5.48)中回归系数的约束不等式 $H_0:\beta_1 + 2\beta_2 - 1 \geqslant 0$ 的检验,也可以通过将模型(5.48)等价地变换为模型(5.49),将其转化为对模型(5.49)中 $\theta \geqslant 0$ 是否成立的检验问题。进而利用 t 检验法便可以完成对 H_0 的检验。

(3)关于模型设定的统计检验问题。在§5.2节介绍了在一般线性回归模型中增减变量的 F 检验、米松和理查德提出的模型左端为被解释变量相同函数的非嵌套模型的检验以及在样本期模型结构稳定性的 Chow 检验。此外,关于两个模型左端相同的非嵌套模型之间的选择,戴维森(R. Davidson)和麦金农(J. MacKinnon)(1981)提出了类似于米松和理查德检验的一种检验方法。其基本做法是,在一个模型中添加另一个模型经 OLS 估计得到的模型左端函数式的拟合值,若该项的系数显著为0,则选择前者;否则,则不选择前者。该检验也存在米松和理查德检验同样的缺陷。拉姆齐(J. B. Ramsey)(1969)提出了检验模型的函数形式是否为非线性的检验方法,即**回归设定误差检验**(regression specification error test,RESET)。该检验的基本做法是,在已设定的线性回归模型中添加经 OLS 回归该模型得到的样本回归函数的二次方、三次方等,然后对这些项的系数是否同时为0进行 F 检验。若拒绝原假设,则认为建立非线性回归模型是合适的。这种方法的缺陷是,在拒绝原假设的情形下,它并没有提供进一步建立非线性模型的方向。所有上述关于模型设定的检验方法,在所构造的一般线性回归模型满足经典假定的条件下,都归结为线性约束的 F 检验。另一个长期争论的模型设定问题,是建立线性模型还是建立双对数模型问题。麦金农、怀特和戴维森(1983)给出了在它们之间进行选择的一种可供参考的统计检验方法,简称为**MWD 检验**(参见:古扎拉蒂,2014,$p_{175-176}$)。

另外,在§5.2节介绍的 F 检验适用于经典线性回归模型中参数线性约束的检验,当模型不满足这些经典假定条件时，如存在自相关性或异方差性等，可以按照第 4 章介绍的相应处理方法，将其变换为经典线性回归模型，然后再执行 F 检验。

（4）关于参数约束条件的三种**渐近等价的**（asymptotically equivalent）（即，在大样本的情形下近似等价的）古典检验方法。前面提到的 F 检验适用于线性回归模型中线性约束等式组的检验，若模型或约束等式为非线性的，则该检验通常是无效的。关于一般回归模型约束等式组的检验，有三种常用的建立在最大似然估计基础上渐近等价的检验方法（参见：靳云汇等，2007，$p_{218-231}$）：似然比检验（LR 检验）、沃尔德检验（Wald 检验）和拉格朗日乘数检验（LM 检验）。在约束等式组（含 q 个独立等式）成立的条件下，这三种检验的统计量均渐近服从自由度为 q 的 χ^2 分布，但在有限样本下，它们的分布是未知的。可以证明：Wald 统计量≥LR 统计量≥LM 统计量。因此，在大样本下，这三种检验是等价的；在小样本下，其利用相同渐近分布的临界值进行检验，结果可能是不同的。

在 EViews 软件下，Wald 检验的执行过程与 F 检验的相同。依据输出结果中的 Chi-square 统计量值（Wald 统计量值）及其相应的 P 值便可以完成 Wald 检验。

（5）关于虚拟变量的设置问题。在模型中引入虚拟变量，目的是反映定性因素对被解释变量的影响，此时虚拟变量的取值设定为 0 或 1，可以使我们对模型的参数进行自然的解释。若将其设定为其他的二值变量，则会导致模型参数的意义不明显。例如，在 §5.4 节建立了消费函数模型（5.34）

$$COM_t = \beta_0 + \beta_1 I_t + \beta_2 D_t I_t + u_t$$

其中 β_2 反映了 1978 年前后居民边际消费倾向的差异程度。若引入如下虚拟变量

$$D_{1t} = \begin{cases} 1 & 1952 \leqslant t \leqslant 1977 \\ 6 & 1978 \leqslant t \leqslant 1999 \end{cases}$$

建立模型

$$COM_t = \beta_0 + \beta_1 I_t + \beta_2 D_{1t} I_t + u_t$$

它蕴含着：

在 1952—1977 年：$COM_t = \beta_0 + (\beta_1 + \beta_2) I_t + u_t$

在 1978—1999 年：$COM_t = \beta_0 + (\beta_1 + 6\beta_2) I_t + u_t$

可见，1978 年前后居民边际消费倾向的差异大约为 $5\beta_2$。

另外，对于包括 m（$m \geqslant 3$）个属性类型的定性因素，不能把如下形式设置的变量作为它的代表引入模型，以反映它对被解释变量的影响：

$$V = \begin{cases} 0 & \text{类型 } 1 \\ 1 & \text{类型 } 2 \\ \vdots & \vdots \\ m-1 & \text{类型 } m \end{cases}$$

通过这种方法为各属性类型赋值，所得到的变量不是我们所说的虚拟变量。将其作为解释变量引入模型，事先人为设定了各类型下被解释变量之间的差异程度，缺乏依据。例如，建立我国居民家庭的消费函数模型为：

$$COM_i = \beta_0 + \beta_1 V_i + \gamma I_i + u_i$$

其中 COM、I 分别为居民家庭的消费支出和收入，$E(u_i | I_i) = 0$，

$$V_i = \begin{cases} 0 & \text{第 } i \text{ 个家庭位于西部} \\ 1 & \text{第 } i \text{ 个家庭位于中部} \\ 2 & \text{第 } i \text{ 个家庭位于东部} \end{cases}$$

于是,各地区家庭消费函数模型的表达式为:

西部家庭:$COM_i = \beta_0 + \gamma I_i + u_i$

中部家庭:$COM_i = (\beta_0 + \beta_1) + \gamma I_i + u_i$

东部家庭:$COM_i = (\beta_0 + 2\beta_1) + \gamma I_i + u_i$

可见,这种设定暗含着如下假定条件成立:在收入 I 相同时,就平均而言,中部家庭比西部家庭多消费的数量与东部家庭比中部家庭多消费数量相同,它们都等于 β_1 个单位。显然,在没有先验信息的情况下,这样引入变量 V 来量化地区(东部、西部和中部)因素设定模型是不合理的。

最后,需要说明的是,本章前面介绍的含有虚拟变量的模型,虚拟变量在其中都是作为解释变量出现,但在微观计量经济学中研究离散选择问题时,虚拟变量也可以充当被解释变量。例如,在是否购买住房的模型中,引入如下变量 Y 作被解释变量:

$$Y = \begin{cases} 0 & \text{买住房} \\ 1 & \text{不买住房} \end{cases}$$

当有多种选项可供选择时,可以像上面的变量 V 那样,每一个选项都用不同的数值来表示,设定一个离散取值的变量,在模型中把它作为被解释变量。例如,可供选择的交通工具有四种:地铁、公共汽车、出租车、自行车,在研究交通工具选择的模型中,引入如下变量 Y 作为被解释变量:

$$Y = \begin{cases} 0 & \text{乘地铁} \\ 1 & \text{乘公共汽车} \\ 2 & \text{乘出租车} \\ 3 & \text{骑自行车} \end{cases}$$

但是,在诸如此类的选择模型中,人们关心的是从各选项中选择哪一项,或哪一项发生的概率比较大,被解释变量 Y 的取值往往只是一个记号。

练习题五

一、选择题

1. 初步分析发现,经典线性回归模型

$$Y_i = \beta_0 + \beta_1 X_{1i} + \beta_2 X_{2i} + \beta_3 X_{3i} + \beta_4 X_{4i} + u_i \ (i = 1, 2, \cdots, 100)$$

在第 31 个观测点处其结构可能发生变化,那么检验该模型是否存在结构突变的 Chow 检验的 F 统计量及其在原假设下的概率分布为(　　),其中 RSS_R、RSS_1、RSS_2 分别为利用 OLS 法估计约束模型和由可能的突变点分成的两个子样本对应模型,得到的残差平方和。

A. $F = \dfrac{[RSS_R - (RSS_1 + RSS_2)]/5}{(RSS_1 + RSS_2)/90} \sim F(5, 90)$

B. $F=\dfrac{[RSS_R-(RSS_1+RSS_2)]/5}{(RSS_1+RSS_2)/95}\sim F(5,95)$

C. $F=\dfrac{[(RSS_1+RSS_2)-RSS_R]/5}{RSS_R/90}\sim F(5,90)$

D. $F=\dfrac{[(RSS_1+RSS_2)-RSS_R]/5}{RSS_R/95}\sim F(5,95)$

2. 被解释变量 Y 只受季节(第一、二、三、四季度)和地理位置(东部、南部、西部、北部和中部)两个定性因素的影响,而且在其他影响因素相同的情形下,第一、四季度的 Y 值没有差异,东部、中部、西部三个地区的 Y 值亦无差异,那么在建立含有截距项的线性回归模型时,需要引入(　　)个虚拟变量比较合适。

A. 2　　B. 4　　C. 7　　D. 9

3. 利用模型选择准则选择模型,下列说法哪一组是正确的?(　　)

A. $\bar{R}^2$ 越大越好,AIC 值越小越好　　B. $\bar{R}^2$ 越小越好,AIC 值越小越好

C. $\bar{R}^2$ 越大越好,AIC 值越大越好　　D. $\bar{R}^2$ 越小越好,AIC 值越大越好

二、判断正误题(要求:说明理由)

1. 若经典线性回归模型 $Y_i=\beta_0+\beta_1X_{1i}+\beta_2X_{2i}+u_i(\beta_2\neq0)$ 遗漏相关变量 X_2,则通常导致回归系数的 OLS 估计量是有偏且不一致的,而且若 $\beta_2>0$, X_1 与 X_2 样本负相关,则 β_1 的 OLS 估计量 $\hat{\alpha}_1$ 是上偏的,即 $E(\hat{\alpha}_1)>\beta_1$。

2. 在经典线性回归模型中有误选的无关变量,该变量与其他变量是相关的,则与没有误选的情形相比,回归系数 OLS 估计量的方差变大,因此其不再具有最小方差性。

3. 对模型的参数施加约束条件,并依据最小二乘准则进行估计,所得残差平方和一定小于未施加约束时的残差平方和。

4. 在选择模型时,采用 $\bar{R}^2$ 选择的模型比采用 AIC 准则或 SIC 准则选择的模型好。

5. Chow 检验的结果表明,在第 m 个观测点处,模型 $Y_i=\beta_0+\beta_1X_{1i}+\beta_2X_{2i}+u_i\ (i=1,2,\cdots,n)$ 的结构发生了改变,这意味着在 m 点两侧,模型中的截距项、X_1 和 X_2 的系数都存在显著差异。

6. 虚拟变量就是为定性因素的每个属性类型都赋予特定的数值而人为设定的变量。

7. 在含有虚拟变量 D 的模型 $Y_i=\beta_0+\beta_1X_i+\beta_2D_i+u_i$ 中,将 D 的取值设定为 0、1,与设定为 0、6 相比,前者 D 的系数和其显著性检验的 t 统计量值都是后者的 6 倍。

8. 将 §5.4 节的(5.29)式改为

$$\ln(Q_t)=\beta_0+\beta_1D_{2t}+\beta_2D_{3t}+\beta_3D_{4t}+\gamma_1\ln(I_t)+\gamma_2\ln(P_t)+u_t$$

依据该模型检验如下观点:在居民收入和煤炭价格不变的条件下,第 4 季度煤炭需求量比第 3 季度高 20%,原假设和备择假设分别设定为: $H_0:\beta_3-\beta_2=20$, $H_1:\beta_3-\beta_2\neq20$。

9. 将 §5.4 节的(5.33)式改为

$$COM_i=\beta_0+\beta_1D_i+\beta_2D_{ei}+\beta_3D_{wi}+\gamma I_i+\gamma_1(D_{ei}I_i)+\gamma_2(D_{wi}I_i)+u_i$$

假设该模型满足基本假定条件。依据该模型和容量为 1000 的随机样本,利用 F 检验法检验东、中、西部居民的边际消费倾向是否存在差异,原假设和备择假设分别设定为: $H_0:\gamma_1=\gamma_2=\gamma$, $H_1:\gamma_1$、γ_2、γ 不全相等,F 统计量服从 $F(2,993)$ 分布。

10. 利用§5.4节的(5.37)式检验性别和地理位置两个定性因素之间是否存在交互效应,原假设和备择假设分别设定为: $H_0:\beta_3 = 0$, $H_1:\beta_3 \neq 0$。

三、简答题

1. 解释变量选取的偏误会产生什么后果? 如何理解"从一般到特殊的建模策略"?

2. 对于经典线性回归模型中回归系数的一个线性约束等式的 F 检验与 t 检验有什么联系? 前者能否替代后者?

3. 关于参数约束条件的三种渐近等价的古典检验方法是指哪三种? 在有限样本下,哪一种检验更容易拒绝原假设,哪一种更容易接受原假设?

4. 什么是虚拟变量? 虚拟变量的设置规则是什么? 什么是"虚拟变量陷阱"?

5. 引入虚拟变量有哪几种方式? 在建立线性回归模型时,以混合方式引入虚拟变量能反映模型的什么特征?

6. 利用1952—1999年的样本数据,研究1978年前后我国居民在边际消费倾向上的差异,能否将模型设定为

$$COM_t = \beta_0 + \beta_2 D_{1t} I_t + u_t$$

其中

$$D_{1t} = \begin{cases} 1 & 1952 \leqslant t \leqslant 1977 \\ 6 & 1978 \leqslant t \leqslant 1999 \end{cases}$$

为什么?

7. 在其他影响因素相同的条件下,已知男女职工的收入存在显著差异,为什么人们在建立职工收入模型时,通常还采用引入性别虚拟变量的方式建模,而不是分别建立男女职工的收入模型?

8. 在建立计量经济模型时,作为解释变量引入虚拟变量有什么作用?

9. 在两个非嵌套模型之间进行选择时,你有何建议?

10. 若变量 Y 受 X 的影响,还受地理位置(南方、北方)和季节(冬季和春季、夏季和秋季)的影响,且经验告诉我们,X 对 Y 的边际效应可能与季节有关,南方和北方 Y 的差异也与季节有关,请问建立什么模型能刻画 Y 与其影响因素之间的数量关系。

四、综合应用题

1. 若正确模型为(5.3)式,而实际建立的模型为(5.4)式,利用OLS法估计它们,得到的样本回归模型分别为:

$$Y_i = \hat{\beta}_0 + \hat{\beta}_1 X_{1i} + \hat{\beta}_2 X_{2i} + e_i$$

和

$$Y_i = \hat{\alpha}_0 + \hat{\alpha}_1 X_{1i} + e_{1i}$$

那么有如下等式成立:

$$\hat{\alpha}_1 = \hat{\beta}_1 + \hat{\beta}_2 \hat{\gamma}_1$$

其中 $\hat{\gamma}_1$ 为利用OLS法估计模型 $X_{2i} = \gamma_0 + \gamma_1 X_{1i} + w_i$,所得斜率系数的估计量。试证明上述等式,并直观解释为什么 $\hat{\alpha}_1$ 与 $\hat{\beta}_1$ 通常不相等。

2. 证明:对于多元经典线性回归模型,第3章中方程的显著性 F 检验是第5章中一般线性约束 F 检验的特例。

3. 表5－5是1955—1974年墨西哥的实际国内生产总值(GDP)、就业人数(LABOR)和实际固定资本(CAPITAL)的数据。请你利用如下C—D生产函数模型：

$$\ln(GDP_t) = A + \alpha\ln(CAPITAL_t) + \beta\ln(LABOR_t) + u_t$$

研究1955—1974年墨西哥经济的规模报酬状况。若它是规模报酬不变的，该如何修改模型？

表5－5 墨西哥的实际国内生产总值、就业人数和实际固定资本的数据

年份	GDP /百万比索	LABOR /千人	CAPITAL /百万比索	年份	GDP /百万比索	LABOR /千人	CAPITAL /百万比索
1955	114 043	8 310	182 113	1965	212 323	11 746	315 715
1956	120 410	8 529	193 749	1966	226 977	11 521	337 642
1957	129 187	8 738	205 192	1967	241 194	11 540	363 599
1958	134 705	8 952	215 130	1968	260 881	12 066	391 847
1959	139 960	9 171	225 021	1969	277 498	12 297	422 382
1960	150 511	9 569	237 026	1970	296 530	12 955	455 049
1961	157 897	9 527	248 897	1971	306 712	13 338	484 677
1962	165 286	9 662	260 661	1972	329 030	13 738	520 553
1963	178 491	10 334	275 466	1973	354 057	15 924	561 531
1964	199 457	10 981	295 378	1974	374 977	14 154	609 825

注：①表中实际国内生产总值和实际固定资本是按1960年的价格计算的。

②资料来源于 Victor J. Elias, Sources of Growth: A Study of Seven Latin American Economies, International Center for Economic Growth, ICS Press, San Francisco, 1992, Data fromTables E5, E12 and E14.

4. 在第3章§3.7节，我们研究了 Bay Area Rapid Food 汉堡连锁店的利润最大化问题。根据其他城市的经验，该连锁店的管理部门认为，在价格不变的条件下，周最优广告支出水平为40 000美元。在忽略由于有效的广告而多售出产品的准备成本的情形下，你是否同意这一观点？为什么？

5. 为了推导 Chow 检验的统计量及概率分布(5.21)式，可以首先通过引入虚拟变量建立如下一般模型：

$$Y_i = \beta_0 + \beta_1 X_{1i} + \beta_2 X_{2i} + \cdots + \beta_k X_{ki} + \gamma_0 D_i + \gamma_1(D_i X_{1i}) + \gamma_2(D_i X_{2i}) + \cdots + \gamma_k(D_i X_{ki}) + u_i \quad (i = 1,2,\cdots,n) \tag{5.50}$$

其中

$$D_i = \begin{cases} 0 & i = 1,2,\cdots,n_1 \\ 1 & i = n_1 + 1,\cdots,n \end{cases}$$

显然，当 $i = 1,2,\cdots,n_1$ 时，$D_i = 0$，模型(5.50)即为模型(5.18)；当 $i = n_1 + 1,\cdots,n$ 时，$D_i = 1$，模型(5.50)即为模型(5.19)，且 $\alpha_j = \beta_j + \gamma_j (j = 0,1,\cdots,k)$。于是，检验 H_0 是否成立等价于检验 $\gamma_j = 0 (j = 0,1,\cdots,k)$ 是否同时成立。然后，利用线性约束的 F 检验即可导出(5.21)式。请你补充上述推导过程的细节。

6. 已知被解释变量 Y 受一个具有4个属性类型(类型1、类型2、类型3、类型4)的定性因素的影响，为将其引入到模型中，按照虚拟变量的设置规则引入3个虚拟变量。证明无论以哪一个属性类型为基础类型,所建模型都是等价的,并写出它们参数之间的关系式。(要求:不用考虑 Y 的其他影响因素,分别以类型 1 和类型 2 为基础类型,按加法方式引入虚拟变量为例,完成证明和推导)

7. 使用某国 1970—1999 年居民的储蓄(Y)和可支配收入(X)的数据,研究该国居民的储蓄行为。考虑到该国在 1982 年出现了比较严重的经济衰退,它可能对居民的储蓄行为产生一定的影响,因此建立储蓄模型:

$$Y_t = \beta_0 + \beta_1 D_t + \beta_2 X_t + \beta_3 D_t X_t + u_t \qquad (5.51)$$

其中

$$D_t = \begin{cases} 0 & 1970 \leqslant t < 1982 \\ 1 & 1982 \leqslant t \leqslant 1999 \end{cases}$$

假定该模型满足经典假定条件。利用 OLS 法估计(5.51),得到回归结果

$$\hat{Y}_t = 1.22 + 162D_t + 0.07X_t - 0.06D_tX_t$$

t 值　　0.06　5.61　6.56　−3.16

$R^2 = 0.86$

也有人建议设定如下回归模型,研究该国居民的储蓄行为:

$$Y_t = \alpha_0 D_t + \alpha_1 D_{1t} + \alpha_2 D_t X_t + \alpha_3 D_{1t} X_t + v_t \qquad (5.52)$$

其中

$$D_{1t} = \begin{cases} 1 & 1970 \leqslant t < 1982 \\ 0 & 1982 \leqslant t \leqslant 1999 \end{cases}$$

请你回答以下问题:

(1)为什么在模型(5.52)中没有引入截距项,也没有以加法方式引入 X_t?

(2)利用模型(5.51)检验 1982 年的经济衰退是否改变了该国居民的边际储蓄倾向。

(3)模型(5.51)与模型(5.52)有什么关系?利用 OLS 法估计模型(5.52),求其样本回归函数及 R^2。

(4)对这两个模型进行的方程显著性检验是一回事吗?为什么?

(5)模型(5.52)是否满足经典假定条件?若满足,试利用此模型检验 1982 年前后该国居民的边际储蓄倾向是否发生变化。要求写出原假设和备择假设,以及检验过程。

8. 依据对来自金融业、消费品工业、公用事业和交通运输业的 209 个公司的调查数据,利用 OLS 法估计模型,得到关于企业首席执行官(CEO)薪水的样本回归函数:

$$\ln(\hat{Y}) = 4.59 + 0.257\ln(X_1) + 0.011X_2 + 0.158D_1 + 0.181D_2 - 0.283D_3$$

(15.3)(8.03)　(2.75)　(1.775)　(2.13)(−2.895)

其中 Y、X_1、X_2 分别表示 CEO 的年薪水平(万元)、公司年收入(万元)、公司股票收益(万元),D_1、D_2、D_3 为行业虚拟变量:

$$D_1 = \begin{cases} 1 & \text{金融业的公司} \\ 0 & \text{其他} \end{cases}, D_2 = \begin{cases} 1 & \text{消费品工业的公司} \\ 0 & \text{其他} \end{cases}, D_3 = \begin{cases} 1 & \text{公用事业的公司} \\ 0 & \text{其他} \end{cases}$$

括号中数据为对应变量显著性检验的 t 统计量值。试回答以下问题:

(1)解释 CEO 薪水样本回归函数中各变量系数的经济含义。

(2)写出各行业 CEO 的薪水样本回归函数。

(3)公司股票收益对 CEO 的年薪是否有显著影响？在 X_1 和 X_2 都相同的情形下，金融业与交通运输业 CEO 的薪水之间有无显著差异？（显著性水平为 0.05）

(4)在 X_1 和 X_2 都相同的情形下，公用事业 CEO 的薪水比交通运输业 CEO 的低 28%，这个差异在 0.05 的显著性水平下是否显著？

(5)重新设定虚拟变量，建立模型

$$\ln(Y) = \beta_0 + \beta_1 \ln(X_1) + \beta_2 X_2 + \beta_3 D_2 + \beta_4 D_3 + \beta_5 D_4 + u \tag{5.53}$$

其中

$$D_4 = \begin{cases} 1 & \text{交通运输业的公司} \\ 0 & \text{其他} \end{cases}$$

说明该模型中虚拟变量 D_3 的系数的经济含义与原模型的有何不同，并依据题中给出的样本数据，求利用 OLS 法估计该模型所得的样本回归函数。

9. 在例题 3.1 中，依据《美国青年跟踪调查》的黑人女性工人的部分样本数据（见表 2-6 和表 3-2），我们研究了黑人女性工人的收入与受教育年数、工作经历之间的数量关系。在这份跟踪调查资料中还包括美国黑人男性工人的样本数据，表 5-6 给出了其中的一部分。

表 5-6 黑人男性工人的受教育年数、工作经历年数和年收入的样本数据

序号	受教育年数 X	工作经历年数 Z	收入 Y/美元	序号	受教育年数 X	工作经历年数 Z	收入 Y/美元
61	11	11	10 166	91	12	8	2 069
62	16	11	25 666	92	12	9	15 666
63	12	9	20 000	93	15	12	27 712
64	16	11	22 500	94	12	11	5 728
65	12	10	27 000	95	12	7	5 501
66	18	10	23 000	96	12	6	17 666
67	16	5	24 300	97	11	11	13 833
68	12	9	3 187	98	11	11	4 500
69	13	12	36 000	99	11	11	17 466
70	12	11	14 666	100	16	10	25 666
71	16	12	34 666	101	13	10	21 250
72	12	8	9 500	102	12	10	1 500
73	12	9	5 857	103	9	8	13 633
74	16	11	27 833	104	11	11	4 000
75	12	11	18 333	105	12	11	13 766
76	12	8	14 333	106	14	10	30 000
77	16	12	35 666	107	12	12	19 450
78	19	11	66 000	108	12	12	25 333
79	12	10	10 666	109	11	2	10 250
80	12	9	5 100	110	4	13	3 500
81	12	11	28 333	111	14	13	29 000

表5-6(续)

序号	受教育年数 X	工作经历年数 Z	收入 Y/美元	序号	受教育年数 X	工作经历年数 Z	收入 Y/美元
82	12	6	7 333	112	11	13	15 000
83	12	7	17 333	113	11	12	7 000
84	12	12	14 833	114	13	9	9 000
85	13	8	21 600	115	13	14	10 000
86	12	9	12 166	116	12	14	15 666
87	13	7	21 333	117	12	14	17 266
88	16	9	19 800	118	12	12	26 000
89	12	11	11 333	119	12	12	18 666
90	12	11	42 666	120	10	11	11 333

注:资料来源于 www. aw - bc. com/murray。本表中的数据是被调查的707名黑人男性工人中最后60名的样本数据,序号是接着表2-6、表3-2中黑人女性工人的序号向下排列。

试利用表2-6、表3-2及表5-6中的数据,研究以下问题:

(1)分别建立如下两个回归模型:

模型一:$Y_i = \beta_0 + \alpha D_i + \beta_1 X_i + \beta_2 Z_i + u_i \qquad (i = 1,2,\cdots,120)$

模型二:$Y_i = \beta_0 + \alpha D_i + \beta_1 X_i + \beta_2 Z_i + \beta_3 (D_i X_i) + u_i \qquad (i = 1,2,\cdots,120)$

其中

$$D_i = \begin{cases} 0 & i = 1,2,\cdots,60 \\ 1 & i = 61,62,\cdots,120 \end{cases}$$

说明在这两个模型中引入虚拟变量 D 的作用。

(2)如果模型二中的 β_3 显著不为0,你选择模型二还是模型一?如果 β_3 显著为0,你如何进行选择?你选择的依据是什么?

(3)采用合适的方法估计模型二,从回归结果中你会得出什么结论?

(4)在工作经历对收入的偏边际效应相同的条件下,为了考察美国黑人男、女工人在基本收入、受教育程度对收入的偏边际效应上是否存在差异,有人对于模型

$$Y_i = \beta_0 + \beta_1 X_i + \beta_2 Z_i + u_i \qquad (i = 1,2,\cdots,120)$$

直接应用基于 F 统计量的 Chow 检验法,来检验 β_0 和 β_1 是否在 $i=61$ 处发生变化。请你完成这个检验过程,并讨论它可能存在什么问题以及这种方法与(2)中利用模型二进行的检验有什么不同之处?

10. 在例题5.3中,以1993年为界将样本区间分为1985—1992年(时段1)和1993—2002年(时段2)两个时段,请你分别建立轿车拥有量 Y 对城镇居民人均实际可支配收入 X 的线性回归模型,并将所得回归结果与例题5.3中所得回归结果进行比较,你会得到什么结论?

11. 冰箱作为一种耐用消费品,它的销售量既受人们收入水平的影响,而且与季节有关。表5-7给出了美国1978—1985年各季度冰箱销售数量($FRIG$)和耐用品支出额(DUR)。我们以耐用品支出额(DUR)替代收入水平,建立如下回归模型:

$$FRIG_t = \beta_0 + \beta_1 D_{1t} + \beta_2 D_{2t} + \beta_3 D_{3t} + \gamma DUR_t + u_t \qquad (5.54)$$

其中

$$D_{1t}=\begin{cases}1 & t\text{为第一季度}\\0 & \text{其他}\end{cases},D_{2t}=\begin{cases}1 & t\text{为第二季度}\\0 & \text{其他}\end{cases},D_{3t}=\begin{cases}1 & t\text{为第三季度}\\0 & \text{其他}\end{cases}$$

研究冰箱销售量与其影响因素之间的数量关系。请你回答以下问题：

表 5－7 1978—1985 年美国各季度冰箱销售量和耐用品支出额的数据

年份	季度	冰箱销售量/千台	耐用品支出额/10 亿美元	年份	季度	冰箱销售量/千台	耐用品支出额/10 亿美元
1978	1	1 317	252.6	1982	1	943	247.7
1978	2	1 615	272.4	1982	2	1 175	249.1
1978	3	1 662	270.9	1982	3	1 269	251.8
1978	4	1 295	273.9	1982	4	973	262
1979	1	1 271	268.9	1983	1	1 102	263.3
1979	2	1 555	262.9	1983	2	1 344	280
1979	3	1 639	270.9	1983	3	1 641	288.5
1979	4	1 238	263.4	1983	4	1 225	300.5
1980	1	1 277	260.6	1984	1	1 429	312.6
1980	2	1 258	231.9	1984	2	1 699	322.5
1980	3	1 417	242.7	1984	3	1 749	324.3
1980	4	1 185	248.6	1984	4	1 117	333.1
1981	1	1 196	258.7	1985	1	1 242	344.8
1981	2	1 410	248.4	1985	2	1 684	350.3
1981	3	1 417	255.5	1985	3	1 764	369.1
1981	4	919	240.4	1985	4	1 328	356.4

注：① 表中耐用品支出额是以 1982 年的价格计算的。

② 资料来源：转摘自达摩达尔·N. 古扎拉蒂. 计量经济学基础[M]. 费剑平，等译. 4 版. 北京：中国人民大学出版社，2005：290－291.

（1）作 $FRIG_t$ 的时序图，从该图能发现什么规律？我们建立模型（5.54）的依据是什么？

（2）解释模型（5.54）中斜率系数及 $\beta_2>\beta_1$ 的含义。

（3）利用表 5－6 中的数据估计模型（5.54），检验第一、二、三季度冰箱的平均销售量与第四季度相比有无显著差异，及耐用品支出额对冰箱销售量影响的显著性。

（4）依据（3）中所得回归结果，能否直接判断第二、三季度冰箱的平均销售量是否存在显著差异，为什么？若要检验第二、三季度冰箱的平均销售量是否存在显著差异，现在有两种方法可供选择：一种是利用合适的方法估计模型（5.54），归结为对参数线性约束的 F 检验或 Wald 检验；另一种方法是重新设置季节虚拟变量，修改模型（5.54），归结为对斜率系数是否为 0 的 t 检验。试分别利用这两种方法对上述问题进行检验。

（5）依据以上检验结果，你认为模型（5.54）是否需要改进？若需要，请写出改进后的总体回归模型的表达式。

12. 图 5－7 为变量 Y 对变量 X 的样本散点图。由此图可见，在样本期 Y 与 X 之间的数量关系在 $X^{(1)}$、$X^{(2)}$ 两点处可能发生了结构变化。请你设定 Y 对 X 的总体回归模型，并写出对其结构稳定性进行检验的原假设和备择假设。

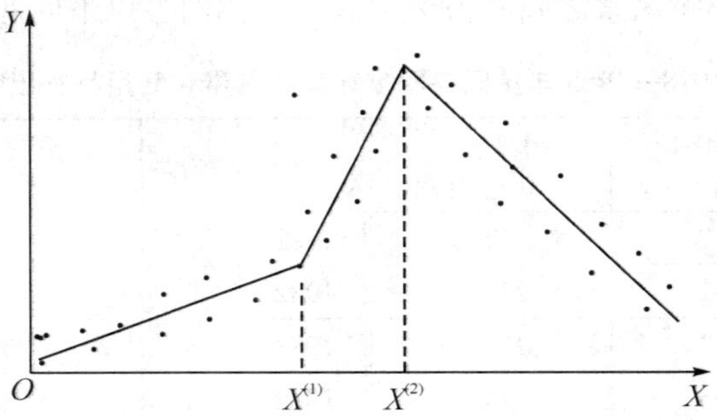

图 5－7　Y 对 X 的散点图

6　滞后变量模型

§6.1　滞后效应与滞后变量模型

在经济活动中，许多经济变量不仅受当期各种因素的影响，而且还受过去时期这些因素或自身过去值的影响。也就是说，影响因素对经济变量的影响在时间上存在延迟或滞后，这种现象称为**滞后效应**(lagged effect)。例如，前面我们讨论的某些农产品供应的蛛网模型，在那里农产品的供给量受前一期价格的影响，即农产品的价格对其供给量的影响存在滞后效应。又如，就一般而言，居民家庭在消费商品或劳务时，由于消费习惯或考虑到子女未来教育的花费、日后购买较贵重的耐用消费品支出等，通常不会把当年的收入全部花光，而是将其中的一部分储蓄起来用于下一年或几年的消费。因此，它们的消费支出不仅受当期收入的影响，而且还受前一期甚至前几期收入的影响，即收入对消费支出的影响存在滞后效应。再如，通货膨胀与货币供应量的变化有着较为密切的联系。货币数量论认为，物价上涨最直接的原因是相对于流通中商品和劳务的价值量来说货币供应过多，即所谓"货币的超量供应"。基于此理论，各国政府经常采用货币政策，如提高准备金率或利率等，以控制货币的供应量作为抑制通货膨胀的重要手段。但是，货币供应量的减少对物价水平的影响并不是即期完成的，只有经过一段时间以后，货币供应量的变化才会从实质上影响投资、进出口和消费，进而达到抑制物价水平的目的。在西方发达国家，这段滞后的时间大约为几个季度。此表明货币供应量对物价水平的影响也存在着滞后效应。

在建立回归模型时，若影响因素或解释变量对被解释变量的影响存在滞后效应，就需要将这些反映滞后效应的变量引入模型，否则就会导致模型设定的偏误。表示一个变量过去时期取值的变量称为**滞后变量**(lagged variable)，如当期的收入为 Y_t、价格为 P_t，那么 Y_{t-1}、Y_{t-2}、P_{t-1}、P_{t-3} 等均为滞后变量。显然，通过在模型中引入滞后变量便能反映解释变量对被解释变量影响的滞后效应。我们称含有滞后变量做解释变量的回归模型为**滞后变量模型**(lagged variable model)。

例如，第 4 章 §4.3 中的农产品供给模型(4.28)：

$$Y_t = \beta_0 + \beta_1 P_{t-1} + u_t$$

反映通货膨胀率与货币供应量之间数量关系的模型：

$$P_t = \alpha + \beta_0 M_t + \beta_1 M_{t-1} + \beta_2 M_{t-2} + \cdots + \beta_s M_{t-s} + u_t \tag{6.1}$$

其中，P_t、M_t 分别为第 t 季度物价指数和广义货币的增长率，s 为滞后期；某一地区的消费函数模型为：

$$C_t = \beta_0 + \beta_1 I_t + \beta_2 I_{t-1} + \beta_3 I_{t-2} + \beta_4 C_{t-1} + \beta_5 D_t + u_t \tag{6.2}$$

其中 C_t、I_t 分别为该地区第 t 年的居民消费支出和可支配收入，加入第 $t-1$ 年的消费支

出 C_{t-1} 作为解释变量以反映消费习惯对该地区消费支出的影响,

$$D_t = \begin{cases} 1 & \text{第 } t \text{ 年为正常年份} \\ 0 & \text{第 } t \text{ 年为反常年份} \end{cases}$$

都属于滞后变量模型。

滞后变量模型有两种重要的特殊情形:**分布滞后模型**(distributed lag model,DL model)和**自回归模型**(autoregressive model,AR model)。前者是指模型中不含有滞后被解释变量做解释变量的滞后变量模型,如上述模型(4.28)和模型(6.1);后者是指模型中只含有滞后被解释变量和解释变量的当期值做解释变量的滞后变量模型,如当 $\beta_2 = \beta_3 = 0$ 时,模型(6.2)简化为:

$$C_t = \beta_0 + \beta_1 I_t + \beta_4 C_{t-1} + \beta_5 D_t + u_t \tag{6.3}$$

即为一个自回归模型。一般地,将既含有解释变量的滞后值又含有滞后被解释变量做解释变量的滞后变量模型称为**自回归分布滞后模型**(autoregressive distributed lag model, ADL model),如模型(6.2)就是一个自回归分布滞后模型。

当滞后变量模型含有滞后被解释变量作解释变量时,若其他解释变量均为确定性变量,则可以依据被解释变量的过去值对其未来取值及变化规律进行推断。该类模型刻画了被解释变量的动态变化规律,因此也被称为**动态模型**(dynamic model)。动态模型是时间序列计量经济学的重要研究内容。

本章主要讨论形如

$$\begin{aligned} Y_t = \alpha &+ \gamma_1 Y_{t-1} + \gamma_2 Y_{t-2} + \cdots + \gamma_q Y_{t-q} \\ &+ \beta_0 X_t + \beta_1 X_{t-1} + \beta_2 X_{t-2} + \cdots + \beta_s X_{t-s} + u_t \end{aligned} \tag{6.4}$$

的自回归分布滞后模型的构建及其估计问题,这里 s、q 分别称为变量 X_t 和 Y_t 的滞后长度。记模型(6.4)为 ADL(q,s)模型。若 s 和 q 均为有限,则称该模型为**有限自回归分布滞后模型**(finite ADL model),如上述模型(6.1)和模型(6.2);若 s 或 q 为无限,则称该模型为**无限自回归分布滞后模型**(infinite ADL model)。在实际中,许多经济变量的滞后效应都在相当长的时期内存在。例如,消费水平受收入的影响,可以追溯到较远的过去时期的收入水平;经济政策对经济效益的影响有一个逐步扩散的过程,目前的经济效益除了受不久前经济政策的影响外,还要受很久以前经济政策的影响,尽管这种影响可能很微弱。对于这种滞后效应,如果采用截尾的办法忽略某滞后期以前的值对被解释变量的影响,建立有限分布滞后模型来进行分析,可能存在滞后长度难以确定的问题。为了回避这一难点,可以使用无限分布滞后模型来处理。在模型(6.4)中,只有一个具有滞后效应的解释变量 X,为叙述方便,我们称像这样的模型为**一元自回归分布滞后模型**(ADL model in one explanatory variable)。

§6.2 分布滞后模型

6.2.1 模型参数的意义

设一元分布滞后模型为:

$$Y_t = \alpha + \beta_0 X_t + \beta_1 X_{t-1} + \beta_2 X_{t-2} + \cdots + \beta_s X_{t-s} + u_t \quad (t = s+1, s+2, \cdots, n) \tag{6.5}$$

其总体回归函数为：

$$E(Y_t|\tilde{X}) = \alpha + \beta_0 X_t + \beta_1 X_{t-1} + \beta_2 X_{t-2} + \cdots + \beta_s X_{t-s}$$

其中 $\tilde{X} = \{X_{s+1}, X_{s+2}, \cdots, X_n\}$。在该模型中，斜率系数 β_i（$i = 0,1,\cdots,s$）为 X_{t-i} 对被解释变量 Y_t 的条件均值 $E(Y_t|\tilde{X})$ 的偏边际效应，即 X_{t-i} 对 $E(Y_t|\tilde{X})$ 的偏影响乘数。其中 β_0 也称为**短期乘数**（short - run multiplier）或**即期乘数**（impact multiplier），它的含义是在 X_t 的各滞后变量不变的条件下，当 X_t 增加一个单位时，引起 $E(Y_t|\tilde{X})$ 增加 β_0 个单位。$\beta_i(i=1,2,\cdots,s)$ 称为**延迟乘数**（delay multiplier）或**动态乘数**（dynamic multiplier），其含义是在 X_t 及它的其他滞后变量不变的条件下，当 X_t 的滞后 i 期值 X_{t-i} 增加一个单位时，引起当期 Y_t 的条件均值 $E(Y_t|\tilde{X})$ 增加 β_i 个单位，或者说，在 X_{t+i} 及它的其他滞后变量不变的条件下，当 X_t 增加一个单位时，引起第 $t+i$ 期 Y_{t+i} 的条件均值 $E(Y_{t+i}|\tilde{X})$ 增加 β_i 个单位。$\sum_{i=0}^{s}\beta_i$ 称为**长期乘数**（long - run multiplier）或**总乘数**（total multiplier），其含义是当某一期 X 值增加一个单位，其他各期 X 值不变时，引起 Y 在各期的条件均值总计增加 $\sum_{i=0}^{s}\beta_i$ 个单位。也就是说，当 X 增加一个单位时，从长期来看，最终引起 Y 的条件均值 $E(Y|\tilde{X})$ 增加 $\sum_{i=0}^{s}\beta_i$ 个单位。

例如，设消费函数模型为：

$$C_t = 22 + 0.4 I_t + 0.3 I_{t-1} + 0.2 I_{t-2} + u_t \quad (t = 3,4,\cdots,n)$$

其中 $E(u_t|\tilde{I}) = 0$，$\tilde{I} = \{I_3, I_4, \cdots, I_n\}$，$C_t$、$I_t$ 分别为第 t 期的消费支出和收入，那么 I 影响 $E(C|\tilde{I})$ 的即期乘数、滞后1、2期的延迟乘数和长期乘数分别为0.4、0.3、0.2、0.9。为了说明长期乘数 0.4+0.3+0.2=0.9 的意义，设在第 $t-2$ 期 I 增加一个单位，那么在保持 I 在其他各期取值不变的条件下，分别由如下三个等式：

$$C_{t-2} = 22 + 0.4I_{t-2} + 0.3I_{t-3} + 0.2I_{t-4} + u_{t-2}$$
$$C_{t-1} = 22 + 0.4I_{t-1} + 0.3I_{t-2} + 0.2I_{t-3} + u_{t-1}$$
$$C_t = 22 + 0.4I_t + 0.3I_{t-1} + 0.2I_{t-2} + u_t$$

可知，$E(C_{t-2}|\tilde{I})$ 增加0.4个单位、$E(C_{t-1}|\tilde{I})$ 增加0.3个单位、$E(C_t|\tilde{I})$ 增加0.2个单位。因此，I 在第 $t-2$ 期增加一个单位，由于滞后效应的存在，最终导致 $E(C|\tilde{I})$ 增加0.9个单位。

由此可见，在消费函数模型中，斜率系数体现了由于滞后效应的存在，I_t 对 $E(C_{t+i}|\tilde{I})$（$i=0,1,\cdots,s$）的偏边际效应的分布情况。对于一般分布滞后模型（6.5），斜率系数分布的含义与之类似，分布滞后模型也因此而得名。

6.2.2 模型的估计

当模型（6.5）为无限分布滞后模型（$s = \infty$）

$$Y_t = \alpha + \beta_0 X_t + \beta_1 X_{t-1} + \beta_2 X_{t-2} + \cdots + u_t \tag{6.6}$$

时，由于样本观测值的有限性，使得我们无法直接对其进行估计。当模型（6.5）的滞后长度 s 为有限时，可以采用最小二乘法对其进行估计，但会存在如下问题：

（1）多重共线性问题。由于经济行为的连续性，经济变量与其滞后值之间通常存在较强的相关性，因此导致分布滞后模型很可能存在较严重的多重共线性问题。

(2) 自由度损失问题。如果分布滞后模型的滞后长度 s 较大,待估计的参数较多,将会损失样本的自由度,导致参数估计的精确度下降,变量的显著性检验失效。

针对直接估计分布滞后模型存在的一些缺陷,在实证分析中,计量经济学家提出了一系列的修正估计方法。下面我们分别介绍有限分布滞后模型和无限分布滞后模型常用的估计方法。

6.2.2.1　有限分布滞后模型的估计

估计有限分布滞后模型的基本思想是,对模型中的系数施加某种约束,有目的地减少需要直接估计的参数个数,以缓解多重共线性,保证自由度。**常用的估计有限分布滞后模型的方法**主要有经验加权法、阿尔蒙(Almon)多项式法等。

(1)经验加权法

所谓经验加权法,是根据实际经济问题的特点及经验判断,给模型中各滞后变量指定权数,利用这些权数构造它们的线性组合以形成新的变量,再应用 OLS 法(或 GLS 法)进行估计。常见的权数分布有三种类型:递减型、不变型(或矩型)和倒 V 型。

① 递减型。递减型是指随着滞后期的增加权数是递减的,如图 6-1(a)所示。这种类型的权数设定适合于解释变量 X 对被解释变量 Y 的滞后影响随着滞后期的增加越来越小的情形。例如,在估计消费函数模型

$$C_t = \alpha + \beta_0 I_t + \beta_1 I_{t-1} + \beta_2 I_{t-2} + \beta_3 I_{t-3} + u_t \tag{6.7}$$

时,由于收入的近期值对消费支出的影响大于其远期值的影响,因此可以设定权数分布为递减型的。比如,设定 I_t、I_{t-1}、I_{t-2}、I_{t-3} 的权数分别为:

$$\frac{1}{2},\quad \frac{1}{4},\quad \frac{1}{6},\quad \frac{1}{12}$$

将原模型转变为:

$$\begin{aligned} C_t &= \alpha + \frac{1}{2}\gamma I_t + \frac{1}{4}\gamma I_{t-1} + \frac{1}{6}\gamma I_{t-2} + \frac{1}{12}\gamma I_{t-3} + v_t \\ &= \alpha + \gamma\left(\frac{1}{2}I_t + \frac{1}{4}I_{t-1} + \frac{1}{6}I_{t-2} + \frac{1}{12}I_{t-3}\right) + v_t \\ &= \alpha + \gamma Z_t + v_t \end{aligned} \tag{6.8}$$

其中

$$Z_t = \frac{1}{2}I_t + \frac{1}{4}I_{t-1} + \frac{1}{6}I_{t-2} + \frac{1}{12}I_{t-3}$$

为新的组合变量。此时模型(6.8)不存在前面提到的自由度和多重共线性问题,通过估计该模型,可以得到参数 α、γ 的估计量 $\hat{\alpha}$、$\hat{\gamma}$,进而便可以得到原模型中参数 α、β_0、β_1、β_2、β_3 的估计量分别为 $\hat{\alpha}$、$\frac{1}{2}\hat{\gamma}$、$\frac{1}{4}\hat{\gamma}$、$\frac{1}{6}\hat{\gamma}$、$\frac{1}{12}\hat{\gamma}$。

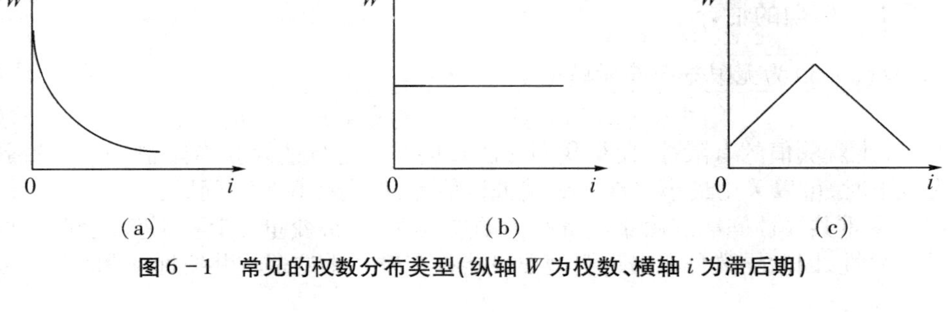

图 6-1　常见的权数分布类型(纵轴 W 为权数、横轴 i 为滞后期)

② 不变型或矩型。不变型或矩型是指权数不随着滞后期的变化而变化,如图 6-1(b)所示。这种类型的权数设定适合于解释变量 X 对被解释变量 Y 的滞后影响不随着滞后期的变化而变化的情形。例如,估计反映某一地区制造业库存量 Y 和销售额 X 之间数量关系的模型

$$Y_t = \alpha + \beta_0 X_t + \beta_1 X_{t-1} + \beta_2 X_{t-2} + \beta_3 X_{t-3} + u_t$$

可以考虑将权数设定为不变型的。比如,设定 X_t、X_{t-1}、X_{t-2}、X_{t-3} 的权数分别为:

$$\frac{1}{4},\quad \frac{1}{4},\quad \frac{1}{4},\quad \frac{1}{4}$$

通过引入新变量:

$$Z_t = \frac{1}{4}X_t + \frac{1}{4}X_{t-1} + \frac{1}{4}X_{t-2} + \frac{1}{4}X_{t-4}$$

可以将原模型变为:

$$Y_t = \alpha + \gamma Z_t + v_t$$

③ 倒 V 型。倒 V 型是指随着滞后期的增加权数先递增后递减,呈现两头小中间大的分布特征,如图 6-1(c)所示。这种类型的权数设定适合于解释变量 X 在近期和远期对被解释变量 Y 的影响较小,而在中期对 Y 影响较大的情形。例如,设

$$Y_t = \alpha + \beta_0 X_t + \beta_1 X_{t-1} + \beta_2 X_{t-2} + \beta_3 X_{t-3} + \beta_4 X_{t-4} + u_t$$

为一个周期较长的投资项目中投资与产出量之间的回归模型,其中 Y 为产出量、X 为投资额。由于投资对产出的影响在周期期中最大,因此可以设定权数的分布为到 V 型。比如,设定 X_t、X_{t-1}、X_{t-2}、X_{t-3}、X_{t-4} 的权数分别为:

$$\frac{1}{5},\quad \frac{1}{3},\quad \frac{1}{2},\quad \frac{1}{4},\quad \frac{1}{8}$$

通过引入新变量:

$$Z_t = \frac{1}{5}X_t + \frac{1}{3}X_{t-1} + \frac{1}{2}X_{t-2} + \frac{1}{4}X_{t-3} + \frac{1}{8}X_{t-4}$$

可以将原模型变为:

$$Y_t = \alpha + \gamma Z_t + v_t$$

经验加权法能最大限度地节约自由度、避免多重共线性问题,而且如果权数分布设定正确,原模型中的随机误差项 u_t 与变换后模型中的 v_t 相同,由此得到的参数估计量具有良好的统计性质。该方法的缺点是,设置权数的主观随意性较大,不正确的设定可能导致参数估计量是有偏的或不一致的。因此,应用该方法估计分布滞后模型,要求分析者对实际问题的特征有比较透彻的了解。通常的做法是,依据先验信息,多选几组权数分别估计,然后对变换后的模型进行模型设定的检验,并综合考虑 t 统计量值、可决系数和各种信息准则,从中选出最佳估计方程。

例题 6.1 美国制造业销售额对库存量的影响

利用计量经济模型研究 1973 年金融危机爆发后美国制造业库存量 Y 对销售额 X 的数量依赖关系。表 6-1 给出了 1973—1999 年经季节调整的美国制造业库存量 Y 与销售额 X 的数据。考虑到 X 对 Y 的影响存在滞后效应,设定有限分布滞后模型为:

$$Y_t = \alpha + \beta_0 X_t + \beta_1 X_{t-1} + \beta_2 X_{t-2} + \beta_3 X_{t-3} + u_t \tag{6.9}$$

运用经验加权法,选择下列三组权数:① 1,1/2,1/4,1/6;② 1/4,1/4,1/4,1/4;③ 1/5,2/3,1/3,1/6;分别估计上述模型,并从中选择最佳的样本回归方程。

表 6-1　经季节调整的美国制造业库存量与销售额数据　　单位:百万美元

年份	库存量 Y	销售额 X	年份	库存量 Y	销售额 X
1973	124 499	72 931	1987	338 109	206 326
1974	157 625	84 790	1988	369 374	224 619
1975	159 708	86 589	1989	391 212	236 698
1976	174 636	98 797	1990	405 073	242 686
1977	188 378	113 201	1991	390 905	239 847
1978	211 691	126 905	1992	382 510	250 394
1979	242 157	143 936	1993	384 039	260 635
1980	265 215	154 391	1994	404 877	279 002
1981	283 413	168 129	1995	430 985	299 555
1982	311 852	163 351	1996	436 729	309 622
1983	312 379	172 547	1997	456 133	327 452
1984	339 516	190 682	1998	466 798	337 687
1985	334 749	194 538	1999	470 377	354 961
1986	322 654	194 657			

注:数据来源于达摩达尔·*N*.古扎拉蒂.计量经济学基础[*M*].费剑平,等译.4版.北京:中国人民大学出版社,2005:650-651.

依据经验加权法估计模型(6.9)的过程如下:

① 构造上述三组权数对应的线性组合变量分别为:

$$Z_{1t}=X_t+\frac{1}{2}X_{t-1}+\frac{1}{4}X_{t-2}+\frac{1}{6}X_{t-3}$$

$$Z_{2t}=\frac{1}{4}X_t+\frac{1}{4}X_{t-1}+\frac{1}{4}X_{t-2}+\frac{1}{4}X_{t-3}$$

$$Z_{3t}=\frac{1}{5}X_t+\frac{2}{3}X_{t-1}+\frac{1}{3}X_{t-2}+\frac{1}{6}X_{t-3}$$

进而建立 Y_t 对 $Z_{ht}(h=1,2,3)$ 的一元线性回归模型:

$$Y_t=\alpha+\beta Z_{ht}+v_t \qquad (h=1,2,3) \tag{6.10}$$

②估计并比较(6.10)式中的三个模型。首先利用OLS法估计这些模型,并对随机误差项进行DW和LM自相关性检验,结果均表明它们都存在自相关性。因此,我们采用非线性最小二乘法重新估计它们,所得回归结果分别为:

$h=1$:　$\hat{Y}_t=154\,903.0+0.497\,422Z_{1t}+0.766\,951AR(1)$

t 值　3.443 7　5.878 7　7.003 2

P 值　0.002 6　0.000 0　0.000 0

$R^2=0.983\,0, \bar{R}^2=0.981\,3, F=579.91$($P$ 值 $=0.000\,0$)

$AIC=21.534$,　$SIC=21.682$

$h=2$:　$\hat{Y}_t=157\,861.9+0.969\,048Z_{2t}+0.733\,599AR(1)$

t 值　3.564 3　5.731 3　5.654 3

P 值　0.001 9　0.000 0　0.000 0

$R^2 = 0.980\ 3, \bar{R}^2 = 0.978\ 4$, $F = 499.68$(P 值 $= 0.000\ 0$)

$AIC = 21.680$, $SIC = 21.828$

$h = 3$: $\hat{Y}_t = 157\ 817.8 + 0.704\ 426Z_{3t} + 0.739\ 224AR(1)$

t 值	3.467 6	5.612 4	5.709 6
P 值	0.002 4	0.000 0	0.000 0

$R^2 = 0.980\ 7, \bar{R}^2 = 0.978\ 7$, $F = 508.39$(P 值 $= 0.000\ 0$)

$AIC = 21.663$, $SIC = 21.811$

LM 检验的结果表明上述三个模型已不存在自相关性。从回归结果可以看出，所有模型都具有相当高的拟合优度，且回归系数均显著不为 0，但相比之下，$h = 1$ 的情形，即选择递减结构的权数序列所得回归结果，无论是从 t 统计量值，还是从 R^2、$\bar{R}^2$、AIC、SIC 的值来看，均好于其他两种情形。由此可以认为选择权数序列为 1,1/2,1/4,1/6 估计模型比较合适。于是，得到利用经验加权法估计模型(6.9)的样本回归函数为：

$$Y_t = 154\ 904.8 + 0.497\ 419X_t + 0.248\ 71X_{t-1} + 0.124\ 355X_{t-2} + 0.082\ 903X_{t-3} \quad (6.11)$$

(2)阿尔蒙(Almon)多项式法

为了处理有限分布滞后模型存在的估计问题，阿尔蒙(S. Almon)于 1965 年提出了一种利用多项式来逼近滞后变量系数的变换结构，以减少直接估计的参数个数的估计方法，即所谓的**阿尔蒙多项式法**(Almon polynomial approach)。其基本原理是，在有限分布滞后模型(6.5)的滞后长度 s 已知的情况下，以滞后期 i 为横轴、滞后系数 β_i 为纵轴建立坐标系，如果点 $(i,\beta_i)$$(i = 0,1,2,\cdots,s)$ 落在一条光滑曲线上或分布在一条光滑曲线附近，如图 6－2 所示，那么 β_i 可以由一个关于 i 的 m $(m < s)$ 次多项式很好地逼近①，即可以认为：

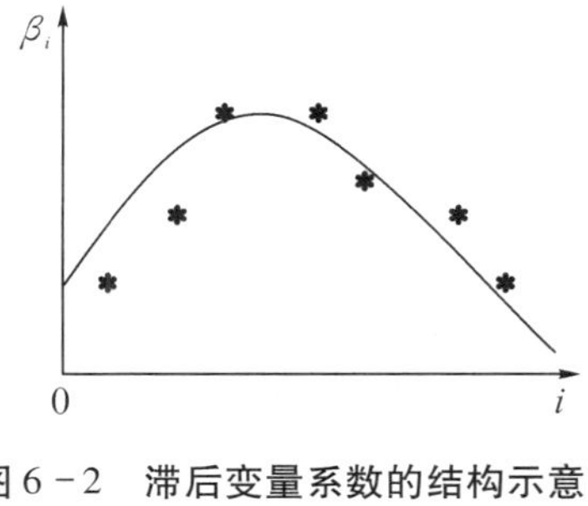

图 6－2 滞后变量系数的结构示意图

$$\beta_i = \alpha_0 + \alpha_1 i + \alpha_2 i^2 + \cdots + \alpha_m i^m \quad (i = 0,1,2,\cdots,s;m < s)$$

即

① 该做法的基本依据是数学上的维尔斯特拉斯定理(Weierstrass' theorem)，即若 $f(x)$ 为闭区间[a,b]上的连续函数，则存在 x 的多项式序列 $P_n(x)$ 在[a,b]上一致收敛于 $f(x)$。简言之，该定理表明一个闭区间上的连续函数可以用适当的多项式序列一致地逼近。

$$\begin{cases}\beta_0 = \alpha_0 + \alpha_1 \cdot 0 + \alpha_2 \cdot 0^2 + \cdots + \alpha_m \cdot 0^m \\ \beta_1 = \alpha_0 + \alpha_1 \cdot 1 + \alpha_2 \cdot 1^2 + \cdots + \alpha_m \cdot 1^m \\ \beta_2 = \alpha_0 + \alpha_1 \cdot 2 + \alpha_2 \cdot 2^2 + \cdots + \alpha_m \cdot 2^m \\ \qquad \vdots \\ \beta_s = \alpha_0 + \alpha_1 \cdot s + \alpha_2 \cdot s^2 + \cdots + \alpha_m \cdot s^m \end{cases} \tag{6.12}$$

此式称为**阿尔蒙多项式变换**(Almon polynomial transformation)。于是,利用阿尔蒙多项式变换便可以减少直接估计的参数个数,达到减弱多重共线性问题的目的。阿尔蒙多项式法的具体步骤:

① 将(6.12)式代入模型(6.5)并整理,得

$$\begin{aligned} Y_t = \alpha &+ \alpha_0(X_t + X_{t-1} + X_{t-2} + \cdots + X_{t-s}) \\ &+ \alpha_1(X_{t-1} + 2X_{t-2} + 3X_{t-3} \cdots + sX_{t-s}) \\ &+ \alpha_2(X_{t-1} + 2^2X_{t-2} + 3^2X_{t-3} \cdots + s^2X_{t-s}) \\ &\quad \vdots \\ &+ \alpha_m(X_{t-1} + 2^mX_{t-2} + 3^mX_{t-3} \cdots + s^mX_{t-s}) + u_t \end{aligned}$$

令

$$\begin{cases} Z_{0t} = X_t + X_{t-1} + X_{t-2} + \cdots + X_{t-s} \\ Z_{1t} = X_{t-1} + 2X_{t-2} + 3X_{t-3} \cdots + sX_{t-s} \\ Z_{2t} = X_{t-1} + 2^2X_{t-2} + 3^2X_{t-3} \cdots + s^2X_{t-s} \\ \qquad \vdots \\ Z_{mt} = X_{t-1} + 2^mX_{t-2} + 3^mX_{t-3} \cdots + s^mX_{t-s} \end{cases} \tag{6.13}$$

则

$$Y_t = \alpha + \alpha_0 Z_{0t} + \alpha_1 Z_{1t} + \alpha_2 Z_{2t} + \cdots + \alpha_m Z_{mt} + u_t \tag{6.14}$$

该模型所含待估参数的个数为 $m+2<s+2$。

② 在 u_t 满足基本假定的条件下,利用 OLS 法估计模型(6.14)可以得到参数的估计量 $\hat{\alpha},\hat{\alpha}_0,\hat{\alpha}_1,\cdots,\hat{\alpha}_m$。

③ 将 $\hat{\alpha},\hat{\alpha}_0,\hat{\alpha}_1,\cdots,\hat{\alpha}_m$ 代入(6.12)式,便可以求得原分布滞后模型的参数估计量 $\hat{\alpha}$,$\hat{\beta}_0,\hat{\beta}_1,\cdots,\hat{\beta}_s$。

在 EViews 软件下,利用阿尔蒙多项式法估计模型(6.5)的执行程序:

在主窗口中,点击 Quick→ Estimate Equation,接着在弹出的 Equation Estimation 窗口的 Equation Specification 对话框中,依次键入"Y C PDL(X,s,m)"(注:s、m 分别为滞后长度和阿尔蒙多项式的次数的具体数值),然后点击"确定",即可得到参数估计值的输出结果。

注意:对于含有多个具有滞后效应的解释变量(如 X1、X2、X3)的分布滞后模型,在 EViews 软件下利用阿尔蒙多项式法估计,与一元分布滞后模型的估计不同的是,需要在 Equation Specification 对话框中输入多个 PDL 项,比如

Y C PDL(X1,4,2) PDL(X2,3,1) PDL(X3,3,2)

其中各 PDL 项的意义与一元分布滞后模型的情形一致。

从上述分析可以看出，通过阿尔蒙多项式变换，所得模型中的待估参数个数少于原分布滞后模型中的参数个数。但在实际应用中，阿尔蒙多项式的次数 m 的确定带有一定的主观性，通常是选择若干个 m 值，分别利用阿尔蒙多项式法估计模型，通过比较各估计结果的经济意义和 t 统计量值以及变换后模型的 $\bar{R}^2$、AIC、SIC 的样本值，从中选择"最优的"m 值。在一般情形下，m 值取得比较低，很少超过 4。如果 m 值取得过大，则达不到通过阿尔蒙多项式变换减弱多重共线的目的。

例题 6.2　模型(6.9)的阿尔蒙多项式法估计

采用阿尔蒙多项式法估计模型(6.9)，首先设定阿尔蒙多项式的次数分别为 $m=1$ 和 $m=2$，并利用 EViews 软件得到估计结果。按照上面介绍的选择"最优"m 值的通常做法，比较这两个估计结果，确定将 $m=1$ 作为阿尔蒙多项式的次数。表 6－2 为在 EViews 软件下，利用阿尔蒙多项式法估计模型(6.9)得到的输出结果：

表 6－2　阿尔蒙多项式法估计模型(6.9)的输出结果

Dependent Variable: Y

Method: ARMA Conditional Least Squares (Gauss－Newton / Marquardt steps)

Date: 06/04/21　Time: 11:36

Sample (adjusted): 1977 1999

Included observations: 23 after adjustments

Convergence achieved after 7 iterations

Coefficient covariance computed using outer product of gradients

Variable	Coefficient	Std. Error	t－Statistic	Prob.
C	167 802.8	62 113.32	2.701 560	0.014 1
PDL01	0.367 385	0.079 929	4.596 371	0.000 2
PDL02	－0.298 291	0.146 806	－2.031 876	0.056 4
AR(1)	0.807 385	0.108 149	7.465 460	0.000 0

R－squared	0.983 856	Mean dependent var	353 875.0
Adjusted R－squared	0.981 308	S.D. dependent var	79 127.23
S.E. of regression	10 818.32	Akaike info criterion	21.572 64
Sum squared resid	2.22E＋09	Schwarz criterion	21.770 12
Log likelihood	－244.085 4	Hannan－Quinn criter.	21.622 30
F－statistic	385.980 9	Durbin－Watson stat	1.769 837
Prob(F－statistic)	0.000 000		
Inverted AR Roots	.81		

Lag Distribution of X	i	Coefficient	Std. Error	t－Statistic
.　　　　* |	0	0.665 68	0.212 88	3.126 95
.　　*　　|	1	0.367 39	0.079 93	4.596 37
. *　　　　|	2	0.069 09	0.102 77	0.672 32
*　.　　　　|	3	－0.229 20	0.240 50	－0.953 01
Sum of Lags		0.872 96	0.222 25	3.927 79

注：由于经阿尔蒙多项式变换后的模型存在自相关性，我们采用的是 EViews 软件中的非线性最小二乘法，在操作时需要在 Equation Specification 窗口的对话框中依次键入"Y　C　PDL(X,3,1)　AR(1)"。

表6-2中基本估计信息下面的第一部分是对经阿尔蒙多项式变换后所得模型的估计结果①,其中截距项的估计值167 802.8亦为原模型中截距项α的估计值;第二部分是利用阿尔蒙多项式法所得原模型的估计结果。由此可得模型(6.9)的样本回归函数及t统计量值为:

$$\hat{Y}_t = 167\,806.1 + 0.665\,68X_t + 0.367\,39X_{t-1} + 0.069\,09X_{t-2} - 0.229\,20X_{t-3}$$

t值　2.701 560　3.126 95　4.596 37　0.672 32　−0.953 01

利用t检验易知,在0.05的显著性水平下,X_t、X_{t-1}的系数显著不为0,X_{t-2}、X_{t-3}的系数显著为0。与利用经验加权法得到的结果(6.11)相比,可以发现样本回归函数前三个斜率系数估计值的符号相同,都是正数,但大小相差较多;X_{t-3}的系数估计值的符号相反。由此可见,这两种方法的估计结果存在较大差异。

6.2.2.2　无限分布滞后模型的估计

估计无限分布滞后模型的基本思想是,对模型中的滞后项系数施加某种约束,使之变为包含有限个待估参数的模型,然后选择适当的方法再进行估计。这里介绍库伊克(L. M. Koyck)在1954年提出的一种通过库伊克变换估计无限分布滞后模型的处理方法。

(1)库伊克变换与库伊克模型

库伊克认为,对于如下无限分布滞后模型:

$$Y_t = \alpha + \beta_0 X_t + \beta_1 X_{t-1} + \beta_2 X_{t-2} + \cdots + u_t \tag{6.15}$$

可以假定滞后解释变量X_{t-i}对被解释变量Y的影响随着滞后期i的增加而按几何级数衰减,并将滞后项系数设定为:

$$\beta_i = \beta_0 \lambda^i \quad (i = 0,1,2,\cdots) \tag{6.16}$$

其中β_0、λ为待估参数,$0 < \lambda < 1$。公比λ值的大小决定了β_i衰减的速度,λ值越接近零,衰减速度越快。通常称λ为分布滞后衰减率。

将(6.16)式代入(6.15)式,得

$$\begin{aligned} Y_t &= \alpha + \beta_0 X_t + \beta_0 \lambda X_{t-1} + \beta_0 \lambda^2 X_{t-2} + \cdots + u_t \\ &= \alpha + \beta_0 (X_t + \lambda X_{t-1} + \lambda^2 X_{t-2} + \cdots) + u_t \\ &= \alpha + \beta_0 \sum_{i=0}^{\infty} \lambda^i X_{t-i} + u_t \end{aligned} \tag{6.17}$$

将(6.17)式滞后一期,得

$$\begin{aligned} Y_{t-1} &= \alpha + \beta_0 \sum_{i=0}^{\infty} \lambda^i X_{t-1-i} + u_{t-1} \\ &= \alpha + \beta_0 \sum_{i=1}^{\infty} \lambda^{i-1} X_{t-i} + u_{t-1} \end{aligned} \tag{6.18}$$

对(6.18)式两端同乘λ,再与(6.17)式相减,得

① 在EViews软件下,经阿尔蒙多项式变换后的模型与我们介绍的模型(6.14)不一致,因此输出结果中PDL01和PDL02的系数值并非模型(6.14)中α_1、α_2的估计值,但对原模型的估计结果是一致的。

$$Y_t - \lambda Y_{t-1} = (\alpha + \beta_0 \sum_{i=0}^{\infty} \lambda^i X_{t-i} + u_t) - (\lambda\alpha + \beta_0 \sum_{i=1}^{\infty} \lambda^i X_{t-i} + \lambda u_{t-1})$$
$$= \alpha(1 - \lambda) + \beta_0 X_t + (u_t - \lambda u_{t-1})$$

即

$$Y_t = \alpha^* + \beta_0 X_t + \lambda Y_{t-1} + u_t^* \tag{6.19}$$

其中 $\alpha^* = \alpha(1 - \lambda)$，$u_t^* = u_t - \lambda u_{t-1}$。

模型(6.19)为只含有限个(3 个)待估参数的一阶自回归模型，称之为**库伊克模型**(Koyck model)，上述变换程序称为**库伊克变换**(Koyck transformation)。于是，无限分布滞后模型(6.15)的估计问题就转化为估计库伊克模型(6.19)的问题。只要得到 α^*、β_0、λ 的估计量 $\hat{\alpha}^*$、$\hat{\beta}_0$、$\hat{\lambda}$，便可以得到原模型中参数 α、$\beta_i (i = 0,1,2,\cdots)$ 的估计量：

$$\hat{\alpha} = \hat{\alpha}^* / (1 - \hat{\lambda})$$
$$\hat{\beta}_i = \hat{\beta}_0 \hat{\lambda}^i$$

(2)库伊克模型的估计

对于满足基本假定条件的无限分布滞后模型(6.15)，经库伊克变换得到的库伊克模型(6.19)存在自相关性和内生解释变量问题，不再满足基本假定条件。证明过程如下：

$$Cov(u_t^*, u_{t-1}^*) = E\{[u_t - \lambda u_{t-1} - E(u_t - \lambda u_{t-1})][u_{t-1} - \lambda u_{t-2} - E(u_{t-1} - \lambda u_{t-2})]\}$$
$$= E(u_t u_{t-1}) - \lambda E(u_{t-1}^2) - \lambda E(u_t u_{t-2}) + \lambda^2 E(u_{t-1} u_{t-2})$$

(利用 u_t 的零均值假定)

$$= -\lambda E(u_{t-1}^2) \neq 0$$ (利用 u_t 的无自相关性假定)

$$Cov(Y_{t-1}, u_t^*) = Cov(Y_{t-1}, u_t - \lambda u_{t-1})$$
$$= Cov(\alpha + \beta_0 \sum_{i=1}^{\infty} \lambda^{i-1} X_{t-i} + u_{t-1}, u_t) - \lambda Cov(\alpha + \beta_0 \sum_{i=1}^{\infty} \lambda^{i-1} X_{t-i} + u_{t-1}, u_{t-1})$$
$$= Cov(u_{t-1}, u_t) - \lambda Cov(u_{t-1}, u_{t-1})$$
$$= -\lambda Var(u_{t-1}) \neq 0$$ (利用 u_t 的无自相关性假定)

所以，OLS 法或 GLS 法不再适用。解决库伊克模型的估计问题，常用的方法是在 §4.4 中介绍的工具变量法，由此可以得到参数的一致估计量。

由上述讨论可知，利用库伊克变换，使模型结构得到极大的简化，可以解决一个无限分布滞后模型的估计问题。但在实际应用中，应该注意的是，库伊克模型是建立在滞后解释变量 X_{t-i} 对被解释变量 Y 的影响随着滞后期 i 的增加而逐渐衰减的假定之上，如果所建模型中变量之间的滞后效应不属于这种情形，那么库伊克变换就不再适用。例如，反映固定资产投资对总产出影响的滞后效应的分布滞后模型就是一例。

6.2.3 模型滞后长度的确定

前面我们所讨论的分布滞后模型的估计问题是在已知滞后长度的前提下进行的，因此要建立一个能够应用的分布滞后模型，首先需要确定它的滞后长度。不幸的是，经济理论往往只指出滞后效应是否存在，并没有告诉我们滞后效应的截止期限，因此在实际经济分析中用分布滞后模型来处理滞后现象时，模型中滞后长度的确定较为困难，往往没有充分的先验信息可供使用。**常采用的确定方法**是：首先确定一个“最大的”滞后长度

P,建立一个“一般”模型,然后依据模型的经济意义,并综合考虑 t 检验、F 检验的结果,以及 $\bar{R}^2$、各种信息准则值来确定合适的滞后长度。

关于分布滞后模型的确定,阿尔特(F. F. Alt)(1942)和丁伯根(J. Tinbergen)(1949)曾建议使用 OLS 法递推地估计模型来确定其滞后长度。其基本思路是,首先做被解释变量 Y_t 关于解释变量 X_t 的回归,然后做 Y_t 关于 X_t 和 X_{t-1} 的回归,再做 Y_t 关于 X_t、X_{t-1} 和 X_{t-2} 的回归,依此添加解释变量 X_t 的滞后项,直到滞后变量的回归系数开始变成统计上不显著或至少有一个变量的系数改变符号为止,去掉最后添加的滞后变量便得到要建立的分布滞后模型。这种方法实际是“从特殊到一般”的建模方法。显然,在所包含的滞后变量个数少于“正确”的个数之前的任何一个模型都存在遗漏变量的偏误,所得参数的估计量通常是有偏且不一致的,由此得到的统计推断是不可靠的。因此,我们不建议读者使用这种方法确定分布滞后模型的滞后长度。

§6.3 自回归模型

库伊克模型是无限分布滞后模型经库伊克变换得到的一阶自回归模型,本节将介绍基于经济理论建立的两个经典自回归模型:自适应预期模型和局部调整模型,并进一步讨论自回归模型的估计问题。

6.3.1 自适应预期模型

在实际经济活动中,经济活动的主体经常根据他们对某些经济变量未来走势的“预期”来改变自己的决策行为。例如,一家公司的价值在过去稳步增长,投资者就可能会预期这种情况将持续下去,并据此做出投资决策。又如,企业会根据对产品未来价格走势的预期,决定当期的生产量以及是否对新设备进行投资。同样,为了确定种植哪种农作物最有利可图,农民往往要对各种农作物的未来价格进行预测;消费者在决定是否购买房屋、汽车或家用电器时,也需对这些消费品的未来价格进行预测。再如,当期居民消费水平的高低,在一定程度上取决于他们对未来收入水平的预期,即取决于预期的收入水平。这些例子表明某些经济变量的变化会或多或少地受到另一些经济变量预期值的影响。为了处理这种经济现象,我们可以将变量的预期值作为解释变量引入模型,建立“预期模型”。预期模型最简单的情形是如下只包含一个变量的预期值做解释变量的一元线性回归模型:

$$Y_t = \alpha + \beta X_t^* + u_t \tag{6.20}$$

其中 X_t^* 为变量 X_t 的预期值。

预期是对未来的判断,在大多数情况下预期值是不可观测的,因此在回归分析中需要对预期的形成机理做出某种假设。**自适应预期假设**(adaptive expectation hypothesis)就是其中之一,该假设被卡根(P. Cagan)和弗里德曼(M. Friedman)于上世纪 50 年代中期推广而得以普及。**自适应预期假设**认为,经济活动的主体对某经济变量的预期是通过一种简单的学习过程而形成的。其机理是,经济活动的主体会根据自己过去在做预期时的偏差,来修正他们以后每一时期的预期。具体来说,就是按照前一期预期偏差的某一比例对该期的预期进行修正作为下一期的预期值,使其更符合新的经济环境。这一调整过程叫作自适应调整过程,用数学式子表示为:

$$X_t^* = X_{t-1}^* + \gamma(X_t - X_{t-1}^*) \tag{6.21}$$

其中参数 γ 为**调节系数**,也称为**适应系数**,在一般情况下,$0 \leqslant \gamma \leqslant 1$。如果上一期预期值偏高,即 $X_t - X_{t-1}^* < 0$,那么本期预期值会自动降低;反之,如果上一期预期值偏低,即 $X_t - X_{t-1}^* > 0$,那么本期预期值会自动升高。通常,将解释变量预期值满足自适应调整过程的预期模型称为**自适应预期模型**(adaptive expectation model)。

自适应过程(6.21)式可以改写为:

$$X_t^* = \gamma X_t + (1-\gamma)X_{t-1}^* \tag{6.22}$$

此表明本期预期值是本期实际值和前一期预期值的加权平均,权数分别为 γ 和 $1-\gamma$。

根据自适应预期假设,自适应预期模型可转化为自回归模型。将(6.22)式代入(6.20)式,得

$$Y_t = \alpha + \beta[\gamma X_t + (1-\gamma)X_{t-1}^*] + u_t \tag{6.23}$$

将(6.20)式滞后一期并乘以 $1-\gamma$,得

$$(1-\gamma)Y_{t-1} = \alpha(1-\gamma) + \beta(1-\gamma)X_{t-1}^* + (1-\gamma)u_{t-1} \tag{6.24}$$

再将(6.23)式减去(6.24)式并整理,得

$$Y_t = \alpha^* + \beta_0^* X_t + \hat{\beta}_1^* Y_{t-1} + u_t^* \tag{6.25}$$

其中

$$\alpha^* = \gamma\alpha, \quad \beta_0^* = \gamma\beta, \quad \hat{\beta}_1^* = 1-\gamma, \quad u_t^* = u_t - (1-\gamma)u_{t-1}$$

由此可见,自适应预期模型本质上是一个一阶自回归模型。如果能得到该模型参数 α^*、β_0^*、$\hat{\beta}_1^*$ 的估计量 $\hat{\alpha}^*$、$\hat{\beta}_0^*$、$\hat{\beta}_1^*$,便可以求得自适应预期模型(6.20)中参数 α、β 的估计量:

$$\hat{\alpha} = \hat{\alpha}^*/\hat{\gamma}, \hat{\beta} = \hat{\beta}_0^*/\hat{\gamma}$$

其中 $\hat{\gamma} = 1 - \hat{\beta}_1^*$。

对于满足基本假定条件的自适应预期模型(6.20),其对应的一阶自回归模型(6.25)存在自相关性和内生解释变量问题,即

$$Cov(u_t^*, u_{t-1}^*) \neq 0$$

$$Cov(Y_{t-1}, u_t^*) \neq 0$$

因此 OLS 法或 GLS 法不再适用。此时同样需要采用工具变量法进行估计,以得到参数的一致估计量。

6.3.2 局部调整模型

在实际经济活动中,还会遇到为了适应一个变量的变化,另一个变量有一个理想的最佳值与之对应的现象。例如,企业为了确保生产或供应,对应于一定的产量或销售量,必须保持一定的原材料或产品储备,存在着理想的最佳库存量;为了确保一国经济健康发展,中央银行必须保持一定的货币供应,对应于一定的经济总量水平,应该有一个理想的最佳货币供应量。也就是说,一个变量的现值影响着另一个变量理想的最佳值。度量变量之间这种关系的最简单的模型可以表示为:

$$Y_t^* = \alpha + \beta X_t + u_t \tag{6.26}$$

其中，Y_t^* 为变量 Y_t 的理想最佳值，X_t 为解释变量的现值。在回归分析中，这里存在着与自适应预期模型类似的问题，即如何获取模型中的理想最佳值问题，因此也需要对理想最佳值的形成机理做出某种假设，**局部调整假设**（partial adjustment hypothesis）就是其中之一。

由于技术、制度、市场、习惯以及管理水平等各方面的限制，对于一定的 X_t 值，变量 Y_t 在当期一般不会达到理想最佳值，而只能向该值进行部分的调整。例如，对于一定的经济总量水平，与之对应的理想最佳货币供应量需要经过若干期后才可能达到。因此，尼洛夫（M. Nerlove）于 1958 年提出了**局部调整假设**，该假设认为，变量 Y_t 的实际变化仅仅是理想最佳变化的一部分，用数学式子表示为：

$$Y_t - Y_{t-1} = \delta(Y_t^* - Y_{t-1}) \tag{6.27}$$

其中 δ 称为**调整系数**或**调整速度**。该式意味着，在每一期里变量 Y_t 的调整量（$Y_t - Y_{t-1}$）为 Y_t 的理想最佳值增量（$Y_t^* - Y_{t-1}$）的 $100 \times \delta\%$。一般情况下，$0 \leqslant \delta \leqslant 1$。$\delta$ 越接近 1，表明调整到理想最佳水平的速度越快。若 $\delta = 1$，则 $Y_t = Y_t^*$，此表明实际变动等于理想变动，调整在当期完全实现；若 $\delta = 0$，则 $Y_t = Y_{t-1}$，此表明当期值与上期值一样，完全没有调整。满足局部调整假设(6.27)的模型(6.26)称为**局部调整模型**（partial adjustment model）。

局部调整假设(6.27)式也可写成：

$$Y_t = \delta Y_t^* + (1 - \delta) Y_{t-1} \tag{6.28}$$

即 Y_t 的实际值是其当期理想最佳值 Y_t^* 与前一期实际值的加权和，权数分别为 δ 和 $1-\delta$。

把(6.26)式代入(6.28)式，可得局部调整模型的转化形式：

$$\begin{aligned} Y_t &= \delta(\alpha + \beta X_t + u_t) + (1 - \delta) Y_{t-1} \\ &= \delta\alpha + \delta\beta X_t + (1 - \delta) Y_{t-1} + \delta u_t \end{aligned} \tag{6.29}$$

令

$$\alpha^* = \delta\alpha,\quad \beta_0^* = \delta\beta,\quad \hat{\beta}_1^* = 1 - \delta,\quad u_t^* = \delta u_t \tag{6.30}$$

则(6.29)式变为：

$$Y_t = \alpha^* + \beta_0^* X_t + \hat{\beta}_1^* Y_{t-1} + u_t^* \tag{6.31}$$

这说明局部调整模型本质上也是一个一阶自回归模型。若能得到该模型的参数估计量，将它们代入(6.30)式就可求出原模型(6.26)的参数估计量。

若原模型(6.26)满足基本假定条件，则易知 $u_t^* = \delta u_t$（$\delta \neq 0$）具有零均值、无自相关性和同方差性，而且

$$Cov(Y_{t-1}, u_t^*) = 0,\ Cov(Y_{t-1}, u_s^*) \neq 0\ (s < t)$$

因此，模型(6.31)不存在内生解释变量问题，其参数的 OLS 估计量是有偏的，但具有一致性。（见第 4 章 §4.4 节）

从上述分析可以看出，库伊克模型、自适应预期模型与局部调整模型的最终形式都是一阶自回归模型，但它们的导出背景并不相同：库伊克模型是在无限分布滞后模型的基础上根据库伊克几何分布滞后假设而导出的；自适应预期模型是在解释变量的自适应预期假设下得到的；局部调整模型则是在局部调整假设下得到的。因为模型的形成机理不同而导致随机误差项的结构有所不同，所以采用的估计方法也不尽相同：前两个模型需要应用工具变量法，而后一个模型在满足基本假定条件的情形下可以直接应用 OLS 法

估计。另外,对于上述一阶自回归模型,容易将其转化为库伊克模型的无限阶分布滞后模型的形式(请读者自己验证),因此自适应预期模型和局部调整模型都可以看作基于特定经济含义的库伊克模型的特例。

6.3.3 一般自回归模型

6.3.3.1 基本假定条件

一元有限滞后长度自回归模型的一般形式为:

$$Y_t = \alpha + \beta_0 X_t + \gamma_1 Y_{t-1} + \gamma_2 Y_{t-2} + \cdots + \gamma_q Y_{t-q} + u_t \qquad (6.32)$$

该式也称为变量 Y_t 的**q 阶自回归模型**(qth order autoregressive model)。从库伊克模型、自适应预期模型与局部调整模型的讨论可以看到,当误差项存在自相关性时,自回归模型存在内生解释变量问题;当误差项不存在自相关性时,自回归模型也不存在内生解释变量问题。事实上,这种现象具有一定的普遍性,它是由自回归模型的结构决定的。

将模型(6.32)滞后 j 期的表达式:

$$Y_{t-j} = \alpha + \beta_0 X_{t-j} + \gamma_1 Y_{t-j-1} + \gamma_2 Y_{t-j-2} + \cdots + \gamma_q Y_{t-j-q} + u_{t-j} \qquad (j = 1,2,\cdots)$$

依次代入(6.32)式中,可以将其变换为:

$$Y_t = \alpha_0 + \sum_{j=0}^{\infty} \beta_j X_{t-j} + \sum_{j=0}^{\infty} \psi_j u_{t-j} \qquad (6.33)$$

其中所有变量的系数及截距项均为原模型中参数的函数。显然,当 u_t 为白噪声过程且与 $X_t, X_{t-1}, \cdots$ 不相关时,u_t 与 $Y_{t-1}, Y_{t-2}, \cdots$ 也不相关;当 u_t 存在自相关性时,通常 u_t 与 $Y_{t-1}, Y_{t-2}, \cdots$ 是相关的。因此,**自回归模型(6.32)不存在内生解释变量问题的基本条件为:**随机误差项 u_t 为白噪声过程且与 $X_t, X_{t-1}, \cdots$ 不相关。对于满足这个基本条件的自回归模型,其参数的 OLS 估计量就具有一致性。由此可知,若 X 为确定性变量,只要 u_t 为白噪声过程,就可以利用 OLS 法估计模型(6.32)。

6.3.3.2 阶数的确定

在实证分析中,自回归模型的一个重要应用是预测。为此,除具有明确经济背景的情形(如自适应预期模型、局部调整模型等)外,对于具有较强自相关性的变量也可以考虑直接建立自回归模型。与分布滞后模型一样,自回归模型也存在如何确定阶数(即滞后长度)的问题。在实际问题中,可以参考分布滞后模型阶数的确定方法并考虑所建模型自相关性的检验结果来确定阶数。

例题 6.3 美国制造业的最佳库存量模型

在例题 6.1 和例题 6.2 中,我们利用分布滞后模型研究了 1973 年金融危机爆发后美国制造业实际库存量 Y 与实际销售额 X 之间的数量依赖关系。考虑到对于一定的销售量,美国制造业存在着理想的最佳库存量问题,这里我们依据局部调整假设和表 6-1 给出的样本数据,建立 1 973—1999 年美国制造业的最佳库存量模型。对于销售额 X_t,分别用 Y_t^*、Y_t 表示与之相对应的最佳库存量和实际库存量,并设美国制造业的最佳库存量模型为:

$$Y_t^* = \alpha + \beta X_t + u_t \qquad (6.34)$$

其中 Y_t^* 满足

$$Y_t - Y_{t-1} = \delta(Y_t^* - Y_{t-1})$$

该模型可以转化为：

$$Y_t = \alpha^* + \beta_0^* X_t + \beta_1^* Y_{t-1} + u_t^* \qquad (6.35)$$

其中

$$\alpha^* = \delta\alpha,\quad \beta_0^* = \delta\beta,\quad \beta_1^* = 1-\delta,\quad u_t^* = \delta u_t$$

利用 OLS 法估计模型(6.35)，得回归结果：

$$\hat{Y}_t = 38\ 117.11 + 0.319\ 829X_t + 0.711\ 285Y_{t-1} \qquad (6.36)$$

t 值	4.485 2	2.779 3	7.918 2
P 值	0.000 2	0.010 7	0.000 0

$R^2 = 0.986\ 5, \bar{R}^2 = 0.985\ 3, F = 842.96$（$P$ 值 $=0.000\ 0$）

$AIC = 21.679,\quad SIC = 21.824$

因为模型(6.35)含有滞后被解释变量 Y_{t-1} 做解释变量，所以不能使用 DW 检验法检验该模型的自相关性。表 6－3 给出了采用 LM 检验法得到的输出结果。

表 6－3　LM 检验的统计量值 $LM(p)$ 及其相应的 P 值

滞后阶数(p)	1	2	3	4
$LM(p)$	1.979 420	2.032 664	3.724 035	6.016 215
P 值	0.159 5	0.361 9	0.292 8	0.197 9

从表 6－3 可以看出，当滞后阶数为 1～4 时，LM 统计量的 P 值均大于 0.05，此表明在 0.05 的显著性水平下，模型(6.35)不存在自相关性。在回归结果(6.36)中，参数的估计值具有合理经济意义；$R^2 = 0.986\ 5$ 表明模型具有很高的拟合优度；所有 t 统计量的 P 值均小于 0.05，表明在 0.05 的显著性水平下，所有回归系数均显著不为 0。因此，方程(6.36)能够反映实际库存量 Y 与销售额 X 之间的短期数量关系。由此可知，销售额 X 对实际库存量 Y 的短期影响乘数约为 0.32，即销售额 X 增加 100 万美元，当期的实际库存量约增加 0.32 百万美元。

于是，可得模型(6.34)中参数 δ、α、β 的估计值分别为：

$\hat{\delta} = 1 - \hat{\beta}_1^* = 1 - 0.711\ 285 = 0.288\ 715$

$\hat{\alpha} = \hat{\alpha}^*/\hat{\delta} = 38\ 117.11/0.288\ 715 = 132\ 023.3$

$\hat{\beta} = \hat{\beta}_0^*/\hat{\delta} = 0.319\ 829/0.288\ 715 = 1.107\ 767$

进而，得到 1973—1999 年美国制造业的最佳库存量模型为：

$$\hat{Y}_t^* = 132\ 023.3 + 1.107\ 767X_t \qquad (6.37)$$

该式表明，在理想状态下或从长期来看，销售额 X 对库存量 Y 的影响乘数，即长期影响乘数约为 1.11[见练习题六综合应用题(3)]，即当期的销售额 X 增加 100 万美元，理想的库存量应该增加约 111 万美元。调整系数 $\delta = 0.288\ 715$ 表明，在每一期里，库存调整量 $(Y_t - Y_{t-1})$ 约为理想库存量增量 $(Y_t^* - Y_{t-1})$ 的 29%。

在本例中，我们建立的 1973—1999 年美国制造业的最佳库存量模型为线性表达式(6.37)，读者也可以考虑建立其他竞争模型来刻画这一时期美国制造业的最佳库存量与销售额之间的关系，并对它们进行比较分析[见练习题六综合应用题(4)]。

§6.4 Granger 因果关系检验

经济变量之间是否存在因果关系，是否可以依据一个变量来估计或预测另一个变量，是人们经常关心的问题。比如，究竟是经济增长导致货币供应量的增加，还是货币供应量的增加推动经济增长，或者两者互为因果关系？货币供应量的增加与通货膨胀之间是否存在因果关系？扩大内需，增加消费能否促进我国的经济增长？等等。严格的“因果关系”来自理想条件下的逻辑推理，而经济理论给出的是变量各种可能的影响因素分析，对于一个具体的经济环境，其中一些理论上的影响因素对所研究的变量可能并不产生影响，那么能否依据样本数据对变量之间的“因果关系”进行检验，以便为发现真实的因果方向提供有用的证据呢？格兰杰（C. W. J. Granger）于 1969 年提出的基于自回归分布滞后模型的“**格兰杰（Granger）因果关系检验**”（Granger causality test），对此给出了肯定的回答。本节作为自回归分布滞后模型的应用，通俗地介绍这种检验方法。

Granger 因果关系检验的基本思想是，当变量之间存在因果关系时，它们在时间上应该具有先导和滞后的关系，作为原因变量的变化要先于作为结果变量的变化。如果 X 的变化发生在 Y 变化之前，而且 X 的滞后值对于预测当期的 Y 是有帮助的，则称 **X Granger 引起 Y**（X Granger causes Y）或 **X 是 Y 的 Granger 原因**（X is a Granger cause of Y）。类似地，可以给出 **Y Granger 引起 X** 或 **Y 是 X 的 Granger 原因**的定义。对于两个变量 X 和 Y，Granger 因果关系检验就是要检验 X 是 Y 的 Granger 原因，还是 Y 是 X 的 Granger 原因，或者两者互为 Granger 原因。

基于上述基本思想，Granger 因果关系检验的出发点是估计以下回归模型：

$$Y_t = \gamma_1 + \sum_{j=1}^{p} \alpha_{1j} Y_{t-j} + \sum_{j=1}^{p} \beta_{1j} X_{t-j} + u_{1t} \tag{6.38}$$

$$X_t = \gamma_2 + \sum_{j=1}^{p} \alpha_{2j} Y_{t-j} + \sum_{j=1}^{p} \beta_{2j} X_{t-j} + u_{2t} \tag{6.39}$$

其中 p 为滞后长度，$u_{it}(i=1,2)$ 满足：$E(u_{it})=0$，$Var(u_{it})=\sigma_i^2$，$Cov(u_{it},u_{js})=0(i,j=1,2;t\neq s)$。利用模型(6.38)和模型(6.39)分别检验如下两个原假设：

$H_{0X}:\beta_{1j}=0(j=1,2,\cdots,p)$ （X 不是 Y 的 Granger 原因）

$H_{0Y}:\alpha_{2j}=0(j=1,2,\cdots,p)$ （Y 不是 X 的 Granger 原因）

Granger 因果关系检验的统计量是基于 OLS 估计的 F 统计量。针对原假设 H_{0X} 的统计量为：

$$F = \frac{(RSS_R - RSS_U)/p}{RSS_U/(n-2p-1)} \tag{6.40}$$

其中 RSS_R、RSS_U 分别为利用 OLS 法估计约束模型：

$$Y_t = \gamma_1 + \sum_{j=1}^{p} \alpha_{1j} Y_{t-j} + u_{1t}$$

和无约束模型(6.38)得到的残差平方和。在 H_{0X} 成立的条件下，F 渐近服从 $F(p, n-2p-1)$ 分布。于是，在大样的情形下，对于给定的显著性水平 α，可以查 F 分布表得

临界值 $F_{\alpha}(p,n-2p-1)$，将其与统计量 F 的样本值进行比较，便可以判断原假设 H_{0X} 是否显著成立：

如果 $F > F_{\alpha}(p,n-2p-1)$，则拒绝原假设，认为 X 是 Y 的 Granger 原因；

如果 $F < F_{\alpha}(p,n-2p-1)$，则接受原假设，认为 X 不是 Y 的 Granger 原因。

对于原假设 H_{0Y}，可以利用模型(6.39)类似地进行检验。

X 与 Y 的 Granger 因果关系检验可能得到如下四种检验结果之一：

① X 与 Y 互为 Granger 原因(同时拒绝 H_{0X} 和 H_{0Y})；

② X 是 Y 的 Granger 原因，Y 不是 X 的 Granger 原因(拒绝 H_{0X}，接受 H_{0Y})；

③ X 不是 Y 的 Granger 原因，Y 是 X 的 Granger 原因(接受 H_{0X}，拒绝 H_{0Y})；

④ X 不是 Y 的 Granger 原因，Y 也不是 X 的 Granger 原因(同时接受 H_{0X} 和 H_{0Y})。

> 在 EViews 软件下，对变量 X 与 Y 进行 Granger 因果关系检验的执行程序：
>
> ① 在 Workfile 窗口，选中 X 和 Y 并双击，在弹出的下拉菜单中点击 Open Group，打开 Group 窗口。
>
> ② 在 Group 窗口中，点击 View→ Granger Causality，接着在弹出的 Lag Specification 窗口的对话框中，输入回归模型的滞后长度 p(p 为正整数)，然后点击 OK，便得到 Granger 因果关系检验的输出结果。依据该输出结果中 F 统计量(F - Statistic)的 P 值(Prob.)便可以完成 Granger 因果关系检验。

在应用 Granger 因果关系检验时，应该注意以下四点：

(1)“X 是 Y 的 Granger 原因”并不意味着 Y 的变化是因为 X 变化的结果，它只表明 X 的前期信息(滞后值)对解释 Y 的变化或预测 Y 是有帮助的。因此，Granger 因果关系是统计上的先导和滞后的关系，而非哲学意义上的因果关系，但它能为找出变量变化的原因提供重要参考。

(2)Granger 因果关系检验对于自回归分布滞后模型滞后长度的选择有时很敏感，不同的滞后长度可能得到不同的检验结果。通常利用上一节介绍的确定自回归模型阶数的方法选择滞后长度。

(3)Granger 因果关系检验两种情形下的回归模型通常取相同的滞后长度，尽管从理论上讲它们可以是不相同的。

(4)如果待检验的变量受其他外生变量(如季节虚拟变量)的影响，则需要将这些变量添加到回归模型中。

模型(6.38)是 Y_t 对其自身滞后值和变量 X_t 的滞后值的回归，模型(6.39)是 X_t 对其自身滞后值和变量 Y_t 的滞后值的回归，要求它们的误差项之间异期不相关，目的是避免模型存在内生解释变量问题。由(6.38)和(6.39)这样的单方程模型构成的模型系统，称为关于变量 Y_t 和 X_t 的(二元)**向量自回归模型**或 VAR **模型**(vector autoregression model, VAR model)，记为 VAR(p)，其中滞后长度 p 称为**VAR 模型的阶数**(order of VAR model)。在进行 Granger 因果关系检验之前需要对相应的 VAR 模型进行诊断性检验，通常主要是检验误差项的自相关性，即各误差项的自相关性及误差项之间的交叉相关性(指一误差项与其他误差项的滞后值之间的相关性)。常用的检验方法是在同时利用 OLS 法估计所有回归模型的基础上进行的，包括**交叉相关图法**，多元自相关性的**博克斯 - 皮尔斯检验**

(Box - Pierce test)、**扬 - 博克斯检验**(Ljung - Box test)、**拉格朗日乘数检验**(Lagrange multiplier test,LM test)等。这里仅简单介绍多元自相关性 LM 检验的基本依据,并在方框中举例说明其在 EViews 软件下的执行过程。

LM 检验的依据是,对于 k 个变量的(k 元)VAR 模型,在误差项不存在 h 阶自相关性的原假设下,可以构造渐近服从自由度为 k^2 的 χ^2 分布的统计量 LM。据此便可以完成 LM 检验:对于给定的显著性水平 α 以及相应的临界值 $\chi^2(k^2)$,若统计量值 $LM > \chi^2(k^2)$,则认为误差项存在 h 阶自相关性;若统计量值 $LM < \chi^2(k^2)$,则认为误差项不存在 h 阶的自相关性。关于 VAR 模型的详细讨论,读者可以参考中高级计量经济学书籍(Lütkepohl,1991;Johansen,1995)。

> 在 EViews 软件下,对由(6.38)和(6.39)(p =3)构成的 VAR 模型进行多元自相关性 LM 检验的执行过程:
>
> ①同 Granger 因果关系检验的执行程序①。
>
> ② 在 group 窗口中,点击 Proc→ Make Vector Autoregression,在打开的 VAR Specification 窗口中,选择 VAR Type 为 Standard VAR,在 Lag Intervals For Endogenous:对话框中输入"1　3",其他选项采用默认设定,然后点击"确定",得到估计 VAR 模型的输出结果。
>
> ③在 VAR 模型的输出结果窗口,点击 View→Residual Tests →Autocorrelation LM Test,在弹出的 Lag Specification 窗口的对话框中,输入(交叉)自相关性可能的最高阶数 h(h 为正整数),然后点击 OK,便得到 LM 检验的输出结果,其中"Null hypothesis: No serial correlation at lag h"部分包括从 1 到 h 对应的一列 LRE * stat 值(LM 统计量值)及其相应的 Prob. 值(LM 统计量值相应的 P 值)。依据 LM 统计量值相应的 P 值与显著性水平进行比较,便可以完成多元自相关性的 LM 检验。

例题 6.4　我国国民总收入与城乡居民储蓄存款之间的 Granger 因果关系检验

改革开放以来,随着经济的发展,我国国民总收入以及城乡居民的储蓄存款在快速增长。那么,在 1978—2009 年我国国民总收入与城乡居民储蓄存款之间是否能提供有助于对彼此做出更准确预测的信息呢? 下面基于 Granger 因果关系检验来回答这个问题。

我们以城乡居民人民币储蓄存款年底余额 S_t 的增加额 $DS_t = S_t - S_{t-1}$ 代表当年居民储蓄。为了消除价格变动对检验结果的影响,分别利用国民总收入年实际增长率($RAGNI$)、商品零售价格指数(P)调整以当年价格计算的国民总收入(GNI)和 S,得到按可比价格(1978 年的价格)计算的实际国民总收入($AGNI$)和实际人民币储蓄存款年底余额 AS 及其年增加额 DAS。下面依据表 6 - 4 给出的 1978—2009 年我国城乡居民人民币储蓄存款与国民总收入的相关数据,检验 $AGNI$ 的自然对数 $LAGNI = \ln(AGNI)$ 与 DAS 的自然对数 $LDAS = \ln(DAS)$ 之间是否存在 Granger 因果关系①。

① 在对 $LAGNI$ 和 $LDAS$ 进行 Granger 因果关系检验之前,首先要检验它们的平稳性,及非平稳情形下协整关系的存在性。第 8 章 § 8.2 例题 8.1 的检验结果表明,$LAGNI_t$ 和 $LDAS_t$ 均为趋势平稳过程。

表6-4 我国城乡居民人民币储蓄存款与国民总收入的相关数据

年份	国民总收入（GNI_t）（当年价格）	国民总收入年增长率（$RAGNI_t$）/%（可比价格）	实际国民总收入（$AGNI_t$）（1978年价格）	城乡居民人民币储蓄存款年底余额（S_t）（当年价格）	商品零售价格指数（P_t）（1978年=100）	城乡居民实际人民币储蓄存款年底余额（AS_t）（1978年价格）	城乡居民实际人民币储蓄存款年底余额的增加额（DAS_t）（1978年价格）
1978	3 645.2	11.7	3 645.2	210.6	100	210.6	
1979	4 062.6	7.6	3 922.235	281	102	275.490 2	64.890 2
1980	4 545.6	7.8	4 228.17	395.8	108.1	366.142 5	90.652 26
1981	4 889.5	5.2	4 448.034	523.7	110.7	473.080 4	106.937 9
1982	5 330.5	9.2	4 857.254	675.4	112.8	598.758 9	125.678 5
1983	5 985.6	11.1	5 396.409	892.5	114.5	779.476	180.717 1
1984	7 243.8	15.3	6 222.059	1 214.7	117.7	1 032.031	252.554 6
1985	9 040.7	13.2	7 043.371	1 622.6	128.1	1 266.667	234.636 1
1986	10 274.4	8.5	7 642.058	2 238.5	135.8	1 648.38	381.713 3
1987	12 050.6	11.5	8 520.894	3 081.4	145.7	2 114.894	466.513 6
1988	15 036.8	11.3	9 483.755	3 822.2	172.7	2 213.202	98.308 47
1989	17 000.9	4.2	9 882.073	5 196.4	203.4	2 554.769	341.566 8
1990	18 718.3	4.1	10 287.24	7 119.6	207.7	3 427.829	873.059 7
1991	21 826.2	9.1	11 223.38	9 244.9	213.7	4 326.111	898.282 8
1992	26 937.3	14.1	12 805.87	11 757.3	225.2	5 220.826	894.714 6
1993	35 260	13.7	14 560.28	15 203.5	254.9	5 964.496	743.669 9
1994	48 108.5	13.1	16 467.67	21 518.8	310.2	6 937.073	972.577
1995	59 810.5	9.3	17 999.17	29 662.3	356.1	8 329.767	1 392.694
1996	70 142.5	10.2	19 835.08	38 520.8	377.8	10 196.08	1 866.316
1997	78 060.8	9.6	21 739.25	46 279.8	380.8	12 153.31	1 957.226
1998	83 024.3	7.3	23 326.22	53 407.5	370.9	14 399.43	2 246.125
1999	88 479.2	7.9	25 168.99	59 621.8	359.8	16 570.82	2 171.383
2000	98 000.5	8.6	27 333.52	64 332.4	354.4	18 152.48	1 581.666
2001	108 068.2	8.1	29 547.53	73 762.4	351.6	20 979.07	2 826.584
2002	119 095.7	9.5	32 354.55	86 910.7	347	25 046.31	4 067.244
2003	135 174	10.6	35 784.13	103 617.7	346.7	29 886.85	4 840.536
2004	159 586.7	10.4	39 505.68	119 555.4	356.4	33 545.29	3 658.439
2005	185 808.6	12	44 246.36	141 051	359.3	39 257.17	5 711.881
2006	217 522.7	12.8	49 909.9	161 587.3	362.9	44 526.67	5 269.507
2007	267 763.7	14.4	57 096.92	172 534.2	376.7	45 801.49	1 274.813
2008	316 228.8	9.6	62 578.23	217 885.4	398.9	54 621.56	8 820.073
2009	343 464.7	9.3	68 398	260 771.7	394.1	66 168.92	11 547.36

注：①表中所有绝对量数据的单位为亿元。

②数据来源：国民总收入（GNI_t）、国民总收入增长率（$RAGNI_t$）、城乡居民人民币储蓄存款年底余额（S_t）和商品零售价格指数（P_t）的数据来自《中国统计年鉴》（2000、2009），其他数据的计算公式分别为：实际国民总收入（$AGNI_t$）：$AGNI_t = (1 + RAGNI_t) \times AGNI_{t-1}$；城乡居民人民币实际储蓄存款年底余额（$AS_t$）：$AS_t = 100 \times S_t / P_t$；城乡居民人民币实际储蓄存款年底余额的增加额（$DAS_t$）：$DAS_t = AS_t - AS_{t-1}$。

首先,确定关于 *LAGNI* 和 *LDAS* 的 VAR 模型。为此,取一个"最大的"滞后长度 $p = 6$,分别估计阶数为 1 ~6 的 VAR 模型,并对它们进行诊断性检验,这里只对误差项进行自相关性 LM 检验。然后利用 AIC 和 SIC 信息准则选择合适的检验模型。表 6 -5 为利用 EViews 软件得到的 VAR 模型估计结果中的 *AIC* 值、*SIC* 值及 LM 检验结果。

表 6 -5 VAR 模型的 *AIC* 值、*SIC* 值及 LM 检验结果

VAR 模型的阶数(*p*)	*AIC* 值	*SIC* 值	LM 检验的最小 *P* 值	误差项的自相关性(显著性水平为 0.05)
1	-3.059 275	-2.779 036	0.029 7(1)	存在
2	-3.330 594	-2.859 112	0.179 7(2)	不存在
3	-3.270 869	-2.604 766	0.157 8(4)	不存在
4	-3.189 298	-2.325 407	0.121 4(2)	不存在
5	-3.129 699	-2.065 156	0.036 7(2)	存在
6	-3.279 249	-2.011 618	0.044 1(6)	存在

注:LM 检验的最小 *P* 值为设定自相关阶数为 1 ~10 对应的 *LM* 统计量的 *P* 值中的最小者,*P* 值后面括号中数字为相应的自相关阶数。

从表 6 -5 可以看出,只有阶数为 $p =2$、3、4 的 VAR 模型 LM 检验的最小 *P* 值大于 0.05,因此在 0.05 的显著性水平下,可以认为这些模型的误差项无自相关性。进一步通过比较无自相关性模型估计结果中的 *AIC* 值和 *SIC* 值,可知阶数 $p =2$ 的 VAR 模型具有最小的 *SIC* 值和 *AIC* 值,因此可以选择这个模型进行 Granger 因果关系检验。为了进一步考察检验结果对 VAR 模型阶数 *p* 选择的敏感性,表 6 -6 同时给出了 $p =2$、3、4 相应的 Granger 因果关系检验结果。

表 6 -6 *LAGNI* 与 *LDAS* 之间 Granger 因果关系的检验结果

VAR 模型的阶数(*p*)	原假设	*F* 统计量值	*F* 检验的 *P* 值	Granger 因果关系(显著性水平为 0.05)
2	*LAGNI* does not Granger Cause *LDAS*	9.249 60	0.001 1	拒绝原假设
	LDAS does not Granger Cause *LAGNI*	7.157 31	0.003 6	拒绝原假设
3	*LAGNI* does not Granger Cause *LDAS*	2.219 01	0.115 9	接受原假设
	LDAS does not Granger Cause *LAGNI*	3.652 22	0.029 1	拒绝原假设
4	*LAGNI* does not Granger Cause *LDAS*	2.614 16	0.069 8	接受原假设
	LDAS does not Granger Cause *LAGNI*	3.083 46	0.042 5	拒绝原假设

从表 6 -6 可以看出,在各种情形下对原假设"*LDAS* 不是 *LAGNI* 的 Granger 原因"(*LDAS* does not Granger Cause *LAGNI*)的 *F* 检验的 *P* 值均小于 0.05,因此在 0.05 的显著性水平下,可以认为 *LDAS* 是 *LAGNI* 的 Granger 原因。对于 $p =2$、3、4,原假设"*LAGNI* 不是 LDAS 的 Granger 原因"(*LAGNI* does not Granger Cause *LDAS*)相应的 *F* 检验的 *P* 值分别为 0.001 1、0.115 9、0.069 8。由此可知,在 0.05 的显著性水平下,后两种情形不能拒绝"*LAGNI* 不是 LDAS 的 Granger 原因",$p =2$ 时,拒绝"*LAGNI* 不是 LDAS 的 Granger 原因";在 0.10 的显著性水平下,$p =2$、4 时,拒绝"*LAGNI* 不是 LDAS 的 Granger 原因",$p =3$ 时,不能拒绝"*LAGNI* 不是 LDAS 的 Granger 原因"。可见,在通常的检验水平下,原假设"*LAGNI* 不是 LDAS 的 Granger 原因"的 *F* 检验结果对 VAR 模型阶数 *p* 的选择比较敏感。于是,我们接受按照 AIC 和 SIC 信息准则所选检验模型($p =2$)的检验结

果，即在 0.05 的显著性水平下，接受 LAGNI 与 LDAS 互为 Granger 原因。

综上所述，可以认为在 1978—2009 年我国实际国民总收入的对数与城乡居民实际人民币储蓄存款的对数互为 Granger 原因。此表明它们之间能提供有助于对彼此做出更准确预测的信息。

§6.6 结束语

本章介绍了自回归分布滞后模型（ADL 模型）建立的经济背景、估计及其应用，其知识结构如图 6－3 所示。

- 滞后变量回归模型
  - 滞后效应与滞后变量模型
    - 滞后效应
    - 滞后变量模型：分布滞后模型、自回归模型、ADL 模型
  - 分布滞后模型
    - 参数的意义：即期（短期）乘数、延迟（动态）乘数、长期（或总）乘数
    - 模型的估计
      - 存在的问题：多重共线性、自由度损失
      - 滞后长度有限的情形：经验加权法、Almon 多项式法
      - 滞后长度无限的情形：Koyck 变换法
    - 模型滞后长度的确定："一般到特殊"的建模策略、阿尔特和丁伯根建议的方法
  - 自回归模型
    - 经济背景
      - 自适应预期模型
      - 局部调整模型
    - 一般自回归模型
      - 基本假定条件
      - 阶数的确定与估计
      - 应用
  - Grange 因果关系检验
    - 基本概念
    - 基本检验法（F 检验）
      - VAR 模型
      - F 统计量的表达式及概率分布
      - 四种可能的检验结果
      - 适用范围
    - 注意事项
      - 遗漏相关变量的影响［见本节第（4）个问题］
      - 变量的单整性及 Granger 因果关系检验方法的选择［见本节第（3）个问题］
      - 误差项的自相关性检验
      - 滞后长度的选择

图 6－3　第 6 章知识结构图

读者学习本章时应注意以下问题：

（1）关于时间序列的建模问题。［见 §4.5（1）］

（2）关于 ADL 模型的建立。本章介绍了建立 ADL 模型的经济背景，如果建模旨在进行结构分析，了解这一点是非常必要的。如果建模的目的只是对被解释变量进行预测，也可以利用这里的建模手段，直接建立自回归模型。另外，ADL 模型的建模理论和方法，是进一步学习向量自回归模型（VAR 模型）和结构自回归模型或结构 VAR 模型（structural VAR，SVAR）的基础，它们是时间序列计量经济学的重要内容。

（3）关于单整变量（见第 8 章 §8.1）之间 Granger 因果关系的检验问题。基于模型（6.38）、模型（6.39）进行的 Granger 因果关系检验，要求待检验的变量是平稳的或趋势平

稳的。当变量组中含有单整变量时,按(6.40)式构造的 F 统计量通常不再渐近服从标准的 F 分布,故该检验是无效的。Toda 和 Yamamoto(1995)、靳庭良(2013、2015)通过变换模型的形式,分别建立了适用于一般单整变量之间 Granger 因果关系检验的基于标准 F 分布的检验方法,前者简称为 LA - VAR 检验(lag - augmented VAR procedure),后者简称为 ECM - DM 检验(error correction model - difference model test)。因此,在检验变量之间 Granger 因果关系的存在性时,应该先检验变量的平稳性或单整性(见第 8 章 §8.2 节),然后再选择适当的检验方法。

(4) Granger 因果关系是针对一定的信息集而言的,它包括所有内生变量的滞后值以及相关外生变量的取值(见第 7 章)。当信息集只包含 X 和 Y 的滞后值时,两者之间的 Granger 因果性可以基于由(6.38)式和(6.39)式构成的二元 VAR 模型进行检验。如果还含有其他内生变量,则应该将其纳入模型体系,建立多元 VAR 模型进行 Granger 因果性检验。否则,遗漏相关变量的信息,仍用二元 VAR 模型进行检验,这样的检验结果可能是虚假的(Granger,1980)。例如,若 Z 是与 X 和 Y 相关的内生变量,那么当它们均是平稳变量时,应该建立如下三元 VAR 模型,利用线性约束的 F 统计量来检验它们之间的 Granger 因果性。

$$\begin{cases} Y_t = \gamma_1 + \sum_{j=1}^{p} \alpha_{1j} Y_{t-j} + \sum_{j=1}^{p} \beta_{1j} X_{t-j} + \sum_{j=1}^{p} \eta_{1j} Z_{t-j} + u_{1t} \\ X_t = \gamma_2 + \sum_{j=1}^{p} \alpha_{2j} Y_{t-j} + \sum_{j=1}^{p} \beta_{2j} X_{t-j} + \sum_{j=1}^{p} \eta_{2j} Z_{t-j} + u_{2t} \\ Z_t = \gamma_3 + \sum_{j=1}^{p} \alpha_{3j} Y_{t-j} + \sum_{j=1}^{p} \beta_{3j} X_{t-j} + \sum_{j=1}^{p} \eta_{3j} Z_{t-j} + u_{3t} \end{cases}$$

在 §6.4 节我们介绍了在 EViews10 软件下变量之间 Granger 因果关系 F 检验的执行程序,其检验结果是基于二元 VAR 模型得到的。该软件没有给出基于三元以上 VAR 模型的 Granger 因果性 F 检验的结果,但它给出了 Wald 检验的结果。具体执行过程如下:

首先打开变量组(含所有内生变量)窗口。然后在该窗口的工具栏上,点击 Proc→Make Vector Autoregression,在弹出的 VAR specification 窗口的 Lag Internals for Endogenous 对话框输入滞后区间(即由 1 和 VAR 模型的阶数 p 构成的区间),在 Exogenous Variables 对话框输入外生变量(若有的话),其他保持默认选项,再点击确定,得到估计 VAR 模型的输出结果窗口,接着点击该窗口工具栏上的 View→Lag Structure→Granger Causality/Block Exogeneity Tests,便得到 Granger 因果性 Wald 检验的输出结果。依据该输出结果每一部分中被排除变量(Excluded)的 Chi - sq 值($\chi^2(p)$统计量值,其中 p 为输出结果中的自由度 df)或相应的 Prob. 值(P 值),便可以完成对“该变量不是方程中被解释变量(Dependent Variable)的 Granger 原因”的原假设的检验。

练习题六

一、选择题

1. 下面是1954—1999年美国制造业的库存量模型：

$$\hat{Y}_t = 25\,845 + 1.115X_t + 0.683X_{t-1} + 0.132X_{t-2}$$

其中 Y、X 分别为库存量和销售量。由此可知，反映 X 对 Y 影响程度的即期乘数、滞后1、2期的延迟乘数和长期乘数分别为(　　　)。

A. 1.115、0.683、0.132、1.930　　B. 1.115、1.798、1.930、25 845

C. 1.115、0.683、0.132、25 846.798　　D. 0.132、0.683、1.115、1.798

2. Almon 多项式法适用于估计(　　　)。

A. 有限分布滞后模型　　B. ADL 模型

C. 库伊克模型　　D. 有限阶自回归模型

3. 已知变量 X、Y、Z 之间互相影响，要检验 X 与 Y 之间 Granger 因果关系的存在性，需要建立(　　　)。

A. X 对 Y 的 ADL 模型　　B. X 与 Y 的二元 VAR 模型

C. X 与 Y、Z 的三元 VAR 模型　　D. Y 对 X 的 ADL 模型

二、判断正误题(要求：说明理由)

1. 在自回归分布滞后模型 $\hat{Y}_t = 5.6 + 0.3Y_{t-1} + 0.08X_t + 0.02X_{t-1}$ 中，X_t 与 X_{t-1} 的系数之和0.1近似为X对Y的总影响乘数，即X增加1个单位时，Y最终约增加0.1个单位。

2. 所有计量经济模型本质上都是动态的，都可以用 ADL 模型来刻画。

3. 在估计分布滞后模型时，主要处理的是模型存在的自相关问题。

4. 建立分布滞后模型的常用方法是阿尔特(F. F. Alt)(1942)和丁伯根(J. Tinbergen)(1949)建议的“从特殊到一般”的建模方法。

5. 阿尔蒙多项式法是依据经济理论寻找中间变量来估计分布滞后模型的一种方法。

6. 如果有限分布滞后模型满足基本假定条件，采用经验加权法或 Almon 多项式法估计，能得到参数的无偏估计量。

7. 对于无限分布滞后模型，可以采用库伊克变换将其变换为自回归模型，然后利用 OLS 法进行估计。

8. OLS 法不适用于估计自回归模型。

9. DW 检验法适用于检验分布滞后模型和局部调整模型可能存在的一阶自回归形式的自相关性。

10. 直接利用 AIC 或 SIC 信息准则选择 ADL 模型中变量的滞后长度，所建 ADL 模型满足基本假定条件，无须进行内生解释变量、异方差或自相关性检验。

三、简答题

1. 什么是滞后现象？产生滞后现象的原因主要有哪些？

2. 估计 ADL 模型存在哪些问题？实际应用中如何解决这些问题？

3. 自适应预期模型和局部调整模型各自基于什么理论假设？

4. 库伊克模型与自适应预期模型、局部调整模型有哪些共性和不同之处？用什么方法估计这些模型比较合适？

5. 利用 Granger 因果关系检验可以推断变量之间因果关系的存在性，对吗？

6. 在应用 Granger 因果关系的 F 检验时，应该注意哪些事项？

四、综合应用题

1. 表 6－7 给出了某地区制造业 1980—2001 年按可比价格计算的固定资产投资 Y 与销售额 X 的数据。试利用阿尔蒙多项式法估计分布滞后模型：

$$Y_t = \alpha + \beta_0 X_t + \beta_1 X_{t-1} + \beta_2 X_{t-2} + \beta_3 X_{t-3} + \beta_4 X_{t-4} + u_t$$

并求出 X 对 Y 的短期影响乘数和长期影响乘数。若不知道分布滞后模型的阶数，你如何建立分布滞后模型？依据表 6－7 中的数据写出你的分析过程。

表 6－7　某地区制造业按可比价格计算的固定资产投资与销售额的数据　单位：亿元

年份	固定资产投资 Y	销售额 X	年份	固定资产投资 Y	销售额 X
1980	36.99	52.805	1991	128.68	168.129
1981	33.60	55.906	1992	123.97	163.351
1982	35.42	63.027	1993	117.35	172.547
1983	42.35	72.931	1994	139.61	190.682
1984	52.48	84.790	1995	152.88	194.538
1985	53.66	86.589	1996	137.95	194.657
1986	58.53	98.797	1997	141.06	206.326
1987	67.48	113.201	1998	163.45	223.541
1988	78.13	126.905	1999	183.80	232.724
1989	95.13	143.936	2000	192.61	239.459
1990	112.60	154.391	2001	182.81	235.142

2. 对于下列一阶自回归模型的估计结果：

$$\hat{Y}_t = 5 + 0.30X_t + 0.70Y_{t-1}$$

$$\hat{Y}_t = 6 + 0.80\ln(X_t) + 0.60Y_{t-1}$$

分别求 X 对 Y 的短期影响乘数和长期影响乘数的估计值或估计式。

3. 比较(6.25)式和(6.29)式可知，对于同一组样本数据 (X_t, Y_t)，无论建立自适应预期模型：

$$\begin{cases} Y_t = \alpha_1 + \beta_1 X_t^* + u_t \\ X_t^* = X_{t-1}^* + \gamma(X_t - X_{t-1}^*) \end{cases} \tag{6.41}$$

其中 X_t^* 为变量 X_t 的预期值，还是建立局部调整模型：

$$\begin{cases} Y_t^* = \alpha_2 + \beta_2 X_t + v_t \\ Y_t - Y_{t-1} = \delta(Y_t^* - Y_{t-1}) \end{cases} \tag{6.42}$$

其中 Y_t^* 为变量 Y_t 的理想最佳值，模型(6.41)中 X_t^* 的系数和模型(6.42)中 X_t 的系数相等，即 $\beta_1 = \beta_2$，并且恰好为 X 对 Y 的长期影响乘数。请你证明这个结论。

4. 在例题6.3中，我们建立的1973—1999年美国制造业的最佳库存量模型为线性表达式(6.37)。从实际库存量 Y 对实际销售额 X 的散点图(如图6-4)可以看出，它们之间的数量关系似乎也可以用半对数模型来刻画。若将此作为设定理想库存量 Y^* 对实际销售额 X 的回归模型函数表达式的依据，建立局部调整模型：

$$Y_t^* = \alpha + \beta\ln(X_t) + u_t \tag{6.43}$$

其中 Y_t^* 满足

$$Y_t - Y_{t-1} = \delta(Y_t^* - Y_{t-1})$$

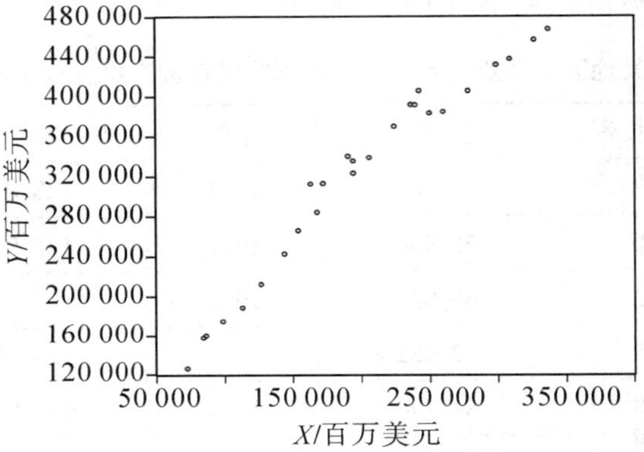

图6-4　实际库存量 Y 对实际销售额 X 的散点图

试研究以下问题：

(1)模型(6.43)与线性回归模型(6.34)的经济意义有什么不同？

(2)利用表6-1中的数据估计模型(6.43)，并解释估计的结果。

(3)根据(2)中的估计结果，在模型(6.34)与模型(6.43)之间，你认为哪个模型更合适？

(4)若依据理性预期假设，建立实际库存量与预期销售额之间的半对数回归模型，试写出该模型的函数表达式，并使用合适的方法对其进行估计，解释参数估计值的经济意义。

5. 表6-8给出了某地区1953—1985年各年年末货币流通量 Y，社会商品零售额 X_1、城乡居民储蓄余额 X_2 的数据。

表6-8 某地区各年末货币流通量、社会商品零售额、城乡居民储蓄余额的数据

单位:亿元

年份	年末货币流通量 Y	社会商品零售额 X_1	城乡居民储蓄余额 X_2	年份	年末货币流通量 Y	社会商品零售额 X_1	城乡居民储蓄余额 X_2
1953	10 518	78 676	4 163	1970	38 500	240 332	26 156
1954	14 088	101 433	4 888	1971	47 100	274 534	30 944
1955	13 375	103 989	5 689	1972	57 200	299 197	35 961
1956	18 354	124 525	7 406	1973	60 000	314 006	39 667
1957	16 867	126 467	9 156	1974	62 500	318 954	43 320
1958	18 515	134 446	10 193	1975	64 500	336 015	46 184
1959	22 558	154 961	13 939	1976	68 000	352 924	48 311
1960	29 036	170 370	15 495	1977	63 000	378 115	53 313
1961	41 472	149 182	12 553	1978	66 000	415 830	61 290
1962	34 826	154 564	10 080	1979	76 000	452 032	70 033
1963	30 000	142 548	11 602	1980	85 000	512 543	92 800
1964	24 300	143 415	15 031	1981	90 000	547 956	109 707
1965	29 300	156 998	17 108	1982	101 000	591 088	133 799
1966	33 900	176 387	19 301	1983	100 000	646 427	164 314
1967	36 100	178 162	20 485	1984	160 000	733 162	201 199
1968	39 600	167 074	22 572	1985	192 000	919 045	277 185
1969	38 300	214 597	22 958				

设定模型:

$$M_t^* = \alpha X_{1t}^{\beta_1} X_{2t}^{\beta_2} e^{u_t} \tag{6.44}$$

其中 M_t^* 为长期(或所需求的)货币流通量。试依据表6-8中的数据研究以下问题:

(1)根据局部调整假设变换模型(6.44),使之成为用可观测变量表示的模型;采用合适的方法估计变换后的模型,并对变量进行显著性检验。

(2)依据(1)中的估计结果,对货币流通量进行长、短期弹性分析。

6. 在实际应用中,有时需要将局部调整模型与自适应预期模型结合起来对某一经济问题进行研究,即建立局部调整-自适应预期模型。在例题6.3中,我们建立了1973—1999年美国制造业的最佳库存量模型为(6.37)式。为了研究理想或长期库存量 Y^* 与预期销售额 X^* 之间的关联性,建立如下简单的局部调整-自适应预期模型:

$$Y_t^* = \alpha + \beta X_t^* + u_t \tag{6.45}$$

其中 Y_t^*、X_t^* 分别满足局部调整假设和自适应预期假设条件。

(1)将模型(6.45)变换为可观测变量的表达式。

(2)变换后的模型存在什么估计问题?利用表6-1给出的样本数据,采用合适的方法估计该模型,检验变量的显著性,并对结果进行解释。

7. 表6-9给出了1978—2000年我国国内生产总值GDP、居民消费支出COM、GDP指数 R 和居民消费价格指数CPI的数据。试分别按当年价格和按1978年价格检验(暂

时不考虑变量的平稳性)此时期我国国内生产总值 GDP 与居民消费支出 COM 是否存在 Granger 因果关系,并对检验结果进行解释。

表 6-9 我国国内生产总值、居民消费支出、GDP 指数和居民消费价格指数的数据

年份	国内生产总值 GDP/亿元	居民消费支出 COM/亿元	GDP 指数 *R*（1978 年为 100）	居民消费价格指数 CPI（1978 年为 100）
1985	9 076.7	4 687.4	192.9	131.1
1986	10 508.5	5 302.1	210.0	139.6
1987	12 277.4	6 126.1	234.3	149.8
1988	15 388.6	7 868.1	260.7	178
1989	17 311.3	8 812.6	271.3	210
1990	19 347.8	9 450.9	281.7	216.4
1991	22 577.4	10 730.6	307.6	223.8
1992	27 565.2	13 000.1	351.4	238.1
1993	36 938.1	16 412.1	400.4	273.1
1994	50 217.4	21 844.2	452.8	339
1995	63 216.9	28 369.7	502.3	396.9
1996	74 163.6	33 955.9	552.6	429.9
1997	81 658.5	36 921.5	603.9	441.9
1998	86 531.6	39 229.3	651.2	438.4
1999	91 125	41 920.4	700.9	432.2
2000	98 749	45 854.6	759.9	434
2001	108 972.4	49 213.2	823.0	437
2002	120 350.3	52 571.3	897.8	433.5
2003	136 398.8	56 834.4	987.8	438.7
2004	160 280.4	63 833.5	1 087.4	455.8
2005	188 692.1	71 217.5	1 200.8	464
2006	221 651.3	80 476.9	1 340.7	471
2007	263 093.8	93 602.9	1 515.5	493.6
2008	306 859.8	108 392.2	1 651.2	522.7

注:① 表中国内生产总值和居民消费支出均按支出法计算,1978 年国内生产总值为 3 605.6 亿元。

② 数据来源于《中国统计年鉴》(2009)。

7 联立方程模型

引言

迄今为止，我们讨论的都是单一方程计量经济模型，即用一个方程研究一个被解释变量与其影响因素或解释变量之间的数量关系，这种模型适合于变量之间具有单向因果关系的简单经济现象的研究。但是，现实世界中的经济现象通常是一个复杂的经济系统，其中经济变量之间往往相互影响，具有互为因果的关系，利用单一方程只能反映变量之间相互关系的一个侧面，不能完整描述经济现象中变量之间存在的反馈机制或均衡状态。例如，研究某种商品的供求平衡现象构成的经济系统，其中既包括该商品的需求量 D、供给量 S 和价格 P，还包括影响需求量 D 的居民收入水平 Y 和影响供给量 S 的工资水平 W 等。商品的供求平衡状态的形成是由供给和需求两个方面决定的，因此需要建立三个方程才能完整描述该商品的供求平衡状态。比如，可以建立如下供求平衡模型：

$$\begin{cases} D_t = \alpha_0 + \alpha_1 P_t + \alpha_2 Y_t + u_{1t} & \text{（需求方程）} \\ S_t = \beta_0 + \beta_1 P_t + \beta_2 W_t + u_{2t} & \text{（供给方程）} \\ D_t = S_t & \text{（平衡方程）} \end{cases} \tag{7.1}$$

其中：需求方程反映了需求量与其决定因素之间的数量关系；供给方程反映了供给量与其决定因素之间的数量关系；平衡方程反映了该商品处于供求平衡的状态，由此可以确定商品的均衡价格。

再如，应用计量经济模型描述一个由国内生产总值 Y、居民消费总额 C、投资总额 I 和政府支出额 G 构成的简单宏观经济系统。在这个系统中，政府支出额可以看作由系统外部因素决定，并对系统内部其他变量产生影响的变量，国内生产总值、居民消费总额、投资总额三者之间相互影响，具有互为因果的关系，因此要反映它们的决定机制，就需要建立多个方程。比如，可以建立如下简单宏观经济系统模型：

$$\begin{cases} C_t = \alpha_0 + \alpha_1 Y_t + u_{1t} & \text{（消费方程）} \\ I_t = \beta_0 + \beta_1 Y_t + \beta_2 Y_{t-1} + u_{2t} & \text{（投资方程）} \\ Y_t = C_t + I_t + G_t & \text{（定义式）} \end{cases} \tag{7.2}$$

其中：消费方程表示居民消费总额主要受国内生产总值的影响；投资方程表示投资总额主要受国内生产总值的当期值和滞后一期值的影响；定义式表示国内生产总值由居民消费总额、投资总额和政府支出额共同决定。

像模型(7.1)和模型(7.2)那样，由多个基本方程构成且变量之间存在相互影响的计量经济模型就称为**联立方程模型**(simultaneous equations model)。联立方程模型中的方程既包括含有随机误差项的随机方程,也可以包括恒等式或定义式。应用联立方程模型才能完整地描述一个经济系统中变量之间的相互关系,而且即使是研究经济系统中的一部分变量,了解变量之间的相互作用对模型参数的解释和估计也具有重要意义(见后文)。

本章只讨论简单的联立(线性)方程模型,即每个基本方程都是线性回归模型或线性恒等式的联立方程模型,如模型(7.1)、模型(7.2)所示。首先介绍联立方程模型的若干基本概念,然后讨论联立方程模型的识别问题,即模型中的参数是否可以估计的问题,最后介绍常用的模型参数的估计方法及经典案例分析。

§7.1 联立方程模型的基本概念

7.1.1 变量的分类

变量是建立计量经济模型的基本要素。在单一方程模型中,研究的对象只有一个变量,称之为被解释变量,而把影响它的变量称之为解释变量。但是在描述一个复杂经济系统的联立方程模型中,变量之间往往互相影响,同一个变量可能在一个方程中为被解释变量,而在另一个方程中为解释变量。因此,对整个模型系统来讲,需要对变量的属性进行重新分类。

在一个联立方程模型系统中,变量分为内生变量和外生变量。

内生变量(endogenous variable)是指由模型系统本身决定的变量,它在某个方程中为被解释变量,而且作为决定其他变量的因素出现在另外某一个(些)方程中。例如,模型(7.1)中的 D_t、S_t 和 P_t[P_t 的表达式为后面的(7.3)式],模型(7.2)中的 Y_t、C_t 和 I_t,均为内生变量。

外生变量(exogenous variable)是影响模型系统中其他变量,而不受其他变量影响的变量,它在方程中为解释变量。例如,模型(7.1)中的 Y_t 和 W_t,模型(7.2)中的 G_t,均为外生变量。就一般而言,外生变量与随机误差项不相关。

在随机方程中,外生变量和作为解释变量的内生变量在统计特征上的重要区别是,在一般情形下,外生变量与随机误差项不相关,而作为解释变量的内生变量与随机误差项存在同期相关性。例如,在模型(7.1)中,P_t 为内生变量,假定 $\beta_1 \neq \alpha_1$,解这个方程组,容易得到

$$P_t = \frac{\alpha_0 - \beta_0}{\beta_1 - \alpha_1} + \frac{\alpha_2}{\beta_1 - \alpha_1} Y_t - \frac{\beta_2}{\beta_1 - \alpha_1} W_t + \frac{1}{\beta_1 - \alpha_1}(u_{1t} - u_{2t}) \tag{7.3}$$

显然,在外生变量 Y_t、W_t 与随机误差项 u_{1t}、u_{2t} 均不相关的情形下,通常有如下两式成立:

$$Cov(P_t, u_{1t}) = \frac{1}{\beta_1 - \alpha_1}[Var(u_{1t}) - Cov(u_{2t}, u_{1t})] \neq 0$$

$$Cov(P_t, u_{2t}) = \frac{1}{\beta_1 - \alpha_1}[Cov(u_{1t}, u_{2t}) - Var(u_{2t})] \neq 0$$

此表明在该模型的需求方程和供给方程中 P_t 为内生解释变量。

在联立方程模型中，还经常出现滞后内生变量做解释变量，用以反映经济系统的动态性，如模型(7.2)投资方程中的 Y_{t-1}。可以证明：如果各方程中随机误差项无自相关，而且与外生变量、其他方程中随机误差项的滞后值都不相关，那么滞后内生变量与随机误差项就不存在同期相关性。此时它们作为解释变量不会导致第 4 章中提到的内生解释变量问题。因此，在模型的估计过程中将其与外生变量归为一类，统称为**前定变量**(predetermined variable)。

需要注意的是，一个变量属性类型的归属依赖于我们所研究的经济系统，同一变量在不同的系统中可能具有不同的属性。例如，在研究某一种商品的供求平衡问题时，居民的收入水平属于外生变量，但若研究的系统是整个国民经济，居民收入水平则为内生变量。在本章后面的讨论中，我们会看到依据经济理论或实践经验正确地区分变量的属性类型，无论是对于模型的识别和估计，还是对于模型的应用都有重要意义。

7.1.2 结构式模型

在模型(7.1)和模型(7.2)中，每个方程都是根据经济行为理论或经济活动规律建立的，描述的是一个内生变量与其他变量之间直接的经济结构关系，像这样的方程称为**结构方程**(structural equation)，结构方程中的参数称为**结构参数**(structural parameter)。因此，由结构方程组成的联立方程模型也称为**结构式模型**(structural model)。

在结构式模型中，内生变量是研究的对象，外生变量是由系统以外因素决定的用于解释内生变量的变量。外生变量前面的结构参数反映了该变量的单位变化对其所在方程中被解释变量的**直接影响**(direct effect)。比如，模型(7.1)需求方程中的系数 α_2 表示在商品价格 P_t 不变的条件下，收入 Y_t 增加一个单位，需求量大约增加 α_2 个单位。由于内生变量之间存在相互影响，利用方程之间的传递性可知，除直接影响外，外生变量对所在方程的被解释变量还存在**间接影响**(indirect effect)。例如，由价格 P_t 的表达式(7.3)可知，收入 Y_t 的变动会影响价格 P_t，进而通过需求方程还会对需求量 D_t 产生影响，这就是所谓的间接影响。将(7.3)式代入需求方程，得

$$D_t = \alpha_0 + \alpha_1 \frac{\alpha_0 - \beta_0}{\beta_1 - \alpha_1} + \left(\frac{\alpha_1 \alpha_2}{\beta_1 - \alpha_1} + \alpha_2\right) Y_t - \frac{\alpha_1 \beta_2}{\beta_1 - \alpha_1} W_t + \frac{\alpha_1}{\beta_1 - \alpha_1}(u_{1t} - u_{2t}) + u_{1t} \tag{7.4}$$

在该式中，需求量 D_t 由外生变量和随机误差项表示，Y_t 的系数 $\frac{\alpha_1 \alpha_2}{\beta_1 - \alpha_1} + \alpha_2$ 反映了 Y_t 的单位变化对 D_t 的**总影响**(total effect)，其中 α_2、$\frac{\alpha_1 \alpha_2}{\beta_1 - \alpha_1}$ 分别为直接影响和间接影响。同时还可以看到，需求方程虽然不含有 W_t，但由于 W_t 的变化影响价格 P_t，进而通过需求方程会对需求量 D_t 产生间接影响，式(7.4)中 W_t 的系数 $-\frac{\alpha_1 \beta_2}{\beta_1 - \alpha_1}$ 则反映了 W_t 的单位变化对 D_t 的间接影响。

由上述讨论可知，要求外生变量对内生变量的总影响就需要解结构式模型的方程组，

将内生变量用前定变量和随机误差项来表示。为此，要求（独立）结构方程[①]的个数与内生变量的个数相等。如果这个条件成立，则称**该模型是完备的**（the model is complete）。本章后面的讨论都是针对完备联立方程模型展开的。

为讨论方便，常将一般结构式模型写成如下的**标准形式**：

$$\begin{cases}\beta_{11}Y_{1t}+\cdots+\beta_{1g}Y_{gt}+\gamma_{11}X_{1t}+\cdots+\gamma_{1k}X_{kt}=u_{1t}\\ \beta_{21}Y_{1t}+\cdots+\beta_{2g}Y_{gt}+\gamma_{21}X_{1t}+\cdots+\gamma_{2k}X_{kt}=u_{2t}\\ \vdots\\ \beta_{g1}Y_{1t}+\cdots+\beta_{gg}Y_{gt}+\gamma_{g1}X_{1t}+\cdots+\gamma_{gk}X_{kt}=u_{gt}\end{cases}\quad (t=1,2,\cdots,T) \tag{7.5}$$

其中 $Y_1,Y_2,\cdots,Y_g$ 为内生变量；$X_1,X_2,\cdots,X_k$ 为前定变量（当 $X_{1t}\equiv 1$ 时，表明模型存在截距项）；$u_1,u_2,\cdots,u_g$ 为随机误差项或 0（0 对应不含随机误差项的方程）；β_{ij}（i、$j=1,2,\cdots,g$）为内生变量的系数；γ_{ij}（$i=1,2,\cdots g;j=1,2,\cdots k$）为前定变量的系数。

结构式模型(7.5)的矩阵表达式有如下两种形式：

$$\mathrm{B}Y_t+\Gamma X_t=u_t\quad (t=1,2,\cdots,T) \tag{7.6}$$

或

$$(\mathrm{B}\quad\Gamma)\begin{pmatrix}Y\\X\end{pmatrix}=u \tag{7.7}$$

其中

$$\mathrm{B}=\begin{pmatrix}\beta_{11}&\beta_{12}&\cdots&\beta_{1g}\\ \beta_{21}&\beta_{22}&\cdots&\beta_{2g}\\ \vdots&\vdots&\cdots&\vdots\\ \beta_{g1}&\beta_{g2}&\cdots&\beta_{gg}\end{pmatrix},\qquad \Gamma=\begin{pmatrix}\gamma_{11}&\gamma_{12}&\cdots&\gamma_{1k}\\ \gamma_{21}&\gamma_{22}&\cdots&\gamma_{2k}\\ \vdots&\vdots&\vdots&\vdots\\ \gamma_{g1}&\gamma_{g2}&\cdots&\gamma_{gk}\end{pmatrix}$$

$$Y_t=\begin{pmatrix}Y_{1t}\\Y_{2t}\\ \vdots\\Y_{gt}\end{pmatrix},\qquad X_t=\begin{pmatrix}X_{1t}\\X_{2t}\\ \vdots\\X_{kt}\end{pmatrix},\qquad u_t=\begin{pmatrix}u_{1t}\\u_{2t}\\ \vdots\\u_{gt}\end{pmatrix}$$

$$Y=(Y_1\ \ Y_2\ \cdots\ Y_T)=\begin{pmatrix}Y_{11}&Y_{12}&\cdots&Y_{1T}\\ Y_{21}&Y_{22}&\cdots&Y_{2T}\\ \vdots&\vdots&\vdots&\vdots\\ Y_{g1}&Y_{g2}&\cdots&Y_{gT}\end{pmatrix}$$

$$X=(X_1\ \ X_2\ \cdots\ X_T)=\begin{pmatrix}X_{11}&X_{12}&\cdots&X_{1T}\\ X_{21}&X_{22}&\cdots&X_{2T}\\ \vdots&\vdots&\vdots&\vdots\\ X_{k1}&X_{k2}&\cdots&X_{kT}\end{pmatrix}$$

① 一个结构方程是独立的意味着该方程不能通过模型中其他方程的线性组合而得到。

$$u = (u_1 \ u_2 \ \cdots \ u_T) = \begin{pmatrix} u_{11} & u_{12} & \cdots & u_{1T} \\ u_{21} & u_{22} & \cdots & u_{2T} \\ \vdots & \vdots & \vdots & \vdots \\ u_{g1} & u_{g2} & \cdots & u_{gT} \end{pmatrix}$$

结构式模型标准形式(7.7)中的参数并不都是待估计的独立参数,它会受许多约束。换句话说,就是结构参数矩阵($\mathrm{B} \quad \Gamma$)中有许多参数是已知的或参数之间存在一定的数量关系。比如,结构方程是依据经济行为理论或经济活动规律建立的,每个随机方程都有一个被解释变量,其系数为1,解释变量中通常也不会包含除该方程的被解释变量外的所有其他变量,在标准形式中没有包含在该方程中的变量的系数为0。另外,若模型含有恒等式,其中变量的系数都是已知的。

例如,将模型(7.2)可以写成标准形式:

$$\mathrm{B}\begin{pmatrix} C_t \\ I_t \\ Y_t \end{pmatrix} + \Gamma\begin{pmatrix} 1 \\ Y_{t-1} \\ G_t \end{pmatrix} = \begin{pmatrix} u_{1t} \\ u_{2t} \\ 0 \end{pmatrix}$$

其中

$$\mathrm{B} = \begin{pmatrix} 1 & 0 & -\alpha_1 \\ 0 & 1 & -\beta_1 \\ -1 & -1 & 1 \end{pmatrix}, \quad \Gamma = \begin{pmatrix} -\alpha_0 & 0 & 0 \\ -\beta_0 & -\beta_2 & 0 \\ 0 & 0 & -1 \end{pmatrix}$$

我们知道,单方程线性回归模型的基本假定是为了保证回归系数的 OLS 估计量是最佳线性无偏估计量及其统计检验能在标准分布下进行而设定的。但对于结构式模型中的随机方程,存在内生变量做解释变量,其与随机误差项通常是同期相关的,因此利用 OLS 法或 GLS 法估计,所得参数估计量是有偏且不一致的,这种性质称为**联立方程的偏倚性**(simultaneous equations bias)。由此可见,估计随机结构方程需要处理的首要问题是内生解释变量问题。因此,除非特别需要,我们只设定**结构式模型中的随机误差项满足如下基本条件**:

① 所有方程的随机误差项都与外生变量不相关。

② 均值为0:

$$E(u_{it}) = 0 \quad (i = 1,2,\cdots,g; t = 1,2,\cdots,T)$$

③ 各方程中的随机误差项无自相关,而且不同方程中的随机误差项异期不相关:

$$Cov(u_{is}, u_{jt}) = 0 \quad (i、j = 1,2,\cdots,g; s、t = 1,2,\cdots,T, s \neq t)$$

前面的讨论业已表明,在该基本条件下,每个 u_{it} 与所有前定变量都不相关。

对所建立的结构式模型,另一个基本要求是模型中所有随机方程都是可以估计或可以识别的。要做到这一点,首先要保证结构式模型中的每个随机方程作为一个单方程模型本身是可以识别的(见第2章§2.1)。下面在此前提条件下举例说明结构模型中一个随机方程可识别的含义,关于模型识别问题的详细讨论留在下一节。

对于供求平衡模型(7.1),假定供给方程中不含有 W_t,此时模型变为:

$$
\begin{cases}
D_t = \alpha_0 + \alpha_1 P_t + \alpha_2 Y_t + u_{1t} & \text{（需求方程）} \\
S_t = \beta_0 + \beta_1 P_t + u_{2t} & \text{（供给方程）} \\
D_t = S_t & \text{（平衡方程）}
\end{cases}
\tag{7.8}
$$

首先考虑需求方程的估计问题。将三个方程两端同时相加，再除以 2，可得

$$
\begin{aligned}
D_t &= \frac{1}{2}(\alpha_0 + \beta_0) + \frac{1}{2}(\alpha_1 + \beta_1)P_t + \frac{\alpha_2}{2}Y_t + \frac{1}{2}(u_{1t} + u_{2t}) \\
&= \gamma_0 + \gamma_1 P_t + \gamma_2 Y_t + v_t
\end{aligned}
\tag{7.9}
$$

其中$\gamma_0 = \frac{1}{2}(\alpha_0 + \beta_0)$，$\gamma_1 = \frac{1}{2}(\alpha_1 + \beta_1)$，$\gamma_2 = \frac{\alpha_2}{2}$，$v_t = \frac{1}{2}(u_{1t} + u_{2t})$。显然，方程(7.9)与需求方程含有相同的变量，且函数关系式的表现形式也相同，即它们具有相同的统计形式，但它们对应的参数不相同。因此，对任意的样本数据，无论用什么方法估计模型(7.8)，由方程(7.9)和需求方程，都会得到两个不同的 D 对 P 和 Y 的样本回归函数，我们无法从中进行选择。此时只能说，在模型(7.8)中需求方程是不可以估计或不可识别的。

而对于供给方程，用任意实数 $\lambda(\lambda \neq -1)$ 同时乘需求方程和平衡方程两端，将所得等式两端同时相减，再与供给方程相加，经整理可得：

$$
S_t = \frac{1}{1+\lambda}(\lambda\alpha_0 + \beta_0) + \frac{1}{1+\lambda}(\lambda\alpha_1 + \beta_1)P_t + \frac{\lambda\alpha_2}{1+\lambda}Y_t + \frac{1}{1+\lambda}(\lambda u_{1t} + u_{2t})
\tag{7.10}
$$

易见，当 $\lambda = 0$ 时，模型(7.10)即为供给方程；当 $\lambda \neq 0$ 时，模型(7.10)与供给方程含有不完全相同的变量。因此，利用样本数据对供给方程的估计结果是没有疑义的，即供给方程是可以估计的或可以识别的。

7.1.3 简化式模型

若 B 是可逆的，则从模型(7.6)可以解得：

$$
\begin{aligned}
Y_t &= -\mathrm{B}^{-1}\Gamma X_t + \mathrm{B}^{-1}u_t \\
&= \Pi X_t + v_t
\end{aligned}
\tag{7.11}
$$

其中$\Pi = -\mathrm{B}^{-1}\Gamma$，$v_t = \mathrm{B}^{-1}u_t$。称(7.11)式为结构式模型(7.6)的**简化形式**(reduced form)，或**简化式模型**(reduced form model)。简化式模型中的每个方程称为**简化方程**(reduced form equation)，简化方程中前定变量的系数称为**简化参数**(reduced form parameters)。一般地，用 $\pi_{ij}(i = 1,2,\cdots,g;j = 1,2,\cdots,k)$ 表示简化式模型第 i 个方程中第 j 个前定变量的系数，此时

$$
\Pi = \begin{pmatrix}
\pi_{11} & \pi_{12} & \cdots & \pi_{1k} \\
\pi_{21} & \pi_{22} & \cdots & \pi_{2k} \\
\vdots & \vdots & \vdots & \vdots \\
\pi_{g1} & \pi_{g2} & \cdots & \pi_{gk}
\end{pmatrix}
$$

$\Pi = -\mathrm{B}^{-1}\Gamma$ 表明了结构参数与简化参数之间的联系，称之为**参数关系体系**(parameter relationship system)。

例如,将内生变量 D_t、S_t 和 P_t 作为未知量,解结构式模型的方程组(7.1),可得其简化式模型为:

$$\begin{cases} D_t = \pi_{10} + \pi_{11} Y_t + \pi_{12} W_t + v_{1t} \\ S_t = \pi_{20} + \pi_{21} Y_t + \pi_{22} W_t + v_{2t} \\ P_t = \pi_{30} + \pi_{21} Y_t + \pi_{32} W_t + v_{3t} \end{cases} \tag{7.12}$$

其中

$$\pi_{10} = \alpha_0 + \alpha_1 \frac{\alpha_0 - \beta_0}{\beta_1 - \alpha_1}, \pi_{11} = \frac{\alpha_1 \alpha_2}{\beta_1 - \alpha_1} + \alpha_2, \pi_{12} = -\frac{\alpha_1 \beta_2}{\beta_1 - \alpha_1}$$

$$\pi_{20} = \beta_0 + \beta_1 \frac{\alpha_0 - \beta_0}{\beta_1 - \alpha_1}, \pi_{21} = \frac{\beta_1 \alpha_2}{\beta_1 - \alpha_1}, \pi_{22} = -\frac{\beta_1 \beta_2}{\beta_1 - \alpha_1} + \beta_2$$

$$\pi_{30} = \frac{\alpha_0 - \beta_0}{\beta_1 - \alpha_1}, \qquad \pi_{31} = \frac{\alpha_2}{\beta_1 - \alpha_1}, \qquad \pi_{32} = -\frac{\beta_2}{\beta_1 - \alpha_1}$$

为参数关系体系,随机误差项分别为:

$$v_{1t} = \frac{\alpha_1}{\beta_1 - \alpha_1}(u_{1t} - u_{2t}) + u_{1t}, v_{2t} = \frac{\beta_1}{\beta_1 - \alpha_1}(u_{1t} - u_{2t}) + u_{2t}, v_{3t} = \frac{1}{\beta_1 - \alpha_1}(u_{1t} - u_{2t})$$

与结构式模型相比较,简化式模型有以下特点:

(1)每个简化方程均为随机方程,其右端不再出现内生变量的当期值,只有前定变量做解释变量。

(2)在模型满足前述基本假定条件的情形下,简化方程不存在内生解释变量问题,可以直接利用 OLS 法进行估计,此时所得简化参数的估计量是一致的。因此,如果由参数关系体系 $\Pi = -B^{-1}\Gamma$ 能够将结构参数用简化参数来表示,那么依据斯鲁茨基定理,就能得到结构参数的一致估计量。这样就给出了结构式参数的一种估计方法。

(3)在简化方程中,一个前定变量的系数为该变量对内生被解释变量的**短期(影响)乘数**[short - run(impact) multiplier],即它反映了该变量的单位变化对当期内生被解释变量的(总)影响,它等于**直接影响与间接影响之和**。当模型中含有滞后变量时,利用模型的简化形式还可以求出每一个前定变量对各内生变量的**长期(影响)乘数**[long - run (impact) multiplier](参见本章§7.6节)。

(4)在已知前定变量取值的条件下,可利用估计的简化方程直接对内生变量进行预测,而结构方程中含有同期内生解释变量,所以不能直接利用它们的估计结果对内生变量进行预测。

§7.2　模型的识别

结构方程的识别问题就是判断能否得到结构参数确定的估计值的问题,它是建立联立方程模型首要考虑的问题。在上一节中,我们举例解释了结构方程可识别的含义。本节在假定每个随机结构方程本身作为一个单方程模型都是可以识别的前提下,从理论上分析结构方程可识别的两种等价定义,然后给出可识别的必要条件和充分必要条件。

7.2.1 识别的定义

关于结构方程的识别,有如下两种常见的定义:定义7.1和定义7.2。

定义7.1 对于一个结构方程,如果模型系统中全部方程的任意线性组合所构成的其他方程都不再具有该方程的统计形式,则称该**方程是可以识别的**(the equation is identified);否则,则称该**方程是不可以识别的**(the equation is unidentified)。

例如,方程(7.9)是供求平衡模型(7.8)中所有方程的一个线性组合,它与需求方程就具有相同的统计形式,但它们对应的参数不相同,而由方程(7.10)可知,模型(7.8)中所有方程的任意一个线性组合,除供给方程本身外,都与供给方程具有不同的统计形式,因此依据定义7.1,模型(7.8)的需求方程是不可以识别的,而供给方程则是可以识别的。从这个例题我们已经看到,不可识别的方程是无法估计的。

模型(7.1)可以看作是在模型(7.8)的供给方程中添加变量 W_t 得到的。容易看到,该模型中各结构方程的所有线性组合,除需求方程和供给方程外,其他组合均同时含有 Y_t 和 W_t,都与需求方程和供给方程具有不同的统计形式,因此需求方程和供给方程都是可以识别的。此表明通过在供给方程中添加需求方程不含有的前定变量 W_t,原来不可以识别的需求方程变得可以识别了,此时称其是恰好识别的。由此可见,一个方程是否可以识别与其所不包含的前定变量个数或零约束(是指不含有的前定变量可以看作该方程中含有该变量,但对其系数施加等于0的约束条件)个数有关,或者说,与模型系统中其他方程含有的前定变量个数有关。同理可知,若在模型(7.1)的供给方程中继续添加内生变量 P_t 的滞后值 P_{t-1},得到模型:

$$\begin{cases} D_t = \alpha_0 + \alpha_1 P_t + \alpha_2 Y_t + u_{1t} & \text{(需求方程)} \\ S_t = \beta_0 + \beta_1 P_t + \beta_2 W_t + \beta_3 P_{t-1} + u_{2t} & \text{(供给方程)} \\ D_t = S_t & \text{(平衡方程)} \end{cases} \tag{7.13}$$

此时需求方程中零约束的个数多于模型(7.1)的需求方程中零约束的个数,该方程仍是可以识别的。由于在需求方程中增加了过多的零约束的信息,因此称其是过度识别的。

一般地,对于可以识别的方程,若减少方程中前定变量的零约束个数,方程就不可识别了,则称该方程为**恰好识别**(exactly identified);若减少方程中前定变量的零约束个数,方程仍可以识别,则称该方程为**过度识别**(over identified)。

显然,如果一个方程中零约束个数太少,则该方程就是不可识别的。

定义7.2 对于给定的简化参数,如果通过参数关系体系可以解得某结构方程所有结构参数的确定值,则称该方程是**可以识别的**;否则,称之是**不可以识别的**。

这里"确定值"是指一组值或多组(有限)结构参数值,而不是无穷多组(见下面的例题)。若通过参数关系体系能得到某一结构方程参数的唯一一组解,则称该方程为**恰好识别**;若能得到多组(有限)解,则称该方程为**过度识别**。

可以证明(请读者自己完成),定义7.1与定义7.2是等价的,并且基于这两个定义的恰好识别、过度识别的概念也是等价的。

例题 7.1 利用定义 7.2 判定模型(7.2)的可识别性

首先,将模型(7.2)标准化为:

$$\mathrm{B}\begin{pmatrix} C_t \\ I_t \\ Y_t \end{pmatrix} + \Gamma \begin{pmatrix} 1 \\ Y_{t-1} \\ G_t \end{pmatrix} = \begin{pmatrix} u_{1t} \\ u_{2t} \\ 0 \end{pmatrix}$$

其中

$$\mathrm{B} = \begin{pmatrix} 1 & 0 & -\alpha_1 \\ 0 & 1 & -\beta_1 \\ -1 & -1 & 1 \end{pmatrix}, \Gamma = \begin{pmatrix} -\alpha_0 & 0 & 0 \\ -\beta_0 & -\beta_2 & 0 \\ 0 & 0 & -1 \end{pmatrix}$$

并设模型(7.2)的简化式模型为:

$$\begin{pmatrix} C_t \\ I_t \\ Y_t \end{pmatrix} = \prod \begin{pmatrix} 1 \\ Y_{t-1} \\ G_t \end{pmatrix} + \begin{pmatrix} v_{1t} \\ v_{2t} \\ v_{3t} \end{pmatrix}$$

其中

$$\prod = \begin{pmatrix} \pi_{10} & \pi_{11} & \pi_{12} \\ \pi_{20} & \pi_{21} & \pi_{22} \\ \pi_{30} & \pi_{31} & \pi_{32} \end{pmatrix}$$

于是,参数关系体系为:

$$-\mathrm{B}\prod = \Gamma \tag{7.14}$$

展开矩阵方程(7.14),得等式组:

$$-\pi_{10} + \alpha_1\pi_{30} = -\alpha_0,\ -\pi_{11} + \alpha_1\pi_{31} = 0,\ -\pi_{12} + \alpha_1\pi_{32} = 0$$
$$-\pi_{20} + \beta_1\pi_{30} = -\beta_0,\ -\pi_{21} + \beta_1\pi_{31} = -\beta_2,\ -\pi_{22} + \beta_1\pi_{32} = 0$$
$$\pi_{10} + \pi_{20} - \pi_{30} = 0, \pi_{11} + \pi_{21} - \pi_{31} = 0, \pi_{12} + \pi_{22} - \pi_{32} = -1$$

当已知简化参数 $\pi_{ij}(i、j = 0,1,2)$ 时,由上述等式组第一行的第一、第二两个等式,第一、第三两个等式,可以分别得到消费方程参数的两组解:

$$\alpha_1 = \frac{\pi_{11}}{\pi_{31}}, \quad \alpha_0 = \pi_{10} - \frac{\pi_{11}\pi_{30}}{\pi_{31}}$$

和

$$\alpha_1 = \frac{\pi_{12}}{\pi_{32}}, \quad \alpha_0 = \pi_{10} - \frac{\pi_{12}\pi_{30}}{\pi_{32}}$$

因此,依据定义 7.2,该方程可以识别并且为过度识别。

由上述等式组第二行的三个方程,能得到投资方程参数的唯一一组解:

$$\beta_1 = \frac{\pi_{22}}{\pi_{32}}, \quad \beta_0 = \pi_{20} - \frac{\pi_{22}\pi_{30}}{\pi_{32}}, \quad \beta_2 = \pi_{21} - \frac{\pi_{22}\pi_{31}}{\pi_{32}}$$

因此,依据定义 7.2,该方程可以识别并且为恰好识别。

第三个方程不含有待估计的参数,不需要识别。

综上所述,该模型中的消费方程为过度识别,投资方程为恰好识别。

请读者自己分别利用定义 7.1、定义 7.2 判断模型(7.2)和模型(7.1)中各方程的识别状态[见练习题七综合应用题(1)]。

值得注意的是,有的书在利用参数关系体系定义结构方程的识别概念时,将定义 7.2 中的“对于给定的简化参数”改为“对于给定的简化参数的估计值”。这样定义识别的概念容易引起误解,即方程的识别与参数的估计结果有关,而且使识别过程难于理解。事实上,定义 7.1 阐述了结构方程是否可以识别的本质,即一个方程可以识别意味着无论采用什么方法估计。就模型系统而言,所得参数的估计量都不存在疑义,此表明模型的识别与参数的估计结果无关。

如果结构式模型的所有随机方程都是可以识别的,则称该**模型是可以识别的**(the model is identified)。否则,则称该**模型是不可以识别的**(the model is unidentified)。

判断结构式模型的识别状态是对模型进行估计之前必须要做的工作。对于不可以识别的模型,利用任意估计方法得到的参数估计结果(至少是一部分)都是没有意义的,这不是通过增加样本容量能够解决的统计问题,而是模型设定本身存在的缺陷。因此,当存在不可以识别的方程时,就需要修改模型,使模型中的每个方程都是可以识别的,才能选择适当的方法对参数进行估计。

7.2.2 结构方程识别的条件

对于一个随机结构方程,除了可以直接用定义 7.1 和定义 7.2 进行识别外,也可以应用由定义导出的判定条件(秩条件和阶条件)进行识别。

7.2.2.1 秩条件

秩条件(rank condition)是一个结构方程可以识别的充分必要条件。它可以表述为:第 i 个方程可以识别当且仅当该方程排斥(或不包含)的所有变量(此时将截距项看作取值恒为 1 的变量的系数,不考虑随机误差项)在其他方程中的系数所构成矩阵[记为 (B_i, Γ_i)]的秩等于模型中内生变量的个数 g 减 1,即

$$Rank(\mathrm{B}_i, \Gamma_i) = g - 1$$

例题 7.2 应用秩条件识别模型(7.2)

首先,将结构式模型写为标准形式:

$$\begin{cases} C_t - \alpha_1 Y_t - \alpha_0 = u_{1t} \\ I_t - \beta_1 Y_t - \beta_0 - \beta_2 Y_{t-1} = u_{2t} \\ -C_t - I_t + Y_t - G_t = 0 \end{cases}$$

由此得到结构参数矩阵:

$$\begin{array}{cc} & \begin{matrix} C_t & I_t & Y_t & 1 & Y_{t-1} & G_t \end{matrix} \\ (\mathrm{B} \quad \Gamma) = & \begin{pmatrix} 1 & 0 & -\alpha_1 & -\alpha_0 & 0 & 0 \\ 0 & 1 & -\beta_2 & -\beta_0 & -\beta_2 & 0 \\ -1 & -1 & 1 & 0 & 0 & -1 \end{pmatrix} \end{array}$$

其中矩阵上方的变量所对应的列为该变量在各方程中的系数,当方程中不含有某一变量时,令其系数为 0。

对于消费方程(第一个方程),矩阵 (B_1, Γ_1) 是由矩阵 $(B \quad \Gamma)$ 第一行中的0元素对应的列与其他行交叉处的元素构成的矩阵,即

$$(B_1 \quad \Gamma_1) = \begin{pmatrix} 1 & -\beta_2 & 0 \\ -1 & 0 & -1 \end{pmatrix}$$

因为 $Rank(B_1, \Gamma_1) = 2$,而模型中内生变量个数 $g = 3$,所以 $Rank(B_1, \Gamma_1) = g - 1$。于是,由方程识别的秩条件可知,消费方程是可以识别的。

对于投资方程(第二个方程),矩阵 (B_2, Γ_2) 是由矩阵 $(B \quad \Gamma)$ 第二行中的0元素对应的列与其他行交叉处的元素构成的矩阵,即

$$(B_2 \quad \Gamma_2) = \begin{pmatrix} 1 & 0 \\ -1 & -1 \end{pmatrix}$$

因为 $Rank(B_2, \Gamma_2) = 2 = g - 1$,所以由方程识别的秩条件可知,投资方程也是可以识别的。

第三个方程为恒等方程,不存在识别问题。

综合以上结果,该模型是可以识别的。

下面以模型(7.5)中第一个方程(以下称为方程1)的识别为例给出秩条件的简单推导过程:

设模型的结构参数矩阵为:

$$(B \quad \Gamma) = \begin{pmatrix} \dot{B}_1 & 0 & \dot{\Gamma}_1 & 0 \\ \ddot{B}_1 & B_1 & \ddot{\Gamma}_1 & \Gamma_1 \end{pmatrix}$$

其中 $\dot{B}_1$、$\dot{\Gamma}_1$ 分别为方程1中内生变量和前定变量的非0系数构成的行矩阵,B_1、Γ_1 分别为方程1所排斥的内生变量和前定变量在其他方程中的系数构成的矩阵。

对于方程1,模型系统中全部方程的任意线性组合所构成的其他方程都不再具有该方程的统计形式,等价于 $(B \quad \Gamma)$ 经任意初等行变换得到的其他矩阵,除 $(\dot{B}_1 \quad 0 \quad \dot{\Gamma}_1 \quad 0)$ 外,其所有行都不具有 $(\dot{B}_1 \quad 0 \quad \dot{\Gamma}_1 \quad 0)$ 的结构,即矩阵 $(B_1 \quad \Gamma_1)$ 经任意初等行变换得到的矩阵都不含有0行,亦即 $(B_1 \quad \Gamma_1)$ 的秩为 $g-1$。因此,按照定义7.1,方程1可以识别可以等价地表述为:若 $Rank(B_1 \quad \Gamma_1) = g - 1$,则方程1是可以识别的;若 $(B_1 \quad \Gamma_1)$ 的秩小于 $g-1$,则方程1是不可以识别的。于是,得到方程1可以识别的充要条件:该方程所排斥的变量在其他方程中的系数构成矩阵的秩等于模型中内生变量个数减去1。

7.2.2.2 阶条件

阶条件(order condition)是一个结构方程可以识别的必要条件。它可以表述为:若第 i 个方程可以识别,那么该方程不包含的变量的总个数不少于模型中内生变量个数减1,即

$$(g + k) - (g_i + k_i) \geq g - 1 \tag{7.15}$$

其中 g、k 分别为模型中内生变量个数和前定变量个数,g_i、k_i 分别为第 i 个方程所包含的内生变量个数和前定变量个数,并且

如果 $(g + k) - (g_i + k_i) = g - 1$,则该方程是恰好识别的;

如果 $(g+k)-(g_i+k_i)>g-1$，则该方程是过度识别的。

从(7.15)式，易得

$$k-k_i \geqslant g_i-1 \tag{7.16}$$

于是，第 i 个方程可以识别的阶条件也可以表述为：若第 i 个方程可以识别，那么该方程不包含的前定变量个数不少于其所包含的内生变量个数减1，即 $k-k_i \geqslant g_i-1$，并且

如果 $k-k_i=g_i-1$，则该方程是恰好识别的；

如果 $k-k_i>g_i-1$，则该方程是过度识别的。

例如，由例题7.2已知模型(7.2)的两个随机方程都是可以识别的，它们都满足阶条件：对于消费方程，$k-k_1=3-1>g_1-1=2-1$；对于投资方程，$k-k_2=3-2=g_2-1=2-1$。由此可知，消费方程是过度识别的，投资方程是恰好识别的。

阶条件的简单推导过程：

假定模型(7.5)的方程1可以识别，则由秩条件可知，有 $Rank(\mathrm{B}_1 \quad \Gamma_1)=g-1$ 成立。因此，必有 $(\mathrm{B}_1 \quad \Gamma_1)$ 所含列数大于等于 $g-1$，即 $g-g_1+k-k_1 \geqslant g-1$，亦即 $k-k_1 \geqslant g_1-1$。

当 $g-g_1+k-k_1=g-1$ 时，若减少方程1中零约束的个数，则有 $Rank(\mathrm{B}_1 \quad \Gamma_1)<g-1$，即方程1不可以识别。故此时方程1为恰好识别。

当 $g-g_1+k-k_1>g-1$ 时，$(\mathrm{B}_1 \quad \Gamma_1)$ 存在一个秩为 $g-1$ 的子矩阵。易知，若去掉 $(\mathrm{B}_1 \quad \Gamma_1)$ 中该子矩阵之外的列对应的变量，即减少方程1的零约束个数，所得新模型的方程1(亦为原模型的方程1)排斥的变量在其他方程中的系数所构成矩阵的秩仍为 $g-1$，因此方程1还是可以识别的。故此时方程1为过度识别。

需要注意的是，阶条件是方程可以识别的必要而非充分条件，一个结构方程若不满足这个条件，则它一定是不可以识别的；反之，一个满足阶条件的结构方程未必是可以识别的。

例如，模型(7.8)：

$$\begin{cases} D_t=\alpha_0+\alpha_1P_t+\alpha_2Y_t+u_{1t} & (\text{需求方程}) \\ S_t=\beta_0+\beta_1P_t+u_{2t} & (\text{供给方程}) \\ D_t=S_t & (\text{平衡方程}) \end{cases}$$

的需求方程不满足阶条件，因为 $k-k_1=2-2<g_1-1=2-1$，因此它是不可以识别的。此与利用识别的定义所得结论是一致的。

又如，在模型(7.2)的基础上，加入内生变量税收总额 T，建立如下结构式模型：

$$\begin{cases} C_t=\alpha_0+\alpha_1Y_t+\alpha_2T_t+u_{1t} & (\text{消费方程}) \\ I_t=\beta_0+\beta_1Y_t+\beta_2Y_{t-1}+u_{2t} & (\text{投资方程}) \\ T_t=\gamma_0+\gamma_1Y_t+u_{3t} & (\text{税收方程}) \\ Y_t=C_t+I_t+G_t & (\text{定义式}) \end{cases} \tag{7.17}$$

其中消费方程表示消费总额 C_t 除受国内生产总值 Y_t 的影响外，还受税收总额 T_t 的影响，税收方程表示税收总额 T_t 受国内生产总值 Y_t 的影响，其他方程与模型(7.2)中的相应方程一致。显然，消费方程满足阶条件：$k-k_1=3-1=g_1-1$，但该方程是不可以识别的，

因为将税收方程与消费方程两端同时相加并整理，得方程

$$C_t = (\alpha_0 + \gamma_0) + (\alpha_1 + \gamma_1)Y_t + (\alpha_2 - 1)T_t + (u_{1t} + u_{3t})$$

与消费方程具有相同的统计形式。

7.2.2.3 运用判定条件的识别步骤

对于给定的模型，可以综合运用阶条件和秩条件对每一个随机方程进行识别。对第 i 个随机方程进行识别的基本步骤如下：

① 验证该方程是否满足阶条件：$k - k_i \geqslant g_i - 1$。若其不满足阶条件，则该方程不可以识别；若其满足阶条件，则进行下一步。

② 验证该方程是否满足秩条件：$Rank(\mathrm{B}_i \quad \Gamma_i) = g - 1$。若其不满足秩条件，则该方程是不可以识别的；若其满足秩条件，则表明该方程是可以识别的，并进行下一步。

③ 利用①中阶条件的验证结果，确定该方程的具体识别状态，即判断其是恰好识别还是过度识别。

例题 7.3 应用秩条件和阶条件判定模型(7.17)及其各方程的识别状态

① 验证阶条件：

消费方程：$k - k_1 = 3 - 1 = g_1 - 1 = 3 - 1$。

投资方程：$k - k_2 = 3 - 2 = g_2 - 1 = 2 - 1$。

税收方程：$k - k_3 = 3 - 1 > g_3 - 1 = 2 - 1$。

上述关系式表明所有随机方程均满足阶条件。

② 验证秩条件：将模型(7.17)改写为标准形式：

$$\begin{aligned}
C_t \quad\quad - \alpha_1 Y_t - \alpha_2 T_t - \alpha_0 \quad\quad\quad\quad &= u_{1t}\\
I_t - \beta_1 Y_t \quad\quad\quad - \beta_0 \quad\quad - \beta_2 Y_{t-1} &= u_{2t}\\
- \gamma_1 Y_t + T_t \quad - \gamma_0 \quad\quad\quad\quad &= u_{3t}\\
- C_t - I_t + Y_t \quad\quad\quad\quad - G_t \quad\quad &= 0
\end{aligned} \tag{7.18}$$

并写出其系数矩阵：

$$(\mathrm{B} \quad \Gamma) = \begin{array}{c} \begin{matrix} C_t & I_t & Y_t & T_t & 1 & G_t & Y_{t-1} \end{matrix} \\ \begin{pmatrix} 1 & 0 & -\alpha_1 & -\alpha_2 & -\alpha_0 & 0 & 0 \\ 0 & 1 & -\beta_1 & 0 & -\beta_0 & 0 & -\beta_2 \\ 0 & 0 & -\gamma_1 & 1 & -\gamma_0 & 0 & 0 \\ -1 & -1 & 1 & 0 & 0 & -1 & 0 \end{pmatrix} \end{array}$$

消费方程：由矩阵 $(\mathrm{B} \quad \Gamma)$ 第一行中的 0 元素对应的列与其他行交叉处的元素构成的矩阵为：

$$(\mathrm{B}_1 \quad \Gamma_1) = \begin{pmatrix} 1 & 0 & -\beta_2 \\ 0 & 0 & 0 \\ -1 & -1 & 0 \end{pmatrix}$$

因为 $Rank(\mathrm{B}_1 \quad \Gamma_1) = 2 < g - 1 = 4 - 1$，即该方程不满足秩条件，所以它是不可以识别的。

投资方程：由矩阵 $(\mathrm{B} \quad \Gamma)$ 第二行中的 0 元素对应的列与其他行交叉处的元素构成

的矩阵为：

$$(\mathrm{B}_2,\Gamma_2)=\begin{pmatrix}1 & -\alpha_2 & 0\\ 0 & 1 & 0\\ -1 & 0 & -1\end{pmatrix}$$

因为 $Rank(\mathrm{B}_2,\Gamma_2)=3=g-1=4-1$，即该方程满足秩条件，所以它是可以识别的。再由①中的阶条件可知，该方程是恰好识别的。

税收方程：由矩阵（B　Γ）第三行中的0元素对应的列与其他行交叉处的元素构成的矩阵为：

$$(\mathrm{B}_3\quad\Gamma_3)=\begin{pmatrix}1 & 0 & 0 & 0\\ 0 & 1 & 0 & -\beta_2\\ -1 & -1 & -1 & 0\end{pmatrix}$$

因为 $Rank(\mathrm{B}_3\quad\Gamma_3)=3=g-1=4-1$，即该方程满足秩条件，所以它是可以识别的。再由①中的阶条件可知，该方程是过度识别的。

第四个方程为定义式，不存在识别问题。

综上所述，消费方程是不可识别的，投资方程是恰好识别的，税收方程是过度识别的，整个模型系统是不可以识别的。

7.2.2.4　经验识别法①

从前面的讨论可以感觉到，对于一个含有方程数目比较多（几十个、几百个）的结构式模型，无论是直接利用识别的定义，还是利用判定条件（秩条件和阶条件）对模型进行识别都是很烦琐的，甚至是难以做到的。因此，人们在实际设定结构式模型时，往往不是等理论模型建立之后再对其进行识别，而是在设定模型的过程中设法保证每个随机结构方程的可识别性。一般来说，在设定结构式模型时应遵循以下原则：

在设定一个新的结构方程时，要使该方程包含前面已设定的每一个方程都不包含的至少1个变量（内生变量或前定变量）；同时要使前面已设定的每一个方程都包含至少1个该方程未包含的变量，并且互不相同。

由定义7.1可知，该原则的前一句话是保证新设定的方程的引入不破坏前面已有方程的可识别性；后一句话是指已设定的每一个方程都包含至少1个该方程未包含的变量，并且在每一个方程中能找出一个这样的变量，它们是互不相同的，这样已设定的方程之间的任意线性组合都仍然含有新设定的方程所不含有的变量，因此它保证新设定的方程是可以识别的。

在实际设定一个结构式模型时，可能包含成百上千个方程，因此把每个结构方程所包含的变量记录在一个表格中将是有帮助的。例如，在表7－1中前三个方程都是可以识别的基础上，设定方程4。按照上述原则，该方程要包含前三个方程所包含的变量 Y_1、Y_2、Y_3、Y_4、X_1、X_2、X_3 之外的至少一个变量，同时需要检查前三个方程是否都含有一个方程4所未包含的变量，且互不相同。表7－1中的方程4含有前三方程都不含有的变量 X_4，而且方程1、2、3分别含有方程4不含有的变量 $Y_2(X_1)$、X_2 和 Y_3，因此该方程的设定

① 这种方法摘自：李子奈，潘文卿. 计量经济学[M]. 2版. 北京：高等教育出版社，2005：193.

符合上述原则。这样新引入的方程4是可以识别的,而且前三个方程仍然可以识别。

表7-1 变量记录表

	内生变量					外生变量					
	Y_1	Y_2	Y_3	Y_4	…	X_1	X_2	X_3	X_4	X_5	…
方程1	√	√				√					
方程2		√		√			√				
方程3	√		√				√	√			
方程4	√			√				√	√		

注:表中"√"表示横向对应的方程含有列向对应的变量。

§7.3 模型的估计方法

对于可以识别的结构式模型,参数的估计方法分为两大类:单方程估计法和系统估计法。

单方程估计法(single equation method of estimation),是指每次只估计模型系统中的一个方程,依次逐个进行估计。由于随机结构方程存在内生变量做解释变量,其普遍与随机误差项同期相关,因此单方程估计法主要解决的是每个随机结构方程中存在的内生解释变量问题,同时尽可能地利用单个方程中没有包含而在模型系统中包含的变量样本观测值的信息。但在估计过程中,这种方法并不考虑其他方程的结构信息,如其他方程所不包含的前定变量个数等,以及各结构方程误差项之间的相关性信息,如当各方程都忽略了共同的变量或内生变量存在相同的变化趋势时,其误差项之间往往表现出同期相关性等,由此得到的估计量是非有效的。因此,单方程估计方法也称为**有限信息估计方法**(limited information estimation method)。单方程估计法主要包括基于最小二乘原理的**间接最小二乘法**(indirect least squares,ILS)、**两阶段最小二乘法**(two - stage least squares,2SLS)和基于最大似然原理的**有限信息最大似然估计法**(limited information maximum likelihood,LIML)等。

系统估计方法(system method of estimation),是指对模型系统中的全部随机方程同时进行估计,同时得到所有参数的估计量。系统估计方法利用了包括方程之间相关性在内的模型系统能提供的所有信息,因此也称之为**完全信息估计方法**(full information estimation method)。系统估计法主要包括**三阶段最小二乘法**(three - stage least squares,3SLS)和**完全信息最大似然估计方法**(full information maximum likelihood,FIML)。

由于估计模型的出发点不同,系统估计法与单方程估计法无论是在参数估计量的统计性质上,还是在估计过程上都具有较大的差异。在参数估计量的统计性质上,前者要优于后者,但从估计的过程来看,后者要比前者简单且易于理解。本章将讨论**几种常用的估计方法**:间接最小二乘法(ILS法)、两阶段最小二乘法(2SLS法)和三阶段最小二乘法(3SLS法)等。

7.3.1 间接最小二乘法(ILS 法)

ILS 法的基本思想是,由于简化方程中的解释变量均为前定变量,因此在前述基本假定条件下它不存在内生解释变量问题,可以利用 OLS 法得到简化参数的一致估计量。进而,再依据结构参数与简化参数之间的参数关系体系便可以求得结构参数的估计量。这样的估计量称为**间接最小二乘估计量**,或**ILS 估计量**(ILS estimator)。利用概率极限的运算法则容易证明,ILS 估计量具有一致性。

当结构方程为恰好识别时,其参数的 ILS 估计量只有一组值,而对于结构方程是过度识别的情形,其参数的 ILS 估计量有多组值,在没有其他信息的条件下,我们无法从中进行选择,因此 ILS 法一般只适用于恰好识别方程的估计。

下面以模型(7.2):

$$\begin{cases} C_t = \alpha_0 + \alpha_1 Y_t + u_{1t} & \text{(消费方程)} \\ I_t = \beta_0 + \beta_1 Y_t + \beta_2 Y_{t-1} + u_{2t} & \text{(投资方程)} \\ Y_t = C_t + I_t + G_t & \text{(定义式)} \end{cases}$$

中投资方程(已知其是恰好识别的)的估计为例说明 ILS 法的应用过程。

首先,对于投资方程包含的两个内生变量 I_t 和 Y_t,建立两个简化方程:

$$I_t = \pi_{20} + \pi_{21} Y_{t-1} + \pi_{22} G_t + v_{2t} \tag{7.19}$$

$$Y_t = \pi_{30} + \pi_{31} Y_{t-1} + \pi_{32} G_t + v_{3t} \tag{7.20}$$

其次,将(7.19)式和(7.20)式代入投资方程两端,并令前定变量的系数相等,得到参数关系体系中的部分等式(此与直接解结构式模型得到的结果是一致的):

$$\pi_{20} = \beta_0 + \beta_1 \pi_{30},\ \pi_{21} = \beta_2 + \beta_1 \pi_{31},\ \pi_{22} = \beta_1 \pi_{32}$$

最后,依据样本数据,利用 OLS 法估计方程(7.19)和方程(7.20),得到简化参数的估计量 $\hat{\pi}_{20}$、$\hat{\pi}_{21}$、$\hat{\pi}_{22}$、$\hat{\pi}_{30}$、$\hat{\pi}_{31}$、$\hat{\pi}_{32}$,并将它们代入上述等式,可解得投资方程参数的 ILS 估计量:

$$\hat{\beta}_0 = \hat{\pi}_{20} - \frac{\hat{\pi}_{22}\hat{\pi}_{30}}{\hat{\pi}_{32}},\quad \hat{\beta}_1 = \frac{\hat{\pi}_{22}}{\hat{\pi}_{32}},\quad \hat{\beta}_2 = \hat{\pi}_{21} - \frac{\hat{\pi}_{22}\hat{\pi}_{31}}{\hat{\pi}_{32}}$$

从上述例题可以看到,ILS 估计量是简化参数估计量的非线性函数,当简化参数估计量具有一致性时,利用概率极限的运算法则可知,结构参数的 ILS 估计量也具有一致性。但即使简化方程满足基本假定条件,简化参数的估计量是最佳线性无偏估计量,由此得到的结构参数的 ILS 估计量通常是有偏的且不具有最小方差性。

在第 4 章§4.4 中,我们介绍了估计内生解释变量模型的一种一般性方法——工具变量法,那么 **ILS 法与工具变量法之间有什么联系吗?** 可以证明,ILS 法也是一种工具变量法。具体而言,对于一个恰好识别的结构方程,其参数的 ILS 估计量也是一种工具变量法估计量,此时内生解释变量的工具变量集恰好为该方程所不包含的前定变量集。例如,假设结构方程 1 为:

$$Y_{1t} = \beta_{12} Y_{2t} + \cdots + \beta_{1g_1} Y_{g_1 t} + \gamma_{11} X_{1t} + \cdots + \gamma_{1k_1} X_{k_1 t} + u_{1t} \tag{7.21}$$

其中 Y_{1t}、$Y_{2t} \cdots Y_{g_1 t}$ 为内生变量,$X_{1t} \cdots X_{k_1 t}$ 为前定变量,并设该方程是可以识别的,其不包含的前定变量为 $X_{k_1+1,t} \cdots X_{kt}$。当方程(7.21)为恰好识别时,前定变量集

$\{X_{k_1+1,t},\cdots,X_{kt}\}$ 与该方程的内生解释变量集 $\{Y_{2t},\cdots,Y_{g_1t}\}$ 含有相同个数的变量。由于模型中的前定变量与随机误差项均同期无关，而且由于内生变量之间相互影响的传递性，导致每一个前定变量对所有内生变量都会有一定程度的影响(直接影响或间接影响)，因此可以把 $X_{k_1+1,t}\cdots X_{kt}$ 依次作为 $Y_{2t}\cdots Y_{g_1t}$ 的工具变量。可以验证：这样得到的方程(7.21)中参数的工具变量法估计量与 ILS 估计量是相同的。

7.3.2 二阶段最小二乘法(2SLS 法)

7.3.2.1 基本思想及估计步骤

在实际问题的计量经济分析中，模型系统往往含有较多方程和前定变量，而每一个结构方程所包含的变量个数通常较少，因此许多结构方程都是过度识别的。前面已指出，对于过度识别的方程不宜使用 ILS 法进行估计。为此，泰尔(H. Theil)(1953)和贝斯曼(R. L. Basmann)(1957)各自独立提出了一种既适用于恰好识别方程又适用于过度识别方程的应用最为普遍的单方程估计方法——**二阶段最小二乘法(2SLS 法)**。这种方法实际上也是一种工具变量法。**其基本思想是**，由于模型中的前定变量与随机误差项均同期无关，因而它们的线性组合与随机误差项也不相关，于是可以把利用 OLS 法估计简化方程得到的内生解释变量 Y_i 的拟合值 $\hat{Y}_i$ 作为 Y_i 的工具变量，利用工具变量法来估计随机结构方程，此时 $\hat{Y}_i$ 与 Y_i 通常具有较高的相关性而且与随机误差项同期无关，满足作为工具变量的基本条件。由此得到的参数估计量具有一致性和渐近正态性，称之为**二阶段最小二乘估计量**或**2SLS 估计量**(2SLS estimator)。

例如，设方程(7.21)中内生解释变量 $Y_{2t},Y_{3t},\cdots,Y_{g_1t}$ 对应的简化方程为：

$$\begin{cases} Y_{2t} = \pi_{21}X_{1t} + \pi_{22}X_{2t} + \cdots + \pi_{2k}X_{kt} + v_{2t} \\ Y_{3t} = \pi_{31}X_{1t} + \pi_{32}X_{2t} + \cdots + \pi_{3k}X_{kt} + v_{3t} \\ \qquad\vdots \\ Y_{g_1t} = \pi_{g_11}X_{1t} + \pi_{g_12}X_{2t} + \cdots + \pi_{g_1k}X_{kt} + v_{g_1t} \end{cases} \tag{7.22}$$

首先，利用 OLS 法估计(7.22)式中的每一个简化方程，分别得到内生解释变量的拟合值 $\hat{Y}_{2t},\hat{Y}_{3t},\cdots,\hat{Y}_{g_1t}$。然后，以 $\hat{Y}_{2t}$、$\hat{Y}_{3t}\cdots\hat{Y}_{g_1t}$ 分别作为 Y_{2t}、$Y_{3t}\cdots Y_{g_1t}$ 的工具变量，利用工具变量法估计方程(7.21)，便得到了该方程中参数的 2SLS 估计量。该估计量也可以通过两次应用 OLS 法而得到。具体步骤如下：

第一阶段：利用 OLS 法估计(7.22)中的每个方程，分别得到内生解释变量 Y_{2t}、$Y_{3t}\cdots Y_{g_1t}$ 的拟合值 $\hat{Y}_{2t}$、$\hat{Y}_{3t}\cdots\hat{Y}_{g_1t}$。

第二阶段：用 $\hat{Y}_{2t}$、$\hat{Y}_{3t}\cdots\hat{Y}_{g_1t}$ 分别替换方程(7.21)中的 Y_{2t}、$Y_{3t}\cdots Y_{g_1t}$，得到方程：

$$Y_{1t} = \beta_{12}\hat{Y}_{2t} + \cdots + \beta_{1g_1}\hat{Y}_{g_1t} + \gamma_{11}X_{1t} + \cdots + \gamma_{1k_1}X_{k_1t} + \varepsilon_{1t}$$

利用 OLS 法估计该方程，就得到了方程(7.21)中参数的 2SLS 估计量。

从上述 2SLS 法的估计过程来看，并没有涉及结构方程中内生解释变量个数与前定变量个数之间的关系，因此该方法与结构方程的具体识别状态(是恰好识别还是过度识别)无关。也就是说，它既适用于恰好识别的方程的估计也适用于过度识别的方程的估计。

在联立方程模型中，对于过度识别的方程(含 g_i-1 个内生解释变量)，该方程不包含的前定变量中的任意 g_i-1 个都可以作为工具变量,进而得到参数的一组一致估计量。但正如我们在第4章§4.4中指出的那样,对于由该方程不包含的前定变量构成的工具变量集而言,上述2SLS估计量是最有效的。在EViews下,可以直接利用2SLS法对联立方程模型中可以识别的随机结构方程进行估计。此时在Instrument list对话框要输入该模型中的所有前定变量。

7.3.2.2 ILS法与2SLS法之间的联系

从上述讨论可知,ILS法与2SLS法都属于工具变量估计法,它们都适用于恰好识别结构方程的参数估计。通过比较它们的工具变量正规方程组,可以证明,当结构方程是恰好识别时,其参数的ILS估计量与2SLS估计量是相同的,即对于恰好识别的结构方程,ILS法与2SLS法是等价的。下面我们以模型(7.2)中投资方程(已知其是恰好识别的):

$$I_t=\beta_0+\beta_1Y_t+\beta_2Y_{t-1}+u_{2t}$$

的估计为例来说明两者的等价性。

利用OLS法估计简化方程:

$$Y_t=\pi_{30}+\pi_{31}Y_{t-1}+\pi_{32}G_t+v_{3t}$$

得 Y_t 的拟合值:

$$\hat{Y}_t=\hat{\pi}_{30}+\hat{\pi}_{31}Y_{t-1}+\hat{\pi}_{32}G_t$$

ILS法与2SLS法分别用 G_t 和 $\hat{Y}_t$ 作为 Y_t 的工具变量,它们对应的正规方程组分别为:

$$\begin{cases}\sum\limits_{t=2}^{T}(I_t-\hat{\beta}_0-\hat{\beta}_1Y_t-\hat{\beta}_2Y_{t-1})=0\\ \sum\limits_{t=2}^{T}G_t(I_t-\hat{\beta}_0-\hat{\beta}_1Y_t-\hat{\beta}_2Y_{t-1})=0\\ \sum\limits_{t=2}^{T}Y_{t-1}(I_t-\hat{\beta}_0-\hat{\beta}_1Y_t-\hat{\beta}_2Y_{t-1})=0\end{cases}\tag{7.23}$$

$$\begin{cases}\sum\limits_{t=2}^{T}(I_t-\hat{\beta}_0-\hat{\beta}_1Y_t-\hat{\beta}_2Y_{t-1})=0\\ \sum\limits_{t=2}^{T}(\hat{\pi}_{30}+\hat{\pi}_{31}Y_{t-1}+\hat{\pi}_{32}G_t)(I_t-\hat{\beta}_0-\hat{\beta}_1Y_t-\hat{\beta}_2Y_{t-1})=0\\ \sum\limits_{t=2}^{T}Y_{t-1}(I_t-\hat{\beta}_0-\hat{\beta}_1Y_t-\hat{\beta}_2Y_{t-1})=0\end{cases}\tag{7.24}$$

容易看到,方程组(7.23)与(7.24)的第一、三个方程是相同的,并且将方程组(7.23)的第一个方程乘以 $\hat{\pi}_{30}$、第二方程乘以 $\hat{\pi}_{32}$、第三个方程乘以 $\hat{\pi}_{31}$ 所得结果两端同时相加,即得方程组(7.24)的第二个方程。此表明方程组(7.23)经线性变换可以变为方程组(7.24),即它们是同解的。因此,利用ILS法与利用2SLS法估计投资方程,所得结果是相同的。

7.3.3 三阶段最小二乘法(3SLS法)

7.3.3.1 基本思想及估计步骤

3SLS法是泽尔纳(A. Zellner)和泰尔(H. Theil)于1962年提出的一种系统估计法。

其基本思想是,把联立方程模型的所有随机方程用一个等价的单方程模型表示,进而首先利用广义最小二乘法将模型变换为具有同方差性和无自相关性的模型,然后再利用 2SLS 法解决该模型中存在的内生解释变量问题,并同时得到所有结构参数的估计量。

设模型(7.5)中第 i 个随机方程的矩阵表达式为:

$$Y_{i,\cdot} = Z_i\delta_i + u_{i,\cdot} \tag{7.25}$$

其中 $Y_{i,\cdot}$、Z_i、δ_i 分别为被解释变量的样本值构成的 T 维列向量 $(Y_{i1} \quad Y_{i2} \quad \cdots \quad Y_{iT})'$、解释变量的样本值构成的矩阵和参数列向量,$u_{i,\cdot}$ 为各观测点处随机误差项构成的列向量 $(u_{i1} \quad u_{i2} \quad \cdots \quad u_{iT})'$,那么联立方程模型(不包括非随机结构方程)可以改写为①:

$$\tilde{Y} = Z\delta + \tilde{u} \tag{7.26}$$

其中

$$\tilde{Y} = \begin{pmatrix} Y_{1,\cdot} \\ Y_{2,\cdot} \\ \vdots \\ Y_{m,\cdot} \end{pmatrix}, Z = \begin{pmatrix} Z_1 & 0 & \cdots & 0 \\ 0 & Z_2 & \cdots & 0 \\ \vdots & \vdots & \cdots & \vdots \\ 0 & 0 & \cdots & Z_m \end{pmatrix}, \delta = \begin{pmatrix} \delta_1 \\ \delta_2 \\ \vdots \\ \delta_m \end{pmatrix}, \tilde{u} = \begin{pmatrix} u_{1,\cdot} \\ u_{2,\cdot} \\ \vdots \\ u_{m,\cdot} \end{pmatrix}$$

m 为随机方程的个数。假定模型(7.26)中 $\tilde{u}$ 的协方差矩阵为:

$$Cov(\tilde{u}) = \begin{pmatrix} \sigma_{11}^2 I & \sigma_{12} I & \cdots & \sigma_{1m} I \\ \sigma_{21} I & \sigma_{22}^2 I & \cdots & \sigma_{2m} I \\ \vdots & \vdots & \cdots & \vdots \\ \sigma_{m1} I & \sigma_{m2} I & \cdots & \sigma_{mm}^2 I \end{pmatrix} = \Sigma \otimes I$$

其中 I 为 T 阶单位矩阵,$\Sigma \otimes I$ 为 Σ 与 I 的直积,

$$\Sigma = \begin{pmatrix} \sigma_{11}^2 & \sigma_{12} & \cdots & \sigma_{1m} \\ \sigma_{21} & \sigma_{22}^2 & \cdots & \sigma_{2m} \\ \vdots & \vdots & \cdots & \vdots \\ \sigma_{m1} & \sigma_{m2} & \cdots & \sigma_{mm}^2 \end{pmatrix}$$

$$\sigma_{ij} = E(u_{it}u_{jt})(i、j = 1,2,\cdots,m,i \neq j;t = 1,2,\cdots,T)$$

$$\sigma_{ii}^2 = E(u_{it}^2)(i = 1,2,\cdots,m;t = 1,2,\cdots,T)$$

此假定意味着:除前面 §7.1 中给出的联立方程模型满足的基本假定条件之外,还要求各方程随机误差项之间的同期相关性与期数无关。那么,模型(7.26)具有自相关性和异方差性,同时又存在内生解释变量问题。由前面的讨论可知,采用 2SLS 法解决第二个问题,能得到结构参数的一致但非有效的估计量。因此,要得到更有效的估计量,必须考虑随机误差项之间的自相关性和异方差性。一个直接的想法是在估计过程中将工具变量法与广义最小二乘原理相结合。为此,按照第 4 章 §4.3 中介绍的广义最小二乘原理,令 $\Sigma \otimes I = DD'$,并将模型(7.26)变换为:

① 在第 5 章 §5.2 中构造检验模型结构突变的 Chow 检验的 F 统计量时,我们通过引入虚拟变量使用过这种处理方法。

$$D^{-1}\tilde{Y} = D^{-1}Z\delta + D^{-1}\tilde{u} \tag{7.27}$$

该模型满足同方差性和无自相关性的基本假定条件,但它仍存在内生解释变量问题。为解决这个问题,令

$$\hat{Z} = \begin{pmatrix} \hat{Z}_1 & 0 & \cdots & 0 \\ 0 & \hat{Z}_2 & \cdots & 0 \\ \vdots & \vdots & \cdots & \vdots \\ 0 & 0 & \cdots & \hat{Z}_m \end{pmatrix}$$

其中 $\hat{Z}_i$ 为利用2SLS法估计方程(7.25)时的工具变量矩阵,以 $D^{-1}\hat{Z}$ 为 $D^{-1}Z$ 的工具变量矩阵[见练习题四综合应用题(9)],利用工具变量法估计模型(7.27)。由此得到结构参数的估计量即为**三阶段最小二乘估计量**(**3SLS估计量**)(3SLS estimator):

$$\begin{aligned}\hat{\delta}^{3sls} &= [(D^{-1}\hat{Z})'(D^{-1}Z)]^{-1}(D^{-1}\hat{Z})'(D^{-1}\tilde{Y}) \\ &= [\hat{Z}'(D^{-1\prime}D^{-1})Z]^{-1}\hat{Z}'(D^{-1\prime}D^{-1})\tilde{Y} \\ &= [\hat{Z}'(\Sigma\otimes I)^{-1}Z]^{-1}\hat{Z}'(\Sigma\otimes I)^{-1}\tilde{Y}\end{aligned}$$

可以证明,上面得到的参数3SLS估计量 $\hat{\delta}^{3sls}$ 可以写成:

$$\hat{\delta}^{3sls} = [\hat{Z}'(\Sigma\otimes I)^{-1}\hat{Z}]^{-1}\hat{Z}'(\Sigma\otimes I)^{-1}\tilde{Y} \tag{7.28}$$

即 $\hat{\delta}^{3sls}$ 可以通过先利用2SLS法估计模型(7.25)得到矩阵 $\hat{Z}$,然后再利用OLS法直接估计模型

$$D^{-1}\tilde{Y} = D^{-1}\hat{Z}\delta + v$$

而得到,这里 v 为随机误差项向量。由此可见,3SLS法在估计过程中三次应用了OLS法,该方法也因此而得名。

容易看出,当各方程随机误差项之间同期无关,即 $\sigma_{ij} = 0(i、j = 1,2,\cdots,g,i\neq j)$ 时,3SLS估计量与2SLS估计量是一致的。

可以证明:结构参数的3SLS估计量 $\hat{\delta}^{3sls}$ 具有一致性,而且通常比2SLS估计量渐近有效。

在实证分析中,Σ 通常是未知的,对此可以利用2SLS法估计方程(7.25),首先得到每个结构方程随机误差项 $u_{i,\cdot}$ 的2SLS估计量 $e_{i,\cdot}$,然后按照通常的估计程序得到 Σ 的估计量。在EViews软件下,具体计算公式如下:设 $\hat{\delta}_i^{2sls}$ 为 δ_i 的2SLS估计量,T_i 为第 i 个方程的样本观测值个数。

$$e_{i,\cdot} = Y_{i,\cdot} - Z_i\hat{\delta}_i^{2sls}$$

$$\hat{\sigma}_{ij} = \frac{e'_{i,\cdot}e_{j,\cdot}}{\max\{T_i,T_j\}} \quad (i\neq j)$$

$$\hat{\sigma}_{ii}^2 = \frac{e'_{i,\cdot}e_{i,\cdot}}{T_i}$$

这里关于方差和协方差估计量的计算,没有对自由度进行调整,则

$$\hat{\Sigma} = \begin{pmatrix} \hat{\sigma}_{11}^2 & \hat{\sigma}_{12} & \cdots & \hat{\sigma}_{1m} \\ \hat{\sigma}_{21} & \hat{\sigma}_{22}^2 & \cdots & \hat{\sigma}_{2m} \\ \vdots & \vdots & \cdots & \vdots \\ \hat{\sigma}_{m1} & \hat{\sigma}_{m2} & \cdots & \hat{\sigma}_{mm}^2 \end{pmatrix} \tag{7.29}$$

于是,将(7.29)式代入(7.28)式,即得到联立方程模型(7.5)中结构参数的可行的3SLS估计量:

$$\hat{\delta}^{3sls} = [\hat{Z}'(\hat{\Sigma} \otimes I)^{-1}\hat{Z}]^{-1}\hat{Z}'(\hat{\Sigma} \otimes I)^{-1}\tilde{Y} \tag{7.30}$$

根据以上分析,应用3SLS法可以归纳为如下步骤:

① 利用2SLS法估计每个随机结构方程,得到残差向量 $e_{i,.} = Y_{i,.} - Z_i\hat{\delta}_i^{2sls}$,并构造工具变量矩阵 $\hat{Z}$。

② 依据(7.29)式计算各方程随机误差项之间的协方差矩阵 $\hat{\Sigma}$。

③ 应用OLS法估计方程:

$$\hat{D}^{-1}\tilde{Y} = \hat{D}^{-1}\hat{Z}\delta + v \tag{7.31}$$

得到结构参数的3SLS估计量 $\hat{\delta}^{3sls}$,这里 $\hat{D}$ 满足 $\hat{\Sigma} \otimes I = \hat{D}\hat{D}'$。

在EViews软件下,3SLS法的执行程序[以模型(7.2)的估计为例]:

① 建立系统文件。在已输入数据的Workfile窗口,点击Object→ New Object,接着在弹出的New Object窗口的Type of object中,选择System,然后点击OK,随即弹出System窗口。在此窗口中,键入所有前定变量和待估计的结构方程:

```
INST  Y(-1)  G
COM = C(1) + C(2) * Y
I = C(3) + C(4) * Y + C(5) * Y(-1)
```

[注:这里INST代表前定变量表,C(i)为待估计的参数。]

② 估计结构模型。在System窗口的工具栏上点击Estimate,继而在弹出的"System Estimation"窗口中,选择Three - Stage Least Squares,然后点击OK,便得到3SLS法估计模型(7.2)的输出结果。

7.3.3.2 3SLS法与2SLS法的优劣比较

(1)统计性质的比较。对于随机误差项之间存在同期相关性的模型,3SLS估计量和2SLS估计量均具有一致性,但前者比后者具有较小的渐近方差,因此对于正确设定的模型,在大样本的情形下3SLS法要优于2SLS法。但对于模型设定存在误差或样本容量较小的情形,3SLS法与2SLS法的优劣并没有一般结论,因为:①利用3SLS法估计时,一个方程的设定误差会影响所有参数的估计,而2SLS法可以将这一问题限制在它出现的方程中;②在小样本的情形下,3SLS估计量的方差未必小于2SLS估计量的方差。

(2)繁简程度的比较。从估计原理和过程来看,2SLS法要比3SLS法简单且易于理解。

§7.4 递归系统模型

7.4.1 模型的定义

一般地,称如下形式的模型为**递归系统模型**(recursive system model)。

$$\begin{cases} Y_{1t} = \gamma_{11}X_{1t} + \cdots + \gamma_{1k}X_{kt} + u_{1t} \\ Y_{2t} = \beta_{21}Y_{1t} + \gamma_{21}X_{1t} + \cdots + \gamma_{2k}X_{kt} + u_{2t} \\ \vdots \\ Y_{gt} = \beta_{g1}Y_{1t} + \cdots + \beta_{g,g-1}Y_{g-1,t} + \gamma_{g1}X_{1t} + \cdots + \gamma_{gk}X_{kt} + u_{gt} \end{cases} \quad (t = 1,2,\cdots,T) \tag{7.32}$$

其中符号的意义与模型(7.5)中的一致。

递归系统模型(7.32)表明,内生变量 Y_1 由第一个方程决定,其解释变量都是前定变量;Y_2 由第二个方程决定,其解释变量是 Y_1 和前定变量;依次继续下去,Y_g 由第 g 个方程决定,其解释变量为前 $g-1$ 个内生变量 $Y_1, Y_2, \cdots, Y_{g-1}$ 和前定变量。也就是说,在递归系统模型中前面的内生变量影响后面出现的内生变量,而不是相反。因此,该模型描述的是内生变量之间的单向因果关系,并不是真正意义上的联立方程模型。

例如,如下某行业的职工工资与产品价格模型就是一个递归系统模型①:

$$\begin{cases} \dot{P}_t = \beta_{10} + \beta_{11}\dot{W}_{t-1} + \beta_{12}\dot{R}_t + \beta_{13}\dot{M}_t + \beta_{14}\dot{L}_t + u_{1t} \\ \dot{W}_t = \beta_{20} + \beta_{21}\dot{P}_t + \beta_{22}UN_t + u_{1t} \end{cases}$$

其中

$\dot{P}_t$ = 单位产品的价格变化率;

$\dot{W}_t$ = 职工工资平均变化率;

$\dot{R}_t$ = 资本的价格变化率;

$\dot{M}_t$ = 进口原材料的价格变化率;

$\dot{L}_t$ = 劳动生产力变化率;

UN_t = 失业率。

在该模型中,价格方程表明产品价格变化率(内生变量)是由前一期职工平均工资变化率 $\dot{W}_{t-1}$(滞后内生变量)和资本的价格变化率、进口原材料的价格变化率、劳动生产力变化率等外生变量决定;工资方程表明职工平均工资变化率(内生变量)由产品价格变化率和失业率(外生变量)决定。

模型(7.32)的标准形式为:

$$\begin{cases} Y_{1t} \qquad - \gamma_{11}X_{1t} - \cdots - \gamma_{1k}X_{kt} = u_{1t} \\ -\beta_{21}Y_{1t} + Y_{2t} \qquad - \gamma_{21}X_{1t} - \cdots - \gamma_{2k}X_{kt} = u_{2t} \\ \vdots \\ -\beta_{g1}Y_{1t} - \cdots - \beta_{g,g-1}Y_{g-1,t} + Y_{gt} - \gamma_{g1}X_{1t} - \cdots - \gamma_{gk}X_{kt} = u_{gt} \end{cases} \quad (t = 1,2,\cdots,T) \tag{7.33}$$

其矩阵表达式为:

$$\mathrm{B}Y_t + \Gamma X_t = u_t \tag{7.34}$$

其中

① 该例摘自:达摩达尔·N.古扎拉蒂.计量经济学基础[M].费剑平,等译.4版.北京:中国人民大学出版社,2005:193.

$$B = \begin{pmatrix} 1 & 0 & \cdots & 0 \\ -\beta_{21} & 1 & \cdots & 0 \\ \vdots & \vdots & \cdots & \vdots \\ -\beta_{g1} & -\beta_{g2} & \cdots & 1 \end{pmatrix}, \Gamma = -\begin{pmatrix} \gamma_{11} & \gamma_{12} & \cdots & \gamma_{1k} \\ \gamma_{21} & \gamma_{22} & \cdots & \gamma_{2k} \\ \vdots & \vdots & \vdots & \vdots \\ \gamma_{g1} & \gamma_{g2} & \cdots & \gamma_{gk} \end{pmatrix}$$

其他符号的意义与模型(7.6)中的一致。

最早在经济模型中提出“递归系统”的是丁伯根(J. Tinbergen)。他在做欧洲经济模型时,使用的就是递归系统模型。他认为事情都是一个因素影响另一个因素,再影响到下一个因素……,这样有次序地影响下去,因而对一个经济系统应该建立递归系统模型(参见:克莱因、安德逊等,1990,p_{241})。许多人不同意这样的观点,因此在20世纪50年代引起了关于经济模型究竟是联立方程模型还是递归系统模型的争论。尽管递归系统模型描述的是内生变量之间的单向因果关系,并非强调内生变量之间存在互为因果关系的联立方程模型,但它采用的仍是联立方程组的形式,所以在联立方程模型部分,通常把递归系统模型看作联立方程模型的一种特殊情形。

7.4.2 模型的识别与估计

7.4.2.1 模型的识别

与前面讨论的联立方程模型一样,递归系统模型也是用多个方程来描述一个经济系统中变量之间的数量关系,因此其中每一个随机方程都存在识别问题。从模型的定义式可以看出,递归系统模型是联立方程模型的特殊情形,因此前面介绍的有关结构方程的识别方法同样适用于递归系统模型中方程的识别。例如,李(C. F. Lee)和劳埃德(W. P. Lloyd)在1976年建立的资本资产定价的递归系统模型为:

$$\begin{cases} R_{1t} = \alpha_1 & + \gamma_1 M_t + u_{1t} \\ R_{2t} = \alpha_2 + \beta_{21} R_{1t} & + \gamma_2 M_t + u_{2t} \\ R_{3t} = \alpha_3 + \beta_{31} R_{1t} + \beta_{32} R_{2t} & + \gamma_3 M_t + u_{3t} \\ \qquad \vdots & \\ R_{7t} = \alpha_7 + \beta_{71} R_{1t} + \beta_{72} R_{2t} + \beta_{73} R_{3t} + \beta_{74} R_{4t} + \beta_{75} R_{5t} + \beta_{76} R_{6t} & + \gamma_7 M_t + u_{7t} \end{cases}$$

其中 $R_{1t},\cdots,R_{7t}$ 分别为七种证券的回报率,M_t 为市场回报率指数(参见:古扎拉蒂,2005,p_{735})。在对随机误差项没有约束的条件下,除第一个方程外,其余六个方程均是不可以识别的。例如,用任意非零数 λ 乘方程1再与方程2相加,经整理得

$$R_{2t} = (\lambda\alpha_1 + \alpha_2) + (\beta_{21} - \lambda)R_{1t} + (\lambda\gamma_1 + \gamma_2)M_t + (\lambda u_{1t} + u_{2t})$$

该方程与方程2具有相同的统计形式,因此方程2是不可以识别的。同理可以判定方程3至方程7都是不可以识别的。

7.4.2.2 模型的估计

对于可以识别的递归系统模型(7.32)(此时一般定义式中的一些参数是等于0的!),依据各方程随机误差项之间的相关性,可以采用 OLS 法或 2SLS 法进行估计。

(1)随机误差项之间同期无关的情形

当递归系统模型各方程随机误差项之间同期无关时,即

$$Cov(u_{it}, u_{jt}) = 0 \quad (i、j = 1,2,\cdots,g, i \neq j; t = 1,\cdots,T)$$

由于前定变量与随机误差项同期不相关,因此每个方程右端的内生变量均与随机误差项同期无关。例如,

$$Cov(Y_{1t},u_{jt}) = Cov(\sum_{i=1}^{k}\gamma_{1i}X_{it} + u_{1t},u_{jt}) = Cov(u_{1t},u_{jt}) = 0 \quad (j \geqslant 2)$$

$$\begin{aligned} Cov(Y_{2t},u_{jt}) &= Cov(\beta_{21}Y_{1t} + \sum_{i=1}^{k}\gamma_{2i}X_{it} + u_{2t},u_{jt}) \\ &= \beta_{21}Cov(Y_{1t},u_{jt}) + Cov(\sum_{i=1}^{k}\gamma_{2i}X_{it},u_{jt}) + Cov(u_{2t},u_{jt}) \\ &= 0 \qquad (j \geqslant 3) \end{aligned}$$

如此类推,便可以证明每个方程右端的内生变量均与随机误差项同期不相关。因此,在这种情形下,可以逐个利用 OLS 法估计每个方程,得到参数的一致估计量。

(2)随机误差项之间同期相关的情形

当递归系统模型各方程随机误差项之间同期相关时,即 $Cov(u_{it},u_{jt})(i \neq j)$ 不全为0,那么,除第一个方程外,每个方程都可能存在内生解释变量问题。例如,若 u_{1t} 与 u_{2t} 相关,而它们与其他随机误差项,以及其他随机误差项之间均不相关,则容易证明 $Cov(Y_{1t},u_{2t}) \neq 0$,即方程2存在内生解释变量问题,而其他方程均不存在内生解释变量问题。于是,可以采用 2SLS 法估计方程2,对其他方程则可以直接应用 OLS 法进行估计。若各随机误差项相互之间都存在同期相关性,即 $Cov(u_{it},u_{jt}) \neq 0(i \neq j)$,则除第一个方程外,其他方程均存在内生解释变量问题。于是,可以应用 OLS 法估计第一个方程,而对其他方程,宜采用 2SLS 法进行估计。

综上所述,递归系统模型估计方法的选择与模型的设定有关,当各方程随机误差项之间同期不相关时,可以直接采用 OLS 法估计;当各方程误差项之间存在相关性时,对于不存在内生解释变量问题的方程可以直接应用 OLS 法进行估计,对于存在内生解释变量问题的方程宜采用 2SLS 法进行估计。

§7.5 联立方程模型的检验

与单方程回归模型一样,联立方程模型在完成参数的估计之后,也需要进行检验,它包括单方程检验和模型系统的检验。

7.5.1 单方程的检验

所谓**单方程检验**(testing of single equation),就是对估计过程中的每个随机方程进行检验,包括对联立方程模型的结构方程以及应用 2SLS 法或 3SLS 法估计过程中的简化方程的检验。凡是在单方程回归模型中进行的各项检验,在这里都是适用的。由于在 2SLS 的应用过程中,估计简化方程的目的是为内生解释变量提供工具变量,因此对简化方程的检验主要是方程的显著性检验和拟合优度检验。

7.5.2 方程系统的检验

所谓**方程系统的检验**(testing of equations system)就是要对联立方程模型的整体性能进行检验,即检验由模型得到的内生变量的拟合值或预测值与其实际值的总体接近程度。方程系统的检验是在单个结构方程检验之后进行的,一般主要包括拟合效果检验和预测性能检验。

7.5.2.1 拟合效果检验

拟合效果检验是检验样本期内内生变量的拟合值与实际值的接近程度。设联立方程模型结构参数矩阵的估计量为$(\hat{\mathrm{B}} \quad \hat{\Gamma})$，将前定变量的样本观测值代入下面的方程组：

$$(\hat{\mathrm{B}} \quad \hat{\Gamma})\begin{pmatrix}\hat{Y}\\X\end{pmatrix}=0 \tag{7.35}$$

解该方程组便可以得到内生变量向量的估计值 $\hat{Y}$。将 $\hat{Y}$ 与实际观测值向量进行比较，据此可以评价模型系统的拟合效果。

常用的评价模型系统拟合效果的检验指标是相对均方误差（用 RMS 表示）。第 i 个内生变量的相对均方误差计算公式为：

$$RMS_i=\sqrt{\frac{1}{T}\sum_{t=1}^{T}\left(\frac{Y_{it}-\hat{Y}_{it}}{Y_{it}}\right)^2} \quad (i=1,2,\cdots,g) \tag{7.36}$$

其中：RMS_i 越小，表明 $\hat{Y}_i$ 与 Y_i 拟合得越好；否则，则反是。若 $RMS_i=0$，则表明 $\hat{Y}_i$ 与 Y_i 完全拟合。与利用可决系数评价单方程模型的拟合优度一样，利用 RMS_i 来检验联立方程模型的拟合效果也没有绝对的标准。一般地，所有内生变量的 RMS_i 均不大于10%，并且 $RMS_i<5\%$ 的变量数目占70%以上，则认为模型系统总体拟合效果较好。

7.5.2.2 预测性能检验

建立大型联立方程模型，一般需要花费较长时间，当建成模型后，样本期以后或预测期的时间截面上内生变量的实际观测值已经知道，这就有条件对模型进行预测检验。在实践中，也可以利用一部分样本估计模型而把其余的看作预测期的值，用来检验所估计模型的预测效果。预测性能检验分为静态预测检验和动态预测检验。前者是依据预测期前定变量的实际值，计算所有内生变量的估计值，并与其实际值进行比较；后者是依据某一初期内生变量值和外生变量的各期值，递归地计算内生变量的估计值，即在初期以后使用滞后内生变量的估计值依次计算各期内生变量的估计值，并与其实际值进行比较。显然，当前定变量中不含滞后内生变量时，两种预测检验没有区别。

预测性能检验通常采用内生变量估计值的相对误差（用 RE 表示）的大小来判断模型预测的准确性。第 i 个内生变量估计值的相对误差计算公式为：

$$RE_i=\frac{Y_{iF}-\hat{Y}_{iF}}{Y_{iF}} \quad (i=1,2,\cdots,g) \tag{7.37}$$

其中 Y_{iF}、$\hat{Y}_{iF}$ 分别为预测期内第 i 个内生变量的实际观测值和估计值。与拟合效果的评价一样，利用 RE_i 评价模型的预测性能也没有绝对的标准。一般地，所有内生变量的 RE_i 的绝对值 $|RE_i|$ 均不大于10%，并且 $|RE_i|<5\%$ 的变量数目占70%以上，则认为模型系统总体预测性能较好。

§7.6 克莱因战争间模型

克莱因战争间模型，即克莱因模型Ⅰ（Klein' model Ⅰ）（Klein，1950），是克莱因（L.

R. Klein)为了分析美国第一次世界大战到第二次世界大战之间(1920—1941)的经济状况,依据凯恩斯(Keynes)的有效需求理论和总量分析方法而建立的经济系统模型。该模型仅由6个方程构成,但在宏观计量经济模型的发展史上占有重要的地位。

1. 模型的结构

克莱因战争间模型共包括6个内生变量和4个外生变量,它们分别是:

内生变量 $\begin{cases} \text{消费支出}(C) \\ \text{净投资}(I) \\ \text{私人工资}(W_p) \\ \text{税后国民收入}(Y) \\ \text{利润}(P) \\ \text{期末资本存量}(K) \end{cases}$

外生变量 $\begin{cases} \text{政府非工资支出}(G) \\ \text{政府工资}(W_g) \\ \text{税收}(TR) \\ \text{时间}(t) \end{cases}$

在外生变量中,除时间 t 以外,其余变量都是由政府控制的变量。该模型由三个随机方程和三个恒等式构成。具体表述如下:

$$\begin{cases} C_t = \alpha_0 + \alpha_1 P_t + \alpha_2 P_{t-1} + \alpha_3 (W_{pt} + W_{gt}) + u_{1t} & (\text{消费方程}) \\ I_t = \beta_0 + \beta_1 P_t + \beta_2 P_{t-1} + \beta_3 K_{t-1} + u_{2t} & (\text{投资方程}) \\ W_{pt} = \gamma_0 + \gamma_1 (Y_t + TR_t - W_{gt}) + \gamma_2 (Y_{t-1} + TR_{t-1} - W_{g,t-1}) + \gamma_3 t + u_{3t} & (\text{就业或工资方程}) \\ Y_t = C_t + I_t + G_t + W_{gt} - TR_t & (\text{国民收入方程}) \\ P_t = Y_t - W_{pt} - W_{gt} & (\text{利润方程}) \\ K_t = K_{t-1} + I_t & (\text{资本存量方程}) \end{cases} \tag{7.38}$$

其中:消费方程表示消费总额主要受当期收入、利润和前一期利润的影响;投资方程表示净投资主要由当期利润、前一期的利润和资本存量来决定。这里没有用产出增长指标做解释变量,是因为在样本期内美国的投资行为主要由资金的供给量来决定。就业方程用私人工资额作为就业指标,它主要由当期和前一期的私人总产出即生产规模来决定,时间趋势项表示日益增强的非经济因素对就业的影响。其余三个方程为恒等式。

2. 模型的识别

我们利用定义7.1对模型(7.38)的随机方程进行识别。为此,只要说明模型(7.38)的全部方程的任意线性组合所构成的其他方程,都不再具有消费方程、投资方程和就业方程的统计形式,则表明这三个方程是可以识别的,因而模型(7.38)就是可以识别的。在此仅讨论消费方程的可识别性,关于其他两个方程的识别留给读者自己去完成[见练习题七综合应用题(3)]。

对模型(7.38)中的六个方程进行线性组合,生成具有消费方程的统计形式的一般方程,为行文方便,称之为"一般消费方程"。由于消费方程只含有4个变量(随机误差项除外):C_t、P_t、P_{t-1}和$W_{pt}+W_{gt}$,而只有就业方程含有时间趋势项t和$Y_{t-1}+TR_{t-1}+W_{g,t-1}$,

只有资本存量方程含有 K_t，只有国民收入定义式含有 G_t，因此生成“一般消费方程”的线性组合中不能包括这三个方程，或者说，这三个方程在线性组合中的系数都为0。在余下的三个方程中，只有投资方程含有 K_{t-1}，只有利润方程含有 Y_t，因此在上述线性组合中也不能包括这两个方程。综上所述，由模型(7.38)的全部方程构成的与消费方程具有相同统计形式的“一般消费方程”只有消费方程本身。所以，消费方程是可以识别的。显然，若在模型中去掉时间趋势项 t，消费方程仍是可以识别的，因此它是过度识别的。

类似地，可以判定投资方程和就业方程也都是过度识别的。

3. 模型的估计

表7-2给出了估计克莱因战争间模型所依据的1920—1941年的样本数据。下面我们分别应用2SLS法和3SLS法估计模型(7.38)。

表7-2 克莱因战争间模型所依据的样本数据

年份	消费支出 C_t	利润 P_t	私人工资 W_{pt}	净投资支出 I_t	资本存量 K_{t-1}	税后国民收入 Y_t	政府工资 W_{gt}	政府非工资支出 G_t	税收 TR_t	时间趋势 t
1920	39.8	12.7	28.8	2.7	180.1	43.7	2.2	2.4	3.4	1
1921	41.9	12.4	25.5	-0.2	182.8	40.6	2.7	3.9	7.7	2
1922	45	16.9	29.3	1.9	182.6	49.1	2.9	3.2	3.9	3
1923	49.2	18.4	34.1	5.2	184.5	55.4	2.9	2.8	4.7	4
1924	50.6	19.4	33.9	3	189.7	56.4	3.1	3.5	3.8	5
1925	52.6	20.1	35.4	5.1	192.7	58.7	3.2	3.3	5.5	6
1926	55.1	19.6	37.4	5.6	197.8	60.3	3.3	3.3	7	7
1927	56.2	19.8	37.9	4.2	203.4	61.3	3.6	4	6.7	8
1928	57.3	21.1	39.2	3	207.6	64	3.7	4.2	4.2	9
1929	57.8	21.7	41.3	5.1	210.6	67	4	4.1	4	10
1930	55	15.6	37.9	1	215.7	57.7	4.2	5.2	7.7	11
1931	50.9	11.4	34.5	-3.4	216.7	50.7	4.8	5.9	7.5	12
1932	45.6	7	29	-6.2	213.3	41.3	5.3	4.9	8.3	13
1933	46.5	11.2	28.5	-5.1	207.1	45.3	5.6	3.7	5.4	14
1934	48.7	12.3	30.6	-3	202	48.9	6	4	6.8	15
1935	51.3	14	33.2	-1.3	199	53.3	6.1	4.4	7.2	16
1936	57.7	17.6	36.8	2.1	197.7	61.8	7.4	2.9	8.3	17
1937	58.7	17.3	41	2	199.8	65	6.7	4.3	6.7	18
1938	57.5	15.3	38.2	-1.9	201.8	61.2	7.7	5.3	7.4	19
1939	61.6	19	41.6	1.3	199.9	68.4	7.8	6.6	8.9	20
1940	65	21.1	45	3.3	201.2	74.1	8	7.4	9.6	21
1941	69.7	23.5	53.3	4.9	204.5	85.3	8.5	13.8	11.6	22

注：①除时间趋势 t 外，所有变量的单位为亿美元。

②数据来源：转摘自达摩达尔·N. 古扎拉蒂. 计量经济学基础[M]. 费剑平，等译. 4版. 北京：中国人民大学出版社，2005：733-734. Y_t 的数据是利用国民收入方程计算出来的。

模型(7.38)共含有7个前定变量：P_{t-1}、K_{t-1}、$X_{t-1} = Y_{t-1} + TR_{t-1} - W_{g,t-1}$、$t$、$W_{gt}$、$TR_t$ 和 G_t。表7-3给出了在EViews软件下应用2SLS法和3SLS法估计消费方程、投资方程和就业方程的回归结果（注：3SLS法估计的执行过程及输出结果见本章附录7.1）。

表 7-3　消费方程、投资方程和就业方程的回归结果

随机方程	估计方法	样本回归函数
消费方程	2SLS	$\hat{C}_t = 16.554\,76 + 0.017\,302P_t + 0.216\,234P_{t-1} + 0.810\,183(W_{pt} + W_{gt})$ (1.467 979)　(0.131 205)　(0.119 222)　(0.044 735) t 值　11.277 25　0.131 872　1.813 714　18.110 69 P 值　0.000 0　0.896 6　0.087 4　0.000 0 $R^2 = 0.976\,7, \bar{R}^2 = 0.972\,6$
	3SLS	$\hat{C}_t = 16.440\,79 + 0.124\,890P_t + 0.163\,144P_{t-1} + 0.790\,081(W_{pt} + W_{gt})$ (1.304 549)　(0.108 129)　(0.100 438)　(0.037 938) t 值　12.602 66　1.155 013　1.624 323　20.825 63 P 值　0.000 0　0.253 5　0.110 5　0.000 0 $R^2 = 0.980\,1, \bar{R}^2 = 0.976\,5$
投资方程	2SLS	$\hat{I}_t = 20.278\,21 + 0.150\,222P_t + 0.615\,944P_{t-1} - 0.157\,788K_{t-1}$ (8.383 249)　(0.192 534)　(0.180 926)　(0.040 152) t 值　2.418 896　0.780 237　3.404 398　-3.929 751 P 值　0.027 1　0.446 0　0.003 4　0.001 1 $R^2 = 0.884\,8, \bar{R}^2 = 0.864\,5$
	3SLS	$\hat{I}_t = 28.177\,85 - 0.013\,079P_t + 0.755\,724P_{t-1} - 0.194\,848K_{t-1}$ (6.793 770)　(0.161 896)　(0.152 933)　(0.032 531) t 值　4.147 601　-0.080 787　4.941 532　-5.989 674 P 值　0.000 1　0.935 9　0.000 0　0.000 0 $R^2 = 0.825\,805, \bar{R}^2 = 0.795\,065$
就业方程	2SLS	$\hat{W}_{pt} = -0.064\,451 + 0.438\,859X_t + 0.146\,674X_{t-1} + 0.130\,396t$ (1.147 038)　(0.039 603)　(0.043 164)　(0.032 388) t 值　-0.056 189　11.081 55　3.398 063　4.026 001 P 值　0.955 8　0.000 0　0.003 4　0.000 9 $R^2 = 0.987\,4, \bar{R}^2 = 0.985\,1$
	3SLS	$\hat{W}_{pt} = 0.001\,128 + 0.400\,492X_t + 0.181\,291X_{t-1} + 0.149\,674t$ (1.009 957)　(0.031 813)　(0.034 159)　(0.027 935) t 值　1.009 957　12.588 77　5.307 304　5.357 897 P 值　0.999 1　0.000 0　0.000 0　0.000 0 $R^2 = 0.986\,2, \bar{R}^2 = 0.983\,8$

注:表中括号中数字为参数估计量的标准差估计值。

从表 7-3 中参数 t 统计量的 P 值可以看出,在 0.05 的显著性水平下,各方程无论采用 2SLS 法还是采用 3SLS 法估计,参数显著性 t 检验的结果是一致的①。除投资方程中 P_t 以外,采用 2SLS 法估计与采用 3SLS 估计得到的其他斜率系数的符号都相同,而且具

① 应该注意的是,无论是采用 2SLS 法还是采用 3SLS 法,参数的 t 检验都是渐近有效的,因此当样本容量较小时,应该谨慎地看待检验的结果。

有合理的经济含义。虽然应用这两种方法得到的投资方程中 P_t 的系数估计值的符号相反，但它们相应的 t 统计量的 P 值都大于 0.40，即在通常的显著性水平下，它们都表明 P_t 的系数是显著为 0 的。因此，可以认为无论系数估计值为正还是为负都是抽样的偶然结果。从估计值来看，在这两种方法下得到的参数估计值的差距大多数小于各自一倍的标准差，最大差距也小于它们的二倍的标准差，此表明这两种方法得到的估计结果比较接近。从可决系数来看，采用 2SLS 法估计投资方程的拟合效果要好于 3SLS 法，对其他两个方程，采用 2SLS 法估计与采用 3SLS 法估计的拟合效果非常接近。因此，从整体来看，采用 2SLS 法估计与采用 3SLS 估计所得回归结果是相当接近的。

4. 模型分析

以下利用 2SLS 法的估计结果对各内生变量进行乘数分析。为了分析政府可控变量 W_{gt}、TR_t 和 G_t 的变化对经济系统中各内生变量的长短期影响程度，需要依据参数关系体系以及结构参数的估计值得到简化参数矩阵的估计值 $\hat{\Pi}=-\hat{B}^{-1}\hat{\Gamma}$，其中 $\hat{B}$、$\hat{\Gamma}$ 分别为模型(7.38)在标准形式下的内生变量系数矩阵 B 和前定变量系数矩阵 Γ 的估计值①，即

$$
\begin{array}{cc}
 & \begin{array}{cccccc} C_t & I_t & W_{pt} & Y_t & P_t & K_t \end{array} \\
\hat{B}= & \begin{pmatrix}
1 & 0 & -0.810 & 0 & -0.017 & 0 \\
0 & 1 & 0 & 0 & -0.150 & 0 \\
0 & 0 & 1 & -0.438 & 0 & 0 \\
-1 & -1 & 0 & 1 & 0 & 0 \\
0 & 0 & 1 & -1 & 1 & 0 \\
0 & -1 & 0 & 0 & 0 & 1
\end{pmatrix}
\end{array}
$$

$$
\begin{array}{cc}
 & \begin{array}{cccccccccc} 1 & Y_{t-1} & P_{t-1} & K_{t-1} & G_t & W_{gt} & t & TR_t & W_{g,t-1} & TR_{t-1} \end{array} \\
\hat{\Gamma}= & \begin{pmatrix}
-16.554 & 0 & -0.216 & 0 & 0 & -0.810 & 0 & 0 & 0 & 0 \\
-20.278 & 0 & -0.615 & 0.1577 & 0 & 0 & 0 & 0 & 0 & 0 \\
0.064 & -0.146 & 0 & 0 & 0 & 0.438 & -0.130 & -0.438 & 0.146 & -0.146 \\
0 & 0 & 0 & 0 & -1 & 0 & 0 & 1 & 0 & 0 \\
0 & 0 & 0 & 0 & 0 & 1 & 0 & 0 & 0 & 0 \\
0 & 0 & 0 & -1 & 0 & 0 & 0 & 0 & 0 & 0
\end{pmatrix}
\end{array}
$$

这里各矩阵上方的变量对应的列中数据为该变量在各方程中的系数或系数的估计值。

在 EViews 软件下，利用矩阵运算法则很容易得到简化参数矩阵的估计值 $\hat{\Pi}=-\hat{B}^{-1}\hat{\Gamma}$ 为：

$$
\begin{array}{ccc}
 & \begin{array}{cccccccccc} 1 & Y_{t-1} & P_{t-1} & K_{t-1} & G_t & W_{gt} & t & TR_t & W_{g,t-1} & TR_{t-1} \end{array} & \\
\hat{\Pi}= & \begin{pmatrix}
41.108 & 0.178 & 0.772 & -0.105 & 0.668 & 0.683 & 0.1587 & -0.134 & -0.178 & 0.1785 \\
26.252 & -0.008 & 0.750 & -0.183 & 0.162 & -0.030 & -0.007 & -0.186 & 0.008 & -0.008 \\
29.497 & 0.221 & 0.668 & -0.126 & 0.803 & -0.152 & 0.196 & -0.140 & -0.221 & 0.221 \\
67.360 & 0.170 & 1.523 & -0.288 & 1.830 & 0.652 & 0.151 & -1.320 & -0.170 & 0.170 \\
37.863 & -0.050 & 0.854 & -0.162 & 1.027 & -0.195 & -0.045 & -1.179 & 0.050 & -0.050 \\
26.252 & -0.008 & 0.750 & 0.816 & 0.162 & -0.030 & -0.007 & -0.186 & 0.008 & -0.008
\end{pmatrix} & \begin{array}{c} C_t \\ I_t \\ W_{pt} \\ Y_t \\ P_t \\ K_t \end{array}
\end{array}
$$

① 为书写方便，各矩阵中的参数估计值只保留了三位小数，后面给出的计算结果仍是按原数据计算的，也保留三位小数。

这里矩阵的各行数据为其右端的内生变量对应的简化方程中各前定变量的系数估计值。在该矩阵中，政府可控变量 W_{gt}、TR_t、G_t 对应的各列数据分别为它们对各个内生变量的短期影响乘数。例如，税收 TR_t 对应的列中数字 -0.134、-0.186、-0.140、-1.320、-1.179、-0.186 分别为 TR_t 对内生变量 C_t、I_t、W_{pt}、Y_t、P_t 和 K_t 的短期影响乘数，此表明税收 TR_t 的增长对各内生变量都会产生负的影响。具体而言，在其他前定变量不变的条件下，当 TR_t 增加 1 亿美元时，分别引起消费支出 C_t 下降约 0.134 亿美元、投资支出 I_t 下降约 0.186 亿美元、私人工资 W_{pt} 下降约 0.140 亿美元、国民收入 Y_t 下降约 1.320 亿美元、利润 P_t 下降约 1.179 亿美元、资本存量 K_t 下降约 0.186 亿美元。类似地，可以进行 W_{gt}、G_t 对各内生变量影响的短期乘数分析（留作练习题）。

在简化方程中含有滞后内生变量，要对各内生变量进行长期乘数分析，需要用滞后外生变量的值连续替代滞后内生变量的值，最终得到外生变量对内生变量的长期影响乘数，如表 7-4 所示（推导过程见本章附录 7.2）。

表 7-4　模型(7.38)中外生变量对内生变量的长期影响乘数

	1	G_t	W_{gt}	t	TR_t	$W_{g,t-1}$	TR_{t-1}
C_t	38.518	1.331	0.754	0.175	-0.741	-0.197	0.197
I_t	0	0	0	0	0	0	0
W_{pt}	22.489	1.365	0.002	0.233	-0.581	-0.262	0.262
Y_t	38.518	2.331	0.754	0.175	-1.741	-0.197	0.197
P_t	16.029	0.966	-0.248	-0.057	-1.160	0.064	-0.064
K_t	207.116	4.739	-1.218	-0.283	-5.692	0.318	-0.318

注：表中外生变量对应的列与内生变量对应的行交叉处的数值即为该外生变量对该内生变量的长期影响乘数。例如，G_t 对应的列与 C_t 对应的行交叉处数值 1.331 为 G_t 对 C_t 的长期影响乘数。

从表 7-4 可以看出，各外生变量对净投资 I_t 的长期影响乘数都为 0，这是因为在均衡状态下，资本存量不变，没有投资发生。TR_t 对内生变量 C_t、W_{pt}、Y_t、P_t 和 K_t 的长期影响乘数分别为 -0.741、-0.581、-1.741、-1.160、-5.692，而 TR_t 对这些变量的短期影响乘数分别为 -0.134、-0.140、-1.320、-1.179、-0.186。由此可见，提高税收对消费支出、私人工资和资本存量的长期影响远大于短期影响，这提示政府在提高税收水平时必须十分谨慎。类似地，可以进行 W_{gt}、G_t 对各内生变量影响的长期乘数分析（留作练习题）。

§7.7　结束语

本章介绍了用于刻画复杂经济系统的联立线性回归模型的理论和方法，其知识结构如图 7-1 所示。

读者学习本章时应注意以下问题：

(1) 关于时间序列的建模问题。[见§4.5(1)]

- 联立方程模型
  - 基本概念
    - 变量的分类：内生变量、前定变量
      - 外生变量
      - 滞后内生变量
    - 模型的类型
      - 结构式模型
      - 简化式模型
  - 模型的识别
    - 方程（模型）的识别的定义
      - 恰好识别
      - 过度识别
    - 结构方程的识别条件
      - 秩条件（充要条件）
      - 阶条件（必要条件）
    - 识别方法
      - 定义
      - 运用判定条件识别
      - 经验识别法
  - 模型的估计方法
    - 单方程估计法：ILS 法、2SLS 法、LIML 法
    - 系统估计方法：3SLS 法、FIML 法
  - 递归系统模型
    - 定义
    - 识别问题
    - 估计方法：OLS 法（随机误差项之间同期无关）、OLS 法或 2SLS 法（随机误差项之间同期相关）
  - 模型的检验
    - 单方程的检验（第 5 章以前的各项模型检验）
    - 方程系统的检验
      - 拟合效果检验
      - 预测性能检验：静态预测检验、动态预测检验

图 7－1　第 7 章知识结构图

（2）对于一个经济系统，建立联立方程模型至少有如下两个方面的作用：①经济系统中的变量（内生变量）往往相互影响。这里既包括直接影响，还包括间接影响，因此在分析每个内生变量直接影响因素的基础上，通过建立联立方程模型可以完整反映它们之间相互影响的传递机制及数量影响程度。②对于可以识别的模型，可以通过其简化式模型研究系统所受的外部冲击对系统中内生变量的影响程度。另外，建立联立方程模型的系统分析过程，能够为应用工具变量法估计单方程模型，提供重要的寻找工具变量的途径。

（3）关于内生变量与内生解释变量。本章所谓变量的内生性和外生性是针对所研究的经济系统或联立方程模型而言的，模型系统变化后，同一变量的性质也可能会发生变化。而内生解释变量是针对一个单方程模型而言的，它与误差项同期相关。这种相关性产生的原因有很多（见 § 4.4），被解释变量对它的影响只是可能的原因之一，因此建立包括被解释变量在内的模型系统，原单方程模型中的内生解释变量未必是内生变量。反之，在模型系统的一个随机方程中做解释变量的内生变量，一般来说，都与误差项同期相关，因此它（们）是内生解释变量。

练习题七

一、选择题

1．下面是描述某国宏观经济的简单联立方程模型：

$$\begin{cases} C_t = \alpha_0 + \alpha_1 Y_t + \alpha_2 C_{t-1} + u_{1t} \\ I_t = \beta_0 + \beta_1 K_{t-1} + \beta_2 r_t + u_{2t} \\ r_t = \gamma_0 + \gamma_1 M_t + \gamma_2 Y_t + u_{3t} \\ Y_t = C_t + I_t + G_t \\ K_t = K_{t-1} + I_t \end{cases}$$

其中 C、Y、I、K、r、M 依次为消费、国内生产总值、投资、期末资本存量、利率和货币供给量。该模型系统中的内生变量组、外生变量组、前定变量组依次为(　　)。

A. $\{C_t, Y_t, I_t, K_t, r_t\}$、$\{G_t, M_t\}$、$\{C_{t-1}, K_{t-1}\}$

B. $\{C_t, I_t, r_t\}$、$\{Y_t, K_t, G_t, M_t\}$、$\{C_{t-1}, K_{t-1}\}$

C. $\{C_t, Y_t, I_t, K_t, r_t\}$、$\{G_t, M_t\}$、$\{Y_t, K_t, C_{t-1}, K_{t-1}\}$

D. $\{C_t, Y_t, I_t, K_t, r_t\}$、$\{G_t, M_t\}$、$\{G_t, M_t, C_{t-1}, K_{t-1}\}$

2. 关于联立方程模型中随机方程识别的秩条件和阶条件,下列表述正确的是(　　)。

A. 秩条件成立,则阶条件一定成立　　B. 阶条件成立,则秩条件一定成立

C. 秩条件与阶条件是等价的　　D. 阶条件与秩条件无关

3. 下列哪种方法不适合估计过度识别的方程?(　　)

A. 2SLS 法　　B. ILS 法　　C. FIML 法　　D. 3SLS 法

二、判断正误题(要求:说明理由)

1. 前定变量都是确定性变量。

2. 内生变量与内生解释变量是一回事。

3. 在联立方程模型中,前定变量对不包含它(们)的结构方程中的被解释变量不产生影响。

4. 在联立方程模型中一个随机结构方程的识别与把该方程作为一个单方程模型的识别是一回事。

5. 若某个方程包含了模型中其他方程没有包含的前定变量,此表明它与其他方程是有区别的,则该方程是可以识别的。

6. 如果联立方程模型中的一个方程不可以识别,那么它不适合用 OLS 法估计,需要采用 2SLS 法或 3SLS 法估计。

7. 两阶段最小二乘法利用了模型中所有前定变量提供的信息,因此它得到的估计量具有有效性。

8. 联立方程模型的系统估计法,是指利用包括方程之间相关性在内的模型系统能提供的所有信息,同时对所有随机方程的全部参数进行估计的方法,主要包括 3SLS 法和 FIML 法。

9. 递归系统模型中内生解释变量之间不存在双向因果关系,因此利用 OLS 法估计每个方程都是有效的。

10. 联立方程模型方程系统的检验,主要包括拟合效果检验和预测性能检验,前者常用的指标是相对均方误差(RMS),后者常用的指标是相对误差(RE),只有当所有内生变量的 RMS 和 RE 的绝对值都小于 5%,模型才算通过检验。

三、简答题

1. 为什么要建立联立方程模型?

2. 写出结构式模型、简化式模型以及参数关系体系的矩阵表达式。

3. 结构式模型需要满足哪些基本条件?

4. 叙述结构方程可以识别、恰好识别以及过度识别的定义。

5. 递归系统模型是否也需要识别? 对于可以识别的递归系统模型,是否可以依次利用 OLS 法估计各个方程? 试阐述你的理由。

6. 在小样本情形下,你如何处理联立方程模型的估计问题? 试说明你的理由。

7. 叙述 2SLS 和 3SLS 的基本思想,并比较这两种方法的优劣。

四、综合应用题

1. 利用定义 7.2 判定模型(7.1):

$$\begin{cases} D_t = \alpha_0 + \alpha_1 P_t + \alpha_2 Y_t + u_{1t} & (\text{需求方程}) \\ S_t = \beta_0 + \beta_1 P_t + \beta_2 W_t + u_{2t} & (\text{供给方程}) \\ D_t = S_t & (\text{平衡方程}) \end{cases}$$

中各方程的识别状态。

2. 利用定义 7.1 判定模型(7.2):

$$\begin{cases} C_t = \alpha_0 + \alpha_1 Y_t + u_{1t} \\ I_t = \beta_0 + \beta_1 Y_t + \beta_2 Y_{t-1} + u_{2t} \\ Y_t = C_t + I_t + G_t \end{cases}$$

中各方程的识别状态,并求出前定变量对各内生变量的短期影响乘数和长期影响乘数。

3. 利用定义 7.1 判定模型(7.38)中投资方程和就业方程的可识别性。

4. 按照 2SLS 法的估计步骤分两步估计模型(7.38)中的各随机方程。

5. 利用本章 §7.6 中克莱因战争间模型的估计结果,分析政府工资支出 W_{gt} 和政府支出 G_t 对各内生变量的长、短期影响。

6. 假设某地区的宏观经济模型为:

$$\begin{cases} Y_t = C_t + I_t + G_t \\ C_t = \alpha_0 + \alpha_1 Y_t + \alpha_2 C_{t-1} + u_{1t} \\ I_t = \beta_0 + \beta_1 Y_t + \beta_2 I_{t-1} + u_{2t} \end{cases}$$

其中 Y_t、C_t、I_t、G_t 分别为地区生产总值、居民消费支出、资本形成总额、政府支出,样本数据如表 7-5 所示。试研究以下问题:

(1)该模型中哪些变量为内生变量,哪些变量为前定变量?

(2)利用判定条件(阶条件和秩条件)对该模型进行识别。

(3)若模型可以识别,试分别运用 2SLS 法和 3SLS 法估计该模型,并将所得结果进行比较。

(4)求出简化式模型的估计式,并在此基础上对内生变量进行乘数分析。

(5)若 2004 年该地区政府支出为 15 000 千美元,试对该地区 2004 年的地区生产总值、居民消费支出和资本形成总额进行预测。

表 7－5 某地区的宏观经济数据 单位：千美元，1990 年价格

年份	地区生产总值 Y_t	居民消费支出 C_t	资本形成总额 I_t	政府支出 G_t	年份	地区生产总值 Y_t	居民消费支出 C_t	资本形成总额 I_t	政府支出 G_t
1978	3 605.6	2 239.1	1 377.9	480.0	1991	21 280.4	13 145.9	7 517.0	2 830.0
1979	4 074.0	2 619.4	1 474.2	614.0	1992	25 863.7	15 952.1	9 636.0	3 492.3
1980	4 551.3	2 976.1	1 590.0	659.0	1993	34 500.7	20 182.1	14 998.0	4 499.7
1981	4 901.4	3 309.1	1 581.0	705.0	1994	46 690.7	26 796.0	19 260.6	5 986.2
1982	5 489.2	3 637.9	1 760.2	770.0	1995	58 510.5	33 635.0	23 877.0	6 690.5
1983	6 076.3	4 020.5	2 005.0	838.0	1996	68 330.4	40 003.9	26 867.2	7 851.6
1984	7 164.4	4 694.5	2 468.6	1 020.0	1997	74 894.2	43 579.4	28 457.6	8 724.8
1985	8 792.1	5 773.0	3 386.0	1 184.0	1998	79 003.3	46 405.9	29 545.9	9 484.8
1986	10 132.8	6 542.0	3 846.0	1 367.0	1999	82 673.1	49 722.7	30 701.6	10 388.3
1987	11 784.7	7 451.2	4 322.0	1 490.0	2000	89 340.9	54 600.9	32 499.8	11 705.3
1988	14 704.0	9 360.1	5 495.0	1 727.0	2001	98 592.9	58 927.4	37 460.8	13 029.3
1989	16 466.0	10 556.5	6 095.0	2 033.0	2002	107 897.6	62 798.5	42 304.9	13 916.9
1990	18 319.5	11 365.2	6 444.0	2 252.0	2003	121 511.4	67 442.5	51 382.7	14 764.0

7. 以下列国民经济主要宏观经济指标：国内生产总值、财政收入、居民收入、企业收入、最终消费总额、资本形成总额和全社会固定资产原值等为内生变量，设计一个中国宏观计量经济模型，并保证模型具有可识别性。你打算用什么方法估计所设定的模型？（不要求估计）

附录 7.1 利用 3SLS 法估计模型(7.38)的输出结果

在 EViews 软件下，应用 3SLS 法估计模型(7.38)的执行程序：

(1) 建立系统文件。在已输入数据的 Workfile 窗口，点击 Objects→ New Object，接着在打开的 New Object 窗口的 Type of object 中选择 System，然后点击 OK，弹出 System 窗口。在此窗口中，键入所有前定变量和待估计的结构方程：

```
INST  G  P(-1)  K(-1)  Y(-1)+TR(-1)-WG(-1)  T  TR  WG
COM=C(1)+C(2)*P+C(3)*P(-1)+C(4)*(WP+WG)
I=C(5)+C(6)*P+C(7)*P(-1)+C(8)*K(-1)
WP=C(9)+C(10)*(Y+TR-WG)+C(11)*(Y(-1)+TR(-1)-WG(-1))+C(12)*T
```

(注：这里用 COM 表示消费支出 C，用 WG、WP 分别表示 *Wg* 和 *Wp*。)

(2) 估计结构模型。在 System 窗口的工具栏上点击 Name，打开 Object Name 窗口。在该窗口的 Name to identifiy object 对话框输入 Kleinmodel(这是用户自己给系统文件的命名)，接着点击工具栏上的 Proc→Estimate…，并在打开的 System Estimation 窗口的 Estimation method 部分，选择 Three－Stage Least Squares，然后点击 OK，便得到利用 3SLS 法估计(7.38)的输出结果，如表 7－6 所示。

表 7－6 利用 3SLS 法估计模型(7.38)的输出结果

System: KLEINMODEL
Estimation Method: Three－Stage Least Squares
Date: 06/05/21 Time: 10:21
Sample: 1921 1941
Included observations: 21
Total system (balanced) observations 63
Linear estimation after one－step weighting matrix

	Coefficient	Std. Error	t－Statistic	Prob.
C(1)	16.440 79	1.304 549	12.602 66	0.000 0
C(2)	0.124 890	0.108 129	1.155 013	0.253 5
C(3)	0.163 144	0.100 438	1.624 323	0.110 5
C(4)	0.790 081	0.037 938	20.825 63	0.000 0
C(5)	28.177 85	6.793 770	4.147 601	0.000 1
C(6)	－0.013 079	0.161 896	－0.080 787	0.935 9
C(7)	0.755 724	0.152 933	4.941 532	0.000 0
C(8)	－0.194 848	0.032 531	－5.989 674	0.000 0
C(9)	0.001 128	1.009 957	0.001 117	0.999 1
C(10)	0.400 492	0.031 813	12.588 77	0.000 0
C(11)	0.181 291	0.034 159	5.307 304	0.000 0
C(12)	0.149 674	0.027 935	5.357 897	0.000 0

Determinant residual covariance 0.282 997

Equation: COM＝C(1)＋C(2)＊P＋C(3)＊P(－1)＋C(4)＊(WP＋WG)
Instruments: G P(－1) K(－1) Y(－1)＋TR(－1)－WG(－1) T TR WG C
Observations: 21

R－squared	0.980 108	Mean dependent var	53.995 24
Adjusted R－squared	0.976 598	S.D. dependent var	6.860 866
S.E. of regression	1.049 564	Sum squared resid	18.726 96
Durbin－Watson stat	1.424 939		

Equation: I＝C(5)＋C(6)＊P＋C(7)＊P(－1)＋C(8)＊K(－1)
Instruments: G P(－1) K(－1) Y(－1)＋TR(－1)－WG(－1) T TR WG C
Observations: 21

R－squared	0.825 805	Mean dependent var	1.266 667
Adjusted R－squared	0.795 065	S.D. dependent var	3.551 948
S.E. of regression	1.607 958	Sum squared resid	43.953 98
Durbin－Watson stat	1.995 884		

Equation: WP＝C(9)＋C(10)＊(Y＋TR－WG)＋C(11)＊(Y(－1)＋TR(－1)－WG(－1))＋C(12)＊T
Instruments: G P(－1) K(－1) Y(－1)＋TR(－1)－WG(－1) T TR WG C
Observations: 21

R－squared	0.986 262	Mean dependent var	36.361 90
Adjusted R－squared	0.983 837	S.D. dependent var	6.304 401
S.E. of regression	0.801 490	Sum squared resid	10.920 56
Durbin－Watson stat	2.155 046		

附录 7.2　长期乘数估计值的推导过程

令模型(7.38)的简化式模型的估计式为：

$$\begin{pmatrix}\hat{Z}_{1t}\\ \hat{Z}_{2t}\end{pmatrix} = (0 \quad \hat{\Pi}_1)\begin{pmatrix}\hat{Z}_{1,t-1}\\ \hat{Z}_{2,t-1}\end{pmatrix} + \hat{\Pi}_2\Delta_t \tag{7.39}$$

其中

$$\hat{Z}_{1t} = (\hat{C}_t \quad \hat{I}_t \quad \hat{W}_{pt})'$$

$$\hat{Z}_{2t} = (\hat{Y}_t \quad \hat{P}_t \quad \hat{K}_t)'$$

$$\Delta_t = (1 \quad G_t \quad W_{gt} \quad t \quad TR_t \quad W_{g,t-1} \quad TR_{t-1})'$$

$$\hat{\Pi}_1 = \begin{array}{c} \begin{matrix} Y_{t-1} & P_{t-1} & K_{t-1} \end{matrix} \\ \begin{pmatrix} 0.178 & 0.772 & -0.105 \\ -0.008 & 0.750 & -0.183 \\ 0.221 & 0.668 & -0.126 \\ 0.170 & 1.523 & -0.288 \\ -0.050 & 0.854 & -0.162 \\ -0.008 & 0.750 & 0.816 \end{pmatrix} \end{array} \begin{matrix} C_t \\ I_t \\ W_{pt} \\ Y_t \\ P_t \\ K_t \end{matrix}$$

$$\hat{\Pi}_2 = \begin{array}{c} \begin{matrix} 1 & G_t & W_{gt} & t & TR_t & W_{g,t-1} & TR_{t-1} \end{matrix} \\ \begin{pmatrix} 41.108 & 0.668 & 0.683 & 0.1587 & -0.134 & -0.178 & 0.1785 \\ 26.252 & 0.162 & -0.030 & -0.007 & -0.186 & 0.008 & -0.008 \\ 29.497 & 0.803 & -0.152 & 0.196 & -0.140 & -0.221 & 0.221 \\ 67.360 & 1.830 & 0.652 & 0.151 & -1.320 & -0.170 & 0.170 \\ 37.863 & 1.027 & -0.195 & -0.045 & -1.179 & 0.050 & -0.050 \\ 26.252 & 0.162 & -0.030 & -0.007 & -0.186 & 0.008 & -0.008 \end{pmatrix} \end{array} \begin{matrix} C_t \\ I_t \\ W_{pt} \\ Y_t \\ P_t \\ K_t \end{matrix}$$

将(7.39)式滞后一期，得

$$\begin{pmatrix}\hat{Z}_{1,t-1}\\ \hat{Z}_{2,t-1}\end{pmatrix} = (0 \quad \hat{\Pi}_1)\begin{pmatrix}\hat{Z}_{1,t-2}\\ \hat{Z}_{2,t-2}\end{pmatrix} + \hat{\Pi}_2\Delta_{t-1} \tag{7.40}$$

再用(7.40)式的右端替代(7.39)式中的 $\begin{pmatrix}\hat{Z}_{1,t-1}\\ \hat{Z}_{2,t-1}\end{pmatrix}$，得

$$\begin{pmatrix}\hat{Z}_{1t}\\ \hat{Z}_{2t}\end{pmatrix} = (0 \quad \hat{\Pi}_1)^2\begin{pmatrix}\hat{Z}_{1,t-2}\\ \hat{Z}_{2,t-2}\end{pmatrix} + \hat{\Pi}_2\Delta_t + (0 \quad \hat{\Pi}_1)\hat{\Pi}_2\Delta_{t-1}$$

依此继续替代下去，再利用 $\lim\limits_{m\to\infty}(0 \quad \hat{\Pi}_1)^m = 0$，便得到由外生变量表示的内生变量估计值的表达式为：

$$\begin{pmatrix}\hat{Z}_{1t}\\ \hat{Z}_{2t}\end{pmatrix} = \hat{\Pi}_2\Delta_t + (0 \quad \hat{\Pi}_1)\hat{\Pi}_2\Delta_{t-1} + (0 \quad \hat{\Pi}_1)^2\hat{\Pi}_2\Delta_{t-2} + \cdots$$

于是，可得外生变量对内生变量的长期影响乘数矩阵为：

$$[I + (0 \quad \hat{\Pi}_1) + (0 \quad \hat{\Pi}_1)^2 + \cdots]\hat{\Pi}_2 = [I - (0 \quad \hat{\Pi}_1)]^{-1}\hat{\Pi}_2$$

其计算结果如表 7 -7 所示。

表 7 -7　模型(7.38)中外生变量对内生变量的长期影响乘数

	1	G_t	W_{gt}	t	TR_t	$W_{g,t-1}$	TR_{t-1}
C_t	38.518	1.331	0.754	0.175	-0.741	-0.197	0.197
I_t	0	0	0	0	0	0	0
W_{pt}	22.489	1.365	0.002	0.233	-0.581	-0.262	0.262
Y_t	38.518	2.331	0.754	0.175	-1.741	-0.197	0.197
P_t	16.029	0.966	-0.248	-0.057	-1.160	0.064	-0.064
K_t	207.116	4.739	-1.218	-0.283	-5.692	0.318	-0.318

注：表中外生变量对应的列与内生变量对应的行交叉处的数值即为该外生变量对该内生变量的长期影响乘数。例如，G_t 对应的列与 C_t 对应的行交叉处数值 1.331 即为 G_t 对 C_t 的长期影响乘数。

8 伪回归现象与协整理论

引言

在前面几章,我们讨论了经典计量经济学的基本理论、方法及其应用,在那里暗含着假定回归模型的总体回归函数能够反映被解释变量随着解释变量的变化而变化的长期趋势,即被解释变量与解释变量之间存在长期“均衡”数量关系。对于时间序列模型,当随机误差项为具有0均值的平稳过程时,它的均值、方差和自协方差都不随时间的变化而变化。这种序列的样本特征是,随着时间的变化它会绕着均值线按照一定的规律上下波动,具有回到其均值的趋势,且在各时点处的波动幅度大致相同,此与我们对总体回归函数所做的假定是相符的。当随机误差项为非平稳过程时,总体回归函数就未必能反映被解释变量与解释变量之间存在的长期“均衡”数量关系,由此所建模型的意义也就值得怀疑。这类问题属于模型设定的问题而不是估计问题,经典计量经济学并没有进一步深入研究模型设定中可能存在的这类问题对变量之间数量关系分析的影响。

例如,设一元线性回归模型

$$Y_t = \beta_0 + \beta_1 X_t + u_t \quad (t = 1,2,\cdots,T) \tag{8.1}$$

满足:$E(u_t) = 0$, $Var(u_t) = \sigma_t^2 < \infty$,且 $Cov(u_s,X_t) = 0$, s、$t=1,2,\cdots,T$。如果变量 X_t 与 Y_t 的一、二阶矩都存在,则有

$$E(Y_t) = \beta_0 + \beta_1 E(X_t) \tag{8.2}$$

$$Var(Y_t) = \beta_1^2 Var(X_t) + \sigma_t^2 \tag{8.3}$$

$$Cov(Y_t,Y_{t+k}) = \beta_1^2 Cov(X_t,X_{t+k}) + Cov(u_t,u_{t+k}) \ (k = 1,2,\cdots,T-t) \tag{8.4}$$

此表明 X_t 与 Y_t 的一阶矩和二阶矩均呈线性关系,它们是模型要求 X_t 与 Y_t 的分布满足的约束条件。如果 Y_t 和 X_t 都是平稳的,那么 u_t 也是平稳的。此时,点 (X_t,Y_t) 会围绕均值线 $E(Y_t) = \beta_0 + \beta_1 E(X_t)$ 按照一定的规律上下波动,有回落到该线上的趋势,而不会偏离太远,因此用 $E(Y_t) = \beta_0 + \beta_1 E(X_t)$ 来反映变量 X_t 与 Y_t 的长期“均衡”数量关系是合理的。如果变量 X_t 或 Y_t 是非平稳的,那么 u_t 就可能是非平稳的,此时点 (X_t,Y_t) 可能会无限期地远离均值线 $E(Y_t) = \beta_0 + \beta_1 E(X_t)$。这种情形意味着 X_t 与 Y_t 之间不存在长期稳定的“均衡”数量关系,由此得到的回归方程是没有意义的,称之为“**伪回归**”(spurious regression)(见§8.3)。那么,在什么情形下,会出现这种现象?如何对其进行检验?经典计量经济学并没有对此进行深入研究。

上述分析表明,对于时间序列变量,要研究它们之间是否存在长期稳定的“均衡”数

量关系，或者说它们之间的关系能否直接用一个回归模型来刻画，首先需要考虑所研究变量的平稳性，然后还要研究推断变量之间是否存在“均衡”数量关系的方法。对这些问题的研究构成了非经典计量经济学中“协整理论”的重要组成部分，它们也可以看作是对经典计量经济学的完善。本章主要介绍变量序列的平稳性、变量之间的“伪回归”现象和协整关系的概念，以及平稳性、协整关系检验的基本方法和简单误差修正模型的建立方法。

§8.1 基本概念及平稳性条件

8.1.1 基本概念

进行本章的讨论需要用到以下基本概念：时间序列（过程）、平稳过程、趋势平稳过程、差分平稳过程和单整过程等。

8.1.1.1 时间序列过程

设 Θ 为一个离散的时间集合，所谓 Θ 上的一个**时间序列过程**（time series process）$\{u_t, t \in \Theta\}$ 就是按照时间顺序排列的一列随机变量，其中对于任意 $t \in \Theta$ 都有一个随机变量 u_t 与之对应，常简记为 u_t。称时间序列过程的一次观测结果为该过程的一个**样本序列**，或**样本实现**，或**时间序列**（sample series, or sample realization, or time series）。

例如，一个国家每年的国内生产总值（GDP）可以看作一个不可控制实验产生的结果，只有在经济过程结束后才能被观测到，此前是不确定的，它是一个随机变量，而实际观测到的 GDP 数据则是经济运行过程所有可能产生的结果之一，那么在一定时期内（如 1978—2009 年）一个国家的 GDP 序列就构成了一个时间序列过程，实际观测到的 GDP 数据序列就是该过程的一个样本序列。类似可知，1978—2009 年我国的年通货膨胀率序列，2000 年 1 月 1 日—2009 年 12 月 31 日上证综合指数的周收盘值（交易周），1978 年第一季度至 2000 年第四季度郑州市煤炭销售量序列等，都是时间序列过程，实际观测到的与它们相对应的数据序列则为它们的一个样本序列。

在第 4 章 §4.3 中，为了刻画随机误差项序列的自相关性，我们引入的自回归过程 AR(p)、移动平均过程 MA(q) 和自回归移动平均过程 ARMA(p,q) 就是特殊的时间序列过程的模型表示。

时间序列过程与其样本序列之间的关系类似于数理统计学中总体与样本之间的关系。对于一个经济系统，我们要研究其中的时间序列过程或经济变量随时间的变化规律，而实际观测到的只是它们的一个样本序列。因此与利用样本推断总体的特征类似，在时间序列分析中，我们是利用样本序列来对产生它们的时间序列过程进行推断。在不至于引起混淆的情况下，后文我们将时间序列过程也称为**时间序列**。另外，由于我们研究的时间序列过程通常是反映某一个经济指标（或变量）在一定时期内的发展变化过程，因此对于给定的样本期间，有时直接将时间序列过程用相应的变量来描述。

8.1.1.2 平稳性(stationarity)

设 u_t 为时间集合 Θ 上的一个时间序列过程,如果在任意时点上,它的均值、方差以及 k 阶自协方差都存在,且它们的取值不随着时点的变化而变化,即对任意 t、$s \in \Theta$,及任意实数 $m(t+m$、$s+m \in \Theta)$,有

$$E(u_t) = \mu$$
$$Var(u_t) = \sigma^2$$
$$Cov(u_t, u_s) = Cov(u_{t+m}, u_{s+m})$$

同时成立,则称 u_t 是**弱平稳的**(weakly stationary)。

由上述定义可知,弱平稳的时间序列过程在任意时点的期望和方差都相同,并且任意两点 u_t 与 u_s 之间的协方差只与两点的间隔 $s-t$ 有关,而与 s, t 无关,因此弱平稳过程也称为**协方差平稳过程**(covariance stationary process)。**本书所提到的平稳过程都是指弱平稳过程**①。

显然,白噪声过程 $u_t \sim WN(0,\sigma^2)$ 就是一个平稳的时间序列过程。若 u_t 还服从正态分布,那么 u_t 之间就是相互独立且服从相同的分布。一般地,将**独立且服从相同分布的**(independently and identically distributed,IID)时间序列过程 u_t 记为 $u_t \sim IID(\mu,\sigma^2)$,其中 μ、σ^2 分别为 u_t 的期望和方差。在时间序列分析中会经常用到这种类型的平稳过程。对于独立且服从均值为 μ,方差为 σ^2 的相同正态分布的时间序列过程 u_t,常记为 $u_t \sim IIDN(\mu,\sigma^2)$。

图 8-1 为通过随机模拟得到的独立且服从正态分布的平稳时间序列过程的一个样本序列的趋势图②。从此图可以看出,从长期来看,该样本序列围绕其均值[$E(Y_t)=0$]的波动幅度大致不变,而且有回到均值的趋势。这也是一般平稳时间序列的基本特征。

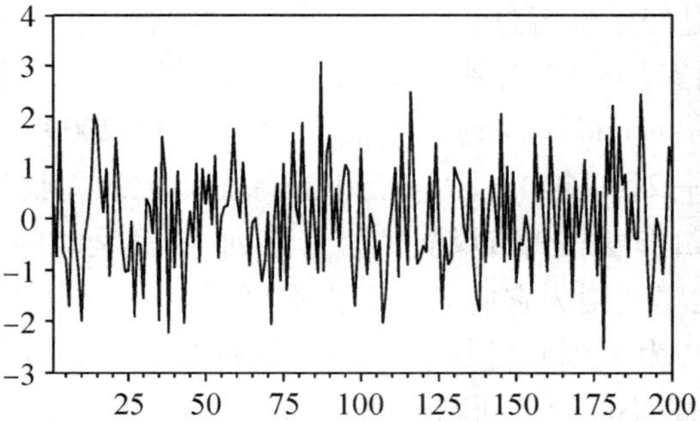

图 8-1 平稳时间序列过程 Y_t 的样本序列的趋势图[$Y_t \sim IIDN(0,1)$]

---

① 与弱平稳过程相对,还有**严格平稳过程**(strictly stationary process)概念。一个时间序列过程称为严格平稳的,是指该过程中随机变量子集的概率分布与时间子集的起点无关,只与子集中各时点的间隔有关,即对于任意时间子集 $(t_1,t_2,\cdots,t_n)$ 及任意实数 $m(t_i+m \in \Theta, i=1,2,\cdots,n)$,$(u_{t_1},u_{t_2},\cdots,u_{t_n})$ 与 $(u_{t_1+m},u_{t_2+m},\cdots,u_{t_n+m})$ 具有相同的概率分布。

严格平稳过程与弱平稳过程之间的关系:

(a) 若二阶矩存在,则严格平稳过程一定是弱平稳的,但弱平稳过程未必是严格平稳的;

(b) 若二阶矩不存在,则严格平稳过程不是弱平稳的;

(c) 若 u_t 是弱平稳的且服从正态分布,则它也是严格平稳的。

② 本章所有通过随机模拟生成样本序列的 EViews 程序文件均在本章附录 8.1 中。

关于平稳性的一个重要结论：

若时间序列 $u_t^{(1)},u_t^{(2)},\cdots,u_t^{(n)}$ 均为平稳过程，而且它们两两之间是**平稳相关的**（stationary correlated），即它们相互之间的协方差只是时间间隔的函数，用数学式子表示就是，对任意 $i、j=1,2,\cdots,n,i\neq j$，以及任意实数 m（$u_{s+m}^{(i)}$、$u_{t+m}^{(j)}$ 均存在），都有 $Cov(u_s^{(i)},u_t^{(j)})=Cov(u_{s+m}^{(i)},u_{t+m}^{(j)})$，那么它们的任意线性组合：

$$a_0+\sum_{i=1}^{n}a_iu_t^{(i)}$$

仍是平稳的时间序列过程，这里 $a_i(i=0,1,2,\cdots,n)$ 均为常数，且 a_1、$a_2\cdots a_n$ 不全为0。

下面以 $n=2$ 的情形为例，给出上述结论的推导过程：

因为 $u_t^{(1)},u_t^{(2)}$ 都是平稳的，且对于任意实数 m（$u_{s+m}^{(1)}$、$u_{t+m}^{(2)}$ 均存在），有 $Cov(u_s^{(1)},u_t^{(2)})=Cov(u_{s+m}^{(1)},u_{t+m}^{(2)})$，所以

$$E(a_0+a_1u_t^{(1)}+a_2u_t^{(2)})=a_0+a_1E(u_t^{(1)})+a_2E(u_t^{(2)})$$

和

$$\begin{aligned}Var(a_0+a_1u_t^{(1)}+a_2u_t^{(2)})&=E\{a_0+a_1u_t^{(1)}+a_2u_t^{(2)}-E[a_0+a_1u_t^{(1)}+a_2u_t^{(2)}]\}^2\\&=E\{a_1[u_t^{(1)}-E(u_t^{(1)})]+a_2[u_t^{(2)}-E(u_t^{(2)})]\}^2\\&=a_1^2Var(u_t^{(1)})+a_2^2Var(u_t^{(2)})+2a_1a_2Cov(u_t^{(1)},u_t^{(2)})\end{aligned}$$

都是与 t 无关的常数，且

$$\begin{aligned}&Cov(a_0+a_1u_{s+m}^{(1)}+a_2u_{s+m}^{(2)},a_0+a_1u_{t+m}^{(1)}+a_2u_{t+m}^{(2)})\\=&Cov(a_1u_{s+m}^{(1)},a_1u_{t+m}^{(1)})+Cov(a_1u_{s+m}^{(1)},a_2u_{t+m}^{(2)})+Cov(a_2u_{s+m}^{(2)},a_1u_{t+m}^{(1)})+Cov(a_2u_{s+m}^{(2)},a_2u_{t+m}^{(2)})\\=&a_1^2Cov(u_{s+m}^{(1)},u_{t+m}^{(1)})+a_1a_2Cov(u_{s+m}^{(1)},u_{t+m}^{(2)})+a_1a_2Cov(u_{s+m}^{(2)},u_{t+m}^{(1)})+a_2^2Cov(u_{s+m}^{(2)},u_{t+m}^{(2)})\\=&a_1^2Cov(u_s^{(1)},u_t^{(1)})+a_1a_2Cov(u_s^{(1)},u_t^{(2)})+a_1a_2Cov(u_s^{(2)},u_t^{(1)})+a_2^2Cov(u_s^{(2)},u_t^{(2)})\\=&Cov(a_0+a_1u_s^{(1)}+a_2u_s^{(2)},a_0+a_1u_t^{(1)}+a_2u_t^{(2)})\end{aligned}$$

于是，依据平稳性的定义，证得平稳过程 $u_t^{(1)}$ 与 $u_t^{(2)}$ 的线性组合 $a_0+a_1u_t^{(1)}+a_2u_t^{(2)}$ 仍是平稳的。

注意：后文在讨论时间序列过程之间的相关性时，我们总假定它们之间是平稳相关的，届时上述结论可以简单地叙述为：平稳时间序列过程的线性组合仍是平稳的。

在非平稳过程中有一类重要的特殊情形：**随机游走过程**（random walk process），它常被用于刻画股票价格、汇率等金融时间序列的波动特征。如果一个时间序列过程 u_t 可以表示为：

$$u_t=\mu+u_{t-1}+\varepsilon_t \tag{8.5}$$

其中扰动项 ε_t 为白噪声过程：$\varepsilon_t\sim WN(0,\sigma^2)$，则称之为**随机游走过程**，其中 μ 称为**漂移项**（drift term）。

设随机游走过程 u_t 是从初始值 u_0 开始的，则

$$u_t=u_0+\mu t+\sum_{i=1}^{t}\varepsilon_i \tag{8.6}$$

因为 $\varepsilon_t\sim WN(0,\sigma^2)$，所以

$$E(u_t)=u_0+\mu t \tag{8.7}$$

$$Var(u_t)=t\sigma^2 \tag{8.8}$$

(8.8)式表明 u_t 的方差随着 t 的增加而无限增大,因此 u_t 不满足平稳性定义,即它是非平稳的。在 u_t 的表达式(8.6)中含有以前各期的扰动项,且系数为1,此表明任一时点的扰动(或冲击)都会对以后各点处的变量产生同等程度的影响。换言之,就是随机过程 u_t 对任一时期的扰动都具有长记忆性。

按照漂移项 μ 是否为0,随机游走过程分为不含有漂移的随机游走过程(random walk process without drift)和含有漂移的随机游走过程(random walk process with drift)。若(8.5)式中的 $\mu=0$,则称 u_t 为**不含有漂移的随机游走过程**。对于给定的初始值 u_0 其均值

$$E(u_t) = u_0$$

为常数。图8-2为随机模拟得到的不含有漂移的随机游走过程 RW_t 的两个样本序列 $\mathrm{RW1}_t$ 和 $\mathrm{RW2}_t$ 的趋势图。从该图可以看出,从 $RW_0=0$ 出发后,这两个样本序列围绕其均值[$E(RW_t)=0$]的波动幅度呈现越来越大的趋势,而且都很难期望它再次回到均值位置。

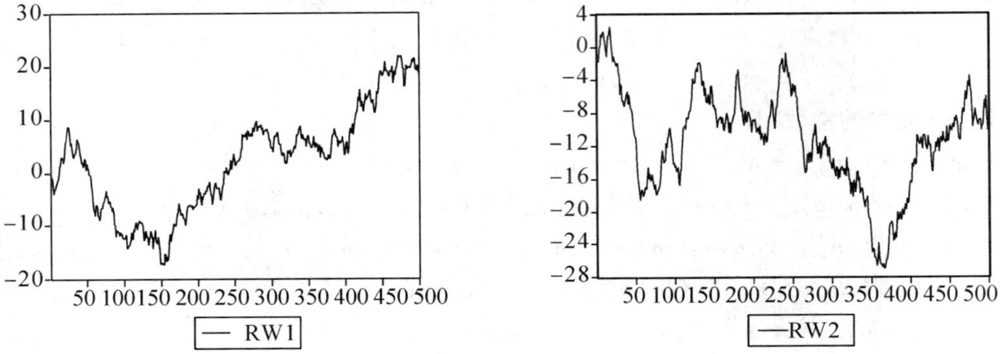

(a) (b)

图8-2 不含有漂移的随机游走过程 RW_t 的样本序列 $RW1_t$ 和 $RW2_t$ 的趋势图

[$RW_t = RW_{t-1} + \varepsilon_t, \varepsilon_t \sim IIDN(0,1)$]

若(8.5)式中的 $\mu \neq 0$,则称 u_t 为**含有漂移的随机游走过程**。对于给定的初始值 u_0,其均值

$$E(u_t) = u_0 + \mu t$$

为时间 t 的线性函数,它随着 t 的增加而线性地增大。图8-3为通过随机模拟得到的含有漂移的随机游走过程 RW_t 的一个样本序列的趋势图。从该图可以看出,从 $RW_0=0$ 出发后,该样本序列呈现出一定的线性趋势,但其围绕均值线 $E(RW_t)=0.2t$ 的波动幅度呈现越来越大的趋势,而且很难期望它再次回到均值位置。时间序列这样的变化趋势称为**随机趋势**(stochastic trend)。我们不能依据这种趋势对 RW_t 的实际值进行预测。

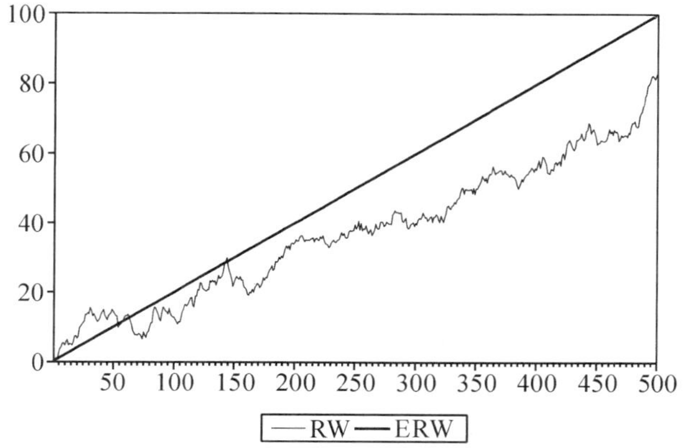

图 8-3 含有漂移的随机游走过程 RW_t 的均值（记为 ERW_t）和样本序列的趋势图

[$RW_t = 0.2 + RW_{t-1} + \varepsilon_t, \varepsilon_t \sim IIDN(0,1)$]

综上所述，无论是否含有漂移项，随机游走过程的均值对于推断其变化规律都是没有价值的。

8.1.1.3 趋势平稳过程(trend - stationary process)

趋势平稳过程也是一类非平稳过程，但它与随机游走过程具有明显不同的变化趋势。如果一个时间序列过程 u_t 可以表示为：

$$u_t = c + \mu t + \varepsilon_t \tag{8.9}$$

其中 $\mu \neq 0$，ε_t 为平稳过程，则称之为**趋势平稳过程**。趋势平稳过程是由确定性（时间）趋势 $c + \mu t$ 和平稳随机过程 ε_t 组成，它由确定性趋势 $c + \mu t$ 所主导，减去趋势项 μt 之后，该过程就变为平稳过程了。因此，也称之为**退势平稳过程**。例如，

$$Z_t = 0.01t + \varepsilon_t, \varepsilon_t \sim IIDN(0,1) \tag{8.10}$$

就是一个趋势平稳过程。图 8-4 为通过随机模拟得到的该过程的一个样本序列的趋势图。从该图可以看出，该样本序列围绕其均值线 $E(Z_t) = 0.01t$ 上下波动，由随机扰动引起的 Z_t 对均值线的偏离只是暂时的，或者说，趋势平稳过程对随机扰动的冲击只具有有限的记忆能力，其影响会很快消失。由此可见，对趋势平稳过程，可以利用其确定性趋势，对该过程的变化规律进行推断。

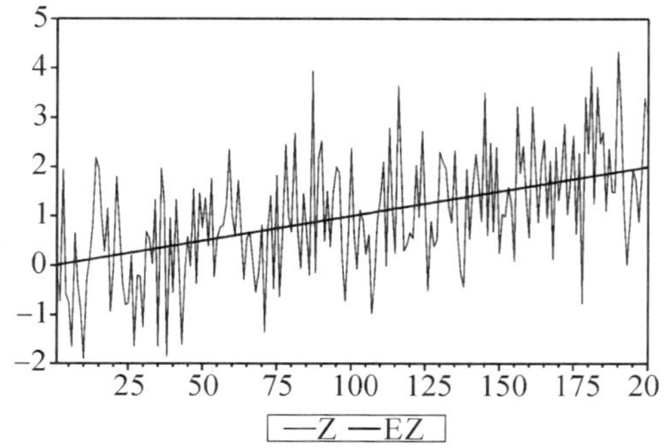

图 8-4 趋势平稳过程 Z_t 的均值（记为 EZ_t）和样本序列的趋势图

[$Z_t = 0.01t + \varepsilon_t, \varepsilon_t \sim IIDN(0,1)$]

8.1.1.4 差分平稳过程(difference stationary process)

若 u_t 是一个非平稳过程,并且只有通过差分变换才能变为一个平稳过程,则称该过程为**差分平稳过程**。例如,随机游走过程 RW_t:$RW_t = \mu + RW_{t-1} + \varepsilon_t$ 的差分 $\Delta RW_t = \mu + \varepsilon_t$ 为平稳过程,因此随机游走过程是一个差分平稳过程。

值得注意的是,趋势平稳过程和差分平稳过程都是非平稳过程,前者除减去趋势外,也可以通过差分变换变为平稳过程,但后者只有通过差分才能变为平稳过程。差分平稳过程有时也会表现出一定的线性趋势(如图 8-3 所示),但这种趋势是随机趋势,它对于时间序列过程变化规律的推断没有价值,而趋势平稳过程则表现为确定性趋势,可以用来推断时间序列过程的变化规律。因此,对于现实的经济和金融时间序列,区分其是差分平稳还是趋势平稳具有重要意义。

8.1.1.5 单整过程(integrated process)

若一个非平稳时间序列 u_t 必须经过 $d(d>0)$ 次差分才能变换为平稳序列,则称该时间序列为 ***d* 阶单整过程**(integrated process of order d),记为 $u_t \sim \mathrm{I}(d)$。

例如,随机游走过程是 1 阶单整过程 I(1);AR(2)过程

$$u_t = c + 2u_{t-1} - u_{t-2} + \varepsilon_t \quad (\varepsilon_t \sim WN(0,\sigma^2))$$

为 2 阶单整过程,因为 $\Delta u_t = c + \Delta u_{t-1} + \varepsilon_t$,$\Delta^2 u_t = \Delta u_t - \Delta u_{t-1} = c + \varepsilon_t$。

一个平稳时间序列 u_t 不需要差分变换就已经是平稳的,为行文方便,常称之为 0 阶单整过程,记为 $u_t \sim \mathrm{I}(0)$。但通常引用的单整过程是指阶数大于 0 的非平稳过程。

容易证明,单整过程具有如下性质:设 $u_t \sim \mathrm{I}(d_1)$, $v_t \sim \mathrm{I}(d_2)$,$d_1 > d_2$,则它们的线性组合是 d_1 阶单整过程,即

$$\alpha u_t + \beta v_t \sim \mathrm{I}(d_1)$$

这里 $\alpha \neq 0$。这个性质表明时间序列的线性组合的波动特征受高阶单整过程的支配。

8.1.2 平稳性条件

在第 4 章 §4.3 中,我们业已指出,经济和金融时间序列往往表现出自相关性,对于其中平稳的时间序列过程通常可以利用自回归过程[AR(p)过程]、移动平均过程(MA(q)过程)和自回归移动平均过程[ARMA(p,q)过程]等基本过程来刻画。那么,这些过程何时才是平稳的呢?本段将对此进行讨论。

关于 MA(q) ($q < \infty$) 过程

$$u_t = \mu + \varepsilon_t + \theta_1\varepsilon_{t-1} + \theta_2\varepsilon_{t-2} + \cdots + \theta_q\varepsilon_{t-q} \quad (\varepsilon_t \sim WN(0,\sigma^2))$$

因为 u_t 是白噪声过程的线性函数,所以任意 MA(q) ($q < \infty$) 过程都是平稳的。

在讨论 AR(p)过程和 ARMA(p,q)过程的平稳性条件之前,首先给出它们的滞后算子(lag operator)表示。如下定义时间序列 X_t 的滞后算子 L:

$$LX_t = X_{t-1}$$

$$L^2X_t = L(LX_t) = X_{t-2}$$

……

$$L^pX_t = L(L^{p-1}X_t) = X_{t-p}$$

并规定：

$$L^0 = 1$$

由上述定义，易得如下运算律成立：

$$L(cX_t) = cL(X_t)$$

$$L(X_t + Y_t) = L(X_t) + L(Y_t)$$

其中 c 为常数，X_t、Y_t 为两个时间序列。

于是，AR(p) 过程

$$u_t = c + \varphi_1 u_{t-1} + \varphi_2 u_{t-2} + \cdots + \varphi_p u_{t-p} + \varepsilon_t \quad (\varepsilon_t \sim WN(0,\sigma^2)) \tag{8.11}$$

可以用滞后算子表示为：

$$(1 - \varphi_1 L - \varphi_2 L^2 - \cdots - \varphi_p L^p) u_t = c + \varepsilon_t \tag{8.12}$$

ARMA(p,q)过程

$$u_t - \varphi_1 u_{t-1} - \varphi_2 u_{t-2} - \cdots - \varphi_p u_{t-p} = c + \varepsilon_t + \theta_1 \varepsilon_{t-1} + \cdots + \theta_q \varepsilon_{t-q} \quad (\varepsilon_t \sim WN(0,\sigma^2)) \tag{8.13}$$

可以用滞后算子表示为：

$$(1 - \varphi_1 L - \varphi_2 L^2 - \cdots - \varphi_p L^p) u_t = c + (1 + \theta_1 L + \theta_2 L^2 + \cdots + \theta_q L^q) \varepsilon_t \tag{8.14}$$

依据(8.12)式和(8.14)式中 AR(p) 部分的滞后算子多项式 $1 - \varphi_1 L - \varphi_2 L^2 - \cdots - \varphi_p L^p$，建立如下方程：

$$1 - \varphi_1 \lambda - \varphi_2 \lambda^2 - \cdots - \varphi_p \lambda^p = 0 \tag{8.15}$$

称该方程为 AR(p) 过程(8.11)或 ARMA(p,q) 过程(8.13)的**特征方程**(characteristic equation)。根据特征方程根的性质便可以判定 AR(p) 过程和 ARMA(p,q) 过程的平稳性。习惯上，也将方程(8.15)的根直接称为 AR(p) 过程(8.11)或 ARMA(p,q) 过程(8.13)的**特征根**(characteristic roots)。

可以证明(参见：汉密尔顿，1999，p_{68})，ARMA(p,q) ($0 < p < \infty, 0 \leqslant q < \infty$) 过程的**平稳性条件**(stationarity condition)是其特征方程(8.15)的根全部落在单位圆外，即所有根的模都大于 1①。

例如，AR(1) 过程

$$u_t = c + \varphi_1 u_{t-1} + \varepsilon_t$$

的特征方程为：

$$1 - \varphi_1 \lambda = 0$$

当 $\varphi_1 \neq 0$ 时，该方程的根为 $\lambda = \dfrac{1}{\varphi_1}$。又由于当 $\varphi_1 = 0$ 时，$u_t = c + \varepsilon_t$ 是平稳的，因此该过程的平稳性条件是 $|\varphi_1| < 1$，即当 $|\varphi_1| < 1$ 时，AR(1) 过程是平稳的；当 $|\varphi_1| \geqslant 1$ 时，AR(1) 过程是非平稳的。

---

① 这里假定 ARMA(p,q) 过程是从很久以前开始的。另外，在 EViews 软件中，如下定义 AR(p) 过程(8.11)或 ARMA(p,q) 过程(8.13)的特征方程

$$z^p - \varphi_1 z^{p-1} - \varphi_2 z^{p-2} - \cdots - \varphi_p = 0$$

显然，该方程的根与方程(8.15)的根互为倒数。因此，那里给出的 AR(p) 过程或 ARMA(p,q) 过程的平稳性条件是：特征方程的根全部落在单位圆内，即所有根的模都小于 1。

又如，AR(2)过程

$$u_t = 5 + \frac{6}{8}u_{t-1} - \frac{1}{8}u_{t-2} + \varepsilon_t$$

的特征方程为：

$$1 - \frac{6}{8}\lambda + \frac{1}{8}\lambda^2 = 0$$

该方程的根为 $\lambda_1 = 2, \lambda_2 = 4$。因此，由平稳性条件可知，该 AR(2)过程是平稳的。

依据 AR(p)过程或 ARMA(p,q)过程的平稳性条件可知，若其特征方程存在为 1 的根，称之为**单位根**(unit root)，那么该过程就是非平稳的。例如，随机游走过程就是含有一个单位根的非平稳过程。又如，当自回归系数满足 $1 - \varphi_1 - \varphi_2 - \cdots - \varphi_p = 0$ 时，该过程至少含有一个单位根。

对于只含有一个单位根，而其余特征根(若有的话)的模均大于 1 的 AR(p)过程或 ARMA(p,q)过程，经差分变换所得序列是平稳的，即该序列是一阶单整过程。此结论的证明过程如下：

设 ARMA(p,q)过程 u_t 的特征方程有一个单位根，其余根的模均大于 1，则该方程左端含有因式 $1 - \lambda$，即有

$$f(\lambda)(1 - \lambda) = 0 \tag{8.16}$$

其中 $f(\lambda)$ 为 $p-1$ 次多项式，它的根的模均大于 1。由特征方程的建立过程可知，ARMA(p,q)中 AR(p)部分的滞后算子多项式为：

$$f(L)(1 - L)$$

由 $\Delta u_t = u_t - u_{t-1} = (1 - L)u_t$ 可知，$f(L)$ 为 Δu_t 的滞后算子多项式，其特征方程

$$f(\lambda) = 0$$

的根的模都大于 1，因此 Δu_t 是平稳的。

上述结论很容易推广到含有多个单位根的情形：

若 AR(p)过程或 ARMA(p,q)过程含有 $d(d \leqslant p)$ 个单位根，而其余特征根(若有的话)的模均大于 1，那么它是 d 阶单整过程。

对于经济和金融时间序列，很少出现模小于 1 的特征根，因此在实证分析中通常将一个非平稳时间序列是差分平稳的与其只含有一个单位根作为同义语使用。

另外，需要指出的是，含有单位根数目不同的非平稳过程具有不同的波动特征。例如，图 8-5(a)(b)(c) 分别为含有 1 个、2 个、3 个单位根的非平稳过程的样本序列的示意图。观察该图可以看出，含有一个单位根的时间序列呈现随机游走的波动特征，含有 2 个和 3 个单位根的时间序列则呈现出明显的非线性趋势，而且含有单位根个数越多，时间序列波动越剧烈。因此，识别非平稳时间序列含有的单位根数目，对于研究它们的波动特征具有重要的意义。

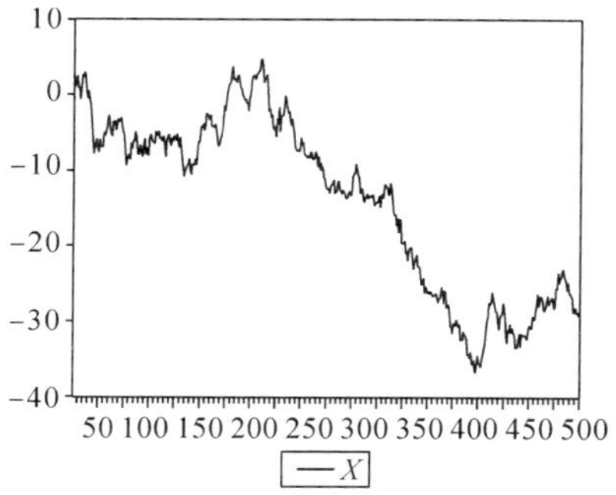

(a) X_t 有 1 个单位根

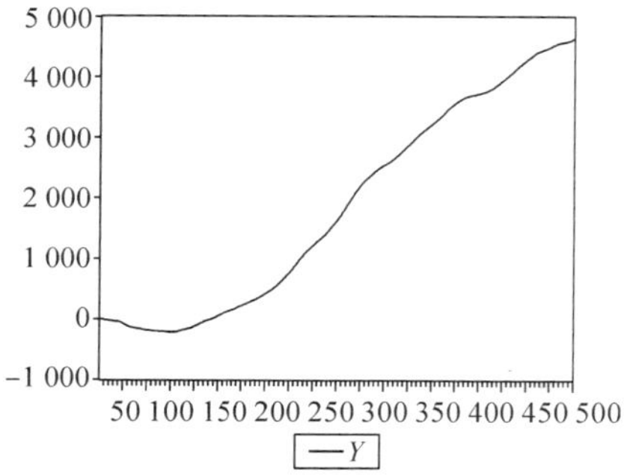

(b) Y_t 有 2 个单位根

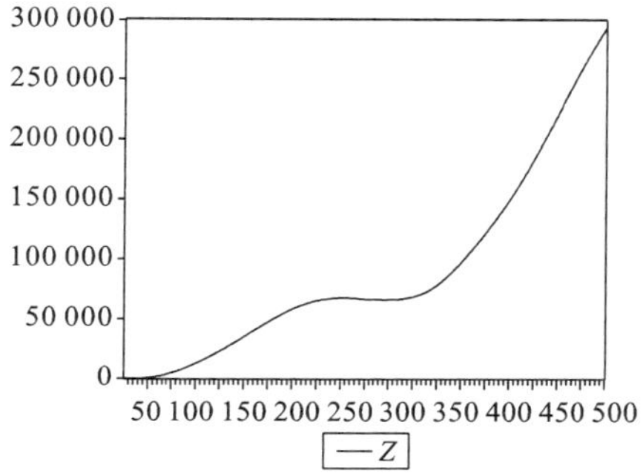

(c) Z_t 有 3 个单位根

图 8－5 含有不同数目单位根的非平稳过程的样本序列的示意图

§8.2 单位根检验

本章前面的讨论已初步表明,无论是建立经典计量经济模型,还是依据时间序列本身的特性对其变化规律进行统计推断,都需要知道变量序列的平稳性或单整性。因此,依据样本序列数据去推断它的数据生成过程是平稳的还是非平稳的,是差分平稳的还是趋势平稳的是时间序列分析重要的基础工作。关于平稳性的检验有许多种方法,本节介绍在实证分析中被广泛应用的一种检验方法,即 **DF 检验**(Dickey－Fuller test,DF test)和**扩展的 DF 检验**,即 **ADF 检验**(augmented Dickey－Fuller test,ADF test)。这种检验方法是迪基(D. A. Dickey)和富勒(W. A. Fuller)在一系列论文中提出的检验时间序列平稳性或趋势平稳性的一种方法(Dickey, 1976;Fuller, 1976;Dickey 和 Fuller,1979、1981),其原假设是只含有一个单位根的过程,备择假设是平稳或趋势平稳过程,因此也被称为**单位根检验**(unit root test)。

8.2.1 DF 检验

DF 检验是迪基和富勒于 1976 年提出的检验时间序列平稳性的一种方法(Dickey, 1976;Fuller, 1976)。设待检验的时间序列 Y_t 或者为随机游走过程(含有一个单位根),或者为(趋势)AR(1)平稳过程。依据 Y_t 的数据生成过程的表现形式,**DF 检验分为如下三种常用的情形:**

情形 1:回归模型为:

$$Y_t = \rho Y_{t-1} + u_t$$

原假设 $H_0:\rho = 1$　　(Y_t 为不含漂移的随机游走过程)

备择假设 $H_1:\rho < 1$　　(Y_t 为均值为 0 的平稳过程)

情形 2:回归模型为:

$$Y_t = \mu + \rho Y_{t-1} + u_t$$

原假设 $H_0:\mu = 0, \rho = 1$　(Y_t 为不含漂移的随机游走过程)

备择假设 $H_1:\rho < 1$　　(Y_t 为平稳过程)

情形 3:回归模型为:

$$Y_t = \mu + \delta t + \rho Y_{t-1} + u_t$$

原假设 $H_0:\delta = 0, \rho = 1$　(Y_t 为随机游走过程)

备择假设 $H_1:\rho < 1$　　(Y_t 为平稳或趋势平稳过程)

其中 $u_t \sim IID(0, \sigma^2)$。

DF 检验的回归模型(也称为**检验式**)实际上是对时间序列数据生成过程的设定,上述三种情形中的回归模型都含有 AR(1)过程 $\rho Y_{t-1} + u_t$,其差异在于是否含有确定性的截距项 μ 和趋势项 δt。可见,DF 检验是针对具有 AR(1)过程表现形式的数据生成过程的平稳性或趋势平稳性的检验。依据 AR(1)过程的平稳性条件可知,当 $|\rho| < 1$ 时,$\rho Y_{t-1} + u_t$ 是平稳的,$|\rho| \geqslant 1$ 时,$\rho Y_{t-1} + u_t$ 是非平稳的。DF 检验进行的是单侧检验,情形 1 和情形 2 是以不含漂移的随机游走过程(含有一个单位根)为原假设,备择假设为平稳过程;情形 3 是以一般的随机游走过程为原假设,以平稳或趋势平稳过程为备择假设。

DF 检验常用的统计量是基于 OLS 法估计回归模型得到的 τ 统计量①。

$$\tau = \frac{\hat{\rho} - 1}{\hat{SD}(\hat{\rho})} \tag{8.17}$$

其中 $\hat{\rho}$、$\hat{SD}(\hat{\rho})$ 分别为回归系数 ρ 的 OLS 估计量及其标准差的估计量。该统计量的计算方法与我们熟悉的 t 统计量的计算方法一致,但当原假设成立时,即 Y_t 是非平稳的单位根过程时,利用(8.17)式计算的 τ 统计量不再服从 t 分布,而且随着样本容量的无限增大,它**不依分布收敛于正态变量**(does not converge in distribution to a normal variable),即其**极限分布不为正态分布**(the limiting distribution is nonnormal)。可以证明(参见:汉密尔顿,1999),τ 统计量的极限分布存在(并非正态分布)且与扰动项 u_t 的概率分布无关。在有限样本下,蒙特卡罗(Monte Carlo)模拟试验表明,τ 统计量的分布与 t 分布相比向左偏一些,如图 8-6 所示。因此,对于一定的显著性水平,DF 检验的临界值要小于单侧 t 检验的临界值。为此,迪基和富勒利用模拟试验,对于扰动项 u_t 服从正态分布的情形,给出了 τ 统计量分布的临界值,如表 8-1 所示。在 EViews 下,DF 检验使用的是麦金农(J. G. MacKinnon)(1996)给出的更精确的 τ 统计量分布的临界值。在给定的显著性水平下,若 τ 统计量值小于临界值,则拒绝原假设 H_0;若 τ 统计量值大于临界值,则接受原假设 H_0 ②。

① 迪基和富勒提出的 ADF(DF)单位根检验包括三种具体的检验法:基于标准化偏差统计量的 k 检验、基于传统 t 统计量的 τ 检验和基于 Wald 统计量的 F 检验(参见:汉密尔顿,1999,$p_{608,639}$)。

② 严格地讲,在有限样本下,τ 统计量的分布与扰动项的分布是有关的,因而其临界值也存在差异(靳庭良,2006)。

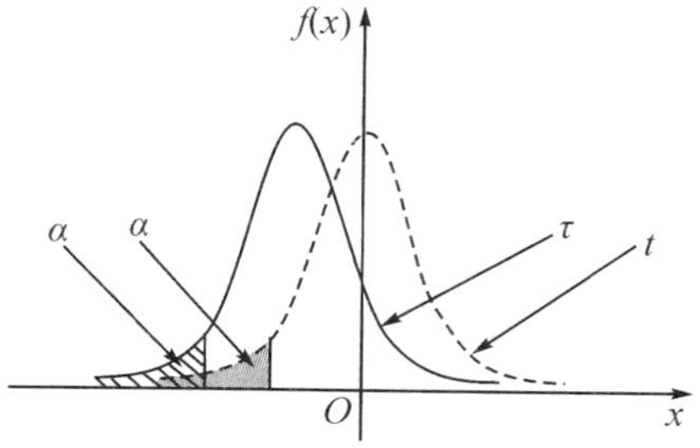

图 8－6 DF 检验的 τ 统计量分布与 t 分布的比较示意图

[$f(x)$ 为密度函数，α 为阴影区域的面积]

表 8－1 DF 检验的 τ 统计量分布的临界值表

样本容量 T	$\tau=(\hat{\rho}-1)/\hat{\sigma}_{\hat{\rho}}$ 小于下面项的概率							
	0.01	0.025	0.05	0.10	0.90	0.95	0.975	0.99
情形 1								
25	−2.66	−2.26	−1.95	−1.60	0.92	1.33	1.70	2.16
50	−2.62	−2.25	−1.95	−1.61	0.91	1.31	1.66	2.08
100	−2.60	−2.24	−1.95	−1.61	0.90	1.29	1.64	2.03
250	−2.58	−2.23	−1.95	−1.62	0.89	1.29	1.63	2.01
500	−2.58	−2.23	−1.95	−1.62	0.89	1.28	1.62	2.00
∞	−2.58	−2.23	−1.95	−1.62	0.89	1.28	1.62	2.00
情形 2								
25	−3.75	−3.33	−3.00	−2.63	−0.37	0.00	0.43	0.72
50	−3.58	−3.22	−2.93	−2.60	−0.40	−0.03	0.29	0.66
100	−3.51	−3.17	−2.89	−2.58	−0.42	−0.05	0.26	0.63
250	−3.46	−3.14	−2.88	−2.57	−0.42	−0.06	0.24	0.62
500	−3.44	−3.13	−2.87	−2.57	−0.43	−0.07	0.24	0.61
∞	−3.43	−3.12	−2.86	−2.57	−0.44	−0.07	0.23	0.60
情形 3								
25	−4.38	−3.95	−3.60	−3.24	−1.14	−0.80	−0.50	−0.15
50	−4.15	−3.80	−3.50	−3.18	−1.19	−0.87	−0.58	−0.24
100	−4.04	−3.73	−3.45	−3.15	−1.22	−0.90	−0.62	−0.28
250	−3.99	−3.69	−3.43	−3.13	−1.23	−0.92	−0.64	−0.31
500	−3.98	−3.68	−3.42	−3.13	−1.24	−0.93	−0.65	−0.32
∞	−3.96	−3.66	−3.41	−3.12	−1.25	−0.94	−0.66	−0.33

注：① 表格来源于詹姆斯 D. 汉密尔顿. 时间序列分析. 北京：中国社会科学出版社，1999：923. Fuller, W. A. Introduction to Statistical Time Series, New York：John Wiley &Sons，1976：373.

② 表中概率值与临界值之间的关系举例：对于情形 2，当 $T=50$ 时，概率值 0.05 对应的临界值为 −2.93，即 $P(\tau<-2.93)=0.05$。

关于 DF 检验还有另一种等价的表述方式，如情形 2 的回归模型可以等价地写成：

$$\Delta Y_t=\mu+\theta Y_{t-1}+u_t$$

其中 $\theta=\rho-1$，那么相应的原假设和备择假设分别为：

$H_0: \mu=0, \theta=0$ （Y_t 为不含漂移的随机游走过程）

$H_1: \theta<0$ （Y_t 为平稳过程）

此时 DF 检验 τ 统计量为：

$$\tau = \frac{\hat{\theta}}{\hat{SD}(\hat{\theta})} \tag{8.18}$$

其中 $\hat{\theta}$、$\hat{SD}(\hat{\theta})$ 分别为回归系数 θ 的 OLS 估计量及 $\hat{\theta}$ 的标准差估计量。对于其他情形也有类似的等价表述。在 EViews 软件中，DF 检验使用的就是回归模型中被解释变量为差分的形式，而且给出了麦金农（1996）模拟计算的临界值，那里的临界值比表 8-1 中的临界值更精确。

> 在 EViews 软件下，DF 检验的执行程序：
>
> ① 在 Workfile 窗口中，打开待检验的变量序列。
>
> ② 在变量序列窗口中，点击 View→ Unit Root Test，接着在弹出的 Unit Root Test 窗口的 Test Type 栏中选择 Augmented Dickey - Fuller，在 Test for unit root in 栏中选择 Level（原序列）或 1st difference（一阶差分序列）或 2st difference（二阶差分序列），在 Include in test equation 栏中选择 Intercept（情形 2）或 Trend and intercept（情形 3）或 None（情形 1），在 Lag length 栏中选择 User specification，并在对话框中输入"0"，然后点击 OK，即得到 DF 检验的输出结果。依据该结果中 DF 检验的 P 值便可以完成 DF 检验。

在实证分析中，经济和金融时间序列的数据生成过程的表现形式通常是未知的，因此进行 DF 检验首先要合理设定检验的类型，即原假设及回归模型的表达式。已有相关文献提出了一些 DF 检验类型的设定方法，但它们都存在一定的缺陷（靳庭良，2006）。在此，我们仅提议一种比较合理且具有可操作性的 DF 检验类型的设定方法，即将图形分析与多拉多（J. J. Dolado）等（1990）提出的统计检验程序相结合的设定方法。具体操作步骤是：

（1）分析时间序列的趋势图，若图形具有明显的线性趋势，则选择情形 3 进行检验；否则，进行下一步。

（2）首先按照情形 2 进行检验，若检验拒绝原假设，则认为序列是平稳的，检验结束；否则，利用 OLS 法回归模型：

$$\Delta y_t = \mu + u_t$$

并利用通常的 t 检验法检验 $\mu = 0$ 是否成立。若 $\mu = 0$ 显著不成立，则认为序列是随机游走过程；否则，按照情形 1 进行检验，并得到最终结果。

8.2.2 ADF 检验

DF 检验要求时间序列的数据生成过程具有 AR（1）过程的表现形式，回归模型的扰动项是白噪声过程。但是，在实际检验中，时间序列可能是由高阶的自回归过程生成的，此时采用 AR（1）形式的回归模型，其扰动项存在序列相关，并非白噪声过程，因此 DF 检验是无效的。为此，迪基和富勒（1979，1981）将 DF 检验进行了扩展，提出了扩展的 DF 检验，即 ADF 检验。后来，赛德（E. S. Said）和迪基（1984）的研究表明该检验也适用于一般 ARMA 过程平稳性的检验。

8.2.2.1 基本思想

考察 AR(p)过程(8.11):

$$u_t = c + \varphi_1 u_{t-1} + \varphi_2 u_{t-2} + \cdots + \varphi_{p-1} u_{t-p+1} + \varphi_p u_{t-p} + \varepsilon_t$$

首先,将上式右端加、减 $\varphi_p u_{t-p+1}$,使其出现差分项 Δu_{t-p+1}:

$$\begin{aligned} u_t &= c + \varphi_1 u_{t-1} + \varphi_2 u_{t-2} + \cdots + \varphi_{p-1} u_{t-p+1} + \varphi_p u_{t-p+1} - \varphi_p u_{t-p+1} + \varphi_p u_{t-p} + \varepsilon_t \\ &= c + \varphi_1 u_{t-1} + \varphi_2 u_{t-2} + \cdots + (\varphi_{p-1} + \varphi_p) u_{t-p+1} - \varphi_p \Delta u_{t-p+1} + \varepsilon_t \end{aligned} \tag{8.19}$$

接着,再通过将(8.19)式右端加、减 $(\varphi_{p-1} + \varphi_p) u_{t-p+2}$,使上式中出现差分项 Δu_{t-p+2}:

$$\begin{aligned} u_t = c + \varphi_1 u_{t-1} + \varphi_2 u_{t-2} + \cdots + (\varphi_{p-2} + \varphi_{p-1} + \varphi_p) u_{t-p+2} \\ - (\varphi_{p-1} + \varphi_p) \Delta u_{t-p+2} - \varphi_p \Delta u_{t-p+1} + \varepsilon_t \end{aligned}$$

不断重复上述步骤,最终得到

$$\begin{aligned} u_t = c + (\varphi_1 + \varphi_2 + \cdots + \varphi_p) u_{t-1} - (\varphi_2 + \varphi_3 + \cdots + \varphi_p) \Delta u_{t-1} \\ - \cdots - (\varphi_{p-1} + \varphi_p) \Delta u_{t-p+2} - \varphi_p \Delta u_{t-p+1} + \varepsilon_t \end{aligned}$$

即

$$\Delta u_t = c + \theta u_{t-1} + \sum_{j=1}^{p-1} \psi_j \Delta u_{t-j} + \varepsilon_t \tag{8.20}$$

其中 $\theta = \sum_{i=1}^{p} \varphi_i - 1, \psi_j = -\sum_{i=j+1}^{p} \varphi_i$。

因为当 $\sum_{i=1}^{p} \varphi_i = 1$,即 $\theta = 0$ 时,u_t 至少有一个单位根,所以可以通过检验(8.20)式中的 θ 是否等于0,来推断至多含有一个单位根的时间序列 u_t 的平稳性:对于给定的显著性水平,若 $\theta = 0$ 显著成立,则认为 u_t 是单位根过程;若 $\theta = 0$ 显著不成立,则认为 u_t 是非单位根过程。

8.2.2.2 检验类型

对于至多含有一个单位根的时间序列 Y_t,即 Y_t 或者为 I(1)过程,或者为(趋势)平稳过程,与 DF 检验类似,**ADF 检验分为如下三种常用的情形**(这里直接采用回归模型的被解释变量为差分的形式):

情形 1:回归模型为:

$$\Delta Y_t = \theta Y_{t-1} + \sum_{j=1}^{l} \varphi_j \Delta Y_{t-j} + u_t$$

原假设 $H_0: \theta = 0$ (Y_t 为不含截距项的单位根过程)

备择假设 $H_1: \theta < 0$ (Y_t 为均值为 0 的平稳过程)

情形 2:回归模型为:

$$\Delta Y_t = \mu + \theta Y_{t-1} + \sum_{j=1}^{l} \varphi_j \Delta Y_{t-j} + u_t$$

原假设 $H_0: \mu = 0, \theta = 0$ (Y_t 为不含截距项的单位根过程)

备择假设 $H_1: \theta < 0$ (Y_t 为平稳过程)

情形3：回归模型为：

$$\Delta Y_t = \mu + \delta t + \theta Y_{t-1} + \sum_{j=1}^{l} \varphi_j \Delta Y_{t-j} + u_t$$

原假设 $H_0:\delta = 0,\theta = 0$ （Y_t 为一般的单位根过程）

备择假设 $H_1:\theta < 0$ （Y_t 为平稳或趋势平稳过程）

其中 l 为正整数，称之为**滞后截断参数**（truncation lag），$u_t \sim IID(0,\sigma^2)$。

从 ADF 检验的回归模型（也称为**检验式**）可以看出，当这些回归模型不含有滞后差分项时，它们与 DF 检验相应的回归模型是一致的，因此 DF 检验可以看作 ADF 检验的特殊情形。

ADF 检验常用的统计量也是基于 OLS 法估计检验式得到的 τ 统计量：

$$\tau = \frac{\hat{\theta}}{\hat{SD}(\hat{\theta})} \tag{8.21}$$

其中 $\hat{\theta}$、$\hat{SD}(\hat{\theta})$ 分别为回归系数 θ 的 OLS 估计量及 $\hat{\theta}$ 的标准差的估计量。可以证明（参见：汉密尔顿，1999，$p_{626-634}$）：当原假设成立，即 Y_t 是单位根过程时，ADF 检验的 τ 统计量与相应的 DF 检验的 τ 统计量具有**相同的极限分布**（the same limiting distribution）。因此，在大样本的情形下，ADF 检验可以使用相应的 DF 检验的临界值进行检验。

要进行 ADF 检验，除需要确定回归模型中截距项或趋势项的取舍外，还要选择适当的滞后截断参数 l。l 值太小，回归模型的扰动项可能存在自相关性，并非白噪声过程，导致显著性水平的扭曲，即犯第一类错误的概率并非给定的显著性水平；l 值太大，则会过度接受原假设，使检验具有较高的犯第二类错误的概率（靳庭良，2006）。在实践中，可以参考自回归分布滞后模型阶数的确定方法来确定 ADF 检验回归模型中的滞后截断参数 l，其中依据 AIC 准则或 SIC 准则来确定 l 值是较为常用的方法。

> 在 EViews 软件下，ADF 检验的执行程序与 DF 检验的区别仅在于：在 Unit Root Test 窗口的 Lag length 栏中可以选择 User specification，并在对话框中输入 l 值（不一定是 0），也可以选择 Automatic selection，并在下拉菜单中选择确定 l 值的标准，如 AIC 准则、SIC 准则等。

仿照 DF 检验原假设与回归模型的确定方法，ADF 检验类型的选择也可以分两步进行：

（1）分析时间序列 y_t 的趋势图，若图形具有明显的线性趋势，则选择情形 3，并按照上述方法确定滞后截断参数 l；否则，进行下一步。

（2）首先按照情形 2 进行检验，建立回归模型：

$$\Delta Y_t = \mu + \theta Y_{t-1} + \sum_{j=1}^{l} \varphi_j \Delta Y_{t-j} + u_t$$

并按照上述方法确定滞后截断参数 l。若检验拒绝原假设，则认为序列是平稳的，检验结束；否则，利用 OLS 法回归模型：

$$\Delta Y_t = \mu + \sum_{j=1}^{l} \varphi_j \Delta Y_{t-j} + \varepsilon_t$$

并应用通常的 t 检验法检验 $\mu = 0$ 是否成立。若 $\mu = 0$ 显著不成立，则认为序列是单位根过程；否则，按照情形 1 进行检验，并得到最终结果。

8.2.2.3 检验策略

ADF(DF)检验假定待检验的时间序列至多含有一个单位根。研究结果表明(米尔斯,2002),如果单位根的真实数目大于1,那么ADF(DF)检验会过度拒绝原假设,导致发现任何一个单位根的概率都会降低,更不要说发现所有的单位根了。因此,对于给定的时间序列 Y_t,我们认为宜采取如下检验策略(靳庭良,2008):

若怀疑其可能含有多个单位根,则应该首先对满足ADF(DF)检验适用条件的某一高阶差分 $\Delta^m Y_t\,(m\geqslant 1)$,按照ADF(DF)检验的步骤检验其单位根的存在性。如果原假设没有被拒绝,则认为 Y_t 存在 $m+1$ 个单位根,检验结束;如果原假设被拒绝,则接着检验 $\Delta^{m-1}Y_t$ 的单位根的存在性。如此继续下去,直到检验结果接受原假设,或接受 Y_t 为平稳或趋势平稳的为止。

由于经济和金融时间序列含有单位根的个数很少超过3,因此在实践中可以考虑从差分序列 $\Delta^m Y_t(m\leqslant 2)$ 的单位根检验开始,具体的差分阶数 m 可以依据样本数据的图形(参见:图8-1、图8-5)来确定。例如,观察我国 GDP_t 序列(1978—2008年)(当年价)的趋势图(如图8-7所示),可以发现其具有明显的快速上升的趋势,因此初步判断该序列的数据生成过程可能含有两个或三个单位根。于是,ADF(DF)检验可以从检验 $\Delta^2 GDP_t$ 的平稳性开始。

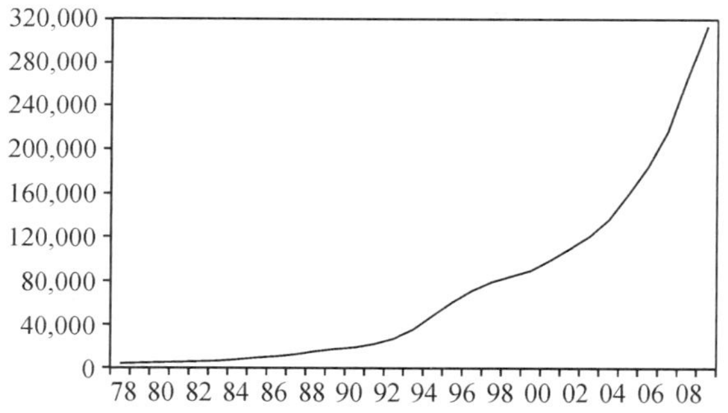

图8-7 我国 GDP_t 序列(1978—2008年)(当年价)的趋势图

例题8.1 我国实际国民总收入的对数序列与城乡居民实际人民币储蓄存款的对数序列的单整性检验

利用ADF检验法,检验例题6.4中1978—2009年我国实际国民总收入的自然对数 $LAGNI_t = \ln(AGNI_t)$ 和城乡居民实际人民币储蓄存款的自然对数 $LDAS_t = \ln(DAS_t)$ 的单整性,即检验它们所含单位根的个数。

依据表6-4中样本数据,分别作变量序列 $LAGNI_t$ 和 $LDAS_t$ 趋势图,如图8-8所示。

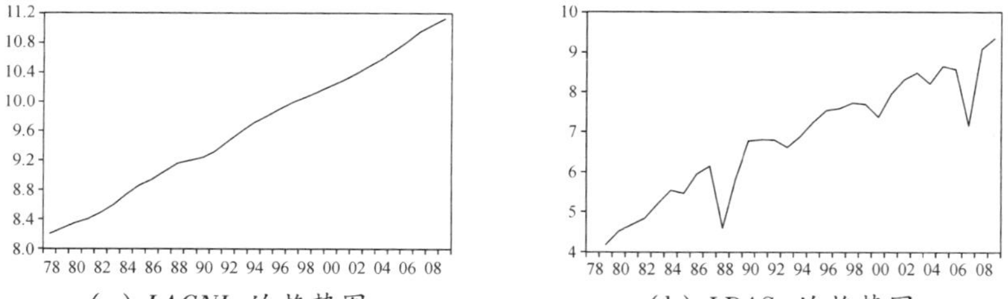

(a) $LAGNI_t$ 的趋势图 (b) $LDAS_t$ 的趋势图

图8-8 序列 $LAGNI_t$、$LDAS_t$ 的趋势图

从图 8 -8 可以看出，在 1978—2009 年，$LAGNI_t$ 和 $LDAS_t$ 都呈现随时间递增的非平稳的变化趋势。进一步作 $LAGNI_t$、$LDAS_t$ 的一阶差分序列（分别记为 $DLAGNI_t$、$DLDAS_t$）的趋势图，如图 8 -9 所示。

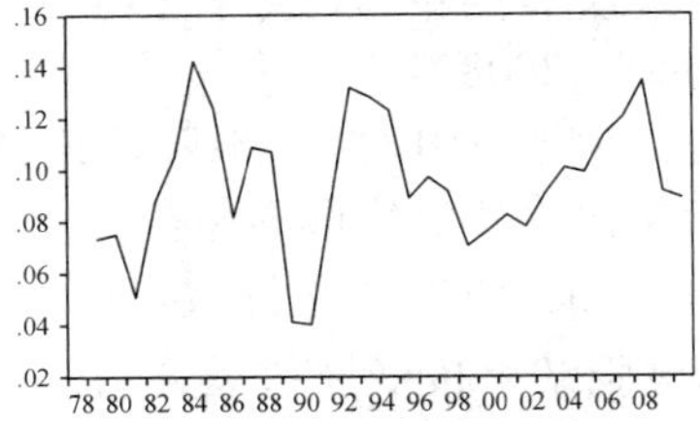
(a) $DLAGNI_t$ 的趋势图

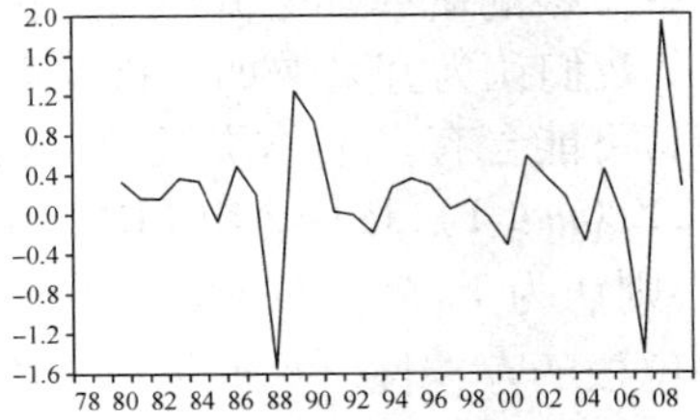
(b) $DLDAS_t$ 的趋势图

图 8 -9　$LAGNI_t$ 和 $LDAS_t$ 的差分序列的趋势图

从图 8 -9 可以看出，$DLAGNI_t$、$DLDAS_t$ 都呈现出围绕某一水平线上下振荡的变化趋势，因此推断它们的单整阶数至多为 1，而且可以先采用 ADF 检验的情形 2 进行单位根检验。

表 8 -2 为对 $DLAGNI_t$ 进行 ADF 检验的输出结果。

表 8 -2　$RAGNI_t$ 的 ADF 检验的部分输出结果

Null Hypothesis: DLAGNI has a unit root
Exogenous: Constant
Lag Length: 1 (Automatic based on SIC, MAXLAG = 7)

		t - Statistic	Prob. *
Augmented Dickey - Fuller test statistic		-3.950 469	0.005 2
Test critical values:	1% level	-3.679 322	
	5% level	-2.967 767	
	10% level	-2.622 989	

* MacKinnon (1996) one - sided p - values.

Augmented Dickey - Fuller Test Equation
Dependent Variable: D(DLAGNI)
Method: Least Squares
Date: 05/06/21　Time: 15:33
Sample (adjusted): 1981 2009
Included observations: 29 after adjustments

Variable	Coefficient	Std. Error	t - Statistic	Prob.
DLAGNI(-1)	-0.702 839	0.177 913	-3.950 469	0.000 5
D(DLAGNI(-1))	0.389 705	0.177 570	2.194 658	0.037 3
C	0.067 356	0.017 407	3.869 440	0.000 7

R - squared	0.376 457	Mean dependent var	0.000 476
Adjusted R - squared	0.328 493	S. D. dependent var	0.026 399
S. E. of regression	0.021 633	Akaike info criterion	-4.731 509
Sum squared resid	0.012 167	Schwarz criterion	-4.590 065
Log likelihood	71.606 89	Hannan - Quinn criter.	-4.687 211
F - statistic	7.848 618	Durbin - Watson stat	1.957 945
Prob(F - statistic)	0.002 154		

表 8-2 中的顶部给出了按 SIC 准则确定滞后截断参数(Lag Length)为 1。该表的底部给出了利用 OLS 法估计 ADF 检验式(Test Equation)的输出结果,由此可得相应的样本回归模型为:

$$\Delta(DLAGNI_t) = 0.067\,356 - 0.702\,839DLAGNI_{t-1} + 0.389\,705\Delta(DLAGNI_{t-1}) + e_t$$

利用 LM 检验法检验 ADF 检验式的自相关性,结果表明它的随机扰动项不存在自相关性(请读者自己验证)。利用该输出结果中的 t 统计量值或其相应的 P 值可以对检验式中的截距项和滞后差分项 $\Delta(DLAGNI_{t-1})$ 的系数进行显著性检验。

该表的中间部分给出了基于上述回归结果计算的 ADF 检验的 τ 统计量值(即 t-Statistic)及其相应的 P 值(Prob. *),它们分别为 -3.950 469、0.005 2。另外,该部分还列出了在 0.01、0.05、0.10 显著性水平下,ADF 检验的临界值分别为 -3.679 322、-2.967 767、-2.622 989。

因为 τ 统计量值 $= -3.950\,469 < -2.967\,767$,或 P 值 $=0.005\,2 < 0.05$,所以在 0.05 的显著性水平下,拒绝 DLAGNI_t 为单位根过程的原假设,可以认为它是平稳的。

类似地,可以得到在 0.05 的显著性水平下,DLDAS_t 也是平稳的检验结果。表 8-3 给出了对 DLAGNI_t 和 DLDAS_t 进行 ADF 检验的结果、检验式的设定、τ 统计量值及相应的 P 值的汇总。

表 8-3　$DLAGNI_t$ 和 $DLDAS_t$ 的 ADF 检验结果

变量	回归模型的类型	滞后截断参数 l(SIC 准则)	τ 统计量值	P 值	结果(显著性水平为 0.05)
$DLAGNI_t$	有截距项、无趋势项	1	-3.950 469	0.005 2	平稳
$DLDAS_t$	有截距项、无趋势项	1	-6.709 253	0.000 0	平稳

因为 $LAGNI_t$、$LDAS_t$ 的一阶差分序列 $DLAGNI_t$ 和 $DLDAS_t$ 都是平稳的,所以需要继续检验 $LAGNI_t$、$LDAS_t$ 的平稳性。从图 8-8 可见,$LAGNI_t$ 与 $LDAS_t$ 都呈现明显的线性增加的变化趋势,因此采用 ADF 检验的情形 3 对它们进行单位根检验,检验结果如表 8-4 所示。

表 8-4　$LAGNI_t$ 和 $LDAS_t$ 的 ADF 检验结果

变量	回归模型的类型	滞后截断参数 l(SIC 准则)	τ 统计量值	P 值	结果(显著性水平为 0.05)
$LAGNI_t$	有趋势项	3	-3.934 684	0.023 8	平稳或趋势平稳
$LDAS_t$	有趋势项	0	-4.821 768	0.002 9	平稳或趋势平稳

从表 8-4 可以看出,$LAGNI_t$ 和 $LDAS_t$ 的 ADF 检验 τ 统计量的 P 值分别为 0.023 8、0.002 9,都小于 0.05,因此在 0.05 的显著性水平下,拒绝 $LAGNI_t$ 和 $LDAS_t$ 含有单位根的原假设,可以认为它们都是平稳或趋势平稳过程。再由 ADF 检验回归模型的估计结果可知,$LAGNI_t$ 和 $LDAS_t$ 的回归模型中趋势项系数 t 检验的 P 值分别为 0.000 7 和 0.000 1,均小于 0.05,此表明在 0.05 的显著性水平下,它们都显著不为 0。因此,可以进一步认为

$LAGNI_t$ 和 $LDAS_t$ 都是趋势平稳过程。

上述 ADF 检验结果表明，在 1978—2009 年我国实际国民总收入的对数序列与城乡居民实际人民币储蓄存款的对数序列都是趋势平稳过程。

§8.3 伪回归现象与协整的概念

8.3.1 伪回归现象

伪回归现象（spurious regression phenomenon）是格兰杰（C. W. J. Granger）和纽博尔德（P. Newbold）于 1974 年首先发现的，它是指相互独立的两个非平稳变量序列，利用 OLS 法估计回归模型并进行通常的 t 检验，往往得到它们之间存在显著的函数关系的现象。例如，考虑如下两个随机游走过程：

$$Y_t = Y_{t-1} + \varepsilon_t, \varepsilon_t \sim IIDN(0,1)$$
$$X_t = X_{t-1} + \omega_t, \omega_t \sim IIDN(0,1)$$

其中 $Cov(\varepsilon_s, \omega_t) = 0(s,t = 1,2,\cdots,T)$，$X_0=0, Y_0=0$。由于

$$Y_t = \sum_{i=1}^{t} \varepsilon_i, X_t = \sum_{i=1}^{t} \omega_i$$

因此 Y_t 与 X_t 是相互独立的。我们利用 EViews 软件首先随机生成 ε_t, ω_t 各 500 个样本值，进而得到 Y_t 与 X_t 容量为 500 的样本序列。其趋势图如图 8－10 所示。

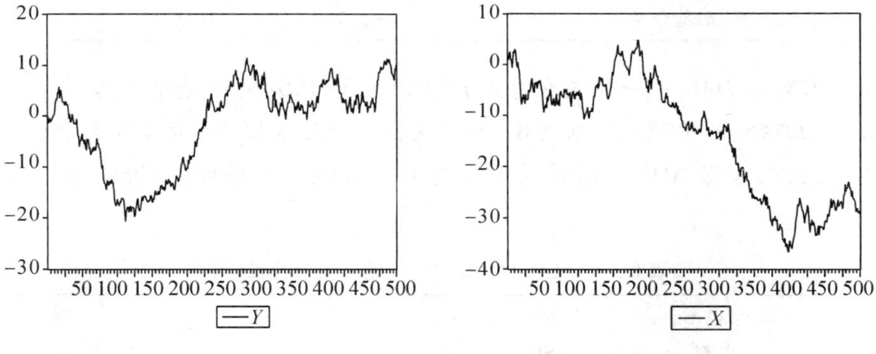

图 8－10　随机游走过程 Y_t 和 X_t 的样本序列的趋势图

依据上述样本数据，利用 OLS 法将 Y_t 对 X_t 进行回归，得到如下回归结果：

$$\hat{Y}_t = -8.443\,885 - 0.474\,157X_t$$
$$t\text{ 值} \quad -17.907 \quad -18.314$$
$$R^2 = 0.402\,4, \quad DW = 0.024\,5$$

可以看出，t 统计量的绝对值相当大，按照通常的 t 检验，会得出 X_t 对 Y_t 具有显著影响的结论。显然，该结论与 X_t、Y_t 是两个独立的随机变量序列相矛盾。

事实上，上述例题显示的结果并不是偶然现象。格兰杰和纽博尔德（1974）以及戴维

森(R. Davidson)和麦金农(J. G. MacKinnon)(1993)等的模拟结果表明,大数次生成相互独立的两个随机游走过程的样本序列,它们之间的回归结果中大部分都能通过 t 检验,即在统计上认为两者之间存在显著的数量依存关系。此外,在多个相互独立的变量都是 I(1)变量或其中有一些为 I(1)变量时,它们之间回归也同样存在伪回归现象。

众所周知,通常的 t 检验只有在 t 统计量服从 t 分布的情况下才是有效的。Phllips(1986)对伪回归现象进行了分析。结果表明,对于上述示例中的数据生成过程,采用 OLS 法回归得到的结果不能用通常的假设检验进行解释,因为此时按通常方法计算的 t 统计量不再服从 t 分布。事实上,随着样本容量 T 的增加,t 统计量的分布是发散的,而且对任意的临界值,拒绝原假设的概率将随着样本容量的增加而增大。

综上所述,理论分析和模拟结果均表明,在对非平稳变量序列进行回归分析时,可能存在伪回归现象。因此,在建立回归模型之前,首先应该对被解释变量与解释变量之间数量依赖关系的存在性进行检验,只有确认这种关系是存在的,回归分析才有意义。

8.3.2　协整概念

基于对非平稳变量序列采用传统建模方法回归分析可能导致伪回归现象的认识,为了避免这种现象的发生,格兰杰(1981)提出了协整(cointegration)的概念,并与恩格尔(R. F. Engle)合作(1987)给出了一种基本的协整检验方法——EG 检验法(Engle and Granger test, EG test),从而奠定了协整理论的基础。本节先介绍协整的概念,关于协整的检验留在下一节。

在实证分析中,许多经济和金融时间序列都是非平稳的,比如,收入、居民储蓄额、消费支出额、价格指数、货币供给量、进口额、出口额、汇率等,但其中某些非平稳时间序列的某种线性组合却可能是平稳的。例如,我国 1978—2009 年的人均实际国内生产总值的对数 $LACOMP_t$ 与人均实际消费支出的对数 $LAGDPP_t$ 均是一阶单整的非平稳时间序列[见本章练习题八综合应用题(4)],但从图 8-11(a)可以看出,它们具有比较明显的共同变化的趋势。考虑 $LACOMP_t$ 对 $LAGDPP_t$ 的简单回归模型:

$$LACOMP_t = \beta_0 + \beta_1 LAGDPP_t + u_t \tag{8.22}$$

利用 OLS 法估计该模型,得样本回归模型:

$$LACOMP_t = 0.221\,485 + 0.854\,056 LAGDPP_t + e_t$$

及残差序列 e_t 的趋势图,如图 8-11(b)所示。

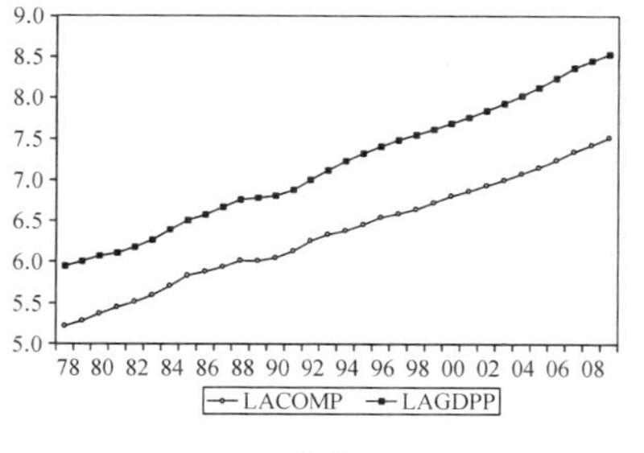

(a)

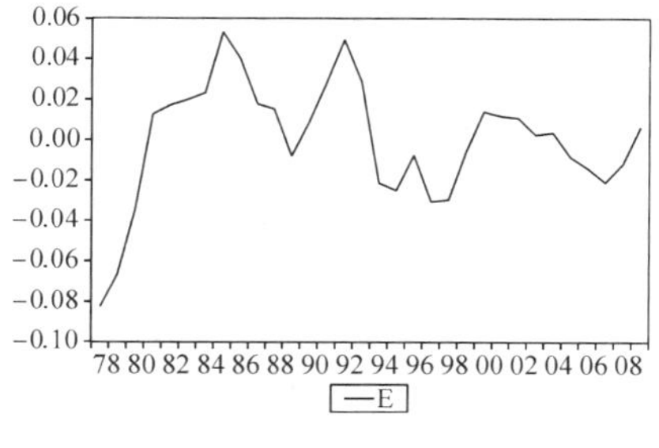

(b)

图 8-11　$LACOMP_t$、$LAGDPP_t$ 和 e_t 的趋势图

从图 8－11(b)可以看出，e_t 在其均值附近上下波动，具有明显的平稳特征，由此推断模型(8.22)中的随机误差项 u_t 可能是平稳的。若如此{注：利用下一节给出的 EG 协整检验法检验，结果表明 u_t 是平稳的[见练习题八综合应用题(4)]}，则表明尽管 $LACOMP_t$ 与 $LAGDPP_t$ 都是非平稳的I(1)过程，但它们之间有一个平稳的线性组合 $u_t = LACOMP_t - \beta_0 - \beta_1 LAGDPP_t$。这意味着在短期内 $LACOMP_t$ 与 $\beta_0 + \beta_1 LAGDPP_t$ 可能并不相等。但从长期来看，它会稳定地在 $\beta_0 + \beta_1 LAGDPP_t$ 附近上下波动，而不会偏离太远，即 $LACOMP_t$ 与 $LAGDPP_t$ 之间存在长期稳定的均衡数量关系。因此，可以依据 $LAGDPP_t$ 的变动趋势对 $LACOMP_t$ 的变动趋势进行推断。我们称 $LACOMP_t$ 与 $LAGDPP_t$ 之间这种长期稳定的均衡数量关系为协整关系，将 $u_t = LACOMP_t - \beta_0 - \beta_1 LAGDPP_t$ 称为**非均衡误差**(disequilibrium error)。一般地，如下定义变量之间的协整关系：

设随机向量 $X_t = (X_{1t}, X_{2t}, \cdots, X_{Nt})$ 的各分量都是 I(d)过程，如果存在一个常数向量 $\beta = (\beta_1, \beta_2, \cdots, \beta_N)' \neq 0$，使得

$$X_t\beta = \beta_1 X_{1t} + \beta_2 X_{2t} + \cdots + \beta_N X_{Nt} \sim \mathrm{I}(d-b)$$

这里 $d \geqslant b > 0$，则称变量 $X_{1t}, X_{2t}, \cdots, X_{Nt}$ 之间的关系是(d,b)**阶协整的**[cointegrated of order (d,b)]，记为 $X_t \sim \mathrm{CI}(d,b)$。$\beta_j$ ($j = 1,2,\cdots,N$) 称为**协整系数**(cointegrating coefficients)，β 称为**协整向量**(cointegrating vector)。

协整概念表明，具有协整关系的高阶单整变量的线性组合具有较低的单整阶数。在协整关系中，(d,d)($d \geqslant 1$)阶协整是一类非常重要的协整关系，它表明虽然各 d 阶单整变量 $X_{1t}, X_{2t}, \cdots, X_{Nt}$ 都是非平稳的，但若它们之间存在(d,d)阶协整关系，那么它们之间就至少存在一个线性组合为平稳过程。也就是说，它们之间存在长期稳定的均衡数量关系。因此，建立反映它们之间数量依赖关系的回归模型，比如

$$X_{1t} = \alpha_2 X_{2t} + \cdots + \alpha_N X_{Nt} + u_t \tag{8.23}$$

才是有意义的，这里 u_t 为平稳过程。

斯托克(J. H. Stock)(1987)的研究结果表明，在 u_t 为平稳过程的条件下，模型(8.23)中参数的 OLS 估计量具有一致性，而且是超一致性，即它们收敛于真实参数的速度要比变量均为平稳过程时的 OLS 估计量快。

因为两个阶数不同的单整变量的线性组合(系数均非 0)的单整阶数与两者中较高的阶数相同，所以当两个变量的单整阶数不相同时，它们之间不可能存在协整关系。

在深入研究协整理论时，**协整秩**(cointegrating rank)是一个非常有用的概念。显然，用一个非 0 数去乘一个协整向量所得结果仍是一个协整向量，所以协整关系一旦存在，协整向量就不是唯一的。但是，对于存在协整关系的两个单整变量，线性无关的协整向量的个数为 1。例如，设 X_{1t}, X_{2t} 之间存在(1,1)阶协整关系，若存在两个线性无关的向量 $\beta = (\beta_1, \beta_2)'$，$\alpha = (\alpha_1, \alpha_2)'$，使得

$$\beta_1 X_{1t} + \beta_2 X_{2t} = u_t \tag{8.24}$$

$$\alpha_1 X_{1t} + \alpha_2 X_{2t} = v_t \tag{8.25}$$

其中 u_t、v_t 都为 I(0)过程，那么由

$$\begin{vmatrix} \beta_1 & \beta_2 \\ \alpha_1 & \alpha_2 \end{vmatrix} \neq 0$$

可知，由(8.24)式和(8.25)式构成的方程组有唯一解，即 X_{1t}，X_{2t} 都能表示为平稳过程 u_t 和 v_t 的线性组合。由此推出 X_{1t}，X_{2t} 都是平稳的，此与它们均为 I(1) 过程相矛盾。所以，X_{1t} 与 X_{2t} 不可能存在两个线性无关的协整向量。此时称 X_{1t}，X_{2t} 的协整秩为 1。

当 X_t 的维数大于 2，即它含有的分量个数多于 2 时，有可能存在多个线性无关的协整向量。我们称所有协整向量构成的向量组的极大线性无关组所含向量的个数 $r(r \leq N-1)$ 为 X_t 的**协整秩**。

关于协整概念的两点补充说明：

(1)前文定义的协整关系是针对阶数相同的单整变量给出的，对于三个以上的变量，当它们的单整阶数不相同时，它们的线性组合也可能是较低阶的单整过程。例如，设 $X_{1t} \sim I(1)$，$X_{2t} \sim I(2)$，$X_{3t} \sim I(2)$，如果

$$Y_t = aX_{2t} + bX_{3t} \sim I(1)$$

$$dX_{1t} + cY_t \sim I(0)$$

其中 a 与 b，c 与 d 均不为 0，则

$$dX_{1t} + caX_{2t} + cbX_{3t} \sim I(0)$$

即存在 X_{1t}，X_{2t}，X_{3t} 的非零线性组合是平稳的。因此，从广义上讲，X_{1t}，X_{2t}，X_{3t} 之间也存在协整关系。

(2)若 d 阶单整变量 X_{1t}，X_{2t}，…，X_{Nt} 之间存在趋势 $d-b(0<b\leq d)$ 阶单整的线性组合，即存在向量 $\beta=(\beta_1,\beta_2,\cdots,\beta_N)'\neq 0$，使得

$$X_t\beta = \beta_1X_{1t} + \beta_2X_{2t} + \cdots + \beta_NX_{Nt} = \delta t + u_t$$

其中 $\delta \neq 0$，$u_t \sim I(d-b)$，即 $X_t\beta$ 去掉趋势项 δt 后为 $I(d-b)$ 过程

$$X_t\beta - \delta t = u_t$$

则称 X_{1t}，X_{2t}，…，X_{Nt} 之间的关系是"(d,b) **阶趋势协整的**"[trend cointegrated of order (d,b)]。当 $d-b=0$ 时，便可以与存在协整关系的情形一样建立回归模型，比如

$$X_{1t} = \mu + \delta t + \alpha_2X_{2t} + \cdots + \alpha_NX_{Nt} + u_t$$

因此，后文在检验变量之间是否存在协整关系时，将协整关系与"趋势协整关系"一同考虑，并统称为**协整关系**(cointegrating relationship)。

§8.4 协整检验

协整关系的检验主要有三种常用的方法：恩格尔和格兰杰(1987)提出的基于利用 OLS 法估计协整回归方程所得残差的检验方法，即 EG 检验；约翰森(S. Johansen)(1988，1991，1995)提出的基于 VAR 模型和最大似然估计的检验法，即 J 检验；班纳吉(A. Banerjee)等(1986，1993，1998)提出的基于**误差修正机制**(error correction mechanism，ECM)(见本章§8.5 节)和 OLS 估计的检验法：ECM 检验。本书只介绍比较简单的 EG 检验法。

EG 检验的基本思想是，对于一组非平稳的 I(1) 变量，首先，选择其中的一个变量对其余变量建立线性回归模型，并利用 OLS 法进行估计，将得到的残差 e_t 作为模型中随机误差项 u_t 的估计量；然后，在 u_t 为 I(1) 过程的原假设下，依据对 e_t 进行(趋势)平稳性检

验的 ADF(DF)统计量来推断 u_t 的(趋势)平稳性,进而推知变量组的协整性。下面我们分双变量和多变量两种情形介绍 EG 检验的基本步骤。

8.4.1 双变量的 EG 检验

设 Y_t、X_t 均为 $I(1)$ 单整过程,为了检验它们之间是否存在协整关系,EG 检验的基本步骤为:

(1) 设定回归模型

$$Y_t = \beta_0 + \beta_1 X_t + u_t \tag{8.26}$$

提出原假设和被择假设分别为:

H_0:u_t 为单位根过程(Y_t 与 X_t 之间不存在协整关系)

H_1:u_t 为平稳或趋势平稳过程(Y_t 与 X_t 之间存在协整关系)

并利用 OLS 法估计该模型,得到残差序列:

$$e_t = Y_t - \hat{\beta}_0 - \hat{\beta}_1 X_t \tag{8.27}$$

通常称模型(8.26)为**协整回归方程**(cointegrating regression equation)(注意:若变量之间不存在协整关系,该方程是没有意义的)。

(2) 对于给定的显著性水平 α,依据 e_t 的数据,利用 EG 统计量的样本值及其概率分布的临界值 C_α(见书末附录 B 表 6)来推断 u_t 的平稳性。这里 EG 统计量值即为对 e_t 进行 ADF 单位根检验的 τ 统计量值。具体计算过程分为两种情形:

情形 1,若 e_t 没有明显的线性趋势,则按 ADF 检验的情形 1 计算 EG 统计量值[注意:(8.26)式中有常数项,这里的检验式就不用加常数项了];

情形 2,若 e_t 具有明显的线性趋势,则可以通过如下三种渐近等价的方法之一计算 EG 统计量值:

① 在 ADF 检验情形 1 的检验式中添加趋势项建立检验式,并利用 OLS 法估计该检验式,得到 e_{t-1} 显著性检验的 t 统计量值,即为 EG 统计量值。

② 按 ADF 检验的情形 3 计算 EG 统计量值。

③ 在(8.26)中添加趋势项,建立协整回归方程:

$$Y_t = \beta_0 + \beta_1 X_t + \delta t + u_t$$

接着按 ADF 检验的情形 1 计算 EG 统计量值。在 EViews 软件下可以直接得到这种设定下的 EG 统计量值及其相应的 P 值。

EG 检验的判断规则是,若 EG 统计量值 $> C_\alpha$,则接受原假设,认为 u_t 为单位根过程,即 Y_t 与 X_t 之间不存在协整关系;若 EG 统计量值 $< C_\alpha$,则拒绝原假设,认为 u_t 为平稳的(情形 1),或者,平稳或趋势平稳的(情形 3),即 Y_t 与 X_t 之间存在协整关系。

这里,需要特别说明以下三点:

① EG 检验是依据 e_t 的数据推断 u_t 的单整性,而并非 e_t 本身的单整性,因此它的临界值与对 e_t 进行 ADF 检验的临界值是不相同的。以情形 1 为例,对 u_t 进行 ADF 单位根检验的检验式为:

$$\Delta u_t = \theta u_{t-1} + \sum_{j=1}^{l} \varphi_j \Delta u_{t-j} + \varepsilon_t \tag{8.28}$$

而 EG 统计量是利用 OLS 法回归模型

$$\Delta e_t = \theta e_{t-1} + \sum_{j=1}^{l} \varphi_j \Delta e_{t-j} + \omega_t \tag{8.29}$$

得到的 τ 统计量，即

$$EG = \frac{\hat{\theta}}{\hat{SD}(\hat{\theta})}$$

(8.29)式可以看作是(8.28)式中不可观测的 u_t 用 e_t 来替代的结果。依据最小二乘原理，OLS 法的估计结果使残差平方和达到最小，因此利用该方法估计协整方程倾向于得到平稳的残差序列 e_t。所以，在 u_t 为单位根过程的原假设下，依据 e_t 基于(8.29)式所得 τ 统计量的分布，相对于依据 u_t 的"实际观测值"基于(8.28)式所得 τ 统计量的分布要偏左一些，如图 8-12 所示。于是，检验 u_t 单整性的 EG 统计量分布的临界值，即 EG 检验的临界值，应该比 DF 检验的临界值要小。通过蒙特卡罗模拟试验可以证实这种观点是正确的，而且 EG 检验的临界值，除了与检验式中是否含有趋势项有关，还与协整回归方程中单整变量的个数有关。麦金农(1991)通过模拟试验给出了 EG 检验的临界值(见附录 B 表 6)。

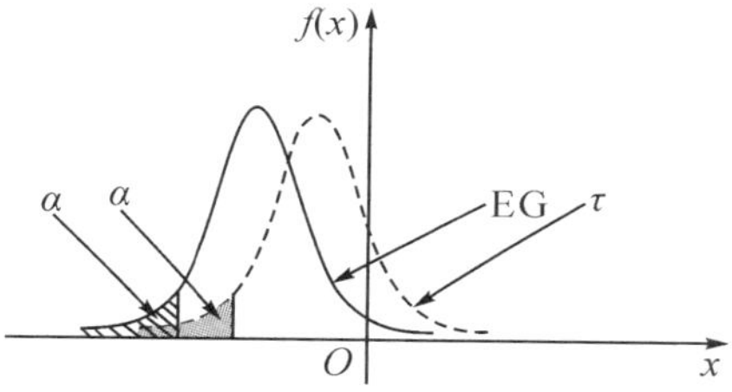

图 8-12　DF 检验的 τ 统计量分布与 EG 统计量分布的比较示意图

[$f(x)$ 为密度函数，α 为阴影区域的面积]

② 在计算 EG 统计量的情形 2 中，在 H_0 成立的条件下，三种方法计算的 EG 统计量具有相同的极限分布，但在小样本下，对于同样的样本数据，它们的检验结果可能是不相同的。

③ 对 Y_t 与 X_t 进行 EG 检验的协整回归方程，也可以设定为：

$$X_t = \alpha_0 + \alpha_1 Y_t + v_t$$

这两种设定方法所得 EG 统计量具有相同的极限分布。在 EViews 软件下可以同时得到利用它们进行 EG 检验的统计量值及其相应的 P 值。

8.4.2　多变量的 EG 检验

利用 EG 检验法检验三个以上变量之间的协整关系要比双变量的情形复杂一些。例如，设 Y_t, X_t, Z_t 都是 $I(1)$ 单整过程，若 Y_t 与 X_t 之间存在协整关系(由协整的定义易知，Y_t, X_t, Z_t 之间也存在协整关系)，而 Z_t 与 Y_t、X_t 都是偏不相关的，那么以 Y_t 或 X_t 为被解释变量建立协整回归方程进行 EG 检验，则通常会得到三变量之间存在协整关系的结论，但若以 Z_t 为被解释变量建立协整回归方程进行 EG 检验，则很可能得到三者之间无协整关系的结论。因此，对多个 I(1) 变量进行 EG 协整检验的做法是：

首先设置一个变量为被解释变量建立协整方程进行 EG 检验,若接受存在协整关系的假设,则检验结束;否则,则需要换另一个变量为被解释变量建立协整方程进行 EG 检验,重复上述过程,依此继续下去,直到得出存在协整关系的结论,或所有变量依次作为被解释变量进行检验都不能得出存在协整关系的结论,即变量之间不存在协整关系为止。

在 EViews10 软件下执行 EG 检验,能同时得到以每个变量为被解释变量设定协整回归方程的 EG 统计量值及其相应的 P 值,这为检验多元变量之间的协整性提供了方便。

> 在 EViews 软件下,EG 检验的执行程序:
>
> ①在 Workfile 窗口,打开待检验的变量序列组,接着在弹出的 Group 窗口,点击 View→Cointegration Test→Single - equation Cointegration Test,则弹出 Cointegration Test Specification 窗口。
>
> ②在 Cointegration Test Specification 窗口 Test method 部分选择 Engle Granger,在 Equation specification 部分 Trend specification 中选择 None(无趋势项)或 Constant(level)(截距项)或 Linear trend(线性趋势)或 Quadratic trend(二次趋势),在 Deterministic regressors 对话框中可以添加确定性回归元(解释变量),在 regressors specification 部分 Additional Trends 中选择需要增添的趋势项,在 Lags specification 部分选择 Fixed (User - specified)(用户自己设定)并在 Lags 对话框中输入滞后截断参数 l,或选择一种确定滞后截断参数 l 的准则,如 Schwarz Info Criterion (SIC 准则)等。然后,点击 OK,便得到 Engle Granger Cointegration Test 的输出结果。依据该结果中 tau - statistic 值(EG 统计量值)及其相应 Prop * 值(P 值)便可以完成 EG 检验。
>
> 注意:若判断变量之间可能存在趋势协整,则在 Trend specification 中选择相应的趋势项。

需要指出的是,EG 检验法是针对 I(1) 变量之间协整关系的检验而提出来的,它也可以应用于检验高阶单整变量之间协整关系的存在性。在本章 §8.6 节结束语部分,将对此进行讨论。

8.4.3 协整方程的动态普通最小二乘估计

当得知非平稳变量之间存在协整关系后,下面人们关心的问题之一就是变量之间相互影响的显著性以及影响的程度。我们知道,对于存在协整关系的一组非平稳变量,利用 OLS 法估计协整方程得到的参数估计量是具有一致性,但非平稳解释变量的系数估计量通常不是渐近正态的,而且相应的 t 统计量也不渐近服从 t 分布或标准正态分布,因此我们通常进行的变量显著性 t 检验是无效的。为解决这一问题,人们提出了一种被称为**动态普通最小二乘法**或 DOLS 法(dynamic OLS, DOLS)的估计方法(Saikkonen, 1991、1992; Stock 和 Watson, 1993)。

设 Y_t, X_t, Z_t 均为 I(1) 过程,它们之间存在协整关系,并且协整方程为:

$$Y_t = \beta_0 + \beta_1 X_t + \beta_2 Z_t + u_t \tag{8.30}$$

其中 $u_t \sim I(0)$。动态普通最小二乘法的基本做法是，在模型(8.30)中添加 X_t，Z_t 的一阶差分项及其若干滞后和超前项，如

$$Y_t = \beta_0 + \beta_1 X_t + \beta_2 Z_t + \sum_{j=-l_1}^{l_2} \varphi_j \Delta X_{t-j} + \sum_{j=-l_1}^{l_2} \gamma_j \Delta Z_{t-j} + \varepsilon_t \tag{8.31}$$

然后，利用 OLS 法估计模型(8.31)。这样得到的参数 $\beta_j(j = 0,1,2)$ 的估计量称为**动态普通最小二乘估计量**(DOLS estimator)。可以证明，回归系数 β_j 的动态普通最小二乘估计量仍具有一致性，而且它们相应的 t 统计量是渐近服从标准正态分布的。因此，在大样本的情形下，可以按照通常的 t 检验法检验变量 X_t、Z_t 的显著性。需要指出的是，关于 l_1、l_2 的确定没有一定的标准，通常是选择 $l_1 = l_2 = 2$，也可以考虑利用 AIC、SIC 等信息准则进行选择。如果 ε_t 还存在自相关性，可以使用尼威－韦斯特的自相关－稳健性 t 统计量对参数进行假设检验。

在 EViews 软件下，利用 DOLS 法估计模型(8.30)的执行程序：

在主窗口中，点击 Quick→Estimate Equation，接着在弹出的 Equation Estimation 窗口的 Equation specification 对话框中，依次键入“Y C X Z”，在 Equation settings 栏的 Method 中选择 COINTREG - Cointegrating Regression，在 Sample 对话框中输入样本区间。然后点击“确定”，并在随即弹出界面的 Nonstationary equation settings 的 Method 中选择 Dynamic OLS(DOLS)，在 Lag & lead method 中选择 Fixed(用户自己设定)，并在 Lags 和 Leads 对话框中分别输入滞后和超前截断参数 l_1 和 l_2 的值，或选择 Akaike、Schwarz、Hannan－Quinn 中的一个信息准则(来确定 l_1 和 l_2 的值)，其他保持默认设置，接着点击“确定”，就得到了利用 DOLS 法估计模型(8.30)的输出结果。

如果需要采用尼威—韦斯特稳健性程序处理模型(8.31)中存在自相关性问题，则需要在最后点击“确定”之前，点击 Options，并在弹出的界面的 Coefficient covariance Matrix

选项中选择 HAC(Newey－West)，再点击“确定”。

另外，如果 Y 与 X、Z 之间是趋势协整的，在模型(8.30)中含有趋势项，则需要在最后点击“确定”之前，在 Trend 选项中选择 Linear trend(线性趋势)，再点击“确定”。

例题 8.2　费雪效应的存在性检验

费雪(Irving Fisher)于 1930 年从理论上阐述了名义利率与通货膨胀率之间的关系，即在一个信息充分且能够充分预见的市场中，债券的名义利率与公众的预期通货膨胀率之间的变动是一一对应的关系，预期的通货膨胀率变动一个单位，名义利率也随之变动一个单位，实际利率则保持不变。基于此，名义利率可以分解为实际利率与预期通货膨胀率之和，这就是所谓的费雪效应(Fisher effect)。自费雪效应提出以来，众多学者试图从理论和实证两个方面来解释和检验费雪效应。本例题依据自朝鲜战争结束至 1998 年(1954—1998 年)英国的名义利率(r_t)和通货膨胀率(INF_t)的数据(见表 8－5)，检验费雪效应是否存在。

表 8-5　1954—1998 年英国名义利率和通货膨胀率的数据

年份	消费价格指数 CPI	通货膨胀率 INF/%	名义利率 r/%	年份	消费价格指数 CPI	通货膨胀率 INF/%	名义利率 r/%
1954	3 825	2.409	3.76	1977	17 001	12.210	10.9
1955	4 026	5.254	4.39	1978	18 423	8.364	12.38
1956	4 148	3.030	4.9	1979	21 589	17.185	11.85
1957	4 331	4.411	5.41	1980	24 860	15.151	11.94
1958	4 402	1.639	4.89	1981	27 848	12.019	13.63
1959	4 402	0	4.99	1982	29 342	5.364	10.65
1960	4 497	2.158	5.63	1983	30 907	5.333	9.9
1961	4 688	4.247	6.56	1984	32 329	4.600	9.94
1962	4 806	2.517	5.6	1985	34 143	5.611	9.89
1963	4 902	1.997	5.79	1986	35 424	3.751	10.28
1964	5 140	4.855	6.25	1987	36 740	3.714	9.31
1965	5 378	4.630	6.44	1988	39 229	6.774	9.1
1966	5 568	3.532	6.67	1989	42 252	7.706	9.8
1967	5 711	2.568	7.13	1990	46 200	9.343	10.41
1968	6 044	5.830	7.99	1991	48 263	4.465	9.74
1969	6 329	4.715	8.94	1992	49 508	2.579	8.56
1970	6 829	7.900	9.69	1993	50 468	1.939	6.64
1971	7 424	8.712	8.62	1994	51 926	2.888	8.42
1972	7 995	7.691	9.71	1995	53 605	3.233	7.75
1973	8 852	10.719	12.38	1996	54 913	2.440	7.71
1974	10 528	18.933	17.1	1997	56 905	3.627	6.38
1975	13 159	24.990	14.86	1998	58 470	2.750	4.49
1976	15 151	15.137	14.82				

注：① 表中通货膨胀率 INF 为消费价格指数 CPI 的年增长率。

② 数据来源：www.aw-bc.com/murray。

由于预期通货膨胀率是不可观测的，因此通常假定对通货膨胀的预期为理性预期，即

$$INF_t = INF_t^e + v_t$$

其中 INF_t^e 为预期的通货膨胀率，$v_t \sim IID(0,\sigma^2)$，并在此理性预期假设的基础上，利用线性回归模型

$$r_t = \beta_0 + \beta_1 INF_t + u_t \tag{8.32}$$

检验费雪效应是否存在。我们首先检验 r_t 与 INF_t 是否存在协整关系，若它们之间存在协整关系，且 $\beta_1 = 1$ 显著成立，则表明存在完全的费雪效应；若它们之间存在协整关系，但 $0 < \beta_1 < 1$，则表明存在弱的或部分的费雪效应。

1. 变量的单位根检验

依据表 8-5 中数据，作 r_t 与 INF_t、r_t 的差分序列 Δr_t 与 INF_t 的差分序列 ΔINF_t 的趋势图，如图 8-13 (a)和(b)所示。从这两个图形可以看出，这 4 个变量都没有明显的线性变化趋势，而且 Δr_t 与 ΔINF_t 在 0 附近上下波动，具有明显的平稳特征。因此，我们只对原序列 r_t 与 INF_t，选择 ADF 检验的情形 2 和情形 1 进行单位根检验，并依据 SIC 准则

确定检验式中的滞后截断参数。表 8－6 给出了 ADF 检验的结果。可以看出,无论是选择情形 2 还是选择情形 1,r_t 与 INF_t 对应的 ADF 检验 τ 统计量的 P 值都大于通常的显著性水平 0.05,因此可以认为它们都是含有单位根的 I(1) 过程。

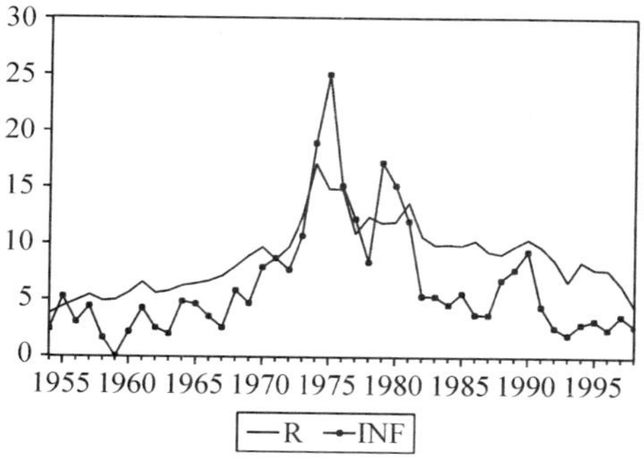

(a)

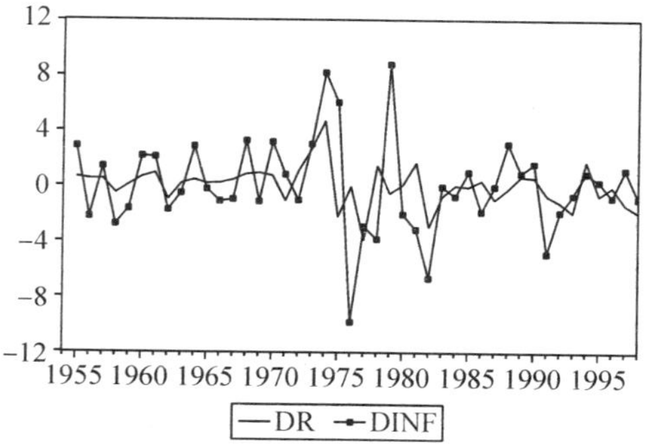

(b)

图 8－13　r_t 与 INF_t、Δr_t 与 ΔINF_t 的趋势图

[图(b)中 DR、DINF 分别表示 Δr_t 和 ΔINF_t]

表 8－6　r_t 与 INF_t 的 ADF 检验结果

变量	回归模型的类型	滞后截断参数 l	τ 统计量值	P 值	结果(显著性水平为 0.05)
r_t	有截距项、无趋势项	0	−1.708 980	0.419 8	有单位根
r_t	无截距项、无趋势项	0	−0.469 714	0.506 3	有单位根
INF_t	有截距项、无趋势项	0	−2.234 278	0.197 5	有单位根
INF_t	无截距项、无趋势项	0	−1.342 559	0.163 6	有单位根

2. 协整检验

首先,利用 OLS 法估计协整方程,得样本回归函数:

$$\hat{r}_t = 5.556\,491 + 0.491\,998 INF_t$$
$$R^2 = 0.685\,7, \bar{R}^2 = 0.678\,4$$

及残差序列:

$$e_t = \hat{r}_t - 5.556\,491 - 0.491\,998 INF_t$$

其趋势图如图 8－14 所示。

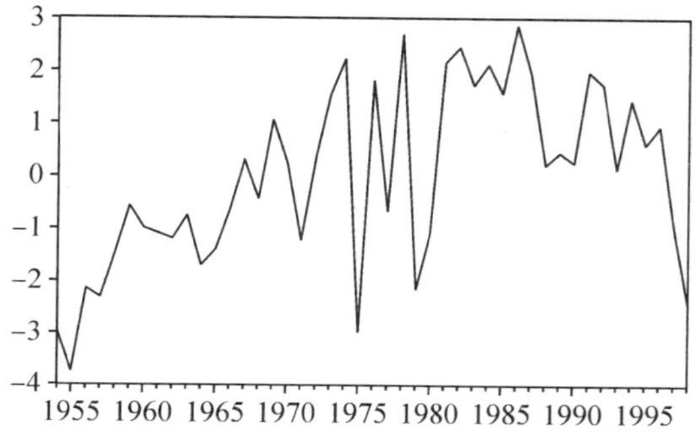

图 8－14　协整回归残差 e_t 的趋势图

从图 8－14 可以看出，e_t 似乎随时间呈现一定的线性变动趋势，因此我们选择含有趋势项和不含有趋势项两种情形进行 EG 检验。

对于含有趋势项的情形，在 EViews 下执行 EG 检验时，在 Cointegration Test Specification 窗口中选择协整方程含有趋势项，此时 EG 检验的输出结果如表 8－7 所示。

表 8－7　协整方程含有趋势项 EG 检验的输出结果

Date：06/27/21　Time：12：18
Series：R INF
Sample：1954 1998
Included observations：45
Null hypothesis：Series are not cointegrated
Cointegrating equation deterministics：C @ TREND
Automatic lags specification based on Schwarz criterion（maxlag＝9）

Dependent	tau－statistic	Prob. *	z－statistic	Prob. *
R	－4. 847 974	0. 006 9	－34. 568 28	0. 001 6
INF	－5. 371 230	0. 001 7	－37. 096 36	0. 000 6

* MacKinnon（1996） p－values.

Intermediate Results：

	R	INF
Rho － 1	－0. 785 643	－0. 843 099
Rho S. E.	0. 162 056	0. 156 966
Residual variance	2. 061 412	6. 893 281
Long－run residual variance	2. 061 412	6. 893 281
Number of lags	0	0
Number of observations	44	44
Number of stochastic trends **	2	2

** Number of stochastic trends in asymptotic distribution

表 8－7 的顶部显示协整方程含有确定性的截距项和趋势项（Cointegrating equation deterministics：C @ TREND）、利用 SIC 准则自动设定滞后截断参数（Automatic lags specification based on Schwarz criterion）等信息。

该表的中间部分显示了 EG 的统计量（tau－statistic）及其相应的 P 值（Prob. * ）。以 r 为被解释变量建立协整方程，相应的 EG 的统计量值和 P 值分别为 －4. 847 974、0. 006 9；以 INF 为被解释变量建立协整方程，它们的值分别为 －5. 371 230、0. 001 7。

该表的底部显示的是一些中间结果（Intermediate Results），包括各检验式中残差滞后一期的系数估计值（Rho － 1）及其标准差（Rho S. E）、滞后截断参数（Number of lags）等信息。

对于不含有趋势项的情形，在 EViews 下执行 EG 检验时，在 Cointegration Test Specification 窗口选择协整方程含有截距项，得到 EG 检验的输出结果（略）。

利用上述 EG 检验的输出结果，便可以得到 EG 检验的结果，如表 8－8 所示。

表 8－8　r_t 与 INF_t 协整关系的 EG 检验结果（显著性水平为 0.05）

协整方程的被解释变量	协整方程的类型	滞后截断参数 l（SIC 准则）	EG 统计量值	临界值	P 值	结果
r_t	无趋势项	0	－4.238 614	－3.474 7	0.008 1	有协整关系
	有趋势项	0	－4.847 974	－3.997 6	0.006 9	有协整关系
INF_t	无趋势项	0	－4.592 372	－3.474 7	0.003 2	有协整关系
	有趋势项	0	－5.371 230	－3.997 6	0.001 7	有协整关系

从表 8－8 可知，设定 r_t 为协整方程的被解释变量，在协整方程无趋势项和有趋势项两种情形下，对于 0.05 的显著性水平，EG 统计量值分别为 －4.238 614、－4.847 974，均小于各自对应的临界值 －3.474 7、－3.997 6，或由其相应的 P 值分别为 0.008 1、0.006 9，均小于 0.05，因此在 0.05 的显著性水平下，接受 r_t 与 INF_t 之间存在协整或趋势协整关系。

同理，设定 INF_t 为协整方程的被解释变量，也可以得到同样的检验结果。

3. 费雪效应的存在性检验

为检验费雪效应是否存在，下面利用动态普通最小二乘法（DOLS 法）估计协整方程：

$$r_t = \beta_0 + \beta_1 INF_t + \delta t + u_t \tag{8.33}$$

我们设定在模型（8.33）中添加变量的一阶差分的滞后和超前项数都等于 2，此时添加的差分项为：ΔINF_t、ΔINF_{t-1}、ΔINF_{t-2}、ΔINF_{t+1} 和 ΔINF_{t+2}。在 EViews 下可直接得到对模型（8.33）进行 DOLS 回归（选择回归系数估计量的标准差为尼威－韦斯特自相关稳健性标准差）的输出结果为：

表 8－9　利用 DOLS 法估计协整方程（8.33）的输出结果

Dependent Variable: R
Method: Dynamic Least Squares (DOLS)
Date: 06/27/21　Time: 17:10
Sample (adjusted): 1957 1996
Included observations: 40 after adjustments
Cointegrating equation deterministics: C @TREND
Fixed leads and lags specification (lead = 2, lag = 2)
HAC standard errors & covariance (Bartlett kernel, Newey－West fixed bandwidth = 4.000 0)

Variable	Coefficient	Std. Error	t－Statistic	Prob.
INF	0.522 446	0.040 675	12.844 36	0.000 0
C	3.998 701	0.284 339	14.063 13	0.000 0
@TREND	0.073 668	0.013 872	5.310 666	0.000 0

R－squared	0.918 039	Mean dependent var	9.206 750
Adjusted R－squared	0.900 110	S. D. dependent var	2.893 200
S. E. of regression	0.914 406	Sum squared resid	26.756 44

表 8－9 的顶部显示模型的设定、估计方法、估计模型用到的样本容量（Included observations: 40 after adjustments）等基本信息，底部显示的是模型（8.33）的 DOLS 估计结

果,也就是利用 OLS 法对模型(8.33)添加差分项后进行估计的输出结果,只是这里没有列出差分项相应的估计结果和一些统计评价指标。因此,残差平方和的自由度为 $n-k-1=40-7-1=32$。

由于表 8-9 可得如下回归结果:

$$\hat{r}_t = 3.998\,701 + 0.522\,446INF_t + 0.073\,668t \qquad (8.34)$$

	(0.284 339)	(0.040 675)	(0.013 872)
t 值	14.063 13	12.844 36	5.310 666
P 值	0.000 0	0.000 0	0.000 0

$R^2 = 0.918\,039, \bar{R}^2 = 0.900\,110$

其中括号中数字为相应参数估计量的尼威-韦斯特自相关-稳健性标准差。

利用上述回归结果,便可以在 0.05 的显著性水平下,对 $\delta=0$,$\beta_1=1$,$0<\beta_1<1$ 进行 t 检验:

$\delta=0$ 的 t 检验(原假设为 $\delta=0$,备择假设为 $\delta\neq0$):因为 t 检验的 P 值 $=0.000\,0<0.05$,所以在 0.05 的显著性水平下,接受 $\delta\neq0$,即可以认为 r_t 与 INF_t 之间存在趋势协整关系。

$\beta_1<1$ 的 t 检验(原假设为 $\beta_1\geqslant1$,备择假设为 $\beta_1<1$):

$$t=\frac{\hat{\beta}_1-1}{\hat{SD}(\hat{\beta}_1)}=\frac{0.522\,446-1}{0.040\,675}=-11.740\,73$$

查自由度为 32 的 t 分布表,并利用 t 分布的对称性,可得临界值为 $-t_{0.05}(32)=-1.694\,4$①。因为 $t=-11.740\,73<-1.694\,4$,所以在 0.05 的显著性水平下,接受 $\beta_1<1$。

$\beta_1>0$ 的 t 检验(原假设为 $\beta_1\leqslant0$,备择假设为 $\beta_1>0$):由备择假设为 $\beta_1>0$,t 统计量值 $=12.844\,36>0$ 可知,该单侧 t 检验的 P 值 $=$ 双侧 t 检验的 P 值 $/2=0$。因此,在 0.05 的显著性水平下,接受 $\beta_1>0$。

综上所述,在 0.05 的显著性水平下,t 检验的结果表明协整方程含有趋势项,$0<\beta_1<1$。因此,可以认为在 1954—1998 年英国的名义利率 r_t 与通货膨胀率 INF_t 之间不存在完全的费雪效应,但存在趋势弱费雪效应,两者之间的趋势协整关系式为

$$\hat{r}_t = 3.998\,701 + 0.522\,446INF_t + 0.073\,668t \qquad (8.35)$$

此表明在去掉线性趋势后,当通货膨胀率上升一个百分点时,名义利率只上升约 0.522 446 个百分点。

① t 分布表中没有给出临界值 $t_{0.05}(32)$,1.694 4 是利用其临近的两个临界值 $t_{0.05}(30)=1.684$ 和 $t_{0.05}(40)=1.697$ 按如下公式计算所得的近似值:

$$t_{0.05}(32)\approx t_{0.05}(30)+\frac{32-30}{10}[t_{0.05}(40)-t_{0.05}(30)]$$

§8.5 误差修正模型

8.5.1 模型的结构

对于非平稳的I(1)变量,为了避免伪回归现象的发生,可以考虑对它们进行差分变换变为平稳的,然后再建立经典的回归模型。例如,对于I(1)变量 Y_t,X_t, 建立差分模型:

$$\Delta Y_t = \gamma_0 + \gamma_1 \Delta Y_{t-1} + \alpha_1 \Delta X_t + \alpha_2 \Delta X_{t-1} + v_t \tag{8.36}$$

其中 $v_t \sim WN(0,\sigma^2)$。展开(8.36)式,可得一个 ADL(2,2)模型:

$$Y_t = \gamma_0 + (1+\gamma_1)Y_{t-1} - \gamma_1 Y_{t-2} + \alpha_1 X_t + (\alpha_2 - \alpha_1)X_{t-1} - \alpha_2 X_{t-2} + v_t \tag{8.37}$$

由此可见,模型(8.36)实质上是动态模型(8.37)的差分表现形式,它反映了 Y_t 与 X_t 之间的短期数量关系。显然,模型(8.36)的建立和 Y_t 与 X_t 之间是否存在协整关系无关。因此,如果它们之间存在协整关系,即长期稳定的均衡数量关系,那么建立差分模型(8.36)就忽略了这一重要的信息。为此,可以通过引入来自变量之间协整关系的非均衡误差,来建立反映这些变量之间短期动态关系的回归模型,即所谓**误差修正模型**(error correction model,ECM)(见:Phillips, 1957;Sargan,1964;Davidson,Hendry,Srba 和 Yeo,1978;Engle 和 Granger,1987)。该模型依据的基本原理是,变量之间的长期均衡数量关系之所以存在是因为有一种不断调整的机制在起作用,这种机制的存在使得变量的短期波动不会偏离其“长期均衡值”太远。

设I(1)变量 Y_t,X_t 之间存在协整关系,其非均衡误差为:

$$u_t = Y_t - \beta_0 - \beta_1 X_t$$

那么 u_t 是一个I(0)过程。一个最简单的误差修正模型为:

$$\Delta Y_t = \alpha \Delta X_t + \lambda u_{t-1} + \varepsilon_t \tag{8.38}$$

其中扰动项 $\varepsilon_t \sim WN(0,\sigma^2)$, 并且 $Cov(\varepsilon_s, \Delta X_t) = 0$, u_{t-1} 为滞后一期的非均衡误差,称之为**误差修正项**(error correction term),通常记为 ecm_{t-1}。

模型(8.38)表明,当 Y_t 与 X_t 之间存在长期均衡数量关系时,Y 的短期波动 ΔY_t 主要受两种因素的影响:一种是来自非均衡误差项 ecm_{t-1}, 另一种是来自变量 X 的短期波动 ΔX_t。在一般情况下,有 $\lambda < 0$。据此可以分析误差修正项 ecm_{t-1} 的修正作用:若在 $t-1$ 期 Y_{t-1} 大于其长期均衡值 $\beta_0 + \beta_1 X_{t-1}$, 即 $ecm_{t-1} > 0$,$\lambda ecm_{t-1} < 0$, 那么在 $\Delta X_t = 0$ 的前提下,由模型(8.38)可知, $\Delta Y_t < 0$, 即在 t 期 Y_t 将减少,以修正 Y_{t-1} 对其长期均衡值的偏离;同理,若在 $t-1$ 期 Y_{t-1} 小于其长期均衡值 $\beta_0 + \beta_1 X_{t-1}$, 即 $ecm_{t-1} < 0$,$\lambda ecm_{t-1} > 0$, 那么在 $\Delta X_t = 0$ 的前提下,有 $\Delta Y_t > 0$, 即在 t 期 Y_t 将增加。因此,在误差修正模型(8.38)中,误差修正项体现了系统自动对变量短期离开均衡位置的一种修正,以使这种偏离是一种短期行为,从而保证长期均衡数量关系的成立。λ 的绝对值越大,表明 Y_t 回复均衡位置的速度就越快; λ 的绝对值越小,表明 Y_t 回复均衡位置的速度就越慢,因此称之为**调整系数**。

上面只是误差修正模型的一个简单例子,在实际建立误差修正模型时,应该注意以下几点:

(1)从理论上讲,在误差修正模型中可以包括 u_t 的多个滞后值,如 $u_{t-1}, u_{t-2}, u_{t-3}$ 等,以体现误差修正机制的作用,但此时可能存在完全多重共线性问题[例如,在(8.38)式右端添加 u_{t-2}、ΔY_{t-1} 和 ΔX_{t-1},则有 $u_{t-2} = u_{t-1} - \Delta Y_{t-1} + \beta_1 \Delta X_{t-1}$ 成立],因此在实际中应用较多的还是只含有 u_{t-1} 的情形。

(2)如果模型中的扰动项 ε_t 不是白噪声过程,可以在模型中适当添加 ΔY_t、ΔX_t 的滞后值,以消除 ε_t 的自相关性。

(3)**Granger 表示定理**(Granger representation theorem)(Engle 和 Granger,1987)表明,对于存在协整关系的一阶单整变量,总存在其中一个变量能由误差修正模型生成。基于此,对于存在协整关系的多个 I(1)变量,也可以类似(8.38)式建立误差修正模型。

8.5.2 模型的估计

针对具有协整关系的 I(1)变量建立的误差修正模型,由于 I(1)变量的差分序列和误差修正项都是平稳的,因此它的随机误差项也是平稳的,该模型不存在伪回归问题。但是,由于误差修正项(即非均衡误差的滞后值)是未知的,因此不能直接对误差修正模型进行估计。通常采用的做法是:

首先,对于存在协整关系的 I(1)变量组,采用(动态)普通最小二乘法估计协整方程,计算残差并把它作为非均衡误差的估计量;然后,将其滞后值替换误差修正模型中的误差修正项,再利用 OLS 法进行估计。

由此得到的参数估计量仍具有一致性而且通常的 t 检验和 F 检验是渐近有效的。

例题 8.3(续例题 8.2)　英国名义利率与通货膨胀率之间的误差修正模型

依据表 8-5 中 1954—1998 年的样本数据,建立反映英国名义利率 r_t 与通货膨胀率 INF_t 之间短期动态关系的误差修正模型。

例题 8.2 的研究结果表明,r_t 与 INF_t 之间存在趋势协整关系。由(8.35)式可以计算出非均衡误差的估计值:

$$e_t = r_t - 3.998\ 701 - 0.522\ 446 INF_t - 0.073\ 668 t$$

以 e_{t-1} 为误差修正项 ecm_{t-1} 的估计值,利用 OLS 法可以得到如下误差修正模型的回归结果:

$$\Delta \hat{r}_t = -0.485\ 924 ecm_{t-1} + 0.241\ 074 \Delta INF_t \qquad (8.39)$$

t 值	-3.019 466	3.655 442
P 值	0.004 3	0.000 7

对误差修正模型的随机误差项进行 LM 检验可知,在 0.05 的显著性水平下其不存在自相关性(请读者自己验证)。在(8.39)式中,ecm_{t-1}、ΔINF_t 的斜率系数显著性 t 检验的 P 值分别为 0.004 3 和 0.000 7,都小于 0.05,所以在 0.05 的显著性水平下,它们都显著不为 0。ecm_{t-1} 的系数为 -0.485 924,体现了误差修正机制对变量 r_t 短期波动的修正作用,恰好与 r_t 和 INF_t 存在趋势协整关系相吻合。因此,可以利用误差修正模型(8.39)分析 INF_t 对 r_t 的短期影响。由 ΔINF_t 的系数为 0.241 074 可知,若 INF_t 上升一个百分点,则在短期内 r_t 上升约 0.241 个百分点,该值小于由协整方程(8.35)给出的去掉趋势后 r_t 约上升 0.522 个百分点的长期变动幅度。

---

§8.6 结束语

本章简单介绍了非经典计量经济学中的协整理论,包括变量单整性的概念和基本检验方法,变量之间协整关系的概念、基本检验方法及其与误差修正模型的关系。该理论的提出弥补了经典计量经济学建模过程存在的缺陷,能有效地避免伪回归现象的发生。本章的知识结构如图 8 - 15 所示。

- 伪回归现象与协整理论
  - 若干基本概念及平稳性条件
    - 基本概念:平稳相关、平稳过程、白噪声过程、趋势平稳过程、单整变量(过程)(差分平稳过程)、随机游走过程
    - 平稳性条件
    - 单位根与平稳性、波动性的关系
  - (A)DF 单位根检验
    - 检验式
      - 含有截距项和趋势项
      - 含截距项,不含趋势项
      - 不含有截距项和趋势项
    - 统计量及其概率分布
      - 有限样本分布
      - 极限分布
    - ADF 检验与 DF 检验的关系
    - 应用时的注意事项
      - 适用的条件
      - 检验式的选择
      - 检验式中滞后截断参数的确定
  - 伪回归现象与协整的概念
    - 伪回归现象
    - 协整关系
      - 广义协整关系
      - (狭义)协整关系
  - EG 协整检验
    - 双变量的 EG 检验
    - 多变量的 EG 检验
    - 高阶单整变量之间协整关系的检验步骤[见本节第(5)个问题]
  - 协整关系与误差修正模型
    - 协整方程的估计方法:OLS 法、DOLS 法
    - 误差修正模型的结构
    - 误差修正模型的估计

图 8 - 15 第 8 章知识结构图

读者学习本章时应注意以下问题:

(1) 关于存在结构突变序列和季节性序列的单位根检验问题。ADF(DF)检验适用于至多含有一个单位根的时间序列的(趋势)平稳性检验,即该序列或者为 I(1)过程,或者为(趋势)平稳过程[注:多拉多(J. J. Dolado)等(1990)、班纳吉(A. Banerjee)等(1993)还研究了趋势差分平稳的情形]。当序列的趋势或均值存在结构变化(指在不同时间段上序列的变化趋势或均值不相同)时,即使突变点前后序列均是(趋势)平稳的,应用 ADF(DF)检验,容易得出该序列为单位根过程的结果。另外,对于具有季节性的序列,其差分可能是非(趋势)平稳的。例如,若季节性序列 Y_t 的生成过程为

$$Y_t = Y_{t-4} + \varepsilon_t \qquad (\varepsilon_t \sim WN(0,\sigma^2))$$

其特征方程的分解式为

$$(1-\lambda)(1+\lambda)(1+\lambda^2) = 0$$

解之得 $\lambda = 1$、-1、i、$-i$。由此可知,ΔY_t 是非(趋势)平稳的,不能直接依据样本数据,应用 ADF(DF)检验法检验 Y_t 的平稳性。关于上述两种情形下序列平稳性的检验方法,读

者可以查阅相关的文献(如,沃尔特·恩德斯,2017)。

(2) 关于协整关系的一般含义。格兰杰(1981)提出的协整关系是针对同阶单整变量而言的,考虑到当变量组所含变量个数较多时,不同阶的单整变量之间也可能存在长期稳定的均衡数量关系,人们还给出了几种扩展的协整关系的概念(Johansen,1988;Flores 和 Szafarz,1996;Robinson 和 Marinucci, 1998;Bobinson 和 Yajima,2002),其中罗宾逊(P. M. Robinson)和马里努奇(D. Marinucci)(1998)给出的分数协整(fractional cointegration)的定义包含了如下情形:

设随机向量 $X_t = (X_{1t}, X_{2t}, \cdots, X_{Nt})$ 的各分量均为单整过程, $X_{jt} \sim I(d_j)(d_j \geqslant 1)$, $d = \min\{d_j\}$ 为 d_j 中的最小值,如果存在一个常数向量 $\beta = (\beta_1, \beta_2, \cdots, \beta_N)' \neq 0$, 使得

$$X_t\beta = \beta_1 X_{1t} + \beta_2 X_{2t} + \cdots + \beta_N X_{Nt} \sim I(d - b)$$

这里 $d \geqslant b > 0$, 则称变量 $X_{1t}, X_{2t}, \cdots, X_{Nt}$ 之间存在 (d,b) 阶协整关系。

前面提到的存在协整关系的变量的协整组合都是线性形式,因此也称为线性协整关系。考虑到经济变量之间可能存在非线性的均衡数量关系,于是人们又提出了非线性协整的概念和理论(参见:张世英等,2014)。

(3) 协整关系仍属于统计关系,并非因果关系。格兰杰(1981)提出的协整关系是指波动性较大的单整变量序列,存在波动较小的线性组合,而且当它们的线性组合是平稳过程时,表明它们之间存在长期稳定的均衡数量关系,但这并不意味着它们之间就存在经济或哲学意义上的因果关系。因此,在实证分析中,将借助于协整理论和检验方法所建模型应用于结构分析时,必须以对变量之间相互影响机制的理论分析为前提。

(4) 协整关系与 Granger 因果关系。协整关系与 Granger 因果关系之间存在密切的联系。依据 Granger 表示定理,格兰杰(1988)指出"当一阶单整变量之间存在协整关系时,它们之间就至少存在某一方向的 Granger 因果关系"。另外,一些 Granger 因果关系检验是基于已知变量之间的协整性建立起来的,因此在应用它们之前,首先应检验变量之间的协整性。但是,协整关系与 Granger 因果关系之间在逻辑上不存在因果关系,不能相互替代。首先,两者定义的出发点不一样,前者侧重研究变量之间长期稳定的均衡数量关系,后者则是从短期预测的角度研究一个变量的历史值是否有助于对另一变量的预测。其次,当单整变量之间存在协整关系时,利用 Granger 表示定理并不能确定它们之间存在哪一种 Granger 因果关系。再次,当变量之间不存在协整关系时,它们之间也可能存在 Granger 因果关系(靳庭良,2013)。

(5) 关于 EG 协整检验的应用。EG 协整检验是在 ADF 单位根检验的基础上发展起来的,它适用于(1,1)阶协整关系存在性的检验。对于阶数相同的高阶单整变量,我们建议按如下步骤应用该检验法,来检验它们之间的协整性(以两个 2 阶单整变量 X 和 Y 的情形为例)。

第 1 步,应用 EG 检验法,检验差分变量 ΔX 与 ΔY 之间的协整性。若接受原假设,则认为两者之间不存在协整关系,进而认为 X 与 Y 之间也不存在协整关系;若拒绝原假设,则认为两者之间存在协整关系,继续下一步检验。

第 2 步,应用 EG 检验法, 检验 X 与 Y 之间的协整性。若拒绝原假设,则认为 X 与 Y 之间存在(2,2) 阶协整关系;若接受原假设,则认为 X 与 Y 之间存在(2,1) 阶协整关系。

该检验步骤的基本依据:协整检验就是对协整方程

$$Y_t = \beta_0 + \beta_1 X_t + u_t$$

的误差项 u_t 的单整性检验，由于 u_t 可能的阶数最高为2，所以按照§8.2节给出的ADF单位根检验的策略，首先应该检验 Δu_t 的单整性，即 ΔY_t 与 ΔX_t 之间的协整性。若结果接受原假设，则认为 Δu_t 为 $I(1)$ 过程，即 ΔY_t 与 ΔX_t 之间不存在协整关系，因而 X 与 Y 之间也不存在协整关系。若结果拒绝原假设，则认为 Δu_t 为 $I(0)$ 过程，ΔY_t 与 ΔX_t 之间存在协整关系。此表明 u_t 至多含有一个单位根，因此可以进一步应用ADF检验法检验 u_t 的单整性。将上述过程中的 u_t 的"观测值"用非均衡误差 e_t 代替，ADF检验的临界值用EG检验的临界值替换，便得上述EG协整检验的实施步骤。

(6) 协整理论与经典计量经济学之间的联系。对于时间序列样本数据，经典计量经济学的建模理论和方法一般要求变量是平稳或趋势平稳的，以保证误差项是平稳或平稳相关的。当模型中含有非平稳的单整变量时，误差项可能不满足平稳性和平稳相关性，因此利用经典计量经济学的建模方法就可能产生伪回归现象。协整理论是对经典计量经济学的建模理论和方法的完善和发展，其重要作用在于它研究了误差项的单整性对变量之间数量关系、参数估计及检验的影响，并为避免"伪回归"现象的发生提供了有效的统计检验方法。

练习题八

一、选择题

1. 下列哪一个时间序列过程 Y_t 是I(2)过程，其中 $\varepsilon_t \sim WN(0,\sigma^2)$。(　　)

A. $\begin{cases} Y_t = 0.8 + 2Y_{t-1} - Y_{t-2} + u_t \\ u_t = u_{t-1} + \varepsilon_t \end{cases}$　　B. $\begin{cases} Y_t = 0.8 + 2Y_{t-1} - Y_{t-2} + u_t \\ u_t = 2u_{t-1} + \varepsilon_t \end{cases}$

C. $\begin{cases} Y_t = 0.8 + Y_{t-1} + u_t \\ u_t = 0.5u_{t-1} + \varepsilon_t \end{cases}$　　D. $\begin{cases} Y_t = 0.8 + 2Y_{t-1} - Y_{t-2} + u_t \\ u_t = u_{t-1} - 0.25u_{t-2} + \varepsilon_t \end{cases}$

2. 关于非平稳过程的波动性，下列说法不正确的是(　　)。

A. 随着时间的推移，趋势平稳过程的波动性不变

B. 随着时间的推移，I(1)过程的波动性越来越弱

C. 随着时间的推移，I(2)过程的波动性越来越强

D. 随着时间的推移，I(2)过程的波动性会远强于I(1)过程

3. 关于协整关系与均衡关系，下列说法正确的是(　　)。

A. 有协整关系的变量之间存在长期均衡数量关系

B. 变量之间有协整关系，则它们之间就存在经济意义上的均衡关系

C. 有(2,2)阶协整关系的变量之间存在长期均衡数量关系

D. 变量之间不存在协整关系(含线性协整和非线性协整)，则它们之间就一定不存在经济意义上的均衡关系

二、判断正误题(要求：说明理由)

1. 计量经济学中所说的差分平稳过程包含趋势平稳过程。

2. DF单位根检验要求检验式中的误差项是独立且同分布的。

3. 变量序列 ADF(DF)单位根检验的结果或者是平稳的,或者是非平稳的。

4. 利用 ADF(DF)单位根检验推断变量的单整阶数时,检验程序是,先检验它是否存在单位根,若不存在,则单整阶数为 0;若存在,则继续检验其差分是否存在单位根,若不存在,则单整阶数为 1;若存在,则继续检验其二阶差分是否存在单位根,依次继续下去,直到确定单整阶数为止。

5. 不同阶数的单整变量之间不存在协整关系。

6. 当变量之间存在协整关系时,可以对协整方程进行 OLS 回归,并利用通常的 t 统计量检验解释变量对被解释变量影响的显著性。

7. 利用 EG 检验法,检验两个变量序列 X_t 与 Y_t 之间是否存在协整关系,就是对它们的协整方程进行 OLS 回归所得残差的单位根检验。

8. 对于存在协整关系的一组一阶单整变量,在短期内,其中被解释变量是由较稳定的长期趋势和短期波动所决定的,因此可以建立误差修正模型,来刻画它与解释变量之间的短期数量关系。

9. 当变量之间不存在协整关系时,它们之间一定不存在 Granger 因果关系。

10. 由于关于 I(1)变量的 ECM 模型中每一个解释变量都是平稳的,因此这类模型参数的 OLS 估计量是最佳线性无偏估计量,且通常的 t 检验和 F 检验都是有效的。

三、简答题

1. 什么是(弱)平稳过程和平稳相关性?

2. 如何理解时间序列过程的随机趋势与确定性趋势?

3. 如何理解伪回归现象与变量序列之间的(d,d)阶协整关系?

4. 举例说明 I(1)变量之间存在协整关系是建立误差修正模型的基础。

5. 在应用 ADF 单位根检验时,需要考虑哪些问题? 如何处理这些问题?

6. 利用 EG 检验法,如何检验 2 阶单整变量之间协整关系的存在性? 试写出基本步骤。

7. 关于不同阶数的单整变量之间的协整关系检验,你有何建议?

四、综合应用题

1. 设 X_t为 AR(2)过程

$$X_t = 6.6 + 0.3X_{t-1} + 0.1X_{t-2} + \varepsilon_t$$

其中 $\varepsilon_t \sim WN(0,\sigma^2)$,证明 X_t是平稳的。

2. 设 X_t为随机游走过程

$$X_t = \mu + X_{t-1} + \varepsilon_t$$

其中 $X_0=0$,$\varepsilon_t \sim WN(0,\sigma^2)$,求 X_t的 k 阶自相关系数 ρ_k。它有什么性质?

3. 假设两个时间序列 X_t 与 Y_t 都是 I(1)过程,

(1)证明:如果 X_t 与 Y_t 是协整的,则 X_t 与 Y_{t-1}也是协整的。

(2)将(1)中结论推广到一般情形,并证明它是成立的。

4. 表 8-10 给出了 1978—2009 年我国按支出法计算的人均实际居民消费支出($ACOMP_t$)与人均实际国内生产总值($AGDPP_t$)的数据。令 $LACOMP_t$、$LAGDPP_t$ 分别记 $ACOMP_t$ 和 $AGDPP_t$ 的自然对数。试研究以下问题:

(1)作变量 $ACOMP_t$、$AGDPP_t$、$LACOMP_t$、$LAGDPP_t$ 的趋势图,初步判断它们可能含

有的单位根个数，然后利用 $ADF(DF)$ 单位根检验法检验它们的平稳性。

(2) 从趋势图上初步判断 $ACOMP_t$ 与 $AGDPP_t$、$LACOMP_t$ 与 $LAGDPP_t$ 之间是否存在共同的变化趋势，然后利用 EG 检验法检验它们之间是否存在协整关系，并解释你的检验结果；若存在协整关系，请解释协整方程蕴含的经济意义。

表 8－10　1978—2009 年我国人均实际居民消费支出与人均实际国内生产总值的数据

单位：元

年份	人均实际居民消费支出 ($ACOMP_t$)	人均实际国内生产总值 ($AGDPP_t$)	年份	人均实际居民消费支出 ($ACOMP_t$)	人均实际国内生产总值 ($AGDPP_t$)
1978	184	381.231 1	1994	588.8	1 384.923
1979	196.696	404.486 2	1995	634.984	1 519.625
1980	214.36	430.959 6	1996	694.784	1 654.286
1981	232.208	447.782 6	1997	726.064	1 789.675
1982	248.032	481.201 1	1998	768.752	1 911.437
1983	268.272	525.773 5	1999	832.232	2 039.351
1984	300.288	597.668 5	2000	903.44	2 193.939
1985	340.768	668.983 2	2001	959.008	2 358.846
1986	356.96	717.413 4	2002	1 025.984	2 555.896
1987	378.12	787.775	2003	1 098.296	2 794.673
1988	407.56	862.643	2004	1 187.352	3 058.298
1989	406.64	884.035 8	2 005	1 279.168	3 384.231
1990	421.728	904.599	2006	1 401.896	3 792.002
1991	458.16	974.251 8	2007	1 551.856	4 306.49
1992	518.88	1 099.435	2008	1 686.912	4 697.275
1993	562.672	1 238.642	2009	1 842.944	5 099.453

注：表中数据是利用《中国统计年鉴》(2010) 中按支出法计算的人均居民消费支出和人均国内生产总值的数据，经过相应指标的实际年增长率换算得到的。

5. 利率期限结构理论认为短期利率与长期利率之间存在着一个长期均衡关系。由本章介绍的协整理论可知，利用协整检验方法可以对短期利率与长期利率之间是否存在长期均衡关系进行实证检验。表 8－11 为美国分别用短期政府国债利率 SR_t、长期政府国债利率 LR_t 表示的短期利率和长期利率的月度数据（1983 年 1 月—1988 年 12 月）。试研究以下问题：

(1) 作变量 SR_t、LR_t 的趋势图，初步判断它们可能含有的单位根个数，然后利用 ADF (DF) 单位根检验法检验它们的平稳性。

(2) 依据 (1) 中的检验结果，你对 SR_t、LR_t 的预测问题能提供什么建议？

(3) 从趋势图上初步判断 LR_t 与 SR_t 之间是否存在共同的变化趋势，然后利用 EG 检验法进一步检验 LR_t 与 SR_t 之间协整关系的存在性，并说明你的检验结果是否支持利率期限结构理论。

(4) 在 LR_t 与 SR_t 是协整的前提下，建立反映 LR_t 短期波动的误差修正模型，并解释其蕴含的经济意义。

表 8－11　美国短期利率和长期利率的数据

变量	月份	年份					
		1983	1984	1985	1986	1987	1988
短期政府国债利率 SR_t /%	1	8.01	9.07	8.33	7.21	5.46	6.52
	2	8.28	9.2	8.56	7.11	5.63	6.21
	3	8.36	9.67	9.06	6.59	5.68	6.28
	4	8.29	9.95	8.44	6.06	6.09	6.56
	5	8.23	10.57	7.85	6.25	6.52	6.9
	6	8.87	10.93	7.27	6.32	6.35	6.99
	7	9.34	10.89	7.31	5.9	6.24	7.22
	8	9.6	10.71	7.48	5.6	6.54	7.59
	9	9.27	10.51	7.5	5.45	7.11	7.53
	10	8.98	9.93	7.45	5.41	7.05	7.54
	11	9.08	9.01	7.33	5.48	6.5	7.87
	12	9.24	8.6	7.16	5.55	6.69	8.32
长期政府国债利率 LR_t /%	1	7.86	8.9	7.76	7.07	5.43	5.81
	2	8.11	9.09	8.27	7.06	5.59	5.66
	3	8.35	9.52	8.52	6.56	5.59	5.7
	4	8.21	9.69	7.95	6.06	5.64	5.91
	5	8.19	9.83	7.48	6.15	5.66	6.26
	6	8.79	9.87	6.95	6.21	5.67	6.46
	7	9.08	10.12	7.08	5.83	5.69	6.73
	8	9.34	10.47	7.14	5.53	6.04	7.06
	9	9	10.37	7.1	5.21	6.4	7.24
	10	8.64	9.74	7.16	5.18	6.13	7.35
	11	8.76	8.61	7.24	5.35	5.69	7.76
	12	9	8.06	7.1	5.53	5.77	8.07

注：数据来源于 www.aw－bc.com/murray。

五、模拟实验题

设 X_t、Y_t 均为随机游走过程：

$$X_t = X_{t-1} + \varepsilon_t$$
$$Y_t = Y_{t-1} + \eta_t$$

且满足 $X_0 = 0, Y_0 = 0$，$\varepsilon_t \sim IIDN(0,1)$，$\eta_t \sim IIDN(0,1)$，$\varepsilon_s$ 与 η_t 相互独立。在 EViews 下，利用模拟试验研究 Y_t 对 X_t 回归存在的“伪回归”问题。试验要求：

（1）写出随机生成（Y_t, X_t）的样本容量为 50、100、500 的样本各 100 个的模拟试验程序。

（2）利用运行（1）中试验程序得到的每个样本的数据，做 Y 对 X 的 OLS 回归：

$$Y_t = \beta_0 + \beta_1 X_t + u_t$$

并报告 X_t 对 Y_t 影响的显著性 t 检验的统计量值、P 值及检验结果。

（3）分析（2）中检验结果及 t 统计量值有什么规律，并说明“伪回归”现象及其产生的原因。

附录 8.1 随机模拟生成样本序列的简单程序举例

在 EViews 软件下，随机模拟生成一个随机过程的容量为 n 的样本序列，首先需要建立工作文件。此时可以选择结构类型 Unstructured/Undated，并在 Data range 中输入观测次数 n。其次通过程序文件的批处理来随机模拟生成样本序列。其基本操作过程如下：

在主窗口命令区输入 program，加空格后输入程序文件名，按回车键 Enter，打开 Program（编程）窗口，如图 8－16（a）所示。接着在该窗口的空白区域输入随机模拟生成样本序列的命令语句或程序文件，然后点击工具栏上的 Run，弹出 Run Program 窗口，如图 8－16（b）所示，在该窗口中点击 OK，即可运行程序文件得到随机模拟生成的样本序列，其名称同时显示在工作文件的目录中。

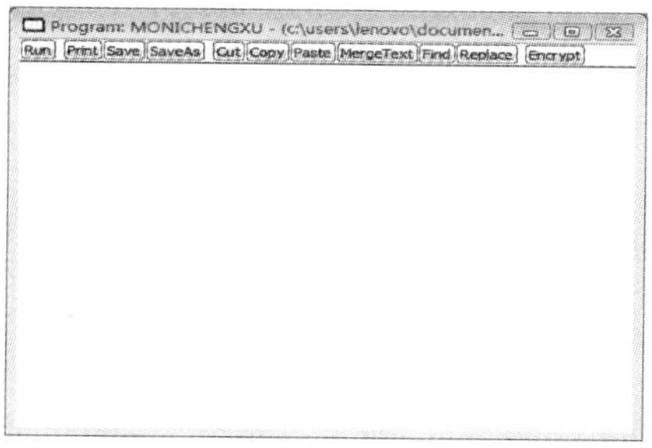

（a）

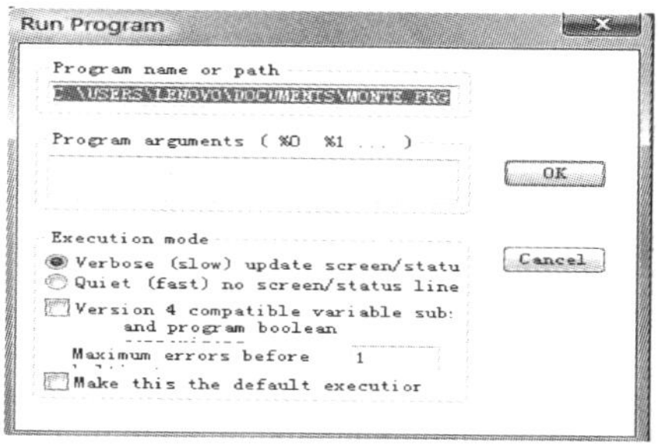

（b）

图 8－16

若要保存程序文件，则需点击 Program 窗口工具栏上的 SaveAs，打开 SaveAs 窗口，在该窗口中选择保存位置，然后点击“保存”即可。若要调取已保存的程序文件，则需点击主窗口工具栏上的 File→ Open→ Program，打开 Open 窗口，接着选择要打开的程序文件，并点击“打开”即可。

在后面的模拟程序文件中，要用到以下命令、控制变量和循环语句：

smpl：设定符合条件的样本区间。例如，“smpl　1　200”表示设定样本区间为从第一个观测点到第 200 个观测点；“smpl　1978　2010”表示设定样本区间为 1978 年至 2010 年之间。

series：生成新序列。例如“series　rw”表示生成名为 rw 的新序列；“series　x = @ rnorm”表示生成一列标准正态分布的随机数，该序列名为 x。

控制变量：由“！”加字符串或数字来表示，如!j、!mn 等。控制变量代表的是数值，在程序中可以如同一般变量一样为它赋值，例如，!j =5。

循环语句：基本格式为

```
for　由控制变量设置的循环控制命令　step　控制变量每次变化的数量
    命令 1
    命令 2
    …
next
```

该语句表示对于控制变量的每一个取值依次执行语句中命令 1、命令 2……直至循环结束为止。若控制变量每次变化的数量为 1,则可以省略“step 1”。

例如,循环语句

```
for !j=1 to 500
    x(!j)=0.1*!j+@rnorm
next
```

表示对于!j 取从 1 到 500 的每一个值,按照公式:x(!j)=0.1*!j+@rnorm,依次计算序列 x 在第 1 个观测点的取值 x(1)至第 500 个观测点的取值 x(500)。注意,在此之前,首先需要设置样本区间,并生成序列 x。

另外,EViews 软件不区分字母的大小写,所以下列程序均以小写字母编写。

随机模拟生成样本序列的程序举例:

(1)随机模拟生成 $X_t \sim IIDN(0,1)$ 的容量为 200 的样本序列的程序文件:

```
smpl 1 200
series x=@rnorm
```

(2)随机模拟生成不含有漂移的随机游走过程 RW_t:

$$RW_t = RW_{t-1} + \omega_t \quad (\omega_t \sim IIDN(0,1))$$

的容量为 500 的样本序列($RW_0 = 0, t = 1 \sim 500$)的程序文件:

```
smpl 1 500
series rw
rw(1)=@rnorm
for !j=2 to 500
    rw(!j)=rw(!j-1)+@rnorm
next
```

(3)随机模拟生成含有漂移的随机游走过程 RW_t:

$$RW_t = 0.2 + RW_{t-1} + \omega_t \quad (\omega_t \sim IIDN(0,1))$$

的容量为 500 的样本序列($RW_0 = 0, t = 1 \sim 500$)的程序文件:

```
smpl 1 500
series rw
rw(1)=0.2+@rnorm
for !j=2 to 500
    rw(!j)=0.2+rw(!j-1)+@rnorm
next
```

(4)随机模拟生成趋势平稳过程 Z_t:

$$Z_t = 0.01 \times t + \omega_t \quad (\omega_t \sim IIDN(0,1))$$

的容量为 500 的样本序列($t = 1 \sim 500$)的程序文件:

```
smpl 1 500
series z
for !j=1 to 500
    z(!j)=0.01*!j+@rnorm
next
```

附录 A　EViews10 的操作基础

附录 A.1　EViews 简介

EViews(全称:Econometrics Views)是 1994 年由美国 QMS(Quantitative Micro Software)公司研制,在 Windows 操作系统下运行的计量经济学软件包,直译为计量经济学观察,其本意是对社会经济关系与经济活动中的数量规律,采用计量经济学方法与技术进行“观察”。它拥有数据处理、作图、统计分析、建模分析、预测、编程和模拟试验等七大类功能,且操作简便、易学。EViews 软件的前身是 1981 年由该公司推出的在 DOS 操作系统下运行的 Micro TSP 时间序列分析软件。相比之下,EViews 软件具有现代 Windows 软件可视化的优良性能,既可以使用鼠标对标准的 Windows 菜单和对话框进行操作,也可以在命令区输入各种命令来进行操作(注:EViews 软件与 TSP 软件的绝大部分功能是兼容的),其操作结果出现在窗口中。随着计算机技术的发展和计量经济学新方法的不断涌现,EViews 软件的版本也在不断更新。本附录介绍的是当前流行的版本 EViews10(发布于 2017 年 6 月)的一些基本操作程序,如工作文件的建立、数据的输入与处理、作图和基本描述统计量的计算等,关于模型的估计、预测、矩阵运算以及模拟试验等功能的常用操作程序在本书相关的章节中给出。

附录 A.2　EViews 的开启与关闭

1. EViews 的开启

开启 EViews 有两种基本方式:

(1)用(鼠标)左键单击任务栏上的“开始”→“所有程序”→“ EViews 文件夹”→“EViews”图标,这里“→”意味着“在弹出的菜单或选项中左键单击”。后文将“左键单击”与“点击”作为同义语使用。

(2)在桌面上从“我的电脑”定位 EViews 目录,左键双击“EViews”图标。若桌面上有“EViews”图标的快捷方式,直接用左键双击该快捷方式即可。

2. EViews 的窗口

在开启 EViews 后,会看到一个欢迎屏幕,如图 A－1 所示,它提供了关于用户打算如何开始的一些选择,包括建立新的 EViews 工作文件、打开已存在的 EViews 工作文件和外来的文件等常用功能选项(EViews workfile)、最近打开过的工作文件(recent files),以及在使用该软件之前的一些支持(support)。

关掉欢迎屏幕后,显示的就是 EViews 的主窗口,如图 A-2 所示,它分为如下五个部分,从上到下依次为:标题栏、菜单栏、命令捕捉窗口(Command Capture Window)、工作区和状态栏。

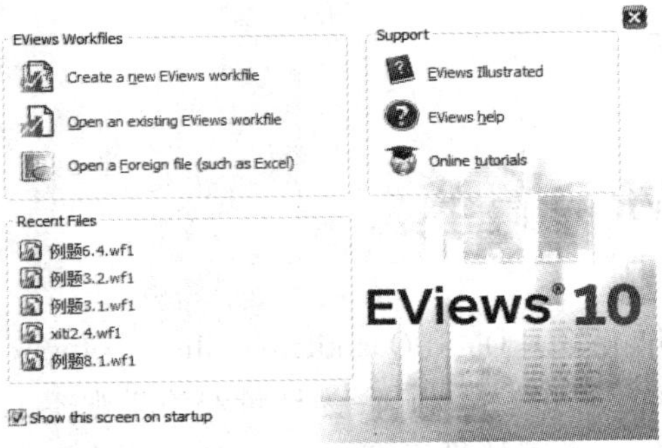

图附 A-1　EViews 的欢迎屏幕

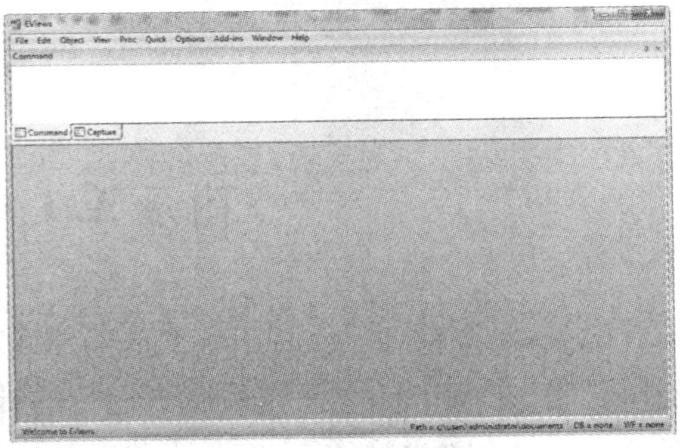

图附 A-2　EViews10 的主窗口

(1)标题栏

标题栏位于主窗口的顶部,标记有 EViews 字样。在标题栏的右端有三个按钮,从左至右依次为:—(最小化)、□(最大化或复原)和×(关闭)。

(2)菜单栏(工具栏)

菜单栏,也称为工具栏,位于标题栏之下,它共有 10 个功能键:File(文件)、Edit(编辑)、Object(对象)、View(观察)、Proc(处理)、Quick(快捷)、Options(选项)、Add-ins(添加项)、Window(窗口)、Help(帮助)。将鼠标指针移至菜单栏上的某个功能键并用鼠标左键单击,便打开一个下拉式菜单,通过单击下拉菜单中的项目,就可以对它们进行访问。菜单中黑色的功能选项是可执行的,灰色的是不可执行的无效功能。表附 A-1 给出了各功能键的常用功能。

表附 A-1　EViews 主窗口各功能键的常用功能

功能键	常用功能
File	建立新工作文件、数据库、程序、文本文件(New),打开已保存的工作文件、数据库、程序等(Open)、保存当前已激活的工作文件(Save)、打印已激活窗口的图形或表格(Print)等。
Edit	撤销最后一次的编辑(Undo),剪切选中部分并将其放入 Windows 剪贴板(Cut),将选中部分复制到 Windows 剪贴板(Copy),将 Windows 剪贴板中的内容粘贴到指定位置(Paste),删除选中部分(Delete)等。
Object	建立一个新的对象[如序列(组)、图形、方程等](New Object)、储存选中的对象(Store)、复制当前激活的对象窗口(Copy Object)、打印已激活窗口的图形或表格(Print)等。
View	其功能随着当前激活窗口的不同而改变。
Proc	其功能随着当前激活窗口的不同而改变。
Quick	提供一些常用功能的快捷途径,如改变样本区间(Sample)、生成新序列(Generate Series)、显示一个对象(Show)、作图(Graph)、打开空白数据组窗口添加新序列(Empty Group)、计算单个序列的描述统计量值(Series Statistics)、计算序列组的描述统计量值(Group Statistics)、估计方程(Estimate Equation)、估计向量自回归模型(Estimate VAR)等。
Options	改变 EViews 系统的各种设置,即使退出该系统这些变化仍被保留。

表附A－1(续)

功能键	常用功能
Add－ins	提供从 EViews 的标准菜单和命令到用户定义的程序的无缝连接,可以链接到 EViews 网站,下载添加项(Download Add－ins…)并对它们进行管理(Manage Add－ins…)。
Window	激活工作区中已打开窗口、关闭所有对象(Close All Objects)等。
Help	查阅 EViews 中的文档(PDF Doc),包括使用指南(Users Guide Ⅰ、Users Guide Ⅱ)等,快捷查找 EViews 中的帮助说明(Quick help Reference),包括基本命令(Basic Command)、函数(Function)、编程语言(Programming Language) 等的说明。

(3)命令捕捉窗口

菜单栏下面的白色区域为命令捕捉窗口,通过点击该区下方的“Command”和“Capture”按钮,可以对“Command”窗口和“Capture”窗口进行切换。鼠标指向命令捕捉窗口的标题栏,按住左键可以将其移动到电脑屏幕的任意位置。若要恢复原状,通过双击命令捕捉窗口的标题栏即可。将鼠标指向命令捕捉窗口的下端,会出现上下的箭头,按住鼠标左键也可以调整该窗口的大小。若要恢复主窗口的原状,通过点击菜单栏上的 Window→Reset Window Layout,然后在弹出的对话框中点击“Yes”即可。

在“Command”窗口,通过键盘输入 EViews 的命令语句,按回车键 Enter 即可执行之;按方向键,可以将输入的历史命令重新显示出来,再次执行或修改后执行。

当用户在其打开的界面进行操作时,在“Capture”窗口,EViews 能捕捉或储存其中大多数对象观察(object view)和程序(procedure),以及大量交互操作(interactive operation)的等效文本命令,这些命令可以被复制、清除或者作为文件保存到电脑磁盘上。使用“Capture”功能可以使用户熟悉 EViews 的命令语言。

(4)工作区

命令窗口下面是 EViews 的工作区,执行 EViews 的各种操作弹出的窗口(称为子窗口)均显示在此范围之内,如图附 A－3 所示。当有多个子窗口时,对处于激活状态的窗口(标题栏颜色较深的窗口)才能执行进一步的操作。要激活某一窗口,只需点击该窗口的可见部分即可。将鼠标指向子窗口的标题栏,按住鼠标左键便可以拖动该窗口。当子窗口的标题栏被命令捕捉窗口遮住时,需要把命令捕捉窗口拖走,才能将它显示出来。

当点击子窗口标题栏上的最大化按钮“□”时,子窗口标题栏上信息会显示在主窗口的标题栏上,同时在主窗口菜单栏的右侧出现“－”“❐”“×”三个按钮,如图附 A－4 所示,它们是针对子窗口的功能键,依次为“最小化”“还原”“关闭”。

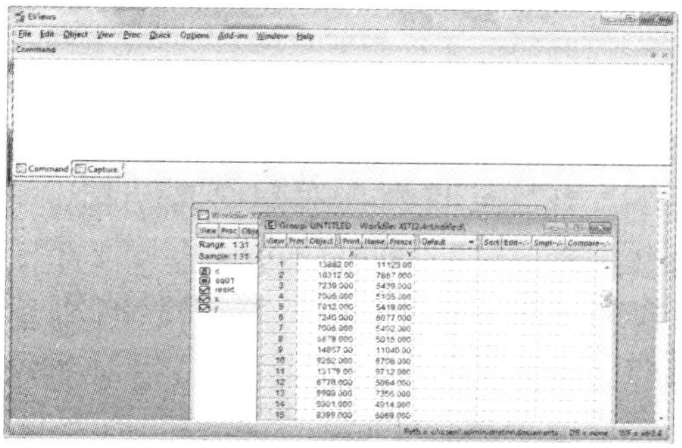

图附 A－3

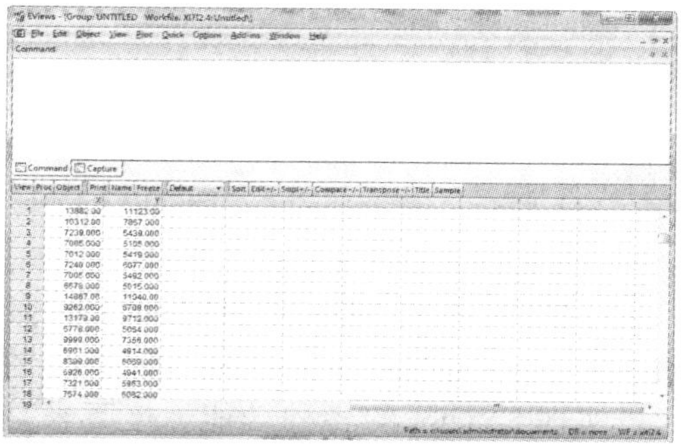

图附 A－4

(5)状态栏

主窗口最底部是状态栏。状态栏提供4种状态信息,从左至右依次为:EViews执行命令的结果信息、浏览文件夹的路径、当前使用的数据库和工作文件的名称。

3. EViews的关闭

关闭EViews的方法有很多,如点击EViews窗口右上角的关闭按钮×;选择主菜单栏上的File→Exit等。在关闭EViews时,系统会提醒用户是否保存已建立而未保存的工作文件,届时应该将没有保存的有用工作文件存入磁盘中。

附录A.3 工作文件的建立与数据的输入

EViews的各种功能只有在工作文件(Workfile)中才能实现,因此在初次使用EViews时,首先需要建立一个工作文件。

1. 工作文件的建立

在主窗口的菜单栏上,点击File→New→Workfile,打开一个创建工作文件(Workfile Create)窗口,如图附A-5所示。

在创建工作文件窗口中,首先,在Workfile structure type下面的隐藏选项中选择工作文件的数据结构类型,包括Unstructured/Undated(非结构或非时间序列数据,如截面数据)、dated-regular frequency(具有规则频率的时间序列数据)和Balanced Panel(平衡面板数据)。然后,在这一栏右侧的对话框中设定工作文件或数据的范围(稍后介绍),并在Workfile names(optional)对话框给工作文件命名(可选项)。最后,点击OK,就建立了一个新的工作文件,并弹出工作文件窗口,如图附A-6所示。要建立不规则频率的时间序列数据或非平衡面板数据的工作文件,需要在Workfile structure type选项中选择Unstructured/Undated。

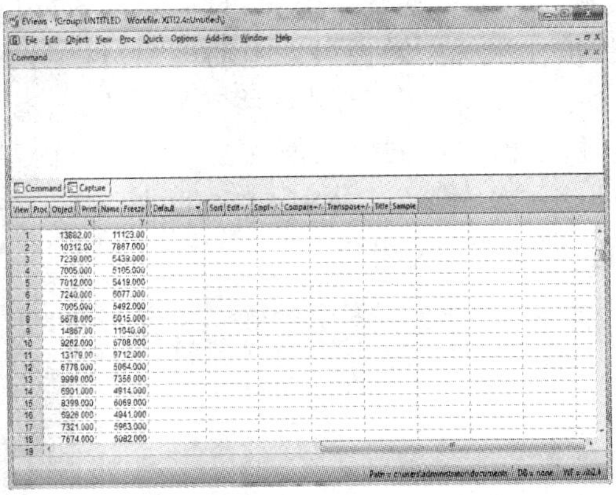

图附A-5

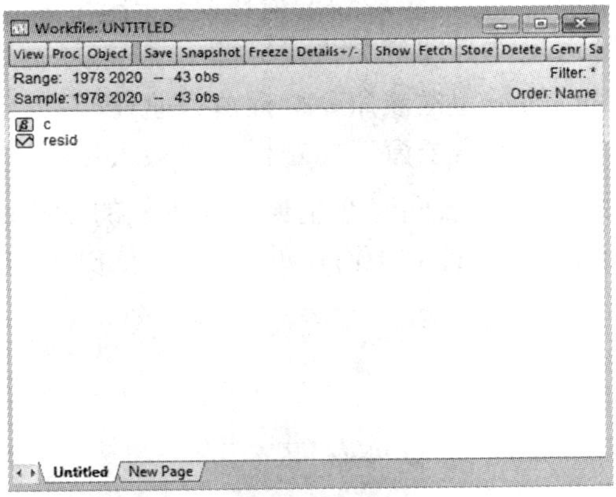

图附A-6

标准工作文件窗口顶部的标题栏会显示工作文件的名称和保存位置的路径(注:图附A-6中工作文件尚未命名和保存)。在标题栏下面是菜单栏,通过这一栏上的功能键可以实现EViews的各种功能。接下来是工作文件的范围(Range)和当前的样本区间(Sample)(EViews对各对象窗口进行操作使用的样本数据的范围)。再下面是工作文件中研究对象的目录，其中包括 c（系数向量）、resid（残差序列）以及各种研究对象，如变量、方程、图形、矩阵等的名称及其对应的图标（注：图附 A－6 中的工作文件还没有研究对象）。每次估计模型后，EViews 会把最新的系数估计值和残差序列分别存储在 c 和 resid 中。

（1）设定工作文件的范围

Ⅰ．Unstructured/Undated 数据类型。创建这类工作文件的界面如图附 A－7 所示，只需在右侧 Data range 中输入观测次数，即完成了工作文件范围的设定。

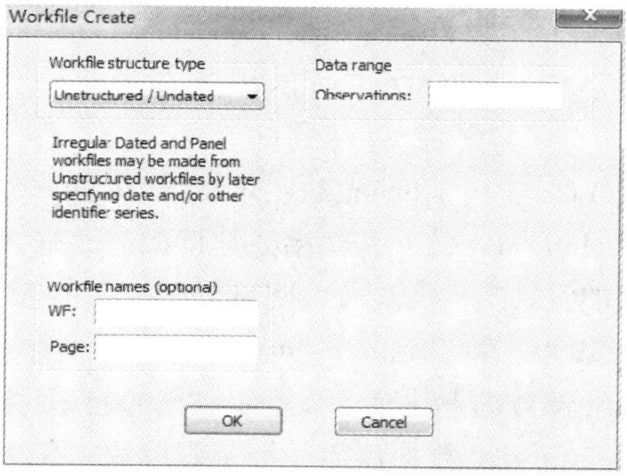

图附 A－7

Ⅱ．Dated－regular frequency 数据类型。创建这类工作文件的界面如上面的图附 A－5 所示，需要在右侧 Date specification 部分 Frequency 的下拉菜单中选择数据频率，并分别在 Start date、End date 中填写起始和截止日期。点击 Frequency 选项中向下的箭头，可以看到如图附 A－8（a）所示的菜单，共有 14 种日期频率，从上到下依次为：Multi－year（多年度的）、Annual（年度的）、Semi－Annual（半年度的）、Quarterly（季度的）、Monthly（月度的）、Bimonthly（半月度的）、Fortnight（双周的）、Ten－day（Trimonthly）（旬度的）、Weekly（周度的）、Daily－5 day week（每周 5 天的）、Daily－7 day week（每周为 7 天的）、Daily－custom week（定制周每天的）、Intra day（高频的）和 Integer date（整数日期的），其中 Multi－year 选项下又分 2 Year、3 Year…10 Year、20 Year 等 10 个选项，如图附 A－8（b）所示，Intra day 选项下又分 12 Hour、8 Hour…5 Second、Second 等 19 个选项，如图附 A－8（c）所示。

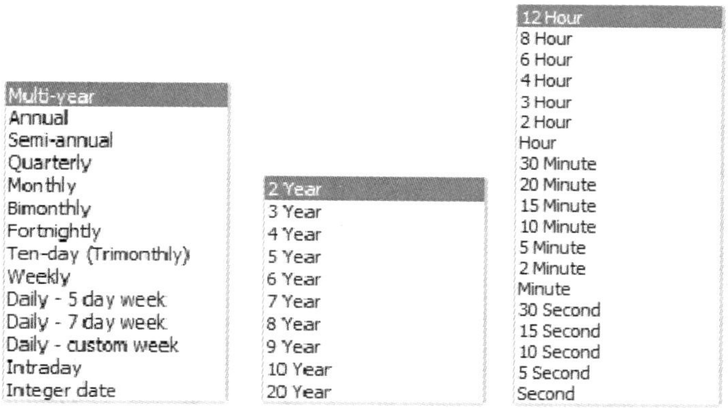

（a）　（b）　（c）

图附 A－8

关于起止日期的输入格式：

Multi－year 和 Annual：直接输入年份，如 1978、2010。

Semi－Annual：在输入年份的后面加斜杠“/”，再输入 1（表示上半年）或 2（表示上半年）。如，2010 年上半年应输入 2010/1。

Quarterly：在输入年份的后面加斜杠“/”，再输入季度序号。如，1978 年第三季度应输入 1978/3。

Monthly：在输入年份的后面加斜杠“/”，再输入月份的序号。如，2010 年 8 月应输入 2010/8。

Bimonthly、Fortnight、Ten－day（Trimonthly）、Weekly、Daily－5 day week、Daily－7 day week、Daily－custom week、Intra day 等八种频率的数据都需要输入起止日期的年、月、日，输入格式是先输入月份，加斜杠“/”后输入日期，再加斜杠“/”后输入年份。如，1999 年 12 月 31 日应输入 12/31/1999。关于 Daily－custom week 数据和 Intra day 数据，还需要使用 Intraweek/Intraday range 部分的下拉菜单设定定制周的起止时间，分别如图附 A－9 和图附 A－10 所示。此外，Intra day 数据还需要设定观测周内每天的观测时间。如，创建一个频率是 10 分钟的高频数据文件，时间是 2020 年，从周一至周三，每天上午 9 点至下午 3 点，窗口设置如图附 A－10 所示。

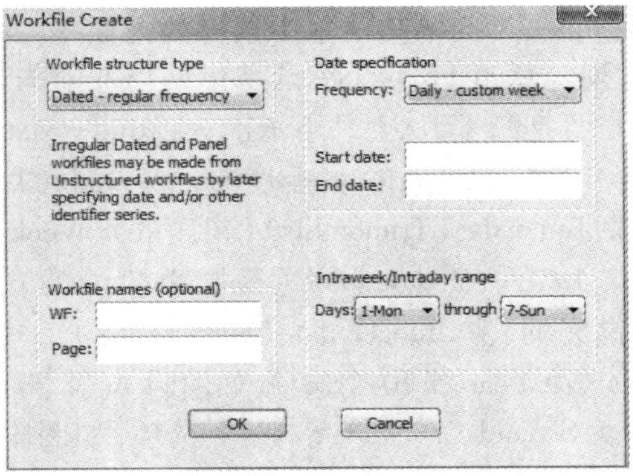

图附 A－9

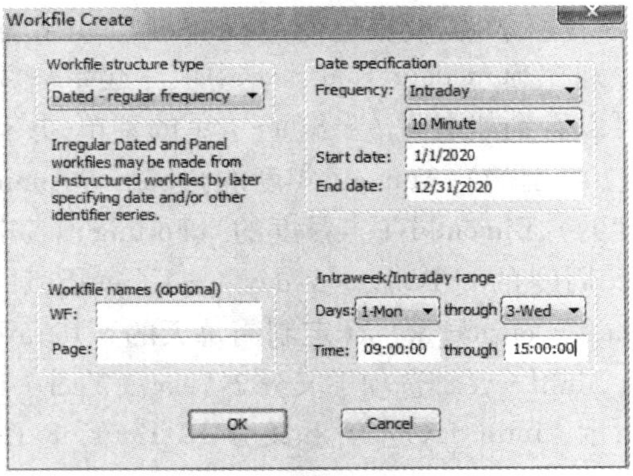

图附 A－10

Integer date：直接输入 0 或正整数。

上述日期设定格式中的斜杠也可以改为逗号，但两者不能混合使用。如，设定日期 2020 年 6 月 9 日的输入格式可以是“6，9，2020”，或“6/9/2020”，但不能输入“6，9/2020”，或“6/9，2020”。在设定 Semi－Annual、Quarterly、Monthly 数据的日期时，输入格式中的“/”也可以分别替换为“S”“Q”和“M”。如，设定季度数据的起始时间为 1978 年第一季度，其输入格式可以是 1978Q1。

Ⅲ．Balanced Panel 的数据类型。创建这类工作文件的界面，如图附 A－11 所示。首先，在 Panel specification 部分 Frequency 选项的下拉菜单中设定数据的频率。然后，分别在 Start date、End date、Number of cross sections 中输入起始日期、截止日期和截面个数。最后，点击 OK。如，要设定我国大陆 31 个省、自治区和直辖市，在 2000－2020 年历年地区生产总值构成的平衡面板数据的范围，首先在 Frequency 中选择 Annual，接着在 Start date 中输入 2000，在 End date 中输入 2020，在 Number of cross sections 中输入 31，再点击 OK 即可。

（2）改变工作文件范围和当前的样本区间

若改变已建工作文件的范围，可以左键双击工作文件窗口的 Range，打开工作文件结构窗口，如图附 A－12 所示，将原来工作文件的范围修改为新的范围，点击 OK，接着在弹出的窗口中点击 Yes 即可。

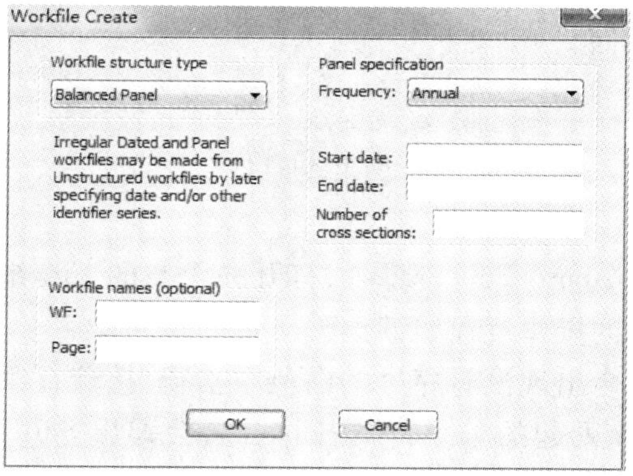

图附 A－11

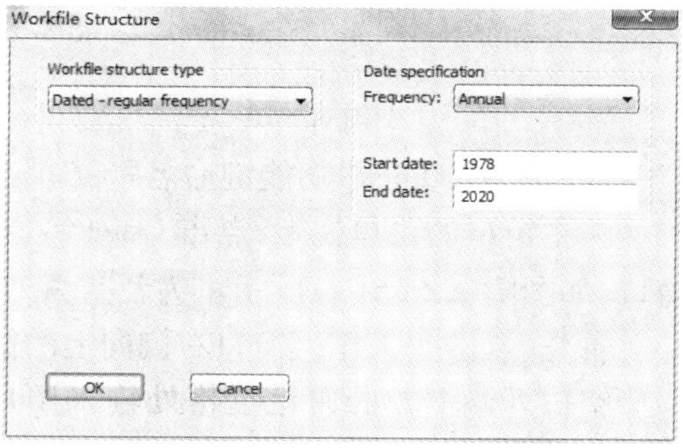

图附 A－12

在一个新建的工作文件中，当前的样本区间是整个的工作文件范围。在 EViews 的操作过程中，若用户打算在一个较小的范围内进行 EViews 分析，则需要将这个小范围设定为当前的样本区间。如，当前的样本区间为工作文件的范围：1978—2020，将其改为：1978—2000，操作过程如下：

双击工作文件窗口的 Sample，打开样本区间窗口，如图附 A－13 所示。将 Sample range pairs 对话框中的@ all（即工作区间的范围）改为“1978 2000”，然后点击 OK。注意这里在输入样本区间时，1978 与 2000 中间要加空格。

2．数据序列的输入

在建立工作文件之后，就可以输入和编辑数据了。在 EViews 下输入数据序列，首先得给它起名字。下面先介绍序列的命名方法，再介绍数据的输入。

（1）序列的命名

为序列命名有两种常用的途径：利用命令语句和利用“Quick”功能键。

Ⅰ．利用命令语句命名

在主窗口的命令区域输入 data，加空格后依次输入变量序列的名称（注：变量名之间也要加空格），如输入“data GDP C1 C2”，再按回车键 Enter，随即弹出一个包括三个名字依次为 GDP，C1，C2 的序列组（Group）窗口，如图附 A－14 所示。在没有输入数据之前，变量名下方的方格中显示“NA”。

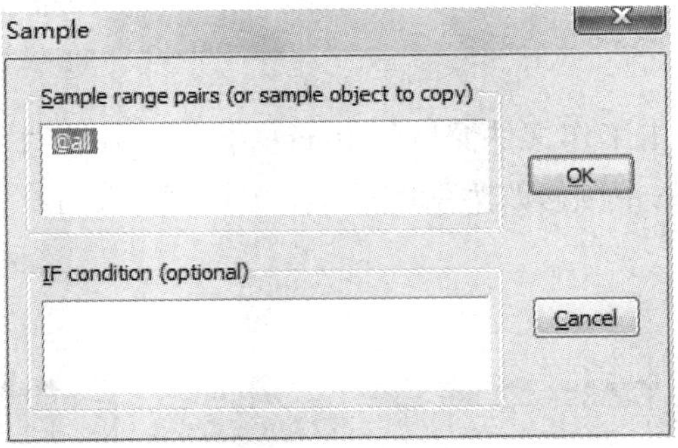

图附 A-13

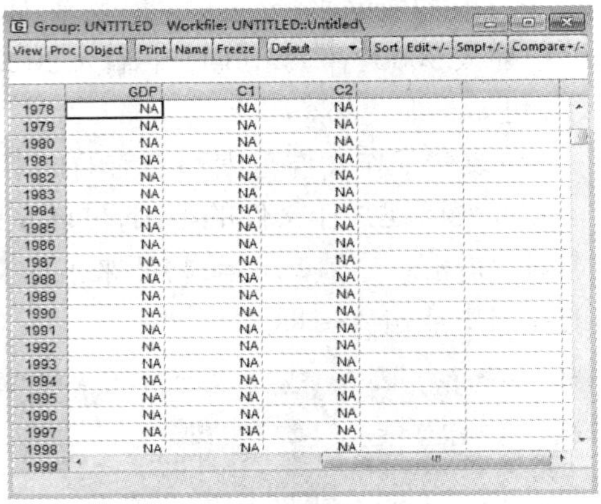

图附 A-14

Ⅱ. 利用“Quick”功能键命名

在主窗口的菜单栏上，点击 Quick→Empty Group(Edit Series)，打开一个空的工作组窗口，如图附 A-15(a)所示。为各空白列命名的操作过程如下：

首先，点击空工作组窗口右侧向上的箭头，会出现没有序号的白色空格行，接着在第一个空白列最上方的白色空格处输入用户为该列起的名字，再按回车键，会弹出 Series create 对话框，如图附 A-15(b)所示。然后，在该对话框中选择序列的类型：Numeric series(数字序列)、Numeric series containing dates(包含日期的数字序列)和 Alpha series(符号序列)，之后点击 OK，便完成了对第一个空白列的命名，其名称和图标自动保存在工作文件的目录中。依此继续下去，可以为其他各列命名。

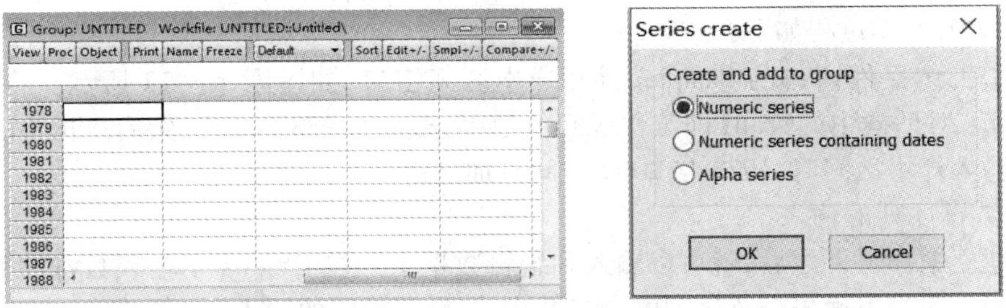

(a) (b)

图附 A-15

需要注意的是，序列名要以英文字母开头，而且用户不能以 c、resid、d、sin、log、con、ma、ar、nrnd、rnd、and、then、……，这些 EViews 保留的具有特定意义的符号作为序列的名称。

(2)数据的输入

在序列的空白或“NA”方格中，用户可以通过键盘输入与样本点对应的数据，每输入完一个数据后都要按回车键 Enter 或一个方向键。用户也可以按照 Windows 下通常使用的复制(Copy)—粘贴(Paste)功能，将 Excel 工作表中的数据直接粘贴到 EViews 下的序列组中。需要注意的是，在粘贴时，要选中目标区域左上角的方格，接着按右键，从打开的下拉菜单中选择“Paste”或“Paste Special…”。此时，若复制数据的排列方式与目标区域要求的数据排列方式一致，即两者都按行排列或都按列排列，则选择“Paste”。若两者不一致，则选择“Paste Special…”，随即弹出 Paste Special 窗口，如图附 A－16 所示，接着点击其中的“Transpose clipboard contents”选项，然后再点击 OK。

另外，用复制（Copy）—粘贴（Paste）方式，用户也可以将 EViews 序列组的数据复制到 Excel 工作表中，其基本操作过程为：

首先，选中需要复制的数据（表），再按右键，接着在打开的下拉菜单中点击 Copy，弹出 Copy Options 窗口，如图附 A－17 所示。在该窗口的 Copy numbers 选项中，选择数字的精度：As displayed（按显示的精度）或 Using highest precision（按最高精度），以及是否选择 Include header information（包括标题信息），接着点击 OK。然后，在 Excel 工作表中的指定位置按右键，在打开的下拉菜单中点击“粘贴”，便可以将所选数据（表）复制到 Excel 工作表中。

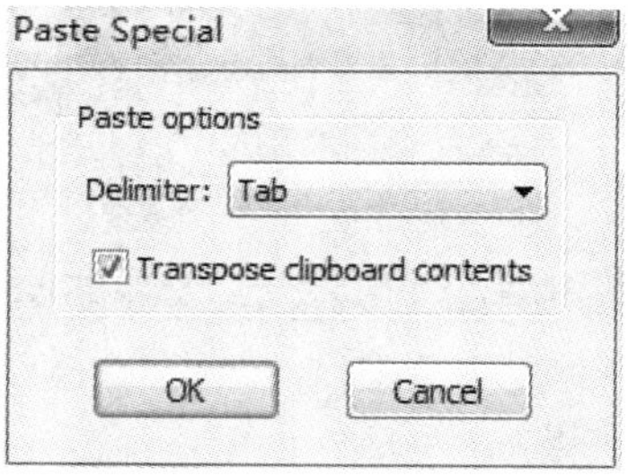

图附 A－16

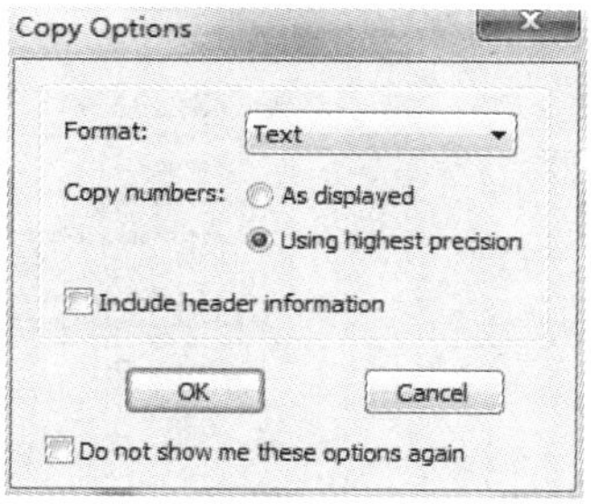

图附 A－17

当输入完数据后，组中数据序列自动保存在工作文件中。当关闭序列（组）时，EViews 会提问“Delete Untitled GROUP ?”（是否删除未命名的工作组），如图附 A－18（a）所示。如果要保留该组对象，可通过点击 name 键，在弹出的 Object Name 窗口的 Name to identify object 对话框中为该组命名，再点击 OK，则该组对象就出现在工作文件的目录中。否则，直接点击 Yes 即可关闭该组窗口，而且其中的数据不会丢失。

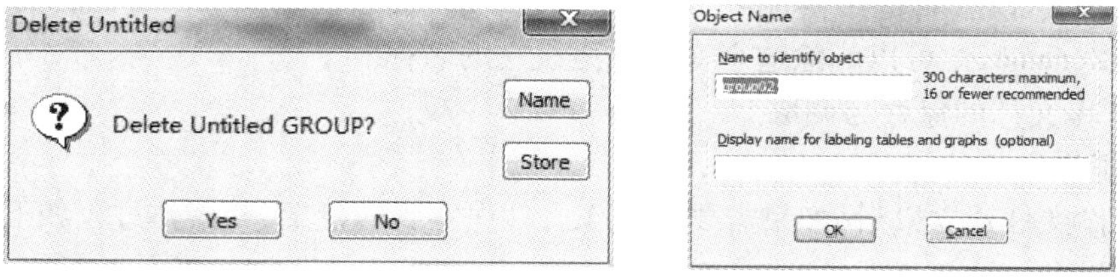

（a）　　　　（b）

图附 A－18

（3）数据的编辑

在工作组窗口的菜单栏中，Edit +/－是编辑状态与只读状态的切换键。如果用户要对序列输入的数据进行编辑，则需要使工作表处于编辑状态，此时点击工作表中含有数据的方格，它会显示一个黑色的方框。在编辑状态下，

Ⅰ．如果用户要修改某个样本点的数据，只需单击该数据，接着输入新的数据，然后回车或按一个方向键，即可。

Ⅱ. 如果用户要在某一观测点开始删除(插入)若干个观测点的数据,同时依次向前(向后)移动后面观测点的数据,则需要先选中这个观测点,然后按右键,打开下拉菜单,如图附 A-19(a)所示。接着选择 Delete obs…(Insert obs…),打开 Delete Observation(Insert Observation)对话窗,如图附 A-19(b)[图附 A-19(c)]所示。进而在该窗口的 Number of Observations 对话框中输入要删除(插入)的观测点个数,再点击 OK。这样就可以直接删除相应观测点的数据(在插入点的空格中输入待插入的数据)。

需要注意的是,在某观测点处删除或插入数据时,样本数据的范围不会改变,删除数据时,后面的数据会前移;插入数据时,样本最后面的数据可能会被去掉。另外,当同时编辑几个数据序列时,一次删除或插入的操作将对这几个序列同时进行。因此,如果用户只想对一个序列进行删除或插入的编辑,则只需打开要编辑的序列就可以了。

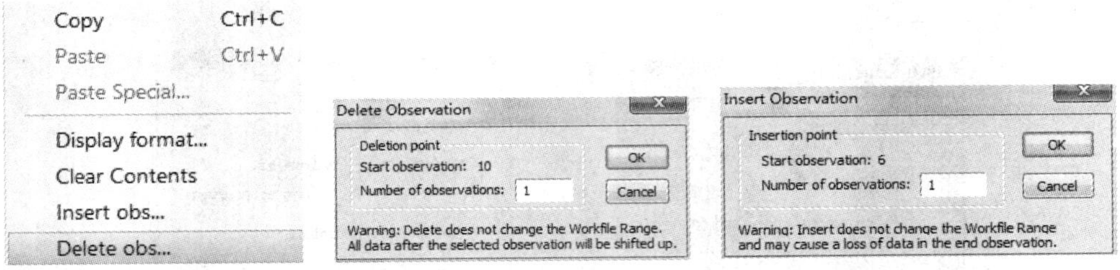

(a) (b) (c)

图附 A-19

(4)显示数据

若要显示工作文件中某些序列的样本数据,可以先选中这些序列,接着按右键,在弹出的菜单中选择 Open→as Group,即可打开该序列组的窗口。此时,该窗口处于只读状态,若要对其进行编辑,则需要先点击菜单栏上的 Edit +/-键,使其转换为编辑状态。若要打印这些数据,则只需单击主窗口中的 File→Print 即可。

(5)变量删除与更名

在工作文件窗口,选中要删除或更名的变量,再按右键,在弹出的下拉菜单中选择 Delete 或 Rename,便可以删除这个变量或更换它的名称。

3. 工作文件的保存与调取

(1)工作文件的保存

在工作文件建立以后,如果需要将工作文件保存到磁盘上,其操作过程如下:

点击主窗口菜单栏上的 File→Save,打开保存窗口,如图附 A-20(a)所示,接着选择保存位置,并输入文件名,再点击"保存"按钮,弹出 Workfile save 窗口,如图附 A-20(b)所示。在该窗口选择序列储存的精度[Single precision(单精度)或 Double precision(双倍精度)]以后,点击 OK,便将工作文件保存到了磁盘上。如果要将已保存过的工作文件另存到其他位置,则需要点击主窗口菜单栏上的 File→Save as,打开保存窗口,再设置保存信息。

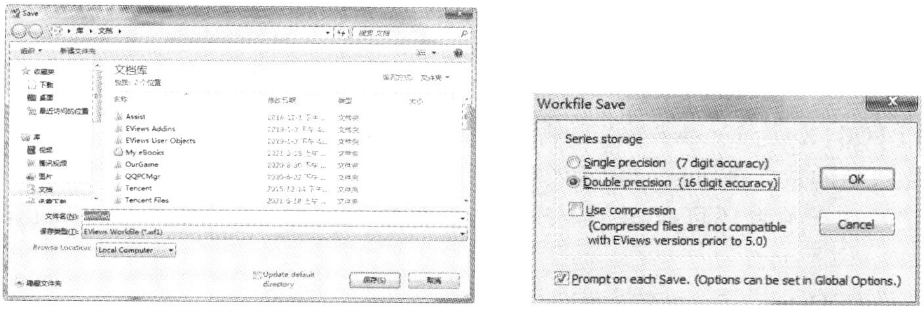

(a)　　　　　　　　　　(b)

图附 A－20

(2)工作文件的调取

对于已保存的 EViews 软件下的工作文件,可以直接加载到 EViews 中,操作过程如下:

在主窗口的菜单栏上,点击 File→Open→EViews Workfile,打开 Open 对话框,如图附 A－21 所示,从中选择要打开的工作文件,接着点击“打开”按钮,即可。

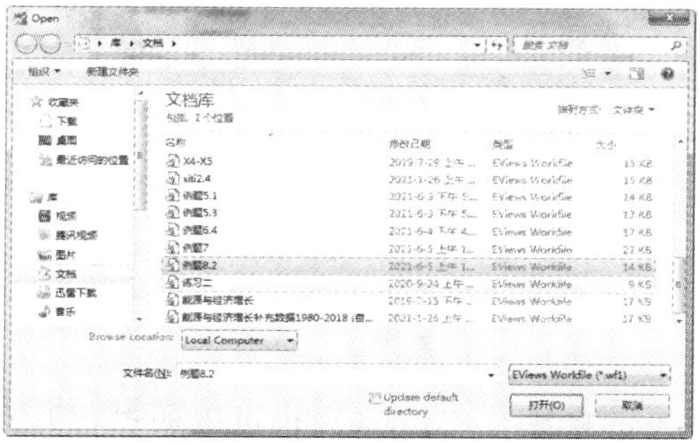

图附 A－21

附录 A.4　数据的处理

本节主要介绍在 EViews 下如何利用方程或公式和已有的数据序列生成新的数据序列,也就是如何利用普通的数学运算或函数对已有数据序列进行变换以得到新的数据序列。

1. 生成新数据序列的操作过程

生成新的数据序列,有两种常用的操作方式:利用命令语句的方式和利用“Quick”功能键的方式。

(1)利用命令语句的方式

利用命令语句生成新序列的格式是:在主窗口的命令区输入 GENR,加空格后输入生成新序列的等式,此时需要用户自己为新序列起名字。当输入完命令语句后,按回车键,新序列的名字便出现在工作文件的对象目录中。

例如，生成已有序列 X 的自然对数 ln(X)，记之为 LNX，它是在各观测点处对 X 都取自然对数得到的序列。生成 LNX 的命令格式为：

GENR LNX = LOG(X)

这里 LOG(X)为 EViews 下 X 的自然对数的表达式。

在生成新的数据序列时，上述命令语句中的“GENR”也可以替换为“SERIES”，两者的不同之处在于前者还可以用于生成新的符号序列，而后者只能用于生成新的数据序列。

(2)利用“Quick”功能键的方式

在主窗口的菜单栏中，点击 Quick→Generate Series，打开 Generate Series by Equation 窗口，如图附 A－22 所示。在该窗口 Enter equation 对话框中输入包含新序列名称的计算公式或方程，并根据需要在 Sample 对话框中调整样本区间，然后点击 OK，即可生成新的序列，其名称同时显示在工作文件的对象目录中。

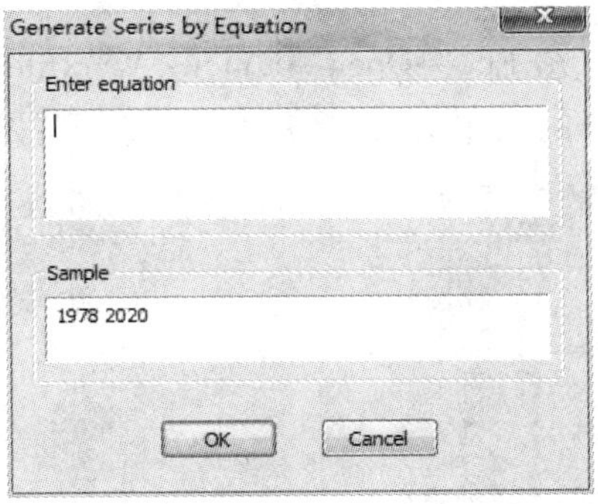

图附 A－22

例如，上述生成序列 X 的自然对数 ln(X)，也可以通过打开 Generate Series by Equation 窗口，在 Enter equation 对话框中输入

LNX = LOG(X)

然后点击 OK，来完成。

又如，要生成已有序列 X 与其滞后 2 期值之差，记之为 DX2，需要在图附 A－22 的 Enter equation 对话框中输入方程

DX2 = X－X(－2)

然后点击 OK，这里 X(m)的含义是：若 $m<0$，则它为 X 的滞后 $|m|$ 期值构成的序列；若 $m>0$，则它为 X 的超前 m 期值构成的序列。

再如，对于已有的序列 X 和 Y，在图附 A－22 的 Enter equation 对话框中输入方程

LOG(Z/Y) = X^2 + 5

然后点击 OK，便可以生成新序列 Z，它满足 $\ln(Z/Y)=X^2+5$，这里 Z/Y 为各观测点处 Z 的值与 Y 的值对应相除得到的序列，X^2 为 X^2 在 EViews 下的表达式，X^2 + 5 为在各观测点处 X^2 的值都加 5 得到的序列。

需要注意的是，新序列的名称在方程左端只能出现一次。

在生成新序列的方程中，也可以使用逻辑变量(只有正确或错误两个结果的定性变

量)生成取值为 1 或 0 的序列。例如,利用

$$Z = X > = Y$$

可以生成新序列 Z,当 X 大于等于 Y 时,其取值为 1;当 X 小于 Y 时,其取值为 0,这里 X > = Y 就是所谓的逻辑变量,“ > = ”(“大于等于”)称为逻辑运算。

2. 数据序列的运算符号及其功能

上述例子中给出了序列的除法、乘方、加法运算、逻辑运算“大于等于”的符号及其功能。在 EViews 中,还有其他一些有关序列的基本算术运算和逻辑运算的符号,对这些运算功能的理解与例题中运算的理解类似。表附 A－2 给出了最常用的序列运算的符号及其功能。

表附 A－2　序列运算的符号及其功能

运算符号	功能
+	加法
-	减法
*	乘法
/	除法
^	乘方
>	大于。若 Z = X > Y,则当 X 大于 Y 时,Z = 1,否则,Z = 0
<	小于。若 Z = X < Y,则当 X 小于 Y 时,Z = 1,否则,Z = 0
=	等于。若 Z = X = Y,则当 X 等于 Y 时,Z = 1,否则,Z = 0
> =	大于等于。若 Z = X > = Y,则当 X 大于等于 Y 时,Z = 1,否则,Z = 0
< =	小于等于。若 Z = X < = Y,则当 X 小于等于 Y 时,Z = 1,否则,Z = 0
< >	不等于。若 Z = X < > Y,则当 X 不等于 Y 时,Z = 1,否则,Z = 0
AND	与、并且。若 Z = Φ AND Γ,其中 Φ、Γ 为逻辑变量,则当 Φ 与 Γ 均正确时,Z = 1,否则,Z = 0
OR	或者。若 Z = Φ OR Γ,其中 Φ、Γ 为逻辑变量,则当 Φ 或者 Γ 正确时,Z = 1,否则,Z = 0

3. 序列函数的符号及其含义

表附 A－3 给出了一些常用的序列函数的符号及其含义。

表附 A－3　序列函数的符号及其含义

符号	含义
d(X)或 d(X,1)	X 的一阶差分:X－X(－1),X(－1)为 X 的滞后一期值
d(X,m)	X 的 m(>1)阶差分:d(X,m－1)－d(X,m－1)(－1),即 d(X,m－1)－d(X(－1),m－1)
LOG(X)	X 的自然对数:ln(X)
DLOG(X)或 DLOG(X,1)	X 的自然对数的一阶差分:ln(X)－ln(X(－1))
DLOG(X,m)	X 的自然对数的 m(>1)阶差分:DLOG(X,m－1)－DLOG(X(－1),m－1)
EXP(X)	X 的以 e 为底的指数:e^X

表附A-3(续)

符号	含义
SQR(X)	X 的算术平方根: $\sqrt{X}$
ABS(X)	X 的绝对值: $\|X\|$
SIN(X)	X 的正弦函数:sin(X)
COS(X)	X 的余弦函数:cos(X)
@ ASIN(X)	X 的反正弦函数:arcsin(X)
@ ACOS(X)	X 的反余弦函数:arccos(X)
@ FLOOR(X)	不大于 X 的最大整数
@ CEILING(X)	不小于 X 的最小整数
@ PCH(X)	X 的相对于前一期的增长率序列:(X-X(-1))/X(-1)
@ PCHY(X)	X 的相对于上一年同期的增长率序列:(X-X(-m))/X(-m),m 为滞后期数,例如,对于季度数据,m=4

4. 几个特殊数据序列

① @ RUNIF(a,b):表示生成服从 a、b 之间均匀分布的随机数。

② @ RNORM:表示生成服从标准正态分布 N(0,1)的随机数。

③ @ SEAS(m):表示生成第 m 个季度或月取值为 1,其他季度或月取值为 0 的季节虚拟变量序列。

④ @ TREND(m):表示生成一个趋势变量序列,该序列在序号为 m 的观测点处取值为 0,往后依次加 1,往前依次减 1。

附录 A.5　作图

在建立计量经济模型之前,借助利用样本数据做出的图形可以直观地分析经济变量的变动规律及变量之间的数量关系,以便合理地设定模型的数学形式。在 EViews 下可以做出多种计量经济分析中常用的图形,其中以趋势图(线和符号图)、散点图最为常用,前者可以用于分析经济变量的发展变化趋势及其平稳性,后者可以用于分析变量之间的相关类型、相关程度以及用什么函数拟合这些样本数据比较合适,从而为理论模型的建立提供依据。下面介绍 EViews 下作图的基本操作过程。

1. 作图过程

作图有两种常用的操作方式:打开序列组窗口的方式和利用“Quick”功能键的方式。

(1)打开序列(组)窗口的方式

要做一个序列(组)的图形,首先在工作文件的目录中选中该(组)序列的名称,接着按右键,并在下拉菜单中选择 Open→as Group,打开该序列(组)的窗口。然后点击该窗口菜单栏上的 View→Graph,打开 Graph Options(图形选择)窗口,如图附 A-23、24 所示,其中图附 A-23 为单个序列的图形选择窗口,图附 A-24 为多个序列的图形选择窗口。

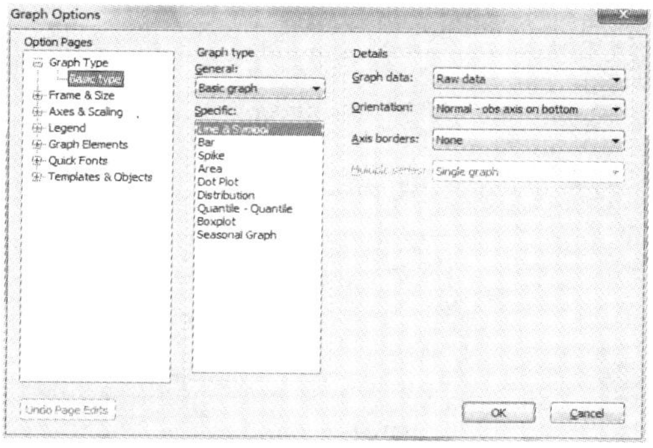

图附 A－23

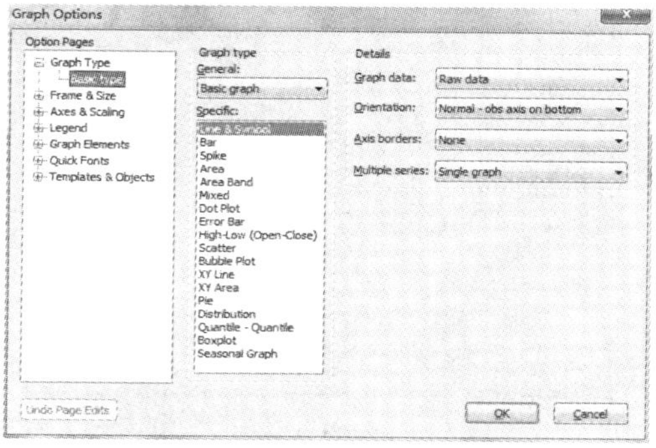

图附 A－24

在 Graph Options 窗口最左侧 Option Pages（选择页）的树状选择框中，包括 7 项选择：Graph Type（图形类型）、Frame & Size（图框和尺寸）、Axes & Scaling（坐标轴和刻度）、Legend（图例）、Graph Elements（图形要素）、Quick Fort（快捷格式）、Templates & Objects（模板和对象）。点击 Option Pages 中的每个选项，将进一步提供图形种类或修饰图形的对话框。下面简单介绍 Option Pages 中 Graph Type、Axes & Scaling 和 Graph Elements 这三个最常用选项的功能。

① Graph Type 的功能。在 Options pages 部分选择 Graph Type，接着用户就可以在右侧"Specifi："选择框中选择图形的具体类型，其中包括 Line & Symbol（线和符号图，或趋势图）、Bar（条形图）、Spike（尖峰图）、Area（区域图）、Dot Plot（点图）、Distribution（分布图）、Quantile－Quantile（分位数对比图）、Boxplot（箱图）等。对于多个序列的情形，还包括 Area Band（区域带状图）、Mixed（混合图）、Error Bar（误差条形图）、High－Low（高低图）、Scatter（散点图）、Bubble Plot（气泡图）、XY Line（XY 线型图）、XY Area（XY 区域图）、XY Bar（XY 条形图）、Pie（饼图）等。如果是季节数据，还会有 Seasonal Graph（季节图）。在所有这些类型的图形中，Line & Symbol 和 Scatter 两种图形最为常用。

在 Graph Type 界面的最右侧是 Details 选择框，包括 Graph Data（图形数据）、Orientation（观测点的方位）、Axis Borders（坐标轴的边框）和 Multiple Series（多个序列）等对图形显示细节的设置。例如，作 Line & Symbol 图时，在 Multiple Series 的选项中，包括 Single graph（在一个坐标系下显示所有序列的线和符号图）、Stack in single graph（在一个坐标系下堆放所有序列的线和符号图）和 Multiple graphs（在一个坐标系下只显示一个序列的线和符号图）。

② Frame & Size 的功能。点击 Frame & Size，则弹出图框和尺寸的各种选项，如图附 A－25 所示。进而用户便可以对图形的颜色、边框、大小等进行设置。

③ Graph Elements 的功能。点击 Graph Elements，则弹出图形要素的各种选项，如图附 A－26 所示，用户便可以对图形的线型、颜色以及是否添加符号进行修饰。其基本操作过程是：首先在右侧选中要修饰的序列，然后在 Pattern use 部分选择 Auto choice（自动选择）或 Solid always（总是实线）或 Pattern always（总是虚线），最后在 Attributes 部分选择图形是否包含线或符号，以及颜色、线型、线宽、符号的样式和大小等。

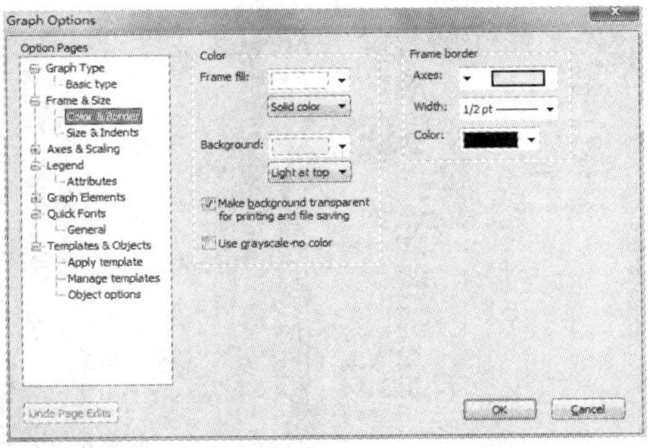

图附 A－25

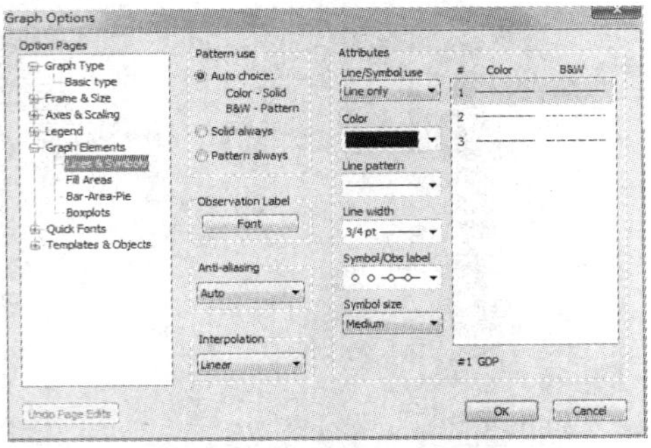

图附 A－26

例如，设 GDP、C1 和 C2 是工作文件中的序列，分别在一张图上画出它们的趋势图和 C1、C2 对 GDP 的散点图。操作过程如下：首先，在工作文件中依次选中 GDP、C1 和 C2，并作为一组打开。然后，点击该序列窗口工具栏上的 View→Graph，打开 Graph Options 窗口，如图附 A－24 所示。

Ⅰ. 作趋势图。在 Graph Options 窗口，点击 Options Pages 选择框中的 Graph Type，接着在右侧 Graph Type 部分选择 Basic graph→Line & Symbol。然后，点击 OK，便得到这三个序列的趋势图，如图附 A－27 所示。当滑动鼠标指针到图中曲线上某一点时，可以看到该点所在图形的序列名、观测点序号及观测值等信息。

显然，在黑白状态下难以区分图中的三条曲线。为解决这个问题，可以通过在每条实线上添加不同的符号，如"○"、"▲"、"＋"，来加以区分。具体操作过程是，点击图附 A－27 窗口工具栏上的 Options，在随即弹出的 Graph Options 窗口，重新设置图形如下：在该窗口的左侧 Options Pages 选择框，点击 Graph Elements → Lines & Symbols，显示如图附 A－26 所示的窗口。要在 GDP 曲线上添加"○"，首先，需要点击最右侧框中的序号 1，在该框底部出现#1 GDP。然后，在 Pattern use 部分选择 Auto choice 或 Solid always，在 Attributes 部分的 Line / Symbol use 选项中选择 Line & Symbol，在 Symbol /obs label 选项中选择"○ ○ ‑○‑○‑"，其他选择默认设置。类似地，可以完成在 C1、C2 的图形上分别添加"▲"、"＋"的设置。最后，点击 OK，便得到如图附 A－28 所示的图形。

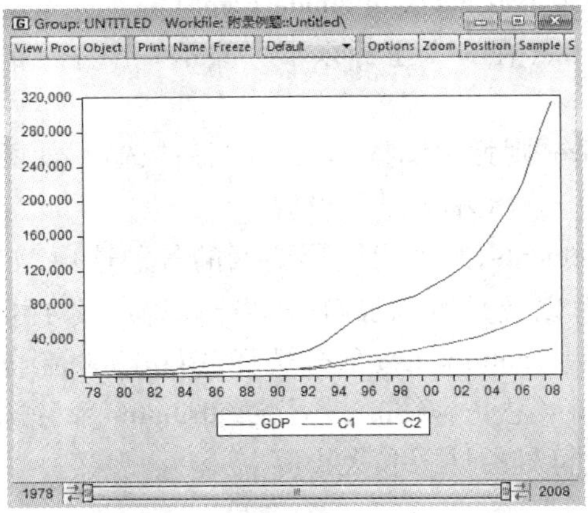

图附 A－27

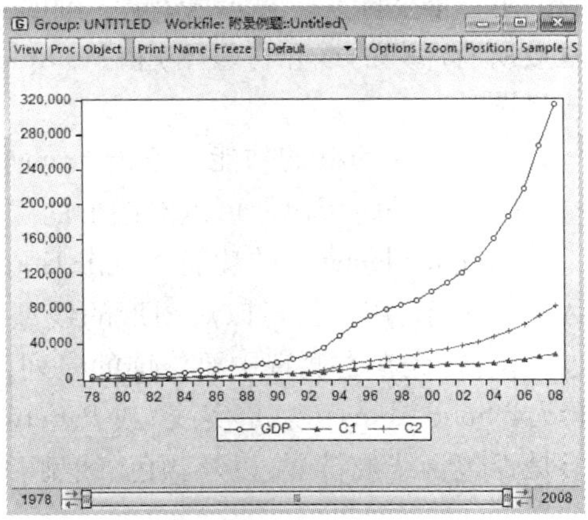

图附 A－28

在图附 A－28 窗口的底部,有一个样本区间的变换轴,用户可以点击该轴两侧的方向键,调整样本区间,从而得到该区间上的图形。

另外,用户也可以对图附 A－28 进行各种修饰。为此,首先,点击菜单栏上的 Freeze(冻结),弹出 Auto Update Options 窗口,如图附 A－29 所示,在该窗口默认的选项是 Off－Graph is frozen and does not update(不更新已冻结图形),接着点击 OK,便得到冻结图形窗口,如图附 A－30 所示,该窗口的图形不会因样本数据的变化而变化。注意该窗口的标题是 Graph:…,而原图形窗口的标题是 Group:…。

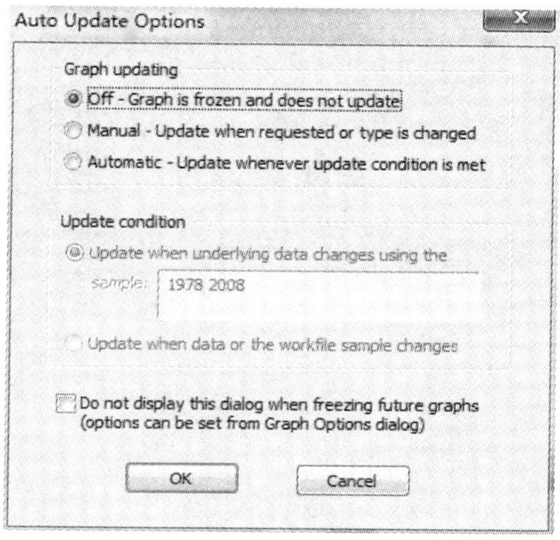

图附 A－29

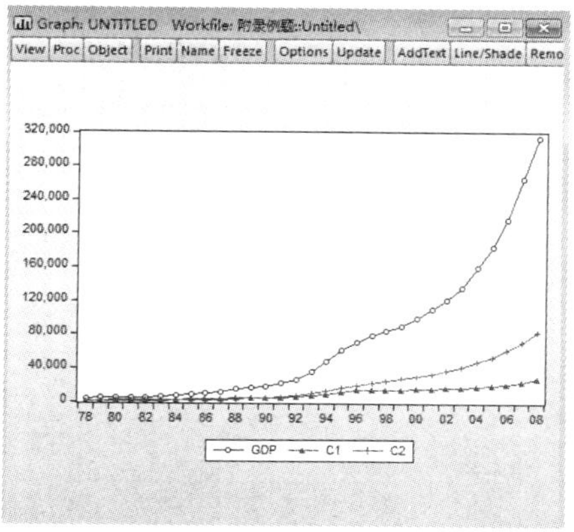

图附 A－30

然后,利用图形窗口工具栏上的工具便可以对图形进行各种修饰,如利用 Options 修改原来的图形设置,利用 AddText 添加文本,利用 Line/Shade 在指定位置添加线或阴影,利用 Romove 去掉已做的修改等。比如,要去掉图附 A－30 中图形的上面和右面的边框,得到图附 A－31,可以先点击工具栏上的 Options,在弹出的 Graph Options 窗口左侧的 Options Pages 选择框中,再点击 Frame & Size,接着在右侧的 Axes 的下拉菜单中选择"　",然后点击 OK,即可。

又如,要去掉图附 A－31 中图形的图例,并在各曲线旁边标注相应的序列名称,如图附 A－32 所示,可以先选中图例 GDP C1 C2,再点击工具栏上的 Romove,即可去掉图例。然后,点击 AddText,弹出 Text Labels 窗口,如图附 A－33 所示,在该窗口的 Text for label 对话框中输入 GDP,接着点击 OK。最后,将弹出图形中的"GDP"字样拖至相应曲线旁边即可。类似地,可以标注 C1 和 C2 相应曲线的名称,也可以为坐标轴添加名称。

Ⅱ. 作散点图。在 Graph Options 窗口,点击 Options Pages 选择框中的 Graph Type,接着在 Graph Type 部分选择 Basic graph→Scatter。然后,点击该选择框中的 Graph Elements →Lines & Symbols,接着点击右侧框中的序号 1,在 Attributes 部分的 Line / Symbol use 选项中选择 Symbol only,在 Symbol /obs labe 选项中选择"　";再点击右侧框中的序号 2,在 Symbol /obs label 选项中选择"　",其他保持默认设置。最后,点击 OK,便得到如图附 A－34 所示的散点图。

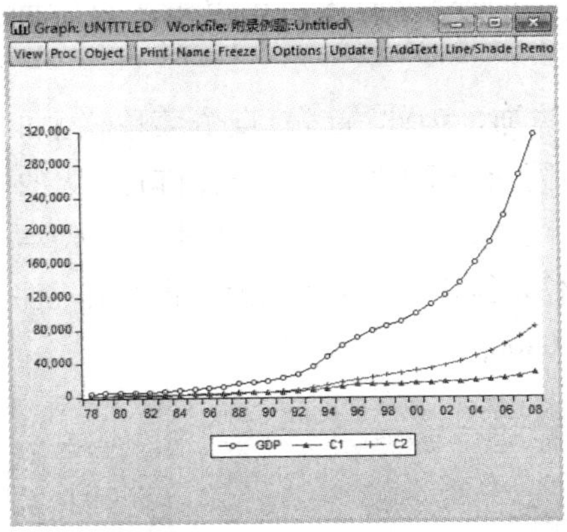

图附 A－31

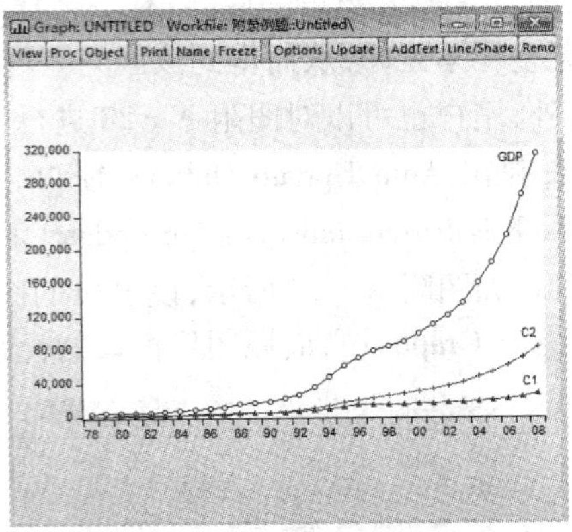

图附 A－32

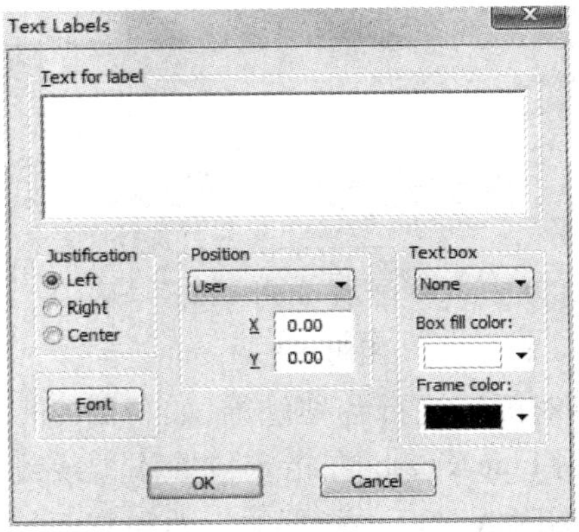

图附 A－33

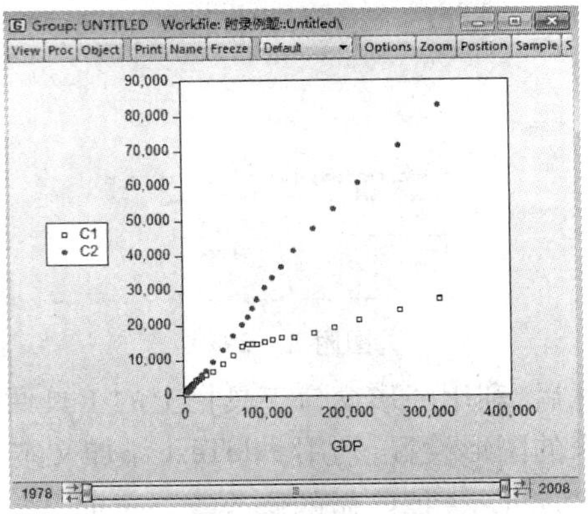

图附 A－34

(2)利用"Quick"功能键的方式

在主窗口的菜单栏中,点击 Quick→Graph…,打开 Series List 对话框,如图附 A－35 所示。在该框中依次输入所要研究的序列名,然后点击 OK,即可弹出如图附 A－23 或 24 所示的 Graph Options 窗口。接下来的作图过程与上述方法(1)的一致,不同之处是显示图形的窗口下方没有样本区间的变换轴。

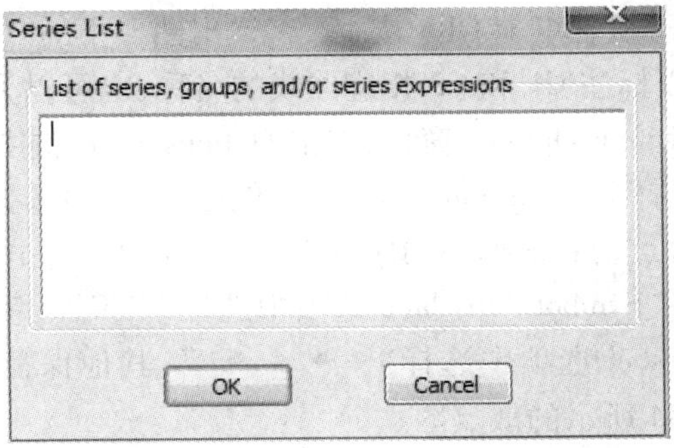

图附 A－35

2. 图形的保存与复制

用户根据需要可以将做好的图形保存到工作文件中,也可以复制到 Word 文档。下面以图附 A－34 中散点图的保存和复制为例给予说明。

(1)图形的保存

首先,利用图附 A－34 窗口中工具栏上的 Freeze 功能键,得到冻结图形,如图附 A－36 所示。然后,在该窗口的工具栏上,点击 Name,打开 Object Name 对话框,如图附 A－37 所示,在 Name to identify object 区域输入图形的名称,再点击 OK。此时,图形的名称便显示在工作文件的目录中了。

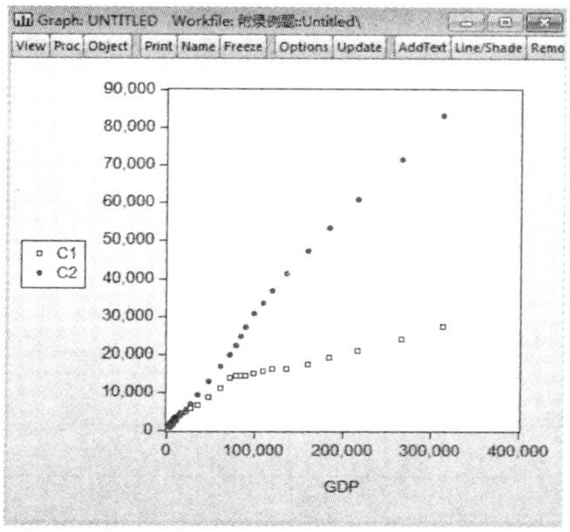

图附 A－36

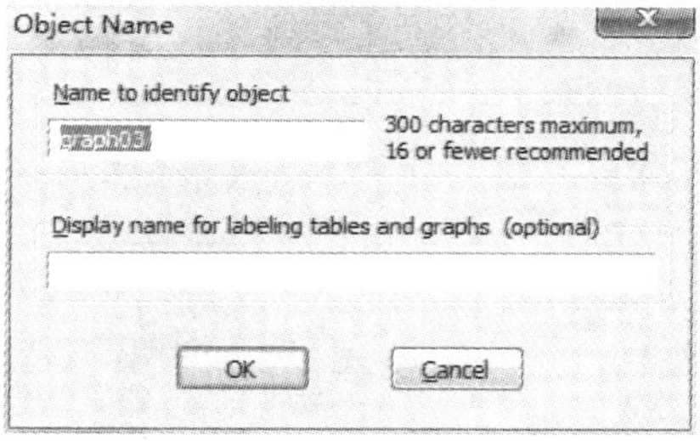

图附 A－37

(2)图形的复制

用右键点击要复制的图形,在打开的菜单中选择 Copy to clipboard…。然后,在 Word 文档指定的位置按右键,在打开的菜单中选择"粘贴",就可以把图形复制到 Word 文档了。对于复制后的图形,在点击选中后,将鼠标指向边框上的小方块,待出现双向箭头后按住左键拖动边框,可以对图形的大小进行调整。

附录 A.6 常用描述统计量的计算

计算常用的描述统计量有两种基本的操作方式:利用命令语句的方式和利用序列(组)窗口的 View 功能键的方式。

1. 利用命令语句的方式

EViews 给出了一组@函数用于计算一个序列或两个序列的描述统计量。比如,@ MEAN(X)、@ COV(X,Y)分别表示在当前样本下序列 X 的均值和序列 X 与 Y 的协方差。可以利用生成数值(scalar)或生成序列(series)的命令语句,计算这些描述统计量的值。

例如,计算当前样本下序列 X 的均值,并命名为 MX,可以通过如下操作来实现:在命令区输入

SCALAR MX = @ MEAN(X)

或者

SERIES MX = @ MEAN(X)

然后,按回车键。在工作文件对象目录中,双击对象名 MX,便可以查看计算结果。

表附 A－4 给出了一些计算基本描述统计量的@ 函数。

表附 A－4　常用描述统计量及其@ 函数

@ 函数	描述统计量
@ SUM(X)	序列 X 的和
@ MEAN(X)	序列 X 的均值
@ MEDIAN(X)	序列 X 的中位数
@ MIN(X)	序列 X 的最小值
@ MAX(X)	序列 X 的最大值
@ VAR(X)	序列 X 的方差: $\frac{1}{n}\sum_{i=1}^{n}(X_i - \bar{X})^2$,其中 $\bar{X} = \frac{1}{n}\sum_{i=1}^{n}X_i$,n 为观测点个数
@ STDEV(X)	序列 X 的标准差: $\sqrt{\frac{1}{n-1}\sum_{i=1}^{n}(X_i - \bar{X})^2}$
@ SUMSQ(X)	序列 X 的平方和
@ SKEW(X)	序列 X 的偏度
@ KURT(X)	序列 X 的峰度
@ OBS(X)	序列 X 的有效观测个数
@ QUANTILE(X,Q,"*")	按照"*"法计算的序列 X 的第 Q(0 < Q < 1)分位数(the Q－th quantile),这里"*"为下列几个符号之一:"b"(Blom),"r"(Rankit－Cleveland),"o"(Ordinary),"t"(Tukey),"v"(vander Waerden),"g"(Gumbel)。当"*"项缺失时,意味着是按"r"法计算。
@ COV(X,Y)	序列 X 与 Y 的协方差
@ COR(X,Y)	序列 X 与 Y 的相关系数
@ CROSS(X,Y)	在各观测点处序列 X 与 Y 对应相乘,然后求和

需要说明的是,表附 A－4 中的@ 函数是针对工作文件当前的样本计算统计量,如果用户要在自己设定的样本范围内进行计算,可以利用 SERIES 或 GENR 命令语句将统计量值放置在一个序列中。

例如,设样本"1988 2008"位于工作文件的范围内,计算已有序列 X 在该样本上的均值,并命名为 MX,其命令格式为:

SERIES　MX = @ mean(X,"1988 2008")

2. 利用序列(组)窗口的 View 功能键的方式

(1)单个序列的描述统计量的计算

EViews 还可以同时计算并显示一个序列的若干个描述统计量,其基本操作过程如下:

在工作文件的目录中,双击待研究序列的名称(如,GDP),打开该序列的数据窗口。然后单击该窗口菜单栏上的 View→Descriptive Statistics & Tests→Stats Table,便得到该序列的若干描述统计量的计算结果,如图附 A－38 所示,其中 Mean、Median、Maximum、Minimum、Std. Dev. 、Skewness、Kurtosis、Jarque－Bera、Probability、Sum、Sum Sq. Dev. 、Observations 对应的数值分别为 GDP 序列的均值、中位数、最大值、最小值、标准差、偏度、峰度、(正态性检验的)JB 统计量值、JB 检验的 P 值、和、离差平方和、观测点个数。

在上述操作过程中,若将 Stats Table 改为选择 Histogram Stats,则得到 GDP 分布的柱状图和描述统计量表,如图附 A－39 所示,其中右侧为 GDP 的描述统计量值,左侧为反映其频率分布情况的柱状图,它的纵轴表示将 GDP 的最大值与最小值构成的区间分成等长的若干小区间后,每个小区间内所含有观测值的个数。

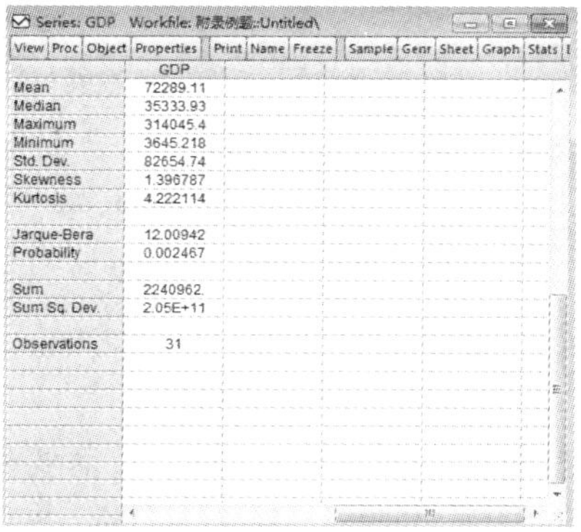

Series: GDP　Workfile: 附录例题::Untitled\

View | Proc | Object | Properties | Print | Name | Freeze | Sample | Genr | Sheet | Graph | Stats

	GDP
Mean	72289.11
Median	35333.93
Maximum	314045.4
Minimum	3645.218
Std. Dev.	82654.74
Skewness	1.396787
Kurtosis	4.222114
Jarque-Bera	12.00942
Probability	0.002467
Sum	2240962.
Sum Sq. Dev.	2.05E+11
Observations	31

图附 A－38

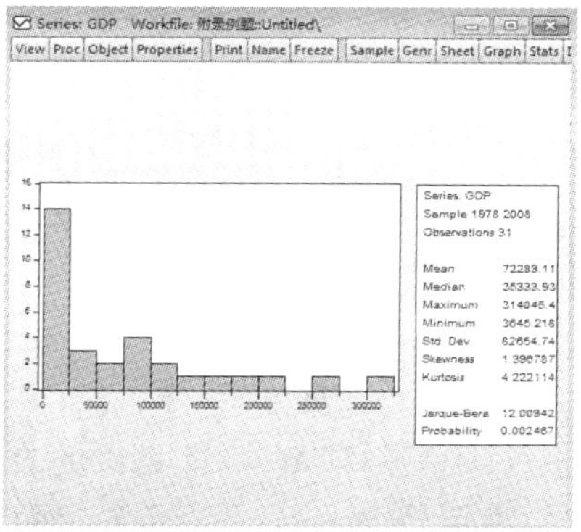

图附 A－39

若要同时计算一个序列组中每个序列的描述统计量值,则需要将这些序列作为一组同时打开,然后单击该序列组窗口菜单栏上的 View→Descriptive Stats→Common Sample,便得到在共同的有效样本范围内这些序列描述统计量的计算结果。若将 Common Sample 改为选择 Individual Samples,则得到在各自有效样本范围内这些序列描述统计量的计算结果。

(2)相关系数与协方差的计算

在 EViews 下,计算一组序列的相关系数与协方差的操作过程如下:

首先把这些序列,比如 GDP、C1、C2,作为一组同时打开,然后点击该序列组窗口菜单栏上的 View→Covariance Analysis,打开 Covariance Analysis 窗口,并在该窗口的 Statistics 部分,选择 Covariance,再点击 OK,便得到该组序列的方差协方差矩阵,如图附 A－40 所示,其中主对角线上的数 6.61E＋09(6.61×10^9)、57222916、5.17E＋08 依次为 GDP、C1、C2 的方差,其余数为它们两两之间的协方差。

将上述 Covariance Analysis 窗口中选择的 Covariance 去掉(点击即可),改为选择 Correlation,便得到 GDP、C1、C2 的相关系数矩阵,如图附 A－41 所示,其中主对角线上的数为 1,其余数为它们两两之间的相关系数。

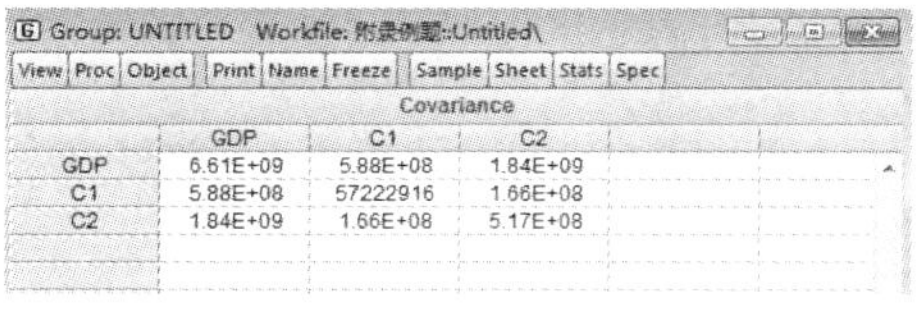

Group: UNTITLED　Workfile: 附录例题::Untitled\

View | Proc | Object | Print | Name | Freeze | Sample | Sheet | Stats | Spec

Covariance

	GDP	C1	C2
GDP	6.61E+09	5.88E+08	1.84E+09
C1	5.88E+08	57222916	1.66E+08
C2	1.84E+09	1.66E+08	5.17E+08

图附 A－40

Group: UNTITLED　Workfile: 附录例题::Untitled\

View | Proc | Object | Print | Name | Freeze | Sample | Sheet | Stats | Spec

Correlation

	GDP	C1	C2
GDP	1.000000	0.956297	0.997222
C1	0.956297	1.000000	0.967448
C2	0.997222	0.967448	1.000000

图附 A－41

对于在 EViews 下得到的数据表,用户可以将其复制到 Word 文档中,通过添加边框和底纹整理成我们熟悉的表格形式。下面以图附 A－41 中数据表的复制为例,介绍其基本操作过程:

首先,点击表格第 1 列和第 1 行交叉处的方格,选中数据表,如图附 A－42 所示,接着按右键,从打开的下拉菜单中选择 Copy,便弹出如图附 A－43 所示的 Copy Options 窗口。在该窗口的 Copy numbers 选项中,选择 As displayed(按显示的精度)或 Using highest precision(使用最高精度),再点击 OK。然后,在 Word 文档的指定位置按右键,接着在打开的下拉菜单中选择"粘贴选项"中的适当选项,便将所选数据表复制到 Word 文档了。

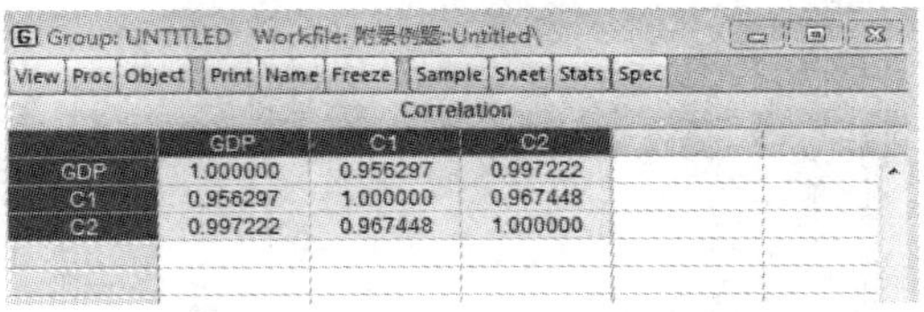

图附 A－42

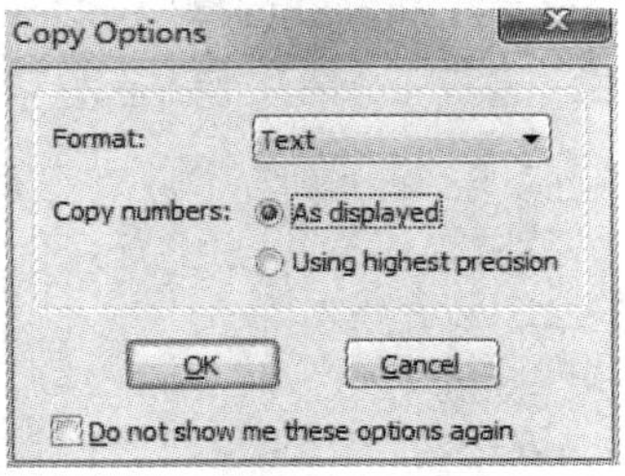

图附 A－43

需要注意,刚复制到 Word 文档中的表格没有边框。若要将它们补上,需要先选中该表(将鼠标滑动至该表上方,并点击左上角出现的"⊞",即可),接着按右键,并在打开的下拉菜单中点击"边框和底纹",然后在随即弹出的"边框和底纹"窗口中,通过设置边框,便可以得到如表附 A－5 所示的 GDP、C1、C2 之间的相关系数表。

表附 A－5　GDP、C1、C2 之间的相关系数表

	GDP	C1	C2
GDP	1	0. 956297	0. 997222
C1	0. 956297	1	0. 967448
C2	0. 997222	0. 967448	1

附录 B　统计分布表

附录 B 表 1　标准正态分布表

例，$Z \sim N(0,1)$，$P(Z > 1.96) = 0.025$，$P(Z < -1.96) = 0.025$。

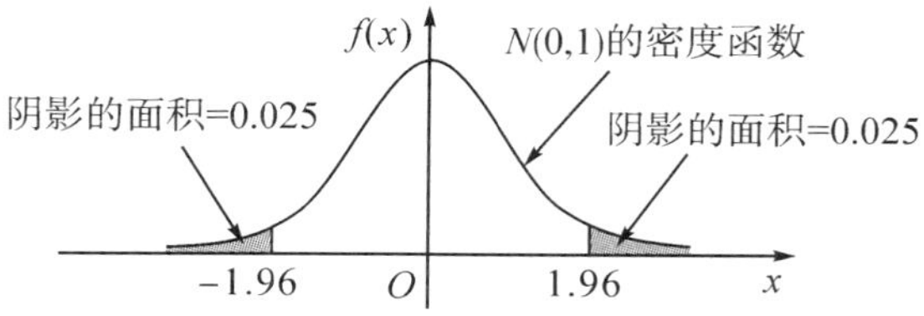

Z	0	0.01	0.02	0.03	0.04	0.05	0.06	0.07	0.08	0.09
0	0.5	0.496	0.492	0.488	0.484	0.480 1	0.476 1	0.472 1	0.468 1	0.464 1
0.1	0.460 2	0.456 2	0.452 2	0.448 3	0.444 3	0.440 4	0.436 4	0.432 5	0.428 6	0.424 7
0.2	0.420 7	0.416 8	0.412 9	0.409	0.405 2	0.401 3	0.397 4	0.393 6	0.389 7	0.385 9
0.3	0.382 1	0.378 3	0.374 5	0.370 7	0.366 9	0.363 2	0.359 4	0.355 7	0.352	0.348 3
0.4	0.344 6	0.340 9	0.331 8	0.333 6	0.33	0.326 4	0.322 8	0.319 2	0.315 6	0.312 1
0.5	0.308 5	0.305	0.301 5	0.298 1	0.294 6	0.291 2	0.287 7	0.284 3	0.281	0.277 6
0.6	0.274 3	0.270 9	0.267 6	0.264 3	0.261 1	0.257 8	0.254 6	0.251 4	0.248 3	0.245 1
0.7	0.242	0.238 9	0.235 8	0.232 7	0.229 6	0.226 6	0.223 6	0.220 6	0.217 7	0.214 8
0.8	0.211 9	0.200 9	0.206 1	0.203 3	0.200 5	0.197 7	0.194 9	0.192 2	0.189 4	0.186 7
0.9	0.181 4	0.181 4	0.178 8	0.176 2	0.173 6	0.171 1	0.168 5	0.166	0.163 5	0.161 1
1	0.158 7	0.156 2	0.153 9	0.151 5	0.149 2	0.146 9	0.144 6	0.142 3	0.140 1	0.137 9
1.1	0.135 7	0.133 5	0.131 4	0.129 2	0.127 1	0.125 1	0.123	0.121	0.119	0.117
1.2	0.115 1	0.113 1	0.111 2	0.109 3	0.107 5	0.105 6	0.103 8	0.102	0.100 3	0.098 5
1.3	0.096 8	0.095 1	0.093 4	0.091 8	0.090 1	0.088 5	0.086 9	0.085 3	0.083 8	0.082 3
1.4	0.080 8	0.079 3	0.077 8	0.076 4	0.074 9	0.073 5	0.072 1	0.070 8	0.069 4	0.068 1
1.5	0.066 8	0.065 5	0.064 3	0.063	0.061 8	0.060 6	0.059 4	0.058 2	0.057 1	0.055 9
1.6	0.054 8	0.053 7	0.052 6	0.051 6	0.050 5	0.049 5	0.048 5	0.047 5	0.046 5	0.045 5
1.7	0.046 6	0.043 6	0.042 7	0.041 8	0.040 9	0.040 1	0.039 2	0.038 4	0.037 5	0.036 7
1.8	0.035 9	0.035 1	0.034 4	0.033 6	0.032 9	0.032 2	0.031 4	0.030 7	0.030 1	0.029 4
1.9	0.028 7	0.028 1	0.027 4	0.026 8	0.026 2	0.025 6	**0.025**	0.024 4	0.023 9	0.023 3
2	0.022 8	0.022 2	0.021 7	0.021 2	0.020 7	0.020 2	0.019 7	0.019 2	0.018 8	0.018 3
2.1	0.017 9	0.017 4	0.017	0.016 6	0.016 2	0.015 8	0.015 4	0.015	0.014 6	0.014 3
2.2	0.013 9	0.013 6	0.013 2	0.012 9	0.012 5	0.012 2	0.011 9	0.011 6	0.011 3	0.011
2.3	0.010 7	0.010 4	0.010 2	0.009 9	0.009 6	0.009 4	0.009 1	0.008 9	0.008 7	0.008 4
2.4	0.008 2	0.008	0.007 8	0.007 5	0.007 3	0.007 1	0.006 9	0.006 8	0.006 6	0.006 4
2.5	0.006 2	0.006	0.005 9	0.005 7	0.005 5	0.005 4	0.005 2	0.005 1	0.004 9	0.004 8
2.6	0.004 7	0.004 5	0.004 4	0.004 3	0.004 1	0.004	0.003 9	0.003 8	0.003 7	0.003 6
2.7	0.003 5	0.003 4	0.003 3	0.003 2	0.003 1	0.003	0.002 9	0.002 8	0.002 7	0.002 6
2.8	0.002 6	0.002 5	0.002 4	0.002 3	0.002 3	0.002 2	0.002 1	0.002 1	0.002	0.001 9
2.9	0.001 9	0.001 8	0.001 8	0.001 7	0.001 6	0.001 6	0.001 5	0.001 5	0.001 4	0.001 4
3	0.001 3	0.001 3	0.001 3	0.001 2	0.001 2	0.001 1	0.001 1	0.001 1	0.001	0.001

附录B 表2　*t* 分布表

例,若 $t \sim t(20)$,其中 $v = 20$,则 $P(t > 2.086) = 0.025$,$P(t < -2.086) = 0.025$。

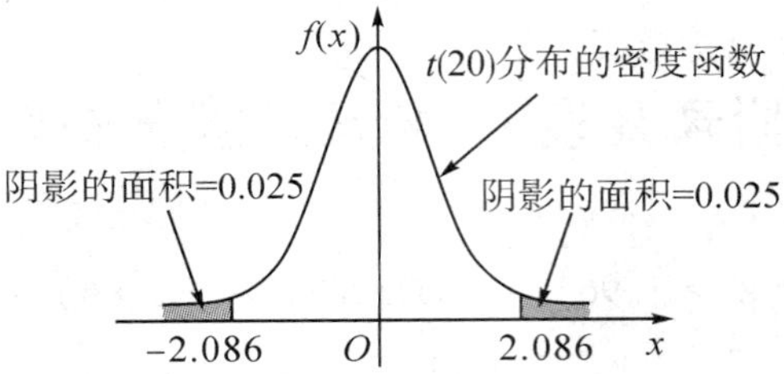

v \ α	0.25	0.1	0.05	0.025	0.01	0.005	0.001
1	1	3.078	6.314	12.706	31.821	63.657	318.31
2	0.816	1.866	2.92	4.303	6.965	9.925	22.327
3	0.765	1.638	2.353	3.182	4.541	5.841	10.214
4	0.741	1.533	2.132	2.776	3.747	4.604	7.173
5	0.727	1.476	2.015	2.571	3.365	4.032	5.893
6	0.718	1.44	1.943	2.447	3.143	3.707	5.208
7	0.711	1.415	1.895	2.365	2.998	3.499	4.785
8	0.706	1.397	1.86	2.306	2.896	3.355	4.501
9	0.703	1.383	1.833	2.262	2.821	3.25	4.297
10	0.7	1.372	1.812	2.228	2.764	3.169	4.144
11	0.697	1.363	1.796	2.201	2.718	3.106	4.025
12	0.695	1.356	1.782	2.179	2.681	3.055	3.93
13	0.694	1.35	1.771	2.16	2.65	3.012	3.852
14	0.692	1.345	1.761	2.145	2.624	2.977	3.787
15	0.691	1.341	1.753	2.131	2.602	2.947	3.733
16	0.69	1.337	1.746	2.12	2.583	2.921	3.686
17	0.689	1.333	1.74	2.11	2.567	2.898	3.646
18	0.688	1.33	1.734	2.101	2.552	2.878	3.61
19	0.688	1.328	1.729	2.093	2.539	2.861	3.579
20	0.687	1.325	1.725	**2.086**	2.528	2.845	3.552
21	0.686	1.323	1.721	2.08	2.518	2.831	3.527
22	0.686	1.321	1.717	2.074	2.508	2.819	3.505
23	0.685	1.319	1.714	2.069	2.5	2.807	3.485
24	0.685	1.318	1.711	2.064	2.492	2.797	3.467
25	0.684	1.316	1.708	2.06	2.485	2.787	3.45
26	0.684	1.315	1.706	2.056	2.479	2.779	3.435
27	0.684	1.314	1.703	2.052	2.473	2.771	3.421
28	0.683	1.313	1.701	2.048	2.467	2.763	3.408
29	0.683	1.311	1.699	2.045	2.462	2.756	3.396
30	0.683	1.31	1.697	2.042	2.457	2.75	3.385
40	0.681	1.303	1.684	2.021	2.423	2.704	3.307
60	0.679	1.296	1.671	2	2.39	2.66	3.232
120	0.677	1.289	1.658	1.98	2.358	2.617	3.16
∞	0.674	1.282	1.645	1.96	2.326	2.576	3.09

注:表中 v 为 t 分布的自由度,α 为概率。

附录 B 表 3　F 分布表

例，若 $F \sim F(10,50)$，其中第一自由度 $v_1 = 10$，第二自由度 $v_2 = 50$，则 $P(F > 2.02) = 0.05$。

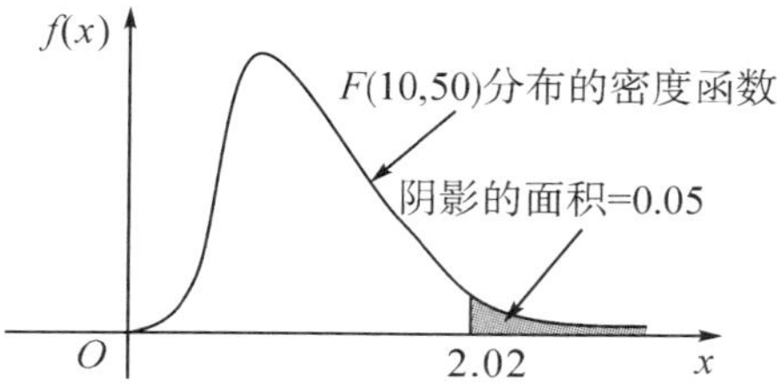

表 3(a)　F 分布表(显著性水平 $\alpha = 0.05$)

v_2 \ v_1	1	2	3	4	5	6	7	8	9	10	11	12
1	161	200	216	225	230	234	237	239	241	242	243	244
2	18.51	19	19.16	19.25	19.3	19.33	19.36	19.37	19.38	19.39	19.4	19.41
3	10.13	9.55	9.28	9.12	9.01	8.94	8.88	8.84	8.81	8.78	8.76	8.74
4	7.71	6.94	6.59	6.39	6.26	6.16	6.09	6.04	6	5.96	5.93	5.91
5	6.61	5.79	5.41	5.19	5.05	4.95	4.88	4.82	4.78	4.74	4.7	4.68
6	5.99	5.14	4.76	4.53	4.39	4.28	4.21	4.15	4.1	4.06	4.13	4
7	5.59	4.74	4.35	4.12	3.97	3.87	3.79	3.73	3.68	3.63	3.6	3.57
8	5.32	4.46	4.07	3.84	3.69	3.58	3.5	3.44	3.39	3.34	3.31	3.28
9	5.12	4.26	3.86	3.63	3.48	3.37	3.29	3.23	3.18	3.13	3.1	3.07
10	4.96	4.1	3.71	3.48	3.33	3.22	3.14	3.07	3.02	2.97	2.94	2.91
11	4.84	3.98	3.59	3.36	3.2	3.09	3.01	2.95	2.9	2.86	2.82	2.79
12	4.75	3.88	3.49	3.26	3.11	3	2.92	2.85	2.8	2.76	2.72	2.69
13	4.67	3.8	3.41	3.18	3.02	2.92	2.84	2.77	2.72	2.67	2.63	2.6
14	4.6	3.74	3.34	3.11	2.96	2.85	2.77	2.7	2.65	2.6	2.56	2.53
15	4.54	3.68	3.29	3.06	2.9	2.79	2.7	2.64	2.59	2.55	2.51	2.48
16	4.49	3.63	3.24	3.01	2.85	2.74	2.66	2.59	2.54	2.49	2.45	2.42
17	4.45	3.59	3.2	2.96	2.81	2.7	2.62	2.55	2.5	2.45	2.41	2.38
18	4.41	3.55	3.16	2.93	2.77	2.66	2.58	2.51	2.46	2.41	2.37	2.34
19	4.38	3.52	3.13	2.9	2.74	2.63	2.55	2.48	2.43	2.38	2.34	2.31
20	4.35	3.49	3.1	2.87	2.71	2.6	2.52	2.45	2.4	2.35	2.31	2.28
21	4.32	3.47	3.07	2.84	2.68	2.57	2.49	2.42	2.37	2.32	2.28	2.25
22	4.3	3.44	3.05	2.82	2.66	2.55	2.47	2.4	2.35	2.3	2.26	2.23
23	4.28	3.42	3.03	2.8	2.64	2.53	2.45	2.38	2.32	2.28	2.24	2.2
24	4.26	3.4	3.01	2.78	2.62	2.51	2.43	2.36	2.3	2.26	2.22	2.18
25	4.24	3.38	2.99	2.76	2.6	2.49	2.41	2.34	2.28	2.24	2.2	2.16

表3(a)(续)

v_2 \ v_1	1	2	3	4	5	6	7	8	9	10	11	12
26	4.22	3.37	2.98	2.74	2.59	2.47	2.39	2.32	2.27	2.22	2.18	2.15
27	4.21	3.35	2.96	2.73	2.57	2.46	2.37	2.3	2.25	2.2	2.16	2.13
28	4.2	3.34	2.95	2.71	2.56	2.44	2.36	2.29	2.24	2.19	2.15	2.12
29	4.18	3.33	2.93	2.7	2.54	2.43	2.35	2.28	2.22	2.18	2.14	2.1
30	4.17	3.32	2.92	2.69	2.53	2.42	2.34	2.27	2.21	2.16	2.12	2.09
32	4.15	3.3	2.9	2.67	2.51	2.4	2.32	2.25	2.19	2.14	2.1	2.07
34	4.13	3.28	2.88	2.65	2.49	2.38	2.3	2.23	2.17	2.12	2.08	2.05
36	4.11	3.26	2.86	2.63	2.48	2.36	2.28	2.21	2.15	2.1	2.06	2.03
38	4.1	3.25	2.85	2.62	2.46	2.35	2.26	2.19	2.14	2.09	2.05	2.02
40	4.08	3.23	2.84	2.61	2.45	2.34	2.25	2.18	2.12	2.07	2.04	2
42	4.07	3.22	2.83	2.59	2.44	2.32	2.24	2.17	2.11	2.06	2.02	1.99
44	4.06	3.21	2.82	2.58	2.43	2.31	2.23	2.16	2.1	2.05	2.01	1.98
46	4.05	3.2	2.81	2.57	2.42	2.3	2.22	2.14	2.09	2.04	2	1.97
48	4.04	3.19	2.8	2.56	2.41	2.3	2.21	2.14	2.08	2.03	1.99	1.96
50	4.03	3.18	2.79	2.56	2.4	2.29	2.2	2.13	2.07	2.02	1.98	1.95
55	4.02	3.17	2.78	2.54	2.38	2.27	2.18	2.11	2.05	2	1.97	1.93
60	4	3.15	2.76	2.52	2.37	2.25	2.17	2.1	2.04	1.99	1.95	1.92
65	3.99	3.14	2.75	2.51	2.36	2.24	2.15	2.08	2.02	1.98	1.94	1.9
70	3.98	3.13	2.74	2.5	2.35	2.23	2.14	2.07	2.01	1.97	1.93	1.89
80	3.96	3.11	2.72	2.48	2.33	2.21	2.12	2.05	1.99	1.95	1.91	1.88
100	3.94	3.09	2.7	2.46	2.3	2.19	2.1	2.03	1.97	1.92	1.88	1.85
125	3.92	3.07	2.68	2.44	2.29	2.17	2.08	2.01	1.95	1.9	1.86	1.83
150	3.91	3.06	2.67	2.43	2.27	2.16	2.07	2	1.94	1.89	1.85	1.82
200	3.89	3.04	2.65	2.41	2.26	2.14	2.05	1.98	1.92	1.87	1.83	1.8
400	3.86	3.02	2.62	2.39	2.23	2.12	2.03	1.96	1.9	1.85	1.81	1.78
1 000	3.85	3	2.61	2.38	2.22	2.1	2.02	1.95	1.89	1.84	1.8	1.76
∞	3.84	2.99	2.6	2.37	2.21	2.09	2.01	1.94	1.88	1.83	1.79	1.75

续表 3(a)

v_2 \ v_1	14	16	20	24	30	40	50	75	100	200	500	∞
1	245	246	248	249	250	251	252	253	253	254	254	254
2	19.42	19.43	19.44	19.45	19.46	19.47	19.47	19.48	19.49	19.49	19.5	19.5
3	8.71	8.69	8.66	8.64	8.62	8.6	8.58	8.57	8.56	8.54	8.53	8.53
4	5.87	5.84	5.8	5.77	5.74	5.71	5.7	5.68	5.66	5.65	5.64	5.63
5	4.64	4.6	4.56	4.53	4.5	4.46	4.44	4.42	4.4	4.38	4.37	4.36
6	3.96	3.92	3.87	3.84	3.81	3.77	3.75	3.72	3.71	3.69	3.68	3.67
7	3.52	3.49	3.44	3.41	3.38	3.34	3.32	3.29	3.28	3.25	3.24	3.23
8	3.23	3.2	3.15	3.12	3.08	3.05	3.03	3	2.98	2.96	2.94	2.93
9	3.02	2.98	2.93	2.9	2.86	2.82	2.8	2.77	2.76	2.73	2.72	2.71

续表3(a)(续)

v_2 \ v_1	14	16	20	24	30	40	50	75	100	200	500	∞
10	2.86	2.82	2.77	2.74	2.7	2.67	2.64	2.61	2.59	2.56	2.55	2.54
11	2.74	2.7	2.65	2.61	2.57	2.53	2.5	2.47	2.45	2.42	2.41	2.4
12	2.64	2.6	2.54	2.5	2.46	2.42	2.4	2.36	2.35	2.32	2.31	2.3
13	2.55	2.51	2.46	2.42	2.38	2.34	2.32	2.28	2.26	2.24	2.22	2.21
14	2.48	2.44	2.39	2.35	2.31	2.27	2.24	2.21	2.19	2.16	2.14	2.13
15	2.43	2.39	2.33	2.29	2.25	2.21	2.18	2.15	2.12	2.1	2.08	2.07
16	2.37	2.33	2.28	2.24	2.2	2.16	2.13	2.09	2.07	2.04	2.02	2.01
17	2.33	2.29	2.23	2.19	2.15	2.11	2.08	2.04	2.02	1.99	1.97	1.96
18	2.29	2.25	2.19	2.15	2.11	2.07	2.04	2	1.98	1.95	1.93	1.92
19	2.26	2.21	2.15	2.11	2.07	2.02	2	1.96	1.94	1.91	1.9	1.88
20	2.23	2.18	2.12	2.08	2.04	1.99	1.96	1.92	1.9	1.87	1.85	1.84
21	2.2	2.15	2.09	2.05	2	1.96	1.93	1.89	1.87	1.84	1.82	1.81
22	2.18	2.13	2.07	2.03	1.98	1.93	1.91	1.87	1.84	1.81	1.8	1.78
23	2.14	2.1	2.04	2	1.96	1.91	1.88	1.84	1.82	1.79	1.77	1.76
24	2.13	2.09	2.02	1.98	1.94	1.89	1.86	1.82	1.8	1.76	1.74	1.73
25	2.11	2.06	2	1.96	1.92	1.87	1.84	1.8	1.77	1.74	1.72	1.71
26	2.1	2.05	1.99	1.95	1.9	1.85	1.82	1.78	1.76	1.72	1.7	1.69
27	2.08	2.03	1.97	1.93	1.88	1.84	1.8	1.76	1.74	1.71	1.68	1.67
28	2.06	2.02	1.96	1.91	1.87	1.81	1.78	1.75	1.72	1.69	1.67	1.65
29	2.05	2	1.94	1.9	1.85	1.8	1.77	1.73	1.71	1.68	1.65	1.64
30	2.04	1.99	1.93	1.89	1.84	1.79	1.76	1.72	1.69	1.66	1.64	1.62
32	2.02	1.97	1.91	1.86	1.82	1.76	1.74	1.69	1.67	1.64	1.61	1.59
34	2	1.95	1.89	1.84	1.8	1.74	1.71	1.67	1.64	1.61	1.59	1.57
36	1.98	1.93	1.87	1.82	1.78	1.72	1.69	1.65	1.62	1.59	1.56	1.55
38	1.96	1.92	1.85	1.8	1.76	1.71	1.67	1.63	1.6	1.57	1.54	1.53
40	1.95	1.9	1.84	1.79	1.74	1.69	1.66	1.61	1.59	1.55	1.53	1.51
42	1.94	1.89	1.82	1.78	1.73	1.68	1.64	1.6	1.57	1.54	1.51	1.49
44	1.92	1.88	1.81	1.76	1.72	1.66	1.63	1.58	1.56	1.52	1.5	1.48
46	1.91	1.87	1.8	1.75	1.71	1.65	1.62	1.57	1.54	1.51	1.48	1.46
48	1.9	1.86	1.79	1.74	1.7	1.64	1.61	1.56	1.53	1.5	1.47	1.45
50	1.9	1.85	1.78	1.74	1.69	1.63	1.6	1.55	1.52	1.48	1.46	1.44
55	1.88	1.83	1.76	1.72	1.67	1.61	1.58	1.52	1.5	1.46	1.43	1.41
60	1.86	1.81	1.75	1.7	1.65	1.59	1.56	1.5	1.48	1.44	1.41	1.39
65	1.85	1.8	1.73	1.68	1.63	1.57	1.54	1.49	1.46	1.42	1.39	1.37
70	1.84	1.79	1.72	1.67	1.62	1.56	1.53	1.47	1.45	1.4	1.37	1.35
80	1.82	1.77	1.7	1.65	1.6	1.54	1.51	1.45	1.42	1.38	1.35	1.32
100	1.79	1.75	1.68	1.63	1.57	1.51	1.48	1.42	1.39	1.34	1.3	1.28
125	1.77	1.72	1.65	1.6	1.55	1.49	1.45	1.39	1.36	1.31	1.27	1.25
150	1.76	1.71	1.64	1.59	1.54	1.47	1.44	1.37	1.34	1.29	1.25	1.22
200	1.74	1.69	1.62	1.57	1.52	1.45	1.42	1.35	1.32	1.26	1.22	1.19

续表3(a)(续)

v_2 \ v_1	14	16	20	24	30	40	50	75	100	200	500	∞
400	1.72	1.67	1.6	1.54	1.49	1.42	1.38	1.32	1.28	1.22	1.16	1.13
1 000	1.7	1.65	1.58	1.53	1.47	1.41	1.36	1.3	1.26	1.19	1.13	1.08
∞	1.67	1.64	1.57	1.52	1.46	1.4	1.35	1.28	1.24	1.17	1.11	1

注:表中 v_1、v_2 分别为 F 分布的第一自由度和第二自由度。

表 3(b)　F 分布表(显著性水平 $\alpha=0.01$)

v_2 \ v_1	1	2	3	4	5	6	7	8	9	10	11	12
1	4 052	4 999	5 403	5 625	5 764	5 859	5 928	5 982	6 022	6 056	6 082	6 106
2	98.49	99	99.17	99.25	99.3	99.33	99.34	99.36	99.38	99.4	99.41	99.42
3	34.12	30.82	29.46	28.71	28.24	27.91	27.67	27.49	27.34	27.23	27.13	27.05
4	21.2	18	16.69	15.98	15.52	15.21	14.98	14.8	14.66	14.54	14.45	14.37
5	16.26	13.27	12.06	11.39	10.97	10.67	10.45	10.27	20.15	10.05	9.96	9.89
6	13.74	10.92	9.78	9.15	8.75	8.47	8.25	8.1	7.98	7.87	7.79	7.72
7	12.25	9.55	8.45	7.85	7.46	7.19	7	6.84	6.71	6.62	6.54	6.47
8	11.26	8.65	7.59	7.01	6.63	6.37	6.19	6.03	5.91	5.82	5.74	5.67
9	10.56	8.02	6.99	6.42	6.06	5.8	5.62	5.47	5.35	5.26	5.18	5.11
10	10.04	7.56	6.55	5.99	5.64	5.39	5.21	5.06	4.95	4.85	4.73	4.71
11	9.65	7.2	6.22	5.67	5.32	5.07	4.88	4.74	4.63	4.54	4.46	4.4
12	9.33	6.93	5.95	5.41	5.06	4.82	4.65	4.5	4.39	4.3	4.22	4.16
13	9.07	6.7	5.74	5.2	4.86	4.62	4.44	4.3	4.19	4.1	4.02	3.96
14	8.86	6.51	5.56	5.03	4.69	4.46	4.28	4.14	4.03	3.94	3.86	3.8
15	8.68	6.36	5.42	4.89	4.56	4.32	4.14	4	3.89	3.8	3.73	3.67
16	8.53	6.23	5.29	4.77	4.44	4.2	4.03	3.89	3.78	3.69	3.61	3.55
17	8.4	6.11	5.18	4.67	4.34	4.1	3.93	3.79	3.68	3.59	3.52	3.45
18	8.28	6.01	5.09	4.58	4.25	4.01	3.85	3.71	3.6	3.51	3.44	3.37
19	8.18	5.93	5.01	4.5	4.17	3.94	3.77	3.63	3.52	3.43	3.36	3.3
20	8.1	5.85	4.94	4.43	4.1	3.87	3.71	3.56	3.45	3.37	3.3	3.23
21	8.02	5.78	4.87	4.37	4.04	3.81	3.65	3.51	3.4	3.31	3.24	3.17
22	7.94	5.72	4.82	4.31	3.99	3.76	3.59	3.45	3.35	3.26	3.18	3.12
23	7.88	5.66	4.76	4.26	3.94	3.71	3.54	3.41	3.3	3.21	3.14	3.07
24	7.82	5.61	4.72	4.22	3.9	3.67	3.5	3.36	3.25	3.17	3.09	3.03
25	7.77	5.57	4.68	4.18	3.86	3.63	3.46	3.32	3.21	3.13	3.05	2.99
26	7.72	5.53	4.64	4.14	3.82	3.59	3.42	3.29	3.17	3.09	3.02	2.96
27	7.68	5.49	4.6	4.11	3.79	3.56	3.39	3.26	3.14	3.06	2.98	2.93
28	7.64	5.45	4.57	4.07	3.76	3.53	3.36	3.23	3.11	3.03	2.95	2.9
29	7.6	5.42	4.54	4.04	3.73	3.5	3.33	3.2	3.08	3	2.92	2.87
30	7.56	5.39	4.51	4.02	3.7	3.47	3.3	3.17	3.06	2.98	2.9	2.84
32	7.5	5.34	4.46	3.97	3.66	3.42	3.25	3.12	3.01	2.94	2.86	2.8
34	7.44	5.29	4.42	3.93	3.61	3.38	3.21	3.08	2.97	2.89	2.82	2.76

表3(b)(续)

v_2 \ v_1	1	2	3	4	5	6	7	8	9	10	11	12
36	7.39	5.25	4.38	3.89	3.58	3.35	3.18	3.04	2.94	2.86	2.78	2.72
38	7.35	5.21	4.34	3.86	3.54	3.32	3.15	3.02	2.91	2.82	2.75	2.69
40	7.31	5.18	4.31	3.83	3.51	3.29	3.12	2.99	2.88	2.8	2.73	2.66
42	7.27	5.15	4.29	3.8	3.49	3.26	3.1	2.96	2.86	2.77	2.7	2.64
44	7.24	5.12	4.26	3.78	3.46	3.24	3.07	2.94	2.84	2.75	2.68	2.62
46	7.21	5.1	4.24	3.76	3.44	3.22	3.05	2.92	2.82	2.73	2.66	2.6
48	7.19	5.08	4.22	3.74	3.42	3.2	3.04	2.9	2.8	2.71	2.64	2.58
50	7.17	5.06	4.2	3.72	3.41	3.18	3.02	2.88	2.78	2.7	2.62	2.56
55	7.12	5.01	4.16	3.68	3.37	3.15	2.98	2.85	2.75	2.66	2.59	2.53
60	7.08	4.98	4.13	3.65	3.34	3.12	2.95	2.82	2.72	2.63	2.56	2.5
65	7.04	4.95	4.1	3.62	3.31	3.09	2.93	2.79	2.7	2.61	2.54	2.47
70	7.01	4.92	4.08	3.6	3.29	3.07	2.91	2.77	2.67	2.59	2.51	2.45
80	6.96	4.88	4.04	3.56	3.25	3.04	2.87	2.74	2.64	2.55	2.48	2.41
100	6.9	4.82	3.98	3.51	3.2	2.99	2.82	2.69	2.59	2.51	2.43	2.36
125	6.84	4.78	3.94	3.47	3.17	2.95	2.79	2.65	2.56	2.47	2.4	2.33
150	6.81	4.75	3.91	3.44	3.14	2.92	2.76	2.62	2.53	2.44	2.37	2.3
200	6.76	4.71	3.88	3.41	3.11	2.9	2.73	2.6	2.5	2.41	2.34	2.28
400	6.7	4.66	3.83	3.36	3.06	2.85	2.69	2.55	2.46	2.37	2.29	2.23
1 000	6.66	4.62	3.8	3.34	3.04	2.82	2.66	2.53	2.43	2.34	2.26	2.2
∞	6.64	4.6	3.78	3.32	3.02	2.8	2.64	2.51	2.41	2.32	2.24	2.18

续表 3(b)

v_2 \ v_1	14	16	20	24	30	40	50	75	100	200	500	∞
1	6 142	6 169	6 208	6 234	6 258	6 286	6 302	6 323	6 334	6 352	6 361	6 366
2	99.43	99.44	99.45	99.46	99.47	99.48	99.48	99.49	99.49	99.49	99.5	99.5
3	26.92	26.83	26.69	26.6	26.5	26.41	26.35	26.27	26.23	26.18	26.14	26.12
4	14.24	14.15	14.02	13.93	13.83	13.74	13.69	13.61	13.57	13.52	13.48	13.46
5	9.77	9.68	9.55	9.47	9.38	9.29	9.24	9.17	9.13	9.07	9.04	9.02
6	7.6	7.52	7.33	7.31	7.23	7.14	7.09	7.02	6.99	6.94	6.9	6.88
7	6.35	6.27	6.15	6.07	5.98	5.9	5.85	5.78	5.75	5.7	5.67	5.65
8	5.56	5.48	5.36	5.28	5.2	5.11	5.06	5	4.96	4.91	4.88	4.86
9	5	4.92	4.8	4.73	4.64	4.56	4.51	4.45	4.41	4.36	4.33	4.31
10	4.6	4.52	4.41	4.33	4.25	4.17	4.12	4.05	4.01	3.96	3.93	3.91
11	4.29	4.21	4.1	4.02	3.94	3.86	3.8	3.74	3.7	3.66	3.62	3.6
12	4.05	3.98	3.86	3.78	3.7	3.61	3.56	3.49	3.46	3.41	3.38	3.36
13	3.85	3.78	3.67	3.59	3.15	3.42	3.37	3.3	3.27	3.21	3.18	3.16
14	3.7	3.62	3.51	3.43	3.34	3.26	3.21	3.14	3.11	3.06	3.02	3
15	3.56	3.48	3.36	3.29	3.2	3.12	3.07	3	2.97	2.92	2.89	2.87
16	3.45	3.37	3.25	3.18	3.1	3.01	2.96	2.89	2.86	2.8	2.77	2.75

续表3(b)(续)

v_2 \ v_1	14	16	20	24	30	40	50	75	100	200	500	∞
17	3.35	3.27	3.16	3.08	3	2.92	2.86	2.79	2.76	2.7	2.67	2.65
18	3.27	3.19	3.07	3	2.91	2.83	2.78	2.71	2.68	2.62	2.59	2.57
19	3.19	3.12	3	2.92	2.84	2.76	2.7	2.63	2.6	2.54	2.51	2.49
20	3.13	3.05	2.94	2.86	2.77	2.69	2.63	2.56	2.53	2.47	2.44	2.42
21	3.07	2.99	2.88	2.8	2.72	2.63	2.58	2.51	2.47	2.42	2.38	2.36
22	3.02	2.94	2.83	2.75	2.67	2.58	2.53	2.46	2.42	2.37	2.33	2.31
23	2.97	2.89	2.78	2.79	2.62	2.53	2.48	2.41	2.37	2.32	2.28	2.26
24	2.93	2.85	2.74	2.66	2.58	2.49	2.44	2.36	2.33	2.27	2.23	2.21
25	2.89	2.81	2.7	2.62	2.54	2.45	2.4	2.32	2.29	2.23	2.19	2.17
26	2.86	2.77	2.66	2.58	2.5	2.41	2.36	2.28	2.25	2.19	2.15	2.13
27	2.83	2.74	2.63	2.55	2.47	2.38	2.33	2.25	2.21	2.16	2.12	2.1
28	2.8	2.71	2.6	2.52	2.44	2.35	2.3	2.22	2.18	2.13	2.09	2.06
29	2.77	2.68	2.57	2.49	2.41	2.32	2.27	2.19	2.15	2.1	2.06	2.03
30	2.74	2.66	2.55	2.47	2.38	2.29	2.24	2.16	2.13	2.07	2.03	2.01
32	2.7	2.62	2.51	2.42	2.34	2.25	2.2	2.12	2.08	2.02	1.98	1.96
34	2.66	2.58	2.47	2.38	2.3	2.21	2.15	2.08	2.04	1.98	1.94	1.91
36	2.62	2.54	2.43	2.35	2.26	2.17	2.12	2.04	2	1.94	1.9	1.87
38	2.59	2.51	2.4	2.32	2.22	2.14	2.08	2	1.97	1.9	1.86	1.84
40	2.56	2.49	2.37	2.29	2.2	2.11	2.05	1.97	1.94	1.88	1.84	1.81
42	2.54	2.46	2.35	2.26	2.17	2.08	2.02	1.94	1.91	1.85	1.8	1.78
44	2.52	2.44	2.32	2.24	2.15	2.06	2	1.92	1.88	1.82	1.78	1.75
46	2.5	2.42	2.3	2.22	2.13	2.04	1.98	1.9	1.86	1.8	1.76	1.72
48	2.48	2.4	2.28	2.2	2.11	2.02	1.96	1.88	1.84	1.78	1.73	1.7
50	2.46	2.39	2.26	2.18	2.1	2	1.94	1.86	1.82	1.76	1.71	1.68
55	2.43	2.35	2.23	2.15	2.06	1.96	1.9	1.82	1.78	1.71	1.66	1.64
60	2.4	2.32	2.2	2.12	2.03	1.93	1.87	1.79	1.74	1.68	1.63	1.6
65	2.37	2.3	2.18	2.09	2	1.9	1.84	1.76	1.71	1.64	1.6	1.56
70	2.35	2.28	2.15	2.07	1.98	1.88	1.82	1.74	1.69	1.62	1.56	1.53
80	2.32	2.24	2.11	2.03	1.94	1.84	1.78	1.7	1.65	1.57	1.52	1.49
100	2.26	2.19	2.06	1.98	1.89	1.79	1.73	1.64	1.59	1.51	1.46	1.43
125	2.23	2.15	2.03	1.94	1.85	1.75	1.68	1.59	1.54	1.46	1.4	1.37
150	2.2	2.12	2	1.91	1.83	1.72	1.66	1.56	1.51	1.43	1.37	1.33
200	2.17	2.09	1.97	1.88	1.79	1.69	1.62	1.53	1.48	1.39	1.33	1.28
400	2.12	2.04	1.92	1.84	1.74	1.64	1.57	1.47	1.42	1.32	1.24	1.19
1 000	2.09	2.01	1.89	1.81	1.71	1.61	1.54	1.44	1.38	1.28	1.19	1.11
∞	2.07	1.99	1.87	1.79	1.69	1.59	1.52	1.41	1.36	1.25	1.15	1

注:表中 v_1、v_2 分别为 F 分布的第一自由度和第二自由度。

附录 B 表 4　χ^2 分布表

例，若 $\chi^2 \sim \chi^2(6)$，其中 $v=6$，则 $P(\chi^2 > 12.592) = 0.05$

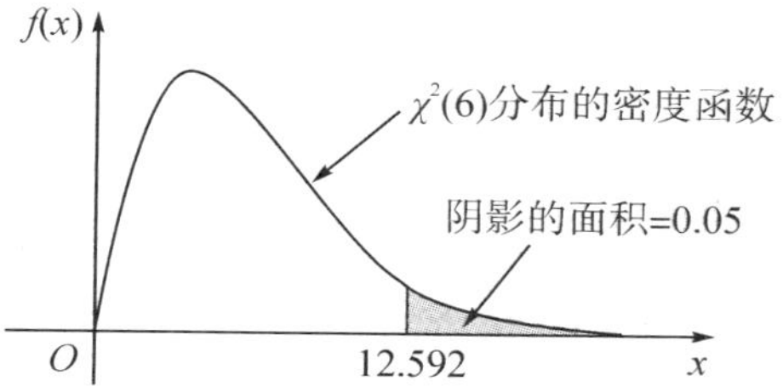

v \ α	0.99	0.975	0.95	0.9	0.1	0.05	0.025	0.01
1	0.0^316	0.001	0.004	0.016	2.706	3.841	5.024	6.635
2	0.02	0.051	0.103	0.211	4.605	5.991	7.378	9.21
3	0.115	0.216	0.352	0.584	6.251	7.815	9.348	11.345
4	0.297	0.484	0.711	1.064	7.779	9.488	11.143	13.277
5	0.554	0.831	1.145	1.61	9.236	11.071	12.833	15.086
6	0.872	1.237	1.635	2.204	10.645	**12.592**	14.449	16.812
7	1.239	1.69	2.167	2.833	12.017	14.067	16.013	18.475
8	1.646	2.18	2.733	3.49	13.362	15.507	17.535	20.09
9	2.088	2.7	3.325	4.168	14.684	16.919	19.023	21.666
10	2.558	3.247	3.94	4.865	15.987	18.307	20.483	23.209
11	3.053	3.816	4.575	5.578	17.275	19.675	21.92	24.725
12	3.571	4.404	5.226	6.304	18.549	21.026	23.337	26.217
13	4.107	5.009	5.892	7.042	19.812	22.362	24.736	27.688
14	4.66	5.629	6.571	7.79	21.064	23.685	26.119	29.141
15	5.229	6.262	7.261	8.547	22.307	24.996	27.448	30.578
16	5.812	6.908	7.962	9.312	23.542	26.296	28.845	32
17	6.408	7.564	8.672	10.085	24.769	27.587	30.191	33.409
18	7.015	8.231	9.39	10.865	25.989	28.869	31.526	34.805
19	7.633	8.907	10.117	11.651	27.204	30.144	32.852	36.191
20	8.26	9.591	10.851	12.443	28.412	31.41	34.17	37.566
21	8.897	10.283	11.591	13.24	29.615	32.671	36.479	38.932
22	9.542	10.982	12.338	14.042	30.813	33.924	36.781	40.289
23	10.196	11.689	13.091	14.848	32.007	35.172	38.076	41.638
24	10.856	12.401	13.848	15.659	33.196	36.415	39.364	42.98
25	11.524	13.12	14.611	16.473	34.382	37.652	40.646	44.314
26	12.198	13.844	15.379	17.292	35.563	38.885	41.923	45.642
27	12.879	14.573	16.151	18.114	36.741	40.113	43.194	46.963
28	13.565	15.308	16.928	18.939	37.916	41.337	44.461	48.278
29	14.257	16.047	17.708	19.768	39.087	42.557	45.722	49.588
30	14.954	16.791	18.493	20.599	40.256	43.773	46.979	50.892

注：表中 v 为 χ^2 分布的自由度，α 为概率。

附录 B 表 5　DW 检验临界值上下限表

附录 B 表 5(a)　左尾 DW 检验临界值上下限表(显著性水平 $\alpha=0.05$)

n	k=1		k=2		k=3		k=4		k=5		k=6		k=7		k=8		k=9		k=10	
	d_L	d_U	d_L	d_U	d_L	d_U	d_L	d_U	d_L	d_U	d_L	d_U	d_L	d_U	d_L	d_U	d_L	d_U	d_L	d_U
15	1.077	1.361	0.946	1.543	0.814	1.75	0.685	1.977	0.562	2.22	0.447	2.472	0.343	2.727	0.251	2.979	0.175	3.216	0.111	3.438
16	1.106	1.371	0.982	1.539	0.857	1.728	0.734	1.935	0.615	2.157	0.502	2.388	0.398	2.624	0.304	2.86	0.222	3.09	0.155	3.304
17	1.133	1.381	1.015	1.536	0.897	1.71	0.779	1.9	0.664	2.104	0.554	2.318	0.451	2.537	0.456	2.757	0.272	2.975	0.198	3.184
18	1.158	1.391	1.046	1.535	0.933	1.696	0.82	1.872	0.71	2.06	0.603	2.257	0.502	2.461	0.407	2.667	0.321	2.873	0.244	3.073
19	1.18	1.401	1.074	1.536	0.967	1.685	0.859	1.848	0.752	2.023	0.649	2.206	0.549	2.396	0.456	2.589	0.369	2.783	0.29	2.974
20	1.201	1.411	1.1	1.537	0.988	1.676	0.894	1.828	0.792	1.991	0.692	2.162	0.595	2.339	0.502	2.521	0.416	2.704	0.336	2.885
21	1.221	1.42	1.125	1.538	1.026	1.669	0.927	1.812	0.829	1.964	0.732	2.124	0.637	2.29	0.547	2.46	0.461	2.633	0.38	2.806
22	1.239	1.429	1.147	1.541	1.053	1.664	0.958	1.797	0.863	1.94	0.769	2.09	0.677	2.246	0.558	2.407	0.504	2.571	0.424	2.734
23	1.257	1.437	1.168	1.543	1.078	1.66	0.986	1.785	0.895	1.92	0.804	2.061	0.715	2.208	0.628	2.36	0.545	2.514	0.465	2.67
24	1.273	1.446	1.188	1.546	1.101	1.656	1.013	1.775	0.925	1.902	0.837	2.035	0.751	2.174	0.666	2.318	0.584	2.464	0.506	2.613
25	1.288	1.454	1.206	1.55	1.123	1.654	1.038	1.767	0.953	1.886	0.868	2.012	0.784	2.144	0.702	2.28	0.621	2.419	0.544	2.56
26	1.302	1.461	1.224	1.553	1.143	1.652	1.062	1.759	0.979	1.873	0.897	1.992	0.816	2.117	0.735	2.246	0.657	2.379	0.581	2.513
27	1.316	1.469	1.24	1.556	1.162	1.651	1.084	1.753	1.004	1.861	0.925	1.974	0.845	2.093	0.767	2.216	0.691	2.342	0.616	2.47
28	1.328	1.476	1.255	1.56	1.181	1.65	1.104	1.747	1.028	1.85	0.951	1.958	0.874	2.071	0.798	2.188	0.723	2.309	0.65	2.431
29	1.341	1.483	1.27	1.563	1.198	1.65	1.124	1.743	1.05	1.841	0.975	1.944	0.9	2.052	0.826	2.164	0.753	2.278	0.682	2.396
30	1.352	1.489	1.284	1.567	1.214	1.65	1.143	1.739	**1.071**	**1.833**	0.998	1.931	0.926	2.034	0.854	2.141	0.782	2.251	0.712	2.363
31	1.363	1.496	1.297	1.57	1.229	1.65	1.16	1.735	1.09	1.825	1.02	1.92	0.95	2.018	0.879	2.12	0.81	2.226	0.741	2.333
32	1.373	1.502	1.309	1.574	1.244	1.65	1.177	1.732	1.109	1.819	1.041	1.909	0.972	2.004	0.904	2.102	0.836	2.203	0.769	2.306
33	1.383	1.508	1.321	1.577	1.258	1.651	1.193	1.73	1.127	1.813	1.061	1.9	0.994	1.991	0.927	2.085	0.861	2.181	0.795	2.281
34	1.393	1.514	1.333	1.58	1.271	1.652	1.208	1.728	1.144	1.808	1.08	1.891	1.015	1.979	0.95	2.069	0.885	2.162	0.821	2.257
35	1.402	1.519	1.343	1.584	1.283	1.653	1.222	1.726	1.16	1.803	1.097	1.884	1.034	1.967	0.971	2.054	0.908	2.144	0.845	2.236

附录B表5(a)(续)

n	$k=1$		$k=2$		$k=3$		$k=4$		$k=5$		$k=6$		$k=7$		$k=8$		$k=9$		$k=10$	
	d_L	d_U	d_L	d_U	d_L	d_U	d_L	d_U	d_L	d_U	d_L	d_U	d_L	d_U	d_L	d_U	d_L	d_U	d_L	d_U
36	1.411	1.525	1.354	1.587	1.295	1.654	1.236	1.724	1.175	1.799	1.114	1.877	1.053	1.957	0.991	2.041	0.93	2.127	0.868	2.216
37	1.419	1.53	1.364	1.59	1.307	1.655	1.249	1.723	1.19	1.795	1.131	1.87	1.071	1.948	1.011	2.029	0.951	2.112	0.891	2.198
38	1.427	1.535	1.373	1.594	1.318	1.656	1.261	1.722	1.204	1.792	1.146	1.864	1.088	1.939	1.029	2.017	0.97	2.098	0.912	2.18
39	1.435	1.54	1.382	1.597	1.328	1.658	1.273	1.722	1.218	1.789	1.161	1.859	1.104	1.932	1.047	2.007	0.99	2.085	0.932	2.164
40	1.442	1.544	1.391	1.6	1.338	1.659	1.285	1.721	1.23	1.786	1.175	1.854	1.12	1.924	1.064	1.997	1.008	2.072	0.952	2.149
45	1.475	1.566	1.43	1.615	1.383	1.666	1.336	1.72	1.287	1.776	1.238	1.835	1.189	1.895	1.139	1.958	1.089	2.022	1.038	2.088
50	1.503	1.585	1.462	1.628	1.421	1.674	1.378	1.721	1.335	1.771	1.291	1.822	1.246	1.875	1.201	1.93	1.156	1.986	1.11	2.044
55	1.528	1.601	1.49	1.641	1.452	1.681	1.414	1.724	1.374	1.768	1.334	1.814	1.294	1.861	1.253	1.909	1.212	1.959	1.17	2.01
60	1.549	1.616	1.514	1.652	1.48	1.689	1.444	1.727	1.408	1.767	1.372	1.808	1.335	1.85	1.298	1.894	1.26	1.939	1.222	1.984
65	1.567	1.629	1.536	1.662	1.503	1.696	1.471	1.731	1.438	1.767	1.404	1.805	1.37	1.843	1.336	1.882	1.301	1.923	1.266	1.964
70	1.583	1.641	1.544	1.672	1.525	1.703	1.494	1.735	1.464	1.768	1.433	1.802	1.401	1.837	1.369	1.873	1.337	1.91	1.305	1.948
75	1.598	1.652	1.571	1.68	1.543	1.709	1.515	1.739	1.487	1.77	1.458	1.801	1.428	1.834	1.399	1.867	1.369	1.901	1.339	1.935
80	1.611	1.662	1.586	1.688	1.56	1.715	1.534	1.743	1.507	1.772	1.48	1.801	1.453	1.831	1.425	1.861	1.397	1.893	1.369	1.925
85	1.624	1.671	1.6	1.696	1.575	1.721	1.55	1.747	1.525	1.774	1.5	1.801	1.474	1.829	1.448	1.857	1.422	1.886	1.396	1.916
90	1.635	1.679	1.612	1.703	1.589	1.726	1.566	1.751	1.542	1.776	1.518	1.801	1.494	1.827	1.469	1.854	1.445	1.881	1.42	1.909
95	1.645	1.687	1.623	1.709	1.602	1.732	1.579	1.755	1.557	1.778	1.535	1.802	1.512	1.827	1.489	1.852	1.465	1.877	1.442	1.903
100	1.654	1.694	1.634	1.715	1.613	1.736	1.592	1.758	1.571	1.78	1.55	1.803	1.528	1.826	1.506	1.85	1.484	1.874	1.462	1.898
150	1.72	1.746	1.706	1.76	1.693	1.774	1.679	1.788	1.665	1.802	1.651	1.817	1.637	1.832	1.622	1.847	1.608	1.862	1.594	1.877
200	1.758	1.778	1.748	1.789	1.738	1.799	1.728	1.81	1.718	1.82	1.707	1.831	1.697	1.841	1.686	1.852	1.675	1.863	1.665	1.874

注:① 资料来源:达摩达尔·N.古扎拉蒂. 计量经济学基础(第4版). 北京:中国人民大学出版社,2005:918－919. 这里对表格的标题做了改动。

② 表中 n 为观测个数(样本容量),k 为解释变量个数,d_L、d_U 分别为左尾 DW 检验临界值的下限和上限。

③ 举例说明:若 $n=30$,$k=5$,则对于给定的显著性水平 $\alpha=0.05$,$d_L=1.071$,$d_U=1.833$。若所计算的 DW 检验的统计量值 DW＜1.071,则表明模型存在一阶正自相关,若 DW＞1.833,则表明模型不存在一阶正自相关;若 1.071≤DW≤1.833,则不能确定模型是否存在一阶正自相关。

附录 B 表 5(b) 左尾 DW 检验临界值上下限表(显著性水平 $\alpha = 0.01$)

n	$k=1$		$k=2$		$k=3$		$k=4$		$k=5$		$k=6$		$k=7$		$k=8$		$k=9$		$k=10$	
	d_L	d_U	d_L	d_U	d_L	d_U	d_L	d_U	d_L	d_U	d_L	d_U	d_L	d_U	d_L	d_U	d_L	d_U	d_L	d_U
15	0.811	1.07	0.7	1.252	0.591	1.464	0.488	1.704	0.391	1.967	0.303	2.244	0.226	2.53	0.161	2.817	0.107	3.101	0.068	3.374
16	0.844	1.086	0.737	1.252	0.633	1.446	0.532	1.663	0.437	1.9	0.349	2.153	0.269	2.416	0.2	2.681	0.142	2.944	0.094	3.201
17	0.874	1.102	0.772	1.255	0.672	1.432	0.574	1.63	0.48	1.847	0.393	2.078	0.313	2.319	0.241	2.566	0.179	2.811	0.127	3.053
18	0.902	1.118	0.805	1.259	0.708	1.422	0.613	1.604	0.522	1.803	0.435	2.015	0.355	2.238	0.282	2.467	0.216	2.697	0.16	2.925
19	0.928	1.132	0.835	1.265	0.742	1.415	0.65	1.584	0.561	1.767	0.476	1.963	0.396	1.169	0.322	2.381	0.255	2.597	0.196	2.813
20	0.952	1.147	0.863	1.271	0.733	1.411	0.685	1.567	0.598	1.737	0.515	1.918	0.436	2.11	0.362	2.308	0.294	2.51	0.232	2.714
21	0.975	1.161	0.89	1.277	0.803	1.408	0.718	1.554	0.633	1.712	0.552	1.881	0.474	2.059	0.4	2.244	0.331	2.434	0.268	2.625
22	0.997	1.174	0.914	1.284	0.831	1.407	0.748	1.543	0.667	1.691	0.587	1.849	0.51	2.015	0.437	2.188	0.368	2.367	0.304	2.548
23	1.018	1.187	0.938	1.291	0.858	1.407	0.777	1.534	0.698	1.673	0.62	1.821	0.545	1.977	0.473	2.14	0.404	2.308	0.34	2.479
24	1.037	1.199	0.96	1.298	0.882	1.407	0.805	1.528	0.728	1.658	0.652	1.797	0.578	1.944	0.507	2.097	0.439	2.255	0.375	2.417
25	1.055	1.211	0.981	1.305	0.906	1.409	0.831	1.523	0.756	1.645	0.682	1.776	0.61	1.915	0.54	2.059	0.473	2.209	0.409	2.362
26	1.072	1.222	1.001	1.312	0.928	1.411	0.855	1.518	0.783	1.635	0.711	1.759	0.64	1.889	0.572	2.026	0.505	2.168	0.441	2.313
27	1.089	1.233	1.019	1.319	0.949	1.413	0.878	1.515	0.808	1.626	0.738	1.743	0.669	1.867	0.602	1.997	0.536	2.131	0.473	2.269
28	1.104	1.244	1.037	1.325	0.969	1.415	0.9	1.513	0.832	1.618	0.764	1.729	0.696	1.847	0.63	1.97	0.566	2.098	0.504	2.229
29	1.119	1.254	1.054	1.331	0.988	1.418	0.921	1.512	0.855	1.611	0.788	1.718	0.723	1.83	0.658	1.947	0.595	2.068	0.533	2.193
30	1.133	1.263	1.07	1.339	1.006	1.421	0.941	1.511	**0.877**	**1.606**	0.812	1.707	0.748	1.814	0.684	1.925	0.622	2.041	0.562	2.16
31	1.147	1.273	1.085	1.345	1.023	1.425	0.96	1.51	0.897	1.601	0.834	1.698	0.772	1.8	0.71	1.906	0.649	2.017	0.589	2.131
32	1.16	1.282	1.1	1.352	1.04	1.428	0.979	1.51	0.917	1.597	0.856	1.69	0.794	1.788	0.734	1.889	0.674	1.995	0.615	2.104
33	1.172	1.291	1.114	1.358	1.055	1.432	0.996	1.51	0.936	1.594	0.876	1.683	0.816	1.776	0.757	1.874	0.698	1.975	0.641	2.08
34	1.184	1.299	1.128	1.364	1.07	1.435	1.012	1.511	0.954	1.591	0.896	1.677	0.837	1.766	0.779	1.86	0.722	1.957	0.665	2.057
35	1.195	1.307	1.14	1.37	1.085	1.439	1.028	1.512	0.971	1.589	0.914	1.671	0.857	1.757	0.8	1.847	0.744	1.94	0.689	2.037
36	1.206	1.315	1.153	1.376	1.098	1.442	1.043	1.513	0.988	1.588	0.932	1.666	0.877	1.749	0.821	1.836	0.766	1.925	0.711	2.018
37	1.217	1.323	1.165	1.382	1.112	1.446	1.058	1.514	1.004	1.586	0.95	1.662	0.895	1.742	0.841	1.825	0.787	1.911	0.733	2.001

附录B表5(b)(续)

n	$k=1$		$k=2$		$k=3$		$k=4$		$k=5$		$k=6$		$k=7$		$k=8$		$k=9$		$k=10$	
	d_L	d_U	d_L	d_U	d_L	d_U	d_L	d_U	d_L	d_U	d_L	d_U	d_L	d_U	d_L	d_U	d_L	d_U	d_L	d_U
38	1.227	1.33	1.176	1.388	1.124	1.449	1.072	1.515	1.019	1.585	0.966	1.658	0.913	1.735	0.86	1.816	0.807	1.899	0.754	1.985
39	1.237	1.337	1.187	1.393	1.137	1.453	1.085	1.517	1.034	1.584	0.982	1.655	0.93	1.729	0.878	1.807	0.826	1.887	0.774	1.97
40	1.246	1.344	1.198	1.398	1.148	1.457	1.098	1.518	1.048	1.584	0.997	1.652	0.946	1.724	0.895	1.799	0.844	1.876	0.794	1.956
45	1.288	1.376	1.245	1.423	1.201	1.474	1.156	1.528	1.111	1.584	1.065	1.643	1.019	1.704	0.974	1.768	0.927	1.834	0.881	1.902
50	1.324	1.403	1.285	1.446	1.245	1.491	1.205	1.538	1.164	1.587	1.123	1.639	1.081	1.692	1.039	1.748	0.997	1.805	0.955	1.864
55	1.356	1.427	1.32	1.466	1.284	1.506	1.247	1.548	1.209	1.592	1.172	1.638	1.134	1.685	1.095	1.734	1.057	1.785	1.018	1.837
60	1.383	1.449	1.35	1.484	1.317	1.52	1.283	1.558	1.249	1.598	1.214	1.639	1.179	1.682	1.144	1.726	1.108	1.771	1.072	1.817
65	1.407	1.468	1.377	1.5	1.346	1.534	1.315	1.568	1.283	1.604	1.251	1.642	1.218	1.68	1.186	1.72	1.153	1.761	1.12	1.802
70	1.429	1.485	1.4	1.515	1.372	1.546	1.343	1.578	1.313	1.611	1.283	1.645	1.253	1.68	1.223	1.716	1.192	1.754	1.162	1.792
75	1.448	1.501	1.422	1.529	1.395	1.557	1.368	1.587	1.34	1.617	1.313	1.649	1.284	1.682	1.256	1.714	1.227	1.748	1.199	1.783
80	1.466	1.515	1.441	1.541	1.416	1.568	1.39	1.595	1.364	1.624	1.338	1.653	1.312	1.683	1.285	1.714	1.259	1.745	1.232	1.777
85	1.482	1.528	1.458	1.553	1.435	1.578	1.411	1.603	1.386	1.63	1.362	1.657	1.337	1.685	1.312	1.714	1.287	1.743	1.262	1.773
90	1.496	1.54	1.474	1.563	1.452	1.587	1.429	1.611	1.406	1.636	1.382	1.661	1.36	1.687	1.336	1.714	1.312	1.741	1.288	1.769
95	1.51	1.552	1.489	1.573	1.468	1.596	1.446	1.618	1.425	1.642	1.403	1.666	1.381	1.69	1.358	1.715	1.336	1.741	1.313	1.767
100	1.522	1.562	1.503	1.583	1.482	1.604	1.462	1.625	1.441	1.647	1.421	1.67	1.4	1.693	1.378	1.717	1.357	1.741	1.335	1.765
150	1.611	1.637	1.598	1.651	1.584	1.665	1.571	1.679	1.557	1.693	1.543	1.708	1.53	1.722	1.515	1.737	1.501	1.752	1.486	1.767
200	1.664	1.684	1.653	1.693	1.643	1.704	1.633	1.715	1.623	1.725	1.613	1.735	1.603	1.746	1.592	1.757	1.582	1.768	1.571	1.779

注：① 资料来源：达摩达尔·N. 古扎拉蒂. 计量经济学基础(第4版). 北京：中国人民大学出版社，2005：920－921. 这里对表格的标题做了改动。

② 表中 n 为观测个数(样本容量)，k 解释变量个数，d_L、d_U 分别为左尾 DW 检验临界值的下限和上限。

③ 举例说明：若 $n=30$，$k=5$，则对于给定的显著性水平 $\alpha=0.01$，$d_L=0.877$，$d_U=1.606$。若所计算的 DW 检验的统计量值 $DW<0.877$，则表明模型存在一阶正自相关，若 $DW>1.606$，则表明模型不存在一阶正自相关；若 $0.877\leqslant DW\leqslant 1.606$，则不能确定模型是否存在一阶正自相关。

附录B 表6 EG协整检验临界值表

N	模型形式	α	Φ_∞	Φ_1	Φ_2
1	无常数项,无趋势项	0.01	-2.565 8	-1.96	-10.04
		0.05	-1.939 3	-0.398	0
		0.1	-1.615 6	-0.181	0
1	常数项,无趋势项	0.01	-3.433 6	-5.999	-29.25
		0.05	-2.862 1	-2.738	-8.36
		0.1	-2.567 1	-1.438	-4.48
1	常数项,趋势项	0.01	-3.963 8	-8.353	-47.44
		0.05	-3.412 6	-4.039	-17.83
		0.1	-3.127 9	-2.418	-7.58
2	常数项,无趋势项	0.01	-3.900 1	-10.534	-30.03
		0.05	**-3.337 7**	**-5.967**	**-8.98**
		0.1	-3.046 2	-4.069	-5.73
2	常数项,趋势项	0.01	-4.326 6	-15.531	-34.03
		0.05	-3.780 9	-9.421	-15.06
		0.1	-3.495 9	-7.203	-4.01
3	常数项,无趋势项	0.01	-4.298 1	-13.79	-46.37
		0.05	-3.742 9	-8.352	-13.41
		0.1	-3.451 8	-6.241	-2.79
3	常数项,趋势项	0.01	-4.667 6	-18.492	-49.35
		0.05	-4.119 3	-12.024	-13.13
		0.1	-3.834 4	-9.188	-4.85
4	常数项,无趋势项	0.01	-4.649 3	-17.188	-59.2
		0.05	-4.1	-10.745	-21.57
		0.1	-3.811	-8.317	-5.19
4	常数项,趋势项	0.01	-4.969 5	-22.504	-50.22
		0.05	-4.429 4	-14.501	-19.54
		0.1	-4.147 4	-11.165	-9.88
5	常数项,无趋势项	0.01	-4.958 7	-22.14	-37.29
		0.05	-4.418 5	-13.641	-21.16
		0.1	-4.132 7	-10.638	-5.48
5	常数项,趋势项	0.01	-5.249 7	-26.606	-49.56
		0.05	-4.715 4	-17.432	-16.5
		0.1	-4.434 5	-13.654	-5.77
6	常数项,无趋势项	0.01	-5.24	-26.278	-41.65
		0.05	-4.704 8	-17.12	-11.17
		0.1	-4.424 2	-13.347	0
6	常数项,趋势项	0.01	-5.512 7	-30.735	-52.5
		0.05	-4.976 7	-20.883	-9.05
		0.1	-4.699 9	-16.445	0

注:① 资料来源于Mackinnon(1 991)。

② 表中N为协整回归方程所含变量个数,当$N=1$时,表示对单个变量进行DF检验,α为显著性水平。

③ 临界值计算公式:$C_\alpha=\Phi_\infty+\Phi_1T^{-1}+\Phi_2T^{-2}$,其中$T$为样本容量。

④ 举例说明:若$N=2$,$T=60$,模型形式含有常数项、无趋势项,则对于给定的显著性水平$\alpha=0.05$,$\Phi_\infty=-3.337\ 7$,$\Phi_1=-5.967$,$\Phi_2=-8.98$,EG检验的临界值为:

$$C_{0.05}=-3.337\ 7-5.967\times60^{-1}-8.98\times60^{-2}=-3.439\ 6$$

参考文献

[1] 靳庭良. 计量经济学[M]. 3 版. 成都:西南财经大学出版社,2018.

[2] 靳庭良. 单位根检验程序的改进研究[M]. 成都:西南财经大学出版社,2006.

[3] 靳庭良. 单整变量之间 Granger 因果关系的一种检验程序[J]. 数量经济技术经济研究,2013(2):150－161.

[4] 靳庭良. Granger 因果关系检验应用中的若干问题[J]. 数量经济技术经济研究,2015(4):149－160.

[5]靳庭良.一种改进的单位根检验程序[J].数理统计与管理,2008(3):418－422.

[6]靳庭良,张宝青.回归分析中 t 检验与 F 检验关系的进一步研究[J].统计与决策,2009(21):7－9.

[7] 庞皓. 计量经济学[M]. 4 版. 北京:科学出版社,2019.

[8] 李子奈,潘文卿.计量经济学[M]. 2 版.北京:高等教育出版社,2005.

[9] 靳云汇,金赛男,等. 高级计量经济学(上册)[M]. 北京:北京大学出版社,2007.

[10] 达摩达尔 N. 古扎拉蒂. 计量经济学基础(上册、下册)[M]. 费剑平,等译. 4 版. 北京:中国人民大学出版社,2005.

[11] 达摩达尔 N. 古扎拉蒂,唐·C. 波特. 计量经济学基础(上册、下册)[M]. 费剑平,等译. 5 版. 北京:中国人民大学出版社,2011.

[12] 达莫达尔 N. 古扎拉蒂,道恩 C. 波特. 经济计量学精要[M]. 张涛,译. 4 版. 北京:机械工业出版社,2014.

[13] 达摩达尔. 古扎拉蒂. 计量经济学:原理与实践[M]. 李井奎,译. 2 版. 北京:中国人民大学出版社,2022.

[14] 迈克尔·P. 莫瑞. 现代计量经济学(上册、下册)[M]. 费剑平,译. 北京:机械工业出版社,2009.

[15] 威廉·H. 格林. 计量经济分析(上册、下册) [M]. 费剑平,译. 6 版. 北京:中国人民大学出版社,2011.

[16] R. 卡特·希尔,威廉·E. 格里菲思,乔治·G. 贾奇. 初级计量经济学[M]. 于阳,等译. 2 版. 大连:东北财经大学出版社,2007.

[17] J. M. 伍德里奇. 计量经济学导论[M]. 张成思,等译. 6 版. 北京:中国人民大学出版社,2018.

[18] 罗素·戴维森,詹姆斯·G. 麦金农. 计量经济理论和方法[M]. 沈根祥,译. 上海:上海财经大学出版社,2006.

[19]乔治·G.贾奇,等.经济计量学理论与实践引论[M].周逸江,等译.北京:中国统计出版社,1993.

[20]詹姆斯·D.汉密尔顿.时间序列分析[M].刘明志,等译.北京:中国社会科学出版社,1999.

[21] L· R· 克莱因,T· W· 安德逊,等. 经济计量学讲义[M],北京:航空工业出版社,1990

[22] 詹姆斯 · H. 斯托克,马克 · W. 沃森. 计量经济学[M]. 孙燕,译. 2 版. 上海:上海人民出版社,2009.

[23] 罗伯特·S. 平狄克,丹尼尔·L.鲁宾费尔德. 计量经济模型与经济预测[M]. 钱小军,等译. 4 版. 北京:机械工业出版社,2007.

[24] 特伦斯·C·米尔斯. 金融时间序列的经济计量学模型(M). 俞卓菁,译. 2 版. 北京:经济科学出版社,2002.

[25] 沃尔特·恩德斯. 应用计量经济学:时间序列分析[M]. 杜江,袁景安,译. 4 版. 北京:机械工业出版社,2017.

[26] 乔治 E. P. 博克斯,格威利姆 M. 詹金斯,等. 时间序列分析:预测与控制[M]. 5 版. 马薇,译. 北京:机械工业出版社,2022.

[27] 韩德瑞,秦朵. 动态经济计量学[M]. 上海:上海人民出版社,1998.

[28] A. 科林·卡梅伦和普拉温·K. 特里维迪,微观经济计量学:方法与应用[M]. 王忠玉,译. 上海:上海财经大学出版社,2010.

[29] 萧政. 面板数据分析[M]. 3 版. 李杰,译. 北京:中国人民大学出版社,2021.

[30] 巴蒂 H. 巴尔塔基. 面板数据计量经济分析[M]. 白仲林,等译. 4 版. 北京:机械工业出版社,2010.

[31] 李奇、杰弗里·斯科特·拉辛. 非参数计量经济学:理论与实践[M]. 叶阿忠,等译. 北京:北京大学出版社,2015.

[32] 张世英. 协整理论与波动模型:金融时间序列分析及应用[M]. 北京:清华大学出版社,2014.

[33] AKAIKE H. A New Look at the Statistical Model Identification [J]. IEEE Transaction on Automatic Control, 1974, AC-19: 716-723.

[34] ALMON S. The Distributed Lag between Capital Appropriations and Expenditures [J]. Econometrica, 1965(33): 178-196.

[35] ALT F F. Distributed Lags [J]. Econometrica, 1942(10): 113-128.

[36] BALANDA K P, MACGILLIVRAY H. L. Kurtosis: A Critical Review [J]. American Statistician, 1988, 42(2): 111-119.

[37] BANERJEE A, DOLADO J J, GALBRAITH J W, HENDRY D F. Cointegration, Error Correction and the Econometric Analysis of Non-stationary Data [M]. Oxford: Oxford University Press, 1993.

[38] BANERJEE A, DOLADO J J, HENDRY D F, SMITH G W. Exploring Equilibrium Relationships in Econometrics Through Static Models: Some Monte-Carlo Evidence [J]. Ox-

ford Bull. Econ. Stat., 1986(48): 253 -277.

[39] BANERJEE A, DOLADO J J, MESTRE R. Error - Correction Mechanism Tests for Cointegration in a Single - Equation Framework [J]. Journal of Time Series Analysis, 1998(19): 267 -283.

[40] BASMANN R L. A General Classical Method of Linear Estimation of Coefficients in a Structural Equation [J]. Econometrica, 1957(25): 77 -83.

[41] BELSLEY D A, Kuh E, Welsch R E. Regression Diagnostics: Identifying Influential Data and Sources of Collinearity [M]. New York: John Wiley & Sons, 1980.

[42] BOX G P E, JENKINS G M. Time Series Analysis: Forecasting and Control [M]. Revised Edition. San Francisco: Holden Day, 1970.

[43] BOX G P E, JENKINS G M. Time Series Analysis: Forecasting and Control [M]. Revised Edition. San Francisco: Holden Day, 1976.

[44] BREUSCH T S. Testing for Autocorrelation in Dynamic Linear Models [J]. Australian Economic Papers, 1978(17): 334 -355.

[45] BREUSCH T, PAGAN A. A Simple Test for Heteroscedasticity and Random Coefficient Variation [J]. Econometrica, 1979(47): 1287 -1294.

[46] CAGAN P. The Monetary Dynamics of Hyperinflation,'' in M. Friedman (ed.), Studies in the Quantity Theory of Money [C]. Chicago: University of Chicago Press, 1956.

[47] CALTON F. Family Likeness in Stature [J]. Proceedings of Royal Society, 1886(40): 42 -72.

[48] CHISSOM B S. Interpretation of the Kurtosis Statistic [J]. American Statistician, 1970, 24(4): 19 -22.

[49] CHOW G. Tests of Equality Between Sets of Coefficients in Two Linear Regressions [J]. Econometrica, 1960(28): 591 -605.

[50] COCHRANCE D, ORCUTT G H. Applications of Least Squares Regressions to Relationships Containing Autocorrelated Error Terms [J]. Journal of the American Statistical Association, 1949(44): 32 -61.

[51] Davidson, J E H, HENDRY D F, SRBA F, YEO S. Econometric Modelling of the Aggregate Time - Series Relationship Between Consumer's Expenditure and Income in the United Kingdom [J]. Economic journal, 1978(88): 661 -692.

[52] DAVIDSON R, MACKINNON J G. Several Tests for Model Specification in the Presence of Alternative Hypotheses [J]. Econometrica, 1981(49): 781 -793.

[53] DAVIDSON R, MACKINNON J G. Estimation and Inference in Econometrics [M]. Oxford: Oxford University Press,1993.

[54] DICKEY D A. Estimation and Hypothesis Testing for nonstationary time series [D]. PH. D. Thesis, Iowa State University, Ames, 1976.

[55] DICKEY D A, FULLER W. Distribution of the Estimators for Autoregressive Time Series with a Unit Root [J]. Journal of the American Statistical Association, 1979(74):

427 - 431.

[56] DICKEY D A, FULLER W. Likelihood Ratio Tests for Autoregressive Time Series with a Unit Root [J]. Econometrica, 1981(49): 1057 - 1072.

[57] DOLADO J J, JENKINSON T, SOSVILLA - RIVERO S. Cointegration and Unit Roots [J]. Journal of Economic Surveys, 1990 (4), 249 - 273.

[58] DURBIN J, WATSON G S. Testing for Serial Correlation in Least Squares Regression I [J]. Biometrika, 1950(37): 409 - 428.

[59] DURBIN J, WATSON G S. Testing for Serial Correlation in Least Squares Regression II [J]. Biometrika, 1951(38): 159 - 178

[60] DURBIN J, WATSON G S. Testing for Serial Correlation in Least Squares Regression III [J]. Biometrika, 1971(58): 1 - 42.

[61] ENGLE R F. Autoregressive Conditional Heteroscedasticity with Estimates of the Variance of United Kingdom Inflation [J]. Econometrica, 1982(50): 987 - 1008.

[62] ENGLE R F, GRANGER C W J. Co - integration and Error - correction: Representation, Estimation and Testing [J]. Econometrica, 1987(55): 251 - 276.

[63] EViews 10 User's Guide(Ⅰ, Ⅱ) [M]. IHS Global Inc., 2017.

[64] FALSCHINI L. Su Alcune Proprietà Dei Momenti Impiegati Nello Studio Della Variabilità, Asimmetria e Curtosi [J]. Statistica, 1948(8): 503 - 513.

[65] FINUCAN H M. A Note on kurtosis [J]. Journal of the Royal statistical Society, Ser. B, 1964(26): 111 - 112.

[66] FIORI A M, ZENGA M, The Meaning of Kurtosis, the Influence Function and an Early Intuition by L. Falschini [J]. Statistica, anno LXV, 2005(2): 135 - 144.

[67] FLORES R, SZAFARZ A. An Enlarged Definition of Cointegration [J]. Economics Letters, 1996(50): 193 - 195.

[68] FRIEDMAN M. A Theory of the Consumption Function, National Bureau of Economic Research [M]. Princeton: Princeton University Press, 1957.

[69] FRISCH R. Sur An Problème D'économie Pure (in French) [J]. Norsk matematisk forenings skrifter, 1926(ser. 1, 16): 1 - 40.

——On a Problem in Pure Economics [C]. Translated by J. S. Chipman. In Preferences, Utility, and Demand: A Minnesota Symposium, edited by J. S. Chipman, L. Hurwicz, M. K. Richter, and H. F. Sonnenschein, 386 - 423. New York: Harcourt Brace Jovanovic, 1971.

[70] FRISCH R. Editorial [J]. Econometrica, 1933(1): 1 - 4.

[71] FRISCH R. Statistical Confluence Analysis by Means of Complete Regression Systems [M]. Oslo: Institute of Economics, Oslo University, publ., 1934(5).

[72] FULLER, W. Introduction to Statistical Time Series [M]. New York: Wiley & Sons, 1976.

[73] GLEJSER H. A New Test for Heteroscedasticity [J]. Journal of the American Sta-

tistical Association, 1969(64): 316 -323.

[74] GODFREY L G. Testing Against General Autoregressive and Moving Average Error Models When the Regressors Include Lagged Dependent Variables [J]. Econometrica, 1978 (46): 1293 -1302.

[75] GOLDFELD S M, QUANDT R E. Some Tests for Homoscedasticity [J]. Journal of the American Statistical Association, 1965(60): 539 -547.

[76] GRANGER C W J. Investigating Causal Relations by Econometric Models and Cross Spectral Methods [J]. Econometrica, 1969(37): 424 -438.

[77] GRANGER C W J. Testing for Causality: A Personal Viewpoint [J]. Journal of Economic Dynamics and Control, 1980(2): 329 ~352.

[78] GRANGER C W J. Some Properties of Time Series Data and Their Use in Econometric Model Specification [J]. Journal of Econometrics, 1981(16): 121 -130.

[79] GRANGER C W J. Some Recent Developments in a Concept of Causality [J]. Journal of Econometrics, 1988(39): 199 ~211.

[80] GRANGER C W J, NEWBOLD P. Spurious Regressions in Econometrics [J]. Journal of Econometrics, 1974(2): 111 -120.

[81] GRANGER C W J, WEISS A A. Time Series Analysis of Error - Correcting Models in Studies in Econometrics, Time Series, and Multivariate Statistics [M]. New York: Academic Press, 255 -278.

[82] GREENE W H. Econometric Analysis [M]. 6th Edition. New York: Pearson Education, Inc. , 2008.

[83] GUJARATI D N, PORTER D C. Basic Econometrics [M]. 6th Edition. New York: McGraw - Hill Companies, Inc. , 2009.

[84] HAMPEL F R. Contributions to the Theory of Robust Estimation [D]. Ph. D. Dissertation, University of California, Berkeley, Department of Statistics, 1968.

[85] HAMPEL F R. The Influence Curve and Its Role in Robust Estimation [J]. Journal of the American Statistical Association, 1974(69): 383 -393.

[86] HAUSMAN J A. Specification Tests in Econometrics [J]. Econometrica, 1978 (46): 1251 -1271.

[87] HENDRY D F. Dynamic Econometrics [M]. Oxford: Oxford University Press, 1995.

[88] HOERL A E. Application of Ridge Analysis to Regression Problems [J]. Chemical Engineering Progress, 1962(58): 54 -59.

[89] HOERL A E, KENNARD R W. Ridge Regression: Biased Estimation for Nonorthogonal Problems [J]. Technometrics, 1970, 12(1): 55 -67.

[90] JARQUE C M, BERA A K. A Test for Normality of Observations and Regression Residuals [J]. International Statistical Review, 1987(55), 163 -172.

[91] JOHNSON N L, KOTZ S. Encyclopedia of Statistical Sciences [M]. New York:

John Wiley, 1985(3).

[92] JOHANSEN S. Statistcal Analysis of Cointegration Vectors [J]. Journal of Economic Dynamics and Control, 1988(12): 231 -254.

[93] JOHANSEN S. Estimation and Hypothesis Testing of Cointegration Vectors in Gaussian Vector Autoregressive Models [J]. Econometrica, 1991: 1551 -1580.

[94] JOHANSEN S. Likelihood - based Inference in Cointegrated Vector Autoregressive Models [M]. Oxford: Oxford University Press, 1995.

[95] KALE B K, SEBASTIAN G. On a Class of Nonnormal Symmetric Distributions with a Kurtosis of Three [C]. in H. N. NAGARAJA, P. K. SEN, D. F. MORRISON(eds.), Statistical theory and applications: papers in honor of Herbert J. David. New York: Springer - Verlag, 1996.

[96] KENDALL M G, BUCKLAND W R. A Dictionary of Statistical Terms[M]. 3rd edition. New York: Hafner Press, 1971.

[97] KLEIN L R. Economic Fluctuations in the United States 1921 - 1941[M]. New York: John Wiley and Sons, 1950.

[98] KOENKER R, BASSETT G. Robust Tests for Heteroscedasticity Based on Regression Quantiles [J]. Econometrica, 1982(50): 43 -61.

[99] KOYCK L M. Distributed Lags and Investment Analysis [J]. Amsterdam: North Holland Publishing Company, 1954.

[100] LEE Cheng F, LIOYD W P. The Capital Asset Pricing Model Expressed as a Recursive System: An Empirical Investigation [J]. Journal of Financial and Quantitative Analysis, 1976(June): 237 -249.

[101] LEVIN R I. Statistics for Management [M]. 3rd edition. Englewood Cliffs, NJ: Prentice - Hall, 1984.

[102] LUTKEPOHL H. Introduction to Multiple Time Series Analysis [M]. New York: Springer - Verlag, 1991.

[103] MACKINNON J G. Critical Values for Cointegration Tests [C]. Chapter 13 in R. F. Engle and C. W. J. Granger (eds.), Long - run Economic Relationships: Readings in Cointegration, Oxford: Oxford University Press, 1991.

[104] MACKINNON J G. Numerical Distribution Functions for Unit Root and Cointegration Tests [J]. Journal of Applied Econometrics, 1996(11): 601 -618.

[105] MACKINNON J G, WHITE H, DAVIDSON R. Tests for Model Specification in the Presence of Alternative Hypotheses: Some Further Results [J]. Journal of Econometrics, 1983(21): 53 -70.

[106] MIZON G, RICHARD J. The Encompassing Principle and its Application to Testing Nonnested Models [J]. Econometrica, 1986(54): 657 -678.

[107] NERLOVE M. Distributed Lags and Demand Analysis for Agricultural and Other Commodities [R]. Agricultural Handbook No. 141, U. S. Department of Agriculture, June

1958.

[108] NEWEY W, WEST K A. Simple Positive Semi - Definite, Heteroscedasticity and Autocorrelation Consistent Covariance Matrix [J]. Econometrica, 1987(55): 703 - 708.

[109] NEWEY W, WEST K A. Hypothesis Testing with Efficient Method of Moments Estimation [J]. International Economic Review, 1987(28): 777 - 787.

[110] PEARSON K. Skew Variation, a Rejoinder [J]. Biometrika, 1905 (4): 169 - 212.

[111] PEARSON K, Lee A. On the Laws of Inheritance [J]. Biometrika, 1903(2): 357 - 462.

[112] PHILLIPS A W. Stabilization Policies and the Time Form of Lagged Responses [J]. Economic Journal, 1957(67): 265 - 277.

[113] PHILLIPS P C B. Understanding Spurious Regressions in Econometrics [J]. Journal of Econometrics, 1986(33): 311 - 340.

[114] RAMSEY J B. Tests for Specification Errors in Classical Linear Least Squares Regression Analysis [J]. Journal of the Royal Statistical Society, series B, 1969 (31): 350 - 371.

[115] ROBINSON P M, MARINUCCI D. Semiparametric Frequency Domain Analysis of Fractional Cointegration [R]. London School of Economics and Political Science, Sticerd econometrics Discussion Paper, March 1998: No. EM/98/348, March 1998.

[116] ROBINSON P M, YAJIMA Y. Determination of Cointegrating Rank in Fractional Systems[R]. London School of Economics and Political Science, Sticerd econometrics Discussion Paper, No. EM/01/423, July 2001.

[117] RUPPERT D. What is kurtosis? An Influence Function Approach [J]. American Statistician, 1987, 41(1): 1 - 5.

[118] SAID S E, DICKEY D A. Testing for Unit Roots in Autoregressive Moving Average Models of Unknown Order [J]. Biometrika, 1984 (71), 599 - 607.

[119] SAIKKONEN P. Asymptotically Efficient Estimation of Cointegration Regressions [J]. Econometric Theory, 1991(7): 1 - 21.

[120] SAIKKONEN P. Estimation and Testing of Cointegrated Systems by an Autoregressive Approximation [J]. Econometric Theory, 1992(8): 1 - 27.

[121] SAMUELSON P A, KOOPMANS T C, STONE J R N. Report of the Evaluative Committee for Econometrica [J]. Econometrica, 1954, 22(2): 141 - 146.

[122] SARGAN, J D. Wages and Prices in the United Kingdom: A Study in Econometric Methodology [C]. in Econometric Analysis for National Economic Planning, ed. By P. E. Hart, G. Mills, and J. K. Whitaker. London: Butterworths, 1964.

[123] SAVIN N E, WHITE K J. The Dubin - Watson Test for Serial Correlation with Extreme Sample Sizes and Many Regressors [J]. Econometrica, 1977, 45 (8): 1992 - 1995.

[124] SCHWARZ G. Estimating the Dimension of a Model [J]. Annals of Statistics,

1978(6): 461 - 464.

[125] SIMS C. Macroeconomics and Reality [J]. Econometrica, 1980,48(1): 1 - 48.

[126] STOCK J H. Asymptotic Properties of Least Squares Estimators of Cointegrating Vectors [J]. Econometrica, 1987(55): 1035 - 1056.

[127] STOCK J H, WATSON M. A Simple Estimator Of Cointegrating Vectors In Higher Order Integrated Systems [J]. Econometrica, 1993(61): 783 - 820.

[128] THEIL H. Repeated Least Squares Applied to Complete Equation Systems [R]. Discussion Paper, Central Planning Bureau, The Hague, 1953.

[139] TINBERGEN J. Long - Term Foreign Trade Elasticities [J]. Metroeconomica, 1949(1): 174 - 185.

[130] TODA H Y, YAMAMOTO T. Statistical Inference in Vector Autoregressions with Possibly Integrated Processes [J]. Journal of Econometrics, 1995(66): 225 ~ 250.

[131] WHITE H. A Heteroscedasticity Consistent Covariance Matrix Estimator and a Direct Test of Heteroscedasticity [J]. Econometrica, 1980(48): 817 - 838.

[132] WOOLDRIDGE J M. Introductory Econometrics: A Modern Approach [M]. 6th Edition. New York: South - Western, Cengage Learning, 2016.

[133] ZALLNER A, THEIL H. Three Stage Least Squares: Simultaneous Estimation of Simultaneous Equations [J]. Econometrica, 1962(30): 63 - 68.